中國古代地理總志叢刊

元和郡縣圖志

上

〔唐〕李吉甫撰

中華書局

圖書在版編目(CIP)數據

元和郡縣圖志/(唐)李吉甫撰;賀次君點校. —北京:
中華書局,1983.6(2024.12 重印)
(中國古代地理總志叢刊)
ISBN 978-7-101-01351-1

Ⅰ.元… Ⅱ.①李…②賀… Ⅲ.地方志-匯編-中國
-唐代 Ⅳ.K290.42

中國版本圖書館 CIP 數據核字(2004)第 134998 號

責任印製:陳麗娜

中國古代地理總志叢刊

元和郡縣圖志

(全二册)

〔唐〕李吉甫 撰

賀次君 點校

*

中 華 書 局 出 版 發 行

(北京市豐臺區太平橋西里 38 號 100073)

http://www.zhbc.com.cn

E-mail:zhbc@zhbc.com.cn

大廠回族自治縣彩虹印刷有限公司印刷

*

850×1168 毫米 1/32 · 40⅛印張 · 4 插頁 · 632 千字

1983 年 6 月第 1 版 2024 年 12 月第 13 次印刷

印數:22401-23000 册 定價:168.00 元

ISBN 978-7-101-01351-1

前言

元和郡縣圖志，李吉甫撰，是唐朝地理名著，爲我國現存最早又較完整的地方總志。寫成于唐憲宗元和八年（公元八一三年），因以當代年號爲稱，並非是元和時實際控制的疆域地志。它的體例，和初唐魏王李泰括地志相同，是正史地理志的擴充，但較爲簡括，在某些方面又超越于括地志的内容形式，爲後來的太平寰宇記等書開創了先例。元和郡縣圖志，原有圖和志共四十卷，又目録二卷，總四十二卷。它以貞觀十三年（公元六三九年）大簿規劃的十道爲綱領，配合當時的四十七鎮，每鎮一圖一志，分鎮記載府、州與屬縣的等級、户、鄉的數目，四至八到的方里，開元、元和的貢賦，以及沿革、山川、鹽鐵、墾田、軍事設施、兵馬配備等項。圖的部分，在北宋時就亡佚了，志的部分，南宋淳熙三年（公元一一七六年）張幾仲首刻此書時亦有缺佚，大體上還保持四十二卷之數，宋以後目録亡佚，又缺第十九、二十、二十三、二十四、三十五、三十六卷，今天流傳下來的只有三十四卷了。因爲圖已亡佚，故宋陳振孫直齋書録解題稱爲元和郡縣志，現傳各本仍用「圖志」舊稱，今仍題爲元和郡縣圖志。

李吉甫字弘憲，唐趙州贊皇縣(今河北贊皇縣)人，生于唐肅宗乾元元年(公元七五八年)，死于唐憲宗元和九年(公元八一四年)。他好學能文，知識淵博，年二十七爲太常博士，後久任外官，曾任忠州、郴州和饒州刺史。憲宗元和二年(公元八〇七年)入爲宰相，三年九月出爲淮南節度使，六年正月再入爲相，至九年十月暴病死。

李吉甫曾輯録兩漢、魏、晉、周、隋故事，記其成敗得失爲六代略三十卷，著有十道圖十卷，古今地名三卷，删水經十卷，又録當代户、賦、兵籍爲元和國計簿十卷，最後以他卓越的史地知識與他的行政經綸相結合，撰成元和郡縣圖志一書。他的著作都散失了，獨元和郡縣圖志殘存，流傳至今。元和郡縣圖志是李吉甫刻意之作，他感于秦楚之際漢高祖攻下咸陽後，將軍們争趣府庫，掠奪財物，只有蕭何收取秦丞相御史圖籍，因而得知山川關隘險要，户口物資虚實，終于佐漢勝楚，取得天下。以爲「成當今之務，樹將來之勢，則莫若版圖地理之爲切」，而「審户口之豐耗，辨州域之疆理」，又爲編撰地志的主要内容。他反對以往重古略今，傳疑失實的地理書，着重于「兵鑲山川，攻守利害」方面，這種適用的見解，也是元和郡縣圖志獨特的地方。志中所載恢復天德軍舊城，置新宥州，改變涪州隸屬，爲當時重要軍事措施，是他秉政時所經畫的。當唐憲宗時，黄河南北五十餘州爲藩鎮所割據，川西淪于吐蕃，此志仍有十道，蓋志在恢復舊土，使循名核實，具有深遠意義。

李吉甫裒集漢、魏、六朝各家地記，又採水經注及括地志，以敍述山川城邑，很多是正確的，但不免因循舊説，失于攷核之處，如以大荔戎城在同州馮翊，古扈國在華州鄠縣，以涇州靈臺爲詩經密國地，説黄帝陵在寧州真寧等，我們校勘所及，分别加以辨解。州縣的建置與隸屬，很多和舊、新唐書地理志不同，我們通過查證，認爲此志最可依據。

這書最初的刻本，是南宋淳熙三年張幾仲用程大昌的鈔本刊刻的。程大昌在鈔本敍説：「志傳寫久，有缺逸，訛誤，不敢强補。」張刻早已不傳，王象之于宋嘉定十四年（公元一二二一年）著輿地紀勝，引用元和郡縣志特多，當是根據張刻本，有許多是今傳本已缺逸的，字句往往與今本違異。此後傳寫愈多，訛脱更甚，鈔者讀者缺少參證資料，没法解决，不免彌縫遺失，臆爲增改，反而造成新的錯誤。清代學者，對這書的校勘、補缺，很下功夫，乾隆三十八年（公元一七七三年）的武英殿本（清人稱官本，現稱殿本），就是四庫館臣校勘攷訂後刊排的，雖不能説它已規復了舊觀，但與二十六年後，即嘉慶元年（公元一七九六年）孫星衍刻在岱南閣叢書中的相比，實佳勝百倍。光緒十三年（公元一八八七年）王灝編織輔叢書，又將孫本翻刻在内，惟依武英殿本補了孫本缺頁，其脱句誤字，無所是正。現在出版的元和郡縣圖志是根據光緒六年（公元一八八〇年）金陵書局刊本，通稱爲江南本的。這個本子吸取了殿本的某些長處，但不一味盲從，有些地方還勝過殿本，雖説是後來者居上，也是刊刻的人知識豐富精心校勘所致。清張駒賢以岱南閣叢書本爲依據，所作攷證，在匡謬正疵，文字校訂方面，功績不小，今以與我們的校勘記合併，附于每卷之後。補缺方面，我們把清光緒七年（公元一八八一年）繆荃孫的元和郡縣圖志闕卷逸文三卷附録於後。書後另附有地名索引，以便讀者查閱。

點校者　一九八〇年五月

點校説明

（一）版本：現在點校出版的元和郡縣圖志，是根據清光緒六年（公元一八八〇年）金陵書局初刊本排印的。這本子一般稱爲金陵本。又稱爲南本。它的祖本也是清代手鈔本之一，不過在刊刻時經過仔細校勘，又吸取了乾隆三十八年（公元一七七三年）武英殿刊本的長處，所以它具有鈔本及殿本的是而鮮其非，比嘉慶元年（公元一七九六年）孫星衍岱南閣刊本和畿輔叢書本好得多。

（二）校勘：北京圖書館特藏善本元和郡縣圖志有題「仿明本」的戈襄校舊鈔本、乾隆三十四年（公元一七六九年）錢氏通經樓鈔本、清初鈔本、清陳樹華鈔本四種，均爲清代校勘諸家所未見，取以與今傳各刊本比勘，手鈔錯脱雖多，但字句之間頗有佳勝處，彼此參校攷覈，在澄波導源，恢復原著舊觀方面，可以取得一些效果。元和郡縣圖志每承襲唐初魏王泰括地志爲説，則括地志佚文可與印證。兩唐書、唐會要、唐六典、通典、太平寰宇記等書，可與此志相互參證，辨明今傳本的錯訛。宋王象之輿地紀勝引用此志頗多，我們把它視爲此志宋刊之舊，據以校勘。凡金陵本錯脱的字句，若果没有版本的依據不爲改補，只在校勘記中説明。

（三）補逸：清乾隆四十一年（公元一七七六年）周夢棠補州縣目録一卷，又輯逸文四十二條，後光緒七年（公元一八八一年）繆荃孫又補輯成三卷，周所輯已包括在內。今將補目排在卷首，逸文作爲附録列在全書之後。繆輯逸文雖是斷簡殘篇，今亦加以攷訂。凡繆所輯，我們都復核原書，其誤輯及錯字不爲删改，各在校勘記中説明。

（四）校記：清張駒賢對本書所作的攷證，包括文字校勘和攷古故實等，在匡謬正疵、探本溯源方面，功績不小，我們皆收録在校勘記中。張的攷證是以岱南閣本爲對象，間與金陵本不合，我們在校記裏盡量引見他的語句。此書經過千餘年的輾轉鈔寫，錯誤不少，或有屬於原著的，不爲張駒賢所校所攷的還多，今再補加攷訂，在校記中以「攷證」和「今按」來區別。攷證引書及刊刻的錯誤，我們查對原書於標點時予以改正，不另注明。

（五）標點：本書標點，悉依中華書局二十四史標點本體例。

目録

元和郡縣圖志序

李吉甫撰

臣聞王者建州域，物土疆，觀次於星躔，察法於地理。考中國山河之象，求二儀險阻之情，天漢萌而兩界分，南宫正而五均敍。自黄帝之方制萬國，夏禹之分别九州，辨方經野，因人緯俗，其揆一矣。及秦皇并六國，則罷侯而置守。漢武討百蠻，則窮兵而黷武。雖裂爲郡縣者遠過於殷、周，而教令之所行，威懷之所服，亦不越於三代。失天地作限之意，非皇王尚德之仁，誇志役心，久而後悔。由此觀之，則聖人疆理之制，固不在荒遠矣。吾國家肇自貞觀，至於開元，兼夏、商之職貢，掩秦、漢之文軌，梯航累乎九譯，廏置通乎萬里，然後分疆以辨之，置吏以康之，任所有而差貢賦，因所宜而制名物，守其要害，險其走集，經理之道，冠乎百王，巍巍乎，無得而稱矣！易曰天險不可升，地險山川丘陵。王公設險以守其國，險之時用大矣哉。然則聖人雖設險，而未嘗恃險。施於有備之内，措於立德之中，其用常存，其機不顯，弛張開闔，因變制權，所以財成二儀，統理萬物。故漢祖入關，諸將争走金帛之府，惟蕭何收秦圖書，高祖所以知山川阨塞，户口虚實。厥後受命氾水，定都洛陽，留侯演委輅之謀，田肎賀入關之策，事關興替，理切安危，舉斯而言，斷可識矣。伏惟睿聖文武皇帝陛下，握樞秉聖，承祧立極，祖堯、舜之道，憲文、武之程，皇王之遐蹤行之必至，祖宗之耿光寢而復耀。天寶之季，王途暫艱，由是墜綱解而不紐，强侯傲而未肅。逮至興運，盡爲驅除，故蜀有阻隘之夫，吴有憑江之卒，雖完保聚，繕甲兵，莫不手足裂而異處，封疆一平四海，故鄘、衛風偃，朔塞砥平，東西南北，無思不服。臣吉甫當元聖撫運之初，從内庭視草之列，尋備衮職，久塵台階，每自循省，赧然收汗。謨明弼諧，誠淺智之不及，簿書期會，亦散材之不工，久而伏思，方得所效，以爲成當今之務，樹將來之勢，則莫若版圖地理之爲切也。所以前上元和國計簿，審户口之豐耗；續撰元和郡縣圖志，辨州域之疆理。時獲省閱，或裨聰明，豈欲希酇侯之規模，庶乎盡朱贛之條奏。況古今言地理者凡數十家，尚古遠者或搜古而略今，采謠俗者多傳疑而失實，飾州邦而敍人物，因丘墓而徵鬼神，流於異端，莫切根要。至於丘壤山川，攻守利害，本於地理者，皆略而不書，將何以佐明王扼天下之吭，制羣生之命，收地保勢勝之利，示形束壤制之端，此微臣之所以精研，聖后之所宜周覽也。謹上元和郡縣圖志，起京兆府，盡隴右道，凡四十七鎮，成四十卷。每鎮皆圖在篇首，冠於敍事之前，并目録兩卷，總四十二卷。臣學非博聞，識愧經遠，馳騖雖久，漏略猶多，輕瀆宸嚴，退增戰越。謹上。

元和郡縣圖志總目

元和郡縣圖志四十卷，據程大昌跋云「圖亡，志有闕逸」，不敢强補，是以傳本無圖及闕十九、二十、二十三、二十四、三十五、三十六共六卷，宋時既已不移其篇第，今亦止可仍之，以存宋本舊式。吾友嚴文學觀曾作補志，他時附後行之，亦不置之書中以足卷數也。孫星衍記。

元和郡縣圖志目録

卷一 關內道一

卷二 關內道二

卷三　關内道三

卷四　關内道四

卷五　河南道一

卷六　河南道二

卷七　河南道三

卷八　河南道四

卷九　河南道五

卷十 河南道六

卷十一 河南道七

卷十二　河東道一

卷十三　河東道二

卷十四　河東道三

卷十五　河東道四

卷十六 河北道一

卷十七　河北道二

卷十八　河北道三

卷十九闕　河北道四

卷二十闕　山南道一

卷二十一　山南道二

卷二十二　山南道三

卷二十六　江南道二

卷二十七 江南道三

卷二十八　江南道四

卷二十九 江南道五

卷三十　江南道六

卷三十一 劍南道上

卷三十二　劒南道中

卷三十三　劍南道下

卷三十四　嶺南道一

卷三十五全闕州目在前卷

嶺南道二

卷三十六闕

嶺南道三

卷三十七　嶺南道四

卷三十八　嶺南道五

卷三十九　隴右道上

卷四十　隴右道下

乙未閏十月，莊谷農部假得四庫館江南進本，因出舊藏竹巖校本屬予竟其役，閱一月，聞翁覃溪學士有鈔藏本，復假得之，三本互校，得補闕行脱句及户口貢賦二十餘條，補正脱訛字千餘處。而江南本鈔胥之誤，甚於舊藏本，有連脱數葉者，翁本更甚，魚魯因仍，尚多沿誤也。因念太平御覽、玉海詩地里攷、通鑑地里通釋諸書，采引此書頗夥，其開元貢賦則唐六典及通典可核，復取參校，又得補遺十餘條，正訛四百餘處，兼得闕卷逸文四十餘條。是時歲將改矣，戴東原太史攜舊鈔藏本來校。戴本自河南道以後皆節録不全本也，而彼此相參，不無是正，於丙申正月望後始卒事，雖未能盡還舊觀，而統計莊谷、竹巖所校補，及予所參考，亦可云集諸本之長，而足所未備矣，因録而識之。原書四十卷，舊闕卷十八下半及卷十九、二十、二十三、二十四、三十五、三十六六卷，共存三十四卷。自卷一至二十五，屬予弟春巖録出，卷二十六至四十，予手録也。七月二十三日鈔始畢，並仿農部意，補州縣目一卷於篇首，兼録闕卷逸文附於卷末。乾隆四十一年歲在丙申七月二十九日，葑溪周夢棠記於京師宣武門内貝纓衚衕之因居。

元和郡縣圖志卷第一

關內道一

京兆府，〔一〕雍州。 開元戶三十六萬二千九百九。 元和戶二十四萬一千二百一。

禹貢雍州之地，舜置十二牧，雍其一也。周武王都豐、鎬，平王東遷，以岐、豐之地賜秦襄公，至孝公始都咸陽。秦兼天下，置內史以領關中。項籍滅秦，分其地爲三：以章邯爲雍王，都廢丘；今興平縣是也。司馬欣爲塞王，都櫟陽；董翳爲翟王，都高奴，今延州金明縣是也。謂之三秦。高祖入關定三秦，復并爲內史。景帝分置左、右內史。武帝太初元年改內史爲京兆尹，後與左馮翊、右扶風謂之三輔，其理俱在長安城中，又置司隸校尉以總之。光武都洛陽，以關中地置雍州，尋復立三輔。魏分河西爲涼州，分隴右爲秦州，三輔仍舊屬司隸。晉初省司隸，復置雍州。愍帝之後，劉聰、石勒、苻健、姚萇相繼竊據之，萇孫泓爲劉裕所滅。東晉復置雍州及京兆郡，尋爲赫連勃勃所破，遣子璝鎮長安，〔二〕號曰「南臺」。後魏太武破赫連昌，復於長安置雍州，孝武自洛陽遷長安，改爲京兆尹。隋開皇二年，自長安故城遷都龍首川，卽今都城是也。初，隋氏營都，宇文愷以朱雀街南北有六條高坡，爲乾卦之象，故以九二置宮殿以當帝王之居，九三立百司以應君子之數，九五貴位，不欲常人居之，故置玄都觀及興善寺以鎮之。大明宮即聖唐龍朔二年所置。高宗嘗染風痺，以大内湫溼，置宫於斯。其地即龍首山之東麓，北據高原，南俯城邑，每晴天霽景，下視終南如指掌，〔三〕含元殿所居高明，尤得地勢。大明東南曰興慶宫，玄宗藩邸宅也。廢京兆尹，又置雍州，煬帝改爲京兆郡。武德元年，復爲雍州。開元元年，改爲京兆府。謹按：漢五年，高祖在洛陽，婁敬説曰：「陛下都洛陽，豈欲與周室比隆哉？周之都洛，以爲此天下中，丁仲反。四方納貢職，道里均，有德則易以王，無德則易以亡。凡居此者，欲令務以德致人，不欲阻險，令後世驕奢也。今陛下而欲比隆成、康之時，爲不侔矣。且夫秦地被山帶河，四塞以爲固，猝然有急，百萬衆可具。因秦之故，資甚美膏腴之地，此所謂天府。陛下入關而都之，山東雖亂，秦故地，可全而有也。夫與人鬬，不搤其吭拊其背，未能全勝。今陛下入關而都，按秦之故〔地〕，〔四〕此亦搤天下之吭而拊其背也。」高帝問羣臣，羣臣皆山東人，争言周王數百年，秦二世則亡，不如都周。高祖疑未能決。及留侯明言入關便，即日駕西都關中。六年，擒韓信，田肎賀高祖曰：「甚善。陛下得韓信，又(治)〔理〕秦中〔五〕。秦形勝之國，帶河阻山，持戟百萬，秦得百二焉。地勢便利，其以下兵於諸侯，辟猶居高屋之上建瓴水也。」自漢至今，常爲王者奥區。

府境：東西三百一十里。南北四百七十里。

八到：東至東都八百三十五里。東南至商州二百六十五里。西南至洋州六百三十里。東至華州一百八十里。南取庫谷路至金州六百八十里。正西微北至鳳翔三百一十里。西北至邠州三百里。東北至坊州三百五十里。正東微北至同州二百五十里。

貢、賦：開元貢：葵草席，地骨白皮，〔六〕酸棗仁。賦：緜，絹。

管縣十二，又十一：萬年，長安，昭應，三原，醴泉，奉天，奉先，富平，雲陽，咸陽，渭南，藍田。

萬年縣，赤。本漢舊縣，屬馮翊，〔七〕在今櫟陽縣東北三十五里。周明帝二年，分長安、霸城、山北等三縣，始於長安城中置萬年縣。隋開皇三年遷都，改爲大興縣，理宣陽坊。武德元年，復爲萬年。乾封元年，分置明堂縣，理永樂坊，長安三年廢。〔八〕天寶七年，改爲咸寧，乾元元年復爲萬年縣。

終南山，在縣南五十里。按經傳所説，終南山一名太一，亦名中南。據張衡西京賦云「終南、太一，隆崛崔崒」。潘岳西征賦云「九嵕、巀嶭，太一、巃嵸，面終南而背雲陽，跨平原而連嶓冢」。然則終南、太一，非一山也。

畢原，在縣西南二十八里。詩注云「畢，終南之道名也」。書序云「周公薨，成王葬於畢」，是也。〔九〕

白鹿原，在縣東二十里。亦謂之霸上，漢文帝葬其上，謂之霸陵。王仲宣詩曰「南登霸陵岸，迴首望長安」，卽此也。

長樂坡，在縣東北十二里。卽滻川之西岸，舊名滻坂，隋文帝惡其名，〔一〇〕改曰長樂坡。

故軹道，在縣東北一十六里，卽秦王子嬰降沛公之處也。

細柳營，在縣東北三十里。相傳云周亞夫屯軍處。今按亞夫所屯，在咸陽縣西南二十里，言在此，非也。

杜陵，在縣東南二十里，漢宣帝陵也。

渭水，在縣北五十里。舊云北去縣五十里。

霸水，在縣東二十里。霸橋，隋開皇三年造，唐隆二年仍在舊所創制爲南北二橋。〔一一〕

樊川，一名後寬川，在縣南三十五里。本杜陵之樊鄉，漢高祖賜樊噲食邑於此。

御宿川，在縣南三十七里。漢爲離宮別館，禁禦人不得往來遊觀，止宿其中，故曰「御宿」。

長安縣，赤。本秦舊縣。初，楚懷王封項羽爲長安侯，則長安久矣，非始於漢，但未詳所在耳。及高帝五年入關，復置長安縣，乃取舊名以名縣也。至隋開皇三年，遷都長安，移至長壽坊西南隅。乾封元年，分置乾封縣，理懷直坊，〔一二〕長安三年廢。

龍首山，在縣北一十里，長六十里，頭入渭水，〔一三〕尾達樊川。秦時有黑龍從南山出飲水，其行道因成土山。疏山爲臺殿，不假版築，高出長安城。〔一四〕西京賦所云「疏龍首以抗殿」也。三輔（皇）〔黄〕圖曰「營未央宮，因龍首制前殿也」。〔一五〕

細柳原，在縣西南三十三里。别是一細柳，非亞夫屯軍之所。

長安故城，在縣西北十三里。漢舊都，惠帝修築，本秦離宮也。按惠帝元年正月，城長安。三年春，發長安六百里内男女十四萬六千人，三十日罷。六月，發徒隸二萬人常役。至五年正月，復發十四萬五千人，三十日罷。九月而城成。〔一六〕城南爲南斗形，城北爲北斗形，周回六十五里。〔一七〕

太和宮，在縣南五十五里終南山太和谷。武德八年造，貞觀十年廢。二十一年，以時熱，公卿重請修築，於是使將作大匠閻立德繕理焉，改爲翠微宮。今廢爲寺。

周武王宮，即鎬京也，在縣西北十八里。自漢武帝穿昆明池於此，鎬京遺趾淪陷焉。

秦阿房宮，在縣西北十四里。殿東西五百步，南北五十丈，上可坐萬人，下可建五丈旗。表南山之巔以爲闕。爲複道，自阿房渡渭，屬之咸陽。庭中可受十萬人，又置銅人十二於宮前。

漢長樂宮，在縣西北十四里。

漢未央宮，在縣西北十五里。並在長安故城中。〔一八〕

漢建章宮，在縣西二十里，〔一九〕長安故城西。太初元年，柏梁臺災，越巫以厭勝之術請作建章宮，爲千門萬户。

桂宮，在縣北十三里長安故城中，〔二〇〕漢武帝所造。

柏梁臺，在長安故城中，未央宮北。

漸臺，在未央宮西，王莽死於此。

神明臺，在縣西北二十里，長安故城西，上有承露盤。

漢博望苑，在縣北五里，武帝爲太子據所立，使通賓客。

上林苑，在縣西北一十四里，周匝二百四十（步）〔里〕，〔二一〕相如所賦也。

酒池，在長樂宮中，漢武帝所作，〔二二〕以誇羌胡。飲以鐵杯，重不能舉，皆低頭牛飲。西征賦云「酒池監於商辛，追覆車而不悟。」〔二三〕

子午關，在縣南百里。王莽通子午道，因置此關。魏遣鍾會統十萬餘衆，分從斜谷、駱谷、子午谷趣漢中。晉桓温伐秦，命司馬勳出子午道。今洋州東二十里曰龍亭，此入子午谷之路，梁將軍王神念以舊道緣山避水，橋梁多壞，乃别開乾路，更名子午道，卽此路是也。

昭應縣。缺〔二四〕

新豐故城，在縣東十八里，漢新豐縣城也。漢七年，高祖以太上皇思東歸，於此置縣，徙豐人以實之，故曰新豐。并移枌榆舊社，街衢棟宇，一如舊制，男女老幼，各知其室，雖雞犬混放，亦識其家焉。

古戲亭，在縣東北三十里。周幽王爲犬戎所逐，死於戲，卽此也。周章軍西至戲，秦將章邯拒破之，亦此地也。

周幽王陵，在縣東北二十五里。

秦始皇陵，在縣東八里。始皇卽位，治驪山陵，役徒七十萬人。今按其陵高大，亦不足役七十萬人積年之功，蓋以驪山水泉本北流者，陂障使東西流，又此土無石，取大石於渭北諸山，其費功力由此也。

華清宮，在驪山上。開元十一年，初置温泉宮，天寶六年改爲華清宮。又造長生殿，名爲集靈臺，以祀神也。

三原縣，次赤。西南至府一百一十里。本漢池陽縣。嶻嶭山在今縣西北六十里，苻秦於此山北置三原護軍，以其地西有孟侯原，南曰豐原，北曰白鹿原。後魏太武七年罷，改置三原縣，屬北地郡。明帝孝昌三年，蕭寶（寅）〔夤〕逆亂，〔二五〕毛洪賓立義栅捍賊，〔二六〕永安元年於此置北雍州，洪賓爲刺史，亦謂之洪賓栅，其故城在縣北五十五里。又割北地郡之三原縣於此置建忠郡，以旌其功。隋開皇三年，罷郡，以縣屬雍州。

高祖獻陵，在縣東十五里。〔二七〕

堯門山，在縣西北三十二里。

天齊原，在縣西北二十五里，上有天齊祠。

黄白城，在縣西南十五里。後漢李傕亂政，天子東遷，三輔饑歉，乃移保黄白城，卽其地也。

秦曲梁宫，在縣西南十五里黄白城内。

于謹墓，在縣北十八里。

醴泉縣，次赤。東南至府一百二十里。本漢谷口縣地，在九嵕山東仲山西，當涇水出山之處，故謂之谷口。溝洫志云：「白渠首起谷口，尾入櫟陽，袤二百里，溉田四千五百餘頃。人得其饒，歌曰：『田于何所？池陽谷口。鄭國在前，白渠起後。舉臿成雲，決渠爲雨。涇水一石，其泥數斗。且溉且糞，長我禾黍。衣食京師，億萬之口。』」謂此也。後漢及晉，又爲池陽縣。後魏改爲寧夷縣。隋開皇十八年改爲醴泉縣，以縣界有周醴泉宫，因以爲名。

太宗昭陵，在縣東北二十五里九嵕山。〔二八〕

肅宗建陵，在縣東北十八里武將山。〔二九〕

奉天縣，次赤。東南至府一百六十里。光宅元年，割醴泉、始平、好畤、武功、新平郡之永壽五縣置。

梁山，高宗天皇大帝乾陵所在，因名曰奉天。其山卽禹貢所云「壺口（治）〔理〕梁及岐」，〔三〇〕又古公亶父踰梁山至于岐下，〔三一〕及秦立梁山宮，皆此山也。

奉先縣，次赤。西南至府二百四十里。本秦重泉縣，後魏省，至孝文帝分白水縣置南白水縣，西魏改爲蒲城縣。本屬同州，開元四年以縣西北三十里有豐山，於此置睿宗橋陵，改爲奉先縣，隸京兆。

玄宗泰陵，在縣東北二十里。

惠莊太子陵，在橋陵東南三里。

惠宣太子陵，在橋陵東六里。

惠文太子陵，在橋陵東三里。並在柏城內。

富平縣，次赤。西南至府一百五十里。本漢舊縣，屬北地郡。後魏文帝自懷德城移於今理，周閔帝於縣置中華郡，武帝省郡，以縣屬馮翊，隋開皇三年改屬雍州。

中宗定陵，在縣西北十五里龍泉山。

代宗元陵，在縣西北四十里檀山。〔三二〕

順宗豐陵，在縣東北三十三里甕金山。〔三三〕

節愍太子陵，在縣西北十五里。

荆山，在縣西南二十五里岐山東，〔三四〕禹貢云「荆、岐既旅」，是也。〔三五〕

鹽池澤，在縣東南二十五里，周回二十里。

後周文帝成陵，在縣西北十五里。

王翦墓，在縣東北三里。

司馬欣墓，在縣西二十五里。章邯長史，降項羽，封爲塞王。

雲陽縣，次赤。西南至府一百二十里。本漢舊縣，屬左馮翊，魏司馬宣王撫慰關中，罷縣，置撫夷護軍，及趙王倫鎮長安，復罷護軍。劉、石、苻、姚因之。魏罷護軍，更於今理別置雲陽縣，隋因之。武德元年，分置石門縣。三年，於石門縣置泉州。貞觀元年廢州，改石門縣爲雲陽縣。

德宗崇陵，在縣東二十里。〔三六〕

嵯峨山，一名巀嶭山，在縣東北十里，東西二十五里，南北二十里。山上有雲必雨，常以爲候。

甘泉山，一名磨石嶺，在縣西北九十里，周回六十里。

車箱阪，在縣西北三十八里。縈紆曲折，單軌纔通，上阪卽平原宏敞，樓觀相屬，卽趨甘泉宮道也。

涇水，在縣西南二十五里。初，鄭國分涇水置鄭渠，後倪寬又穿六輔渠，〔三七〕今此縣與三原界六道小渠，猶有存者。謹按：秦始皇元年，韓聞秦好興事，欲疲之，乃使水工鄭國閒說，令鑿涇水自仲山西邸瓠口爲渠，〔三八〕東注洛，三百餘里，欲以溉田。中作而覺，秦欲殺國。國曰：「始臣爲閒，然渠成亦秦之利。」秦以爲然，卒使就渠。既成，溉舃鹵之地四萬餘頃，收皆畝一鍾。〔三九〕關中無凶年，命爲鄭國渠。後至漢武帝元鼎六年，一百三十六歲，倪寬爲左內史，又奏請穿六輔渠，以益溉鄭渠旁高卬之田。後十六歲，趙中大夫白公又奏穿涇水注渭中，溉田四千餘頃，人得其饒而歌之。大唐永徽六年，雍州長史長孫祥奏言：「往日鄭白渠溉田四萬餘頃，今爲富僧大賈，競造碾磑，止溉一萬許頃。」於是高宗令分檢渠上碾磑，皆毀撤之。未幾，所毀皆復。廣德二年，臣吉甫先臣文獻公爲工部侍郎，復陳其弊，代宗亦命先臣拆去私碾磑七十餘所。歲餘，先臣出牧常州，私制如初。至大曆中，利所及纔六千二百餘頃。

漢雲陽故縣，在縣西北八十里。

雲陽宫，卽秦之林光宫，漢之甘泉宫，在縣西北八十里甘泉山上。周回十餘里，去長安三百里，望見長安城。黄帝已來祭天圜丘處也。齊人少翁謂武帝曰：「上卽欲與神通，宫室被服，非像神，神物不至。」乃於甘泉宫中爲臺，畫天、地、泰一諸鬼神而祭之。又作柏梁、銅柱、承露盤、仙人掌之屬。帝以五月避暑於此，八月乃還。

通天臺，在縣西北八十一里甘泉宫中。高三十五丈，望雷雨悉在下。

咸陽縣，畿。正東微南至府四十里。本秦舊縣也，孝公十二年於渭北城咸陽，自汧、隴徙都焉。秦自孝公、惠文、悼武、昭襄、莊襄王、始皇、胡亥並都之。始皇二十六年，初併天下，收天下兵聚之咸陽，鑄以爲鍾鐻，金人十二，重各千石，置庭中。徙天下豪富於咸陽十二萬户。每破諸侯，倣其宫室，作之〔咸陽〕北坂上，〔四〇〕以所得諸侯美人鐘鼓充之。咸陽之旁二百里内，宫觀二百七十，土木皆被綈繡，宫人不移樂，不改懸，窮年忘歸，猶不能遍至。胡亥時，天下叛秦。漢元年，秦王子嬰降漢。項羽引兵西屠咸陽，殺子嬰，燒秦宫室，火三月不滅。及漢興，以爲渭城縣，屬右扶風。按秦咸陽在今縣東二十二里，漢渭城縣亦理於此，苻堅時改爲咸陽郡。後魏又移咸陽縣於涇水北，今咸陽縣理是也。〔四一〕隋開皇九年，改涇陽爲咸陽，大業三年廢入涇陽縣。城本杜郵也，武德元年置白起堡，二年置縣，又加營築焉。山南曰陽，水北曰陽，縣在北山之南，渭水之北，故曰咸陽。

畢原，卽縣所理也。左傳曰「畢、原、酆、郇，文之昭也」，卽謂此地。原南北數十里，東西二三百里，無山川陂湖，井深五十丈。亦謂之畢陌，漢氏諸陵並在其上。

短陰原，在縣西南二十里。

渭水，南去縣三里。

臨皐驛，在縣東南二十里。

長陵故城，在縣東北三十里。〔四二〕初，漢徙關東豪族以奉陵邑，長陵、茂陵各萬户，其餘五陵各千户，皆屬太常，不隷於郡。

秦蘭池宫，在縣東二十五里。〔四三〕

秦慈石門，在縣東南十五里。東南有閣道，卽阿房宫之北門也，累慈石爲之，著鐵甲入者慈石吸之不得過，羌、胡以爲神。

細柳倉，在縣西南二十里，漢舊倉也。周亞夫軍次細柳，卽此是也。張揖云在昆明池南，恐爲疏遠。

棘門，在縣東北十八里。本秦闕門也，漢文帝使將軍徐厲屯棘門，謂此也。

蘭池陂，卽秦之蘭池也，在縣東二十五里。初，始皇引渭水爲池，東西二百里，南北二十里，築爲蓬萊山，刻石爲鯨魚，長二百丈。始皇嘗微行，遇盜於蘭池，見窘，使武士擊殺盜，關中大索二十日。

中渭橋，在縣東南二十二里。本名横橋，駕渭水上。始皇都咸陽，渭水貫都，以象天漢。横橋南渡，以法牽牛。渭水南有長樂宫，渭水北有咸陽宫，欲通二宫之間，故造此橋。漢末董卓燒之，魏文帝更造，劉裕入關又毁之，後魏重造，貞觀十年移於今所。

便橋，在縣西南十里，駕渭水上。武帝建元三年，初作便門，橋在長安北茂陵東，去長安二十里。長安城西門曰便門，此橋與門相對，因號便橋。

白起祠，在縣城中。

漢長陵，在縣東三十里，高帝陵也。

安陵，惠帝陵也，在縣東北二十里。〔四四〕

陽陵，景帝陵也，在縣東四十里。

平陵，昭帝陵也，在縣西北二十里。

渭陵，元帝陵也，在縣西北七里。

延陵，成帝陵也，在縣西北十三里。

義陵，哀帝陵也，在縣北八里。

康陵，平帝陵也，在縣西北九里。

太公墓，在縣東北十里。

周公墓，在縣北十三里。〔四五〕

蕭何墓，在縣東北三十七里。

曹參墓，在縣東北三十五里。

張良墓，在縣東北三十六里。

蒙恬祠，在縣西北十五里。

渭南縣，畿。西至府一百三十里。本漢新豐縣地，〔四六〕苻秦時置。後魏孝明帝亦云孝文帝。於今縣東南四里置渭南郡及南新豐縣。西魏廢帝二年，改南新豐爲渭南縣。武德元年屬華州，五年改屬雍州。

倒獸山，〔四七〕一名玄象山，在縣東南五十里。王子年隱處也。

渭水，北去縣四里。

酋水，〔四八〕出縣西南石樓山，北入渭。

隋崇業宮，在縣東十五里。

秦步高宮，在縣西南二十里。

藍田縣，畿。東北至府八十里。本秦孝公置。按周禮，「玉之美者曰球，其次爲藍」，〔四九〕蓋以縣出美玉，故曰藍田。周閔帝割京兆之藍田又置玉山、白鹿二縣，置藍田郡，至武帝省郡復爲藍田縣，屬京兆，後遂因之。

縣理城，卽嶢柳城也，俗亦謂之青泥城。桓温伐苻健，使將軍薛珍擊青泥城，破之，卽其處也。〔五〇〕

藍田山，一名玉山，一名覆車山，在縣東二十八里。

白鹿原，在縣西六里。晉桓温伐苻健，督護鄧遐等奮擊於白鹿原，卽此地也。

霸水，故滋水也，卽秦嶺水之下流，東南自商州上洛縣界流入，又西北流合滻水入渭。

思鄉城，在縣東南三十三里。宋武帝征關中，築城於此，南人思鄉，因以爲名。

藍田關，在縣南九十里，〔五一〕卽嶢關也。秦趙高將兵拒嶢關，沛公引兵攻嶢關，踰蕢山擊秦軍，大破之。

蕢山，在縣東南二十五里。

卷一校勘記

〔一〕京兆府　攷證：按京兆府後宜詳節鎮及所管州縣並都管户數，此俱不載，義所未析。河南府同。抑以本無專官，職歸兼領，故略不書，所以尊天子重都邑乎？缺疑以俟知者。

〔二〕遣子璝　今按：各本「璝」作「隗」。攷證云：「按晉志『平劉義真於長安，遣子璝鎮焉』，魏書、北史、十六國春秋並作『璝』。又按字書，『瑰』爲『璝』之或體，此疑『瑰』轉譌『隗』。」

〔三〕視終南如指掌　今按：通經樓鈔本同此有「如指掌」三字，它本脱。

〔四〕按秦之故〔地〕　今按：戈襄校舊鈔本「故」下有「地」字，與史記劉敬傳合，今據增。

〔五〕又（治）〔理〕秦中　今按：清初鈔本「治」作「理」，今依改。攷證云：「『治』宜作『理』。唐人避高宗諱，引經史例以『理』代。此蓋後人依漢書改正，失本義矣。」

〔六〕地骨白皮　今按：新唐志作「地骨皮」，無「白」字。地骨皮即枸杞根皮，「白」字疑衍。

〔七〕屬馮翊　攷證：按漢制，宜云「左馮翊」，此傳鈔脱漏，高陵、櫟陽各縣並有「左」字。

〔八〕長安三年廢　攷證：按唐志及樂史寰宇記俱作「二年」。

〔九〕書序云周公薨成王葬於畢是也　攷證：今書序無此文。官本作「書序云」，南本從之。按御覽引此本無「序」字，蓋古本序冠于經，故止稱「書云」。官本疑後人所增，畢沅引亦無「序」字，見長安志。

〔一〇〕隋文帝惡其名　今按：清初鈔本及通經樓鈔本作「隋文帝惡其坂名」。

〔一一〕唐隆二年　今按：舊唐書韋庶人傳及殤帝重茂傳，景龍四年六月韋后弑中宗立温王重茂，同年秋誅韋后並廢重茂，睿宗卽位，稱景雲元年。重茂雖曾改元唐隆，但未逾年卽廢，疑此「唐隆」當作「景雲」。

〔一二〕理懷直坊　今按：岱南閣本「直」譌「真」，舊唐志亦作「懷直坊」。

〔一三〕頭入渭水　今按：水經渭水注作「頭臨渭水」，通鑑注引水經注同。此與三輔黄圖作「頭入渭水」，「入」字非。

〔一四〕其行道因成土山至高出長安城　今按：水經渭水注作「其行道因山成跡，山卽基闕，不假築，高出長安城」。

〔一五〕三輔（皇）〔黄〕圖　今按：「皇」當作「黄」，它本不誤，今改。

〔一六〕九月而城成　今按：長安城興建及其完成，記載各異。史記呂太后本紀云「三年，方築長安城，四年就半，五年、六年城就」。與此所言不同。此本漢書惠帝紀，而年亦異。

〔一七〕周回六十五里　今按：史記索隱引漢舊儀云「城方六十三里」。

〔一八〕縣西北十五里並在長安故城中　今按：長安故城在長安縣西北十三里，此云長樂、未央並在長安故城中，則上條「十五」此條「十四」，皆當作「十三」。通典州郡三引坤元録云「漢長樂宫在長安縣西北長安故城中」。史記樗里子傳正義云「未央宫在長安縣西北十三里長安故城中」。可證此誤。

〔一九〕縣西二十里　今按：史記滑稽列傳正義引括地志「建章宫在雍州長安縣西北二十里，長安故城西」。此「縣西」下，各本皆脱「北」字。下文云「神明臺在縣西北二十里，長安故城西」。據玉海宫室臺引括地志，神明臺在建章宫中，可知此傳鈔漏脱。

〔二〇〕縣北十三里　今按：此與各本「北」上俱脱「西」字。史記外戚世家正義引括地志「北宮在長安縣西北十三里，與桂宮相近，在長安故城中」。此言桂宮所在與括地志同，應作「西北十三里」。

〔二一〕周匝二百四十〔步〕〔里〕　攷證：「步」，官本作「里」，是。按漢書東方朔傳「舉籍阿城以南，盩厔以東，宜春以西，提封頃畝，及其賈直，欲除以爲上林苑，屬之南山」，殆二百餘里。今按：水經渭水注敍上林苑之範圍與漢書同，攷證是，今從殿本改「里」。

〔二二〕漢武帝所作　今按：各本無「漢」字。

〔二三〕酒池監於商辛追覆車而不悟　攷證：官本「監」作「鑒」，「悟」作「寤」，與文選合。

〔二四〕昭應縣〔缺〕　攷證：「缺」字宜削。官本無此條。按新、舊唐志附録沿革於華清宮條之下，新豐故城各條混入長安縣，殊少别擇。今按：昭應縣非缺，清陳樹華鈔本無「缺」字，今删。「縣」下當有縣級及至京兆府里距並敍，今佚。

〔二五〕蕭寶〔寅〕〔夤〕　攷證：按魏書、北史「寅」並作「夤」。今按：通經樓本作「夤」字，今從改，它本並誤「寅」。

〔二六〕立義栅捍賊　今按：各本俱脱「栅」字。

〔二七〕縣東十五里　今按：新唐志作「十八里」。

〔二八〕縣東北二十五里九嵕山　今按：新唐志云「昭陵在縣西北六十里九嵕山」，與此方里俱不同。

〔二九〕武將山　今按：舊唐志作「濕山」。新唐志云「武將山一名馮山」。

〔三〇〕壺口〔治〕〔理〕梁及岐　今按：清初鈔本「治」作「理」，是，今據改。

〔三一〕古公亶父踰梁山　攷證：按括地志梁山有二：一在今同州韓城縣東北，此晉之梁山，左傳「梁山崩，壅河三日不流」是也，禹貢「治梁及岐」即此；一在今乾縣西北，此秦之梁山，孟子「踰梁山」是也。此志謂爲一山。而韓城本古梁國，以山得名，反略而不著，未析何義。今按：括地志謂乾縣梁山爲古公所踰，但據水經河水注所述，又詩大雅緜疏，古公所踰之梁山，亦應在韓城。

〔三二〕西北四十里檀山　攷證：唐志作「二十五里」。

〔三三〕在縣東北　攷證：唐志無「北」字，畢沅引此同，「北」字疑衍。

〔三四〕在縣西南二十五里　攷證：徐文靖引作作「二十里」，見禹貢會箋。

〔三五〕荆岐既旅是也　今按：漢志「左馮翊懷德，禹貢北條荆山在南，下有彊梁原」。太平寰宇記引水經注「洛水東南歷彊梁原，俗謂之朝坂」。西漢懷德與朝坂，俱在唐同州朝邑縣，爲洛水流域，則禹貢荆山不得在雍州富平。隋志、括地志及此志著荆山于富平，蓋因三國時富平曾置懷德縣，後遂誤以爲西漢懷德，並移荆山于此。

〔三六〕縣東二十里　今按：岱南閣本脱「十」字。

〔三七〕倪寬　攷證：史記、漢書並作「兒」。

〔三八〕自仲山西邸瓠口爲渠　攷證：史記、漢書並作「中」。俗本或譌作「仲」，云「高祖兄仲居此」，酈道元嘗斥其非。顧祖禹方輿紀要引圖經「中山北接嵯峨，西距冶谷，南並九嵕，涇水自中而出，故名」。一云「以山在冶谷水西，涇水東也」。今按：清初鈔本、通經樓鈔本與此「西」下有「邸」字，它本無。水經沮水注作「渠首上承涇水于中山西瓠口」，無「邸」字，河渠書、溝洫志雖言「鑿涇水自中山西邸瓠口爲渠」，然顏師古云「邸，至也」。程一枝史詮云「邸當作『抵』」。則不得以邸與瓠口連名，「邸」字可不依史記、漢書增。

〔三九〕溉舄鹵之地四萬餘頃收皆畝一鍾　今按：各本作「溉澤鹵之地四萬頃，畝皆一鍾」，此與漢書溝洫志同。

〔四〇〕作之〔咸陽〕北坂　今按：清初鈔本、通經樓鈔本、戈襄校舊鈔本並有「咸陽」二字，與史記秦始皇本紀合，它本脱此二字。咸陽北坂卽渭城，不能單稱「北坂」，今據增。

〔四一〕後魏又移咸陽縣於涇水北今咸陽縣理是也　攷證：上「咸陽縣」宜作「咸陽郡」，下「咸陽縣」宜作「涇陽縣」。長安志「後魏太和十二年，徙咸陽郡於涇水北，今涇陽縣是也」。此志涇陽縣敍亦云「魏於今縣置咸陽郡」。

〔四二〕縣東北三十里　攷證：「北」字宜衍，括地志「長陵在咸陽縣東三十里」，此志漢長陵條亦無「北」字。

〔四三〕秦蘭池宮在縣東二十五里　今按：水經渭水注「渭水東逕渭城北，地理志曰縣有蘭池宮。始皇微行，逢盗蘭池，今不知所在」。史記始皇本紀正義引括地志「蘭池陂，秦之蘭池也，在雍州咸陽縣界」。是宮及陂池所在，北魏及唐初已不能確指在咸陽何處矣。

〔四四〕縣東北二十里　攷證：錢坫引作「二十一里」，見漢書地理志補注，與括地志合，此疑脱。

〔四五〕周公墓在縣北十三里　攷證：此沿括地志之誤。前萬年縣云「周公薨，成王葬于畢，在縣西南二十八里」是也，不宜重出，致淆前説。今按：此爲李吉甫襲用括地志未加甄别之故，全書中此類甚多。史記魯周公世家「成王葬周公於畢，從文王」。周本紀正義引括地志「周文王墓在雍州萬年縣西南二十八里畢原上」。畢原在今陝西西安市西南，綿亙于渭水南北，其在渭南秦嶺北麓西安、鄠縣者，即括地志所謂萬年縣西南之畢原，其在渭北咸陽市北醴泉、涇陽者，名咸陽北坂，亦名咸陽原，又名畢陌。唐人于畢原、畢陌多混，如戰國魏畢公高之畢，應是畢陌，張守節正義誤以爲在萬年。周公墓與周文王、武王墓自在渭南，近豐、鎬，漢世諸陵則在渭北。

〔四六〕漢新豐縣　今按：「漢新豐縣」，岱南閣本、畿輔本「漢」譌「秦」。

〔四七〕倒獸山　攷證：本名倒虎山，見十六國春秋及水經注，唐人避諱改。今按：水經渭水注作「到虎山」。楊守敬水經注要删云「地理志藍田有虎候山祠，郡國志藍田劉昭注引地道記有虎候山，疑『到虎』爲『虎候』之誤」。

〔四八〕酋水　攷證：水經注作「首水」。今按：首水爲渭水支津，寰宇記渭南縣引水經注亦作「首水」，即地形志京兆郡新豐縣之首谷水。此「酋」字疑誤。

〔四九〕按周禮玉之美者曰球其次爲藍　攷證：今周禮無此文，樂史作「周禮注」，宋敏求長安志亦作「周禮」，畢沅未加校正。按辛氏三秦記有此二語，不知所本，周禮古經散佚，難徵信矣。

〔五〇〕縣理城卽嶢柳城也至卽其處也　攷證：「泥」作「涅」，與嶢柳非一地。按晉書桓温傳「進擊青泥，破之。健又遣子生、弟雄衆數萬屯嶢柳」。十六國春秋「皇始四年，進擊青涅，破之。健遣太子萇帥衆五萬拒温於嶢柳」是也。顧祖禹曰「嶢柳城，今藍田縣治。青泥城，在縣南七里」。與史文正合。又按水經注「涅水又西經嶢關北，歷嶢柳城，魏置青涅軍於城内，世亦謂之青涅城也」。此志蓋因其文，並引桓温進擊之青泥城以合之，疏矣。

〔五一〕在縣南九十里　今按：史記曹相國世家正義引括地志作「東南九十里」。

元和郡縣圖志卷第二

關内道二

京兆下

興平　高陵　櫟陽　涇陽　美原　華原　同官　鄠　盩厔　武功　好畤

華州　同州

鳳翔節度使　鳳翔府　隴州

興平縣，畿。　東至府九十里。本漢平陵縣，屬右扶風。魏文帝改爲始平。晉武改置始平(國)〔郡〕，〔一〕領槐里縣，歷晉至西魏數有移易。景龍二年，〔二〕金城公主出降吐蕃，中宗送至此縣，改始平縣爲金城縣。至德二年改名興平。

始平原，在縣北十二里。東西五十里，南北八里，東入咸陽界，西入武功界。

渭水，南去縣二十九里。

馬牧澤，在縣東南二十里。南北廣四里，東西二十一里。

百頃澤，在縣西二十五里。周迴十六里，多蒲魚之利。

槐里城，周曰犬丘，秦改名廢丘，周懿王所都。〔三〕項羽封章邯爲雍王，都廢邱，亦此城也。

武學故城，在縣東南十里。

馬嵬故城，在縣西北二十三里。馬嵬於此築城，以避難，未詳何代人也。

漢龍泉廟，〔四〕在縣東北二十四里，武帝廟號也。

漢黄山宫，在縣西南三十里。武帝微行，西至黄山宫，卽此也。

章邯臺，在縣東南十里。

漢茂陵，在縣東北十七里，〔五〕武帝陵也。在槐里之茂鄉，因以爲名。守陵溉樹埽除，凡五千人。

漢公孫弘墓，在縣東北十八里。

衛青墓，在縣東北十九里，起冢象廬山。

霍去病墓，在縣東北十九里，起冢象祁連山。

高陵縣，畿。西南至府八十里。本秦舊縣，孝公置。漢屬左馮翊。魏文帝改爲高陸，屬京兆郡。隋大業二年，復爲高陵。

龍躍宮，在縣西十四里，〔六〕高祖太武皇帝龍潛舊居也，武德六年置。

姚興墓，在縣東南十三里。

櫟陽縣，畿。西南至府一百里。本秦舊縣，獻公自雍徙居焉，屬左馮翊。項羽立司馬欣爲塞王，亦都之。按高帝既葬太上皇於櫟陽之萬年陵，遂分櫟陽置萬年縣以爲陵邑，理櫟陽縣城中，故櫟陽城亦名萬年城。後漢省櫟陽入萬年，後魏宣武帝又分置廣陽縣，周明帝省萬年入廣陽，更於長安城中別置萬年縣，廣陽仍屬馮翊郡。隋開皇三年罷郡，廣陽縣屬雍州。武德元年又改爲櫟陽縣。〔七〕

煮鹽澤，在縣南十五里。澤多鹹鹵。苻秦時於此煮鹽。周迴二十里。

清泉陂，在縣西南十里，多水族之利。

漢太上皇陵，在縣東北二十五里。

涇陽縣，畿。南至府七十里。本秦舊縣。漢屬安定郡，惠帝改置池陽縣，屬左馮翊，故城在今縣西北二里，以其地在池水之陽，故曰池陽。後魏廢，於今縣置咸陽郡，苻秦又置涇陽縣。隋文帝罷郡，移涇陽縣於咸陽郡，屬雍州，卽今縣是也。

石安原，在縣南七里。高二十丈，東西三十八里，南入咸陽縣界。

長平阪，一本作「坡」。在縣西南五里。

涇水，西北自池陽縣界流入，〔八〕經縣南七里，又東南入高陵縣界。春秋襄公十四年，諸侯伐秦，濟涇而次，秦人毒涇，師人多死。

焦穫音護。藪亦名瓠口。〔九〕爾雅十藪，周有焦穫，詩云「玁狁匪茹，整居焦穫」，即謂此也。按韓水工鄭國説秦，令鑿涇水，自仲山西抵瓠口爲渠，即所謂鄭、白二渠是也。

秦望夷宫，在縣東南八里。北臨涇水以望北夷，故名之。胡亥死於此。〔一〇〕

漢池陽宫，在縣西北八里。

龍泉陂，在縣南三里。周回六里，多蒲魚之利。

太白渠，在縣東北十里。

中白渠，首受太白渠，東流入高陵縣界。

南白渠，首受中白渠水，東南流，亦入高陵縣界。

美原縣，畿。西南至府一百八十里。秦、漢頻陽之地，以縣西北十一里有頻山，秦厲公於山南立縣，故曰頻陽。後魏别立土門縣，以頻山有二土阜，狀似門，故曰土門。隋大業二年省，義寧二年再置，貞觀十七年又省，咸亨二年復置，改名曰美原。

頻陽故城，在縣西南三里。秦將王翦即此縣人也。

華原縣，畿。西南至府一百六十里。本漢祋祤縣地，屬左馮翊。魏、晉皆於其地置北地郡，元魏廢帝三年改爲通川郡，領泥陽縣。隋開皇三年罷郡，以縣屬宜州，六年改泥陽爲華原縣。〔一一〕大業二年省宜州，縣屬京兆。垂拱二年改爲永安縣。〔一二〕天授二年又置宜州，大足元年廢。神龍元年，復爲華原縣。

土門山，在縣東南四里。

祋祤故城，在縣東南一里。〔一三〕漢縣也，宣帝神雀二年，〔一四〕鳳皇集祋祤城是也。

泥陽故縣，在縣東南十七里。

漢步壽宮，〔一五〕在縣東北三里。

同官縣，畿。西南至府二百一十里。本漢祋祤縣地，屬左馮翊。晉屬頻陽。苻秦於祋祤城東北銅官川置銅官護軍，後魏太武帝改置銅官縣，屬北地郡。周朝除「金」作此「同」字，屬宜州。隋大業二年省宜州，縣屬雍州，國朝因之。

鄠縣，畿。東北至府六十五里。本夏之扈國，啓與有扈戰於甘之野。地理志古扈國，有户谷、户亭，又有甘亭。〔一六〕扈至秦改爲鄠邑，漢屬右扶風，〔一七〕自後魏屬京兆，後遂因之。

終南山，在縣東南二十里。

雞頭山，在縣東南三十一里。僞趙主石生不能守長安，欲西上隴，士卒散盡，遂入雞頭山，尋爲追兵所害。

牛首山，在縣西南二十三里。南接終南，在上林苑中，西京賦云「繞黄山而款牛首」，是也。澇水所自出。

渭水，北去縣十七里。

豐水，出縣東南終南山，自發源北流，經縣東二十八里，北流入渭。

龍臺澤，在縣東北三十里。〔一八〕周迴二十五里。

八部澤，在縣東南五里。周迴五十里。

故鄠城，在縣北二里，夏之扈國也。

鍾官故城，一名灌鐘城，在縣東北二十五里。蓋始皇收天下兵器，銷爲鐘鐻，此或其處。

馬祖壇，在縣東北三十二里龍臺澤中，〔一九〕每年太常太僕四時祭之，春祭馬祖，夏祭先牧，秋祭馬社，冬祭馬步。

隋太平宫，在縣東南三十一里，對太平谷，因名之。

隋甘泉宫，在縣西南二十二里，對甘泉谷，因名之。

周酆宫，周文王宫也，在縣東三十五里。詩云「既伐于崇，作邑于豐」，是也。崇侯無道，文王伐之，命無殺人，無壞室。崇人聞之，如歸父母。遂虜崇侯，作豐邑。崇國在秦、晉之

間。〔二〇〕

秦萯陽宮，在縣西南二十三里。

美陂，在縣西五里。周迴十四里。

甘亭，在縣西南五里。夏啓伐有扈，誓師于甘之野，卽此處也。

盩厔縣，畿。東北至府一百三十里。漢舊縣，武帝置，屬右扶風。山曲曰盩，水曲曰厔。〔二一〕後漢省，晉復立。武德三年屬稷州，貞觀元年廢稷州復屬雍州。天寶中改名宜壽，後復名盩厔。

姜維領，本名沈領，在縣南五十里。蜀後主延熙二十年，大將軍姜維率衆出駱谷，經沈領，卽此也。

望仙澤，在縣東南三十五里，中有龍尾堆。

隋宜壽宮，在縣東南三十二里。

秦長楊宮，在縣東南三十三里。〔二二〕漢武帝好自擊熊羆，司馬相如從至上林，上疏諫。

秦五柞宮，在縣東南三十八里。

馬融讀書臺，在縣東北二十七里。

司竹園，在縣東十五里。史記曰「渭川千畝竹」。今按：園周迴百里，置監丞掌之，以供國用。義寧元年，義師起，高祖第三女平陽公主舉兵於司竹園，號「娘子軍」。

駱谷關，在縣西南一百二十里。〔二三〕武德七年，開駱谷道以通梁州，在今關北九里，貞觀四年移於今所。

駱谷道，漢、魏舊道也，南通蜀、漢。魏少帝正始四年，〔二四〕曹爽伐蜀，諸軍入駱谷三百餘里，不得前進，牛馬驢騾，〔二五〕以轉運死者略盡。〔二六〕少帝甘露三年，蜀將姜維出駱谷，圍長城，亦此道也。

樓觀，在縣東三十七里。本周康王大夫尹喜宅也，穆王爲召幽逸之人，置爲道院，〔二七〕相承至秦、漢，皆有道士居之。晉惠帝時重置。其地舊有尹先生樓，因名樓觀，武德初改名宗聖觀。事具樓觀本記及先師傳焉。〔二八〕

武功縣，畿。東至府一百四十里。漢舊縣。古有邰國，堯封后稷之地。周平王東遷，以賜秦襄公。孝公作四十一縣，斄、美陽、武功，各其一也。斄與邰音同字異，武功蓋在渭水南，今郿縣地是也。按：舊縣境有武功山。斜谷水亦曰武功水。故諸葛亮表云「遣孟琰據武功水」。又杜彥遠云「太白山南連武功山」。〔二九〕是則縣本以山水立名也。武德三年，分雍州之武功、好畤、盩厔、扶風之郿四縣，於今縣理置稷州，因后稷所封爲名。貞觀元年廢州，以縣屬京兆。

慶善宮，在縣南十八里，皇家舊宅也，南臨渭水，武德元年置宮。〔三〇〕貞觀六年，鑾駕親幸，讌羣臣賦詩焉。

三時原，在縣西南二十里。高五十丈，西入扶風縣界。

故斄城，一名武功城，在縣西南二十二里，〔三一〕古邰國也。

后稷祠，在縣西南二十二里。

姜嫄祠，在縣西南二十二里。

隋文帝泰陵，在縣西南二十里三時原上。

好時縣，畿。西南至府一百八十里。本漢舊縣，在今縣理東南十三里故城是也。時者，神明所依止也。以雍州積高，神明之隩，故立時以郊上帝諸神也。後漢省。武德二年分醴泉縣置，因漢舊名，屬雍州。三年，改屬稷州。貞觀元年廢稷州，復屬雍州。二十一年於廢上宜縣置好時縣，今縣理是也。其上宜縣，隋開皇十八年置，貞觀八年廢。

華州，華陰四輔。開元户三萬七百八十七。鄉七十。元和户一千四百三十七。鄉二十二。〔三二〕

禹貢雍州之域，周爲畿内之國，鄭桓公始封之邑。其地一名咸林，春秋時爲秦、晉界邑。長城在州東七十二里。或説秦、晉分境祠華岳，故築此城。戰國時屬秦、魏。地理志云自高陵已東，皆魏分也。按史記「魏築長城，自鄭濱洛」，今州東南三里魏長城是也。秦并天下，爲内史之地。二漢及晉，爲京兆之地。後魏置東雍州，廢帝改爲華州。隋大業二年省華州，義寧元年置華山郡。武德元年復爲華州。垂拱元年改爲太州，避武太后祖諱也。神龍元年復舊。

州境：東西一百六十四里。南北一百四十里。

八到：西至上都一百八十里。東至東都六百八十里。東至潼關一百二十里。東至虢州二百二十里。東北至同州八十里。南至商州山路二百七十里。〔三三〕

貢、賦：開元貢：茯神，茯苓，細辛。賦：緜，絹（布）。〔三四〕

管縣三：鄭，華陰，下邽。

鄭縣，望。郭下。本秦舊縣，漢屬京兆。後魏置東雍州，其縣移在州西七里。隋大業二年，州廢移入州城，隸屬雍州。至三年，以州城屋宇壯麗，置太華宫，縣卽權移城東。四年宫廢，又移入城。

古鄭城在縣理西北三里。興元元年，〔三五〕新築羅城及古鄭城，並在羅城内。

少華山，在縣東南十里。

華陰縣，望。西至州六十里。本魏之陰晉邑，秦惠文王時，魏人犀首納之於秦，秦改曰寧秦。漢高帝八年，更名華陰，屬弘農郡。後魏屬華州。隋大業五年移於今理。垂拱元年改曰仙掌，尋復舊名。

長城，在縣西，春秋時秦、晉分界處。

太華山，在縣南八里。

永豐倉，在縣東北三十五里渭河口，隋置。義寧元年因倉又置監。天寶三年，左常侍兼陝州刺史韋堅開漕河，自苑西引渭水，因古渠至華陰入渭，運永豐倉及三門倉米，以給京師，名曰廣運潭，以堅爲天下轉運使。灞、滻二水會於漕渠，每夏大雨輒皆漲，大曆之後，漸不通舟。天寶中，每歲水陸運米二百五十萬石入關；大曆後，每歲水陸運米四十萬石入關。

潼關，在縣東北三十九里，古桃林塞也，春秋時晉侯使詹嘉處瑕以守桃林之塞是也。關西一里有潼水，因以名關。又云河在關内，南流衝激關山，因謂之「衝關」。〔三六〕謹按：秦函谷關在漢弘農縣，卽今靈寶縣西南十一里故關是也。今大路在北，本非鈐束之要。漢武帝元鼎三年，楊僕爲樓船將軍，本宜陽人，今福昌縣也。恥居關外，上疏請以家僮七百人徙關於新安，武帝從之，卽今新安縣東一里函谷故關是也。而酈傳所馳，出於南路，至後漢獻帝初平二年，董卓脅帝西幸長安，出函谷關，自此已前，其關並在新安。其後二十年，至建安十六年，曹公破馬超於潼關，則是中間徙於今所。今歷二處而至河潼，上躋高隅，俯視洪流，盤紆峻極，實謂天險。河之北岸則風陵津，北至蒲關六十餘里。河山之險，邐迤相接，自此西望，川途曠然，蓋神明之奥區，帝宅之户牖，百二之固，信非虛言也。

下邽縣，望。東南至州八十里。本秦舊縣，地理志屬京兆，注「下邽，秦武公伐邽戎置」，以隴西有上邽，故此加下也。董卓遷都長安，華歆求出爲下邽令，卽此也。後魏避道武帝諱，改爲夏封，〔三七〕隋大業二年復舊。後魏屬馮翊，隋屬華州，武德缺年屬同州，〔三八〕垂拱元年復屬華州。

漢蓮勺縣故城，〔三九〕在縣東二十二里。張禹本河内人，徙家蓮勺。

同州，馮翊四輔。開元户五萬六千五百九。鄉一百二十一。元和户四千八百六十一。鄉一百四十。

禹貢雍州之域，春秋時其地屬秦，本大荔戎國，秦獲之，更名曰臨晉。魏文侯伐秦，秦築臨晉，今朝邑西南有故城，七國時屬魏。始皇并天下，京兆、馮翊、扶風並内史之地。及項羽滅秦，爲塞國，立司馬欣爲塞王。及漢王定三秦，以爲河上郡，復罷爲内史，武帝更名左馮翊。魏除「左」字，但爲馮翊郡，晉因之。後魏永平三年，改爲同州。禹貢云「漆、沮既從，灃水攸同」，言二水至此同流入渭，城居其地，故曰同州。

州境：東西一百一十二里。南北二百三十五里。

八到：西至上都二百五十里。東至東都六百五十里。東至蒲津關六十里。南至華州八十里。西北至坊州二百五十里。

貢、賦：開元貢：綃紋吉莫皮二十張。賦：絹，（布）〔緜〕。〔四〇〕元和貢：麝香，麻黄，地黄，蒺藜子，皺紋靴，石鏃餅，〔四一〕寒山石。

管縣七：馮翊，朝邑，韓城，白水，夏陽，澄城，郃陽。

馮翊縣，望。郭下。本漢臨晉縣，故大荔城，〔四二〕秦獲之，更名。舊説秦築高壘以臨晉國，故曰臨晉。晉武帝改爲大荔縣，後魏改爲華陰縣，後以名重，改爲武鄉。隋大業三年改爲馮翊縣。馮，輔也；翊，佐也。義取輔佐京師。

沙苑，一名沙阜，在縣南十二里。東西八十里，南北三十里。後魏文帝大統三年，周太祖爲相國，與高歡戰於沙苑，大破之。其時太祖兵少，隱伏於沙草之中，以奇勝之。後於兵立之處，人栽一樹，以表其功，今樹往往猶存。仍於戰處立忠武寺。今以其處宜六畜，置沙苑監。

興德宫，在縣南三十二里。義旗將趣京師，軍次於忠武園，因置亭子，名興德宫，屬家令寺。

朝邑縣，望。西至州三十五里。本漢臨晉縣地。大荔國在今縣東三十步，故王城是也。〔四三〕後魏置南五泉縣，西魏改爲朝邑縣，以北據朝阪，故以爲名。縣西南有蒲津關。河橋，本秦后子奔晉，造舟於河，通秦、晉之道，今屬河西縣。

長春宮，後周武帝置。隋大業十三年，高祖起義兵，自太原舍於此宮，休甲養士，而定京邑。武德二年，於此置陜東大行臺，太宗居藩，作鎮。四年，山東平，乃移行臺於洛州。

通靈陂，在縣北四里二百三十步。開元初，姜師度爲刺史，引洛水及堰黄河以灌之，種稻田二千餘頃。

苦泉，在縣西北三十里許原下，其水鹹苦，羊飲之，肥而美。今於泉側置羊牧，故諺云「苦泉羊，洛水漿」。

韓城縣，上。西南至州二百里。古韓國及梁國，漢爲夏陽縣之地。韓國故城在今縣理南十八里。梁國在今縣理南二十三里，有少梁故城。〔四四〕隋文帝分郃陽於此置韓城縣，春秋秦、晉戰於韓原，即此地也。

龍門山，在縣北五十里。

龍門戍，在縣東北，極險峻。後周於此置龍門關，今廢。

白水縣，望。東南至州一百二十里。本漢粟邑縣之地，屬左馮翊。按：粟邑故城在縣理西北二十八里。薛宣爲左馮翊，以粟邑縣小，僻在山中，其人謹朴，以頻陽令薛恭换粟邑令尹賞，二縣俱大理。又爲漢衙縣地，春秋時秦、晉戰於彭衙是也。後魏文成帝分澄城郡於此置白水縣及白水郡，〔四五〕郡南臨白水，〔四六〕因以爲名。隋開皇三年罷郡，縣屬同州。

夏陽縣，緊。西南至州一百三十里。古有莘國，漢郃陽縣之地。武德三年分郃陽於此置河西縣，在河之西，因以爲名。又割同州之郃陽、韓城二縣於今縣理置西韓州，取古韓國爲名也。以河東有韓州，故此加西。貞觀八年廢西韓州，以縣屬同州，乾元三年改爲夏陽縣。

縣南有莘城，卽古莘國，文王妃太姒卽此國之女也。

澄城縣，望。南至州一百里。漢徵縣也。韋昭云「徵，音懲」。徵、澄同聲，後人誤爲「澄」。魯文公十年，秦伐晉，取北徵，〔四七〕卽此城是也。後魏太平真君七年，分郃陽縣置，又於今縣理置澄城郡。隋開皇三年罷郡，以縣屬同州。

乾坑，漢書溝洫志云〔四八〕武帝時嚴熊上言，「願穿洛以溉重泉以東萬餘頃」。於是發卒穿渠，自徵引洛水至商顏下，商顏，今在馮翊縣界。名曰龍首渠。按州西三十里有乾坑，卽龍首之尾也。

郃陽縣，望。西南至州一百二十里。本漢舊縣，屬左馮翊。在郃水之陽，詩大雅所謂「在郃之陽」，是也。

王官故城，在縣西北。〔四九〕春秋傳曰「俘我王官，翦我羈馬」。

水經注曰郃陽城南有瀵水，東流注於河，卽郃水也。按中瀵水、蒲池瀵水與南瀵水，並在舊河西縣南五里，今郃陽界內。爾雅云「瀵出大尾下」，〔五〇〕郭璞以爲汾陰縣有水，如車輪，此水亦然。周武時屬澄城郡，隋開皇三年罷郡，以縣屬同州。

羈馬故城，在縣東北二十六里。

鳳翔府，岐州。扶風四輔。開元户四萬四千五百三十三。鄉九十二。元和户七千五百八十。鄉八十八。

今爲鳳翔節度使理所。

管州二：鳳翔府，隴州。縣十四。都管户八千三百六十四。

禹貢雍州之域。春秋及戰國時爲秦都，德公初居雍，卽今天興縣也。至獻公始徙櫟陽。始皇并天下，屬内史。項羽封章邯爲雍王，亦此地也。高帝更名中地郡，復屬内史。景帝更名主爵都尉，武帝太初元年更名右扶風，所以扶助京師行風化也，與京兆尹、左馮翊謂之三輔，理皆在長安城中。後漢出理槐里，卽今興平縣東南七里故槐里城是。魏文帝除「右」字爲扶風郡，亦是重鎮，曹公使張郃屯陳倉，建興中諸葛亮攻陳倉及郿，皆不克。晉太康八年爲秦國。後魏太武帝於今州理東五里築雍城鎮，文帝改鎮爲岐州。隋開皇元年，於州城内置岐陽宫，岐州移於今理。大業三年罷州，爲扶風郡，武德元年復爲岐州。至德元年改爲鳳翔郡，乾元元年改爲鳳翔府。

府境：東西一百八十三里。南北三百八十九里。

八到：東至上都三百一十里。東至東都一千一百七十里。東北至邠州二百三十里。南取太白山路至興元府六

百里。西南至鳳州二百八十里。西至隴州一百五十里。北至涇州二百二十里。〔五一〕

貢、賦：開元貢：龍鬚席，蠟燭。 賦：麻，布。

管縣九：天興，岐山，扶風，普潤，岐陽，麟遊，寶雞，虢，郿。

天興縣，次赤。郭下。本秦雍縣，秦國都也。漢縣，屬右扶風。四面高曰雍。又四望不見四方，故謂之雍。秦回中宮在縣西，漢文帝十四年，匈奴入蕭關，燒回中宮，候騎至雍，即此也。〔五二〕至德二年分置鳳翔縣，永泰元年廢，仍改雍縣爲天興縣。

乾歸故城，在縣西四十三里。乞伏乾歸據苑川，自號西秦，因築此城。〔五三〕

石鼓文，在縣南二十里許，石形如鼓，其數有十，蓋紀周宣王畋獵之事，其文即史籀之迹也。〔五四〕貞觀中，吏部侍郎蘇勗紀其事，云：「虞褚歐陽，共稱古妙。雖歲久訛缺，遺迹尚有可觀，而歷代紀地理志者不存記録，尤可嘆息。」

岐山縣，次畿。西至府五十里。本漢雍縣之地，周武帝天和四年，割涇州鶉觚縣之南界置三龍縣，隋開皇十六年移三龍縣於岐山南十里，改爲岐山縣。貞觀八年移於今理。

岐山，亦名天柱山，在縣東北十里。

渭水，在縣南三十里。

五將山，在縣西北六十里。苻堅爲姚萇將吴忠所擒之處。

扶風縣，次畿。西至府一百里。本漢美陽縣地。武德三年，分岐山縣置圍川縣，屬岐州取今縣南漳川水爲名，近代訛作「圍」。四年，隸入稷州。貞觀元年廢稷州，以縣屬岐州，八年改爲扶風。

普潤縣，次畿。南至府九十里。隋大業元年，於此置馬牧，又置普潤屯，後廢屯置縣。在漢爲漆縣，并有鐵官。今城西有漆水，又有小城，蓋置鐵官處。

岐陽縣，次畿。西南至府一百里。蓋漢杜陽縣地，貞觀七年割扶風、岐山二縣置，以在岐山之南，因以名之。

麟遊縣，次畿。西南至府一百六十里。本漢杜陽縣地，隋於此置西麟州，營仁壽宮。義寧元年，〔五五〕唐高祖輔政，廢宮。是年獲白麟於宮所，因置縣。

九成宮，在縣西一里。〔五六〕卽隋文帝所置仁壽宮，每歲避暑，春往冬還。〔五七〕義寧元年廢宮，置立郡縣。〔五八〕貞觀五年復修舊宮，以爲避暑之所，改名九成宮。

永安宮，在縣西三十里，貞觀八年置。

寶雞縣，次畿。東北至府九十里。本秦陳倉縣，秦文公所築，因山以爲名，屬右扶風。隋大業九年，移於今理，在渭水北。至德二年改爲寶雞，〔五九〕以昔有陳寶鳴雞之瑞，故名之。

陳倉故城，在今縣東二十里，卽秦文公所築。魏略云「太和中將軍郝昭築陳倉城，適詐，會諸葛亮來攻。亮本聞陳倉城惡，及至，怪其整頓，問知昭在其中，大驚愕。亮素聞昭在西有威名，念攻之不易。初，太原靳詳少與昭相親，後爲蜀所得。及亮圍陳倉，詳爲亮監軍，使於城外呼昭諭之。昭於樓上應詳曰：「魏家科法，卿所練也。我之爲人，卿所知也。曩時高剛守祁山，坐不專意，雖終得全，於今誚議不止。我必死耳，卿還謝諸葛亮，便可攻也。」詳以告亮，亮進兵，雲梯衝車，晝夜攻距，〔六〇〕二十餘日，亮無利，會費曜等救至，亮乃引去。按今城有上下二城相連，上城是秦文公築，下城是郝昭築。

陳倉山，在縣南十里，南接梁、鳳二州界。

散關，在縣西南五十二里。〔六一〕蜀志諸葛亮出散關圍陳倉。

三交城，在縣西十六里，司馬宣王與諸葛亮相距所築。咸亨三年，於縣東南開渠，引渭水入昇原渠，通船至京故城。〔六二〕即故長安城，漢惠帝所築城在今故大興城之西北苑中。

虢縣，次畿。北至府三十里。古虢國，周文王弟虢叔所封，是曰西虢，〔六三〕後秦武公滅爲縣。周改爲洛邑縣。隋大業三年，復爲虢縣。貞觀八年廢，天授二年再置。

郿縣，次畿。西北至府一百里。本秦縣，右輔都尉理所，在今縣東一十五里，有故城。今縣，周天和元年築，置雲州，建德三年廢。武德元年又於故城置郿州，三年廢州，郿縣屬稷州，七年屬岐州。白起卽此縣人也。縣在渭水南一里。

終南山，在縣南三十里。

太白山，在縣東南五十里。

五丈原，在縣西南三十五里。初，諸葛亮與司馬宣王相持，亮據渭水南原。宣王謂諸將曰：「亮若出武功，依山東轉，是其勇也。若西上五丈原，諸君無事矣。」亮果屯此原，耕者雜於渭濱，居人安堵，軍無私焉。

積石原，在縣西北二十五里。魏青龍二年，諸葛亮出斜谷，與司馬宣王屯渭南。郭淮算亮必爭北原，遂先據之。亮至，不得上。卽此原也。

縣理城，亦曰斜谷城，城南當斜谷，因以爲名。斜谷南口曰褒，北口曰斜。

董卓塢，在縣東北十六里。卓封郿侯，築塢高與長安埒，號爲萬歲塢。

成國渠，在縣東北九里，受渭水以溉田。

隴州，汧陽。上。開元户六千八十五。元和户七百八十四。

禹貢雍州之域。秦文公所都。漢爲汧縣，屬右扶風。後魏置東秦州，西魏文帝改名隴州，因山爲名。隋大業二年省，義寧二年又於縣理置隴東郡，武德元年改爲隴州。

州境：東西二百里。南北四百九十五里。

八到：東至上都四百六十五里。東至東都一千三百二十里。東至鳳翔府一百五十里。西至秦州三百四十里。

南至鳳州山路四百三十里，北至原州三百三十里。

貢、賦：開元貢：榛實，龍鬚席五領。 賦：布，麻。

管縣五：汧源，汧陽，吴山，華亭，南由。

汧源縣，上。 郭下。 本漢汧縣地，屬右扶風。在汧水之北，〔六四〕後魏改爲汧陰縣，隋改爲汧源縣。

隴山，在縣西六十二里。

岍山，在縣西六十里。北與隴山接，禹貢「導岍及岐」，是也。

大震關，在州西六十一里。後周置。漢武至此遇雷震，因名。

秦城，在州東南二十五里。秦非子養馬汧、渭之間，有功，周孝王命爲大夫。

汧陽縣，上。 西至州八十里。 本漢隃麋縣地，因今縣東八里隃麋澤爲名。周武帝置汧陽郡及縣，尋省郡，以縣屬隴州。

汧水，在縣南一里。

吴山縣，中。 西北至州一百十里。 本漢隃麋縣地，後魏孝昌二年，於長蛇川置長蛇縣，屬東秦州，隋開皇十八年改爲吴山縣。

吴山，在縣西南五十里。秦都咸陽，以爲西岳，今爲國之西鎮山。國語謂之西吴。〔六五〕

華亭縣，下。正南微東至州一百一十里。本秦涇陽縣地，隋大業元年置華亭縣，以在華亭川口，故名。

小隴山，在縣西四十里。

南由縣，下。東北至州一百二十里。本漢汧縣地，後魏孝明帝於縣西南由谷口置縣，因谷爲名。隋開皇二年省長蛇縣併入南由，屬岐州，貞觀四年割入隴州。

安夷關，在縣西一百四十六里。

長蛇川，在縣西一百步。

渭水，在縣南四十里。

卷二校勘記

〔一〕晉武帝改置始平（國）〔郡〕　攷證：按晉志，「國」宜作「郡」。水經注云「槐里縣，晉太康中始平郡治也」。今按：陳樹華鈔本作「郡」，今據改。

〔二〕景龍二年　攷證：「二」宜作「四」。按唐書中宗本紀，四年正月，入始平。事詳吐蕃列傳。

〔三〕槐里城至周懿王所都　攷證：錢坫引「城」下有「在縣東南十里」。今按：史記秦始皇本紀正義引括地志云「犬丘故城一名槐里，亦曰廢丘，在雍州始平縣東南十里」，此蓋傳鈔失里距。又按竹書紀年云「懿王十五年，自宗周遷于槐里」，是槐里之名，周已有之。史記樊噲傳云「下邽、槐里、柳中、咸陽，灌廢丘最」。絳侯周勃世家，先敍攻槐里，後敍圍章邯廢丘，則槐里、廢丘似爲兩地，疑。

〔四〕漢龍泉廟　攷證：本作「龍淵廟」，見三輔黃圖，唐避改「泉」。

〔五〕縣東北十七里　今按：括地志作「在縣東北二十里」，見史記萬石君傳正義引。

〔六〕縣西十四里　攷證：「十四」，唐志作「四十」。

〔七〕又改爲櫟陽縣　今按：漢書溝洫志「白渠首起谷口，尾入櫟陽」。水經渭水注「白渠支渠東逕高陵縣故城北，又東逕櫟陽城北」，是櫟陽在渭北高陵東。又沮水注：「濁谷水又東逕太上陵南原中，北屈與沮水合，至白渠與澤泉合。絶白渠，東逕萬年縣故城北，爲櫟陽渠。城卽櫟陽宮也。」據此，則萬年在渭水北，涇水東，近高陵，不在臨潼驪山下。自周明帝別于長安城中置萬年縣，遂指漢萬年及漢太上皇陵俱在驪山阯下唐櫟陽縣，誤也。

〔八〕西北自池陽縣界流入　攷證：按涇陽卽漢池陽，此志西北別無池陽縣，宜爲「雲陽」。唐志貞觀八年改池陽爲雲陽，此蓋因舊文未改正。

〔九〕焦穫藪亦名瓠口　今按：史記匈奴傳正義引括地志「焦穫亦名瓠口，亦曰瓠中，在雍州涇陽縣北十數里」。此失書方位及里數。

〔一〇〕胡亥死於此　今按：清初鈔本、戈襄校舊鈔本、通經樓鈔本「胡亥」上並有「故」字。三輔黃圖云

「望夷宫在涇陽縣界長平觀道東」。

〔一一〕廢帝三年至華原縣　今按：岱南閣本作「廢帝三年改爲通州郡領泥陽縣，屬宜州，六年改宜陽爲華陽縣」，各鈔本俱同。攷證云：「六年云云，與上文不相屬，宜有脱缺。『通州』，官本作『通川』，與隋志合。『泥陽縣』下宜云『開皇三年罷郡』，下『宜陽』依官本作『泥陽』，文義方合。元魏兩廢帝俱無六年，南本『屬宜州』上增『隋開皇三年罷郡以縣』九字，亦非。」

〔一二〕垂拱二年　今按：殿本同，它本作「元年」。此與新唐志合。

〔一三〕縣東南一里　攷證：樂史、宋敏求並作「東北」。

〔一四〕神雀　攷證：漢書作「神爵」。

〔一五〕漢步壽宫　今按：水經渭水注稱秦步高宫、步壽宫，三輔黄圖亦云秦步壽宫。

〔一六〕有户谷户亭又有甘亭　攷證：今漢志上「扈」字脱，「户」並作「扈」，「户亭」倒作「亭扈」，蓋誤。説文云「有扈谷、甘亭」，玉篇同，與此别。

〔一七〕至秦改爲鄠邑漢屬右扶風　今按：此本漢志爲説，而古扈國不在鄠縣。左傳昭公元年「夏有觀、扈」，杜預注「鄭地，滎陽卷縣西有扈亭」。水經河水注「河水又東北逕卷之扈亭北」。則扈在今河南舊原武縣西北。史記夏本紀正義引括地志，亦謂鄠縣本夏之扈國，並引訓纂，「户、扈、鄠三字一也」爲説。

〔一八〕三十里　今按：玉海宫室引括地志作「三十五里」，誤，詳見下校。

〔一九〕在縣東北三十二里龍臺澤中　今按：上云「龍臺澤在縣東北三十里」，此云「三十二里」，不同。攷三輔故事「龍臺去豐水五里，漢時龍見陂中，故作此臺」。此志云豐水在縣東二十八里，則澤距縣正三十二里，上云「三十里」脱「二」字，括地志亦誤。

〔二〇〕崇國在秦晉之間　攷證：「秦晉」宜作「豐鎬」。按史記周本紀「以岐、豐之地賜秦襄公」，晉境當不及此。史記正義云「崇國蓋在豐、鎬之間」。又按帝王世紀鯀封崇國在豐、鎬之間。此志傳寫久訛，羅苹注路史，所見本已作「秦晉」。

〔二一〕山曲曰盩水曲曰厔　攷證：盩宜從血，厔宜從广。廣韻「水曲曰盩，山曲曰厔」，與此別。集韻「山」「水」二字互易，漸失古義。此疑後人依集韻妄改。

〔二二〕在縣東南三十三里　今按：史記司馬相如傳正義引括地志「長楊宮在雍州盩厔縣東南三十二里」。三輔黃圖作「三十里」。均與此別。

〔二三〕一百二十里　今按：史記田叔列傳正義引括地志「駱谷關在雍州盩厔縣西南二十里」，此云「一百二十里」，疑遠。

〔二四〕正始四年　攷證：按魏志本紀及曹爽傳，伐蜀在正始五年。

〔二五〕牛馬驢騾　今按：清初鈔本、戈襄校舊鈔本「騾」下有「一本云羸」四字小注。

〔二六〕以轉運死者略盡　今按：各鈔本俱無「者」字。

〔二七〕置爲道院　今按：殿本同，它本「院」作「士」。攷證云：「長安志亦作『院』，畢沅未及是正。按初學記引觀樓本記及困學紀聞引此並作『士』,『院』字誤。」今又按「院」字於文亦通,非必誤。

〔二八〕及先師傳焉　今按:各鈔本無「焉」字。

〔二九〕杜彥遠　攷證:水經注斜水下其說凡兩見,「遠」字並作「達」。

〔三〇〕武德元年置宮　攷證:唐書本紀武德六年,以武功宅爲慶善宮,「元」字誤。

〔三一〕在縣西南二十二里　攷證:官本作「二十三」,畢沅引同。今按:殿本「三」字誤,各本俱作「二十二里」,與史記周本紀正義引括地志合。括地志云「斄城中有后稷即姜嫄祠」,此志后稷、姜嫄二祠分別著之,亦云「在縣西南二十二里」可證。

〔三二〕鄉二十二　今按:岱南閣本、畿輔本及各鈔本俱作「七十二」,殿本同此作「二十二」。攷證云:「按户數減於開元二萬九千餘,鄉不宜更增於舊。諸州率多脱錯,無左證者不俱録。」

〔三三〕南至商州山路　攷證:官本「山」下有「南」字,疑衍。

〔三四〕布　攷證:官本無。按六典「京兆、同、華、岐四州調緜、絹,餘州布」,此宜衍。今按:各鈔本及岱南閣本、畿輔本與此並衍「布」字,今從攷證説,據殿本删。

〔三五〕與元元年　攷證:官本「元年」作「二年」,誤。

〔三六〕南流衝激關山因謂之衝關　攷證:語本水經注,「衝」並作「潼」。今按:此見水經河水注。通典云「潼關本名衝關」,「衝」字非訛。

〔三七〕改爲夏封　攷證:水經注「夏」作「下」。按地形志華州屬有夏陽,無夏封,惟上封注云「避諱改」。

此疑同時所改，史志缺。

〔三八〕武德缺年　今按：殿本同，它本「年」上不注「缺」字，攷證云「此宜有脱」。

〔三九〕漢蓮勺　攷證：水經注作「蓮芍」。十三州志曰「縣以草受名」，如淳音輦酌。

〔四〇〕（布）〔縣〕　攷證：官本作「縣」，此誤。今按：陳樹華鈔本、戈襄校舊鈔本同殿本作「縣」，據唐六典，作「縣」是，今改。

〔四一〕石鐓餅　攷證：字書無「鐓」，疑與「鏊」通。樂史作「燉」。資暇録「石鐓餅本曰喭餅，同州人好相喭將，後增以甘辛，變其名質，以爲貢遺矣」。

〔四二〕大荔城　今按：各鈔本同，與漢志、括地志合，惟殿本「城」上多一「戎」字。岱南閣本、畿輔本誤作「犬戎城」。

〔四三〕縣東三十步故王城是也　今按：史記匈奴傳正義引括地志同此。秦本紀云「秦伐大荔，取王城」。其時秦、晉方强，何緣有大荔王城介於其間？後漢書西羌傳「洛川有大荔之戎」，洛川在唐爲延、慶、鄜、坊四州地，洛水出甘肅合水縣白於山，又鄜縣東南有洛川縣，大荔戎當居洛水上流，故史記匈奴傳謂「岐、梁、涇、漆之北有義渠、大荔之戎」，則大荔王城決不近在臨晉。蓋大荔戎亦名芮戎，而芮伯國在臨晉，漢志臨晉云「故大荔，秦獲之，更名；有芮鄉，芮伯國」，誤合而一之，郡國志及劉昭注因沿其誤，魏王泰、李吉甫皆不深辨。朝邑王城，疑周盛時所築，乃至河東要道。攷證云：「錢坫引『步』作『里』，恐誤。」

〔四四〕今縣理南二十三里有少梁故城　攷證：錢坫引作「二十二里」。今按：史記張儀傳正義引括地志亦作「二十三」。

〔四五〕置白水縣及白水郡　今按：岱南閣本、畿輔本脱「及」字。殿本脱「白水郡」三字。

〔四六〕郡南臨白水　攷證：官本作「以南臨白水」。

〔四七〕秦伐晉取北徵　今按：岱南閣本、畿輔本作「秦取晉北徵」。

〔四八〕漢書溝洫志云　今按：岱南閣本脱此六字。

〔四九〕在縣西北　今按：史記秦本紀正義引括地志「王官故城在同州澄城西北九十里」，此脱里數。

〔五〇〕瀵出大尾下　攷證：「大」當作「水」，在「出」字上，此倒。御覽引爾雅作「瀵水出尾下」，宋以前本不作「大」也，今本恐誤。

〔五一〕二百二十里　攷證：涇州八到作「二百五十八里」，樂史作「二百六十里」。

〔五二〕燒回中宫候騎至雍卽此也　今按：回中宫不在雍，此承括地志之誤。漢書孝武紀應劭注「回中在安定高平，有險阻，蕭關在其北」。如淳注「蕭關在安定朝那」。秦回中宫當在是，與蕭關同在今甘肅固原縣境，故匈奴南入蕭關，燒回中宫。

〔五三〕乾歸故城至因築此城　攷證：此錯簡，宜移入蘭州五泉縣。蘭州敍云「西秦伏乞乾歸都苑川，南涼秃髮烏孤都廣武，皆此地也」。原注云「苑川在今五泉縣」。與天興無涉，傳鈔跳錯，宜改正。

〔五四〕卽史籀之迹也　攷證：困學紀聞集證引作「史籀大篆」。

〔五五〕義寧元年　攷證：唐志作「二年」。

〔五六〕縣西一里　攷證：唐志作「五里」。

〔五七〕春往冬還　今按：岱南閣本、畿輔本「冬」作「秋」。

〔五八〕置立郡縣　今按：新、舊唐志並云義寧元年于仁壽宫置棲鳳郡及麟遊縣，此但云「置立郡縣」，失敍郡縣名。

〔五九〕至德二年　今按：新唐志同，各本作「乾元元年」。

〔六〇〕晝夜攻距　今按：岱南閣本、畿輔本脱「攻」字。

〔六一〕在縣西南五十二里　今按：史記老莊申韓傳正義引括地志作「東南二十五里」。

〔六二〕咸亨三年至通船至京故城　今按：「咸亨」，新唐志作「咸通」。又「咸亨」以下二十三字，與上文不相屬，疑是寶雞縣敍錯簡，或當提行另爲一條。新志寶雞下云「東有渠，引渭水入昇原渠，通長安故城，咸通三年開」，卽此所言。

〔六三〕是曰西虢　今按：漢志「右扶風虢，有虢宫」，太康地記、水經注、括地志均謂漢虢縣卽虢叔所封之西虢，此志亦從括地志爲説。但虢叔所封，實爲東虢，卽今河南滎澤縣之虢亭，後漢書郡國志「滎陽，有虢亭，虢叔國」，是。

〔六四〕在汧水之北　攷證：「北」宜作「南」。按水經注，「汧水亦通謂之龍魚川，東逕汧縣故城北」，則漢縣在汧水南明矣。此志又云後魏改爲汧陰，亦以水南得名。錢坫補漢書地理志注，亦引作「汧水之北」，並沿此誤。

〔六五〕國語謂之西吴　今按：此即上汧源縣之汧山。漢志「右扶風汧，吴山在西，古文以爲汧山」。後漢郡國志「汧，有吴嶽山，本名汧」。是兩漢皆以汧山即吴嶽，水經渭水注承其説，並謂即國語虞山，以虞、吴聲近字通故。自此志以汧山在汧源縣西，與隴山接，别有吴山在吴山縣，與汧山不相蒙。其實汧山、吴山均屬太岳山脈，漢志雖言吴山在扶風西，而岡巒綿亙，延及其南，一山兩名，未可强分。

元和郡縣圖志卷第三

關内道三

涇原節度使　涇州　原州

邠寧節度使　邠州　寧州　慶州

鄜坊觀察使　鄜州　坊州　丹州　延州

涇州安定。　上。　開元户一萬五千九百五十二。　鄉五十五。　元和户一千九百九十。　鄉三十。〔一〕

今爲涇原節度使理所

管州二：涇州，原州。　縣九。　都管户〔二〕

墾田〔三〕

禹貢雍州之域。春秋時屬秦，至始皇分三十六郡，屬北地郡。漢分北地郡置安定郡，即此是也。漢以六郡良家子補羽林郎，案六郡，安定即其一焉。後漢安帝永初五年，徙其人於美陽以避羌寇，〔四〕郡寄理美陽，在今武功縣界美陽故城是也。至順帝移於今理，後魏太武神䴥三年於此置涇州，因水爲名，隋大業三年改爲安定郡。大業末，金城賊帥薛舉侵擾豳、涇，武德元年太宗西討，會舉死，因平舉子仁杲，遂改安定郡爲涇州。

州境：東西一百九十六里。南北二百八十六里。

八到：東南至上都四百八十里。東南至東都一千三百四十里。東北至寧州一百五十里。西北至原州平涼縣一百五十里。北至原州城三百三十里。〔五〕北至慶州三百二十三里。南至鳳翔二百五十八里。〔六〕東南至邠州一百八十里。西南至隴州私路一百八十里。

貢、賦：開元貢：龍鬚席。賦：麻，布。

管縣五：保定，靈臺，臨涇，良原，潘原。

保定縣，上。郭下。本漢安定縣地，今臨涇縣安定故城也，後漢省。後魏文帝大統元年，自高平城移於今理，屬安定郡。隋開皇三年罷郡，以縣屬涇州。至德二年，改保定縣。

涇水，在縣東一里。

折墌故城，〔七〕在縣東十里。西魏涇州刺史乙弗貴所築，隋末薛舉屯據於此城，舉死仁杲復竊據，武德元年討平之。

万俟醜奴餘趾，在縣東五里。醜奴，高平人，後魏建義元年僭號於此。

靈臺縣，上。西至州一百里。本漢鶉觚縣，〔八〕屬北地郡，周屬趙平郡，〔九〕隋開皇三年屬涇州。天寶元年，改爲靈臺縣。今縣理西陰密故城，東接縣城，卽古密國之地是也。〔一〇〕

詩曰「密人不恭」。

臨涇縣，上。 東南至州九十里。 本漢舊縣，屬安定郡。隋大業元年於今縣理置湫谷縣，〔一一〕取縣内湫谷爲名。十二年，復爲臨涇縣，皇朝因而不改。按：縣有彭陽川，去彭陽縣一百步。〔一二〕縣界兼有漢安武、安定、彭陽、撫夷四縣之地。

良原縣，上。 東北至州六十里。 本漢三水縣地，屬安定郡，今安定縣界三水故城是也。隋大業元年，分安定縣之地置良原縣，縣西南三十里有良原，因以爲名。

汭水，一名宜禄川，西自隴州華亭縣流入。

石原，在縣西南，即所謂良原也。

潘原縣，中。 東至州一百里。 本漢陰盤縣，〔一三〕屬安定郡，在今邠州宜禄縣西二十三里陰盤故城是也。地有陰槃驛。〔一四〕

原州，平涼。〔一五〕 中都督府。 開元户　鄉　元和户　鄉

墾田

禹貢雍州之域。春秋時地屬秦，始皇時屬北地郡。漢爲安定郡。〔一六〕

州境：

八到：東南至上都八百里。〔一七〕東南至東都一千六百六十里。東南至涇州三百二十里。西至會州三百九十里。

南至秦州四百六十里。〔一八〕正西微南至臨洮軍六百二十里。北至靈州五百里。

貢、賦：開元貢：覆鞍氈。　賦：布，麻。

管縣四：平高，平涼，百泉，蕭關。

平高縣，望。　郭下。　本漢高平縣，屬安定郡。後魏太武帝太延二年，於今縣理置平高縣，屬平高郡。隋開皇三年罷郡，以縣屬原州。大業三年，以原州爲平涼郡。武德元年重爲原州，縣仍屬焉。

笄頭山，〔一九〕一名崆峒山，在縣西一百里，卽黄帝謁廣成子學道之處。史記曰「黄帝東至於海，西至崆峒，登笄頭」，是也。〔二〇〕漢書曰幵頭山，在涇陽西。禹貢涇水所出。莊子云廣成子學道崆峒之山。又後漢書隗囂使將王孟塞雞頭道，卽此也。

木硤關，〔二一〕在縣西南四十里。

蕭關故城，在縣東南三十里。漢書文帝十四年，匈奴入蕭關，殺北地都尉，是也。

瓦亭故關，在縣南七十里。卽隴山北垂。隗囂使牛邯守瓦亭，卽此是也。

秦長城，在縣北十里。

朝那湫，〔二二〕郊祀志云「湫泉祠朝那」，〔二三〕蘇林云「在安定朝那縣。方四十里，冬夏不增減，不生草木，旱時卽祠之，以壺浥水，置之於所在，則雨；雨不止，反水於泉，俗以爲恆」。今周迴七里，蓋近代減耗。

監牧，貞觀中自京師東赤岸澤移馬牧於秦、渭二州之北，會州之南，蘭州狄道縣之西，置監牧使以掌其事。仍以原州刺史爲都監牧使，以管四使。南使在原州西南一百八十里，西使在臨洮軍西二百二十里，北使寄理原州城內，東宮使寄理原州城內。天寶中，諸使共有五十監：

南使管十八監，西使管十六監，北使管七監，東宮使管九監。〔二四〕

監牧地，東西約六百里，南北約四百里。天寶十二年，諸監見在馬總三十一萬九千三百八十七匹，內一十三萬三千五百九十八匹課馬。

平涼縣，上。 西北至州一百六十里。 本漢涇陽縣地，今縣西四十里涇陽故城是也。後魏爲長城郡長城縣之地。周武帝建德元年，割涇州平涼郡於今理置平涼縣，屬長城郡。隋開皇三年屬原州，皇朝因之。開元五年移於涇水南，貞元七年又移於舊縣南坂上，今縣是也。仍屯軍其中。

馬屯山，在縣西。十六國春秋云「姚萇與苻登戰於高平，登敗，奔於馬屯山」，即此也。其山南北二十里，東西三十里。

百泉縣，上。 西至州九十里。 本漢朝那縣地，故城在今縣理西四十五里。後魏孝明帝於今縣西南陽晉川置黃石縣，隋煬帝改爲百泉縣，武德八年移於今所。

可藍山，一名都盧山，在縣西南七十里。十六國春秋曰「赫連定據平涼，登可藍山望統萬城，泣曰：『先帝若以朕承大業，豈有今日！』」

涇水，源出縣西南涇谷。地理志云涇陽縣幵頭山，涇水所出。淮南子云「笄頭山一名薄落山」，〔三五〕故涇水亦曰薄落水。又南流經都盧山，山路之中，常如彈箏之聲，故行旅因謂之彈箏峽。

蕭關縣，中。南至州一百八十里。本隋他樓縣，大業元年置，神龍三年廢。〔三六〕別立蕭關縣，以去州闊遠，御史中丞侯全德奏於故白草軍城置，因取蕭關爲名。

蔚茹水，在縣之西，一名葫蘆河，源出原州西南頹沙山下。

邠州新平。緊。〔三七〕開元户一萬九千四百六十一。鄉四十九。元和户二千六百七十。鄉四十九。

今爲邠寧節度使理所。

管州三：邠州，寧州，慶州。縣二十。

禹貢雍州之域，周之先公劉所居之地。詩大雅云「篤公劉，于豳斯館」，是也。周本紀曰后稷子不窋末年，夏政衰，奔戎翟之閒。至公劉，修后稷之業，乃國於豳。徐廣云「新平漆縣東北有豳亭」，是也。按豳國城在今州理東北三十九里三水縣界，古豳城是也。自周東遷，其地屬秦。秦并天下，分三十六郡，屬内史。漢屬右扶風，今州理卽漢右扶風之漆縣也。漆水在今縣西九里，西北流注於涇。今鳳翔府麟遊縣東南亦有一漆水，與此異也。後漢於此置新平郡。及姚萇之亂，百姓夷滅，此地郡縣，並無理所，至後魏又置郡焉。文帝大統十四年於今理置南豳州，廢帝除「南」字。隋大業二年省入寧州，義寧二年復爲新平郡，武德元年復爲豳州。開元十三年，以「豳」與「幽」字相涉，詔曰：「魚、魯變文，荆、并誤聽。欲求辨惑，必也正名，改爲『邠』字。」天寶元年改爲新平郡，乾元元年復爲邠州。

州境：東西二百里。南北二百七十里。

八到：東南至上都三百里。東(北)〔南〕至東都一千一百六十里。〔二八〕東至坊州三百一十里。東至奉天縣一百三十里。〔二九〕北至寧州一百四十里。〔三〇〕西北至涇州一百八十里。

貢、賦：開元貢：華豆，白蠟。〔三一〕賦：麻，布，米粟。〔三二〕

管縣四：新平，三水，永壽，宜禄。

新平縣，望。郭下。本漢漆縣也，屬右扶風。建武八年，隗囂悉衆攻略陽。上幸漆，進止未定。會馬援夜至，上喜，問之，援聚米以爲山谷，於上前指軍所從入。上笑曰：「虜在吾目中。」遂進兵。考諸記注，漢之漆縣，卽今州理是也。姚萇之亂，郡縣不立，暨乎後魏，於今縣西南十里陳陽原上置白土縣，屬新平郡。隋開皇三年罷郡，移白土縣於今州城中，置豳州，四年改白土縣爲新平縣。大業二年，省豳州入寧州，義寧二年復爲新平郡。武德元年，以新平郡又爲豳州，縣屬焉。

五龍原，在縣南三里，〔三三〕原側有五泉水，因名。

涇水，西北自宜祿縣界流入。

槀丘堡，〔三四〕在縣西十八里。東、西、南三面石坡峭峻高十丈，北面築城高二丈，武德二年置，貞觀七年廢。

苻堅墓，在縣東南二里。先有謠云「河水清復清，〔三五〕苻詔死新城」。〔三六〕堅聞惡之，語軍候云：「地名『新城』避之。」至是爲姚萇殺於新平城，遂葬焉。

三水縣，緊。西南至州六十里。本漢舊縣，有鐵官，〔三七〕屬安定郡，以縣界有羅川谷，三泉並流，故以爲名。魏改三水縣爲西川縣，亦屬安定。後魏於今縣理西二十八里重置三水縣，取漢舊名，屬新平。隋開皇三年罷郡，以縣屬邠州。皇朝因之。

石門山，在縣東五十里。峯巖相對，望之似門。

栒邑故城，在縣東二十五里，即漢栒邑縣，屬右扶風。古郇國也，左傳云：「畢、原、豐、郇，文之昭也。」

古豳城，在縣西三十里。公劉始都之處。

永壽縣，上。西北至州九十里。武德二年分新平縣南界，〔三八〕於今理北三十里永壽原西置永壽縣，因原而名。貞觀二年移於州東南八十里，興元元年又移於順義店，即今理是也。本漢漆縣之南界也。

高泉山，亦曰甘泉，在縣北二十五里。

涇水，自新平縣界流入。

醴泉苑，在縣東北十里，并宮，並周所立，後廢。貞觀四年置醴泉監，兼置屯五所，隸司農寺。

宜祿縣，中。東至州八十一里。本漢淺水縣地，屬上郡。後魏爲東陰槃縣地，廢帝以縣南臨宜祿川，〔三九〕因改名，隸涇州。暨周、隋又爲白土縣。貞觀二年，分新平縣又置宜祿縣，復魏舊名也。〔四〇〕

淺水原，即今縣理所。初，金城人薛舉稱兵，攻破郡縣。武德元年，舉寇涇州，屯兵於安定縣之折墌城，太宗親征，相守六十餘日。〔四一〕會舉死，其子仁杲統其衆，并羌胡十餘萬，數來挑戰。上遣總管龐玉自此原南出賊之右，因高而陳，上率大兵自原北，出其不意，斬首萬餘級，賊大潰，仁杲懼而請降，俘其精兵萬餘人，男女五萬口。故城猶在今縣北五里。

陰槃城，在縣西北二十五里。

昭仁寺，在縣西十步淺水原。上王師討平仁杲詔於此置寺。碑，諫議大夫朱子奢之詞也。

長武城，在縣西五十里。隋開皇中築在涇河南岸，武德元年廢，大曆初，郭子儀置兵以備西戎。

寧州，彭原。

望。〔四二〕開元戶三萬二百二十六。鄉七十二。〔四三〕元和戶一千一百七。鄉。〔四四〕

墾田

禹貢雍州之域。古西戎地也，當夏之衰，公劉邑焉。〔四五〕周時爲義渠戎國，其後戎翟攻太王，亶父避於岐山而作周。按今州理城，卽公劉邑地也。後西伯伐犬戎，〔四六〕武王都鎬京逐戎夷於涇、洛之北，以時入貢，命曰「荒狄」。周道衰，荒狄不至。後幽王爲犬戎所殺，至秦穆公得由余，西戎八國來至。秦昭王殺義渠戎王，〔四七〕幷其地，始皇分三十六郡，此爲北地郡，卽義渠舊地也。漢氏因之，後漢移北地郡居富平故城是也。後魏延興二年爲三縣鎮，孝文帝太和十一年改置班州，十四年改爲邠州，二十年改「邠」爲「豳」，取古地名也。〔四八〕廢帝三年改豳州爲寧州，以撫寧戎狄爲名。後周改爲北地郡，隋又爲寧州，大業中又爲郡。武德元年復爲寧州，貞觀元年改爲都督府，四年又廢府爲州。

州境：東西二百十六里。南北五百十四里。

八到：東南至上都四百五十六里。東南至東都一千三百里。東至坊州三百二十里。西至涇州一百五十里。東北至延州三百九十里。〔四九〕北至慶州一百三十里。南至邠州一百四十里。

貢、賦：開元貢：龍鬚席。　賦：麻，布。

管縣六：定安，〔五〇〕真寧，襄樂，彭原，定平，豐義。

定安縣，望。　郭下。　本漢泥陽縣，在今縣理東南十五里泥陽故城是也。〔五一〕至後魏太武帝置定安縣，取定俗安人爲義，在今縣理西北三里定安故關。自隋開皇三年移縣入廢趙興郡理，仍屬寧州，皇朝因之。

扶蘇墓，在縣西北十八里。始皇太子也，監蒙恬築長城。始皇崩，李斯矯詔賜死，葬於此。

真寧縣，緊。　西北至州七十里。本漢陽周縣地，屬〔五二〕上郡。漢書陳餘與章邯書曰：「蒙恬爲秦將，北逐戎人，開榆中地數千里，竟斬陽周。」謂此縣也。後魏置泥陽、惠涉二護軍，〔五三〕孝文帝太和十一年復置陽周縣。隋開皇十八年改爲羅川，因縣南羅水爲名，〔五四〕屬寧州。皇朝因之，天寶元年改爲真寧縣。

子午山，亦曰橋山，〔五五〕在縣東八十里，黄帝陵在山上，卽羣臣葬衣冠之處。史記曰漢武帝北巡朔方，還祭黄帝冢於橋山，曰：「吾聞黄帝不死，今有冢，何也？」或對曰：「黄帝已上仙，羣臣葬其衣冠，故有冢。」

襄樂縣，緊。西南至州六十里。本漢襄洛縣地，屬上郡。後魏孝文帝改「洛」爲「樂」，屬襄樂郡。後周屬北地郡。隋開皇三年改屬寧州。皇朝因之。

秦故道，在縣東八十里子午山。始皇三十年，〔五六〕向九原抵雲陽，即此道也。

彭原縣，緊。南至州一百里。本漢彭陽縣地，在今縣理西南六十里臨涇縣界彭陽故城是也。暨於後漢，又爲富平縣之地。後魏破赫連定後，於此復置富平縣，廢帝改爲彭陽縣，屬西北地郡。隋開皇三年罷郡，以縣屬寧州，八十年改爲彭原縣，因彭池爲名。原南北八十一里，東西六十里。

定平縣，上。北至州七十里。自漢至晉並泥陽縣地，後魏至周並爲定安縣地。隋大業十年，於此築城，置棗社驛。武德二年，於驛分定安縣置定平縣，其驛移出城北。

豐義縣，上。東南至州八十里。本漢彭陽縣地，今縣理西四十里彭陽故城是也。後魏於縣理置雲州，周武帝保定二年廢州爲防，隋文帝廢防名爲豐義城。武德二年，分彭原縣置豐義縣，因舊城爲名，屬彭州，貞觀元年州廢，縣屬寧州。

慶州，順化。都督府。〔五七〕開元戶一萬七千九百八十一。鄉五十一。

墾田

禹貢雍州之域，古西戎地。周本紀曰夏氏政衰，后稷子不窋奔戎、翟之間，今州理東南三里有不窋故城是也。春秋及戰國時爲義渠戎國，秦厲公伐義渠并之，虜其王。至始皇時屬北地郡。按今州理，卽漢郁郅城也，地理志屬北地郡。後漢郡境爲虜所侵，北地郡寄寓馮翊。後魏文帝大統十一年置朔州，周武帝保定元年廢朔州爲周武防。隋文帝開皇三年改置合川鎮，十六年割寧州歸德縣置慶州，立嘉名也，義寧元年爲弘化郡。天寶元年改爲安化郡，至德元年改爲順化郡，乾元元年復爲慶州。

州境：東西二百五十二里。南北四百七十二里。

八到：東南至上都五百七十里。東南至東都一千四百三十里。東北至延州四百四十里。西北至靈州六百二十里。東至鄜州三百九十里。南至寧州一百二十七里。西至原州三百四十里。北至鹽州五百七十二里。

貢、賦：開元貢：牛蘇、〔五八〕麝香。賦：胡布。

管縣十：順化，樂蟠，馬領，〔五九〕合水，華池，同川，洛原，延慶，方渠，懷安。

順化縣，中。郭下。本漢郁郅縣。後漢迄晉，戎虜所侵，不立州縣。後魏及周，以爲鎮防。隋開皇十六年，於今州城西南一里置合水縣，在馬領、白馬二水口，因以爲名，屬慶州。大業二年，以慶州爲弘化郡，合水屬焉。至武德六年改合水爲合川縣，取隋合川鎮爲名，貞觀元年改爲弘化縣，天寶元年改爲安化縣，至德元年改爲順化縣。

不窋墓，在縣東二里。

樂蟠縣，中。　北至州三十二里。　本漢略畔道地，今縣理北五里略畔故城是也。後漢及晉，爲虜所侵逼，此地無復郡縣。後魏文帝於此置蔚州，周武帝置北地郡。隋開皇三年罷郡，以彭陽、襄樂二縣屬寧州。義寧元年，分合水縣置樂蟠縣，屬弘化郡，取樂蟠城爲名也。百官表云「縣有蠻夷曰道」，按略畔、樂蟠，皆指此城，方言訛舛，故不同耳。

馬領縣，中。　東南至州六十七里。　本漢舊縣，屬北地郡。漢末爲虜所侵，至後魏爲朔州之地。隋大業元年，分合水縣於此置馬領縣，復漢縣之舊名也。十三年陷賊，縣廢。義寧二年，於今縣理北四十里百家堡置馬領縣，〔六〇〕屬弘化郡，以縣西一里有馬領坂，因名。

秦長城，在縣西北一百二十六里，卽蒙恬所築也。

合水縣，中。　西至州五十里。　本漢略畔道之地，在今縣西南三十八里故城是也。自後漢至晉，此地皆無郡縣。至後魏爲襄樂縣之地。武德六年，〔六一〕分合水縣置蟠交縣以城臨大、小樂蟠二水交口，因以爲名。天寶元年，改爲合水縣。

華池縣，下。　西南至州一百五十里。　本漢歸德縣地也。按漢歸德縣，今洛原縣是。隋仁壽二年，於今縣東北二里庫多汗故城置華池縣，因縣西華池水爲名，屬慶州。皇朝因之。

子午山，舊名翟道山，在縣西四十五里。

同川縣，中下。東至州八十里。本漢郁郅縣地，隋義寧三年，〔六二〕分寧州之彭原縣西南十五里三泉故城置三泉縣，屬弘化郡。武德元年，〔六三〕改爲慶州，縣屬焉，仍改爲同川，因同川城爲名。

洛原縣，中下。東南至州二百七十五里。本漢歸德縣地，屬北地郡。後漢更始二年，封岑彭爲歸德侯，謂此地也。後漢迄晉，無復郡縣。後魏文帝大統元年，復置歸德縣。隋大業元年改爲洛原縣，因洛水所出爲名。皇朝因之。

洛水，原出白於山，一名女郎山，在縣北三十里。

延慶縣，中。南至州四十里。本漢郁郅縣地，後魏於今縣理置朔州，隋開皇中改置合水縣。武德六年，移豐州户住此，仍分合水縣置白馬縣，以西臨白馬川水爲名。天寶元年，改名延慶縣。

方渠縣，中下。東南至州一百八十里。古慶匡州倉在馬領川内。〔六四〕因渠爲名，景龍元年置，〔六五〕取漢縣爲名。縣西北馬領山諸谷水，東南流經縣所置方渠堡，〔六六〕因名之。

懷安縣，下。南至州一百六十里。古居近党項藩落，開元十年，〔六七〕檢逃户初置，故以「懷安」爲名。

鄜州，洛交。上。開元户三萬一百八十五。鄉五十一。元和户七百五十。鄉十二。〔六八〕今爲鄜坊觀察使理所。

管州四：鄜州，坊州，丹州，延州。　縣二十三。　都管户四千三百四十七。

墾田

禹貢雍州之域。　春秋時屬秦，至始皇時地屬上郡。　漢爲上郡雕陰縣地。　按漢雕陰，在今洛交縣北三十里雕陰故城是也。　暨晉陷於戎、羯，不置州郡。　苻、姚置杏城鎮。　後魏孝文帝廢鎮，改爲東秦州，孝明帝改爲北華州，廢帝改爲鄜州，因秦文公夢黄蛇自天降屬於地，遂於鄜衍立鄜畤爲名。　隋大業初，復爲上郡。　武德元年復爲鄜州，貞觀二年加爲都督府，十六年罷府。　州仍舊名立交城。〔六九〕

州境：東西二百七十六里。〔七〇〕南北二百七十三里。

八到：東南至上都四百七十七里。〔七一〕東南至東都九百五十九里。　東至丹州一百八十三里。　南至坊州一百二十五里。　西至慶州三百九十八里。〔七二〕北至延州一百五十里。

貢、賦：開元貢：龍鬚席。　賦：麻，布。　元和貢、賦同。〔七三〕

管縣五：洛交，洛川，三川，直羅，甘泉。

洛交縣，緊。　本漢雕陰地，屬上郡。　雕山在西南，故曰雕陰。　魏省上郡，晉爲戎狄所居。　苻堅時爲長城縣，後魏及周爲三川縣。　隋開皇十六年，分三川、洛川二縣置洛交縣，屬鄜州，洛水之交，故曰洛交。皇朝因之。

洛水，在縣南一里。

秦長城，在縣東北三十里。

僞夏太后城，在縣西三十六里。赫連勃勃聞劉裕滅姚泓，命其子義真等守長安，大悦，自將兵入長安，留太后於此，築城以居。

洛川縣，上。西北至州六十里。本漢鄜縣地，後秦姚萇於此置洛川縣，以縣界有洛川水爲名。後魏置敷城郡。隋開皇三年罷郡，〔七四〕以縣屬鄜州。

三川縣，中。東北至州六十里。本漢翟道縣地，古三水郡，以華池水、黑源水及洛水三川同會，〔七五〕因名。苻堅時於長城原置長城縣，屬長城郡。後魏廢帝改爲三川，屬中部郡。隋開皇三年屬鄜州。

直羅縣，中下。東至州一百里。本漢雕陰縣地，後漢因之。魏省雕陰縣，晉時戎狄所居。後魏置三川郡。隋開皇三年，使户部尚書崔仲方築城以居之，城枕羅原水，〔七六〕其川平直，故名直羅城。武德三年，分三川洛交於此置縣，因城爲名。

大槃山，在縣西北一百一十里。

羅川水，在縣南二里。

甘泉縣，中下。南至州七十五里。武德元年，分洛交縣於伏陸城置縣，取城爲名。天寶元年，改爲甘泉縣。本漢雕陰縣城，今在縣南四十里。〔七七〕

伏陸山在縣理東北。有阿伏斤谷，其水出又潛流伏川陸，故號伏陸，天寶元年改爲甘川谷。

坊州，中部。下。開元户一萬五千七百十五。鄉四十四。元和户一千八百四十二。〔七八〕鄉十二。

墾田

禹貢雍州之域，古之翟國。秦屬内史，漢爲左馮翊翟道縣之地。魏、晉陷於夷狄，不置郡縣。劉、石、苻、姚時，於今州理西七里置杏城鎮，常以兵守之。後魏孝文帝改鎮爲東秦州，孝明帝改爲北華州，廢帝改爲鄜州。元皇帝高帝之父。〔七九〕以周武帝時天和七年，〔八〇〕放牧於今州界置馬坊，結構之處尚存。武德二年，高祖駕幸於此，聖情永感，因置坊州，取馬坊爲名。

州境：東西三百八十九里。南北一百三十九里。

八到：東至上都三百五十里。〔八一〕東至東都九百里。東南至同州二百五十里。西南至邠州三百一十里。東北至丹州二百六十里。北至鄜州一百五十里。

貢、賦：開元貢：龍鬚席，枲，麻，弓弦麻。〔八二〕元和貢同。〔八三〕

管縣四：中部，宜君，昇平，鄜城。

中部縣，上。本漢翟道縣地，屬左馮翊。魏、晉戎翟所居。後秦姚興於今縣南置中部縣，後魏文帝移入杏城，後周改爲内郡，〔八四〕屬鄜州。武德二年置坊州，改爲中部。

杏城，在縣西南五里。相傳云漢將韓胡伐杏木爲栅，以抗北狄，因以爲名。

宜君縣，上。東北至州一百里。前秦苻堅於祋祤縣故城置宜君護軍，後魏太武帝改爲宜君縣，文帝大統五年又移於今華原縣北。貞觀十七年廢縣，地入雍州。二十年置玉華宫，仍於宫所置宜君縣，屬雍州。永徽二年，與宫同廢。龍朔三年，坊州刺史竇師倫奏再置。

玉華宫，在縣北四里，貞觀二十年奉敕營造。其地本縣人秦小龍宅，太宗云：「小龍出，大龍入。」當時以爲清凉勝於九成宫。永徽二年，有詔廢宫爲寺，便以玉華爲名。寺内有肅成殿，永徽中奉敕令玄奘法師於此院譯經，每言此寺即閻浮之兜率天也。

昇平縣，上。東至州九十里。天寶十二年，刺史羅希奭奏割宜君縣西北三鄉置，去宜君縣三十五里。

鄜城縣，上。東至州一百里。本漢鄜縣地，屬左馮翊，後漢省。後魏於今縣理置鄜城縣，屬鄜城郡，〔八五〕隋大業元年改屬坊州。

丹州，咸平。〔八六〕上。開元户一萬二千四百二十二。鄉三十五。元和户八百十六。鄉十二。

貇田

禹貢雍州之域，春秋時爲白翟所居。隋圖經云：「義川本春秋時白翟地，今其俗云丹州白室，胡頭漢舌，其狀似胡，其言習中夏。白室卽白翟語訛耳，〔八七〕近代號爲步落稽胡，〔八八〕自言白翟後也。」秦置三十六郡，屬上郡。漢因之。魏文帝省上郡。其地晉時戎狄居之，苻、姚時爲三堡鎮。後魏文帝大統三年，割鄜、延二州地置汾州，理三堡鎮。廢帝以河東汾州同名，改爲丹州，因丹陽川爲名，領義川、樂川縣。隋大業三年廢丹州，於義川縣置延平縣，〔八九〕十三年爲胡賊劉步祿所據。義寧元年，於義川縣置丹陽郡。武德元年改爲丹州，九年置都督府，貞觀元年罷府爲州。永徽二年移於赤石川。

州境：東西一百九十九里。南北一百七十三里。

八到：西南至上都五百五十里。東南至東都九百二十里。東至同州三百五十里。〔九〇〕西至鄜州一百八十里。南至坊州二百六十里。〔九一〕北至延州二百五十里。

貢、賦：開元貢：麝香，蠟燭，龍鬚席。賦：麻，布。元和貢同。

管縣四：義川，雲巖，汾川，咸寧。

義川縣，上。郭下。本秦上郡之地，二漢因之。魏省上郡。其地至晉爲戎狄所居。後魏文帝大統三年置義川縣，屬義川郡，因川爲名。隋大業三年廢丹州，義川屬延州。義寧元年，於舊城復置丹陽郡，縣在城內，永徽二年移於今理。

雲巖縣，中。東南至州七十三里。武德元年分義川縣置，在庫利川南，有雲巖山，因以爲名。

庫利川，在縣郭南。昔有奴賊居此川內，稽胡呼奴爲庫利，因以爲名。

汾川縣，上。西南至州七十里。本秦上郡地，二漢因之。魏省上郡。後魏孝文帝置安平縣，理薛川，屬樂川郡。文帝改安平爲汾川。隋開皇三年罷郡，縣屬丹州，大業二年屬延州，武德元年復屬丹州。

黄河，在縣東七里。河岸頓狹，狀似槽形，鄉人呼爲「石槽」，蓋禹治水鑿石導河之處。石槽長一千步，闊三十步，懸水奔流，黿鼉魚鼈所不能游。

咸寧縣，中下。西南至州四十五里。本秦上郡之地。後魏孝文帝太和十八年，於白水川置永寧縣，屬義川郡，在今縣東二十里永寧故縣是也。文帝改爲太平縣，移於今所。隋開皇三年罷郡，屬丹州。十八年改太平縣爲咸寧，以界內有咸寧鎮爲名。

延州，延安。望。中都督府。開元户一萬六千三百四十五。鄉六十。元和户九百三十八。鄉十八。

墾田

禹貢雍州之域，春秋時白翟所居。秦置三十六郡，屬上郡。在漢爲上郡高奴縣之地，今州理卽上郡高奴縣之城也。項羽三分秦地，以董翳爲翟王，都高奴，卽其地也。魏省上郡，至晉陷爲戎狄，其後屬赫連勃勃。後魏滅赫連昌，以屬統萬鎮。孝文帝置金明郡，宣武帝置東夏州，廢帝改爲延州，以界内延水爲名，置總管，管丹、延、綏三州。隋開皇八年廢總管，但爲延州，煬帝以爲延安郡。隋氏喪亂，陷於賊寇。武德元年，百姓歸化，置總管府，開元二年爲都督府，尋罷府爲州。

州境：東西四百四十九里。南北三百五十一里。

八到：西南至上都六百七十四里。東南至東都一千一百里。東至隰州三百六十里。西至鄜州一百五十里。西南至慶州四百四十里。西北至夏州四百里。

貢、賦：開元貢：蜜蠟，麝香。賦：麻，布。元和貢、賦同。

管縣十：膚施，延長，臨真，金明，豐林，延川，敷政，延昌，延水，門山。

膚施縣，上。郭下。本漢舊縣，屬上郡。〔九二〕趙武靈王滅中山，〔九三〕遷其王於膚施，〔九四〕漢書曰匈奴南侵至朝那、膚施，卽其處也。魏、晉陷戎狄。隋煬帝大業二年，〔九五〕分豐林、金明二縣於此置膚施縣，復舊名也，屬延安郡。皇朝因之。

縣有五龍山、帝原水、黄帝祠。〔九六〕

清水，俗名去斤水，北自金明縣界流入。地理志謂之清水，其肥可然。鮮卑謂清水爲去斤水。〔九七〕斤一作「筋」。

延長縣，中。東至州一百三十里。本秦膚施縣地，後魏廢帝元年於丘頭原置廣安縣，隋仁壽元年以「廣」字犯皇太子名，改爲延安，大業末廢。貞觀六年，又置移於府北去斤川，今縣是也。廣德二年改爲延長。

臨真縣，中。西北至州一百四十里。本漢高奴縣地，後魏文成帝置臨真縣，屬偏城郡。〔九八〕周武帝天和元年，稽胡叛，攻破郡城，遂移於今理。隋開皇元年改爲臨真縣，屬延安郡。皇朝因之。

金明縣，中。東南至州四十八里。本漢高奴縣地，後魏太武帝於此置廣洛縣，屬金明郡。隋開皇四年屬延州，後仁壽元年，以太子名廣，改爲金明縣，大業十三年省入膚施縣。武德六年，又分置金明縣。

豐林縣，中下。西至州三十里。本漢高奴縣地，後魏孝文帝置廣武縣，屬偏城郡，在今理東四十里。周宣帝改爲豐林，屬延州。皇朝因之。

琉璃山，在縣北十五里。〔九九〕

延川縣，中。西南至州一百八十里。〔一〇〇〕本秦臨河縣地，漢不改，後漢省。後魏分安人縣於此地置文安縣，〔一〇一〕隋文帝改爲延川，取吐延川爲名。皇朝因而不改。

吐延水，北自綏州綏德縣流入。

敷政縣，中下。東北至州一百五十里。本漢高奴縣地，後魏太和初置因城（名）縣。〔一〇二〕隋開皇六年於其中置金城鎮，武德二年移縣就鎮，因改爲金城縣。天寶元年改敷政。

延昌縣，中。南至州一百七十六里。本漢高奴縣地，隋開皇三年於此置朔方鎮，十年，以北有朔方，鎮遂廢。貞觀九年置罷交鎮，十年又置罷交縣，屬延州，取城北罷交谷爲名。天寶元年，改爲延昌縣。

塞門鎮，在縣西北二十里。鎮本在夏州寧朔縣界，開元二年移就蘆子關南金鎮所安置。

蘆子關，屬夏州，北去鎮一十八里。

延水縣，中下。西至州二百一十五里。本秦臨河縣之地。史記秦滅六國，使蒙恬北擊匈奴，悉收河內地，因河爲塞，築四十四縣。城臨河，徙謫吏以戍之。漢因之，在今縣理北十五里臨河故城是也。〔一〇三〕後魏於其中置安人縣並安人鎮，〔一〇四〕屬東夏州。隋文帝廢鎮，置安人戍。武德二年，重置安人縣，屬延州。貞觀二十三年改爲延水縣，取吐延水爲名。

黄河，在縣東八里。

門山縣，中。〔一〇五〕西至州二百五十里。本漢定陽縣地，周宣帝大象元年，〔一〇六〕分汾州、〔一〇七〕雲巖二縣，於今縣南六里置。北有山，形似門，因以爲名。武德八年，於今縣北五里宋斯堡置，屬丹州，〔一〇八〕廣德二年割屬延州。

黃河，在縣東三十五里。

卷三校勘記

〔一〕鄉三十　今按：岱南閣本、畿輔本脱「十」字。

〔二〕都管户　今按：殿本無此三字，有按云「前鳳翔節度使理所下有都管户數，而此與後邠甯、靈武諸節使理所下無之，皆由傳寫遺缺」。

〔三〕墾田　今按：殿本無此二字。攷證云：「數缺，諸卷率然，不悉列。」

〔四〕美陽　攷證：官本作「夷陽」，誤。

〔五〕北至原州城三百三十里　攷證：「北」上宜有「西」字。「三十」，原州八到作「二十」。按前條至平涼縣一百五十里，平涼縣注至州一百六十里，共三百十里。各條互異，未知孰是。又按此志於州境八到，臚列備詳。蓋以方輿道里，爲地志切要，經世讀史，必宜覆按，傳鈔既久，諸州並多譌差，録以待折衷。

〔六〕南至鳳翔二百五十八里　攷證：官本「翔」作「州」，誤。鳳翔府八到作「二百二十」。

〔七〕折墌故城　攷證：通典作「析墌」，唐書薛舉傳同。

〔八〕鶉觚縣　攷證：地理志作「鶉孤」，郡國志改從「角」。

〔九〕周屬趙平郡　攷證：隋志鶉觚注「舊置趙平郡，後周廢郡」。樂史引周地圖記「鶉觚縣，周屬平涼郡」。均與此別。

〔一〇〕卽古密國之地是也　今按：岱南閣本、畿輔本「卽」上衍「理」字，此句錯在「今縣理西陰密故城」上。各鈔本及殿本與此同。攷漢志「安定郡陰密，詩密人國」。漢安定陰密與北地鶉孤相接，故此云鶉觚爲古密國地。史記周本紀「西伯伐密須」，世本云「密須氏，商時姞姓國」。姞姓密國，卽詩大雅皇矣「密人不恭，敢拒大邦」，爲文王所伐滅者。另有姬姓之密，見國語周語及韋昭注，其地卽漢河南郡密縣。自漢志以陰密爲詩密國，後遂指密須在鶉觚。然文王爲西伯時用兵，豈能遠至隴西？疑密須當在渭南，與周比鄰，卽史記封禪書秦作密時渭南之地，明一統志渭南縣西南有密時臺是。

〔一一〕湫谷縣　攷證：官本作「秋谷」，脱「水」，下同。

〔一二〕縣有彭陽川去彭陽縣一百步　攷證：官本作「縣在彭陽川內彭陽水上百步」，語恐有訛。

〔一三〕漢陰盤縣　攷證：漢志作「陰槃」，晉志作「陰般」，字通。

〔一四〕西二十三里至陰盤驛　攷證：按宜祿縣作「西北二十五里」，錢坫引作「西二十五里」，未知孰的。今按：各本「陰盤」下無「驛」字。

〔一五〕原州平涼　攷證：宜注「雄」字，會要云「乾元三年正月十一日升」。今按：新唐志「原州平涼郡，望」，此失書。

〔一六〕漢爲安定郡　攷證：下宜有缺文。今按：殿本此下按云「此下志文與户、鄉數及州境，並傳寫遺缺」。舊唐志敍原州沿革云「隋平涼郡，武德元年置原州，天寶元年改爲平涼郡，乾元元年復爲原州」。

〔一七〕八百里　攷證：官本誤作「八十」。

〔一八〕南至秦州　攷證：宜作「西南」。

〔一九〕笄頭山　攷證：笄，漢書作「开」。

〔二〇〕笄頭　今按：史記五帝本紀作「雞頭」。

〔二一〕木硤關　今按：新唐志「硤」作「峽」。木峽關，爲原州七關之一。

〔二二〕朝那湫　今按：史記封禪書正義引括地志「朝那湫在原州平高縣東南二十里」，此缺里數及方位。

〔二三〕湫泉祠朝那　攷證：郊祀志「泉」作「淵」，唐諱改。官本脱「朝」字。

〔二四〕南使管十八監至九監　今按：殿本「南使管」四句作注，接上「五十監」下。各本皆提行大字。

〔二五〕淮南子云　攷證：「子」下脱「注」字。初學記引作高誘注。

〔二六〕神龍三年　攷證：唐志作「元年」。

〔二七〕緊　攷證：劉昫云「上」。按此志所注州縣等第，與唐志多未合，會要亦不詳盡，其升降年月無依據者，並從略。

〔二八〕東（北）〔南〕至東都一千一百六十里　攷證：官本作「東南」，此誤。今按：陳樹華鈔本作「東南」，與殿本同，它本俱誤，今依改。

〔二九〕東至奉天縣　攷證：官本作「南至」。宜作「東南」。

〔三〇〕北至寧州　今按：岱南閣本、畿輔本作「西北」，各本同此無「西」字。

〔三一〕白蠟　今按：新志作「白密」。

〔三二〕米粟　攷證：官本無此二字。

〔三三〕在縣南三里　攷證：官本「南」作「東」，陳蘭森校補寰宇記引此作「南」，官本恐誤。

〔三四〕槀丘堡　攷證：官本作「槖」，樂史作「槀」與此同。

〔三五〕先有謡云　今按：各鈔本及岱南閣本、畿輔本「謡」上有「兵」字，殿本同此。

〔三六〕苻詔死新城　今按：戈襄校舊鈔本無「苻」字，各本同此。攷證引十六國春秋作「苻堅」。

〔三七〕有鐵官　攷證：地理志原作「有鹽官」。水經注云：「縣有温泉，泉東有鹽池。」

〔三八〕分新平縣南界　攷證：官本「南」作「西」，誤。

〔三九〕南臨宜禄川　攷證：「宜禄川」，官本「川」作「州」，誤。

〔四〇〕復魏舊名也　今按：各鈔本及岱南閣本、畿輔本「復」作「後」，殿本同此作「復」。

〔四一〕太宗親征相守六十餘日　攷證：「親征」下宜有「屯高墌」句。唐書「太宗疾間，復屯於高墌城，相持六十餘日」，此志下云「故城猶在」，即謂高墌也。失屯高墌句，則語爲無薄，殊失文義。

〔四二〕望　攷證：宜作「雄」，會要云：「至德元年十月二十九十升。」

〔四三〕鄉七十二　攷證：官本作「七十三」。

〔四四〕鄉　今按：殿本無「鄉」字，按云「鄉數傳寫缺」。

〔四五〕公劉邑焉　攷證：公劉邑已見邠州。按鄭康成詩譜云：「豳，今右扶風栒邑，其封域在禹貢岐山之北，原隰之野。」唐時宜在邠州，此恐未的。今按：鄭志答張逸問，謂「豳地今爲栒邑」。杜預注左傳、徐廣注史記謂豳在漆縣東北，括地志及此志云豳在邠州，蓋晉省漢栒邑入漆縣，唐邠州又即漢、晉之漆縣故也。史記匈奴傳云：「夏道衰，公劉失其稷官，變於西戎，邑於豳。」寧州爲古西戎所居，故又謂是公劉邑，説本括地志。然公劉所邑，宜在汾城，不在涇、渭，梁玉繩、陳奐、齊思和嘗疑之，俟再攷。

〔四六〕後西伯伐犬戎　今按：殿本「伯」誤「北」。攷證亦疑其誤。

〔四七〕秦昭王殺義渠戎王　攷證：按史記，并義渠在厲共公時，此志慶州亦作「厲公」，此作「昭王」當誤。

〔四八〕取古地名也　今按：岱南閣本、畿輔本誤作「即地名也」。

〔四九〕東北至延州三百九十里　今按：殿本脱此條。

〔五〇〕定安　今按：此與新、舊唐志同，各本俱誤作「安定」，後文云「取定俗安人爲義」，是當作「定安」。

下「定安縣」同。

〔五一〕在今縣理東南十五里泥陽故城是也　今按：殿本同此，它本「東南」下有「方」字。戈襄校舊鈔本酈亭校云「方」字衍。攷證云：「無『方』字誤。按唐定安縣即今寧州。顧祖禹曰『泥陽故城在縣東五十里』。」

〔五二〕本漢陽周縣地　攷證：按陽周，漢屬上郡，其故城宜在唐綏州大斌縣境。水經注「奢延水又東，走馬水注之，水出西南長城北陽周故城南橋山」，去真寧尚遥。此蓋沿括地志，誤以北魏縣當漢縣。

〔五三〕泥陽　今按：岱南閣本、畿輔本誤作「宜陽」，它本同此，攷證引寰宇記亦是「泥陽」。

〔五四〕改爲羅川因縣南羅水爲名　今按：岱南閣本、畿輔本作「改爲羅川縣以南羅川水爲名」，它本同此。攷證云：「『南羅水，宜作『縣南羅川水』，『水』上脱『川』字，樂史云『縣有羅川水』，正合縣名。」

〔五五〕子午山亦曰橋山　今按：史記五帝本紀正義引括地志「黄帝陵在寧州羅川縣東八十里子午山」，地理志云上郡陽周縣南橋山有黄帝冢」。此蓋沿括地志，以後魏僑置之陽周當漢上郡陽周。後魏陽周，隋改羅川，唐初因之後又名真寧，其地於漢屬右馮翊翟道縣，漢上郡更在其東北，橋山及黄帝陵疑不在此。攷證云：「蓋以子午山有橋山之名，遂誤指此爲漢陽周縣。」

〔五六〕始皇三十年　攷證：按史記，宜作「三十五年」。

〔五七〕都督府　攷證：劉昫作「中都督府」。按會要，武德七年改總管府爲大都督府，管十州以上爲上都督府，不滿十州爲都督府。開元元年著令，户二萬以上爲中都督府，不滿二萬爲下都督府。此志與定制多不合，無據者不悉録。

〔五八〕牛蘇　攷證：樂史作「牛酥」。今按：新唐志亦作「牛酥」。

〔五九〕馬領　今按：漢志及新、舊唐志、寰宇記作「馬嶺」，水經注亦是「嶺」字。下「馬領縣」同。

〔六〇〕百家堡　今按：舊唐志作「天家堡」。

〔六一〕武德六年　今按：舊唐志同此，新唐志作「元年」。

〔六二〕義寧三年　攷證：官本作「二年」，是。今按：新唐志作「二年」。

〔六三〕武德元年　攷證：按唐志，宜作「三年」。

〔六四〕古慶匡州倉在馬領川内　攷證：按各地志古無「慶匡州」，義亦未析。疑原作「方渠倉在馬領川内」，別有脱文。官本按云「方渠本漢縣，屬北地郡，隋屬慶州馬領縣地」。

〔六五〕景龍元年　攷證：唐志作「神龍三年」。

〔六六〕經縣所置方渠堡　攷證：官本「所」作「新」。

〔六七〕開元十年　今按：新唐志作「十一年」。

〔六八〕鄉十二　今按：殿本同此，各鈔本及岱南閣本、畿輔本誤作「五十二」。户減于開元二萬九千餘，不應鄉反多一。

〔六九〕罷府州仍舊名立交城　攷證：宜有脱誤。官本作「罷府州城舊名立交城」，義亦未析。

〔七〇〕二百七十六里　攷證：官本作「二百六十七」。

〔七一〕東南至上都　攷證：宜作「西南」。

〔七二〕西至慶州　攷證：官本亦作「西」，是。今按：它本「西」作「東」。

〔七三〕元和貢賦同　攷證：官本無。

〔七四〕隋開皇三年罷郡　今按：殿本同此，它本無「隋」字，「皇」作「元」。敷城郡罷於隋初，見隋志，當作「開皇」。

〔七五〕黑源水及洛水三川同會　今按：殿本同此，它本「源」作「原」。新、舊唐志均作「黑水」，無「源」字。寰宇記三川縣有三川水，謂「華池水、黑水、洛水同會，謂之三川水」，則「源」字當衍。

〔七六〕城枕羅原水　今按：舊唐志云「城枕羅水」，新唐志云「羅水過城下，地平直，故名」，俱無「原」字，疑衍。羅水卽亞谷河，又名寧河。

〔七七〕雕陰縣城今在縣南四十里　今按：上鄜州敍云「雕陰在今洛交縣北三十里」，甘泉縣在洛交縣北七十五里，則漢雕陰故城應在甘泉縣南四十五里。

〔七八〕一千八百四十二　攷證：官本「二」作「三」，與都管户數合，此誤。今按：除殿本外，各本俱同此。

〔七九〕高帝之父　今按：各本皆無此四字注。

〔八〇〕天和七年　攷證：「七年」宜誤，按周武帝本紀，天和無七年。

〔八一〕東至上都　攷證：宜作「南至」。

〔八二〕弓弦麻　今按：新唐志無「弓」字。

〔八三〕元和貢同　攷證：「官本無，按云『前同州載開元貢賦，復載元和貢，而他州無之，當是同者不復載也。此坊州與後靈、會、鹽諸州並不載開元賦，必由傳寫缺佚』。今按貢賦脱誤甚多，無所取正，不悉列。」

〔八四〕改爲内郡　今按：新、舊唐志作「内部」。「部」字是，各本與此俱誤。

〔八五〕鄜城縣屬鄜城郡　攷證：按地形志，「鄜」並宜作「敷」，樂史云大業元年改「敷」爲「鄜」。

〔八六〕丹州咸平　攷證：按唐志，丹州宜注咸寧，官本作「成平」，並誤。

〔八七〕白室卽白翟語訛耳　今按：殿本無「卽」字，它本皆脱「白室卽」三字。

〔八八〕步落稽胡　攷證：樂史引圖經「步」作「部」。御覽引周書「稽胡一曰步落稽」，樂史疑誤。

〔八九〕置延平縣　攷證：按隋志，宜作「延安郡」。樂史云「大業三年廢丹州，於義川縣置延安郡」，蓋本此。

〔九〇〕東至同州　攷證：「東」宜作「南」。

〔九一〕南至坊州　攷證：「南」上脱「西」字，坊州云「東北至丹州」是。

〔九二〕膚施縣本漢舊縣屬上郡　今按：唐延州膚施縣，爲隋所置，其地於漢爲高奴縣，非秦、漢之膚施，此蓋沿括地志而誤。

〔九三〕趙武靈王滅中山　今按：各本「中山」上有「齊」字，疑衍，史記趙世家與此合。

〔九四〕遷其王於膚施　今按：各本「王」誤「人」，史記趙世家作「王」。

〔九五〕大業二年　攷證：隋志作「三年」，樂史同。

〔九六〕縣有五龍山至黃帝祠　今按：此爲漢志膚施縣下班固自注原文，疑膚施縣條語錯出在此。

〔九七〕謂之清水至去斤水　今按：殿本同此，它本下「清水」作「洧水」，「去斤」下無「水」字。攷證云：「『清』、『洧』字互訛，地理志高奴縣『有洧水，可𤈷』，𤈷即古然字，此誤作『清』。『鮮卑謂清水爲去斤』，結上文俗名，不宜作『洧』。官本並作『清』，殊少別擇。」

〔九八〕後魏文成帝至偏城郡　攷證：按地形志，臨真屬定陽郡。偏城郡立於孝文太和元年，時不相及，樂史改「文成」爲「太武」，失之愈遠，抑文成前有偏城郡，史不能詳歟？

〔九九〕縣北十五里　攷證：官本「十」上有「九」字。

〔一〇〇〕一百八十里　攷證：官本「八」作「五」。

〔一〇一〕安人縣　攷證：按地形志本作「安民」，唐避。

〔一〇二〕置因城（名）縣　今按：殿本「縣」上無「名」字，它本同此。後魏縣本名因城，見隋志，魏志亦有因城縣，屬上郡。此「名」字傳鈔者妄增，今依殿本删。

〔一〇三〕臨河故城　攷證：按地理志臨河屬朔方，在今河套內，延水即今延川縣地，相距爲遥，疑誤。

〔一〇四〕置安人縣並安人鎮　攷證：「人」原並作「民」，唐避。

〔一〇五〕中　攷證：宜作「上」，按會要永泰二年升。

〔一〇六〕周宣帝大象元年　攷證：按周書，宣帝傳位太子，改元大象，「宣」宜作「静」。

〔一〇七〕分汾州　今按：新唐志作「汾川」，此及各本皆誤「州」。

〔一〇八〕屬丹州　今按：殿本無「屬」字。

元和郡縣圖志卷第四

關內道四

靈武節度使　靈州　會州　鹽州
夏州節度使　夏州　綏州　銀州　宥州
振武節度使　單于都護府　東受降城　麟州　勝州
豐州都防禦使　天德軍　中受降城　西受降城

靈州，靈武。大都督府。開元户九千六百六。鄉二十七。元和户　鄉　今爲靈武節度使理所。

管州三：靈州，會州，鹽州，縣十。

禹貢雍州之域。春秋及戰國屬秦，秦并天下爲北地郡。漢時爲富平縣之地。後漢安帝永初五年，西羌大擾，詔令郡人移理池陽，順帝永建四年歸舊土。其城赫連勃勃所置果園，今桃李千餘株，鬱然猶在。後魏太武帝平赫連昌，置薄骨律鎮，後改置靈州，以州在河渚之中，隨水上下，未嘗陷没，故號「靈州」。周置總管府，隋大業元年罷府爲靈州，三年又改爲靈武郡。武德元年又改爲靈州，仍置總管，七年改爲都督府。開元二十一年，於邊境置節度使，以遏四夷，靈州常爲朔方節度使理所。

朔方節度，管兵六萬四千七百八人，〔一〕馬一萬四千三百匹。〔二〕衣賜二百萬匹段。〔三〕

統經略軍，靈武郡城內。管兵二萬七百人，馬三千匹。

豐安軍，靈武郡西黄河外一百八十餘里，萬歲通天初置。管兵八千人，馬一千三百匹。

定遠東城，〔四〕靈武郡東北二百里黄河外，景龍中韓公張仁愿置。管兵七千人，馬三千匹。

西城，〔五〕九原郡北黄河外八十里，景龍中韓公張仁愿置。管兵七千人，馬一千七百匹。西南去理所一千餘里。

安北都護府，亦曰中受降城，景龍中韓公張仁愿於黄河北岸置。管兵六千人，馬二千匹。西南去理所一千三百里。

〔東城，榆林郡東北二百里，景龍中韓公張仁愿置，管兵七千人，馬一千七百匹。西南去理所一千六百餘里。〕〔六〕

振武軍，單于都護府城內，天寶中王忠嗣置。管兵九千人，馬一千六百匹。西南去理所一千七百里。

天寶元年，又改爲靈武郡。至德元年，肅宗幸靈武即位，昇爲大都督府。乾元元年，復爲靈州。

州境：東西五百八十里。南北八十里。〔七〕

八到：東南至上都一千二百五十里。東南至東都二千二百七十里。東南至鹽州三百里。東南至慶州六百二十里。西南至涼州九百里。〔八〕北至磧南彌娥川水一千里。

貢、賦：開元貢：甘草，青蟲子，鹿皮，紅花，野馬皮，烏翎，鹿角膠，雜筋，麝香，花蓯蓉，赤檉，馬鞭。

管縣六：迴樂，靈武，保靜，懷遠，鳴沙，温池。

定遠城，廢。〔九〕

迴樂縣，望。郭下。本漢富平縣地，屬北地郡，在今縣理西南富平故城是也。後周置迴樂縣，枕黄河。後魏刁雍爲薄骨律鎮將，上表請開富平西三十里〔一〇〕艾山舊渠，通河水，溉公私田四萬餘頃，人大獲其利。孝文太(和)〔平真君〕七年，〔一一〕雍又上表論漕運：〔一二〕「奉詔，平高、安定、統萬平高今屬原州，安定今涇州，統萬今夏州。及臣所守四鎮，出車五千乘，運穀五十萬斛，付沃野鎮以供軍糧。臣鎮去沃野鎮八百里，道多深沙，輕車往來，猶以爲難。今載穀二十五斛，每至深沙，必致滯陷。又穀在河西，轉至沃野，越渡大河，計五千乘運十萬斛，百餘日乃得一返，大廢生人耕墾之業，車牛艱阻，難可全至。一歲不過二運，五十萬斛，乃經三年。臣聞鄭、白之渠，遠引淮、海之粟，泝流數千里，周年乃得一至，猶稱國有儲糧，人用安樂。今求於⿰女夆⿰山屯山在今原州平高縣，即今笄頭山，語訛。亦曰沂屯山，即⿰女夆⿰山屯。〔一三〕河水之次，造船二百艘，二船爲一舫，一舫乘二千斛，一舫十人，計須千人。臣鎮内之兵卒皆習水，一運二十萬斛，〔一四〕方舟順流，五日而至自沃野，牽上十日還到，合六十日，得一返。從三月至九月三返，運送六十萬斛，〔一五〕計用人工，輕於車運十倍有餘，不費牛力，又不廢田。」孝文帝善之，〔一六〕下詔曰：「非但一運，自可永以爲式。」

温泉鹽池，在縣南一百八十三里。周迴三十一里。

薄骨律渠，在縣南六十里。溉田一千餘頃。

安樂川，在靈州南稍東一百八十里。

長樂山，舊名達樂山，亦曰鐸洛山，〔一七〕以山下有鐸洛泉水，故名。舊吐谷渾部落所居，〔一八〕今吐蕃置兵守之。

靈武縣，上。東南至州十八里。〔一九〕本漢富平縣之地，後魏破赫連昌，收胡户徙之，因號胡地城。〔二〇〕天和中於此州東北置建安縣，隋開皇十八年改爲大潤縣，〔二一〕仁壽元年改爲靈武縣，移入胡地城安置。

黄河自迴樂縣界流入。

千金陂，在縣北四十二里。長五十里，闊十里。

漢渠，在縣南五十里。從漢渠北流四十餘里始爲千金大陂，其左右又有胡渠、御史、百家等八渠，溉田五百餘頃。

保静縣，上。西南至州六十里。本漢富平縣地，後魏立弘静鎮，徙關東漢人以充屯田，俗謂之漢城。隋改置弘静縣，神龍元年改爲安静，至德元年改爲保静。

賀蘭山，在縣西九十三里。山有樹木青白，望如駮馬，北人呼駮爲賀蘭。〔三二〕其山與河東望雲山形勢相接，〔三三〕迤邐向北經靈武縣，又西北經保静西，又北經懷遠縣西，又北經定遠城西，又東北抵河，其抵河之處亦名乞伏山，在黄河西，從首至尾，有像月形，南北約長五百餘里，真邊城之鉅防。山之東，河之西，有平田數千頃，可引水溉灌，如盡收地利，足以贍給軍儲也。

懷遠縣，上。南至州一百二十五里。在州東北，〔三四〕隔河一百二十里。本名飲汗城，赫連勃勃以此爲麗子園。後魏給百姓，立爲懷遠縣。其城儀鳳二年爲河水汎損，三年於故城西更築新城。

縣有鹽池三所，隋廢。紅桃鹽池，鹽色似桃花，在縣西三百二十里。武平鹽池，在縣西北一十二里。河池鹽池，〔二五〕在縣東北一百四十五里。

廢靈武城，在縣東北，〔二六〕隔河一百里。其城本蒙恬所築，古謂之渾懷障，即渾懷所理道，故謂之靈武。

新堡，在縣西北四十里，永昌元年置。堡內安置防禦軍二千五百人，糧五萬石。舊名千金堡，今名新堡。

鳴沙縣，上。東北至州一百二十里。本漢富平縣地，屬安定郡，〔二七〕在今縣理東二百里原州。〔二八〕周保定二年於此置會州，建德六年廢郡，立鳴沙鎮。隋開皇十九年置環州，以大河環曲爲名，仍立鳴沙縣屬焉。大業三年罷環州，以縣屬靈武郡。貞觀六年復置環州，〔二九〕九年州廢，以縣屬靈州。神龍二年冬爲默啜所寇，因而荒廢，遂移縣於廢豐安城，即今縣理是。西枕黃河，人馬行經此沙，隨路有聲，異於餘沙，故號「鳴沙」。

温池縣，上。西北至州一百八十里。神龍五年置，〔三〇〕縣側有鹽池。

定遠廢城，〔三一〕在州東北二百里。〔三二〕即漢北地郡方渠縣之地，先天二年，郭元振以西城遠闊，豐安勢孤，中間千里無城，烽堠杳渺，故置此城，募有健兵五千五百人以鎮之。〔三三〕其後信安王禕更築羊馬城，幅員十四里。

經畧軍，在夏州西北三百里。天寶中王忠嗣奏於榆多勒城置軍，今屬靈武節度。本屬夏州，南去靈武六百五十餘里，元和九年於此城新置宥州。

會州，會寧。下府。開元户三千五百四十。鄉六。元和户

禹貢雍州之域。古西羌地。周太祖爲西魏相，來巡，會師於此，土人張信罄資饗六軍，太祖悦，因命置州，以「會」爲名。周武帝保定二年廢州，改爲會寧防。〔三四〕隋開皇元年改防爲鎮。武德二年討平李軌，置西會州。貞觀八年，以此州倉儲殷實，改爲粟州，其年，又爲會州。天寶元年改爲會寧郡，〔三五〕乾元元年復爲會州。

州境：東西五百一十里。南北三百三十里。

八到：東南至上都一千一百九十里。東南至東都一千五百里。〔三六〕東南至原州三百九十里。西南至蘭州三百八十里。西北至涼州五百四十里。東北至靈州五百三十里。

貢、賦：開元貢：覆鞍氈。

管縣二：會寧，烏蘭。

會寧縣，上。〔三七〕本漢鶉陰縣地，周太祖置會寧縣，屬會州。隋大業二年改爲涼川縣，武德二年又改爲會寧。

黄河堰，開元七年，河流漸逼州城，刺史安敬忠率團練兵起作，拔河水向西北流，遂免淹没。

會寧關，東南去州一百八十里。〔三八〕

河池，西去州一百二十里。其地春夏因雨水生鹽，雨多鹽少，雨少鹽多，遠望似河，故名河池。

烏蘭縣，上。東南至州一百四十里。〔三九〕本漢祖厲縣地，屬安定郡，後漢屬武威郡。前涼張軌收其縣人，於涼州故武威縣側近別置祖厲縣。周武帝西巡於此，置烏蘭關，又置縣，在會寧關東南四里。〔四〇〕舊城內沙石不堪久居，天授二年，移於東北七里平川置。

鹽州，五原。中府。開元户三千二十五。鄉七。元和户

禹貢雍州之域。春秋爲戎狄所居地。史記「梁山、涇、漆之北，〔四一〕有義渠、朐衍」，〔四二〕謂此也。及始皇并天下，屬梁州。〔四三〕漢武帝元朔二年置五原郡，地有原五所，故號五原。至晉，地没赫連勃勃，後魏平之，改爲西安州，以其北有鹽池，又改爲鹽州。隋大業三年爲鹽川郡。貞觀二年討平梁師都，置鹽州。天寶元年改爲五原郡，乾元元年復爲鹽州。

州境：東西二百四十八里。〔四四〕南北二百七十里。

八到：南至上都一千五百里。〔四五〕東至東都一千七百三十里。東北至經略軍四百里。南至慶州四百五十里。〔四六〕西北至靈州三百里。西北取烏池黑浮圖堡私路至靈州四百里。

貢、賦：開元貢：鹽山四十顆。〔四七〕

管縣二：五原，白池。

五原縣，上。〔四八〕本漢馬領縣地，貞觀二年與州同置。五原，謂龍游原、乞地千原、青領原、可嵐貞原、横槽原也。

鹽池四所：一烏池，二白池，三細項池，〔四九〕四瓦窰池。烏、白二池出鹽，今度支收糶，其瓦窰池、細項池並廢。

白池縣，上。南至州九十里。〔五〇〕景龍三年勑置，以地近白池，因以爲名。〔五一〕

夏州，朔方。中都督府。開元户六千一百三十二。鄉二十。元和户三千一百。鄉八。今爲夏（州）綏銀節度使理所。〔五二〕

管州四：夏州，綏州，銀州，宥州。新置。縣十二。〔五三〕

禹貢雍州之域。春秋及戰國時屬魏。秦并天下，置三十六郡，屬上郡。漢武帝分置朔方郡。後漢建武二十年罷，二十七年復置。靈帝末，羌胡爲亂，塞下皆空。至晉末，赫連勃勃於今州理僭稱大夏，勃勃字屈子，一作「屈丐」。〔五四〕朔方匈奴人。父衞辰，苻堅時爲西單于，遂有朔方之地。辰後爲後魏所殺。勃勃殺高平没奕（於）〔干〕，〔五五〕并其衆，自稱天王，於朔水之北，黑水之南，營起都城，卽今州理是也，名曰統萬城。至子昌，爲魏太武帝所滅，置統萬鎮。孝文帝太和十一年，改置夏州，隋大業元年以爲朔方郡。隋末爲賊帥梁師都所據，貞觀二年討平之，改爲夏州，置都督府。天寶元年改爲朔方郡，乾元元年復爲夏州。

州境：東西二百一十五里。南北七十里。〔五六〕

八到：東南至上都一千五十里。東南至東都一千八百五十里。東至銀州一百八十里。東南至延州四百里。西南至鹽州三百里。西北至豐州七百五十里。

貢、賦：開元貢：角弓，氈，酥，拒霜薺。〔五七〕　賦：麻，布。

管縣四：朔方，德靜，〔五八〕寧朔，長澤。

朔方縣，上。　郭下。本漢舊縣，今縣理北什賁故城是也。〔五九〕漢末荒廢，後魏更置巖緑縣，隋因之，貞觀二年改爲朔方縣。

契吴山，在縣北七十里。十六國春秋曰：「赫連勃勃北游契吴，歎曰：『美哉，臨廣澤而帶清流。吾行地多矣，自馬領以北，大河以南，未之有也！』」

無定河，一名朔水，一名奢延水，源出縣南百步。赫連勃勃於此水之北，黑水之南，改築大城，名統萬城。今按州南無奢延水，唯無定河，即奢延水也，古今異名耳。

烏水，出縣黑澗，東注奢延水。本名黑水，避周太祖諱，改名烏水。初，統萬城成，勃勃下書曰：「今都城已建，宜立美名。朕方統一天下，君臨萬國，宜以統萬爲名。」其城土色白而牢固，有九堞樓，〔六〇〕峻險非力可攻。酈道元云：「統萬城蒸土加功，雉堞雖久，崇墉若新。」

什賁故城，在縣理北，即漢朔方縣之故城也。〔六一〕詩所謂「王命南仲，城彼朔方」，是也。漢武帝元朔二年，收河南地置朔方、五原郡，使校尉蘇建築朔方。公孫弘數諫，以爲罷敝中國，以奉無用之地，願罷之。上使朱買臣難弘，發十策，弘不得一，由是卒城之，亦謂此也。自漢至今，常爲關中根本。什賁之號，蓋蕃語也。城西南有二鹽池，大而青白。青者名曰青鹽，一名戎鹽，入藥分也。

故白城，一名契吴城，在縣北一百二十五里契吴山。〔六二〕赫連中因山所築，勃勃嘗所歎美，故其子昌因立此城，以立勃勃之廟。

勃勃墓，在縣西二十五里。隋置白城鎮，後廢。

德静縣，中下。西南至州八十里。蓋漢朔方縣(池)〔地〕，〔六三〕周武帝於此置彌渾戍，南有彌渾水，因名。隋改爲德静鎮，尋廢鎮爲縣。皇朝因之。

無定河，自朔方縣界流入。

秦長城，在縣西二里。

寧朔縣，中下。西北至州一百二十里。本漢朔方縣地，周於此置寧朔縣，屬化政郡。隋罷郡，以縣屬夏州。皇朝因之。

賀蘭山，在縣東北三十里。〔六四〕

秦長城，在縣北十里。

長澤縣，中下。　東北至州一百二十里。　本漢三封縣地，屬朔方郡，即今縣北二十里三封故城是也。〔六五〕後魏於此置長澤縣，屬闡熙郡。　隋罷郡，以縣屬夏州。　皇朝因之。

闡熙故城，在今縣西南二十里。

百井戍，在縣南八十里，勃勃與禿髮傉檀戰處。

胡洛鹽池，在縣北五十里。〔六六〕周回三十里。　亦謂之獨樂池，聲相近也。　漢有鹽官。〔六七〕

綏州，上郡。　下。　開元户八千七百十五。〔六八〕　鄉二十八。　元和户八百四十。　鄉一十二。

禹貢雍州之域。　春秋時其地爲白翟所居。　七國時屬魏，史記曰「魏有西河上郡」。秦并天下，始皇置三十六郡，爲上郡。　漢高帝元年，項羽立董翳爲翟王。　後廢，復爲上郡。漢武帝徵六郡良家子爲羽林郎，上郡即其一也。　按秦上郡城在今州理東南五十里上郡故城是也，自後漢末已來，荒廢年久，俗是稽胡。　及赫連勃勃都於統萬，上郡之地，又爲赫連部落所居。　後魏明帝神龜元年，東夏州刺史張邵於此置上郡，廢帝元年於郡内分置綏州。　隋煬帝又改爲上州，〔六九〕後又改爲雕陰郡，以雕山在西南，故名。　隋亂，陷賊。　武德三年，百姓歸化，遂於延州豐林縣置綏州總管，貞觀二年討平梁師都，廢府，移州於今理。

州境：東西二百一十九里，南北三百一十八里。〔七〇〕

八到：西南至上都一千里，東南至東都一千四百里，東至石州二百七十里，〔七一〕西至夏州三百六十里，西南至延州二百三十里，西北至銀州一百六十里，東北至太原五百九十里。

貢、賦：開元貢：蠟。賦：布，麻。

管縣五：龍泉，延福，綏德，城平，大斌。

龍泉縣，中下。郭下。本秦膚施縣地，二漢同。後魏於此置上縣，取郡爲名。隋開皇三年，上縣屬綏州。大業二年，改綏州爲上州，又改爲雕陰郡，上縣咸屬焉。皇朝因而不改。天寶元年，改爲龍泉。

疏屬山，亦名雕陰山，〔七二〕卽山海經云「貳負之臣曰危，〔七三〕與貳負殺窫窳，帝乃梏之」，疏屬山卽此也。

無定河，一名奢延水，自銀州撫寧縣界流入。

州城，貞觀元年築。實中，四面石崖，東面高八十尺，西面高一百四十尺，南面高四十尺，北面高一百二十尺，周迴四里二百步。

上郡故城，在縣東南五十里。始皇使太子扶蘇監蒙恬於上郡，卽此處也。

吴兒城，在縣西北四十里。初，赫連勃勃破劉裕子義真於長安，遂虜其人，築此城以居之，號吴兒城。

延福縣，中下。西至州一百一十里。本秦膚施縣地，後魏置延陵縣，理延陵村。隋文帝改爲延福。皇朝因之。

綏德縣，中下。北至州一百里。本秦上郡之地，二漢不改。魏省上郡。後魏文帝分上郡南界邱尼谷置綏德縣，隋不改。皇朝因之，武德二年移於吐延水北，卽今理是也。

城平縣，中下。東北至州一百里。〔七四〕本秦膚施縣，二漢不改。後魏孝明帝於今縣理西三十里庫仁川置城中縣，隋改爲城平縣，自庫仁川移於今理，屬上郡。皇朝因之。

大斌縣，中下。東至州一百一十里。本秦膚施縣之地，後魏孝明帝神龜元年，於今縣東五里置大斌縣，屬上郡，周、隋不改。武德七年，於今城平縣界魏平故城改置，因隋舊名。大斌者，取稽胡懷化，文武雜半之義。

銀州，銀川。下。開元户六千一百二十。鄉十九。元和户

禹貢雍州之域。春秋時屬白翟地。秦并天下，始皇分三十六郡，屬上郡。漢爲西河郡圁陰縣之地。〔七五〕晉、十六國時爲戎狄所居，苻秦建元元年，自驄馬城巡撫戎狄，其城卽今州理城是也。周武帝保定二年，〔七六〕分置銀州，因谷爲名，舊有人牧驄馬於此谷，虜語驄馬爲乞銀。隋大業二年廢銀州，縣屬雕陰郡，隋末陷於寇賊。貞觀二年平梁師都，〔七七〕於此重置銀州。天寶元年爲銀（州）〔川〕郡，〔七八〕乾元元年復爲銀州。

州境：東西二百七十一里。南北三百二十八里。

八到：西南至上都一千六百里。東南至東都一千四百里。東至石州界黄河一百六十里。西至夏州一百八十里。東南至綏州一百六十里。東北至麟州三百里。

貢、賦：開元貢：女稽布。賦：麻，布，粟。

管縣四：儒林　真鄉　開光　撫寧

儒林縣，中。郭下。本漢圁陰縣地，以其在圁水之陰，故名。隋開皇三年於此置儒林縣，屬銀州。大業二年廢銀州，以縣屬雕陰郡。貞觀二年重置銀州，縣又屬焉。

無定河自夏州界流入。

真鄉縣，中下。西至州一百里。漢圁陰縣地，周武帝保定二年置今縣，屬銀州。皇朝因之。

茹蘆水，源出縣理西北。

開光縣，中下。西南至州二百里。漢圁陰縣地，周武帝保定二年於今縣理置開光郡，宣帝大象二年廢郡，置開光縣，屬撫寧郡。隋開皇三年罷郡，以縣屬銀州。皇朝因之。

撫寧縣，中下。北至州八十里。本漢圁陰縣地，後魏廢帝於縣東撫寧故城置撫寧縣，屬撫寧郡。隋開皇三年廢郡，以縣移於今理，屬銀州。皇朝因之。

無定河，在縣北二十里。

廢宥州，在鹽州東北三百里。在夏州西北三百里。開元二十六年置，〔七九〕寶應已後廢。事本末具新宥州。

新宥州，上。本在鹽州北三百里。初，調露元年於靈州南界置魯、麗、含、塞、依、契等六州，以處突厥降户，時人謂之「六胡州」。長安四年併爲匡、長二州。神龍三年復置蘭池都督府，在鹽州白池縣北八十里，仍分六州各爲一縣以隸之。開元十一年，康待賓叛亂，尅定後，遷其人於河南、江、淮諸州，二十六年還其餘黨，遂於此置宥州，以寬宥爲名也。後爲寧朔郡，領縣三：懷德，延恩，歸仁。天寶中，宥州寄理經略軍，寶應已後，因循遂廢，由是昆夷屢來寇擾，党項靡依。〔八〇〕元和八年冬，回鶻南過磧，取西城、柳谷路討吐蕃，西城防禦使周懷義表至，朝廷大恐，以爲回鶻聲言討吐蕃，意是爲寇。唯中書侍郎平章事李吉甫以爲回鶻入寇，且當斷絶和事，不應便來犯邊。今之多士，居平則横生異議，深沮邊計，及聞邊警，又承虚聲以洶朝廷，冀因幾危，摇動時事。但當設備，不足爲慮。因請自夏州至天德軍，復置廢館一十一所，以通急驛。又請夏州騎士五百人，營於經略故城，應援驛使，兼護党項部落。上悉從之。又上言曰：「國家舊置六胡州在靈州界内，開元中廢六州置宥州，以領諸降户。天寶末，宥州寄理於經略軍，蓋謂居中可以總統蕃部，北接天德，南據夏州。今經略軍遠磧，靈武道路乖越，〔八一〕又不置軍鎮，非舊制也。請置宥州，理經略軍。」至九年五月，詔復於經略軍城置宥州，仍爲上州，〔八二〕於州郭下置延恩縣爲上縣，改隸夏綏銀觀察使，取鄜城神策行營兵馬使鄭杲下兵士并家九千人，以實經略軍。又置州之日，版築之下，掘得釜二百五十四口，悉堪烹飪，識者以爲暗合前賢之規模，亦足以彰玄化之所感也。其釜並散給諸營，以資軍用。又頃年每有回鶻消息，常須經太原取驛路至闕下，及奏報到，已失事宜。今自新宥州北至天德，置新館十一所，從天德取夏州乘傳奏事，四日餘便至京師。

州境：

八到：東南取夏州路至上都一千三百里。東南至東都二千一百里。東南至夏州三百二十里。西南至廢宥州三百里。東至麟州六百里。西南至靈州六百五十里。東北至中受降城五百六十里。南至鹽州六百里。〔八三〕

單于大都護府，今爲振武節度使理所。

管府一，城一，州二：單于大都護府，東受降城，〔八四〕麟州，勝州。縣六

〔**東受降城**，在朔州北三百五十里〕。〔八五〕本漢定襄郡之盛樂縣也，後魏都盛樂，亦謂此城。武德四年平突厥，於此置雲州，貞觀二十年改爲雲州都督府，麟德元年，〔八六〕改爲單于大都護府，垂拱二年改爲鎮守使，聖曆元年改置安化都護，〔八七〕開元七年隸屬東受降城，八年復置單于大都護府。

府境：東西　南北

八到：西南取太原路至上都一千九百二十里。東南至東都一千七百里。東南至河界静邊軍一百二十里。南至朔州三百五十里。西南至東受降城一百二十里。〔八八〕北至黑砂磧口七百里。

管縣一：金河。

金河縣，中。郭下。天寶四年置。初，〔八九〕景龍二年，張仁愿於今東受降城置振武軍，〔九〇〕天寶四年，節度使王忠嗣移於此城内，置縣曰金河，〔九一〕卽後魏什翼犍所都盛樂之地。道武帝遷都平城，則今雲州所理是也。

麟州，新秦。下。天寶户　元和户

禹貢雍州之域。秦、漢爲雲中郡。隋開皇二十年置榆林縣，改爲勝州。天寶元年，王忠嗣奏割勝州連谷、銀城兩縣置麟州。

州境：東西　南北

八到：西南至上都一千四百六十里。東南至東都一千五百一十里。東至嵐州一百八十里。東至嵐州界黄河一百二十里。河上有合水關。東北至勝州四百里。西南至銀州三百里。

貢、賦：

管縣三：新秦，連谷，銀城。

新秦縣，中。郭下。初，漢武帝徙貧人於關中以西及朔方以南，謂之新秦，天寶元年置以爲縣，取漢舊名也。

連谷縣，中下。南至州四十里。本漢圁陰縣地，屬西河郡，在今銀州儒林縣界。隋文帝於此置連谷鎮，煬帝改爲連谷戍，大業十三年廢戍。貞觀八年於廢戍置連谷縣，屬勝州，天寶元年割屬麟州。

連谷鎮，縣理城中，〔九二〕貞觀八年置。

銀城縣，中下。北至州四十里。本漢圁陰縣地，屬西河郡。漢末大亂，匈奴侵邊，雲中、西河之閒，其地遂空，訖於魏、晉，不立郡縣。後魏時置石城縣，廢帝改爲銀城關。周武帝保定二年，移於廢石龜鎮城，即今縣理是也。貞觀因之，屬勝州，天寶元年屬麟州。

勝州，榆林。下府。開元户四千九十五。鄉十三。元和户

禹貢雍州之域。春秋爲戎狄地。戰國時爲晉、趙地。地理志云雲中立五原，〔九三〕本戎狄地，趙有之。始皇時分三十六郡，爲雲中郡。漢因之不改。按漢雲中在今州理東北四十里榆林縣界雲中故城是也。漢末大亂，匈奴侵邊，其城遂空。晉末屬赫連氏，赫連勃勃稱夏，都於統萬。按統萬城在今州理西南八百里，夏州是也。後魏太武帝平赫連昌之後，訖於周代，往往置鎮，不立郡縣。隋文帝開皇三年於此置榆林關，七年又置榆林縣，屬雲州。二十年，割雲州之榆林、富昌、金河三縣置勝州，立嘉名也。煬帝大業五年，〔九四〕以勝州爲榆林郡，領榆林、富

昌、金河三縣。十五年，郡人郭子和以城入突厥。武德四年，郭子和歸國，其地又陷梁師都。貞觀二年平師都，三年，仍隋舊理置勝州。時柴紹、劉蘭破滅匈奴，奪得河南之地，因置州，以決勝爲名。

州境：東西　南北

八到：西南至上都一千八百五十三里。東南至東都一千九百四十里。西南至麟州四百里。西南至夏州九百里。南至銀州七百里。北至豐州七百里。〔九五〕

貢、賦：開元貢：女稽布，麻，粟。〔九六〕　賦：麻，布。

管縣二：榆林，河濱。

榆林縣，中下。　郭下。本漢沙南縣地，屬雲中郡。漢末北虜侵擾，歷魏、晉、周，此地皆無縣邑。隋開皇七年置榆林縣，地北近榆林，卽漢之榆溪塞，因名，屬雲州，二十年改屬勝州。皇朝因之。

黄河，西南自夏州朔方界流入。

大葭蘆水，〔九七〕縣西二百二十里。

小葭蘆水，縣西二百四十里。其閒地甚良沃。

平河水，首受黄河，隋文帝開之以通屯倉。

金河泊，在縣東北二十里。周迴十里。

雲中故城，在縣東北四十里。趙雲中城，秦雲中郡也。史記曰趙武靈王北破林胡、樓煩所置。秦因之。

隋榆林宮，在州城内，大業三年置，〔九八〕因榆林郡爲名。其年，煬帝北巡，陳兵塞表，以威北狄，因幸此宮，突厥啓人可汗獻馬及兵器新帳，因賦詩云云。

榆林關，在縣東三十里。東北臨河，秦卻匈奴之處，隋開皇三年，於此置榆林關。

河濱縣，中下。〔九九〕本漢沙南縣地，屬雲中郡。訖於魏、晉，此地不立縣邑。至後魏及周，復爲銀城縣地。隋時復爲榆林縣地。貞觀三年，於此置河濱縣，東臨河岸，因以爲名。改雲州爲威州，立嘉名也。八年，廢威州，以縣屬勝州。

黄河，在縣東一十五步。闊一里，不通船檝，即河濱關，渡河處名君子津。

河濱關，在縣東北，貞觀七年置。

豐州，九原。下府。開元户一千九百。鄉五。元和户今置都防禦使。

管州一，軍一，城二：豐州，天德軍，西受降城，中受降城。〔三〕〔一〇〇〕縣二。

其都防禦使及天德軍使，理在西城，今移理舊天德軍城。

禹貢雍州之域。秦上郡之北境，秦末没胡。漢武帝元朔二年，使衛青逐去匈奴，開置朔方，領縣十，理三封，在今豐州西一百里。後漢因之，靈帝末羌、胡擾亂，城邑皆空。永嘉後，匈奴衞辰父子新居其地，辰子赫連勃勃自稱大單于，統萬城地屬勃勃。後魏太武帝擒滅赫連昌，置統萬鎮，孝文帝改置夏州，其地又爲夏州之北境。周武帝於今永豐縣置永豐鎮。隋文帝開皇三年，於鎮置豐州，後廢。貞觀四年，突厥降附，又權於此置豐州都督府，不領縣，唯領蕃户，以史大奈爲都督。十一年，大奈死，復廢府，以地屬靈州。二十三年，又分置豐州。永徽(九)〔元〕年，〔一〇一〕於州復重置永豐縣。四年，於郭下又置九原縣。麟德元年，又置豐安縣。天寶元年，改爲九原郡，乾元元年，復爲豐州。

州境：

八到：南至上都一千八百里。南至東都一千二百九十里。〔一〇二〕東至勝州五百三十里。西南至靈州九百里。東南至夏州七百五十里。西北至河西城八十里。

貢、賦：開元貢：野馬皮。賦：布，麻。

管縣二：九原，永豐。

九原縣，中下。郭下。本漢之廣牧舊地，(中)〔東〕部都尉所理。〔一〇三〕其九原縣，永徽四年重置。其城，周、隋閒俗謂之甘草城。

永豐縣，中下。州西一百十六里。本漢臨戎舊地，後漢末廢。北人又謂之賀葛真城，周武帝保定三年，於此置永豐鎮。隋開皇五年廢鎮，置永豐縣，武德六年省，永徽元年復置。〔一〇四〕天寶末廢。

廢豐安縣，在州東南四十里。隋開皇六年，於縣置豐安鎮，麟德元年改爲豐安縣，天寶末廢。

天德軍舊理在西受降城，權置軍馬於永清栅，元和九年詔移理舊城。本安北都護，貞觀二十一年，於今西受降城東北四十里置燕然都護，以瀚海等六都督、臯蘭等七州並隸焉。龍朔三年，移於磧北回紇本部，仍改名瀚海都護。總章二年，又改名安北都護，尋移於甘州東北一千一十八里隋故大同城鎮。垂拱元年置大同城鎮，〔一〇五〕其都護權移理删丹縣西南九十九里西安城。景龍二年，又移理西受降城。開元十年，又移理中受降城。天寶八年，張齊丘又於可敦城置横塞軍，又自中受降城移理横塞軍。十二年，安思順奏廢横塞軍，請於大同川西築城置軍，〔一〇六〕玄宗賜名曰大安軍。十四年，築城功畢，移大安軍理焉。乾元後改爲天德軍。緣居人稀少，遂西南移三里，權居永清栅，其理所又移在西受降城。自後頻爲河水所侵，至元和八年春，黄河泛溢，城南面毁壞轉多，〔一〇七〕防禦使周懷義上表請修築，約當錢二十一萬貫。中書侍郎平章事李吉甫密陳便宜，以西城費用至廣，又難施功，請修天德舊城以安軍鎮，其大略曰：「伏以西城是開元十年張説所築，今河水來侵，已毁其半。臣量其事勢，不堪重修，若别築新城，所費殊廣，計其人功糧食及改屋宇，比及事畢，不下三十萬貫錢，此但計費，猶未知出入之處。城南面卽爲水所壞，其子城猶堅牢，量留一千人，足得住居。天德軍士，合抽居舊城，豈可更勞版築，虛棄錢物。若三城是國家盛制，仁愿舊規，亦須得天德添兵，然後有人修築。按天德舊城，在西城正東微南一百八十里，其處見有兩城。今之永清栅，〔一〇八〕卽隋氏大同舊城理，去本城約三里已下，〔一〇九〕城甚牢小，今隨事制宜，〔一一〇〕仍存天德軍額。北城周迴一十二里，〔一一一〕高四丈，下闊一丈七尺，天寶十二載安思順所置。其城居大同川中，當北戎大路，南接牟那山鉗耳觜，山中出好材木，若有營建，不日可成。牟那山南又是麥泊，〔一一二〕其地良沃，遠近不殊。〔一一三〕天寶中安思順、郭子儀等本築此城，擬爲朔方根本，其意以中城、東城連振武爲左翼，又以西城、豐州連定遠爲右臂，南制党項，北制匈奴，左右鉤帶，居中處要，誠長久之規也。尋屬祿山有事，子儀留老弱於此城，身率大衆河北討賊，爲賊將宋星星所破，縱火焚燒，遂移天德軍永清栅，別置理所於西城，只緣添兵未得，且因循併在一處，力所不足，實非遠圖。臣久訪略已計料，約修此城，不過二萬貫錢。今若於天德舊城，隨事增飭，因有移換，仍取城隸於天德軍，別置使名，自爲雄鎮，以張聲勢，〔一一四〕可讐殊鄰。」詔從之，於是復移天德軍理所於舊城焉。先是緣邊居人，常苦室韋、党項之所侵掠，投竄山谷，不知所從。及新城施功之日，遂有三萬餘家移止城內。初，議者又慮城大無人以實，及是遠近奔湊，邊軍益壯，人心遂安。

沃野故城，在軍城北六十里，卽是後魏時六鎮從西第一鎮也。〔一一五〕

州境：東西　南北

八到：西取寧遠鎮故落鹽池，〔一一六〕經夏州至上都一千八百里。西南渡河至豐州一百六十里。西北至橫塞軍城二百里。西南至新宥州六百里。西至西受降城一百八十里。東南至中受降城二百里。

東受降城，本漢雲中郡地，在榆林縣東北八里，今屬振武節度。

八到：南至上都一千八百六十里。〔一一七〕東南至東都取單于路一千八百二十里。東北至單于都護府一百二十里。東北至朔州四百里。〔一一八〕西至中受降城三百里。北至磧口八百里。

武川城，今名里城，後魏六鎮從西第三鎮，在軍北三百里。自北出石門障卽光祿城，右入匈奴大路。

光祿城東北有懷朔古城，其城卽後魏六鎮從西第二鎮，在今中城界向北化柵側近也。〔一一九〕

中受降城，本秦九原郡地，〔一二〇〕漢武帝元朔二年更名五原，開元十年於此城置安北大都護府，後又移徙。事具天德軍。

八到：城南至上都一千八百六十里。城東南至東都取單于路二千一百二十里。東至東受降城三百里。西北至天德軍二百里。南至麟州四百里。北至磧口五百里。

敬本故城，在中城北四十里。鄭虔軍録曰：「時人以張仁愿河外築三城，自古未有。今敬本城周一萬八百七十二步，壕塹深峻，亦古之堅守。」賈耽古今述曰：「以地理求之，前代九原郡城也。」〔一二〕

西受降城，舊天德軍理於此城，元和九年移理天德軍城。在豐州西北八十里。蓋漢朔方郡地，臨河縣故理處。開元初爲河水所壞，至開元十年總管張説於故城東別置新城。今城一本云「其後城」。〔一三〕西南隅又爲河水所壞。本末具天德軍。

八到：城南至上都一千八百八十里。東南至東都取單于路二千二百五十里。正東微南至天德軍一百八十里。東南渡河至豐州八十里。西南至定遠城七百里。北至磧口三百里。磧口西至回鶻衙帳一千五百里。〔一三〕

右三受降城，景雲三年張仁愿所置也。〔一四〕初，突厥入寇，朔方軍總管沙吒忠義爲賊所敗，詔仁愿代之。先是朔方軍北與突厥以河爲界，河北岸有拂雲堆神祠，突厥將入寇，必先詣祠祭酹求福，因牧馬料兵而後渡河。時突厥默啜盡衆西擊突騎施娑葛，仁愿奏請乘虛奪取漠南之地，於河北築三受降城，首尾相應，絶其南寇之路。太子少師唐休璟以爲兩漢以來，皆北守黄河今於寇境築城，恐勞人費功，終爲賊所有。仁愿固請不已，中宗竟從之。仁愿表留年滿鎮兵以助其功，時咸陽兵二百餘人逃歸，仁愿擒獲盡斬之，軍中股慄，六旬而三城俱就。以拂雲祠爲中城，與東西兩城相去各四百餘里，遥相應接。北拓三百餘里，於牛頭、牟那山北置烽堠一千八百所，〔一三〕自是突厥不得度山放牧，朔方無復寇掠，減鎮兵數萬人。初，三城不置壅門及卻敵戰具，或問曰：「邊城禦賊之所，不爲守備，何也？」仁愿曰：「寇若至此，當併力出戰，迴顧望城，猶須斬之，何用守備生其退恧之心。」其後常元楷爲總管，始築壅門，議者劣之。

卷四校勘記

〔一〕六萬四千七百八人　今按：「八」字應衍，舊唐志無「八」字，統計朔方節度使下屬七軍府，所管兵數，實六萬四千七百人。

〔二〕二萬四千三百匹　今按：「二」當作「一」，統計朔方節度使下屬七軍府，所管馬數，實一萬四千三百匹。舊唐志作「四千三百匹」，脫「一萬」二字。殿本「三百」誤作「五百」。

〔三〕朔方節度至二百萬匹段　今按：此一條二十九字，殿本爲上「朔方節度使理所」注文，不另立專條。下經略軍、豐安軍、定遠東城、西城、安北都護府、東城、振武軍與「天寶元年又改爲靈武郡」一條，均連書，不作專條。各軍府建置、里距及兵馬數皆分注於下。攷證云：「宜依官本改正，以歸一例。太原府、廣州、鄯州、涼州敘所統各軍俱大書，分注，概用接書，不得列爲專條。」按此下並是敘朔方所屬軍府，末條「天寶元年」云云，仍指前文，不得各爲專條。除殿本外，各本皆如此。戈襄校舊鈔本，乃照宋刊鈔録，此段亦如今刊本，然則自宋時已然，今仍之。

〔四〕定遠東城　今按：舊唐志無「東」字。

〔五〕西城　今按：舊唐志作「西受降城」。

〔六〕〔東城至一千六百餘里〕　今按：殿本有此四十一字，與舊唐志合，各本及此均脱。若無此條，則朔方節度所統七軍府將缺其一，與所管兵馬總數亦不相符，蓋傳寫缺失，今據殿本補。又「東城」，舊唐志作「東受降城」；「榆林郡」，舊唐志作「勝州」。前者省稱，後則沿其舊名。

〔七〕南北八十里　攷證：宜有脱誤。

〔八〕西南至涼州　攷證：宜作「西北」。

〔九〕定遠城廢　攷證：宜衍，官本無。

〔一〇〕西三十里　攷證：魏書刁雍傳「西」下有「南」字。

〔一一〕太(和)〔平真君〕七年　攷證：官本作「太平真君七年」，與魏書合，此誤。今按：今從攷證，依殿本改正。

〔一二〕論漕運　攷證：「運」下宜有「曰」。

〔一三〕嵂崪山至卽嵂崪　攷證：官本作「牽屯」，無注，疑脱。

〔一四〕二十萬斛　今按：各鈔本、殿本同，岱南閣本、畿輔本「十」作「千」。按每舫載二十斛，百舫實載二十萬斛，作「十」是。攷證亦云作「千」誤。

〔一五〕合六十日至萬斛　攷證：官本無此四句。

〔一六〕孝文帝善之　攷證：宜作「太武帝」。

〔一七〕鐸洛山　今按：殿本作「鐸落山」，它本作「鐸落泉山」。

〔一八〕吐谷渾　攷證：官本脱「谷」字。

〔一九〕十八里　攷證：官本作「八十八」。

〔二〇〕胡地城　今按：水經河水注、太平寰宇記卷三十六靈州下引括地志並作「胡城」。此「地」字衍。後魏收胡户徙之因名胡城，與下文徙關東漢人于弘靜鎮謂之漢城同義。

〔二一〕大潤縣　攷證：按隋志宜作「廣潤」，仁壽元年改大潤，此宜有脱誤。

〔二二〕北人呼駮爲賀蘭　攷證：戴震水地記引下有「故名」二字，此脱。

〔二三〕其山與河東望雲山形勢相接　今按：殿本同此，各本「山」下無「與」字。攷證云：「『與』字疑後人妄增。按河自靈州以北，其東無大山，各地書河東亦無望雲山之目。王右丞集趙殿成注引作『其山阿東望雲中』，當是原文，各本多誤。」

〔二四〕在州東北　攷證：上疑有「故城」二字。

〔二五〕河池鹽池　今按：殿本作「河地」，有案云「河地一作『河池』」。

〔二六〕在縣東北　攷證：錢坫引此「東北」作「西北」。

〔二七〕屬安定郡　攷證：按地理志，宜作「屬北地郡」。

〔二八〕在今縣理東　攷證：「東」宜作「南」。

〔二九〕貞觀六年復置環州　今按：舊唐志「貞觀四年于迴樂縣置迴、環二州」，不同。

〔三〇〕神龍五年置　攷證：唐志「五」作「元」，樂史同。

〔三一〕定遠廢城　今按：殿本同此，各本作「定遠城」，下注「廢」字。

〔三二〕二百里　攷證：官本脱「百」字。

〔三三〕健兵　攷證：官本作「兵健」。

〔三四〕改爲會寧防　攷證：官本脱「寧」字。

〔三五〕會寧郡　攷證：官本「寧」誤「靈」。

〔三六〕一千五百里　今按：殿本同此，它本作「二千五百里」。攷證云：「『百』宜作『十』」。

〔三七〕會寧縣上　攷證：宜注「郭下」。

〔三八〕東南去州　攷證：宜作「西南去州」。

〔三九〕東南至州　攷證：宜作「東北至州」，樂史云「西南去州」，是。

〔四〇〕東南四里　攷證：樂史作「西南」。

〔四一〕涇漆之北　今按：此與史記匈奴傳合，各本「涇」誤「經」。

〔四二〕朐衍　今按：史記匈奴傳同，漢書地理志、五行志作「昫衍」。説文日部「昫，日出温也。北地有昫衍縣」。字當作「昫」。

〔四三〕屬梁州　攷證：「官本案云，秦無梁州，一本改『梁』爲『涼』，亦非。據通典，鹽州，秦、漢屬北地郡。今按御覽引亦作『梁』，當爲『雍州』，地理志曰『漢興，改『雍』曰『涼』。賈誼亦稱秦爲雍州。」

〔四四〕二百四十八里　攷證：官本「八」作「五」。

〔四五〕一千五百里　攷證：官本「百」作「十」，此誤。

〔四六〕四百五十里　攷證：慶州八到云「五百七十二里」。

〔四七〕鹽山四十顆　今按：殿本無「山四十顆」四字。它本「山」作「上」，疑此誤。

〔四八〕五原縣　攷證：宜注「郭下」。

〔四九〕細項池　今按：各本「項」作「頂」。

〔五〇〕南至州九十里　攷證：官本作「東南」。

〔五一〕因以爲名　今按：此下各本有「宥州，廢，在鹽州北百四十里云云」一百五十五字，殿本同此。攷證云：「按新宥州前有廢宥州，注云『在鹽州東北三百里』，此云『百四十里』，語亦不合。自『調露』以下俱襲新宥州敍，蓋後人竄入也。」

〔五二〕夏（州）綏銀節度使理所　今按：「州」字當衍，殿本無，下新宥州敍亦作「夏綏銀節度」，今删。

〔五三〕縣十二　攷證：官本作「三十」，均誤，宜作「十四」。

〔五四〕一作屈丐　今按：各本無此注。

〔五五〕没奕（於）〔干〕　今按：「於」，當作「干」，它本不誤，今改。

〔五六〕南北七十里　攷證：宜有脱誤，樂史作「七百五十里」。

〔五七〕拒霜薺　今按：「拒」，各本作「苣」，與霜薺爲二物。

〔五八〕德静　今按：新唐志作「静德」，誤。

〔五九〕本漢舊縣今縣理北什賁故城是也　攷證：「按水經注及各地書，漢朔方郡縣，即今鄂爾多斯後旗界，在唐宜屬豐州及勝州西境，自括地志以魏、隋朔方郡縣實漢地，此志各縣皆未的，蓋沿其誤。謹按大清一統志表，唐夏州郡縣，今爲陝西榆林府地，漢時上郡龜兹、奢延各縣境，非朔方也。」今按：史記匈奴傳正義引括地志云：「夏州，秦上郡，漢分置朔方郡，魏不改，隋置夏州。」又衛將軍驃騎列傳正義引括地志云：「夏州朔方縣北什賁故城，是蘇建築。」此蓋本括地志而誤。據水經河水注：「河水自五原西安陽來，東南逕朔方縣故城東北，衛青取河南爲朔方郡，使校尉蘇建築朔方城，即此城也。」是唐夏州非漢朔方郡朔方縣，漢縣應在今内蒙古杭錦旗西南。唐朔方縣在今陝西横山縣西，其地于漢屬上郡，攷證説是。

〔六〇〕九堞樓　攷證：官本無「樓」字，樂史作「九敵樓」。

〔六一〕即漢朔方縣之故城也　攷證：「水經注『河水又東南逕朔方縣故城東北』，當在今河套内鄂爾多斯界，唐時本勝州地。」

〔六二〕一百二十五里契吴山　今按：上云「契吴山在縣北七十里」，此言「一百二十五里」，不同。

〔六三〕朔方縣（池）〔地〕　今按：「池」各本作「地」，誤，今改。

〔六四〕賀蘭山在縣東北三十里　攷證：疑未的。賀蘭山在河西岸，見靈州，不及寧朔也。

〔六五〕三封故城是也　攷證：水經注「河水又北逕朔方臨戎縣西，河水東北逕三封縣故城東」，宜在河套外長澤，今靖邊縣地，相距爲遥。

〔六六〕在縣北五十里　攷證：「百」，樂史作「十」。

〔六七〕亦謂之獨樂池至漢有鹽官　攷證：地理志獨樂屬上郡，有鹽官。按獨樂在今米脂縣北，與胡落池恐非一地。

〔六八〕八千七百十五　攷證：「十五」，官本作「五十」。

〔六九〕又改爲上州　今按：此與隋志合，各本俱誤作「上郡」，下龍泉縣「改綏州爲上州」同。

〔七〇〕州境東西至十八里　攷證：官本缺。

〔七一〕二百七十里　攷證：「七」，石州八到作「三」。

〔七二〕雕陰山　攷證：郝懿行山海經注引作「彫」。

〔七三〕曰危　攷證：郝懿行引下復有「危」字。今按：山海經海内西經作「危危」。

〔七四〕至州一百里　攷證：「一」，官本作「二」，此脱。

〔七五〕西河郡圁陰縣　攷證：「西河郡圁陰縣」，官本「西河」字倒。「圁」，漢志作「圜」。王念孫曰：「古無『圁』字，故借『圜』爲之，韋、顔並以『圜』爲『圁』之誤，非也。」後倣此。

〔七六〕保定二年　攷證：按周書本紀，宜作「三年」。

〔七七〕平梁師都　今按：各本無「平」字，作「梁師都都」，誤。

〔七八〕銀(州)〔川〕郡　今按：殿本同此，它本「州」作「川」。新唐志作「銀川郡」，此志銀州下注亦作「銀川」，「州」字誤，今改。

〔七九〕二十六年置　今按：殿本同此，它本無「二」字。

〔八〇〕因循遂廢至党項靡依　今按：各鈔本及殿本作「因循遂廢，由是昆夷、党項屢來侵擾」，岱南閣本、畿輔本作「因遂遂廢，由是昆夷屢來寇擾党項」。岱本上「遂」字當作「循」。攷證云：「官本『党項』倒在『昆夷』下。按會要，元和九年二月敕云『寶應已後，因循遂廢，由是昆夷屢來侵擾，党項靡依』云云，官本疑誤。」此本蓋依唐會要改，疑鈔本、殿本亦非誤。昆夷是指吐番、回紇諸部，唐人每用古語，類此甚多。其時漠北、河套，盡爲部落所據，包括党項在内，屢爲邊患，殆非昆夷侵擾，使党項不得安居。下云「兼護党項」，正如漢西域都護、護羌校尉之義，非言保護也。下天德軍云：「先是緣邊居人，常苦室韋、党項之所侵掠，投竄山谷，不知所從」，足證昆夷、党項，皆爲邊患，會要所記，僅爲一時事耳。

〔八一〕道路乖越　今按：岱南閣本、畿輔本「道」作「通」。

〔八二〕仍爲上州　攷證：「『仍爲上州』，官本『仍』作『乃』。」

〔八三〕六百里　今按：殿本此後有「管縣一」一行，「延恩」一行，案云：「此縣志文傳寫缺」。

〔八四〕管府一至東受降城　今按：岱南閣本、畿輔本缺「府一城一」四字，亦無「單于大都護府、東受降城」二目。

〔八五〕〔東受降城在朔州北三百五十里〕　攷證：官本、南本並脱。按舊書「受降宜改都護，則在朔州云云」，與八到合。東受降城有專條，列天德軍後，錢坫未能是正，補注地理志即承其謬。今按：通經樓鈔本、戈襄校舊鈔本，岱南閣、畿輔二刊本並有此十三字，今據補。

〔八六〕麟德元年　今按：與新唐志同。殿本作「三年」。岱南閣本、畿輔本及各鈔本作「二年」，與玉海引此同。

〔八七〕改置安化都護　攷證：玉海引「化」作「北」，是。按舊志，總章中改安北大都護府。別有安化州都護府，或理慶州，或理朔州，與此無涉。

〔八八〕東受降城　今按：岱南閣本、畿輔本「東受降城」四字誤爲「成都」。

〔八九〕天寶四年置初　今按：殿本同此，它本作「天寶四年於城内置，其振武軍」，無「初」字。

〔九〇〕置振武軍　今按：殿本同此，它本無「振武軍」三字。

〔九一〕移於此城内置縣曰金河　今按：殿本同此，它本無「移於此城内置縣曰」八字，「金河」二字屬下句。

〔九二〕縣理城中　今按：殿本同此，它本作「理縣城中」。

〔九三〕雲中立五原　今按：「立」字衍，地理志無。

〔九四〕大業五年　攷證：按隋書，「五」宜作「三」。

〔九五〕北至豐州七百里　攷證：豐州作「東至勝州五百三十里」，按方輿，宜作「西北」，彼宜作「東南」，里數未知孰的。

〔九六〕麻粟　攷證：官本無。

〔九七〕大葭蘆水　今按：岱南閣本「大」上有「又有」二字，攷證云：「『又有』宜衍，官本無。」

〔九八〕大業二年置　今按：「二年」，殿本作「三年」。岱南閣本、畿輔本作「煬帝二年」，攷證云誤。

〔九九〕河濱縣中下　攷證：宜注至州方、里。按縣志河濱闕後官本有東受降城、武川城、光祿城各條，此本（岱南閣本）並列天德軍後，俱非。詳繹志文，東受降城條宜列此，餘二條仍列天德軍後爲是。

〔一〇〇〕中受降城（二）　今按：「二」字衍，各本無，今删。

〔一〇一〕永徽（九）〔元〕年　今按：清初鈔本、戈襄校舊鈔本作「元年」，與舊唐志合，下永豐縣敍亦是「元年」，今改。

〔一〇二〕一千二百九十里　攷證：官本作「二千一百九十里」，此誤。

〔一〇三〕（中）〔東〕部都尉所理　攷證：官本作「東」，與漢志、水經注合，此恐誤。今按：漢志「朔方郡廣牧，東部都尉治」，「中」當作「東」，今依殿本改。

〔一〇四〕永徽元年　今按：「元年」，各本作「九年」。

〔一〇五〕大同城鎮　今按：各本無「大」字。

〔一〇六〕大同川　攷證：「川」，官本作「州」，誤。

〔一〇七〕毀壞轉多　攷證：「多」，官本作「都」，連下讀，恐誤。

〔一〇八〕今之永清栅　攷證：「今之」，官本作「本是」。

〔一〇九〕去本城約三里已下　今按：「去本城」，各本「城」作「地」。

〔一一〇〕隨事制宜　今按：岱南閣本、畿輔本作「隨事宜置」。

〔一一一〕周迴一十二里　攷證：「里」，官本作「丈」，恐誤。

〔一一二〕南又是麥泊　今按：岱南閣本、畿輔本此上有「鉗耳觜山中出好材木若有營建不日可成牟那山」二十字，攷證疑此脱。

〔一一三〕遠近不殊　今按：岱南閣本「殊」作「如」。

〔一一四〕以張聲勢　今按：岱南閣本無「張」字。

〔一一五〕從西第一鎮也　今按：岱南閣本、畿輔本「西」作「軍」。攷證：「『沃野故城云云』，宜列『八到』後，武川城、光禄城之前，官本連敍下，非。見通鑑地理通釋，詳後。」按此條殿本連上天德軍敍後，各本俱爲專條。

〔一一六〕故落鹽池　攷證：「故」疑「胡」，長澤縣有「胡落鹽池」。

〔一一七〕一千八百六十里　攷證：官本「十」下有「八」字。

〔一一八〕東北至朔州　攷證：宜作「東南」。

〔一一九〕武川城至側近也　攷證：「武川城」、「光禄城」，此二條文義未析，語多淩躐。通鑑地理通釋引此云「沃野故城在軍北六十里，即後魏六鎮從西第一鎮也。自北出石門障即光禄城，城東北有懷朔古城，即後魏六鎮從西第二鎮也。武川城今名里城，後魏六鎮從西第三鎮，在軍北二百里云云」，近似原文。傳鈔錯亂，宜改正。

〔一二〇〕本秦九原郡地　攷證：「秦」，官本作「漢」，誤。

〔一二一〕敬本故城至九原郡城也　今按：「敬本故城」條，各鈔本、殿本同此列在「八到」後，岱南閣本、畿輔二本列在「八到」前，攷證云「宜依官本列『八到』後。」

〔一二二〕一本云其後城　攷證：此後人校語，不知何時混入注文。

〔一二三〕一千五百里　攷證：官本作「一千單五里」。

〔一二四〕景雲三年　攷證：「三」宜作「二」。

〔一二五〕牟那山至一千八百所　攷證：唐書、通典並誤作「朝那山」，後人或即指爲安定之朝那，失之遠矣。「一千八百所」，通攷無「一千」，作「百八十所」。

元和郡縣圖志卷第五

河南道一

河南府，洛州，東都。〔一〕開元户一十二萬七千四百四十。鄉二百。元和户一萬八千七百九十九。鄉八十。

禹貢豫州之域，在天地之中，故三代皆爲都邑。陽翟，夏城，禹都也。偃師，西亳，湯都也。周成王定鼎於郟鄏，使召公先相宅，乃卜澗水東，瀍水西，是爲東都，今苑内故王城是也。又卜瀍水東，召公往營之，是爲成周，今河南府東故洛城是也。至赧王獻地於秦昭襄，〔二〕昭襄王立爲三川郡。三川，伊、洛、河也。漢改爲河南郡，後漢光武帝建武元年入洛陽，遂定都焉。及董卓逼遷獻帝西都長安，盡燒洛陽宫廟，後又都焉。魏文帝受禪，亦都洛陽，陳留王以司隸校尉所掌，置司州，領河南、河東、河内、弘農、平陽五郡。晉武帝受禪，司州不改。永嘉初，劉曜叛亂，司州没胡，後又没於石勒。東晉穆帝永和五年，〔三〕桓温入洛陽，置河南郡。宋武帝北平關、洛，復置司州。後魏孝文帝太和十九年，六宫文武盡遷洛陽，改爲河南尹。至周宣帝移相州六府於洛州，以爲東京。隋文帝改六府爲六尚書省，又置河南道行臺省。仁壽四年，煬帝詔楊素營東京，大業二年，〔四〕新都成，遂徙居，今洛陽宫是也。其宫北據邙山，南直伊闕之口，洛水貫都，有河漢之象，東去故城一十八里。初，煬帝嘗登邙山，觀伊闕，顧曰：「此非龍門邪？自古何因不建都於此？」僕射蘇威對曰：「自古非不知，以俟陛下。」帝大悦，遂議都焉。其宫室臺殿，皆宇文愷所創也。愷巧思絶倫，因此制造頗窮奢麗，前代都邑莫之比焉。又改洛州爲豫州，置牧。三年，罷州爲河南郡，置尹。四年，改東京爲東都。十四年，復置洛州。隋亂，王世充僭號稱鄭，〔五〕改爲司州。武德四年討平充，復爲洛州，仍置總管府。其冬罷府，置陝東道大行臺，太宗爲大行臺尚書令。九年罷臺，置洛州都督府，貞觀十八年廢府。顯慶二年，置東都，則天改爲神都，神龍元年復爲東都。開元元年改洛州爲河南府。天寶元年，改東都爲東京，至德元年復爲東都。

府境：東西六百二十一里。南北

八到：西至上都八百五十里。〔六〕東至鄭州二百八十里。東北至懷州一百五十里。西北至陝州三百五十里。東南至汝州一百七十里。東南取㟾嶺路，〔七〕至陽翟縣二百四十里，從縣至許州九十里。

貢、賦：開元貢：白瓷器，綾。〔八〕賦：絹，緜。

管縣二十六：洛陽，河南，偃師，緱氏，鞏，伊闕，密，王屋，長水，伊陽，河陰，陽翟，潁陽，告成，登封，福昌，壽安，澠池，永寧，新安，陸渾，河陽，温，濟源，河清，汜水。河陽等五縣，今權隸河陽三城節度。〔九〕

洛陽縣，赤。郭下。〔一〇〕本秦舊縣，歷代相因。貞觀六年，自金墉城移入郭内毓德坊，今理是也。神龍初改爲永昌，尋復舊號。

故洛陽城，在縣東二十里。按華延儁洛陽記云：「洛陽城東西七里，南北九里。洛陽城内宫殿、臺觀、府藏、寺舍，凡有一萬一千二百一十九（門）〔間〕。〔一一〕自劉曜入洛，元帝渡江，官署里閭，鞠爲茂草。後魏孝文帝太和十七年，幸洛陽，巡故宫，遂詠黍離之詩，爲之流涕。觀石經。〔一二〕仍定遷都，而經始洛京。十九年九月，新都始立，於是六宫文武，盡遷洛陽。」

洛水，在縣西南三里。西自苑内上陽之南瀰漫東流，宇文愷築斜隄束令東北流。當水衝，捺堰九折，〔一三〕形如偃月，謂之月陂，今雖漸壞，尚有存者。

河南縣，赤。郭下。本漢舊縣，後魏静帝改爲宜遷縣，周宣帝復爲河南。隋仁壽四年，遷都，移縣於東都城内寬政坊，即今縣是也。永昌元年，以明堂初成，改爲合宫縣，神龍初復舊。二年復爲合宫，景雲初復舊。

洛水，在縣北四里。

伊水，在縣東南十八里。

瀍水，在縣西北六十里。禹貢曰：「伊、洛、瀍、澗，既入于河。」孔安國注曰：「出河南北山。」水經云：「源出河南穀城縣北。」今驗水西從新安縣東入縣界。

天津橋，在縣北四里。隋煬帝大業元年初造此橋，以架洛水，用大纜維舟，皆以鐵鎖鉤連之。南北夾路，對起四樓，其樓爲日月表勝之象。然洛水溢，浮橋輒壞，貞觀十四年更令石工累方石爲腳。爾雅「箕、斗之閒爲天漢之津」，〔一四〕故取名焉。

中橋，咸亨三年造，〔一五〕累石爲腳，如天津橋之制。

通津渠，在縣南三里。隋大業元年，分洛水西北，名千步磧渠，又東北流入洛水，謂之洛口。〔一六〕

偃師縣，畿。西南至府七十里。本漢舊縣，帝嚳及湯盤庚並都之。商有三亳，成湯居西亳，卽此是也。至盤庚又自河北徙理於亳，商家從此而改號曰殷。武王伐紂，於此築城，息偃戎師，因以名焉。天寶七年四月，河南尹韋濟奏，〔一七〕於偃師縣東山下開驛路通孝義橋，廢北坡義堂路焉。

北邙山，在縣北二里，西自洛陽縣界東入鞏縣界。舊說云北邙山是隴山之尾，乃衆山總名，連嶺脩亙四百餘里。

首陽山，在縣西北二十五里。

盟津，在縣西北三十一里。

緱氏縣，次赤。西北至府六十三里。本〔漢舊縣〕，古滑國也，〔一八〕左傳曰「秦師滅滑」。其後屬晉。至秦、漢爲縣，因山爲名。隋大業十年移據公路澗西，憑岸爲城，卽今縣是也。

緱氏山，在縣東南二十九里。〔一九〕王子晉得仙處。

轘轅山，在縣東南四十六里。左傳「欒盈過周，王使候出諸轘轅」。注曰：「緱氏縣東南有轘轅關，道路險隘，凡十二曲，將去復還，故曰轘轅。」後漢河南尹何進所置八關，此其一也。

鄂嶺坂，在縣東南三十七里。晉八王故事曰：「范陽王保於鄂坂。」後於其上置關。

洛水，西自洛陽縣界流入。

曹城，在縣東一里。〔二〇〕曹操與袁術相拒，築城於此。

袁術固，一名袁公塢，在縣西南十五里。宋武北征記曰：「少室山西有袁術固，可容十萬衆。一夫守隘，萬夫莫當。」

公路壘，在縣南三里。袁術與曹公相拒處。

鉤鏁故壘，在縣東北七里。宋書「司馬休之從宋公西征，營於柏谷塢西」，卽此壘。相連如鎖，因以爲名也。

鞏縣，畿。西至府一百四十里。古鞏伯之國也，春秋「晉師克鞏」。戰國時，韓獻於秦。至漢以爲縣，屬河南郡。隋大業十三年，李密自潁川率羣盜十餘萬襲破洛口倉，因據鞏縣，仍築城，斷洛川，包南北山，周迴三十餘里，屯營其中。後爲王世充所破。縣本與成皋中分洛水，西則鞏，東則成皋，後魏併焉。按爾雅「鞏，固也」。四面有山河之固，因以爲名。

天陵山，在縣東南六十里。

黄河，西自偃師縣界流入。河於此有五社渡，爲五社津，後漢朱鮪遣賈强從五社津渡是也。

洛水，東經洛汭，北對琅邪渚入河，〔二一〕謂之洛口。亦名什谷，張儀説秦王「下兵三川，塞什谷之口」，卽此也。

伊闕縣，畿。北至府七十里。古戎蠻子國。漢爲新成縣，屬河南郡。周武帝時屬伊川郡。隋開皇十八年，罷郡，改爲伊闕縣。

伊闕山，在縣北四十五里。兩山相對，望之若闕，伊水流其閒，故名。

陸渾山，俗名方山，在縣西五十五里。

伊水，〔二二〕西自陸渾縣界流入。左傳「秦、晉遷陸渾之戎於伊川」，是也。〔二三〕

伊闕故關，在縣北四十五里。何進八關之一。

密縣，畿。西南至府一百一十里。〔二四〕本漢舊縣，古密國也，春秋「諸侯伐鄭，圍新密」。漢屬河南郡。隋大業二年廢，十二年又置。武德三年，於此置密州，四年廢州，以縣屬鄭州，龍朔二年割屬河南府。爾雅曰「山如堂者曰密」，因以爲名。

大騩山，在縣東南五十里。本具茨山，黄帝見大隗於具茨之山，故亦謂之大騩山，溱水源出於此。〔三五〕

馬嶺山，在縣南十五里，洧水所出。

王屋縣，畿。東南至府一百里。本周時召康公之采邑，漢爲垣縣地，後魏獻文帝分垣縣置長平縣，周明帝改爲王屋縣，因山爲名，仍於縣置王屋郡。天和元年，〔三六〕又爲西懷州。隋開皇三年，改爲邵州。大業三年，廢邵州，以縣屬懷州。顯慶二年，割屬河南府。

齊子嶺，在縣東十二里，卽宇文周與高齊分據境之處也。

黄河，在縣南五十里。

王屋山，在縣北十五里。周迴一百三十里，高三十里。禹貢「底柱、析城，至于王屋」，是也。

析城山，在縣西北六十里。峯四面其形如城，有南門焉，故曰析城。

長水縣，畿。東至府二百三十里。本漢盧氏縣地，後漢、晉、宋不改。後魏宣武帝分盧氏東境置南陜縣，屬弘農郡，西魏廢帝改爲長淵。隋義寧元年，以犯高祖廟諱，改爲長水。貞觀八年，自虢州割屬穀州，顯慶二年屬河南府。穀州，今新安縣所理是也。

伊陽縣，畿。北至府二百六十里。〔二七〕本陸渾縣南界之地，先天元年割置伊陽縣。

伊水路，〔二八〕在縣西南。出鸞掌山，東流。水經云：「出南陽魯陽縣蔓渠山，〔二九〕東北過陸渾縣南，又東北過伊闕中，又東北入於洛。」多雨暴漲，諸峽束水之處其高或七八丈，故伊闕石壁有石銘云：「黄初四年六月二十四日辛巳，大水出，〔三〇〕高四丈五尺。」

銀鉚窟，在縣南五里。今每歲税銀一千兩。

河陰縣，畿。西南至府二百三十里。本漢滎陽縣地，開元二十二年以地當汴河口，分汜水、滎澤、武陟三縣地於輸場東置，以便運漕，即侍中裴耀卿所立。初，耀卿爲宣州刺史，開元十八年，因朝集上便宜曰：「竊見江、淮諸州所送租庸等，本州正月、二月上道，至揚州入斗門，即逢水淺，停留一月已上，四月已後始渡淮入汴，多屬乾淺，又般運停留，〔三一〕至六月、七月方至河口。即遇黄河漲溢，不得入河，又須停一兩月，待河水較小，始得上河入洛。即又漕洛乾淺，〔三二〕船艘不通。計從江南至東都，停滯日多，得行日少，艱辛欠折，因此而生。伏見國家舊法，河口元置武牢倉，江南船不入黄河，即於倉内便貯也。鞏縣置洛口倉，從黄河不入漕洛，即於倉内安置。爰及河陽倉、柏崖倉、太原倉、永豐倉、渭南倉，節級取便，例皆如此。水通利則隨近運轉，不通利則且納在倉，不滯遠船，不生隱盜，每年剩得一二百萬石，即數年之外，倉廩轉加。」至二十二年，以耀卿爲相，兼轉運都使，於是遂分置河陰縣及河陰倉，又河清縣置柏崖倉，〔三三〕三門東置集津倉，三門西置鹽倉。三門北鑿山十八里，陸行以避湍險，自江、淮來者悉納河陰倉，自河陰候水調浮漕送含嘉倉，又取曉習河水者遞送太原倉，所謂北運也自太原倉浮渭以實關中。凡三年，運七百萬石，省腳三十萬貫。及耀卿罷相後，緣北路險澀，頗爲隱欺，議者言其不便，事又停。〔三四〕

汴渠，〔三五〕在縣南二百五十步，亦名蒗蕩渠。〔三六〕禹塞滎澤，開渠以通淮、泗。後漢初，汴河決壞，〔三七〕明帝永平中命王景脩渠築堤，十里立一水門，令更相注，洄無復潰漏之患。自宋武北征之後，復皆堙塞。隋煬帝大業元年更令開導，名通濟渠，自洛陽西苑引穀、洛水達於河，自板渚引河入汴口，又從大梁之東引汴水入於泗，達於淮，自江都宮入於海。亦謂之御河，河畔築御道，樹之以柳，煬帝巡幸，乘龍舟而往江都。自揚、益、湘南至交、廣、閩中等州，公家運漕，私行商旅，舳艫相繼。隋氏作之雖勞，後代實受其利焉。

汴口堰，在縣西二十里。又名梁公堰，隋文帝開皇七年，使梁睿增築漢古堰，遏河入汴也。

三皇山，亦曰嵌高山，上有三城，〔三八〕即劉、項相持處。春秋左氏傳曰：「晉師在敖、鄗之閒」，亦此也。

陽翟縣，畿。西北至府二百四十里。本夏禹所都，春秋時鄭之櫟邑，韓自宜陽移都於此。〔三九〕秦爲潁川郡。楚、漢之際，韓公子成爲韓王，項羽殺成立鄭昌，漢元年又誅昌，立横野君信。六年，徙信太原郡，復置潁川郡，領縣二十，理陽翟。潁川屬縣。後魏復置陽翟郡。隋開皇十六年，廢郡，置嵩州，以縣屬焉。大業三年隸襄城郡，武德中又隸嵩州，貞觀元年廢入許州。〔四〇〕建都後，改屬河南府。

鈞臺，在縣南十五里。左氏傳曰「夏啟有鈞臺之饗」，是也。〔四一〕

潁陽縣，畿。西至府九十里。古綸氏縣，本夏之綸國也，少康之邑在焉。漢屬潁川，晉省。後魏太和中，於綸氏縣城置潁陽縣，屬河南尹，又分潁陽置堙陽縣。〔四二〕隋開皇六年，改堙陽爲武林，十八年，又改爲綸氏。大業元年改爲嵩陽，載初元年又改爲武林，開元十五年復爲潁陽。

大石山，一名萬安山，在縣西北四十五里。

倚箔山，望之如立箔。山西北崖下有鍾乳，隋時充貢。

陽乾山，在縣東二十五里。潁水一源出陽乾山。

太谷口，在縣西北三十五里。孫堅停兵太谷，距洛陽九十里，卽此谷。

太谷故關，在縣西北四十五里。何進八關之一也。

告成縣，畿。西北至府一百七十里。本漢陽城縣，屬潁川郡，因陽城山爲名。後魏置陽城郡，屬司州。隋開皇三年廢郡，以縣屬洛州。十六年，於此置嵩州，仁壽四年省嵩州，以縣屬河南郡。萬歲登封元年，則天因封中岳，改名告成。

許由山，在縣南十三里。〔四三〕

嵩高山，在縣西北三十三里。〔四四〕

少室山，在縣西北五十里。〔四五〕

陽城山，在縣東北三十八里。

鬼谷，在縣北五里，即六國時鬼谷先生所居也。

測景臺，在縣城内西北隅，高一丈，開元十年詔太史監南宫說立石表焉。

登封縣，畿。西北至府一百三十五里。本漢崈高縣，〔四六〕武帝元封元年置以奉太室，後省入陽城，累代因之。高宗將有事於中岳，分陽城、緱氏置嵩城縣，萬歲登封元年，則天因封岳，改爲登封。

嵩高山，在縣北八里。亦名外方山。又云東曰太室，西曰少室，嵩高總名，即中岳也。山高二十里，周迴一百三十里。

少室山，在縣西十里。高十六里，周迴三十里。潁水源出焉。潁水有三源，右水出陽乾山之潁谷，中水導源少室通阜，〔四七〕左水出少室南溪，東合潁水。

啟母祠，在縣東北七里。漢書「武帝祀中嶽，見夏啟母石」，是也。應劭云「啟生而母化爲石」。淮南子亦同。嵩山記：「陽翟婦人，今龕中鑿石像其石，漢安帝延光三年立。」

福昌縣，畿。東至府一百五十里。古宜陽地，春秋時屬晉，七國時屬韓。漢以爲縣，屬弘農郡。後漢建武三年，馮異破赤眉於崤底，餘衆走向宜陽，帝自征之，赤眉君臣面縛，卽此地也。隋義寧二年，於此置宜陽郡。武德元年改爲熊州，〔四八〕改宜陽縣爲福昌縣，取縣西隋宮爲名。貞觀元年州廢，以縣隸穀州。〔四九〕顯慶二年廢穀州，〔五〇〕以縣屬河南府今縣城卽魏一（合）〔全〕塢，〔五一〕城東南北三面天險峭絶，後周置重兵於此，以備高齊。

女几山，在縣西南三十四里。

壽安縣，畿。東北至府七十六里。本漢宜陽縣地，後魏分新安置甘棠縣。〔五二〕隋開皇三年，以縣屬熊州，十六年，改爲穀州，仁壽四年，改名壽安縣。貞觀七年改屬河南府。

石墨山，在縣西南三里。山石如墨，可以書字。

洛水，西自福昌縣界流入。

少水，今名慈澗水，出縣北。

八關故城，在縣東北三十里。後漢靈帝中平元年，以河南尹何進爲大將軍，將五營士屯都亭，置函谷、廣城、伊闕、太谷、轘轅、旋門、小平津、孟津等八關，都尉官理於此。

永濟橋，在縣西十七里。煬帝大業三年置，架洛水。隋亂，毁廢。貞觀八年脩造舟爲梁，長四十丈三尺，廣二丈六尺。

澠池縣，畿。東至府一百五十里。本韓地，哀侯東徙，其地入秦。漢以爲縣，屬弘農郡。隋文帝時屬熊州，今河南府福昌縣是也。十六年改屬穀州，顯慶二年廢穀州，縣屬河南府。

廣陽山，亦名澠池山，在縣東北五十五里。

穀水，南去縣二百步。東經秦、趙二城，俗謂之俱利城，東城在縣西十三里，西城在縣西十四里，〔五三〕昔秦、趙會於澠池之處。

大塢故城，在縣北十五里。後魏武帝入關，使行臺楊騰出關安撫，騰因舊城置大塢鎮。

永寧縣，畿。東至府二百里。漢澠池縣之西境，〔五四〕後漢、晉、宋不改。〔五五〕後魏文帝於今縣東四十里置北宜陽縣，屬宜陽郡，廢帝二年改爲熊耳縣。隋義寧二年置永寧縣，屬宜陽郡，貞觀元年改屬河南府。

二崤山，〔五六〕又名嶔崟山，在縣北二十八里。春秋時秦將襲鄭，蹇叔哭送其子曰：「晉人禦師必於崤。崤有二陵，其南陵夏后臯之墓，北陵文王之所避風雨。必死是閒。」漢建安中，曹公西討巴、漢，惡其險，更開北山道路，多從之便。路側有石銘，曰：「晉太康三年，弘農太守梁柳修復舊道。」西征記：「崤上不得鳴鼓角，鳴則風雨總至。」自東崤至西崤三十五里。東崤長坂數里，峻阜絶澗，車不得方軌。西崤全是石坂十二里，險絶不異東崤。漢馮異破赤眉於崤底，魏龐德破張白騎於兩崤閒。〔五七〕

熊耳山，在縣東北四十五里。後漢世祖破赤眉，積甲宜陽縣城西，與此山齊。按禹貢「導洛自熊耳」，在商州上洛縣界，與此别也。

穀陽山，在縣西北五十五里。漢書地理志穀水出穀陽山。

回谿，俗名迴坑，在縣東北三十六里。馮異與赤眉戰敗於此，璽書勞曰：「始垂翅於迴谿，終奮翼於澠池，可謂失之東隅，收之桑榆。」

新安縣，畿。東至府七十里。本漢舊縣，屬弘農郡。晉改屬河南郡，後魏屬新安郡。周武帝保定三年，省新安郡，又於今縣理置中州。建德六年省中州，又置新安郡。隋開皇十六年改置穀州，〔五八〕貞觀元年省穀州，新安屬河南府。

穀水，在縣南二里。國語曰「穀、洛鬭，壞王宮」，是也。

縣城本名通洛城，周武帝將東（封）〔討〕，〔五九〕令陝州總管尉遲綱築此城，以臨齊境。

白超故城，一名白超壘，一名白超塢，在縣西北十五里。壘當大道，左右有山，道從中出。漢末黃巾賊起，白超築此壘以自固，東魏脩築爲城，因名白超城。

函谷故關，在縣東一里。漢武帝元鼎三年，爲楊僕徙關於新安。按：秦函谷關在今陝州靈寶縣西南十二里，以其道險隘，其形如函，故曰函谷，項羽坑秦降卒於新安，即此地。今縣城之東有南北塞垣，楊僕所築。

慈澗故鎮，在縣東南二十里。周武帝保定六年置。武德三年討王世充，前軍鎮此，太宗以輕騎擊破之，充拔鎮歸於東都。

陸渾縣，畿。東北至府一百三十里。本陸渾戎所居，春秋時秦、晉遷陸渾之戎於伊川，至漢爲陸渾縣，屬弘農郡，後屬河南尹。後魏改爲伏流縣，隋大業元年省伏流縣，移陸渾縣於今理。

三塗山，在縣西南五十里。左傳曰：「四嶽、三塗、陽城、大室，九州之險。」

明皐山，〔六〇〕在縣東北十五里。

伊水，在縣西南，自虢州盧氏縣界流入。

伏流城，即今縣理城，東魏孝靜帝武定二年所築，以城北焦澗水伏流地下，西有伏流坂，因以爲名。

河陽縣，畿。西南至州八十里。

自河陽以下至河清等五縣，今權隸三城節度。〔六一〕

本周司寇蘇忿生之邑，後爲晉邑，在漢爲河陽縣，屬河內。高齊省入温、軹二縣。隋開皇十六年，分温、軹二縣重置，屬懷州。武德四年平王世充後，割屬河南府。

南城，在縣西，四面臨河，卽孟津之地，亦謂之富平津。後魏使高永樂守河南以備西魏，卽此也。周、隋爲宫，貞觀置鎮。

中潬城，東魏孝静帝元象元年築之，仍置河陽關。天寶已前，亦於其上置關。縣西南十三里古遮馬堤，卽後魏爾朱榮殺朝士千三百餘人於此。謹按：至德中史思明之來寇也，時李光弼已至東都，聞思明將至，乃移牒留守及河南尹并留司官坊市居人，令悉出避寇，空其城，乃率麾下士馬數萬，東守河陽三城拒逆賊。賊黨初謂光弼自洛而西，及聞保河陽，出其意外，疑懼久之，不敢犯宫闕。光弼訓練招集，威聲大振。賊雖入城，憚光弼兵威，南不出百里，西不越畿內，陝州得脩戎備，關隘無虞，皆光弼保河陽之力。故自乾元已後，常置重兵，貞元後加置節度，爲都城之巨防。造浮橋，架黄河爲之，以船爲脚，竹䈴亙之。晉陽秋云「杜元凱造河橋於富平津」，卽此是也。船䈴出洪州。

温縣，畿。西南至府一百三十里。本周畿內，司寇蘇公之邑，春秋周襄王賜晉文公。漢以爲縣，屬河內郡。隋大業十三年，自故温縣移於今所。皇朝建都，割屬河南府。

濟源縣，畿。南至府一百二十里。古軹邑，屬魏。秦昭王時，伐魏取軹。漢文帝時，封薄昭爲軹侯，屬河內郡。隋開皇十六年，分軹縣置濟源縣，屬懷州，以濟水所出，因名。顯慶二年，割屬河南府。

濟水，在縣西北三里。平地而出，有二源：其東源周迴七百步，深不測；〔六二〕西源周迴六百八十五步，深一丈，皆繚之以周墻，源出王屋山。山海經云：「王屋之山，𣴎水出焉。」郭璞注云：「𣴎，沇水之源。」尚書禹貢云：「導沇水，東流爲濟，入于河，溢爲滎。」孔安國注云：「濟水入河，並流十數里而南截河，又並流數里溢爲滎澤。」漢書：「道沇水，東流爲泲，入于河，軼爲滎，東出于陶丘北，又東至于荷，〔六三〕又東北會于汶，又北東入于海。」顏師古云「沇水流而爲濟。截河，又爲滎澤。〔六四〕陶丘，在濟陰定陶西南。〔六五〕荷卽菏澤。過菏澤，又與汶水會，北折而東入于海」也。按：沇水出今王屋縣王屋山，東流至濟源縣而名濟水。滎澤在今鄭州滎澤縣。定陶，今曹州濟陰縣也。菏澤在今兖州魚臺縣。汶水出今兖州萊蕪縣。然濟水因王莽末旱，渠涸，不復截河南過，今東平、濟南、淄川、北海界中有水流入於海，謂之清河，實菏澤、汶水合流，亦曰濟河，蓋因舊名，非本濟水也。而水經是和帝已後所撰，乃言濟水南過滎澤至於乘氏等縣，一依禹貢舊道，斯不詳之甚也，酈道元又從而注之，尤爲紕繆矣。

百尺溝，在縣東北六里，引濟水溉灌，仁壽三年置。初分功，人穿十丈，故名百尺溝。

河清縣，畿。南至府六十里。本漢軹縣地，〔六六〕縣西有柏崖故城，卽東魏將侯景所築。武德初於城東置大基縣，八年省。咸亨四年重置，〔六七〕先天元年，以犯玄宗廟諱，改名河清。

汜水縣，畿。西南至府一百八十里。古東虢國，鄭之制邑，漢之成皐縣，一名虎牢。〔六八〕穆天子傳曰：「天子獵于鄭圃，〔六九〕有獸在葭中，〔七〇〕七萃之士擒之以獻，天子命蓄之東虞，因曰虎牢。」楚、漢之際，項羽使海春侯曹咎守此，漢王破之，咎自殺。至宋武帝北平關、洛，置司州，刺史理虎牢。魏使奚斤攻宋司州刺史毛德祖，經二十日不克，〔七一〕城中傷者無血，知其乏水，潛作地道，其穴猶存。隋開皇十八年，改成皐爲汜水縣。大業十三年，陷於王世充。武德四年討平充，復於縣理置鄭州。貞觀七年移鄭州於管城，〔七二〕以縣屬焉。顯慶二年，〔七三〕改屬河南府，垂拱四年改名廣武縣，神龍元年復爲汜水。〔七四〕開元二十九年，自虎牢城移於今理。

黄河，自鞏縣界流入。

汜水，出縣東南三十二里浮戲山，經武牢城東。漢破曹咎於此。

成皐故關，在縣東南二里。

旋門關，在縣西南十里。卽八關之一。〔七五〕

汴口，去縣五十里，今屬河陰。

板渚，在縣東北三十五里。初，竇建德衆數十萬，自於板渚結陣，南屬鵲山，以臨汜水。太宗帥輕騎擊之，賊衆大潰，建德竄於牛口渚。〔七六〕將軍白士讓生獲之。先是童謡云：「豆入牛口，勢不得久。」果敗於此。牛口渚與板渚迤邐相接。

等慈寺，在縣東七里。王師既破建德，詔於戰所起寺立碑紀功焉，令顔師古爲碑文。

卷五校勘記

〔一〕洛州東都　今按：清初鈔本、殿本同此，它本脱此四字。

〔二〕秦昭襄　今按：各本「昭」誤「莊」。攷證云：「宜作『昭』，按史記，赧王獻地在昭襄時。」下「昭襄王立爲三川郡」同。

〔三〕永和五年　今按：「五年」，各本作「元年」。攷證云：「按晉志，宜作『五』。」

〔四〕大業二年　今按：各本作「元年」。

〔五〕王世充僭號稱鄭　攷證：「王世充」，唐人避「世」字，宜衍，此傳鈔誤增，以下仿此。懷州敍云「四年平王充」，猶見原文。

〔六〕八百五十里　攷證：京兆府云「八百三十五」，與此别。

〔七〕東南取嶇嶺路　攷證：「東南」官本作「西南」，是。
〔八〕綾　攷證：官本有「綾絹」，南本有「綾」字，並宜衍，六典無。
〔九〕河陽三城節度　攷證：「河陽等云云」，官本無，宜衍，正文河陽縣下已詳。
〔一〇〕赤郭下　今按：殿本有此三字，它本脱。下河南縣同。
〔一一〕一萬一千二百一十九（門）〔間〕　今按：「門」字，陳樹華鈔本、戈襄校舊鈔本、清初鈔本、岱南閣本俱作「間」。攷證謂「樂史作『門』，地理通釋引亦作『門』，疑『間』誤」。詳文義，「間」字是，今據鈔本改。
〔一二〕觀石經　今按：此三字與上下文不相協，疑誤，方輿紀要四十八河南府引無。
〔一三〕捺堰九折　今按：「捺」，戈襄校舊鈔本作「湊」。
〔一四〕箕斗之閒　今按：各本作「箕牛之間」，「牛」乃「斗」形近致誤。攷證云：「爾雅本作『箕斗之間』。」
〔一五〕咸亨　攷證：官本作「咸通」，誤。咸通懿宗紀年，在元和後。
〔一六〕謂之洛口　攷證：官本無「口」字，案云「此下有缺文」。
〔一七〕韋濟　攷證：會要作「齊澣」。按舊書，韋濟尹河南事，見思謙傳，非齊澣也，澣卒在天寶五年。
〔一八〕本〔漢舊縣〕古滑國也　攷證：「本」下官本有「漢舊縣」三字。按下文，「漢」宜作「秦」。此脱。今按：此本左傳成公十三年杜預注，于文當有「漢舊縣」三字，今據殿本補。
〔一九〕二十九里　攷證：樂史無「九」字。

〔二〇〕在縣東一里　攷證：樂史「一」作「十」。

〔二一〕琅邪渚　今按：「琅」，岱南閣本作「郎」。攷證云：「官本作『瑯』，地理通釋作『琅』，水經注同。『郎』俗字，脱『玉』。」

〔二二〕伊水　攷證：官本作「伊川」。

〔二三〕於伊川是也　今按：「是也」二字，岱南閣本、畿輔本無。

〔二四〕西南至府一百一十里　攷證：「南」宜作「北」，洪亮吉、李兆洛並云即今縣治，在河南府東南二百餘里。

〔二五〕瀷水源出於此　攷證：「瀷水」，水經注作「溑」，此志長社縣亦作「溑」，説文二字並存，實一水也。

〔二六〕天和元年　攷證：樂史「元」作「六」。

〔二七〕二百六十里　攷證：「二」宜作「一」，伊陽即今嵩縣治。

〔二八〕伊水路　今按：「路」字疑衍，此條敍水，與路無涉。

〔二九〕蔓渠山　攷證：官本「渠」作「蕖」，非。

〔三〇〕大水出　攷證：「水出」，水經注作「出水」，下有「舉」字。

〔三一〕又般運停留　今按：「般運」，戈襄校舊鈔本、通經樓鈔本同，殿本作「搬運」，它本作「船運」。酈亭云：「般謂轉般也。」攷證云：「舊書作『般運』。」

〔三二〕漕洛　攷證：「漕洛」，舊書作「漕路」。

〔三三〕又河清縣置柏崖倉　攷證：「河清縣」，舊書、新書並作「河西縣」，誤。

〔三四〕事又停　今按：戈襄校舊鈔本「停」下有「止」字。

〔三五〕汴渠　攷證：「汴」，水經注作「汳」，説文云「本作『汳』」。

〔三六〕蒗蕩渠　今按：「蒗蕩渠」，殿本、岱南閣本「蒗」作「莨」。攷證云：「水經注作『蒗蕩』，一作『蒗蕩』，地理志作『狼湯』，蓋通用。」

〔三七〕汴河決壞　今按：各鈔本及殿本同此，岱南閣本、畿輔本「汴河」倒作「河汴」。

〔三八〕上有三城　今按：「上有三城」，「三」爲「二」之誤。郡國志劉昭注引西征記云：「滎陽有廣武城，在三皇山上。上有二城，曰東廣武、西廣武，各在山一頭，相去二百餘步。」水經濟水注亦謂東、西廣武二城，夾城之間有絶澗斷山，劉、項相持處。

〔三九〕自宜陽移都於此　攷證：地理志「宜」作「平」，此本呂覽注，與地理志別。按韓之徙都，衆説紛淆，詳戰國策釋地，不悉録。

〔四〇〕貞觀元年　攷證：會要「元」作「二」。

〔四一〕鈞臺之饗　攷證：「饗」，今左傳「饗」作「享」，此本水經注。

〔四二〕堙陽縣　今按：戈襄校舊鈔本同此，它本作「瑶陽縣」。攷證云：「地形志作『堙』，隋志同。」

〔四三〕許由山在縣南十三里　攷證：官本「南」作「西」，近是。今按：史記伯夷列傳正義引括地志云「許由山在洛州陽城縣南十三里」，即此志所本。

〔四四〕三十三里　今按：陳蘭森補寰宇記引同，它本作「二十三里」。

〔四五〕五十里　攷證：陳蘭森補寰宇記引作「五里」，誤。

〔四六〕本漢崈高縣　今按：「崈高縣」，此同漢志，各本「崈」誤「嵩」。

〔四七〕少室通阜　今按：岱南閣本、畿輔本無「通阜」二字。此注出水經潁水注，當作「少室通阜」。

〔四八〕改爲熊州　攷證：「改爲熊州」，官本「熊」作「穀」，非。劉昫云：「武德元年改宜陽郡爲熊州，新安爲穀州。」與此合。

〔四九〕貞觀元年州廢以縣隸穀州　今按：此與舊唐志合，戈襄校舊鈔本酈亭亦校補此十一字，各本俱脱。

〔五〇〕顯慶二年　今按：陳樹華鈔本、戈襄校舊鈔本「顯慶」作「明慶」，作「明」，乃唐人避中宗諱，鈔本尚存其舊。

〔五一〕一(合)〔全〕塢　今按：殿本「合」作「全」，各本作「金」。攷證云「『金』、『全』並誤。水經注：『洛水又東逕一合塢南，城在川北原上，高三十丈，南北東三箱，天險峭絶，惟築西面，即爲固，一合之名，起于是矣。』王應麟引通典作『一金塢』，蓋自宋已誤。南本改『合』。」今按：攷證蓋據今本水經注誤文爲言。通鑑晉永嘉五年注引水經注作「即爲全固，一全之名起于是」。今本「固」上脱「全」字，「全」誤「合」。魏志杜恕傳注、晉書魏該傳並作「一泉隝」，泉、全音同，足徵此當作「一全塢」，「金」、「合」並訛，今從殿本。

〔五二〕甘棠縣　今按：各本同此，惟戈襄校舊鈔本作「甘掌縣」。與黄省曾校水經注引此同。酈亭云：「水經注甘水篇有『世人目其爲甘掌焉』語，其地正在宜陽石墨山之東，此置爲甘掌縣，或卽取山爲名。」但隋志作「甘棠」，明人見此志則是「掌」字。

〔五三〕東城至縣西十四里　今按：「東城」、「西城」，各本同此爲穀水下文，惟殿本爲兩專條，蓋誤分。

〔五四〕澠池縣　攷證：「澠」，地理志作「黽」。

〔五五〕後漢　今按：岱南閣本、畿輔本「漢」誤「魏」。

〔五六〕二崤山　攷證：「二」，王應麟引作「三」，自注云：「隋大業元年廢三崤道，水經注云『又東土崤北，所謂三崤也』。」此疑脱。今按：「二崤」非誤，西都賦「左據函谷、二崤之阻」，是乃土崤、石崤，王應麟引水經注「二崤」誤「三」。

〔五七〕漢馮異破赤眉至兩崤閒　今按：「漢馮異」以下二十字，戈襄校舊鈔本無。

〔五八〕開皇十六年　今按：殿本同此，各本無「十」字。

〔五九〕周武帝將東（封）〔討〕　今按：「封」，各本作「討」是，此誤，今改。

〔六〇〕明皐山　攷證：李太白集王琦注引作「鳴皐山」，河南志同。

〔六一〕自河陽至三城節度　今按：「自河陽」以下十八字，岱南閣本接「河陽縣」下，不提行。攷證謂宜從此本。

〔六二〕深不測　攷證：洪亮吉、戴震引作「其深莫測」。

〔六三〕又東至于荷　攷證：「荷」宜作「菏」。

〔六四〕又爲滎澤　今按：岱南閣本「又」作「南」。

〔六五〕在濟陰定陶西南　今按：此與漢志師古注合，各本「濟陰」作「曹州」。

〔六六〕本漢軹縣地　攷證：「軹」，宜作「平陰」。按河清縣即今孟津縣，顧祖禹曰縣東一里有平陰故城。軹在河北濟源縣，恐不及此。

〔六七〕咸亨四年　攷證：「四年」，會要作「五年」，誤。

〔六八〕虎牢　攷證：「虎牢」，原當作「武牢」，此後人妄改。餘仿此。

〔六九〕天子獵于鄭圃　今按：「獵于鄭圃」，與穆天子傳合，岱南閣本「圃」誤「國」。

〔七〇〕有獸在葭中　攷證：「獸」，穆天子傳本作「虎」，唐諱。

〔七一〕二十日　攷證：水經注作「二百日」，通鑑同，此誤。

〔七二〕管城　攷證：「管城」，官本「管」作「營」，恐誤。今按：舊唐志云：「貞觀七年，自虎牢移鄭州理所於管城」，「營」字非。

〔七三〕顯慶二年　今按：殿本同，「顯慶」，它本作「明慶」，説詳〔五〇〕。

〔七四〕汜水　今按：岱南閣本、畿輔本「水」下有「關」字。此指汜水縣，不得稱關。

〔七五〕即八關之一　今按：殿本同，它本無此句。

〔七六〕牛口渚　今按：殿本同，它本無「口」字。

元和郡縣圖志卷第六

河南道二

陝虢觀察使　陝州　虢州　汝州

陝州，陝郡。大都督府。〔一〕開元户四萬七千三百二十二。鄉五十六。元和户八千七百二十。〔二〕鄉十六。〔三〕今爲陝虢觀察使理所。

管州三，陝州，虢州，汝州。縣二十一，都管户一萬一千九百四十七。〔四〕

墾田

禹貢豫州之域。〔五〕周爲二伯分陝之地，公羊傳曰：「自陝以東，周公主之。自陝以西，召公主之。」又爲古之虢國，今平陸縣地是也。戰國時爲魏地，後屬韓。秦并天下，屬三川郡。漢爲弘農郡之陝縣，自漢至宋不改。後魏孝文帝太和十一年，置陝州，以顯祖獻文皇帝諱「弘」，〔六〕改爲恒農郡。十八年，罷陝州。孝武帝永熙中重置，西魏文帝大統三年，又罷州。周明帝復置，屯兵於此以備齊。隋大業三年復罷，以其地屬河南郡。義寧元年，改置弘農郡，武德元年改爲陝州，廣德元年改爲大都督府。謹按：陝城蒲牢與彭城滑臺、壽陽懸瓠，屢經攻守，皆中夏之要云。

州境：東西二百五十二里。南北隔河二百四十六里。

八到：西至上都五百一十里。東至東都三百五十里。西南至虢州一百三里。北至絳州一百里。〔七〕西至潼關二百里。西北至河中府二百四十五里。

貢、賦：開元貢：柏子仁，瓜蔞。　賦：絹，緜，絲，布，絁。〔八〕

管縣八：陝，硤石，靈寶，夏，安邑，平陸，芮城，垣。

陝縣，望。　郭下。　本漢縣也，歷代不改。後魏改爲陝中縣，西魏去「中」字。周明帝於陝城內置崤郡，以陝、崤二縣屬焉。隋開皇初罷郡，以縣屬陝州。

陝原，在縣西南二十五里。

虢山，在縣西二里，臨黃河。

黃河，自靈寶界流入。後漢獻帝東歸，至陝，議者欲令天子浮河東下。太尉楊彪曰：「從此以東，有三十六灘，非萬乘所當從也。」乃止。

曹陽墟，俗名七里澗，在縣西南七里。獻帝東遷，李傕、郭汜追戰於弘農東澗，天子遂露次於曹陽之墟，謂此地也。

州理城，卽古虢國城。西征記曰：「陝縣，周、召分職處。南倚山原，北臨黃河，懸水百餘仞，臨之者皆爲悚慄。」

故焦城，在縣東北百步。

太原倉，在縣西南四里。隋開皇二年置，以其北臨焦水，西俯大河，地勢高平，故謂之太原。今倉實中，周迴六里。

太陽故關，在縣西北四里，後周大象元年置，卽茅津也。春秋時秦伯伐晉，自茅津濟，封殽尸而還。

徽伯故壘，在縣南二里。高歡使李徽伯戍陝，周太祖攻之，徽伯築壘於此拒太祖。

北利人渠，隋開皇六年，文帝遣邳國公蘇威引橐水西北入城，百姓賴其利，故以爲名。

南利人渠，東南自硤石界流入。與北渠同時疏導。

太陽橋，長七十六丈，廣二丈，架黄河爲之，在縣東北三里。貞觀十一年，太宗東巡，遣武侯將軍丘行恭營造。

硤石縣，望。西至州五十里。本漢陝縣地，屬弘農郡，自漢至宋不改。後魏孝文帝分陝縣東界置崤縣。〔周〕明帝二年，〔九〕分陝、崤二縣置崤郡，隋文帝罷郡，以崤縣屬陜州，大業二年廢入陝縣。義寧元年重置，理硤石塢，貞觀中改名硤石縣。

底柱山，俗名三門山，在縣東北五十里黄河中。禹貢曰：「導河積石，至於龍門，東至於底柱。」河水分流包山，山見水中，若柱然也。又以禹理洪水，〔一〇〕山陵當水者，破之以通河。三穿既決，河出其間，有似於門，故亦謂之三門。漢成帝鴻嘉四年，楊焉上言：「底柱之(險)〔隘〕，〔一一〕可鐫廣之。」上乃令鐫之。纔没水中，不能復去，而令湍流沸怒，爲害彌甚。隋開皇三年，遣倉部侍郎韋瓚，自蒲、陝以東，募人能於洛陽運米四十石，經底柱之險，達於常平者，免其征戍。貞觀十二年，太宗東巡，臨幸於此，令魏徵勒銘。

莘野，在縣西十五里。春秋時有神降於此。

黄河，西自陝縣界流入，東經砥柱，水經注曰：「(後)魏景(明中)〔初二年〕，〔一二〕帝遣諫議大夫寇慈，〔一三〕帥工五千人，歲時脩理，以平河阻。」

魏長城，在縣北二十二里。魏惠王十九年所築，東南起崤山，西北至河，三十七里。

靈寶縣，望。東北至州七十五里。本漢弘農縣，自漢至後魏不改。隋開皇十六年，於今縣置桃林縣，屬陝州。天寶元年，於縣南古函谷關尹真人宅，掘得天寶靈符，遂改縣爲靈寶。

稠桑澤，〔一四〕在縣西十里。虢公敗戎於桑田，即是也。

函谷故城，在縣南十里。〔一五〕秦函谷關城，漢弘農縣也。西征記曰：「函谷關城，路在谷中，深險如函，故以爲名。其中劣通，〔一六〕東西十五里，絶岸壁立，崖上柏林蔭谷中，殆不見日。關去長安四百里。〔一七〕日入則閉，雞鳴則開，秦法也。東自崤山，西至潼津，通名函谷，號曰天險，所謂『秦得百二』也。」隗囂將王元説囂曰「請以一丸泥，東封函谷關」，卽此也。

桃林塞，自縣以西至潼關，皆是也。春秋時，晉侯使詹嘉處瑕，守桃林之塞。三秦記曰：「桃林塞在長安東四百里。若有軍馬經過，好行則牧華山休息林下，惡行則決河漫延，人馬不得過矣。」

洹津，在縣西北三里。隋義寧元年置關，貞觀元年廢關置津。

曹陽亭，在縣東南十四里。〔一八〕陳涉使周文西入秦，〔一九〕秦使章邯擊破之，殺文於曹陽，卽此地也。後曹公改爲好陽。

夏縣，望。西南至州一百二十里。本漢安邑縣地，屬河東郡。後魏孝文帝太和十一年，別置安邑縣，十八年改爲夏縣，因夏禹所都爲名。隋大業二年屬河東郡，武德元年又屬虞州，今陝州安邑縣是也。貞觀十七年隸絳州，大足元年割屬陝州，〔二〇〕尋屬絳州，乾元三年屬陝州。

涑川，在縣北四十里。左傳晉侯使呂相絶秦曰：「伐我涑川。」按：川東西三十里，南北七里。

安邑故城，在縣西北十五里。〔二一〕夏禹所都也。

安邑縣，望。南至州一百一十里。本夏舊都，漢以爲縣，屬河東郡。隋開皇十六年屬虞州，貞觀十七年屬蒲州，乾元三年割屬陝州。

雷首山，一名中條山，在縣南二十里。其山有銀谷，在縣西南三十五里，隋及武德初並置銀冶監，今廢。

高堠原，〔二二〕在縣北三十里。原南坂口，即古鳴條陌也，〔二三〕湯與桀戰於此。

鹽池，在縣南五里，即左傳「郇，瑕氏之地，沃饒近鹽」，是也。今按：池東西四十里，南北七里，西入解縣界。

平陸縣，望。西南至州一百七十里。〔二四〕本漢大陽縣地，屬河東郡。後魏於此置河北郡，〔二五〕領河北縣。隋開皇十五年，河北縣改屬蒲州，貞觀元年又屬陝州。天寶元年，改爲平陸縣。

黄河，在縣南二百步。

吴山，即吴坂也，伯樂遇騏驥駕鹽車之地。其坂自上及下，七山相重。

傅巖，在縣缺七里。〔二六〕即傅説版築之處。

閒原，在縣西六十五里。即虞、芮争田，讓爲閒田之所。

顛軨坂，今謂之軨橋，在縣東北四十五里。左傳曰：「冀爲不道，入自顛軨」，是也。

瑟瑟窟，在縣西北四十里。

故虞城，在縣東北五十里虞山之上。晉侯使荀息假道於虞以伐虢，即此城也。

下陽故城，在縣東北二十里。

芮城縣，望。東至州一百里。本漢河北縣地，屬河東郡，自漢至後魏因之。周明帝二年，改名芮城，屬河北郡。其年，又於此置虞州。武帝建德二年，於縣置芮州。〔三七〕貞觀元年廢芮州，以縣屬陝州。

黄河，在縣南二十里。

故魏城，春秋「晉滅之，賜畢萬」，是也，在縣北五里。

故芮城，在縣西二十里。古芮伯國也。

垣縣，上。(北)〔西南〕至州二百里。〔三八〕本漢縣，屬河東郡。後魏獻文帝皇興四年，置邵州及白水縣。周明帝武成元年，改白水爲亳城縣，隋大業三年改亳城爲垣縣，屬絳郡。武德元年屬邵州，九年屬絳州，貞元三年割屬陝州。縣枕黄河。

垣城，在縣西二十里。

臯落城，在縣西北六十里。左傳曰「晉侯使太子申生伐東山臯落氏」，是也。

虢州，弘農。望。開元户一萬七千七百四十二。鄉五十。元和户五千二百三十六。鄉三十六。

禹貢雍及豫二州之境。周初爲虢國。虢有三：北虢，今陝州平陸縣；東虢，今滎陽縣；西虢，在今鳳翔扶風縣也。魯僖公二年，晉荀息假道於虞以伐虢，虢亡乃爲晉地。其後三卿分晉，屬韓。秦兼天下，屬三川郡。至漢武帝元鼎四年置弘農郡，後魏以獻文帝諱「弘」，改爲恒農郡。孝武帝永熙三年，分爲西恒農，屬陝州。周明帝復爲弘農。隋開皇三年廢郡，以縣屬陝州，大業二年又改屬豫州。三年，又於弘農縣置弘農郡，義寧元年改爲鳳林郡。其年，於盧氏縣置虢郡，武德元年改爲虢州。其年，改鳳林郡爲鼎州，因鼎湖以爲名。貞觀八年廢，遂移虢州於今理所。

州境：東西　南北

八到：西北至上都四百三十里。東至東都四百五十三里。東至陝州一百三里。西南至商州三百七十里。西北至潼關一百三十里。自關至華州一百二十里。西北至河中府一百八十里。〔二九〕

貢、賦：開元貢：天門冬，地骨白皮，〔三〇〕麝香。　賦：絹，絁，緜。

管縣六：弘農，盧氏，閿鄉，玉城，朱陽，湖城。

弘農縣，望。郭下。本漢舊縣，隋大業二年省，三年復於今湖城縣西南一里置，尋移就郡理。其年，移郡於鴻臚川，縣亦隨徙，卽今縣是也。義寧元年屬鳳林郡，武德元年屬鼎州，貞觀八年屬虢州。

方伯堆，在縣東南五里。〔三一〕宋奮武將軍魯方平所築。

鴻臚水，過縣北十五里入靈寶界，溉田四百餘頃。

盧氏縣，上。西北至州一百六十六里。本漢舊縣，春秋時西虢之邑。地有盧氏山，或言盧敖得道於此。山宜五穀，可以避水災。隋開皇三年改爲虢州，大業三年廢，以盧氏屬河南郡。〔三二〕武德元年，又置虢州，縣依舊。

熊耳山，在縣南五十里。禹貢導洛於此。

閿鄉縣，望。東南至州一百里。本漢湖縣地，屬京兆尹，自漢至宋不改。周明帝二年，置閿鄉郡。按：閿鄉，本湖縣鄉名。閿，古文「聞」字也，説文「從門，旻聲」。〔三三〕隋開皇三年，廢閿鄉郡，十六年移湖城縣於今所，改名閿鄉縣，屬陝州。貞觀八年，改屬虢州。

秦山，一名秦嶺，在縣南五十里。南入商州，西南入華州。山高二千丈，周迴三百餘里。

黄巷坂，在縣西北三十五里，卽潼關路也。水經注曰：「河水自潼關東北流，側有長坂，〔三四〕謂之黄巷坂。歷北出東崤，通謂之函谷關，岸高道狹，車不得方軌。」魏武征韓遂、馬超，連兵此地。又潘岳西征賦曰「遡黄巷以濟潼」，亦謂此也。

桃源，在縣東北十里。古之桃林，周武王放牛之地也。

黄河，在縣北三里。

全鳩水，一名全節水，漢戾太子亡匿之處。

思子宫故城，在縣東北二十五里。漢武帝爲戾太子所築也。

曹公故壘，在縣西二十五里。魏武征韓遂、馬超，此地置壘。又宋武之入長安，檀道濟、王鎮惡濱河帶險，大小七營，皆此處。

赫連氏京觀，俗號平吳臺，在縣西二十二里。赫連勃勃使太原公昌攻劉裕將朱齡石於潼關，克之，築臺以表武功。

玉城縣，上。西北至州六十里。本漢盧氏縣地，屬弘農郡。後魏正始二年，分立石城縣，廢帝改爲玉城縣。周武帝天和元年廢。隋義寧元年重置，貞觀八年移於今理。

朱陽縣，上。東北至州七十里。本漢盧氏縣，屬弘農郡。後魏太和十四年，蠻人樊磨背梁歸魏，立朱陽郡並朱陽縣，令樊磨爲太守。大統三年，〔三五〕分爲朱陽郡，〔三六〕屬東義州。周武帝保定二年，又省郡。宣帝大象元年，割盧氏西界以益朱陽縣。隋開皇四年北屬陝州，大業三年改屬虢州。

湖城縣，望。東南至州五十二里。本漢湖縣，屬京兆尹。卽黄帝鑄鼎之處。後漢改屬弘農郡，至宋加「城」字爲湖城縣。

荆山，在縣南。卽黄帝鑄鼎之處。

夸父山，在縣東南三十五里。

湖縣故城，在縣西南二里。〔三七〕

汝州，臨汝。望。開元户二萬六千五十二。〔三八〕鄉六十。元和户一萬三千七十九。鄉三十七。

禹貢豫州之域。春秋時周王畿及鄭、楚之地，後屬於晉。六國時，復爲韓、魏之地。秦屬三川郡，在漢爲河南郡之梁縣地也。隋開皇四年，自陸渾縣界移伊州理於此，大業二年改爲汝州，三年改爲襄城郡。隋亂陷賊，武德四年討平王世充，復爲伊州，貞觀八年改爲汝州。

州境：東西二百三里。南北二百五十二里。

八到：西至上都九百八十里。西北至東都一百七十里。南至蔡州四百五十里。西南至鄧州四百七十五里。東至許州二百三十里。

貢、賦：開元貢：細絁。賦：絁，緜。

管縣七：梁，臨汝，魯山，葉，襄城，郟城，龍興。

梁縣，望。郭下。漢舊縣，古蠻子邑。戰國時謂之南梁，以别大梁、少梁，即左傳云「楚爲一昔之期，而襲梁及霍」也。隋煬帝改梁縣爲承休縣，屬汝州，貞觀元年又改爲梁縣。蠻中聚，即戎蠻子國也，在今郡西南，俗謂之麻城。又有陽人聚故城，在今縣西，〔三九〕秦滅東周，徙其君於陽人聚，即此城也。漢末孫堅大破董卓軍於此。高齊於此置汝北郡，以備周寇，故城在今縣南，亦名王塢城。〔四〇〕

汝水，經縣南三里。

廣成澤，在縣西四十里。後漢安帝永初元年，以廣成游獵地假與貧人。元初二年，鄧太后臨朝，鄧騭兄弟輔政，以爲文德可興，武功宜廢，請寢蒐狩之禮。於時馬融以文武之道並用，作廣成贊以諷。〔四一〕案此澤周迴一百里，隋煬帝大業元年置馬牧於此。

周承休城，在縣東北二十六里。漢封周後於此。

黄坡，在縣東二十五里。南北七里，東西十里。隋朝修築，有溉灌之利，隋末廢壞。乾封初，有詔增修，百姓賴其利焉。

臨汝縣，上。東南至州六十里。本漢梁縣地，先天二年置。〔四二〕貞元七年，〔四三〕刺史陸長源奏請割梁縣西界二鄉以益之，乃自下縣昇爲上縣。

魯山縣，上。北至州一百五十里。本漢魯陽縣，古魯縣也，屬南陽郡。魯陽公與韓戰酣，揮戈，日爲退三舍，謂此地也。後魏太和十一年，孝文帝南巡，置魯陽鎮，十八年改鎮爲荆州，二十二年罷荆州置魯陽郡，改魯陽縣爲北山縣。周改爲魯山縣。武德四年又於縣置魯州，貞觀元年州廢，以魯山屬伊州。八年，改伊州爲汝州，縣仍屬焉。

魯山，在縣東北十里。

魚齒山，在縣東六十里。春秋「楚師伐鄭，涉於魚齒之下」。山有滍水，故言涉也。

汝水，出縣西一百五十里。

天息山，一名伏牛山。

滍水，出縣西大陌山。〔四四〕後漢世祖破王尋於昆陽，士卒赴水死者甚衆，滍水爲之不流，卽此水也。

温湯水，在縣西四十里。狀如沸湯，可以熟米。側有石銘曰：「皇女湯，〔四五〕可已萬病。」

魯陽關水，俗謂之三鵶水，經縣西七里。其關三鵶鎮，在縣西南十九里，後周置以禦高齊，亦名平高城。

魯城，在縣東北十七里。高齊置以禦周。

葉縣，緊。西北至州二百一十里。本楚之葉縣，春秋楚人遷許於此。其後楚使沈諸梁尹之，僭號稱公，謂之葉公。秦置郡縣，隸於南陽。後漢書謂之小長安，〔四六〕言地沃人豐也。開元三年，〔四七〕於縣置仙州，以漢時王喬於此得仙也。二十六年廢仙州，屬許州。其年，又割屬汝州。

方城山，在縣西南十八里。楚屈完曰「楚國方城以爲城」，〔四八〕是也。

黄城山，一名苦菜山，在縣西二十五里。卽長沮桀溺耦耕處。

汝水，西北流入，去縣二十五里。

昆陽故城，在縣北二十五里。後漢世祖破王邑、王尋之處。

燒車水，在縣南二十四里。世祖破王尋，燒其輜重於此水濱，因以爲名。

襄城縣，望。西北至州一百四十里。本秦舊縣，漢因之，屬潁川郡。春秋襄王避叔帶之難，出居鄭地氾，在今縣南一里古氾城是，蓋以周襄王嘗出居此，故名襄城。晉及後魏屬襄城郡，隋開皇三年改郡爲汝州，以縣屬焉。大業三年廢汝州，〔四九〕以縣屬許州。開元四年置仙州，〔五〇〕割襄城縣屬焉。二十六年廢仙州，復隸許州，天寶七年又屬汝州。

汝水，經縣南，去縣一里。縣理廢汝州城，即古襄城，楚靈所築。後漢馮異據之，降世祖。莊子曰：「黃帝游於襄城之野，七聖皆迷，遇牧馬童子而問道焉。」亦此地也。

郟城縣，緊。西北至州八十里。本春秋時鄭地，後屬楚，又入於晉。七國時，又屬韓。至漢以爲縣，屬潁川郡。晉屬襄城郡。後魏屬南陽郡。高齊省。隋煬帝大業二年，移輔城縣，〔五一〕於今縣西北五里，屬汝州，四年改輔城縣爲郟城縣。

汝水西去縣七里。

扈澗水，出縣北三十里。

（城）父〔城〕故城，在縣東南四十里。〔五二〕故殷時應國也，左傳「楚大城城父，〔五三〕使太子建居之。」

龍興縣，上。西北至州九十里。本漢郟縣地，〔五四〕後魏太和十八年置汝南縣，〔五五〕高齊天保七年廢。隋開皇十八年復置汝南，隋末廢。則天證聖元年置武興縣，神龍元年改爲龍興縣。縣城本通鴉城，即後漢賈復城也，復南擊郾所築。後魏太和二十三年，孝文帝親征馬圈，行至此城，昏霧，得三鴉引路，遂過南山，故號通鴉城。

大龍山，在縣東南三十五里。劉累學擾龍遷於魯縣，因以名山。

汝水，在縣北四十五里，西南從梁縣界流入。

湛水，在縣東三十里。春秋襄公十六年「楚公子格帥師戰於湛坂」，是也。

滍陽城，一名應城，在縣南二十五里。後魏置滍陽縣，隋開皇十年改爲湛水，武德四年又置滍陽縣。

卷六校勘記

〔一〕大都督府　今按：「大都督府」，岱南閣本、畿輔本無「大」字。攷證云：「脫，州敍云廣德元年改爲大都督府。」

〔二〕二十　攷證：官本無。

〔三〕十六　攷證：官本作「六十六」，疑誤。

〔四〕一萬一千九百四十七　攷證：按三州户共二萬七千三十五，官本陝州下減二十，尚餘二萬七千一十五，户數懸殊，無所稽核，各鎮類然，不具列。

〔五〕豫州之域　攷證：宜作「冀豫二州之域」，垣、夏、安邑、平陸、芮城各縣皆冀境。

〔六〕獻文皇帝　攷證：「獻文」，官本作「孝文」，誤。

〔七〕一百里　攷證：「絳州八到」作「二百里」，近是。樂史云此至絳州二百二十里。

〔八〕絁　今按：清初鈔本、戈襄校舊鈔本作「紽」。按新唐書食貨志亦是「絁」字。

〔九〕〔周〕明帝二年　今按：通經樓鈔本「明帝」上有「周」字，各本俱脱，今據補。

〔一〇〕禹理洪水　今按：各本「理」作「治」。　攷證云：「『治』原作『理』，見李太白集王琦注。」

〔一一〕底柱之（險）〔隘〕　今按：戈襄校舊鈔本「險」作「隘」，與水經河水注合。隘，狹也，與下句「廣」字對文，作「險」誤，今改。

〔一二〕（後）魏景（明中）〔初二年〕　攷證：官本作「魏景初二年」，與水經注合，此誤。今按：此曹魏事，鈔寫誤爲元魏，並改「初」爲「明」，殿本從水經河水注，是。今依殿本改正。

〔一三〕寇慈　攷證：「慈」，水經注作「玆」。　今按：「玆」字誤，殿本水經注及王先謙合校本水經注已改作「慈」。

〔一四〕稠桑澤　攷證：「澤」官本作「宅」，誤。

〔一五〕縣南十里　今按：史記項羽本紀正義引括地志作「在縣西南十二里」。

〔一六〕其中劣通　攷證：王琦引下有「行路」二字，此脫。

〔一七〕闕去長安四百里　今按：史記項羽本紀正義引括地志云「圖記云去長安四百餘里，路在谷中，故以爲名」。

〔一八〕縣東南十四里　今按：水經河水注引晉書地道記云「亭在弘農縣東十三里」。史記陳涉世家文穎注作「在弘農東十二里」，里數各異，但並無「南」字。

〔一九〕周文　今按：水經河水注作「周章」，此從史記陳涉世家。

〔二〇〕大足　今按：陳樹華鈔本、戈襄校舊鈔本、殿本作「大定」。攷證云誤。

〔二一〕在縣西北　攷證：「西」，官本作「東」，與王應麟、程恩澤所引同，此疑誤。

〔二二〕高堠原　今按：史記殷本紀正義引括地志作「高涯原」。

〔二三〕原南坂口卽古鳴條陌也　今按：括地志云「在蒲州安邑縣北三十里南坂口，卽古鳴條陌也」，疑此「原」字衍。按尚書湯誓序「伊尹相湯伐桀，升自陑，與桀戰於鳴條之野」。疏引皇甫謐云：「今安邑見有鳴條陌。」括地志本之爲說，此志從之，殊不可信。攷御覽八十二引許愼淮南子注云：「鳴條在今陳留平丘。」孔穎達尚書疏云：「陳留平丘，今有鳴條亭。」後漢書隱逸傳劉昭注說同。其地在今河南長垣縣西南，不得以安邑南坂口鳴條陌當之。

〔二四〕西南至州一百七十里　攷證：樂史云平陸縣在州北五十里，近是。

〔二五〕後魏　攷證：官本作「後漢」，誤。

〔二六〕縣缺七里　攷證：「缺」，趙殿成引此作「北」。今按：史記殷本紀正義引括地志：「傅險，即傅說版築之處。所隱之處名聖人窟，在今陝州河北縣北七里。」蓋今各本俱脫「北」字。

〔二七〕武帝建德二年於縣置芮州　攷證：「帝建」二字宜衍，會要云「武德二年置芮州」，劉昫同。隋志芮城注「周曰蒲州」，不詳芮州，宜非周置。

〔二八〕（北）〔西南〕至州二百里　攷證：「北」，官本作「西南」，此誤，垣縣今垣曲，在陝州東稍北。今按：戈襄校舊鈔本亦作「西南」，今從改。

〔二九〕一百八十里　攷證：河中府「十」下有「三」字。

〔三〇〕地骨白皮　今按：新唐志無「白」字。

〔三一〕方伯堆在縣東南五里　攷證：下脫「堆上有城」四字，水經注方伯堆，堆上有城，即方平所築，非謂堆也，脫四字，大失文義。

〔三二〕屬河南郡　攷證：「河南」宜作「弘農」，隋志「大業三年置弘農郡，領宏農、盧氏、長泉、朱陽四縣」。

〔三三〕從門旻聲　攷證：按此志文義，「旻」原作「受」，趙一清校水經注引作「從門受聲」。孟康曰「閿，古聞字」，此志所據，不可改「旻」，致阻文義。

〔三四〕側有長坂　攷證：官本「側」上有「水」字，此脫。

〔三五〕大統三年　攷證：樂史「三」作「二」。

〔三六〕分爲朱陽郡　今按：清初鈔本、戈襄校舊鈔本、殿本同此，它本脱「爲」字。按太平寰宇記云「朱陽郡，孝昌三年省，西魏大統二年又立」，是應有「爲」字，此惟失孝昌省郡事，致敘不明。下文云「周武定保二年又省郡」，足徵此謂大統三年分爲朱陽郡，「大統」上有缺文。

〔三七〕在縣西南二里　攷證：錢坫引無「西」字。

〔三八〕五十二　攷證：官本「二」作「三」，樂史同。

〔三九〕陽人聚故城在今縣西　今按：通鑑秦昭襄王紀注引括地志「陽人聚在汝州梁縣西四十里」，此缺里數。

〔四〇〕亦名王塢城　今按：「王塢城」下各本有「隋陽帝改梁縣爲承休縣云云」二十二字，此本與殿本移此二十二字於前條「而襲梁及霍也」下，當是。又此條各本接上爲梁縣敘，殿本同此列爲專條，攷證云誤。

〔四一〕作廣成贊以諷　攷證：後漢書「贊」作「頌」，水經注同。

〔四二〕先天二年　攷證：舊書作「貞觀八年」，誤。

〔四三〕貞元　攷證：官本作「貞觀」，誤。

〔四四〕滍水出縣西大陌山　今按：漢志云「南陽郡魯陽，魯山，滍水所出」，水經滍水篇及注，謂出魯陽縣西堯山。

〔四五〕皇女湯　今按：戈襄校舊鈔本「女」作「汝」。

〔四六〕謂之小長安　攷證：按郡國志，小長安在育陽，不屬葉。

〔四七〕開元三年　攷證：襄城縣敍「三」作「四」，恐均未的，按會要及唐志，宜作「二年」。

〔四八〕屈完　今按：殿本同此，與左傳及史記合，它本「完」誤作「原」。

〔四九〕大業三年　攷證：官本「三」作「二」，是。

〔五〇〕開元四年　攷證：「四」宜作「二」，詳前。

〔五一〕移輔城縣　今按：「輔城」，殿本作「父城」，它本誤「城父」。此即漢志潁川父城縣，隋名輔城，故此從之。下同。

〔五二〕（城）父〔城〕故城在縣東南十四里　今按：此謂漢潁川郡父城縣故城，當作「父城」，殿本不誤，它本與此並訛，今改。史記白起王翦列傳正義引括地志云「汝州郟城縣東四十里有父城故城」，通鑑秦始皇紀注引同，無「南」字。

〔五三〕楚大城城父　今按：殿本「城父」作「父城」。攷證云：「上云父城指漢縣，此云城父引左傳，官本改爲一名，殊少別擇。」按水經汝水注亦作「楚大城城父」。

〔五四〕本漢郟縣地　今按：各本「郟」下衍「城」字。

〔五五〕置汝南縣　今按：岱南閣本、畿輔本「縣」下有「屬」字，攷證云：「屬下宜有脱。」

元和郡縣圖志卷第七

河南道三

汴宋節度使　汴州　宋州　亳州　潁州

汴州，陳留。雄。開元户八萬二千一百九十。鄉一百六十一。元和户八千二百一十八。鄉五十三。

今爲汴宋節度使理所。

管州四：汴州，宋州，亳州，潁州。縣二十八。都管户三萬一千四百四十四。

禹貢豫州之域。春秋鄭地。戰國魏都，史記魏惠王自安邑徙理大梁，即今浚儀縣。秦爲三川郡地。漢陳留郡之浚儀縣也。酈生説漢高曰：「陳留天下之衝，四通五達之郊。」漢文帝以皇子武爲梁王，都大梁，以其地卑溼，東徙睢陽，今宋州是也。漢陳留郡即今陳留縣，東魏孝静帝於此置梁州，周宣帝改爲汴州。以城臨汴水故也。隋大業二年州廢，以開封、浚儀屬鄭州。隋亂陷賊，武德四年平王世充，復置汴州。

州境：東西一百九十六里。南北二百三十五里。

八到：西至上都一千二百八十里。西至東都四百二十里。南至宋州三百里。北至滑州二百一十里。東北至曹州二百四十五里。東南至陳州三百一十里。

貢、賦：開元貢：絹二十四。賦：緜，絹。元和同。

管縣六：開封，浚儀，陳留，雍丘，封丘，尉氏。

開封縣，望。郭下。理東界。本漢舊縣，屬河南郡。魏爲秦所敗，走保開封，卽此城也。晉屬滎陽郡。後魏天平元年，於此置開封郡，高齊天保七年廢。隋開皇六年，復置開封縣，屬汴州。大業二年廢汴州，以縣屬鄭州。武德四年，重置汴州，開封又屬焉。貞觀元年廢。延和元年，於城内別置開封縣，管東界。

（蓬）〔逢〕澤，在縣東北十四里。今號蓬池，左氏所謂（蓬）〔逢〕澤也。〔一〕

長垣故城，一名倉垣城，在縣北二十里。漢陳留太守所理。

梁王吹臺，在縣東南六里，俗號繁臺。

沙海，在縣北二里。戰國策齊欲發卒取周九鼎，顔率説曰：「大梁之君臣欲得九鼎，謀於沙海之上，爲日久矣。」卽謂此也。隋文疏鑿舊跡，引汴水注之，以習舟師，以伐陳。陳平之後，立碑其側，以紀功焉。今無水。

蓼隄，在縣東北六里。高六尺，廣四丈。梁孝王都大梁，以其地卑溼，東徙睢陽，乃築此隄，至宋州凡三百里。

浚儀縣，望。郭下。理西界。本漢舊縣，屬陳留郡。故大梁也，魏惠王自安邑徙此，因浚水爲名。後魏於此置梁州，周宣帝改爲汴州，縣屬之。隋大業二年廢汴州，改屬鄭州武德四年於此重置汴州，以縣屬焉。

夷門，史記大梁城有十二門，東門隱士侯嬴，年七十，家貧，爲夷門監者，魏公子無忌厚遺之，不肯受。〔二〕

枯遮梁溝，秦始皇二十二年，王賁引水灌大梁城於此溝。

琵琶溝水，西自中牟縣界流入通濟渠。隋煬帝欲幸江都，自大梁城西南鑿渠，引汴水，卽蒗宕渠也。

陳留縣，望。西至州五十里。本漢陳留郡陳留縣地，武帝置陳留郡，屬兗州。按：留本鄭邑，後爲陳所并，故曰陳留。又按：彭城亦有留，此留屬陳，故稱陳留。晉爲陳留國。隋開皇三年，〔三〕分浚儀縣置陳留縣，屬汴州。武德四年屬杞州，今汴州雍丘縣是也。貞觀元年廢杞州，屬汴州。

故莘城，在縣東北三十五里。古莘國地也，國語湯伐桀，桀與韋、顧之君拒湯於莘之墟，遂戰於鳴條之野。

東昏故城，本漢縣，縣東北九十里。卽陽武之户牖鄉，陳平之故里也。

雍丘縣，望。西至州一百一十里。本漢舊縣，〔四〕亦古之雍國及杞國。周武王克殷，封禹後東樓公於杞。後魏孝昌四年，分東郡、陳留置陽夏郡，理雍丘城。隋開皇三年罷郡，以縣屬汴州。武德四年，於此置杞州，貞觀元年廢，以縣屬汴州。

雍丘故城，今縣城是也。春秋時杞國城也，杞爲宋滅。城北臨汴河。晉永嘉末，鎮西將軍祖逖爲豫州刺史，理於此。逖累破石勒軍，由是黄河已南皆爲晉土，人皆感悦，逖卒，百姓立祠。

高陽故城，在縣西南二十九里。顓頊高陽氏，佐少昊有功，受封此邑。高祖攻昌邑，西過高陽。又酈食其墓在此。〔五〕

外黄故城，縣東六十里。黄本屬宋，後屬陳留郡，以魏郡有内黄，故此爲外黄。

封丘縣，緊。南至州五十里。古之封國，左傳「魯封父之繁弱」，是也。後屬衞，亦屬魏。漢高祖與項羽戰，敗於延鄉，有翟母者免其難，故以延鄉爲封丘縣，以封翟母，屬陳留郡。後魏并入酸棗。宣武帝又置封丘縣，屬陳留郡。隋開皇三年罷郡，以縣屬汴州。〔六〕

黄池，在縣南七里。魯哀公十三年，晉侯與吴子争盟於此。

尉氏縣，望。北至州一百里。本漢舊縣，〔七〕春秋時鄭大夫尉氏之邑，自漢歷後魏屬陳留郡不改。高齊省，以地入開封。隋開皇六年，復置尉氏縣，屬汴州。〔八〕武德四年，於此置洧州，貞觀元年廢，以縣屬汴州。

三亭岡，在縣西三十七里。〔九〕秦使謁者王稽使魏，夜與范睢言曰：「待我於三亭之南。」即此岡之南也。

故鍾城，在縣西三十五里。魏太傅鍾繇故里。

宋州，睢陽。望。開元户十萬三千。鄉一百九十三。元和户五千二百。鄉八十三。

禹貢豫州之域。卽高辛氏之子閼伯所居商丘今州理是也。周爲青州之域。武王封微子於宋，自微子至君偃三十三世，爲齊、楚、魏所滅，三分其地，魏得其梁、陳留，齊得濟陰、東平，楚得沛。按：梁，卽今州地。秦并天下，改爲碭郡。後改爲梁國，漢文帝封其子武爲梁王，自漢至晉爲梁國，屬豫州。宋改爲梁郡。隋於睢陽置宋州，大業三年又改爲梁郡。隋亂陷賊，武德四年討平王世充，又爲宋州。天寶末，祿山亂兩河郡縣，多所陷没，唯張巡、許遠、姚誾三人堅守睢陽，賊將尹子奇併力攻圍，踰年不克，城中孤危，糧竭，人相食殆盡。〔一〇〕時賀蘭進明、許叔冀屯軍臨淮，爭權不協，不發援師，城竟爲賊所陷。巡、遠等抗詞不屈，遂俱被害。然使賊鋒挫衄，不至江、淮，巡、遠之力也。

州境：東西三百五十九里。南北二百一十八里。

八到：西至上都一千五百八十里。西至東都九百二十里。東南至泗州七百五十里。東北至徐州三百五十里。東南至亳州一百四十里。〔一二〕西北至曹州一百五十里。

貢、賦：開元貢：絹二十四。　賦：緜，絹。

管縣十：宋城，碭山，虞城，楚丘，柘城，穀熟，下邑，單父，襄邑，寧陵。

宋城縣，望。郭下。漢睢陽縣，屬宋國，後屬梁國。後魏屬梁郡。隋開皇三年罷梁郡，以縣屬亳州。十六年，於此置宋州，睢陽屬焉。十八年改爲宋城。

睢水，西南自寧陵縣界流入。

渙水，西南自寧陵縣界流入。

隕石水，源出縣北四十里。春秋時隕石于宋，其處爲潭。

小蒙故城，縣北二十二里。即莊周之故里。

州城，古閼伯之墟，契孫相土亦都於此。春秋爲宋國都。漢梁孝王廣睢陽城七十里，開汴河，後汴水經州城南。

兔園，縣東南十里。漢梁孝王園。

清泠池，在縣東二里。

碭山縣，上。西至州一百五十里。漢碭縣，屬梁國，後漢不改。晉以其地併入下邑。宋復置碭縣，屬梁郡。後魏置安陽，〔一三〕屬碭郡。高齊文宣帝並廢，以安陽縣屬彭城郡。隋開皇十八年，改安陽縣爲碭山縣，大業二年改屬宋州。碭，文石也，以其山出文石，故以名縣。

虞城縣，上。西南至州七十里。本虞國，舜後所封之邑，後漢及晉屬梁國。後魏延昌中於此置蕭縣，理虞城，屬沛郡。高齊省。隋開皇十六年，分下邑置虞城縣，屬宋州。

孟諸澤，〔一三〕在縣西北十里。周迴五十里，俗號盟諸澤。

故綸城，縣東南三十五里。左傳「少康逃奔有虞，虞妻以二姚而邑諸綸」。

平臺，縣西四十里。左傳宋皇國父爲宋平公所築。漢梁孝王大治宮室，爲複道，自宮連屬於平臺，三十餘里，與鄒、枚、相如之徒，並游其上，即此也。

楚丘縣，緊。南至州七十里。古戎州己氏之地，至漢爲己氏縣，屬梁國，後漢屬濟陰郡，北齊廢。隋開皇五年又置，屬曹州，六年改爲楚丘縣。武德五年屬戴州，今宋州單父縣是也。貞觀十七年廢戴州，隸宋州。

楚丘故城，在縣北三十里。

柘城縣，上。東北至州一百一十里。本陳之株邑，詩陳風株林，刺靈公是也。至秦爲柘城縣，〔一四〕續漢志屬陳郡，至晉太康中廢。隋開皇十六年復置。貞觀初廢入穀熟、寧陵二縣，後縣人徭賦路遠，陳訴積年，至高宗朝復置，屬宋州，其羅城即古株邑故城是也。

渙水，在縣北二十九里。

穀熟縣，上。西北至州五十五里。〔一五〕本漢薄縣地，置於古穀城，春秋時爲穀丘，亦殷之所都，謂之南亳，漢於此置薄縣，屬山陽郡。薄與亳義同字異。後漢改置穀熟縣，屬梁國。隋開皇十六年屬宋州。隋末喪亂，縣人劉繼叔戮力固守，免陷於賊。武德二年置南穀州，以繼叔爲刺史。四年罷，以縣屬宋州。

渙水，在縣南二十八里。

高辛故城，在縣西南四十五里。帝嚳初封於此。

下邑縣，上。西至州一百一十里。漢舊縣。〔一六〕按魯爲楚所滅，頃公遷於下邑。漢高祖攻下邑，拔之。在漢屬梁國。後漢無下邑縣，魏復立焉。晉宋屬梁郡，隋開皇三年改屬亳州，十六年改屬宋州。

故譙城，縣北三十一里。祖逖屯淮陰，進據太丘城，遂克譙城而居之，謂此也。

單父縣，緊。西南至州一百四十九里。古魯邑也，漢以爲縣，屬山陽郡。後漢以爲侯國，屬濟陰郡。後魏置北濟陰郡，理單父城。隋開皇三年廢郡，又置單父縣屬濟陰郡。十六年，於縣置戴州，單父屬焉。大業二年廢戴州，以縣屬曹州。武德五年重置戴州，縣又屬焉。貞觀十七年廢戴州，縣隸宋州。漢高祖后呂氏，即單父人。宓子賤、巫馬期皆宰單父。

襄邑縣，緊。東至州一百十四里。本漢舊縣，即春秋時宋襄牛地也。秦始皇徙承匡縣，〔一七〕

於襄陵，改爲襄邑縣。漢以縣屬梁，後又屬陳留。宋屬譙郡。高齊文宣帝省入雍丘。隋開皇十六年，復置襄邑縣，屬杞州，大業三年割屬梁郡。武德二年，復置杞州，以縣屬焉。貞觀元年州廢，縣隸宋州。

睢水，西自雍丘縣界流入。

承匡故城，在縣西三十里。〔一八〕

宋襄公墓，在縣城中東隅，故號襄陵。

寧陵縣，緊。東至州五十九里。本漢舊縣。「寧」亦作「甯」。七國時屬魏，魏安釐王以弟無忌爲信陵君，邑於此。漢初以魏咎爲甯陵君，亦在此。漢志寧陵屬陳留郡，後漢屬梁國，晉屬宋郡，〔一九〕改屬譙郡，高齊省。隋開皇六年復置，屬亳州，十六年割屬宋州。

睢水，西北自襄邑縣界流入。

渙水，西自襄邑界流入。

故葛城，在縣北十五里。古葛伯國，以不祀，爲湯所滅。

大棘故城，在縣西南七十里。左傳宋華元、鄭公子歸生戰於大棘。又七國反，先擊梁棘壁，〔二〇〕即此城也。

汋陵，在縣南二十五里。左傳鄭子罕伐宋，宋將鉏樂懼敗諸汋陵。

故柘城，在縣南七十里。陳之株邑。〔二一〕

故鄢城，在縣南五十三里。漢之鄢縣。〔二二〕鄭伯克段於此。

已吾故城，在縣西南四十里。後漢已吾縣城，曹公初起兵於此。

始基故城，在縣南九十里。晉豫州刺史祖逖督護衞策所築。〔二三〕初，乞活魁遣陳川據陳留浚儀，遣將魏碩於穀水南營。〔二四〕逖遣策等追戰，大破之，因卽立戍留守。策曰：「從祖公北伐數年，功始基於此。」因以爲名。

仇留故城，在縣南六十五里。初，陳川自始基敗後，遣將仇留伐鄢，以逼豫州。〔二五〕祖逖遣衞策進戍谷北高丘，〔二六〕以禦仇留，故呼爲仇留城。

亳州，譙郡。望。開元戶七萬七百三十二。鄉一百三十八。〔二七〕元和戶六千五百二。鄉六十一。〔二八〕

禹貢豫州之域，至周不改。春秋時爲陳國之焦邑，六國時屬楚，在秦爲碭郡地。漢爲譙縣，屬沛郡。初，後漢熹平五年，黃龍見譙，太史令單颺以爲其國當有王者興，不及五十年，亦當復見。後如其言，魏文帝卽位。黃初元年，以先人舊郡，又立爲譙國，與長安、許昌、鄴、洛陽，號爲「五都」。後魏復置南兗州，周武帝改爲亳州。隋亂陷賊，武德四年討平王世充，復爲亳州。

州境：東西三百六十七里。南北二百里。

八到：西至上都一千七百二十里。東至東都八百六十里。正南微東至潁州二百六十里。西北至宋州一百四十里。東北至徐州三百九十里。西至陳州二百里。

貢、賦：開元貢：絹二十匹。賦：緜，絹，黍稷，麻，麥。元和貢〔同〕。〔二九〕

管縣八：譙，臨渙，酇，城父，鹿邑，蒙城，永城，真源。

譙縣，緊。郭下。漢舊縣，屬沛郡，晉屬譙郡。後魏無譙縣，有小黄縣。隋開皇三年，以小黄縣屬亳州，大業二年改小黄縣爲譙縣。三年，以亳州爲譙郡，縣仍屬焉。

渦水，〔三〇〕在縣西四十八里。魏黄初六年，文帝以舟師自譙循渦入淮。

魏文帝祠，在縣東五里。初，魏太祖以議郎告疾歸鄉里，築室於此，春夏讀書，秋冬弋獵，以自娱。文帝以漢中平四年生於此宅。

故梅城，在縣南四十里。古梅伯國。

臨渙縣，緊。西至州一百六十里。本漢銍縣，屬沛郡，後漢屬沛國，魏屬譙郡。梁武帝普通中克銍城，置臨渙郡，以臨渙水爲名。後魏改爲渙北縣。高齊省臨渙郡，改渙北縣爲臨渙縣，屬譙郡。隋開皇三年，廢郡留縣，改置譙州，神堯嘗爲譙州刺史。大業二年改屬亳州，武德四年屬譙州，貞觀十七年廢譙州，縣隸亳州。

嵇山，在縣西三十里。晉嵇康家於銍嵇山之下，〔三一〕因改姓嵇氏。

酇縣，上。西南至州七十里。秦、漢舊縣，屬碭郡，漢屬沛郡。蕭何封酇侯，卽此邑也。〔三二〕魏酇縣屬譙郡。後魏省。隋開皇十六年，復置酇縣，屬沛郡，武德四年改屬亳州。

城父縣，上。西北至州七十九里。春秋時陳國之夷邑，亦名城父。漢爲城父縣，屬沛郡，後漢屬汝南郡。晉屬譙郡。宋志闕，而有浚儀縣。隋開皇十八年，以重名，復改爲城父，屬亳州。

渦水，西北自譙縣界流入。

淝水，東南至下蔡入淮。

扶陽故城，在縣東北三十六里。漢韋賢封邑。

章華臺，縣南九里。

高陂，縣南五十六里。周迴四十三里，多魚蚌菱芡之利。

鹿邑縣，上。東至州一百一十七里。本漢(蕲)〔鄲〕縣地，〔三三〕春秋時鳴鹿邑，屬陳國，左傳「晉智武子以諸侯之師侵陳，至于鳴鹿」，是也。晉屬陳郡，後魏屬陳留郡。〔三四〕隋開皇三年改屬亳州爲鹿邑縣。

渦水，西北自陳州太康縣界流入。

鹿邑故城，縣西十三里。俗名牙鄉城，〔三五〕春秋時鳴鹿邑也。

武平故城，縣東北十八里。建安元年，漢獻帝以曹公爲大將軍，封武平侯，以此城爲封邑。

蒙城縣，上。西北至州二百四十里。本漢山桑縣，屬沛郡，後漢改屬汝南郡。魏屬譙郡。後魏孝文帝於此置渦州，理山桑城。其地後入於梁，梁於此置西徐州。後復入魏，改爲譙州，改譙縣爲渦陽縣。隋改渦陽爲淝水縣。武德四年，重立山桑縣，屬譙州。貞觀十七年廢譙州，割屬亳州。天寶二年，〔三六〕改爲蒙城縣。

縣城北臨渦水，後魏渦州城也。東魏武定六年，侯景叛，行臺慕容紹宗破景於此。〔三七〕

檀公城，本漢山桑縣城，宋將檀道濟爲征北將軍居此，因名之。

永城縣，上。西南至州一百四十里。因隋舊縣。本秦芒縣地，漢不改。後漢臨睢縣之境，晉蘄縣地。〔三八〕隋大業六年，於馬甫城東北三里，〔三九〕割彭城、睢陽置縣，遂名永城，屬譙郡。武德五年，移於馬甫城，屬譙州，卽今理是也。貞觀十七年罷譙州，以縣屬亳州。

碭山，縣南五十里。漢高祖隱芒、碭山澤閒，應劭注「芒，今在臨睢」，卽永城縣是也。碭屬梁國，今碭山縣是。二縣之界，有山澤之固，可以隱也。

故費城，縣南二十里。

真源縣，〔四〇〕望。東至州五十九里。本楚之苦縣，春秋時屬陳，後爲楚所併。漢屬淮陽國。〔四一〕後漢苦縣屬陳國，晉屬梁郡，成帝更名谷陽。高齊省入武平縣。隋開皇六年，復置谷陽縣，理苦城，屬亳州。乾封元年，高宗幸瀨鄉，〔四二〕以玄元皇帝生於此縣，遂改爲真源縣。

寧平故城，在縣西南五十五里。漢縣地。〔四三〕晉永嘉五年，東海王越自陽城率甲士四萬死於項，祕不發喪，石勒兵追之，及寧平城，焚越屍於此，數萬衆斂手受害，尸積如山，王夷甫亦遇害。

玄元皇帝祠，縣東十四里。祠院中有九井，隋季井皆竭，自武德已來，清泉沁涌。或云：〔四四〕汲一井而八井水皆動。

李母祠，在縣東十四里。乾封元年，册號先天太后。今謂之洞霄宮。

潁州，汝陰。上。開元户二萬八千一百七十九。鄉五十六。元和户一萬一千五百二十九。鄉六十。

禹貢豫州之域。春秋胡子國，楚滅之。秦并天下，爲潁川郡地。在漢則汝南郡之汝陰縣也，魏、晉於此置汝陰郡，司馬宣王使鄧艾於此置屯田。後魏孝昌四年，改置潁州。高齊罷州置郡。隋末陷賊，武德四年討平王世充，於汝陰縣西北十里置信州，六年改爲潁州，移於今理。

州境：東西三百五十七里。南北一百九十六里。

八到：西取陳州路至上都一千八百二十里。西至東都九百六十里。西北至汴州七百里。南至蔡州三百六十里。〔四五〕南至淮約一百里。東至壽州三百六十里。〔四六〕西北至亳州二百六十里。

貢、賦：開元貢：絁二十四，緜二十七斤。

管縣四：汝陰，沈丘，潁上，下蔡。

汝陰縣，上。〔四七〕郭下。本漢舊縣，屬汝南郡。魏文帝黄初三年屬汝陰郡。後魏孝昌三年，〔四八〕於此置潁州，北齊廢，以縣屬汝陰郡。隋開皇三年罷郡，以縣屬潁州。武德初置信州，六年復爲潁州，縣皆屬焉。

淮水，西南流入，經縣南，去縣百里。

潁水，西北自陳州項城縣界流入，伏於城下。

汝水，西南自蔡州新蔡縣界流入，又東南入淮。

寢丘故城，在縣西北一百二十里。楚相孫叔敖將死，戒其子請寢丘之地，即此。

古任城，在縣北一里。陳將任蠻奴伐齊，於潁水北岸築城。以圍汝陰。〔四九〕

百尺堰，〔五〇〕在縣西北一百里。司馬宣王討王淩，〔五一〕至百尺堰，即此。

沈丘縣，中。東南至州一百二十六里。本漢寢丘，孫叔敖子之封，一名沈丘。漢爲寢縣，屬汝南郡。後漢加「丘」字。東魏於此置才州，高齊文宣帝廢州，改置褒信縣。隋不置縣邑，〔五二〕至神龍二年，十道使唐儉奏請分汝陰置沈丘縣。〔五三〕

小汝水，在縣北。

潁上縣，中。西北至州一百一十七里。本漢慎縣地，屬汝南郡，自漢迄宋不改。隋大業二年置潁上縣，屬潁州。三年，以潁州爲汝陰郡，縣仍屬焉。武德四年，移於今理。

淮水，西南自汝陰縣界流入，去縣七十里，又東北入下蔡縣界。

潁水，西自汝陰縣界流入，又東流入淮。

下蔡縣，上。西至州二百二十里。本漢舊縣，古蔡國，又吴州來之邑也。按：蔡國本都上蔡，又徙新蔡，後又遷此，故謂之下蔡。漢以爲縣，屬沛郡，後漢屬汝南郡。〔五四〕隋大業二年屬潁州，十二年移於今理。武德四年，於此置渦州，〔五五〕下蔡屬焉。八年州廢，縣屬潁州。

硤石山，在縣西南六十里。淮水經硤石中，對岸山上築二城，以防津要。今按：淮水以中流分界，在西岸者屬下蔡，在東岸者屬壽陽。〔五六〕

淮水，西南自潁上縣界流入。

淝水，經縣理南，去縣一里入淮。

硤石城，魏諸葛誕反，王昶據硤石以逼誕，即此城。又晉孝武帝太元八年，聞苻堅入寇，乃遣龍驤將軍胡彬，將水軍五千援壽春，既陷，退保硤石，亦此城也。今之縣城，在舊城東北十餘里。

鄧艾廟，在縣西一百二十步。艾爲魏將，作陂營屯田，後人賴其利，因爲立祠。

卷七校勘記

〔一〕（蓬）〔逄〕澤至所謂（蓬）〔逄〕澤也　攷證：「蓬」地理志作「逄」，與左傳同，水經注亦作「逄」。今按：陳樹華鈔本、通經樓鈔本作「逄澤」，它本與此同。逄，博大之意。「蓬」字誤，今據改。

〔二〕不肯受　今按：各本「受」下有「遺」字，涉上文衍，史記魏公子列傳無。

〔三〕隋開皇三年　攷證：隋志「三」作「六」。

〔四〕本漢舊縣　攷證：按史記，「漢」宜作「秦」，見始皇五年。今按：雍丘，春秋杞國都，楚滅杞，秦以爲縣，見水經睢水注。漢縣屬陳留郡。疑此當作「本秦漢舊縣」。

〔五〕又酈食其墓在此　今按：史記酈生陸賈列傳正義引括地志「酈食其墓，在雍丘縣西南二十八里」。

〔六〕以縣屬汴州　攷證：隋志封丘，後齊廢，開皇十六年復置，屬滑州，與此別。

〔七〕本漢舊縣　攷證：「漢」宜作「秦」，樂史云「始皇二年置」。今按：漢志陳留郡有尉氏縣，此所本，非誤。

〔八〕屬汴州　攷證：隋志云「屬許州」。

〔九〕縣西三十七里　今按：史記范睢蔡澤列傳正義引括地志作「西南三十七里」，不同。

〔一〇〕人相食殆盡　攷證：官本脱「人」字。

〔一一〕東南至亳州　今按：各本作「西南」。攷證云：「『西』，宜作『東』，亳州八到云『西北』是。」此不誤。

〔一二〕後魏置安陽　今按：各本皆脱「置安陽」三字。舊唐志云「碭山，舊安陽縣」，此志下亦云「齊文宣帝以安陽縣屬彭城郡」，是當有此三字。

〔一三〕孟諸澤　攷證：程恩澤引作「望諸澤」。

〔一四〕至秦爲柘城縣　攷證：「『城』字宜衍，史記陳涉傳及地理志並無『城』字。隋志云『舊曰柘，久廢，開皇十六年置，曰柘城』。是隋縣始增『城』字。」今按：「史記」當作「漢書」。

〔一五〕五十五里　攷證：官本作「五十七」。

〔一六〕漢舊縣　今按：史記項羽本紀正義引括地志云「宋州碭山縣，本漢下邑縣」，故城在今碭山縣東。唐下邑縣爲後魏所僑置，非漢舊縣。

〔一七〕承匡縣　今按：各本「匡」作「筐」，下「承匡故城」同。攷證云：「『筐』宜作『匡』。按公羊傳、穀梁傳、地理志、郡國志引左傳並作『匡』，惟坊本左傳有『竹』，蓋宋人所增。下仿此。」

〔一八〕三十里　今按：各本俱作「二十五」。

〔一九〕晉屬宋郡　攷證：晉志寧陵屬梁國，地道記、太康志並無宋郡，疑誤。

〔二〇〕棘壁　今按：此與史記梁孝王世家、楚元王世家、吴王濞列傳合，各本脱「壁」字。括地志亦作

「棘壁」。

〔二一〕陳之株邑　攷證：「陳之株邑」，前柘城縣云「陳之株邑」，此復云「陳之株邑」，未知孰確。今按：隋于春秋陳株野地置柘城縣，故云「陳之株邑」。此柘城爲秦柘縣故城，柘城縣叙謂之羅城。特簡略不明耳，非兩歧。

〔二二〕漢之鄢縣　攷證：「鄢」，地理志作「傿」，郡國志作「隱」，此本水經注，字通。今按：春秋左氏、公羊、穀梁經傳及史記鄭世家並作「鄢」。

〔二三〕豫州刺史祖逖　今按：各本「豫」作「蔡」。攷證云：「按晉書祖逖傳，『蔡』宜作『豫』。」

〔二四〕於穀水南營　攷證：「穀」，官本作「谷」，與祖逖傳合。此志下條亦作「谷」。

〔二五〕豫州　今按：各本俱作「蔡州」。攷證云：「樂史作『豫州』，與晉書合。」

〔二六〕谷北高丘　攷證：樂史作「谷水北」。

〔二七〕一百三十八　今按：戈襄校舊鈔本「八」作「七」。

〔二八〕六十一　攷證：官本作「一百六十一」，恐誤。

〔二九〕元和貢〔同〕　今按：「元和貢」下，戈襄校舊鈔本有「同」字，今據補。

〔三〇〕渦水　攷證：「渦」，説文、水經注並作「濄」，此本地理志。

〔三一〕嵇康　攷證：「嵇」，官本作「稽」，誤。

〔三二〕蕭何封鄼侯即此邑也　攷證：按漢書，蕭何封鄼侯，地屬南陽郡，班固曰「侯國」是也。本音贊。

御批通鑑輯覽注「今湖北襄陽府光化縣北有酇縣故城，蕭何所封」。又地理志沛郡有酇縣，讀嵯，説文作「鄼」，錢坫地理志補注云：「班固泗水亭碑以此爲蕭何所封。」又江統徂淮賦云「戾鄼城而倚軒，實蕭公之封國」，此志所本。段玉裁曰：「始封於鄼，高后乃封之南陽之酇與筑陽。文帝至莽之酇侯，皆在南陽。」

〔三三〕本漢(蘄)〔鄲〕縣地　攷證：官本作「鄲」，是。地理志蘄縣屬沛郡，錢坫云「今宿州南四十六里」，此志宿州之蘄縣是也，西至鹿邑近三百里。今按：漢志鄲縣屬沛郡，後漢析置武平縣，隋改鹿邑。字當作「鄲」，今從殿本改。

〔三四〕晉屬陳郡後魏屬陳留郡　攷證：官本作「晉屬陳留郡」，無「後魏」六字。按晉志蘄屬譙郡，俗本誤作「蘄」，實漢鄲縣，只增「草」耳。蘄縣當在晉徐州境。

〔三五〕牙鄉城　攷證：官本「牙」作「㸦」，案云「㸦、互古通。王應麟謂卽論語之互鄉」。

〔三六〕天寶二年　攷證：會要作「天寶元年六月二十四日改」，欒史同，此恐脱誤。

〔三七〕縣城北至破景於此　今按：「縣城北」以下三十一字，殿本同此爲一條，它本接蒙城縣叙後。

〔三八〕晉蘄縣地　攷證：欒史「蘄」作「單」，誤。

〔三九〕馬甫城　今按：「甫」，舊唐志作「浦」。下同。

〔四〇〕真源縣　攷證：「真」，官本作「貞」。初以音同憲皇帝諱，近不避，餘仿此。

〔四一〕淮陽國　今按：殿本同此，它本作「睢陽國」。攷證云：「欒史作『淮』，地理志本作『淮』，『睢』誤。」

〔四二〕瀨鄉　攷證：按地理志、晉志、水經注、輿地廣記、九域志「瀨」並作「賴」，無水旁。史記作「厲」，字與「賴」通。水旁疑後人所增。

〔四三〕漢縣地　今按：「地」疑「也」之誤。水經渠水注引晉陽秋敘東海王越事于寧平縣故城下，即此所本。

〔四四〕或云　今按：岱南閣本，畿輔本「云」作「去」。

〔四五〕南至蔡州　攷證：「南」宜作「西」。官本作「西南」，亦非。

〔四六〕三百六十里　攷證：「三」，官本作「二」，樂史同，此誤。

〔四七〕上　今按：「上」，新唐志作「緊」。

〔四八〕孝昌三年　攷證：「三年」，州敘作「四年」，與地形志合，此誤。

〔四九〕汝陰　今按：各本「汝」作「池」。攷證云：「樂史作『汝陰』。」

〔五〇〕百尺堰　今按：清初鈔本「堰」作「堨」，與水經渠水注合，它本同此。

〔五一〕司馬宣王討王凌　攷證：官本「宣」作「景」，誤。事詳魏志王陵傳。

〔五二〕隋不置縣邑　今按：清初鈔本、戈襄校舊鈔本「不」作「末」，誤。隋志褒信縣開皇初廢，不得言末。

〔五三〕沈丘縣　今按：岱南閣本、畿輔本脫「丘」字。

〔五四〕後漢屬汝南郡　攷證：按郡國志，汝南郡有上蔡，無下蔡，本屬九江郡。

〔五五〕渦州　攷證：劉昫作「滑州」，樂史作「淮州」，並誤。

〔五六〕屬壽陽　攷證：「陽」宜作「春」。此志無壽陽，卽壽春也，晉人避鄭太后諱，改爲壽陽，非唐制。

元和郡縣圖志卷第八

河南道四

鄭滑節度使　滑州　鄭州
陳許節度使　許州　陳州

滑州，靈昌。望。　開元户五萬三千六百二十七。　鄉一百五。　元和户八千五十六。今爲鄭滑節度使理所。

管州二：滑州，鄭州。縣十四。都管户二萬二千。

禹貢兗州之域。春秋時爲衛國，左傳曰「狄滅衛，衛立戴公以廬於曹」，今州城東北五里白馬故城，即衛之曹邑也。衛文公自曹邑遷於楚丘，今衛南縣也。衛成公又遷於帝丘。今濮州濮陽縣是也。戰國時，其地屬魏。始皇五年，拔魏二十城，初置東郡。漢因之。後漢末，袁紹以曹公爲東郡太守。東晉時，慕容德自鄴南徙滑臺，僭號南燕，都於胙城，至超徙都廣固，爲宋所滅。宋武帝既平慕容之後，盡得河南之地，於此置兗州，仍置東郡。宋之北境守在此，其城在古滑臺，甚險固，後屬後魏，宋文帝使王玄謨攻圍，二十日不能取。〔一〕隋開皇九年，又於今州理置杞州，十六年改杞州爲滑州，取滑臺爲名。大業三年又改爲東郡。武德元年罷郡置滑州，二年陷寇，四年討平王世充，依舊置滑州。

州境：東西二百三十六里。東北一百四十九里。

八到：西南至上都一千四百四十里。東北至濮州二百一十五里。南至汴州二百一十里。正西微南至衞州一百五十里。〔二〕西南至鄭州三百里。北至相州一百三十里。東南至曹州二百四十里。〔三〕

貢、賦：開元貢：方紋綾。賦：綿，絹。〔四〕元和貢：方紋綾二十匹。〔五〕

管縣七：白馬，韋城，衞南，胙城，靈昌，酸棗，匡城。

白馬縣，望。郭下。本衞之曹邑，漢以爲縣，屬東郡，因白馬津爲名。隋開皇三年屬汴州，九年屬杞州，十六年改杞州爲滑州，縣又屬焉。

白馬山，在縣東北三十四里。〔六〕開山圖曰：「有白馬羣行山上，悲鳴則河決，馳走則山崩。」津與縣，蓋取此山爲名。

黄河，去外城二十步。

州城，卽古滑臺城，城有三重，又有都城，周二十里。相傳云衞靈公所築小城，昔滑氏爲壘，後人增以爲城，甚高峻堅險。臨河亦有臺。慕容時，宋公遣征虜將軍任仲德攻破之，〔七〕卽魏武帝破袁紹，斬文醜於此岸者。

鹿鳴故城，在縣北三十里。宋書宋將王玄謨據滑臺，宣令走鹿鳴城是也。

黎陽津，一名白馬津，在縣北三十里鹿鳴城之西南隅。酈食其說漢祖曰：「守白馬之津，塞飛狐之口，以示諸侯，則天下知所歸矣。」謂此津也。建安五年，曹公征先主，先主奔袁紹。曹公擒關羽，拜爲偏將軍。紹遣顔良攻劉延於白馬，曹公使羽擊之，羽刺殺良於萬衆之中，遂解白馬之圍。後慕容德爲魏軍所逼，率户四萬餘徙於鹿鳴，達黎陽津，昏而冰合，是夜濟河訖，旦而魏師至，冰亦尋泮。德悦，以爲神助，因改黎陽津爲天橋津。

河侯祠，在縣南一里。漢王尊爲東郡太守，河水盛，浸瓠子隄，尊臨決河不去，後人嘉尊壯節，因爲立祠。

韋城縣，上。西北至州六十里。本漢白馬縣地，殷伯豕韋之國也。左傳「范宣子曰：『昔我之祖，在夏爲御龍氏，在商爲豕韋氏』」。〔八〕杜註「東郡白馬縣東南有韋城」，是也。隋開皇六年，〔九〕分白馬縣南境置韋城縣，屬汴州，九年屬杞州，十六年屬滑州。

京觀，在縣北二百步。王莽篡漢，東郡太守翟義舉兵，莽遣將王邑等八將敗義於此，乃築焉，俗號髑骨臺。〔一〇〕

衞南縣，上。西南至州五十五里。本漢濮陽縣地，隋開皇十六年，於此置楚丘縣，屬滑州，後以曹州有楚丘縣，改今名。

鐵丘，在縣東南一十里。〔一一〕

故鉏城，在縣東一十五里。〔一二〕左傳「后羿自鉏遷於窮石」，是也。

胙城縣，上。北至州九十里。本古之胙國，左傳「凡、蔣、邢、茅、胙、祭，周公之允也」。又爲古之燕國，左傳「衞人、燕師伐鄭」，是也。漢爲南燕縣。〔一三〕其後慕容德都之，復號東燕縣。隋開皇三年廢東郡，以縣屬汴州。十八年，文帝因覽奏狀，見東燕縣名，曰：「今天下一統，何東燕之有？」遂改爲胙城，屬滑州。武德二年於此置胙州，領胙城，又置東燕縣。四年廢州，胙城屬滑州。

石丘，在縣東北三十里。俗傳漢成帝時星隕之石也。

濮水，在縣南二十里，西南自酸棗縣界流入。

靈昌縣，上。東北至州七十里。本漢南燕縣地，自漢至隋不改。開皇十六年，分東燕、酸棗二縣置靈昌縣，取靈昌津爲名，屬滑州。

黄河，在縣北一十里。

赤眉故城，在縣東二十四里。漢末赤眉賊帥樊崇築。

延津，卽靈昌津也，在縣東北二十二里。初，石勒伐劉曜，至河渚，不得渡，時流澌，下流因風結冰，濟訖泮，勒自以爲得天助，故號靈昌津。又左傳「鄭太叔收貳以爲己邑，至於廪延」。又曹公北救劉延，至延津。皆此津也。

酸棗縣，望。東北至州一百二十里。本秦舊縣，屬陳留郡，〔一四〕以地多酸棗，其仁入藥用，故名。後魏併入小黄，宣武帝復置，改屬東郡。隋開皇三年屬汴州，九年屬杞州，十六年改屬滑州。

黄河，在縣北二十里。

酸棗故城，在縣西南一十五里。〔一五〕六國時韓王所理處，〔一六〕舊址猶存。

金隄，在縣南二十三里。漢文帝時，河決酸棗，東潰金隄，卽此隄也。

匡城縣，上。西北至州一百里。古衛之匡邑，論語「子畏於匡」。至漢爲長垣縣地，自漢至後魏不改。隋開皇十六年，於此置匡城縣，屬滑州。

故匡城，在縣西南一十里。

故蒲城，在縣北一十五里。左傳「齊侯、衛侯胥命於蒲」，子路爲蒲宰，皆此也。

訾婁故城，在縣西北一十六里。

故鶴城，在縣西南十五里，衛懿公養鶴於此。

鄭州，滎陽。雄。開元户六萬四千六百一十九。鄉一百二十四。元和户一萬三千九百四十四。鄉一十八。

禹貢豫州之域。春秋時爲鄭國。本高辛氏火正祝融之墟也，周宣王母弟友爲周司徒，食采於鄭，是爲鄭桓公。後幽王爲犬戎所殺，桓公死之，其子武公與平王東遷，平定虢、檜之地，故左傳曰「我周之東遷，晉鄭焉依」，是也。自武公後二十二君，至六國時鄭爲韓哀侯所滅。哀侯二年，韓自平陽徙都鄭。秦并天下，屬三川郡。漢高祖改三川爲河南郡，滎陽屬焉。晉武帝分河南置滎陽郡。東魏孝静帝分滎陽置成皐郡。高齊文宣帝又改爲滎陽郡，周改爲滎州。隋開皇三年改滎州爲鄭州。十六年，分置管州。大業二年，廢鄭州，改管州爲鄭州。隋末陷賊，武德四年五月擒建德、王世充，東都平，其月置鄭州，理武牢。〔一七〕其年又於今鄭州理置管州，貞觀元年廢管州。七年，自武牢移鄭州於今理。

州境：東西一百七十六里。南北二百里。

八到：西至上都一千一百四十里。西至東都二百八十里。東至汴州一百四十里。南至許州一百八十六里。東北至滑州三百里。北至黄河八十里。

貢、賦：開元貢：麻黄。賦：緜，絹。元和貢：絹二十四，麻黄二十斤。〔一八〕

管縣七：管城，滎陽，滎澤，原武，陽武，新鄭，中牟。

管城縣，望。郭下。本周封管叔之國，自漢至隋皆爲中牟縣。隋開皇十六年，於此置管城縣，屬管州。大業二年改管州爲鄭州，縣又屬焉。

梅山，縣西南三十里。春秋時楚蔿子馮帥師侵費、滑，〔一九〕右回梅山，卽此山也。

圃田澤，縣東三里。

故市城，縣西北三十里。曹操擊袁紹軍於故市，卽此城也。

武强城，縣東三十一里。曹參擊項羽，還攻武强，卽此城也。

祭城，縣東北一十五里。

邲城，縣東六里。晉荀林父帥師與楚子戰於邲，卽此城也。

李氏陂，縣東四里。後魏孝文帝以此陂賜僕射李沖，故俗呼爲僕射陂。周迴十八里。

滎陽縣，緊。東至州六十里。本漢舊縣。晉屬滎陽郡，〔二〇〕高齊改郡名成皐，〔二一〕以縣屬焉。隋開皇三年罷郡，以縣屬鄭州。萬歲通天元年改爲武泰縣，仍隸河南府。神龍初，復爲滎陽，屬鄭州。

京水，〔二二〕出縣南平地。

索水，出縣南三十五里小陘山。

古大索城，今縣理是也。〔二三〕楚漢戰於京、索閒，漢書注「京縣有大索亭、小索亭」。晉末滎陽人張卓、董遇，〔二四〕鳩集流散，守固此城，因名大栅塢，今呼爲大刺，蓋音之訛耳。

小索城，縣北四里。宋南平王鑠遣王陽兒據小索破魏，卽此城也。

京縣故城，縣東南二十里。卽鄭京城太叔之邑。

滎澤縣，望。東南至州五十里。本漢滎陽縣地，隋開皇四年分滎陽置廣武縣，取山爲名。仁壽元年改爲滎澤，屬鄭州。

廣武山，在縣西二十里，一名三皇山。

敖山，縣西十五里。春秋時晉師救鄭在敖、鄗之閒。敖、鄗二山名。〔二五〕宋武帝北征記曰：「敖山，秦時築倉於山上，漢高祖亦因敖倉，傍山築甬道，下汴水。」卽此山也。

滎澤，縣北四里。禹貢濟水溢爲滎，今濟水亦不復入也。

黃河，北去縣十五里。

東廣武、西廣武二城，各在一山頭，相去二百餘步，在縣西二十里。漢高祖與項羽俱臨廣武而軍，今東城有高壇，卽是項羽坐太公於上，以示漢軍處。

踐土臺，故王宮，縣西北（四）十五里。〔二六〕左傳晉文公作王宮於踐土，卽此也。〔二七〕

敖倉城，縣西十五里。北臨汴水，南帶三皇山，秦所置。仲丁遷於囂，此也。詩曰「薄狩于敖」，卽此地也。〔二八〕

金隄，縣西北二十二里。漢文帝時河決酸棗，潰金隄，東郡大興卒塞之。孝武帝時，王尊爲東郡太守，又加修築。至明帝永平十二年，詔樂浪人王景築隄，起自滎陽，東至千乘海口千餘里。十里立一水門，更相迴注，無復潰漏之患。此隄首也。

原武縣，緊。(東)〔南〕至州六十里。〔二九〕本漢舊縣，屬河南郡。後魏屬滎陽郡。東魏改置廣武，縣又屬焉。高齊天保七年，郡縣並廢。隋重置原武縣，屬鄭州。武德四年屬管州，貞觀元年復屬鄭州。

黃河，縣北二十里。

古陽池城，竹書紀年曰「惠王十五年，遣將龍賈築陽池以備秦」，〔三〇〕即此也。隋開皇六年，〔三一〕於此置縣，今縣理。

陽武縣，緊。西南至州一百里。本漢舊縣，屬河南郡。晉屬滎陽郡。

黃河，縣北三十里。

南棣城、北棣城二故城，在縣北十里。春秋楚伐陳，諸侯會於北棣以救之，〔三二〕此也。

汴渠，一名蒗宕渠，今名通濟渠，西南自滎澤、管城二縣界流入。

博浪沙，〔三三〕在縣南五里。張良爲韓報仇，擊始皇處。

新鄭縣，緊。東北至州九十里。本有熊氏之墟，又爲祝融之墟。於周爲鄭武公之國都，韓哀侯滅鄭，自平陽徙都之。秦并天下，其地爲潁川郡。漢以爲新鄭縣，屬河南郡，晉省。隋開皇十六年，重置，屬鄭州。

陘山，縣西南三十里。史記魏敗楚於陘山。山上有子產墓，墓累石爲方墳，墳東有廟，皆東向，〔三四〕即杜元凱終制所言者。

函陵，縣北十三里。左傳「晉侯、秦伯圍鄭，晉軍函陵，秦軍氾南」，此也。

溱州府城，〔三五〕即東魏河南道行臺侯景營軍之壘。

溱水，源出縣西北三十里平地。

鄤城，〔三六〕縣東北三十二里。

洧水，縣西北二十里。灌潁渠首受洧水，西魏遣王思政固守長社城，東魏相高澄遣將清河王高岳攻之，築堰通洧水渠，灌破長社城，即此渠也。

中牟縣，緊。西至州七十里。本漢舊縣，屬河南郡。晉屬滎陽郡。魏太武帝省。東魏孝靜帝分滎陽置廣武郡，隋氏避諱，改爲內牟，屬管州，今縣理是也。開皇十八年，改爲圃田縣。大業十三年陷李密。武德三年，李勣招撫東夏，於此置牟州，復改爲中牟。貞觀元年屬汴州，龍朔二年復隸鄭州。縣理即古中牟故城，論語「佛肸以中牟叛」。〔三七〕後漢魯恭爲縣宰，有善政，人爲立祠。

圃田澤，一名原圃，縣西北七里。其澤東西五十里，南北二十六里，西限長城，東極官渡。上承鄭州管城縣界曹家陂，又溢而北流，爲二十四陂，〔三八〕小鵠、大鵠、小斬、大斬、〔三九〕

小灰、大灰之類是也。

官渡臺，俗號中牟臺，亦名曹公臺，在縣北一十二里。曹操破袁紹於此。

許州，潁川。望。開元户五萬九千七百十七。鄉一百十七。元和户五千二百九十一。鄉五十七。

今爲陳許節度使理所。

管州二：許州，陳州。〔四〇〕縣十三。都管户九千三百二十九。

禹貢豫州之域。周又爲許國，春秋定公六年鄭滅許，七年又封許，自是附庸於鄭。周末爲晉地，三卿分晉，其地屬韓。秦滅韓，虜韓王安，以其地置潁川郡，理陽翟。漢高帝五年爲韓國，以韓信爲王，六年復爲潁川郡。後漢獻帝初，遭董卓之亂，遷都長安，卓死東歸於洛，魏太祖迎帝都許。及魏受禪，改許縣爲許昌縣。然魏雖都洛，而宫室武庫猶在許昌。又析潁川，增置襄城郡。晉咸和二年，征西庾亮表成帝曰：「潁川、襄城，本是一郡，户口今少，請還合潁川。」從之。宋受禪後，魏明帝使達奚斤伐宋，長驅至武牢，潁川許並入於後魏，後又陷於東魏。高澄就古潁陰城改置南鄭州，即今州城是也。隋仁壽元年，改南鄭州爲許州。隋末陷王世充，武德四年討平世充，復爲許州。

州境：東西二百一十七里。南北一百六十六里。

八到：西至上都一千二百六十里。西北至東都三百四十里。北至鄭州一百八十六里。東南至陳州二百六十里。

東北至汴州二百三十里。正南微東至蔡州三百里。

貢、賦：開元貢：蔗心席，〔乾柿〕。〔四一〕 賦：緜，絹。 元和貢：蔗心席六領，絹二十匹，乾柿。〔四二〕

管縣七：長社，長葛，許昌，鄢陵，臨潁，舞陽，扶溝。

長社縣，望。郭下。本漢舊縣，屬潁川郡。春秋時鄭長葛地，其社中樹暴長，漢更名長社。後漢屬郡不改。隋文帝廢郡，以縣屬汴州。大業三年，改爲潁川縣，武德四年復爲長社，改屬許州。

潁水，西南自襄城縣界流入。

溵水，俗名敕水，經縣西，其源出密縣大騩山。

長葛縣，緊。南至州六十里。本漢長社縣地，隋分置長葛縣，〔四三〕屬許州，取舊名。

洧水，自北流入，去縣十三里。

長箱城，東魏武定五年，清河王高岳率衆圍西魏將王思政於潁川，因築此城。初以車箱爲樓，因名長箱城。隋開皇六年，又於此立縣，今縣理是。

長葛故城，縣北十三里。

長社故城，縣西一里。西魏大統十三年，詔遣河南行臺大都督王思政進據潁川東魏遣將清河王高岳率衆十萬圍潁川，思政不與戰，岳造高堰，引洧水以灌城。十五年，潁川城陷，水自東北入城，思政爲岳所執，卽此城也。

東偏城，縣東北五里。左傳齊人、鄭人伐許，許莊公奔衞，鄭伯使百里奉許叔居許東偏，卽此城也。

許昌縣，上。西南至州五十五里。本許國，爲楚所滅。至漢爲縣，屬潁川郡。後漢因之。魏太祖迎獻帝都許。文帝受禪，改爲許昌。宋志無許昌縣，天平元年復置，今縣理是也。高齊文宣帝省鄢陵入許昌。隋文帝又於鄢陵縣置洧州，以縣屬焉。大業二年廢洧州，以縣屬許州。初，魏武帝既破黃巾，經略四方，而苦軍食不足。羽林監潁川棗祗建置屯田，於是以任峻爲典農中郎將，募人屯田許下，卽今許昌縣。得穀百萬斛。郡國列置田官，數年之閒，所在倉儲盈積。

洧水，西北自長葛縣流入，去縣三十里。

〔故許昌城，縣南四十里，卽許國故城。〕〔四四〕

許昌宮，在許昌故城中。楊修作許昌宮賦，卽此宮也。

魯城，縣南四十里。左氏鄭伯請以太山之祊易許田而祀周公，卽此城。

景福殿，基址今在許昌故城內西南隅。

鄢陵縣，上。西南至州七十五里。本漢舊縣，〔四五〕屬潁川郡。春秋鄭伯克段於鄢，晉、楚戰於鄢陵，並此地。後魏潁川置許昌郡，仍立鄢陵縣以屬焉。高齊文宣帝廢鄢陵，以其地入許昌縣。隋開皇三年復置，屬許州。十六年，又於縣理置洧州，縣仍屬焉。大業二年廢洧州，以鄢陵屬許州。

洧水，西北流入，經縣西十里。

鄢陵故城，縣西北十五里。

太丘城，縣西南二十里。陳寔嘗爲此縣長。〔四六〕

故陶城，縣南五十里。相傳晉陶侃征杜弢所築。〔四七〕

臨潁縣，上。西北至州六十里。本漢舊縣，屬潁川郡，歷代因之。隋開皇三年罷郡，以縣屬許州。大業四年，自故城移於今理。〔四八〕建中二年屬溵州，貞元二年州廢，依前屬許州。

臨潁皐，東西長五十里，卽龍脾岡也。〔四九〕嵩高山東南三百里有龍脾，其地沃壤可居，卽此岡也。今臨潁縣理在岡上。

潁水，西北自長社縣界流入。

繁昌故城，縣西北三十里。魏文帝行至繁陽亭，築壇受禪，因置繁昌縣，卽此城也。

舞陽縣，上。東北至州一百六十里。本漢舊縣，屬潁川郡。在舞水之陽，因名。漢封樊噲、魏封司馬宣王並爲舞陽侯，皆此邑。自漢至晉不改。宋省，開元四年重於故城內置。

扶溝縣，望。西至州一百一十里。本漢舊縣，屬淮陽國。後漢屬陳留郡，魏屬許昌郡。高齊文宣帝自今縣北移於今理。武德四年置北陳州，縣隸焉。其年廢州，以縣屬洧州，九年洧州廢，又屬許州。

洧水，縣西二十二里。

陳州，淮陽。上。開元户五萬二千六百九十二。鄉一百四。元和户四千三十八。鄉三十七。〔五〇〕

禹貢豫州之域。本太昊之墟，周武王封嬀滿於陳，春秋時楚滅之。秦滅楚，屬潁川郡。漢高帝分潁川置淮陽國，後漢章帝改爲陳國，獻帝末陳王寵爲袁紹所殺，國除，爲陳郡。曹魏復爲陳國，以東阿王植爲陳王。植子志徙封濟北，又爲陳郡。晉、宋因之。東魏孝静帝以淮南内附，置北揚州，理項城，乃於項城僑立北丹陽郡及秣陵縣。〔五一〕高齊文宣帝以百姓守信，不附侯景，改北揚州爲信州。周武帝改信州爲陳州。隋開皇二年改爲沈州，大業二年廢沈州入陳州，三年改爲淮陽郡。武德元年，復爲陳州。

州境：東西一百六十九里。南北二百八十里。

八到：西至上都一千五百二十里。北至東都六百六十里。〔五二〕東至亳州二百里。東南至潁州三百里。北至許州二百六十里。西北至汴州三百一十里。西南至蔡州二百二十里。東北至宋州二百二十五里。

貢、賦：開元貢：絲，絹。賦：粟，麥。元和貢：絹十五匹。〔五三〕

管縣六：宛丘，太康，項城，南頓，溵水，西華。

宛丘縣，緊。郭下。本漢陳縣。春秋時，楚滅陳，縣之，秦、漢仍爲陳縣。漢屬淮陽國，後漢屬陳郡，〔五四〕晉屬梁國，宋屬陳郡。高齊文宣帝省陳郡，仍移項縣理於此。隋文帝罷陳郡，改項縣爲宛丘縣。

陳州州城枕蔡水，周迴三十里。

宛丘，縣南三里。爾雅陳有宛丘，又丘上有丘爲宛丘。注：「四方高，中央下，曰宛。」

固陵，縣西北四十三里。〔五五〕項羽敗，南走固陵，此也。

洧水，西自許州鄢陵縣界流入。

蔡水，自西北流入，經縣理東一里。

州理城，楚襄王所築，即古陳國城也。包羲氏、神農氏並都於此。及楚頃襄王爲秦所伐，失鄢郢，徙都於陳，卒爲秦所滅。

弩臺，在縣理古陳城南八十步。後漢陳敬王曾孫寵善弩射，十發皆同處，常於此臺教弩。黄巾賊起，寵有强弩千張，故惟陳國保全。開元九年，移孔子廟於臺上。

東門池，在州城東門内道南。詩陳風「東門之池，可以漚麻」，即此池也。

八卦臺及壇，縣北一里。古伏羲氏始畫八卦於此。

太康縣，緊。南至州七十里。本漢陽夏縣地，屬淮陽國。後漢屬陳國。後魏孝昌四年置陽夏郡，以縣屬焉。隋文帝改陽夏爲大業縣。〔五六〕

蔡水，西北自汴州尉氏界流入。

渦水，首受蔡水，東流，經縣北。

縣理城，卽漢陽夏縣城，夏后太康所築。漢五年，高祖追擊項羽，至陽夏南，羽敗走固陵，是也。

項城縣，上。西北至州一百里。漢項縣，古項子國。春秋「齊師滅項」。至楚襄王徙都陳，以項爲別都。按此城卽楚築。在漢屬汝南郡，晉屬陳國。隋文帝改項縣加「城」字，屬陳州。東晉孝武帝時，秦將苻融攻陷壽春，苻堅舍大軍於項城，輕騎八千，兼道赴之。時有謠曰：「堅不過項。」堅出令曰：「敢言吾在壽春者，拔其舌！」衆諫不從，堅遂敗。

武丘，縣東南四十里。本名丘頭，魏王凌密謀廢立，司馬宣王將中軍討凌，大軍掩至百尺堰，凌自知勢窮，軍到丘頭，面縛水次，因改丘頭爲武丘，以旌其功，卽此也。

小汝水，西南流入，去縣五十里。

公路故城，縣東四里。漢末袁術所築。

故誘城，縣北三十里。魏毌丘儉作亂，〔五七〕西至項，鄧艾督軍至樂嘉以誘之，後人因謂之誘城。

百尺堰，縣東北三十五里。司馬宣王討王淩，軍至百尺堰，卽此地。

南頓縣，上。北至州七十五里。本漢舊縣，屬汝南郡。古頓子國，後逼於陳，南徙，故號南頓。其城，楚令尹子玉所築。後漢世祖父欽，嘗爲此縣令，故號南頓君。光武生於此縣中。宋爲南頓郡。東魏於此置和城縣，北齊廢郡，省縣入和城。隋復爲南頓縣，屬陳州，武德六年省入項城。證聖元年，以縣有光武鄉，名符武氏，〔五八〕遂於此置光武縣，中宗復爲南頓。

潁水，縣西北三十里。

小汝水，縣西南四十里。

高陽丘，縣南四十里。應瑒，南頓人，兄弟俱有名，自比高陽才子，故號高陽丘。

溵水縣，上。北至州八十四里。本漢汝陽縣，〔五九〕屬汝南郡。晉屬汝南國，宋又屬汝陽郡。隋開皇三年屬陳州。十六年，改汝陽爲溵水縣。建中二年屬溵州，興元二年溵州廢，改屬陳州。

溵水，經縣北，去縣三里。

溉灌城，縣東北二十五里。本魏將鄧艾所築。艾爲典農使，行陳、潁之間，東至壽春。艾以爲田良水少，不足盡地利，遂開築陂塘，大興溉灌，軍儲豐足，因名此城。

乾谿臺，在縣北三里。左傳楚靈王有乾谿之臺，卽此也。

西華縣，上。東至州八十里。本漢舊縣，屬汝南郡。後漢因之。晉無西華縣。宋復置，屬陳郡。高齊省。後魏太和中復置武城縣，神龍元年又爲基城，〔六〇〕景雲復爲西華。

潁水，縣南二十里。

洧水，縣南二十里。〔六一〕

集糧城，在縣西十里。魏使鄧艾營田，築之貯糧，故名。

卷八校勘記

〔一〕二十日不能取　攷證：「二十」上疑脫「百」字。通鑑云「滑臺之圍，自七月至十月」，蓋紀實也。

〔二〕一百五十里　攷證：官本作「一百一十五里」，與衞州合，此誤。

〔三〕二百四十里　攷證：曹州無「四十」字。

〔四〕賦綿絹　今按：各鈔本無。

〔五〕元和貢方紋綾二十匹　攷證：官本無。

〔六〕三十四里　攷證：王應麟引作「四十四里」。

〔七〕慕容時至任仲德攻破之　今按：戈襄校舊鈔本、通經樓鈔本、殿本「任」作「王」。攷證云：「按晉書，王仲德破滑臺在義熙十二年，其時地已入魏，此謂慕容時，與史別。」

〔八〕在商爲豕韋氏　今按：與左傳襄二十四年及國語晉語合，各本無「爲」字，蓋脱。

〔九〕開皇六年　攷證：「『六年』，隋志作『十六』。」

〔一〇〕髑骨臺　攷證：樂史作「骨髏臺」。

〔一一〕鐵丘在縣東南一十里　今按：殿本同此爲一條，它本連上衛南縣叙後。又史記鄭世家正義引括地志作「東南十五里」。

〔一二〕一十五里　今按：括地志作「十里」，見史記夏本紀正義引。

〔一三〕漢爲南燕縣　攷證：「『南』字宜衍，郡國志燕縣，無『南』字，水經注、左傳隱五年疏引地理志亦無『南』字。王念孫曰：『國有南北燕，縣無南北燕，通典及元和志皆作『南燕』，是杜、李所見本已訛。』」今按：括地志亦作「南燕」。

〔一四〕本秦舊縣屬陳留郡　攷證：「『縣』下宜有『漢』字。史記：『始皇五年，攻魏，定酸棗、燕、虛、長平、雍丘、山陽，皆拔之，初置東郡。』陳留，漢武帝置。」

〔一五〕在縣西南一十五里　今按：史記秦始皇本紀正義引括地志「酸棗故城，在滑州酸棗縣北十五里，古酸棗縣南」。所指方位，與此不同。漢酸棗即春秋廩延，在今河南延津縣北十五里，括地志所言正合，此謂在縣西南，或貞觀十三年後唐縣有移徙。

〔一六〕六國時韓王所理處　攷證：程恩澤引作「韓世家哀侯即位滅鄭，遂都酸棗，舊宮餘址猶存」，視此較詳，然鄭州新鄭縣敘亦云哀侯徙都，義未盡合。

〔一七〕理武牢　攷證：官本「武」作「虎」，非，下同。

〔一八〕元和貢至麻黄二十斤　攷證：官本無。

〔一九〕蔿子馮帥師侵費滑　今按：戈襄校舊鈔本、清初鈔本「蔿」作「薳」，古通，左傳襄十五年「蔿子馮」，二十二年作「薳子馮」，昭十一年「僖子使助薳氏之簉」，釋文「薳又作『蔿』」。

〔二〇〕晉屬滎陽郡　攷證：官本脱「晉」字。

〔二一〕齊改郡名成皋　攷證：按州敘云「東魏分置成皋，高齊文宣帝又改爲滎陽」，與此別。今按：隋志亦云齊改成皋。

〔二二〕京水　今按：隋志滎陽有京索水，此志分爲京水、索水。水經濟水注「索水出京縣西南嵩渚山，即古旃然水也」，別無所謂京水。楊守敬云：「蓋以索水出京縣，故謂之京索。」

〔二三〕古大索城今縣理是也　今按：此本括地志爲說，見史記項羽本紀正義引。但縣敘云「滎陽縣本漢舊縣」，與此不同。殷本紀正義引括地志「滎陽故城在鄭州滎澤縣西南十七里」，寰宇記謂後魏太和十七年移于今所。

〔二四〕董遇　攷證：水經注「遇」作「邁」。

〔二五〕敖鄗二山名　今按：殿本同，左傳宣十二年「晉師在敖、鄗之間」，杜注「敖、鄗二山名」，即此所本，它本脱「敖鄗」二字。

〔二六〕縣西北（四）十五里　今按：史記周本紀正義引括地志作「西北十五里」，紀要四十七亦云「王宫城在滎澤縣西北十五里」。殿本作「十五里」是，各本與此衍「四」字，今删。

〔二七〕左傳至即此也　攷證：「左傳云云」，官本脱。

〔二八〕敖倉城至即此地也　今按：殿本無「敖倉城縣西十五里」八字，以「北臨汴水」至「即此地也」二十九字連上踐土臺爲一條。攷證云：「文義不屬，傳鈔錯謬。」

〔二九〕（東）〔南〕至州六十里　攷證：官本作「南至州」，此誤。今按：原武在州北，作「南」是，今依殿本改。

〔三〇〕竹書紀年至以備秦　攷證：今竹書紀年無此文。

〔三一〕開皇六年　攷證：樂史作「十六年」。

〔三二〕諸侯會於北棣　攷證：「北棣」，樂史作「北城」，與左傳合。

〔三三〕博浪沙　攷證：地理志「浪」作「狼」，此本史記。

〔三四〕墳東有廟皆東向　攷證：「東」下宜有「北」字。按晉書杜預傳「邪東北向新鄭城，意不忘本也」，水經注溴水條亦作「東北」。今按：史記鄭世家正義引括地志云「子産墓，在鄭州新鄭縣西南三十五里」，不云在陘山上，此本水經溴水注。又括地志亦云「墳東北向鄭城」，此傳鈔脱「北」字。

〔三五〕溱州府城　攷證：「府」疑作「故」。今按：此條殿本同此列爲專條，它本連上函陵爲一條。

〔三六〕鄫城　攷證：樂史作「鄶」，是，此形近之訛。說文「鄶，妘姓，所封溱、洧之間。鄫，姒姓國，在東海」。杜預云鄶在滎陽密縣東北，恐未確。

〔三七〕論語佛肸以中牟叛　攷證：此本地理志河南中牟縣注「趙獻侯自耿徙此」之失，故引論語。王應麟云：「獻侯治中牟，索隱曰在河北，非鄭之中牟。」程恩澤引曹之升曰：「河北之險莫如鄴，次卽中牟，以有漳水之固，又與鄴相近，亦一都會也，今蕩陰縣西五十里有中牟城。」詳戰國地名攷。

〔三八〕二十四陂　今按：水經渠水注「陂」作「浦」。

〔三九〕小斬大斬　攷證：樂史「斬」作「漸」，與水經注合，此脫水旁。

〔四〇〕陳州　今按：岱南閣本、畿輔本無此二字。

〔四一〕蔗心席〔乾柿〕　攷證：官本有「乾柿」，此脫。「蔗」宜作「藨」，六典「許州貢藨心席」。玉篇「藨，蒯屬，可爲席」。樂史作「蘆」，亦誤。今按：唐六典開元貢有乾柿，此脫，今從殿本補。

〔四二〕元和貢至乾柿　攷證：「元和貢云云」，官本無。

〔四三〕隋分置長葛縣　今按：戈襄校舊鈔本、殿本同，它本無「分」字。隋志長葛開皇六年置。

〔四四〕〔故許昌城縣南四十里卽許國故城〕　今按：殿本有此條，各本與此並脫，今據補。攷證云：「脫此，致下條『在許昌故城中』之語亦無依據，宜補入。」

〔四五〕鄢陵縣本漢舊縣　攷證：地理志「鄢」作「傿」，郡國志作「隱」。今按：晉志作「隱」，地形志作「鄢」，隋志作「隱」。

〔四六〕陳寔　今按：「陳寔」，殿本同，它本作「實」，誤，晉書陳寔有傳。

〔四七〕杜弢　攷證：「弢」宜作「弢」，晉書有傳。

〔四八〕以縣屬許州至移於今理　今按：陳樹華鈔本、殿本同，它本「大業四年」十一字錯在「隋開皇三年」上。

〔四九〕卽龍脾岡也　攷證：樂史下有「嵩山記」，此脱，殊礙文義。

〔五〇〕鄉三十七　攷證：官本「七」作「一」。

〔五一〕稜陵縣　攷證：按地形志「稜」作「秣」，縣叙同。

〔五二〕北至東都六百六十里　攷證：按方輿「北」上宜有「西」字。

〔五三〕元和貢絹十五匹　攷證：官本無。

〔五四〕後漢屬陳郡　攷證：按郡國志「郡」宜作「國」。

〔五五〕四十三里　今按：史記項羽本紀及荆燕世家正義引括地志並作「四十二里」。

〔五六〕改陽夏爲大業縣　攷證：按隋志，「大業」宜作「太康」。

〔五七〕毌丘儉作亂　今按：岱南閣本、畿輔本與各鈔本俱無「儉」字。

〔五八〕符武氏　今按：「符」，岱南閣本誤作「苻」。

〔五九〕本漢汝陽縣　攷證：地理志「汝」作「女」，師古曰「讀汝」。郡國志始增水旁。酈道元曰：「汝、女乃俗之音，故字隨讀改。」

〔六〇〕又爲基城　攷證：唐志作「箕」是，開元後唐人避「基」字。

〔六一〕縣南二十里　今按：殿本「南」作「西」。

元和郡縣圖志卷第九

河南道五

徐泗節度使 **徐州** **宿州** **泗州** **濠州**

蔡州節度使 **蔡州** **申州** **光州**

徐州，彭城。上。開元户四萬九千七百二。鄉九十二。元和户三千八百五十八。鄉八十九。今爲徐泗節度使理所。

管州四：徐州，宿州，泗州，濠州。縣一十六。都管户三萬七千二百五十二。

本禹貢徐州之域。春秋時爲宋、滕、薛、小邾、偪陽之地，六國時屬楚。秦併天下，爲泗水郡。楚、漢之際，楚懷王自盱眙徙都之。後項羽遷懷王於郴，自立爲西楚霸王，又都於此。漢改泗水郡爲沛郡，又分沛郡立楚國。按楚國，卽今州理是也。宣帝地節元年，更爲彭城郡，尋復爲楚國。自漢以來，或理彭城，或理下邳。晉氏南遷，又於淮南僑立徐州，安帝始分淮北爲北徐州。宋永初二年，加淮南徐州曰南徐州，而改北徐州曰徐州。明帝時，淮北入魏。梁初暫收，太清之後尋復入魏，徐州復理彭城，仍立彭城郡。高齊及後周不改。隋開皇二年，於此置總管，罷郡，其所領縣，并屬徐州。十四年，廢總管府爲彭城郡。隋亂陷賊，武德四年討平王世充，改置徐州總管府，七年改爲都督，貞觀十七年罷都督。初，宋高祖經略中原，以彭城險要，置府於此。至文帝時，王玄謨又上表曰：「彭城南界大淮，左右清、汴，城隍峻整，襟衞周固。自淮已西，襄陽已北，經途三千，達於齊岱，六州之人，三十萬户，常得安全，實由此鎮。」後魏大將軍尉元上表曰：「彭城，宋之要藩，南師來侵，莫不用之以陵諸夏。輿地志云，郡城由來非攻所能拔。」按自隋氏鑿汴以來，彭城南控埇橋，以扼汴路，〔一〕故其鎮尤重。

州境：東西二百六十九里。南北六百八十九里。

八到：西至上都二千八十里。西至東都一千二百二里。東南至泗州五百九十里。東北至沂州三百五十里。南取埇橋路至宣州五百里。西南取蕭縣路至宋州三百一十里。東南至濠州三百九十里。〔二〕西北至兗州三百四十里。

貢、賦：開元貢：五色土各一斗，上細絹。　賦：緜，絹。

管縣五：彭城，蕭，豐，沛，滕。

彭城縣，望。　郭下。古大彭氏國也，漢爲彭城縣，屬楚國。後漢屬彭城國，宋屬彭城郡。隋文帝罷郡爲縣，屬徐州。

定國山，在縣東四里。後魏武定五年，慕容紹宗欲擊梁貞陽侯蕭明，〔三〕營於此山。

泗水，在縣東，去縣一十步。

州理城，貞觀五年築。其外城卽古大彭氏國，漢高祖定天下，以爲楚國，封弟交爲楚王。東晉封劉裕爲宋公，至宋武帝以皇子義康爲彭城王，並都於此。後宋平北將軍徐州刺史薛安都乃舉城歸魏。

呂梁故城，在縣東五十七里。春秋時，宋之呂邑，至漢以爲呂縣。城臨泗水，高一百四十尺，周迴十七里。此城東二里有三城，一在水南，一在水中潬上，一在水北，並高齊所築，立鎮以防陳寇。

曹公故城，在縣東南六十五里，在呂梁東岸。或言曹公築此，以守呂布。西岸有城臨水，是布之所固也，號曰呂布固。

故垞城，在縣北二十六里。或曰古崇侯國。兗州人謂實中城曰垞。

戲馬臺，在縣東南二里。項羽所造，戲馬於此。宋公九日登戲馬臺卽此。

寒山堰，在縣東南一十八里。梁蕭明伐魏，堰清水以灌彭城。〔四〕

呂梁，在縣東南五十七里。蓋泗水至呂縣，積石爲梁，故號呂梁。陳將吴明徹以舟師破下邳，進屯呂梁，堰泗水以灌徐州。周將軍烏丸軌、達奚長孺率兵救援，〔五〕軌取車輪數百，連鎖貫之，橫斷水路，然後募壯士夜決堰。至明，陳人始覺，潰亂爭歸，至連鎖之處，生擒明徹。

蕭縣，上。東北至州六十里。本古之蕭國，春秋時宋邑。漢蕭縣，屬沛郡。北齊改爲承高縣，屬彭城郡。隋開皇三年罷郡，屬徐州，改爲龍城縣，尋復爲蕭縣。

丁公山，在縣東南二十里。丁公追漢高帝處。

綏輿山，在縣東二十五里。宋高祖綏輿里人，蓋因里以名山也。

眢井，在縣北二百步。左傳楚子伐蕭，還無社與司馬卯言「目於眢井而拯之」，〔六〕即此也。

豐縣，上。東南至州一百七十五里。本漢舊縣，屬沛郡。戰國時屬梁。後漢屬沛國，晉同。宋改屬北濟陰郡，北齊改郡爲永昌，以縣屬焉。隋改屬徐州。

豐西澤，在縣西一十五里。漢高祖斬白蛇於此。

沛縣，上。東南至州一百四十三里。本秦舊縣，泗水郡理於此，蓋取沛澤爲縣名。漢興，四年改名沛郡，領三十七縣，理相城，以此爲小沛。魏分立譙郡，又以沛爲王國，晉不改。宋爲沛縣，改屬徐州。隋文帝罷郡，縣屬仍舊。

微山，上有微子冢，去縣六十五里。

泗水，西北流入，東去縣五十步。

泡水，卽豐水也，西去縣一百五十步。

縣理城，卽秦沛縣城也。初，陳涉起，沛令欲以沛應之，乃令樊噲召高祖。沛令後悔，閉城拒守。高祖書帛射城上曰：「諸侯並起，今屠沛。沛令共誅令，卽家室完。」父老乃殺沛令迎高祖，立爲沛公。十二年，高祖破黥布，還過沛，謂沛父老曰：「遊子悲故鄉。吾雖都關中，萬歲後，吾魂魄猶思樂沛。且朕自沛公以誅暴逆，其以沛爲朕湯沐邑。」

故留城，在縣東南五十五里。高祖令張良自擇齊三萬户，良曰：「始臣起於下邳，與陛下會留。」乃封良爲留侯。

故沛宮，在縣東南一里。〔七〕高祖過沛，置酒，歌大風，卽此宮也。

泗水亭，在縣東一百步。高祖微時爲亭長於此。

滕縣，上。南至州二百里。本古滕國，漢蕃縣也，屬魯國。宋屬彭城郡。漢末，太傅陳蕃子逸爲魯相，改音皮。後魏置蕃郡，以縣屬焉。北齊郡縣並廢。隋於此置滕縣，屬徐州。按古滕國，在縣西南十四里滕城是也。

奚公山，在縣東南六十六里。奚仲初造車於此。

公丘故城，在縣西南十五里。夏侯嬰初爲滕令，故號滕公。按此時高祖未立屬縣，〔八〕

故滕爲秦縣。至武帝改爲公丘縣，屬沛國。〔九〕

故薛城，在縣東南四十三里，〔一〇〕薛侯國也。孟嘗君時，薛中六萬家，其中富厚，天下無比，此田文以抗禦楚、魏也。

合鄉故城，〔一一〕在縣東二十三里。即論語所謂互鄉是也。〔一二〕

宿州，苻離。〔一三〕上。開元户〔一四〕元和户八千六百七十六。鄉三十六。本徐州苻離縣也，元和四年，以其地南臨汴河，有埇橋爲舳艫之會，運漕所歷，防虞是資。又以蘄縣北屬徐州，疆界闊遠，有詔割苻離、蘄縣及泗州之虹縣置宿州，取古宿國爲名也。

州境：

八到：西北至上都一千九百里。西北至東都一千四百里。東南至泗州四百二十里。東南至淮百里，與濠州分中流爲界，從界至濠州一百里。北至徐州一百五十里。西至宋州三百三十里。

貢、賦：

管縣三：苻離，蘄，虹。

苻離縣，上。北至州一百五十里。〔一五〕本秦舊縣，漢屬沛郡。高齊時屬睢南郡，隋開皇三年罷郡，以縣屬徐州。爾雅曰：「莞，苻離也。」以地多此草，故名。

睢水，自縣西北流入。

故相城，在縣西北九十里。蓋相土舊都也。

靈壁故城，〔一六〕在縣東北九十里。漢二年，漢王入彭城，項羽以精兵三萬人，晨擊漢軍於靈壁東睢水上，大破之，睢水爲之不流。

蘄縣，〔一七〕上。北至州二百三十二里。〔一八〕本秦舊縣，漢屬沛郡，後漢屬沛國。有大澤鄉，陳涉起兵於此，爲狐鳴。宋於此置譙郡，齊以爲北譙郡。後魏改蘄縣爲蘄城縣，隋開皇三年去「城」字，屬仁州。即今宿州是也。大業二年屬徐州，八年屬譙州，後復隸徐州。

淮水，西南流入，經縣南七十里。

渙水，西自臨渙縣界流入。

渦水，東去縣一百里。

蘄水，北去縣三十里。

虹縣，上。西至州二百里。本漢舊縣，屬沛郡。虹音貢，漢書作「⿰土虫」字。梁武帝於此置貢城戍，後魏復置虹縣，周大象中省，以其地屬晉陵縣。隋開皇十八年，改晉陵爲夏丘縣。武德四年，於今縣南一百里故虹城重疊置虹縣，屬仁州，貞觀八年屬泗州，十三年移於今縣理。臨汴河。

赤坎故城，在縣西南五十九里。梁天監八年置赤坎戍。

潼陂，一名萬安湖，周迴二十里，在縣北五里。

垓下聚，在縣西南五十四里。漢高祖圍項羽於垓下，大破之，卽此地也。按漢洨縣屬沛郡，洨音絞。〔二九〕垓下卽洨縣之聚落名也。圖經云：「項羽墓在縣南六里。」按羽死後，高祖以魯公禮葬羽於穀城，在今鄆州東阿縣界，言在此，俗説之謬也。

廣濟渠，按開元二十七年，河南採訪使齊澣，以江、淮運漕經淮水波濤，有沈溺之憂，遂開廣濟渠下流，自虹縣至楚州淮陰縣北十八里合于淮。踰時畢功。後以水流峻急，行旅艱阻，旋又停廢，卻由舊河。

泗州，臨淮。上。開元户三萬三百五十。鄉六十。元和户四千一十五。鄉五十。

禹貢徐州之域。春秋時屬魯，又爲徐子之國，後爲楚所滅。秦爲泗水郡地，漢興，改泗水爲沛郡。武帝分置臨淮郡，後漢下邳太守理此。自晉迄後魏，並爲宿豫縣。〔三〇〕後魏於此置東徐州，周宣帝大象二年改爲泗州，隋大業三年改爲下邳，武德四年復爲泗州。開元二十三年，〔三一〕自宿遷縣移於今理。

州境：東西三百八十五里。南北三百七十九里。

八到：西北至上都二千三百二十里。西北至東都一千四百七十里。東南陸行至揚州二百七十三里。東水路至楚州二百二十里。西南至濠州二百一十里。〔三二〕西北至埇橋四百二十里。

貢、賦：開元貢：麻，〔二三〕細貲布。 賦：絹，布。

管縣五：臨淮，宿遷，徐城，漣水，下邳。

臨淮縣，緊。 郭下。本漢徐縣地，長安四年分徐城南界兩鄉於沙塾村置臨淮縣，南臨淮水，西枕汴河。

宿遷縣，上。 南至州二百一十里。春秋時宋人遷宿之地，至漢爲厹猶縣，屬臨淮郡。晉立宿（豫）〔預〕縣，〔二四〕隋開皇三年屬泗州，寶應元年以犯代宗廟諱，改爲宿遷縣。

淮水，入縣境南，與楚州山陽縣分中流爲界。

舊州城，梁將張惠紹北伐軍所次，憑固斯城，塹其羅城，引水環之，今城在泗水之中。

下相故城，在縣西北七十里。秦故縣也，項羽卽下相人也。應劭曰：「相水出沛國，故曰下相。」〔二五〕

魯肅廟，在縣東南一里。肅，臨淮人，後人爲之立廟。

徐城縣，中。 東至州五十里。本徐子國也，周穆王末，徐君偃好行仁義，視物如傷，東夷歸之者四十餘國。周穆王聞徐君威德日遠，乘八駿馬，使造父御之，發楚師，〔二六〕襲其不備，大破之，殺偃王。其子遂北徙彭城原東山之下，百姓歸之，號曰徐山。按山今在下邳縣界。楚、漢之際，項羽置東陽郡。漢誅英布，置徐縣，屬臨淮郡。後漢以臨淮郡合於東海，明帝又分東海爲下邳國，理於此。晉太康三年，復置徐縣，屬臨淮郡。梁於此置高平郡及高平縣，〔二七〕隋開皇十八年改爲徐城縣，屬泗州，理大徐城，大業四年移於今理。

淮水，西南自虹縣界流入。

永泰湖，縣南二里。周迴三百六十三里。其中多魚，尤出朱衣鮒。

大徐城，在縣北三十里。

徐君墓，在縣北三十二里。〔二八〕季札掛劍處。

漣水縣，上。西北至州一百六十里。本漢厹猶縣之地，後漢爲徐縣之地，晉爲宿遷縣之地。〔二九〕宋明帝於此置東海郡，又於城北置襄賁縣屬焉。後魏改爲海安郡。隋開皇三年廢郡，以縣屬海州。五年，改襄賁爲漣水縣，因縣界有漣水，故名。武德四年置漣州，縣屬焉。貞觀元年廢漣州，縣屬泗州。

海水，在縣東北一百四里。

淮水，西南自宿遷縣界流入。

沭水，俗名漣水，西南自海州沭陽縣界流入。

碩濩湖，在縣北一百十六里，與海州朐山縣中分爲界。

下邳縣，上。東南至州一百七十五里。本夏時邳國，後屬薛，左傳薛之祖奚仲遷于邳是也。春秋併於宋，戰國時屬楚，後屬齊。至秦曰下邳縣，漢屬東海郡。魏志曹公征呂布於下邳，生擒布，令東中郎將鎮下邳。宋改爲下邳縣，屬東徐州。周改東徐爲邳州。隋省邳州，以縣屬泗州。

嶧陽山，在縣西六里。

泗水，西自彭城縣界流入。

淮水，自縣西流入，去縣六十里。

沂水，經縣北分爲二水，一水於城北西南入泗；一水經城東屈曲從縣南亦注泗，謂之小沂水。水上有橋，〔三〇〕昔張子房遇黃石公於圯上，即此處也。南人謂橋爲圯。

故郯城，在縣東北一百五十里。古郯子國，孔子問官於郯子，〔三一〕即此地也。

縣理城，古邳國城也，魏武帝征呂布於下邳，決泗水，引沂水以灌其城，即此處也。按下邳城有三重，大城周迴一十二里半，中城周四里，呂布所守也。魏武帝擒布於白門，〔三二〕即大城之門也。小城累塼堅峻，周二里許。西南又有一小城，周三百七十步，征虜將軍石崇所築也。

石鼈屯，晉穆帝升平初，荀羨爲北部都尉，鎮下邳，起田於東陽之石鼈，即臨津郡界。〔三三〕

公私利之。北齊廢帝乾明中，尚書左丞蘇珍之又議修石鼈等屯，歲收數十萬石，自是淮南軍防，糧儲充足。

濠州，鍾離。上。開元户二萬五百五十二。鄉四十一。元和户二萬七百二。鄉四十二。

禹貢揚州之域。春秋時爲鍾離子之國，後爲吴、楚所争之地，左傳「楚子爲舟師以略吴疆，滅鍾離」。又史記「楚平王時，鍾離人與吴邊邑卑梁小童争桑，二邑交相攻滅」。〔三四〕秦併天下，屬九江郡。漢置鍾離縣，復隸九江郡。晉立爲鍾離郡，宋因之。宋明帝失淮北地，復立徐州於此，後廢帝改號北徐州。梁因之，以昌義之爲北徐州刺史，鎮鍾離。魏中山王元英將軍楊大眼，率衆數十萬來寇。鍾離城北阻淮水，魏人於州東邵陽洲作浮橋，晝夜攻城，分番相代，義之善射，每彎弓所向，莫不應弦而倒，一日戰數十合，魏軍死者與城中平。會高祖遣曹景宗、韋叡率衆二十萬來救，魏軍大敗，英與大眼脱身而走，因輕騎追至洛口而還。州後入高齊，文宣帝改爲西楚州。隋開皇三年改爲濠州，〔三五〕因水爲名。大業三年改爲鍾離郡。南北朝皆爲重鎮。隋亂陷賊，武德五年，〔三六〕杜伏威附，改爲濠州。按濠州本屬淮南，與壽陽阻淮帶山，爲淮南之險，貞元元年，〔三七〕竇參爲相，於是越淮割地隸屬徐州，及徐州節度使張建封死，子愔爲本軍所立，常挫王師，其時朝廷幾失淮南之地，蓋參不學無術，昧於疆理之制所由致也。自貞元以後，州西渦口對岸置兩城，刺史常帶兩城使，以守其

要。「濠」字中閒誤去「水」，元和三年又加「水」焉。〔三八〕

州境：東西二百六十里。南北一百八十一里。

八到：北至上都取虹縣路二千三百七十五里。西北至東都一千五百一十里。東北至楚州盱眙縣二百二十里，從縣至楚州一百九十里。西南至壽州二百二十里。東南至滁州二百三十里。南至廬州三百三十里。東北至泗州二百二十里。〔三九〕西北至徐州四百五十里。〔四〇〕

貢、賦：開元貢：官絁。賦：絁，絹，緜，布。

管縣三：鍾離，定遠，招義。

鍾離縣，上。郭下。本漢舊縣，屬九江郡，至晉屬淮南郡。安帝時，因東郡燕縣流入鍾離者，〔四一〕於此置燕縣，至高齊復爲鍾離縣。

塗山，在縣西九十五里。

淮水，西南自壽州界流入。

西濠水，出縣西南莫耶山，北入淮。

東濠水，出縣南濠塘山，東北入淮。

當塗縣故城，本塗山氏國，在縣西南一百一十七里。禹娶於塗山，卽此也。

荆山堰，在郡城西一百二十二里。梁天監十三年，魏降人王足陳計於武帝，求堰淮水以灌壽陽，引北方童謡曰：「荆山爲上格，浮山爲下格，潼、泡爲激溝，〔四二〕并灌鉅野澤。」帝遂發徐、陽人，〔四三〕率二十户取五丁以築之，令太子右衛率康絢、左衛將軍昌義之護作，令戰士二十萬人，於鍾離城南起浮山堰，北抵巉石。至十四年四月，堰將合，淮水漂度，輒復決潰。或言江、淮多蛟龍，其性惡鐵，於是引東西二冶故鐵器，大則釜鬲，小則钁鉏，數千萬斤沈於堰所，猶不合，緣淮百里内木石皆盡，負者肩上皆穿，士卒死者十七八。十五年四月，〔四四〕堰乃成，壽陽城、戍移頓於八公山。淮水清，人之墳墓皆歷歷見於水底。或謂絢曰：「四瀆者，天地所以節宣其氣，不宜久塞。」既而昏霧三日，霧解而堰決，殺數萬人，其聲若雷，聞於三百里。水中怪物，隨流而下，或人頭魚身，龍形馬首，殊類詭怪，不可勝言。

莊周臺，在縣南七里。濠水經其前，莊子與惠子觀魚之所，又曰觀魚臺。

定遠縣，上。北至州一百里。本漢東城縣地，屬九江郡。梁武帝天監初置，屬定遠郡。高齊改爲大安郡。隋仁壽元年廢郡，〔四五〕改定遠縣爲臨濠縣，屬濠州。國朝復爲定遠縣。

洛水，經縣西四十里。

陰陵縣故城，在縣西北六十五里。本漢縣也，項羽敗於垓下，將麾下八百騎潰圍南走，灌嬰追羽至陰陵，羽迷失道，問田父，田父紿曰左，左乃陷大澤，以故漢兵及之。

東城縣故城，在縣東南五十里。項羽自陰陵至此，尚有二十八騎，南走至烏江亭。灌嬰等追羽，楊喜斬羽於東城，卽此地也。

招義縣，上。西至州一百四十里。本漢淮陵縣，屬臨淮郡。後漢屬下邳郡。宋孝武帝自淮北徙睢陵縣，改爲池南縣。陳爲招義縣。隋大業元年爲化明縣，〔四六〕屬濠州，武德七年更名招義縣。

淮水，西自鍾離縣界流入。

浮山堰，在縣西北六十里。梁天監十三年，與荆山堰同時修築。

蔡州，緊。汝南。〔四七〕開元户五萬一千二百一十。鄉一百七。元和户一萬二百六十三。今爲蔡州節度使理所。

管州三：蔡州，申州，光州。縣二十。〔四八〕

古豫州之域。春秋時爲蔡、江、黄、道、柏、胡、蓼、沈、頓、項、息、房、吕十三國之地，七國時屬魏。秦并天下，爲三川、河東、南陽、潁川、碭、泗水、薛七郡之地。漢立汝南郡，領二十七縣，理平輿。〔四九〕宋元嘉中，後魏太武帝率兵圍汝南，郡守陳憲守拒四十餘日，魏人積屍與城齊，不拔而退。宋文帝又於懸瓠城置司州，其後太武帝收河南地，獻文帝改司州爲豫州。周大象二年，改爲舒州。隋文帝改爲豫州，移入懸瓠城，今理是也。仁壽四年改爲溱州，大業二年改蔡州，三年罷州爲汝南郡。武德四年，復置豫州，寶應元年以避代宗廟諱，復改爲蔡州。

州境：東西四百一十七里。南北五百一十三里。

八到：西北至上都一千四百三十里。西北至東都六百二十里。南至申州二百五十里。〔五〇〕西至唐州二百一十里。〔五一〕東北至陳州二百二十里。北至潁州三百六十里。〔五二〕東南至光州三百里。〔五三〕

貢、賦：開元貢：龜甲，雙距綾，〔五四〕長安四年改爲四窠雲綾。賦：綾，絲。

管縣十二：汝陽，〔五五〕汝南，闕。平輿，吴房，西平，朗山，新息，真陽，上蔡，新蔡，褒信，郾城。

汝陽縣，〔五六〕望。郭下。本漢舊縣也，屬汝南郡。晉屬汝南國，〔五七〕宋屬汝陽郡。隋開皇二年罷郡，縣屬豫州。仁壽四年改豫州爲溱州，以縣屬焉。大業二年，又移於今理，屬蔡州。

汝水，經縣西南二里。

州理城，古懸瓠城也。汝水屈曲形若垂瓠，故城取名焉。

平輿故城，漢縣也，古沈子國，在縣東北六十里。

鴻郤陂，在縣東一十里。漢成帝時，〔五八〕陂溢爲害，翟方進爲丞相，以爲決去陂水，其地肥美，省隄防之費，遂奏罷之。王莽時，嘗枯旱，郡人追怨方進，童謡曰：「壞陂誰？翟子威。

飯我豆食羹芋魁。〔五九〕反乎覆，陂當復，誰云者？兩黄鵠。」及建武中，太守鄧晨使許陽爲都水掾，令復鴻郤陂。陽曰：「昔成帝夢上天，天帝怒曰：『何故壞我濯龍池？』」於是乃因高下形勢，起塘四百餘里，數年乃立。今廢。

汝南縣，闕。〔六〇〕

平輿縣，中。西至州六十二里。本漢平輿縣地，屬汝南郡。高齊廢，隋大業二年重置。十三年陷王世充，置輿州，管平輿一縣。武德中屬蔡州。貞觀元年廢，天授二年重置。

汝水，在縣南四十二里。

葛陂，在縣東北四十里。周迴三十里。費長房投杖成龍處。

吴房縣，上。東南至州九十里。本漢舊縣，屬汝南郡。後魏置襄城郡，仍立遂寧縣以屬焉。隋改爲濯陽縣，〔六一〕大業二年改爲吴房縣。

西平縣，上。東南至州一百五十里。〔六二〕本漢舊縣，屬汝南郡。後魏置。即春秋時柏國也，古韓地之分。蘇秦説韓王曰：「韓有劍戟，出於棠谿。」今此縣西界有棠谿村，是也。縣又有龍泉水，可以淬刀劍。自漢至後魏皆爲西平縣地。隋末廢，天授三年復置。〔六三〕

朗山縣，上。東北至州九十一里。本漢安昌縣地，屬汝南郡。東漢省。後魏太平真君二年，於朗陵故城復置。隋開皇三年移於今理，屬豫州，十六年改爲朗山縣。

朗陵山，一名大朗山，在縣西北三十里。

淮水，經縣理南，去縣一百二十里。

道城，古道國也，在縣東北二十里。

朗陵故城，漢縣也，在縣西南三十五里。晉何曾所封之邑也。

四望故城，在縣東南七十里。後魏太和十一年，豫州刺史王肅於四望陂南築之以禦梁。〔六四〕梁太清二年，豫州刺史羊鴉仁以二魏交逼，糧運懸斷，乃棄懸瓠歸於義陽上表曰：「臣輒率所領，縮還舊鎮，仍留夏紹等停四望城防備。」即此城也。

新息縣，上。西北至州二百里。本息侯國，爲楚所滅。漢以爲新息縣，屬汝南郡。周武帝於此置息州，領此縣。隋大業二年州廢，改屬豫州。武德四年，於此重置息州，貞觀元年廢，以縣屬豫州。

淮水，自西流入，經縣南，去縣五里。

汝水，自西流入，經縣北，去縣八十里。

王梁渠，〔六五〕在縣西北五十里。隋仁壽中修築，開元中縣令薛務更加疏導，兩岸通官陂一十六所，〔六六〕利田三千餘頃。

珉玉坑，在古息城東南五步，周迴一百八十步，深三尺。其玉顔色潔白，堪爲器物，隋朝官采用，貞觀中亦令采取。其後爲淮水所没。開元中，淮水東移，珉坑重出，其玉温潤倍勝昔時，蔡州至今以爲厥貢之首。

賈君祠，在縣北一里。名彪，字偉節，後漢時爲新息長，時小民多不養子，彪嚴其制，所活數千，僉曰賈父，後爲立祠。

新息故城，在縣西南一十里。

真陽縣，中。北至州一百里。本漢慎陽縣地，屬汝南郡。晉屬汝南國。後魏改爲真陽縣，高齊改爲保城縣。隋開皇十六年改置真丘縣，大業二年復爲真陽縣，因慎水爲名也。

淮水，經縣南，去縣八十里。

慎水，出縣西南二十里。

上蔡縣，上。南至州七十里。本漢舊縣也，古蔡國。晉上蔡縣，屬汝南國。後魏神龜三年，於此置臨蔡縣，高齊廢。隋文帝開皇十二年，移於今理，爲上蔡縣。

蔡岡，在縣東一十里。〔六七〕周迴五十里。

汝水，西去縣一十五里。

新蔡縣，上。西北至州一百五十里。本漢舊縣，古吕國也。漢屬汝南郡，晉屬汝陰郡，宋屬新蔡郡。東魏孝静帝於此置蔡州。隋開皇十六年於此置舒州，領廣寧縣，仁壽二年改縣爲汝北，大業二年改爲新蔡縣，屬蔡州。

汝水，經縣南，去縣二里。

褒信縣，中。西北至州一百八十里。本漢鄎縣之地，後漢分立褒信縣，屬汝南郡。晉屬汝陰郡。宋改爲褒信縣，〔六八〕隋大業二年，改褒信縣屬蔡州。

淮水，經縣南，去縣七十五里。

汝水，經縣東北，去縣五十五里。

白亭，在縣東南四十二里。左傳楚白公勝所封之地。

郾城縣，緊。東南至州一百八十里。本漢縣。七國時魏之下邑，史記「楚昭陽伐魏，取郾」。兩漢以爲縣，屬潁川郡。光武謂賈復曰：「郾最大，宛次之。」復曰：「臣請擊郾。」帝執復手曰：「執金吾擊郾，吾復何憂。」謂此城也。宋元嘉二年，將軍劉緬說曰：〔六九〕「郾城有百年之福，若北朝保之，未可敵也。」遂遣將軍殷祖焚其倉儲。〔七〇〕高齊於今縣置臨潁郡，隋開皇三年廢。五年，又於廢郡城中置郾城縣，屬許州。武德四年，於此置道州，貞觀元年廢，以縣屬豫州。

汝水，經縣西北，去縣七十八里。

大溵水，〔七一〕上承汝水自襄城至岐額城分流，〔七二〕南爲汝水，北爲溵水。

小溵水，縣西北六十里。至縣合爲大溵水。

邵陵故城，在縣東四十五里。春秋齊桓公帥諸侯之師盟于召陵，即此處也。漢置邵陵縣，〔七三〕屬汝南郡，隋廢入郾城。

征羌故城，在縣東南七十五里。本秦安陵縣，建武十二年，來歙征西羌有功，故改名以封之。

申州，中。義陽。本屬淮南道，貞元已後隸蔡州節度使。開元户二萬一千二十。鄉四十二。元和户六百一十四。鄉二十一。

禹貢荆州之域。又古申國也，鄭武公娶于申曰武姜。在周爲侯伯，後爲楚所滅。秦并天下，屬南陽郡。魏文帝分置義陽縣，〔七四〕自後省置不常。宋元嘉末，於此立司州，自後入後魏爲郢州，入梁爲司州。周武帝平齊，改爲申州，隋大業二年改爲義州。武德四年復置申州。

州境：東西二百里。南北一百七十八里。

八到：西北至上都一千七百一十里。西北至東都九百四十二里。東北至光州二百六十里。南至安州二百六十里。西北至唐州二百六十里。西南至隨州二百三十里。〔七五〕北至蔡州二百八十里。〔七六〕

貢、賦：開元貢：葛十匹。賦：布，紵，緜，絹。

管縣三：義陽，鍾山，羅山。

義陽縣，上。郭下。本漢平氏縣義陽鄉之地也，魏文帝分平氏立義陽縣。江左省義陽縣地入平春縣，晉孝武帝改平春曰平陽。隋開皇三年，改平陽爲義陽縣，屬申州，大業二年改屬義州，皇朝復屬申州。

淮水，西自唐州桐柏縣界流入，東北經縣，去縣三十七里。

故曹城，在縣東三十八里。梁將曹景宗將兵侵魏所築。

故平靖關城，在縣南七十六里。舊有此關，不知何代創立。〔七七〕按義陽有三關之塞，此其一也。武陽、黄峴二關，在安州應山縣界。長老云：「此關因山爲障，不營濠隍，故名平靖。」

鍾山縣，上。西至州四十里。本漢鄳縣也，屬江夏郡，宋永初中屬義陽郡。高齊於此置齊安郡，後改爲萬歲郡。隋開皇三年罷郡爲齊安縣，仍屬申州。四年，以近鍾山，改齊安爲鍾山縣。

淮水，經縣北四十里。

澀水，出縣南霸山，去縣七十五里。山石之間，波流塞澀，因以爲名。

石城，在縣西南二十一里石城山上，本晉義陽縣所理。

羅山縣，上。西南至州一百一十里。本漢鄳縣地，梁武帝置西汝南郡於此。隋開皇三年，併入鍾山，十六年於鍾山析置羅山縣，屬申州。武德四年置南羅州，領羅山一縣。八年州廢，以縣屬申州。

羅山，在縣西南九里。

淮水，經縣北，去縣二十里。

光州，中。弋陽。本屬淮南道，貞元已後隸蔡州節度使。開元户二萬九千六百九十五。鄉六十一。元和户一千九百九十。鄉六十二。

禹貢揚州之域。春秋時弦國之地，魯僖公五年，楚人滅弦，弦子奔黄。在秦屬九江郡。在漢爲西陽，屬江夏。晉安帝立光城縣，理於此。梁末於縣置光州，隋大業二年，罷州爲弋陽郡。〔七八〕武德三年，改爲光州總管府，貞觀元年爲光州都督府。〔七九〕太極元年，自光山縣移於今理。

州境：東西四百四十三里。南北二百三十五里。

八到：西北至上都一千七百三十里。西北至東都九百二十里。東北至壽州四百三十里。西南至大別山三百里。西南至申州二百六十里。西北至蔡州三百里。

貢、賦：開元貢：葛十四，生石斛六十斤。賦：絁，絹。

管縣五：定城，殷城，固始，光山，仙居。

定城縣，上。郭下。本漢弋陽縣，屬汝南郡。自漢至蕭齊，常爲弋陽城。武德三年置弦州，領定城一縣，貞觀元年省，定城屬光州。

淮水，北去縣六十七里。

黄國故城，在縣西十二里。春秋時黄國，後爲楚所滅。

殷城縣，中。北至州一百二十里。本漢期思縣地，屬汝南郡。宋僑立苞信縣於此，梁以苞信縣屬義州。隋開皇四年，改苞信縣爲殷城縣，屬弋陽郡。武德三年，重置義州，以縣屬光州。〔八〇〕

澮水，在縣西五里。

定城關，在縣南四十里。高齊以南迫陳境，因置此關，隋廢。

温湯，在縣南山中，其湯緑色。

固始縣，上。西南至州一百五十五里。本漢封蓼侯之地。春秋時蓼國，楚并之，今縣城是也。自東晉已後，蓼縣省。宋明帝失淮北地，乃於此僑立新蔡郡，領固始一縣。隋開皇七年改屬義州，〔八一〕大業三年廢義州，屬弋陽郡。

淮水，經縣北八十里。

茹陂，在縣東南四十八里。建安中，劉馥爲揚州刺史，興築以水溉田。

孫叔敖祠，在縣西北隅七十五里。

光山縣，上。北至州三十里。本漢西陽縣地，屬江夏郡。魏屬弋陽郡。宋孝武帝大明初，於此立光城縣，隋開皇三年廢入樂安縣，十八年又置光山縣。

光山，一名弋山，在縣西北八十里。

淮水，經縣北七十里。

木陵故關，在縣南一百三十二里。齊、陳二境，齊置此關以爲禁防。周因不改，隋開皇九年平陳後廢。

仙居縣，中。東至州一百里。本漢軑縣，春秋時弦國，楚滅之。漢以爲縣，屬江夏郡。至宋分立樂安縣，天寶元年改爲仙居縣，縣西有仙居山，因以爲名。

谷水，在縣北九里。

軑縣故城，在縣北四十里。春秋時弦國之都也。

仙堂六陂，在縣西南十一里。梁武帝大同元年，百姓堰谷水爲六陂，以溉稻田。

卷九校勘記

〔一〕彭城南控埇橋以扼汴路　今按：「汴路」，戈襄校舊鈔本、通經樓鈔本並作「汴洛」，疑非。南控埇橋，以扼汴路者，謂埇橋汴、泗之衝，地臨汴水，淮南北要道也，埇橋安能扼洛耶？

〔二〕東南至濠州三百九十里　今按：「東南」，各本作「西南」。攷證云：「濠州云『西北』，此宜作『東南』。『三百九十』，濠州云『四百五十』，未知孰的。」

〔三〕蕭明　攷證：即蕭淵明，梁書避「淵」作「深」，此省。下仿此。

〔四〕堰清水以灌彭城　攷證：魏書「淵明率衆寇徐州，堰泗水於寒山灌彭城」。樂氏作「清水」，與此同。陳書吴明徹傳云「迮清水以灌彭城」，蓋泗水一名清河。

〔五〕達奚長孺　攷證：官本「孺」作「儒」，誤。

〔六〕與司馬卯言　今按：與左傳宣十二年合，各本無「卯」字。

〔七〕東南一里　今按：「一里」，括地志作「二里一步」，見史記高祖本紀正義引。

〔八〕高祖未立屬縣　攷證：樂史「屬」作「郡」。

〔九〕屬沛國　攷證：「國」宜作「郡」。

〔一〇〕東南四十三里　今按：張守節于史記孟嘗君列傳注云「薛故城在徐州滕縣南四十四里」，蓋本括地志爲説，與此不同。

〔一一〕合鄉故城　今按：戈襄校舊鈔本、清初鈔本「合」作「互」。

〔一二〕論語所謂互鄉　攷證：王應麟謂論語互鄉在鹿邑，恐未的。此本劉芳徐州記。

〔一三〕苻離　攷證：「苻離」，疑後人增。按唐志，乾元後置州無郡名，宿州立於元和之初，當無郡名也。

〔一四〕開元户　攷證：「開元户」，後人妄增，本叙云元和四年立州，焉有開元户。官本按云「開元户鄉，傳寫缺」，疏矣。

〔一五〕北至州一百五十里　攷證：宿州治苻離，宜注「郭下」，此沿舊屬徐州方里未改正耳。

〔一六〕靈壁故城　攷證：漢書高帝紀「壁」作「璧」，項羽傳作「辟」，無「玉」字。

〔一七〕蘄縣　攷證：官本作「蘄」，以下並同。各地理書俱作「蘄」，惟字典引漢書作「蘄」，與官本合。此恐僞體，正字通云「一作『蘄』」，蓋俗説也。

〔一八〕北至州二百三十二里　攷證：此宜有誤，疑舊屬徐州方里，樂史云「州南三十六里」，近實。

〔一九〕洨音絞　今按：殿本同，它本無此注。

〔二〇〕自晉迄後魏並爲宿豫縣　攷證：「豫」宜作「預」，見宿遷縣。晉志未詳，沈約云「宿預，晉安帝立」，李兆洛云「南齊縣」，非原始也。

〔二一〕二十三年　攷證：「二十三」，會要作「二十五」，樂史作「二十一」，並誤，事詳舊書本紀。

〔二二〕二百一十里　攷證：濠州作「三百二十里」，樂史與此同。九域志云「西至本州界一百二十里，自界首至濠州五十五里」，近合。

〔二三〕麻　攷證：官本作「麻布」。

〔二四〕晉立宿（豫）〔預〕縣　攷證：官本「晉」下有「安帝」，是。今按：據宋書當作「宿預」，殿本與此同誤，今從岱南閣本。

〔二五〕應劭曰至故曰下相　今按：史記項羽本紀索隱引應劭云：「相，水名，出沛國。沛國有相縣，其水下流，又因置縣，故名下相。」此引節略不明。漢志應注此四字作「故曰下」。

〔二六〕發楚師　今按：岱南閣本「發」作「登」，誤。

〔二七〕梁於此置高平郡　攷證：地形志高平郡縣置於武定七年，「梁」宜作「後魏」。

〔二八〕縣北三十二里　今按：「二」字疑衍。路史國名紀引括地志云：「徐城縣北三十里有故徐城，號大徐城，中有偃王廟、徐君墓。」所言大徐城方里與此同，則徐君墓亦應爲「三十里」。

〔二九〕晉爲宿遷縣之地　攷證：晉無宿遷，宜作「宿預」，詳前。

〔三〇〕謂之小沂水水上有橋　攷證：王琦引「沂水」下作「號爲長池，池上有橋」。顧祖禹云：「沂水一名長利池。」此脱。

〔三一〕孔子問官於郯子　今按：殿本同，它本「官」上有「鳥」字。攷證云：「無『鳥』是。」

〔三二〕魏武帝擒布於白門　今按：殿本同，它本無「帝」字，「白門」作「北門」。攷證云：「魏志云『布與其麾上登白門樓，兵圍急，乃下降，遂生縛布。』宋武北征記曰『其南門曰白門』。『北』疑聲近之誤。」

〔三三〕卽臨津郡界　攷證：「津」宜作「淮」。官本作「在縣臨津郡界」，尤非。

〔三四〕二邑交相攻滅　今按：「二邑交相攻滅」，史記楚世家作「兩家交相攻，滅卑梁人」，非鍾離、卑梁俱滅。

〔三五〕改爲濠州　攷證：「濠」隋志作「豪」，誤。

〔三六〕五年　攷證：唐志作「二年」。

〔三七〕貞元元年　今按：「貞元」，戈襄校舊鈔本、陳樹華鈔本、岱南閣本、畿輔本並作「貞觀」。攷證云：「按唐書宰相表及世系，竇參相德宗，宜作『貞元四年』。」

〔三八〕濠字中間至又加水焉　攷證：隋志、唐書並誤作「豪」。會要云「元和三年改『濠』，以失印故」，說恐未的。六典原作「濠」，韓昌黎集徐泗濠三州節度掌書記廳石記，時在貞元十五年，原有水旁，注者依唐志徑改作「豪」，謬矣。

〔三九〕二百二十里　今按：各本「二」作「三」。攷證云：「泗州云『二百一十』。」

〔四〇〕四百五十　攷證：徐州作「三百九十」。

〔四一〕燕縣流入鍾離者　攷證：王象之輿地紀勝引作「燕縣流人在鍾離者衆」，與此少別。

〔四二〕潼泡爲激溝　攷證：按梁書，「泡」宜作「沱」。水經注淮水條有池水，池、沱古通用，「泡」乃形近之誤。

〔四三〕發徐陽人　攷證：「陽」，通釋引作「揚」。

〔四四〕十五年四月　今按：殿本同此，它本無「十」字，攷證云脱。

〔四五〕高齊至仁壽元年廢郡　攷證：「大」宜作「廣」，隋志云「梁改曰定遠，置臨濠郡，齊曰廣安，開皇初年郡廢」。此志疑有舛落。仁壽初避太子諱，始改用「大」，齊郡宜仍舊名。

〔四六〕陳爲招義縣至化明縣　攷證：隋志云「陳曰睢陵，周曰昭義」。樂史云「開皇二年，以光德太子名昭，改爲化明」。按隋書煬三子傳，元德太子以大業元年立，樂史作「開皇」，非，並誤「元」作「光」。

〔四七〕緊汝南　今按：「汝南」二字，殿本列在「緊」字前，各本同此，非例。下申州、光州同。

〔四八〕縣二十　攷證：「二十」，官本作「十二」，誤。今按：各鈔本俱作「十二」，蓋緣蔡州十二縣而誤，未計申、光兩州之八縣。

〔四九〕領二十七縣理平輿　攷證：按地理志「二」宜作「三」。前漢治上蔡，後漢治平輿，見水經注。閻若璩云，此志誤以東漢爲西漢。

〔五〇〕二百五十里　攷證：申州云「二百八十里」。

〔五一〕二百一十里　攷證：唐州云「二百四十里」。

〔五二〕北至潁州　攷證：潁州云「南至」，並誤，宜作「東至」。

〔五三〕東南至光州三百里　今按：殿本同，它本「南」作「北」。攷證云：「光州作『西北』，無『二十』」。

〔五四〕雙鸂鶒綾　今按：殿本同，它本「鶒」作「鵣」。　攷證云：「『鵣』蓋『鶒』字脱。」

〔五五〕汝陽　今按：殿本同此縣目首列汝陽，它本作「汝南」，下「汝南缺」，殿本以無正文不列此目，它本作「汝陽」，下注「缺」字。　戈襄校舊鈔本酈亭批云：「唐汝陽縣至今不改，汝南乃貞元七年析置，元和十三年廢。　此鈔乃以『汝陽』爲『汝南』，而縣目中於『汝陽』注『缺』，誤。」攷證謂「官本作『管縣十一』，無汝南，首列汝陽，非也。汝陽本州治，貞元間析汝陽、朗山、上蔡、吴房置汝南，會要『貞元七年正月於郭下置汝南，元和十三年正月省』，原本宜有，方合節度管縣之目。」　按此本不誤。

〔五六〕汝陽縣　今按：殿本同，它本誤作「汝南」，詳上酈亭校。　攷證云：「按下叙云『本漢舊縣』，地理志有女陽無汝南，此明徵也。」

〔五七〕晉屬汝南國　攷證：「國」宜作「郡」，見晉志及地道記。　真陽、上蔡二縣並誤。

〔五八〕漢成帝時　今按：殿本同，它本脱「漢」字。

〔五九〕飯我豆食　今按：殿本同，與漢書合，它本「飯」作「反」。　攷證云：「樂史作『飯』，御覽作『飰』。」

〔六〇〕汝南縣闕　今按：各本無此四字，説詳前汝陽縣。

〔六一〕隋改爲灈陽縣　攷證：按地理志汝南郡有灈陽，應劭曰「灈水出吴房，東入瀙也」。　隋因漢舊名，「灈」字恐誤。

〔六二〕一百五十里　今按：史記孟子荀卿列傳正義引括地志作「一百四十里」。

〔六三〕天授三年　攷證：「三年」，會要及新、舊志並作「二年」。

〔六四〕太和十一年至築之以禦梁　攷證：「十」上脱「二」。按魏書及北史，王肅以太和十七年歸魏，乃齊武帝永明十一年，築四望當在二十一年。「梁」宜作「齊」，欒史並誤，肅以景明二年薨於壽春，其時南朝尚未禪梁。

〔六五〕王梁渠　攷證：顧祖禹、洪亮吉並作「玉梁」。

〔六六〕兩岸通官陂　攷證：欒史作「西岸通管陂」。

〔六七〕縣東一十里　今按：路史國名紀引括地志作「縣西南十里」。

〔六八〕宋改爲褒信縣　攷證：「褒」，宋志本作「苞」，隋志脱「草」，「褒」字殊迕文義，傳鈔失檢。

〔六九〕劉緬　攷證：「劉緬」，按宋書，宜作「劉勔」。

〔七〇〕殷祖　攷證：「殷祖」，按宋書，宜作「殷孝祖」。

〔七一〕大溵水　攷證：「溵」，水經注作「濦」，下條並同。今按：此即水經汝水注所謂濆水，上承汝水于奇頟城西者，世亦謂之大濦水，非出潁川陽城少室山之濦水。

〔七二〕歧頟城　今按：水經濦水注作「奇頟城」。

〔七三〕邵陵縣　攷證：地理志「邵」無「邑」旁。

〔七四〕義陽縣　攷證：「縣」，宜作「郡」，宋志有義陽太守，魏文帝立，與此合。

〔七五〕二百三十里　攷證：隨州作「二百四十里」。

〔七六〕二百八十里　攷證：蔡州作「二百五十里」。

〔七七〕不知何代創立　攷證：初學記引齊志云後魏置。

〔七八〕大業二年罷州爲弋陽郡　攷證：按隋書，罷州爲郡，事在大業三年，固始縣叙作「三」是。

〔七九〕貞觀元年爲光州都督府　攷證：劉昫云「武德七年改總管府爲都督府，貞觀元年罷」，與此别。

〔八〇〕武德三年重置義州以縣屬光州　攷證：「義州」下脱「貞觀元年省」，劉昫云：「武德三年以殷城爲義州，貞觀元年省，以縣來屬」，此傳鈔漏也。

〔八一〕改屬義州　攷證：「義」宜作「光」，下同。

元和郡縣圖志卷第十

河南道六

淄青節度使　鄆州　兗州　青州　齊州

鄆州，東平。　大都督府　開元户三萬三千三百八十九。　鄉六十二。〔一〕　元和户今爲淄青節度使理所。

管州十二：鄆州，兗州，青州，齊州，曹州，濮州，密州，海州，沂州，萊州，淄州，登州。

縣七十三。

禹貢兗州之域。春秋時屬宋，即魯附庸須句音劬。國，太昊之後，風姓。左傳「公伐邾，取須句」。戰國時，其地屬魏。秦爲薛郡地，在漢爲東平國，屬兗州。後漢封皇子蒼是爲憲王。宋及後魏，並爲東平郡。周宣帝於此置魯州，尋廢。隋分兗州萬安縣置鄆州，大業三年罷州，爲東平郡。隋亂陷賊，武德五年討平徐圓朗，於今鄆城縣置鄆州，爲總管府。本理鄆城，貞觀八年，以下溼移理須昌。貞元三年，昇爲都督府。

州境：東西一百八十七里。南北二百六十四里。

八到：西南至上都一千八百二十里。西南至東都九百六十五里。東北至齊州二百八十里。東南至兗州一百九十里。西南至曹州三百三十里。〔二〕北渡河至博州一百八十里。

貢、賦：開元貢：絹十五匹。　賦：緜，絹。

管縣十：東平，須昌，陽穀，壽張，盧，東阿，鄆城，鉅野，平陰，中都。

東平縣，望。　郭下。古宿國，左傳曰「公及宋人盟于宿」，是也。兩漢爲無鹽地。後齊於此置須昌縣，屬東平郡，縣理無鹽城。隋別置須昌縣，屬鄆州，改須昌縣爲宿城縣。貞元三年，移於州理，改爲東平縣。

須昌縣，望。　郭下。本漢舊縣，屬東〔平〕〔郡〕，〔三〕故須句國。按此前須昌縣，在今縣東南三十二里，〔四〕須昌故城是也。隋改須昌爲宿城縣，更立須昌縣於今理，屬鄆州，縣在州南四十五步。

濟水，南自鄆城縣界流入，去縣西二里。

州理故須句城，左傳：「任、宿、須句、顓臾，皆風姓也。」注曰：「須句雖別國，而削弱不能自通，爲魯私屬，〔五〕若顓臾之比也。」

無鹽故城，在縣東三十六里。古宿國也。列女傳曰：「無鹽有醜女，名宿瘤，齊宣王善之，立爲夫人。」卽此縣女也。

清水石橋，在縣西三里。隋仁壽元年造，石作華巧，與趙州石橋相埒，長四千五百尺。〔六〕

東平思王宇墓，在縣東四十九里。漢東平思王宇，宣帝子，後薨，葬於此。其冢松柏皆西靡，王奢侈，生葬所愛幸者，守冢者嘗聞號呼，數年後乃不復聞聲。

陽穀縣，上。東南至州七十五里。本漢須昌縣地，隋於此置陽穀縣，取東阿縣界陽穀亭爲名也，屬濟州。天寶十三年，濟州爲河所陷没，以縣屬鄆州。

黄河，在縣北十二里。

故伏城，在縣東南二里。蓋伏生所居，因名之。

壽張縣，緊。東北至州四十五里。本漢壽良縣也，屬東郡。後漢光武以叔父名良改曰壽張，屬東平國。〔七〕隋開皇三年罷郡，屬濟州。十六年，割屬鄆州。武德四年屬壽州，五年廢壽州，屬鄆州。

梁山，在縣南三十五里。漢書曰「孝王北獵梁山」，是也。

壽州故城，在縣東南十五里。隋末百姓築以爲堡，武德四年，於此置壽州。

吕母垞，〔八〕在縣東南三十五里。後漢東海吕母合衆於此。兗州人謂城實中曰垞。音直加反。

盧縣，緊。東南至州一百里。本漢舊縣也，屬泰山郡，都尉理之，濟北王所都。後漢盧縣屬濟北國。宋屬濟北郡，隋開皇三年罷郡，縣屬濟州。大業三年復爲濟北郡。武德四年，討平王世充，復爲濟州。按濟州理碻磝城，碻，苦高反。磝，音敖。〔九〕本秦東郡之茌平縣地，其城西臨黄河，晉末爲河水所毁，移理河北博州界，事具博州。宋元嘉二十年，〔一〇〕寧朔將軍王玄謨前鋒入河北，〔一一〕平碻磝，立戍守之。都督劉義恭，以沙城不堪守，召玄謨毁城而還。後更城之。後魏略得河南，置鎮守。泰常八年，於此置濟州。至天寶十三載，州爲河所陷，廢。

碻磝津，在縣北一里。後魏於此置關，名濟州關，隋末廢。

劉公橋，架濟水，在縣東二十七里。〔一二〕宋武帝伐燕過此造橋，故俗呼爲劉公橋，隋末廢，貞觀元年重造，長十二丈，闊一丈二尺。

東阿縣，緊。南至州五十里。本漢舊縣也。〔一三〕春秋時齊之柯地，左傳曰：「公會齊侯盟于柯。」注曰：「此柯今濟北東阿，齊之柯邑，猶祝阿也。」漢志東阿縣屬東郡，都尉理。晉屬濟北國。隋開皇三年屬濟州，天寶十三載濟州廢，縣屬鄆州。

魚山，一名吾山，在縣東南二十里。〔一四〕瓠子歌曰：「吾山平兮巨野溢，魚怫鬱兮迫冬日。」〔一五〕卽此山也。曹子建每登此山，有終焉之志，及亡，葬於山下。

穀城山，在縣東三十二里。黃石公出一編書與張良曰：「後十三年，孺子見我濟北穀城山下，黃石卽我也。」是其處焉。

東阿故城，在縣西二十里。〔一六〕漢東阿縣城也，晉太康後省。魏志程昱謂范令靳允曰：「曹使君智殆天所授，君必固范，我守東阿，則田單之功可立。」謂此城也。水經注曰：「東阿大井巨若輪，深七八丈，〔一七〕每歲取此井水煑膠入貢，本草所謂阿膠也。」

陽穀亭，在縣東南四十二里。左傳齊桓公會諸侯於陽穀，是也。

項羽墓，在縣東二十七里。初，羽爲魯公，羽死後魯猶爲楚守，漢王示以羽首，魯乃降。羽死，乃以公禮葬於此。

鄆城縣，緊。 東北至州一百里。 本漢壽良縣地。左傳曰：「晉人執季文子於苕丘，還待於鄆。」按古鄆城，卽今縣是也。後漢及魏皆爲壽張縣地。隋開皇四年改爲萬安縣，十六年於此置鄆城縣。〔一八〕貞觀八年，移鄆州於須昌縣，鄆城依舊。

黎丘，在縣西四十五里。春秋時黎侯寓於衞，因以爲名。黎之臣子諷其君歸國，作詩曰「胡爲乎泥中？」蓋惡其卑溼也。

鉅野縣，望。 西北至州一百二十里。〔一九〕本漢舊縣，屬山陽郡。鉅野澤，在縣東五里，卽魯西狩獲麟處，武德四年，於此置麟州，以是獲麟之地，故以爲名。五年，廢麟州，以縣屬鄆州。

獲麟堆，在縣東十二里。春秋哀公十四年經曰：「西狩獲麟。」

大野澤，一名鉅野，在縣東五里。南北三百里，東西百餘里。爾雅十藪，魯有大野，西狩獲麟於此澤。

蚩尤墓，在縣東北九里。今山陽鉅野縣，〔三〇〕有蚩尤肩髀冢。按黄帝殺蚩尤於涿鹿之野，身體異處，故別葬焉。

平陰縣，上。西南至州一百二十里。〔三一〕本漢肥城縣地，屬泰山郡。古肥子國。隋開皇十四年，於今縣西北二十八里置榆山縣，大業二年移於今理，仍改名平陰，屬濟州。天寶十三載，州廢，縣割隸鄆州。

黄河，去縣十里。

平陰故城，在縣東北三十五里。左傳曰：「晉侯伐齊，齊侯禦諸平陰。」

故長城，首起縣北二十九里，〔三二〕齊湣王所築。蘇代謂燕王曰「齊有長城巨防，足以爲塞」是也。

陶山，在縣東三十五里。范蠡葬處。

左丘明墓，在縣東南五十五里。

中都縣，上。西北至州一百里。本魯國邑也，定公以孔子爲中都宰，一年四方皆則之。禮記曰：「夫子制於中都，四寸之棺，五寸之槨。由中都宰爲司寇。」故城在今縣西三十九里，一名殷密城。〔三三〕至漢，以其地爲東平陸縣，屬東平國。齊高帝改平陸縣爲樂平縣，隋復改樂平爲平陸縣，屬兗州。天寶元年改爲中都，割屬鄆州，今卻隸兗州。

汶水，北去縣二十四里，又北入須昌縣界。

桓水，在縣西八十里。晉桓溫進軍，北次金鄉，鑿鉅野三百里以通舟運，自清水入河。以是桓所鑿，故曰桓水，亦曰桓河。

兗州，魯郡。中都督府。開元户六萬七千三百九十七。元和户　鄉一百三十三。

禹貢兗州之域，兼得徐州之地。春秋時爲魯國。按：武王卽位，封周公於少昊之墟曲阜之地，周公不就封，留佐武王。武王崩，又相成王。其子伯禽，乃就封之魯，自伯禽至頃公三十四君，爲楚考烈王所滅。六國時地屬楚，秦滅楚以魯爲薛郡。漢高后時，更爲魯國。後漢仍爲魯國。兗州所理不恆，獻帝初平三年移兗州理濟陰之鄄城，以魏太祖曹操爲兗州牧，魏仍移兗州理東郡之廩丘，晉不改。永嘉之後，陷於石勒。北州流人南渡，成帝立南兗州，寄理京口。宋武帝平河南，又得其地，置兗州，後又屬魏。宋文帝元嘉八年理廣陵，二十八年理盱眙，三十年復理廣陵。〔三四〕隋大業元年，於兗州置都督府，二年改爲魯州，三年改爲魯郡，十三年爲賊徐圓朗所據。武德五年，討平圓朗，改魯郡置兗州，貞觀十四年，改置都督府。謹按：禹貢導沇水東流爲濟，截河南渡，東與菏澤、汶水會，又東北入於海。兗州在濟、河之閒，因濟水發源爲名，今郡理乃非其境。至周置兗州，始兼得今郡之地。而濟水自王莽末入河同流於海，則河南之地無濟水矣，自後所說，皆習舊名。

州境：東西三百三十一里。南北三百五十三里。

八到：西南至上都一千八百九十五里。西南至東都九百八十里。〔二五〕西南至宋州四百里。東至沂州三百八十里。西至曹州三百七十里。西北至鄆州一百九十里。東南至徐州三百四十里。〔二六〕正北微東至齊州二百三十里。

貢、賦：開元貢：鏡花綾二十四，防風二十斤，紫石英二十五兩。賦：綾，絹，緜。

管縣十一：瑕丘，金鄉，魚臺，鄒，龔丘，乾封，萊蕪，曲阜，泗水，任城，中都。

瑕丘縣，上。郭下。本漢縣，屬山陽郡。卽魯之負瑕邑也，左傳曰：「季康子伐邾，以邾子益來囚諸負瑕。」宋元嘉十三年立兗州，〔二七〕理瑕丘城。而瑕丘無縣，至隋文帝割鄒縣汶陽平原三縣界立瑕丘縣，屬兗州。

洙水，東去縣二十三里。

泗水，東自曲阜縣界流入，與洙水合。

淮王神通營，〔二八〕在瑕丘故城中，武德五年平賊徐圓朗，屯兵之處也。又有管國公任壞、薛國公長孫順德、原國公史萬寶壘，列營相次，各周迴五里。

堯祠，在縣東南七里，洙水之西。〔二九〕

金鄉縣，望。 東北至州一百八十里。 本漢東緡縣也，屬山陽郡。卽古之緡國城，左傳曰：「夏桀爲仍之會，有緡叛之。」陳留風俗傳曰：「東緡縣者，故陽武户牖鄉，〔三〇〕漢丞相陳平卽此鄉人也。」後漢於今兗州任城縣西南七十五里置金鄉縣，蓋因穿山得金，故曰金鄉，屬山陽郡。武德四年，於此置金州，五年廢爲戴州，貞觀中廢戴州，〔三一〕縣屬兗州。

昌邑故城，在縣西北四十二里。其中城周十餘里，外城周三十餘里。中有鐵柱，出地數尺。漢景帝三年，吴、楚、趙、膠西、濟南、菑川、膠東七國俱反，天子命條侯周亞夫將三十六將軍擊吴、楚，〔三二〕亞夫至淮陽，問父客鄧都尉策安出？客曰：「莫若引兵東北，壁昌邑，以梁委吴。將軍深溝高壘，使輕兵絶淮、泗口，塞吴餉道，吴、梁相弊，乃以全制其極，破吴必矣。」條侯從之。吴、楚以正月起，三月皆破滅，卽此城也。

魚臺縣，上。 東北至州一百九十里。 本漢方與縣，〔三三〕屬山陽郡。高齊文宣帝廢。隋開皇十六年復置方與縣，屬戴州。貞觀十七年廢戴州，縣屬兗州。寶應元年改爲魚臺縣，因縣北有魯君觀魚臺，故名。

縣理城，卽漢方與城也。

菏水，卽濟水也，一名五丈溝，西自金鄉縣界流入，去縣十里，又東南流合泗水。泗水東北自任城縣界流入，經縣東與菏水合，又東流入徐州沛縣界。

觀魚臺，卽武唐亭也，〔三四〕在縣北十三里。春秋隱公五年「公矢魚於棠」，是也。

泰山府君祠，在縣西十二里。

鄒縣，上。〔三五〕本漢騶縣地，〔三六〕故邾國，魯之附庸，魯穆公改邾爲鄒，因鄒山以爲名。隋大業二年改兖州爲魯州，三年罷魯州爲魯郡，縣皆屬焉。武德五年罷，縣屬兖州。按：邾國之地，陸終之子曹姓所封，卽今鄒縣是也。今黄州地亦爲陸終之後所封，蓋陸終有六子，各爲國也。

嶧山，一名鄒山，在縣南二十二里。〔三七〕禹貢曰「嶧陽孤桐」，卽此也。秦始皇二十六年，觀禮於魯，刻石於嶧山。晉建武初，兖州寄理山上。洛陽傾覆，郗鑒獲歸，〔三八〕州鄉人士並宗附之，遂共推鑒爲主，與千餘家避難於嶧山。〔三九〕中宗假鑒龍驤將軍、兖州刺史，鎮鄒山。後爲石勒所侵逼，鑒率文武自嶧山奔下邳。

鳧山，在縣東南三十八里。詩曰「保有鳧、嶧，遂荒徐宅」，卽此山也。

龔丘縣，中。南至州五十里。本漢寧陽縣之地，屬泰山郡，後漢改屬東平國。高齊文宣帝移置平原縣於漢寧陽縣城北十七里，今縣理也。隋以此縣與德州平原縣同名，以縣東南二十里有龔丘城，遂改爲龔丘縣，屬兖州。

青石山，在縣西三十里。後魏有青石山祠，卽謂此也。其山都是一大石耳，發地傑立，高四十餘丈，周迴三里。上有石池二所，東西行列，有類人工，冬夏澄清，初無耗溢，祈雨輒應，故今古祀之。

故汶陽城，在縣東北五十四里。〔四〇〕其城側土田沃壤，〔四一〕故魯號汶陽之田，謂此地也。〔四二〕

乾封縣，上。西南至州一百六十里。本齊之博邑，延陵季子適齊，子死，葬於嬴、博之閒。至漢武帝封禪，分嬴、博二縣立奉高縣，以奉泰山之祀。後魏改博縣爲博平，隋開皇十七年改博平爲博城縣。乾封元年，高宗封岳，析長安以置乾封，長安元年廢，〔四三〕乃於岱山下改博城縣爲乾封縣，屬兖州。

泰山，一曰岱宗，在縣西北三十里。

社首山，在縣西北二十六里。

高里山，亦曰蒿里山，在縣西北二十五里。

徂徠山，亦曰尤來山，詩曰：「徂徠之松。」後漢赤眉渠帥樊崇保守此山，自號尤來山老。〔四四〕

汶水，源出縣東北原山，西南流經縣理南，去縣三里。又有北汶、嬴汶、柴汶、牟汶、浯汶，〔四五〕述征記曰：「泰山郡水皆名汶。」按：今縣界凡有五汶，皆源別而流同也。

岳廟，在縣西北三十里，泰山之南。郡國志廟前有柏樹，漢武帝所種，赤眉賊斫一樹，見血乃止，有嶽令掌之。〔四六〕開元十三年冬，玄宗登封泰山。登封之夕，凝氛昏晦，迅風激烈，皇帝出齋宫，露立以請，及明清霽，旗旙不摇。事畢至山下，日光重輪又抱戴，〔四七〕明耀五色。千官稱賀，其日大赦，以靈岳昭感，封泰山神爲天齊王。

萊蕪縣，中。西南至州二百六十里。本漢縣也，故城在今淄州東南六十里。齊靈公滅萊，萊人流播，〔四八〕邑落荒蕪，故曰萊蕪。後漢范史雲曾爲此縣長，百姓歌其清儉，曰：「甑中生塵范史雲，釜中生魚范萊蕪。」至晉廢，後魏移古嬴縣於此。貞觀元年廢入博城縣。至長安四年又於廢嬴縣置萊蕪縣，取漢舊名也，屬兖州。

韶山，在縣西北二十里。其山出鐵，漢置鐵官，至今鼓鑄不絶。

曲阜縣，上。西北至州四十五里。本漢魯縣，卽春秋時魯國，伯禽所都。其地卽古炎帝之墟也。自後或爲魯國，或爲魯郡，而縣屬焉。高齊文宣帝省魯郡，仍於魯城置任城郡。隋開皇三年罷郡，仍移汶陽縣理此，屬兖州。十六年，改汶陽縣爲曲阜縣。

防山，在縣東二十五里。禮記曰「孔子既得合葬於防」，卽此是也。

壽丘，在縣東北六里。皇甫謐以爲黃帝生於壽丘，在魯城東門之北。

曲阜，在縣理魯城中，委曲長七八里。今按：季子臺及大庭氏庫及縣理城，並在其上。

洙、泗二水，東自泗水縣界流入，又西南流經縣北，分爲二流，水側有一城，爲二水之分會也，南爲泗水，北爲洙水。二水之閒，卽夫子領徒之所居也。

沂水，亦名雩水，源出縣東南八里。

坰澤，俗名連泉澤，在縣東九里。〔四九〕魯僖公牧馬之地，詩曰「駉駉牡馬，在坰之野」、是也。〔五〇〕

闕里，在縣西南三里魯城中，北去洙水百餘步。

兩觀，在縣東南五十步。定公二年「雉門及兩觀災」，卽家語孔子戮少正卯之處。

矍相圃，在縣西三里魯城中。〔五一〕

孔子墓，在縣西北三里魯城之北。〔五二〕

靈光殿，魯王所造，在魯城內。案文選，漢景帝子名餘，封爲魯王，好理宮室，而建此殿。遭王莽亂，宮室被焚，建章皆隳壞，而靈光殿巋然獨存。

泗水縣，上。西南至州一百里。漢卞縣之地，卽春秋之虛朾地。〔五三〕隋分汶陽縣於此城置泗水縣，屬兖州。

尼丘山，在縣南五十里。叔梁紇禱尼丘山而生孔子。

梁父山，在縣北八十里，西接徂徠山。封禪書曰：「古者封泰山禪梁父七十二家。」

龜山，在縣東北七十五里。詩曰「奄有龜蒙」，定公十年左傳曰「齊人來歸龜陰之田」，是也。

泗水，源出縣東陪尾山，其源有四，四泉俱導，因以爲名。

盜泉，源出縣東北高徑山之陰。淮南子曰：「孔子不飲盜泉之水。」〔五四〕

漏澤，在縣東七十里。此澤漏穴有五，皆方丈餘，深二丈以上。其澤每春夏積水，秋冬漏竭。將漏之時，居人知之，不過三日，漏水俱盡，先以竹木作薄籬圍之，水族山積也。

菟裘故城，在縣北五十五里。魯隱公曰：「使營菟裘，吾將老焉。」

任城縣，緊。東至州七十六里。本漢舊縣，屬東平國。古任國，太昊之後，風姓也。僖公二十一年左傳曰：「任、宿、須句，皆風姓也。」〔五五〕注曰：「任，今任城縣也。」魏志曰文帝封鄢陵侯彰爲任城王。齊天保七年，移高平郡於此，任城縣屬焉。隋開皇三年，罷高平郡，屬兗州。〔五六〕

承注山，〔五七〕在縣東南七十六里。女媧生處，按今山下有女媧廟。

桓公溝，源出縣理西四十里萌山之下。宋武帝北征記曰：「桓公宣武，以太和四年率衆平趙、魏時，遣冠軍將軍毛彪生鑿此溝，號曰桓公溝。於今四十九年矣，溝已填塞，公遣寧朔將軍朱超更鑿石通之。」

女媧陵，在縣東南三十九里。

魏王粲墓，在縣南五十二里。

青州，北海。 望。 開元户五萬五千一百三十一。〔五八〕 鄉一百二。

古少昊氏之墟，禹貢青州之地。舜時以青州越海遼遠，分爲營州。禹復置九州。武王克商，封師尚父於齊營丘。周成王少時，命太公曰：「東至於海，西至於河，南至於穆陵，北至於無棣，穆陵山，在今琅邪沂水縣界。無棣，今景城郡屬縣也。〔五九〕五侯九伯，實得征之。」至二十九代，〔六〇〕爲田和所篡。和子孫强盛，與燕、趙、韓、魏、楚俱稱王，五世至建，爲秦所滅，分齊地置齊、琅邪二郡。〔六一〕漢元年冬，更爲臨淄，項羽立田都爲王，都臨淄。其年四月，田榮擊都，都走楚，榮自立爲王。十二月，楚擊榮，榮走平原，項羽立田假爲王。榮弟横擊假，假走楚，楚立田廣爲王。三年，韓信殺廣，漢立韓信爲齊王。五年，信徙王楚。六年，以膠東等七十餘城封皇子肥爲齊王，傳國至厲王昌，國除。武帝復封次子閎爲齊王。後國除，遂以齊爲郡，領縣十二，理臨淄。後漢改齊郡爲齊國。曹魏明帝封子芳爲齊王，尋卽帝位。晉武帝以弟攸爲王，子冏嗣，永嘉末陷於石勒。其後南燕慕容德建都於此，至慕容超，宋武帝伐克之，以沈文秀爲青州刺史，守東陽城，爲魏將慕容白曜所陷，遂入後魏。隋大業三年，罷州爲北海郡，領縣十。隋亂陷賊，武德二年，〔六二〕海岱平定，改爲青州，置總管府。

州境：東西二百七十里。南北三百四十四里。

八到：西南至上都二千四百五里。西南至東都一千五百五十五里。東北至萊州三百四十五里。南至沂州四百五十里。東至密州三百三十里。西北至棣州三百二十〔三〕里。〔六三〕

貢、賦：開元貢：仙文綾，棗，糖，海物。賦：緜，絹。

管縣七：益都，臨淄，千乘，臨朐，北海，壽光，博昌。

益都縣，望。郭下。本漢廣固縣地，〔六四〕魏於今壽光縣南十里益都城置益都縣，屬齊國。宋及後魏屬齊郡。隋開皇三年罷郡，縣屬青州。

淄水，西去縣五十五里。

廣固城，在縣西四里。晉永嘉五年，東萊牟平人曹嶷爲刺史所築，有大澗，甚廣固，故謂之廣固。初，南燕慕容德議所都，尚書潘聰曰：「青、齊沃壤號東秦，土方二千里，四塞之固，負海之饒，可謂用武之國。廣固者，曹嶷之所營，山川阻峻，足爲帝王之都。」德從之。及義熙五年，宋武帝征慕容超於廣固也，城側有五龍口，險阻難攻，兵力疲弊，河閒人玄文説裕曰：「昔趙攻曹嶷，望風者〔六五〕以爲澠水帶城，非可攻拔；若塞五龍口，城當必陷。石季龍從之，嶷請降。後五日，大雨震雷，復開，徙舟嶧陽。〔六六〕冉閔之亂，段龕據之，慕容恪攻圍數月，不尅，又塞五龍口，龕遂降。後無幾，又震開之。今舊基猶存，宜謹修築。」裕從之。超及城中男女，皆患腳弱，病者大半，超遂出奔，爲晉所擒。

臨淄縣，緊。南至州四十里。古營丘之地，吕望所封，齊之都也。太公後二十九代康公，爲田和所滅。和立爲齊侯，後稱王，五代至王建爲秦所滅。秦立爲縣，城臨淄水，故曰臨淄。自漢至後魏，並屬齊郡。高齊省。隋開皇十六年，移高陽縣理此，改爲臨淄縣，屬青州。

社山，〔六七〕在縣西北二十五里。一名愚公山，有愚公谷，在山之陰。

牛山，在縣南二十五里。昔齊景公遊牛山，北望而歎曰：「美哉國乎！古而無死，將何去此？」晏子對曰：「古而無死，則太公、丁公之樂也，君何與於此哉！」〔六八〕

營丘，在縣北百步外城中。爾雅曰：「水出其前經其左，曰營丘。」〔六九〕今臨淄城中有丘，淄水出其前，經其左，故曰營丘。

葵丘，在縣西北二十里。齊侯使連稱、管至父戍葵丘，即此也。

縣理即古臨淄城也，漢齊郡亦理於此。蘇秦説齊王曰：「臨淄城中七萬户，户不下三人，即二十一萬人。」又燕王謂蘇代曰：「吾聞齊地清濟濁河可以爲固，長城巨防可以爲塞。」漢書田肯曰：「夫齊，東有琅邪、即墨之饒，南有泰山之固，懸隔千里，持戟百萬，齊得十二焉。此東西秦也，〔七〇〕非子弟勿王。」漢六年，封皇子肥爲齊王，盡得故齊地，人能齊言者悉與之。

齊雪宫故址，在縣東北六里。晏子春秋所謂齊侯見晏子於雪宫也。〔七一〕

天齊池，在縣東南十五里。封禪書曰：「齊之所以爲齊者，以天齊池也。」〔七二〕

齊桓公墓，在縣南二十三里鼎足山上。〔七三〕貞觀十一年詔致祭，禁二十步内不令樵蘇。

管仲墓，在縣南二十三里。〔七四〕

晏嬰墓，在縣東北三里。〔七五〕貞觀十一年，詔十五步並禁樵蘇。

千乘縣，上。東南至州八十里。本漢舊縣也，屬千乘郡，有鹽官。〔七六〕後漢和帝永元七年，改千乘郡爲樂安國，千乘縣仍屬焉。武德二年，於此置乘州，八年廢乘州，千乘依舊屬青州。千乘者，以齊景公有馬千駟，畋於青丘，今縣北有青丘縣，因以爲名。

淄水，南去縣三十八里。

臨朐縣，上。北至州四十里。本漢縣也，屬齊郡。東有朐山，因以爲名。隋開皇六年，改爲逢山縣，屬青州取縣西逢山爲名。大業二年，又改爲臨朐縣。

朐山，在縣東南二里。

逢山，在縣西二十二里。

破車峴，在縣東南三十五里。按：峴高七十丈，周迴二十里，道徑險惡，因名破車峴。

北海縣，緊。西北至州一百三十里。本漢平壽縣地，屬北海郡。隋開皇三年罷郡，置下密縣於廢郡中，屬青州。十六年，又於此置濰州，取界內濰水爲名。大業二年廢濰州，仍改下密縣爲北海縣。

海水，在縣東北一百二十里。禹貢「海、岱惟青州」。今按：海，東接萊州，西接壽光縣界。

濰水，南去縣五十五里。

膠水，東去縣八十五里，與萊州膠水縣中分爲界。

公孫弘墓，在縣西。〔七七〕

壽光縣，緊。西南至州七十里。本漢舊縣也，屬北海郡。後漢改屬樂安國。〔七八〕宋省壽光縣。隋開皇六年，於縣北一里博昌故城置壽光縣，屬青州。武德二年屬乘州，八年廢乘州，還屬青州。

海水，在縣東北一百一十里。東接北海縣界，西接博昌縣界。

淄、澠二水，西自千乘縣界流入，去縣四十里。

博昌縣，上。東南至州一百二十里。本漢舊縣，屬千乘郡。昌水其勢平博，故曰博昌。後漢以千乘郡爲樂安國，〔七九〕博昌縣仍屬焉。晉、宋、後魏並同。高齊省，〔八〇〕移樂陵縣今縣東十二里樂陵故城。〔八一〕理此，屬樂安郡。隋開皇三年罷郡，樂陵縣屬青州，十六年改爲博昌縣。

濟水，北去縣百步，又東北流入海。

海浦，在縣東北二百八十里。卽濟水東流入海之處，水口謂之海浦。

蒲姑故城，在縣東北六十里。齊舊都也。

齊州，齊郡。〔八二〕上。開元户四萬九千一百五十七。

禹貢兗州之域。春秋及戰國時屬齊國，秦併天下爲齊郡。漢分齊郡立濟南國，〔八三〕今州卽濟南國之歷城縣理也。景帝三年爲濟南郡，〔八四〕理東平陵，屬青州。晉永嘉之後，郡移理歷城，卽今州理是也。後爲石勒所據，慕容氏亦有其地，義熙五年，劉裕平之。宋元嘉九年，分青州立冀州，理歷城。後魏將慕容白曜攻下歷城，後文帝改冀州爲齊州，與濟南郡並理。隋開皇三年罷郡，〔八五〕以所領縣屬齊州。大業三年罷州，爲齊郡。隋末陷於寇賊，武德元年海、岱平定，罷郡復州。

州境：東西三百八十二里。南北一百四十二里。

八到：西南至上都二千一百五里。西南至東都一千二百里。東至淄州一百九十里。西渡河至博州二百九十里。東北渡河至棣州三百五十里。〔八六〕正南微西至兗州三百三十里。〔八七〕正北微西至德州二百四十五里。

貢、賦：開元貢：絲，葛。 賦：緜，絹。

管縣九：歷城，全節，章丘，亭山，臨邑，臨濟，長清，豐齊，禹城。

歷城縣，上。 郭下。 古齊歷下，城對歷山之下。 漢爲歷城縣，屬濟南國。 晉屬濟南郡。隋開皇三年罷郡，縣屬齊州。

華不注山，一名華山，在縣東北十五里。〔八八〕齊、晉戰于鞍，齊敗績，晉逐之，三周華不注。

州理城，古歷下城也。 左傳晉平公伐齊，戰于歷。〔八九〕漢書酈食其說齊王田廣，罷歷下軍守備，韓信度平原襲破歷下，因入臨淄。 述征記曰：「歷城到營城三十里。〔九〇〕自城以東，水瀰漫數十里，南則迫山，實爲險固也。」

神通寺，在縣東七十里琨瑞山中，苻秦時沙門竺僧朗隱居也。 朗少事佛圖澄，尤明氣緯，隱於此谷，因謂之朗公谷。

全節縣，上。 西南至州七十里。 本春秋譚國之地，齊滅之。 漢以爲東平陵縣，屬濟南郡。宋省「東」字。 後魏爲東陵，至周省。 其全節縣，本是隋末土人李滿率鄉人據堡，贍以家財，武德二年歸國，於堡置譚州及平陵縣，以滿爲譚州總管。 貞觀元年廢譚州，縣屬齊州。十七年，燕亮搆逆，滿及男君球固守。 賊平縣廢，有詔重置縣，改名全節，以旌其功焉。

濟水，在縣北四十里。

巨合城，在縣東南二十三里。耿弇討張步，守巨里，即此城也。

章丘縣，上。〔九一〕本漢陽丘縣也，屬濟南郡。高齊文宣帝天保七年，〔九二〕自高唐故城移高唐縣理於此。隋開皇十八年，以博州亦有高唐縣，改爲章丘縣，屬齊州，取縣南章丘山爲名也。武德二年屬譚州，貞觀元年廢譚州又屬齊州。

東陵山，在縣南二十八里。莊子曰：「盜跖死於東陵之上。」

龍盤山，在縣東二十五里。上有神跡，是姜嫄所履處。

長白山，在縣東南三十里。高二千九百丈，周迴六十里。〔九三〕

濟水，西去縣十七里。

縣理城，即黃巾城也，在濟水之南岸。漢獻帝建安中，黃巾賊張角之所守也。

亭山縣，上。西北至州九十里。本漢〔東〕平陵縣地，〔九四〕宋於此置衞國縣，屬頓邱郡。隋開皇六年，改爲亭山縣，屬齊（郡）〔州〕，〔九五〕縣東南有亭山，因以爲名。

長白山，在縣東北六十里。齊記曰：「於陵城西三里有長白山，陳仲子夫妻所隱也。」

百脈水，出縣東北平地，水源方百餘步，百泉俱出合流，故名之。

臨邑縣，上。南至州六十里。本漢舊縣，〔九六〕屬東郡。至晉，屬濟北國。宋孝武帝孝建二年，立東魏郡，〔九七〕理臺城，以臨邑縣屬焉。隋開皇三年罷郡，臨邑縣屬齊州。武德二年屬譚州，貞觀元年廢譚州，屬齊州。

黄河，在縣北七十里。

濟水，西去縣四十里。

漯水，北去縣七里。

鹿角關，在縣西北七十里。隋大業三年廢。

長清縣，上。東北至州八十里。本漢盧縣地，隋開皇五年，於此置鎮，十四年廢鎮，長清縣屬濟州。因清水爲名。貞觀十七年廢濟州，屬齊州。

隔馬山，〔九八〕在縣東南三十五里。左傳曰，晉侯伐齊，齊師遁，夙沙衛殺馬於隘以塞道，後因爲隔馬山。

黄河，北去縣五十五里。

濟水，北去縣十里。

清水，西南去縣十里。

淯溝泊，〔九九〕在縣西南五里。東西三十里，南北二十五里，水族生焉，數州取給。

廢四口關，在縣西南五十里。後魏置，武德九年廢。

石窌故城，在縣東三十里。

臨濟縣，上。西南至州一百二十里。本漢菅縣，〔一〇〇〕屬濟南郡。隋開皇六年，移朝陽縣理於此，屬齊郡，〔一〇一〕十六年改爲臨濟縣。

黄河，在縣北八十里。

濟水，在縣南二十里。

豐齊縣，上。東北至州四十里。本漢茌縣也，〔一〇二〕取縣東北茌山爲名，屬泰山郡。隋大業二年省入歷城縣。武德元年重置，天寶元年改爲豐齊。

岐陽山，在縣東南五十里。

濟水，西去縣二十六里。

祝阿故城，在縣東北二里。禮記曰「武王克殷封（皇）〔黄〕帝之後於祝」，〔一〇三〕即此。

禹城縣，上。東南至州一百五十里。本漢祝阿縣，春秋時齊邑，漢以爲縣，屬平原郡。隋開皇十六年，改屬齊郡。天寶元年改名禹城縣，以縣西南三十里有禹息故城，因而爲名，在州西北八十五里。

卷十校勘記

〔一〕鄉六十二　攷證：官本作「六十一」。

〔二〕西南至曹州　今按：各本脱「南」字，曹州云「東北至鄆州」。

〔三〕本漢舊縣屬東（平）〔郡〕　攷證：「漢」宜作「秦」，水經注云「秦以爲縣」，顧祖禹亦曰秦縣。今按：「東平」，「平」字各本作「郡」是，此誤，今改。漢志須昌，東郡屬縣。

〔四〕三十二里　攷證：錢坫引作「三十三里」。

〔五〕爲魯私屬　今按：與左傳僖二十二年杜注合，各本無「爲」字。

〔六〕四千五百尺　攷證：官本作「四百五十丈」，樂史作「四百五十尺」，近實。

〔七〕東平國　今按：各本「國」誤「郡」。攷證云：「宋始爲郡，縣曰壽昌，沈約云。」

〔八〕吕母垞　攷證：水經注「垞」作「宅」，脱土旁。按下云「兖州人謂城實中曰垞」，本揚子方言。今按：水經濟水注謂吕母宅在梁山北三里，即此所本。攷後漢書劉盆子傳「琅邪海曲有吕母」，東觀漢記同，則吕母宅在海曲不在壽張。

〔九〕碻苦高反磝音敖　今按：殿本同，它本無此注。

〔一〇〕元嘉二十年　攷證：「十」下脱「七」字，水經注河水條作「二十七年」，與宋書、通鑑合，王應麟引作「十一年」，誤。

〔一一〕前鋒入河北　今按：各本無「北」字，水經河水注亦無「北」字，此從通典。

〔一二〕在縣東　攷證：樂史「東」作「南」。

〔一三〕本漢舊縣也　攷證：顧祖禹引帝王世紀作「秦縣」。

〔一四〕在縣東南　攷證：趙殿成引此無「東」字。

〔一五〕魚佛鬱兮迫冬日　攷證：「佛」，史記作「沸」，漢書作「弗」。「迫」，史、漢並作「柏」，徐廣曰「柏猶迫也」。

〔一六〕在縣西二十里　攷證：錢坫引作「十二」，狄子奇箋戰國地名攷所引同。括地志云「在東阿縣西南二十五里」，此疑脱，錢、狄所引並誤。

〔一七〕七八丈　攷證：水經注原作「六七丈」。

〔一八〕十六年　攷證：隋志作「十八年」。

〔一九〕西北　攷證：按唐鉅野即今縣治，「西」宜作「東」。

〔二〇〕今山陽鉅野縣　攷證：語本皇覽，見水經注，「今」上脱「皇覽」二字，則山陽於義無當，鉅野魏屬山陽郡，故云。

〔二一〕一百二十里　今按：殿本同，它本作「二十里」。

〔二二〕二十九里　攷證：王應麟引作「一十九里」。

〔二三〕一名殷密城　攷證：郡國志、水經注「殷」並作「致」，樂史與此同。

〔二四〕文帝元嘉八年至復理廣陵　攷證：此南兗州沿革，詳宋志，於此無涉。

〔二五〕西南至東都九百八十里　今按：各鈔本、岱南閣、畿輔二本並脱此條，殿本有。

〔二六〕東南至徐州三百四十里　今按：各鈔本作「一百三十里」，岱南閣本、畿輔本作「一百三十里」，並有「一作四百里」五字，殿本作「四百里」。按前徐州八到云「西北至兗州三百四十里」，則此不誤。

〔二七〕十三年　攷證：按州郡志，宜作「三十年」。

〔二八〕淮王神通營　攷證：官本「淮」下有「安」字，此脱。

〔二九〕洙水之西　攷證：「西」，王琦引作「右」。

〔三〇〕東緡縣者故陽武户牖鄉　攷證：按此志前引實「陳留東昏故城」，允矣，此復引實「東緡」，誤。地理志陳留東昏，音昏；山陽東緡，音旻，不容淆也。

〔三一〕貞觀中廢戴州　今按：戈襄校舊鈔本、通經樓鈔本、殿本同，它本作「貞元」，誤。戴州廢於貞觀中，新唐志及後魚臺、成武縣叙可證。

〔三二〕三十六將軍擊　攷證：官本無「將」字。

〔三三〕本漢方與縣　攷證：「漢」宜作「秦」，「與」宜作「輿」，見地理志，本秦縣，見史記。

〔三四〕卽武唐亭也　攷證：水經注「唐」作「棠」。

〔三五〕鄒縣上　今按：下脱至州方里，史記樊酈滕灌列傳正義云「鄒，兗州縣，在州東南六十里」，可補此缺。

〔三六〕本漢騶縣地　今按：與漢志同，各本「騶」作「鄒」。攷證云：「按鄒本秦縣，史記『始皇二十八年上鄒嶧山』，俗連讀爲山名，誤。」

〔三七〕在縣南二十二里　今按：通鑑秦始皇紀注引括地志作「三十二里」，史記夏本紀正義與此同。攷證云「錢坫引無下『二』字」，恐誤。

〔三八〕郗鑒　攷證：「郗鑒」，晉書誤作「郄」，音義迥別。

〔三九〕與千餘家避難於嶧山　攷證：晉書「與」作「舉」。

〔四〇〕縣東北　攷證：錢坫引無「東」字。

〔四一〕沃壤　攷證：王鳴盛引作「沃饒」。

〔四二〕故魯號汶陽之田謂此地也　攷證：官本「田」下作「成公二年齊歸我汶陽之田，即此」。

〔四三〕長安元年　攷證：舊志同，新書及會要並作「神龍」，恐未的。

〔四四〕尤來山老　攷證：水經注「山」作「三」，詩地理攷亦作「三」，此恐誤。

〔四五〕浯汶　今按：殿本同，它本少此二字。攷證謂唐仲冕岱覽引有「浯汶」二字。

〔四六〕岳廟至有嶽令掌之　今按：殿本同，戈襄校舊鈔本、陳樹華鈔本無「泰山之南」以下二十八字，它本此條無「岳廟」四十一字，而於下列「岳廟在縣西北三十里泰山之南」一條，蓋均有脱佚倒錯，當如此本。

〔四七〕日光重輪又抱戴　今按：各本無「光重輪」三字。

〔四八〕萊人流播　攷證：語本從征記，下有「此谷」字，宜補入，文義方足。

〔四九〕在縣東九里　攷證：官本「東」下有「南」字。

〔五〇〕垌澤至是也　攷證：官本接前條下，非。

〔五一〕在縣西三里魯城中　今按：「西」下脱「南」字。上闕里條云魯城在縣西南三里，史記孔子世家及匈奴列傳正義引括地志並言魯城在曲阜縣西南三里。又史記田叔列傳正義引括地志云：「矍相圃在兗州曲阜縣南三十里，禮記云孔子射於矍相之圃，觀者如堵牆也」。「南三十里」，亦傳寫之誤。

〔五二〕在縣西北三里魯城之北　今按：「西北」誤，當作「西南」，詳上。史記孔子世家「孔子葬魯城北泗上」，集解引皇覽云「孔子冢去城一里」，與此不同。

〔五三〕即春秋之虚朾地　攷證：官本「虚朾」作「靈𦉼」，誤，三傳並作「虚朾」。

〔五四〕孔子不飲盜泉之水　今按：殿本同，它本無「之水」二字。

〔五五〕皆風姓也　攷證：王琦引「也」下有「實司太皡與有濟之祀」句。今按：「實司太皡」句亦是僖二十一年左傳文，各本皆無此句，疑引者自據傳文足成之，非必是此志原文。

〔五六〕屬兗州　攷證：王琦引「屬」上有「縣」字。

〔五七〕承注山　攷證：樂史作「承匡」，此恐形近之誤。

〔五八〕三十一　攷證：官本作「三十二」。

〔五九〕今景城郡屬縣也　今按：岱南閣本、畿輔本「景」誤「縣」。

〔六〇〕至二十九代　攷證：此本班固，説恐未的。按史記，太公至康公，凡三十一世。程恩澤作「三十八代」，狄子奇引呂覽作「三十四代」，元和志作「三十九代」，並誤。又按呂覽仲冬紀本作「二十四」，或别有説，其云三十四代者，乃指魯言，子奇不諳原文，引以實齊，謬甚。

〔六一〕琅邪　攷證：官本作「瑯琊」，史記、漢書「郎」作「琅」。

〔六二〕武德二年　攷證：「二年」，舊書及會要並作「四年」。

〔六三〕三百二十〔二三〕里　攷證：棣州作「三百二十三里」，官本同，此脱。今按：此脱「三」字，依攷證説從殿本增。

〔六四〕本漢廣固縣地　攷證：地理志廣縣，無「固」字。晉築城始有廣固之名，不置縣。

〔六五〕望風者　攷證：水經注作「望氣者」，南燕録同，此疑訛。

〔六六〕徙舟嶧陽　攷證：官本有「徙舟嶧陽」句，南本依增，按水經注及南燕録並無。

〔六七〕社山　攷證：水經注作「杜山」，疑訛。

〔六八〕君何與於此哉　攷證：官本「與」作「預」，非，唐諱「預」。

〔六九〕爾雅曰至曰營丘　攷證：今本爾雅作「水出其左曰營丘」，水經注作「水經其前左爲營丘」，均與此别。

〔七〇〕此東西秦也　今按：與漢書高帝紀合，各本脱「西」字。

〔七一〕景子春秋至雪宫也　攷證：閻若璩曰「今晏子春秋無此語」。

〔七二〕齊之所以爲齊者以天齊池也　今按：史記封禪書作「以天齊也」，無「池」字，漢書郊祀志同。解道彪齊記云：「言如天之腹齊也。」蘇林漢書注云：「天齊者，當天中央齊也。」此志本括地志爲説，見齊太公世家正義引，括地志引封禪書無「池」字，此蓋涉上文而衍。

〔七三〕縣南二十三里鼎足山上　今按：史記齊太公世家正義引括地志「齊桓公墓在臨菑縣南二十一里牛山上，亦名鼎足山，一名牛首堈」。此云「二十三里」疑誤。牛山既即鼎足山，上云「牛山在縣南二十五里」又不同。

〔七四〕縣南二十三里　今按：史記管晏列傳正義引括地志「管仲冢在青州臨淄縣南二十一里牛山之阿」。又齊太公世家正義引云「在縣南二十一里牛山上，與桓公冢連」。與此不同，未知孰是。

〔七五〕縣東北三里　今按：史記管晏列傳正義引括地志「齊晏嬰冢在齊子城北門外。晏子云『吾生近市，死豈易吾志』。乃葬宅後，人名曰清節里」。紀要謂齊城有大小二城，小城猶内城，所言似近實。至皇覽云「晏子冢在臨淄城南淄水南，桓公冢西北」，與此又别，蓋誤指管仲冢爲晏嬰冢也。

〔七六〕有鹽官　攷證：地理志作「有鐵官」。

〔七七〕在縣西　今按：此脱里數，括地志云「公孫弘墓在青州北海縣西二十里」，可補此缺。見史記平津侯主父列傳正義引。

〔七八〕改屬樂安國　攷證：官本「國」作「郡」，誤。

〔七九〕後漢以千乘郡爲樂安國　今按：戈襄校舊鈔本、清初鈔本、殿本「國」誤「郡」，岱南閣本、畿輔本脱「後」字、「以」字。

〔八〇〕高齊省　今按：「高齊省」下岱南閣本、畿輔本有「仍自今縣東十二里樂陵故縣」十二字，疑校者旁注誤入正文。

〔八一〕樂陵故城　今按：殿本同，它本無此注。

〔八二〕齊郡　攷證：宜作「濟南」，新志云「舊齊郡，天寶五載改濟南」，此沿舊名。

〔八三〕漢分齊郡立濟南國　今按：殿本同，它本「漢」上有「即」字，于文不例，疑衍。

〔八四〕景帝三年　攷證：「三年」，錢坫云「漢志别本作『二年』」，非。

〔八五〕隋開皇三年罷郡　今按：各本「三年」作「十三年」。攷證云：「『十』宜衍，隋書開皇三年罷郡，歷城縣叙原無『十』字。」

〔八六〕三百五十里　攷證：棣州八到云「二百五十」，此誤。

〔八七〕正南微西至兖州　今按：殿本同，它本「西」作「東」，攷證云「西」字是。

〔八八〕華不注山至東北十五里　攷證：歷城縣志引此下注「不，讀如字」，此脱。

〔八九〕左傳晉平公伐齊戰于歷　攷證：按左傳，平公伐齊凡二見，無此文。史記云「平公元年伐齊，齊靈公與戰靡下」，徐廣曰「靡一作『歷』」，與此亦別，疑有誤。

〔九〇〕瞀城　攷證：顧祖禹引述征記「瞀」作「萺」。

〔九一〕章丘縣上　攷證：下脫至州方里，樂史云「州東北一百二十里」。

〔九二〕高齊文宣帝　今按：岱南閣本、畿輔本脫「帝」字。

〔九三〕周迴六十里　攷證：官本下有「齊記曰於陵城西三里有長白山，卽陳仲子夫婦所隱也」，此見亭山縣長白山下。

〔九四〕漢〔東〕平陵縣地　今按：清初鈔本、陳樹華鈔本作「東平陵縣」，與漢志合，它本與此並脫「東」字，今據補。

〔九五〕屬齊(郡)〔州〕　今按：各本「郡」作「州」，是，此誤。隋志「齊郡，舊曰齊州」，此志州叙云「大業三年罷州爲齊郡」，則開皇六年應稱齊州，今據改。

〔九六〕本漢舊縣　今按：漢東郡臨邑，故城在今東阿縣北，此蓋漢漯陰縣地，劉宋僑置臨邑縣於此，非漢舊縣。

〔九七〕孝建二年立東魏郡　攷證：此本地形志，沈約未詳。

〔九八〕隔馬山　攷證：水經注「隔」作「格」。

〔九九〕湞溝泊　今按：殿本同，它本「湞」作「涓」。攷證云：「樂史作『湄』，水經注云『濟水東北與湄溝合，水上承湄湖』，湞、涓均恐形近之訛。」

〔一〇〇〕本漢菅縣　今按：殿本同，與漢志合，它本作「管」。攷證云：「地理志作『菅』，音姦。樂史作『營』，校云『元和志作「菅」。』錢坫云『菅在今章丘縣西北二十五里，應劭讀爲姦，王子侯表有管恭侯劉罷軍，即此縣，字通用。』樂史引太康地志云『管叔後又封於此城。』」又按：菅縣廢於劉宋，見宋志，隋於菅城置朝陽耳。

〔一〇一〕齊郡　今按：各本作「濟州」，與此並誤，當作「齊州」，詳上。

〔一〇二〕茬縣　今按：「茬縣」，舊唐志作「茌」，下同。

〔一〇三〕封〔皇〕〔黄〕帝之後於祝　今按：戈襄校舊鈔本、通經樓鈔本作「黄」，它本與此誤作「皇」。史記周本紀「封黄帝之後於祝」，是，今據改。

元和郡縣圖志卷第十一

河南道七

曹州　濮州　密州　海州　沂州　萊州　淄州　登州

曹州，濟陰。上。開元户七萬三千一百六十一。鄉一百四十九。

禹貢豫州之域。於周又爲曹國之地，後屬於宋，左傳哀公八年，宋景公滅曹。按：曹國在州東北三十七里濟陰縣界，故定陶城是也。七國時屬齊，宋爲楚、魏所滅，〔一〕三分其地，齊得其濟陰、東平。漢爲濟陰郡之地，在濟水之南，故以爲名。景帝中六年，别爲濟陰國。宣帝甘露二年，更名定陶。哀帝更爲濟陰郡，屬兗州。後魏於定陶城置西兗州，周武帝改西兗州爲曹州，取曹國爲名也。隋大業三年，改爲濟陰郡。隋亂陷賊，武德四年平孟海公，復爲曹州。

州境：東西二百五十九里。南北二百五十九里。

八到：西至上都一千五百二十五里。西至東都六百六十五里。西南至汴州二百四十五里。東至兗州三百七十里。東北至鄆州二百三十里。東南至宋州一百五十里。西北至滑州二百里。〔二〕

貢、賦：開元貢：蛇牀子，葶藶。　賦：緜，絹。

管縣六：濟陰，寃句，乘氏，成武，南華，考城。

濟陰縣，緊。　郭下。　本漢定陶縣之地，屬濟陰郡。　隋開皇六年於此置濟陰縣，屬曹州。
皇朝因之。

曹南山，在縣東二十里。　詩所謂「薈兮蔚兮，南山朝隮」，是也。

氾水，在縣南。　昔漢高祖既定天下，卽位於氾水之陽。　張晏曰：「氾水在濟陰界。　取其汎受弘大而潤下。」〔三〕按今氾水縣東亦有高祖卽位壇，據叔孫通傳云「高祖爲皇帝，通於定陶就其儀」，〔四〕在濟陰是也。

菏澤，在縣東北九十里，故定陶城東北。　其地有菏山，故名其澤爲菏澤。　禹貢曰：「導菏澤，被孟豬。」

州理中城，蓋古之陶丘也，一名左城。　帝王世紀「舜陶於河濱，卽禹貢之陶丘，今濟陰定陶西有陶丘」，是也。　爾雅曰「再成爲陶丘」，成，猶重也。

古曹國，在縣東北四十七里，故定陶是也。　定陶故城，堯所居也。　堯先居唐，後居陶，故曰陶唐氏。　史記曰曹叔振鐸者，周武王弟，封於曹。　魯哀公八年，宋滅曹，執曹伯陽。　自曹叔至伯陽，凡十八葉。〔五〕又范蠡相越平吳後，變姓名爲朱公，居於陶，號陶朱公，亦此地也。

莘仲故城，在縣東南三十里。蓋古之莘國也，〔六〕伊尹耕於莘野，湯聞其賢，聘以爲相，卽此地。

三鬷亭，古國也，在縣東北四十九里。湯伐桀，遂伐三鬷，俘厥寶玉。〔七〕注曰：「三鬷，國名，今定陶是也。」

冤句縣，緊。東至州四十七里。本漢舊縣也，漢初屬梁國，景帝時屬濟陰郡。隋開皇三年罷郡，以縣屬曹州。

煮棗故城，在縣西北四十里。漢書「樊噲攻煮棗，屠之」，是也。

濟陽故城，在縣西南五十里。〔八〕漢濟陽縣也，光武以建平元年生於濟陽縣，明照一室，是歲有嘉禾生，一莖九穗，大於凡禾，因名秀。光武皇考爲濟陽令。

袁本初故城，在縣北七十里。〔九〕袁紹所築。

乘氏縣，緊。南至州五十四里。本漢舊縣也，屬濟陰郡。隋開皇三年罷郡，以縣屬曹州。大業末年廢，武德四年重置。

孟海公南北二城，在縣東四十五里。隋末賊帥孟海公所築。

成武縣，緊。西至州一百里。本漢舊縣也，屬山陽郡，後漢改屬濟陰郡。隋於此置戴州，成武縣屬焉。大業二年省戴州，縣移理州城中，後屬曹州。武德五年於金鄉縣重置戴州，縣又屬焉。貞觀十七年廢戴州，縣又屬曹州。

故秺城，在縣西北二十九里。昭帝封金日磾爲秺侯。〔一〇〕

南華縣，上。東南至州一百二十里。本漢離狐縣也，屬東郡。舊傳初置縣在濮水南，常爲神狐所穿穴，遂移城濮水北，故曰離狐。後漢屬濟陰郡。魏志「李典從太祖，遷離狐太守」，然則魏時離狐，郡也。晉屬濟陰郡。〔一一〕隋開皇三年罷郡，縣屬曹州。天寶元年改曰南華，英公李勣、左僕射彭城郡公劉晏，皆此縣人。

濮水，在縣南五里。昔殷紂使師延作靡靡之樂，武王伐紂，師延至投濮水而死，〔一二〕謂此水也。

考城縣，緊。東北至州九十五里。古戴國也，春秋隱公十年「宋人、〔一三〕蔡人、衛人伐戴」。後屬宋，楚滅宋，改名曰穀。漢以爲菑縣。〔一四〕國都城記曰：「縣西南有戴水，今名戴陂，周迴可百餘里。」蓋本戴國，取此陂水爲名也。漢之興也，其邑多菑，年數不登，故邑曰「菑」。孝章帝柴於岱宗，過菑縣，詔御史曰：「陳留菑縣，其稱不令。故高祖鄙柏人之名，武帝休聞喜而顯獲嘉，其改菑縣爲考城縣。」至晉屬濟陰郡。高齊天保七年省考城縣，移成安縣理此。隋開皇十六年仍改名考城縣，屬宋州。武德五年，改屬曹州。

葵丘，在縣東南一百五十步。〔一五〕左傳「齊桓公會諸侯於葵丘」，是也。

大劑陂，即戴陂也，在縣西南四十五里。周迴八十七里，與宋州襄邑縣中分爲界。

濮州，濮陽。上。開元户四萬六千九百二十一。鄉九百一十三。

禹貢兖州之域。春秋時爲衛國地，左傳「齊桓公會諸侯于鄄」，注曰：「鄄，衛地，今東郡鄄城縣也。」戰國時屬齊。在漢爲濟陰郡之鄄城也。後漢獻帝於此置兖州。晉置濮陽郡，後改爲濮陽國，封王子允爲王，後爲郡。〔一六〕隋開皇十六年，於此置濮州，大業三年，〔一七〕廢濮州入東平郡。隋末陷於寇賊。武德四年，討平王世充，於此重置濮州。

州境：東西二百三十五里。南北一百三十五里。

八到：西南至上都一千六百五十五里。西南至東都七百九十五里。東北至鄆州一百七十里。南至曹州二百一十里。北至黃河二十里。西南至滑州二百一十五里。

貢、賦：開元貢：絹二十匹。賦：緜，絹。

管縣五：鄄城，雷澤，臨濮，濮陽，范。

鄄城縣，緊。郭下。本漢舊縣，屬濟陰郡。隋開皇十六年，於此置濮州，鄄城縣屬焉。大業三年廢濮州，縣屬東平郡。武德四年重置濮州，鄄城縣又隸焉。

黃河，北去縣二十一里。〔一八〕

州理城，在故鄄城中。魏文帝以臨淄侯植爲鄄城侯。

雷澤縣，上。西北至州九十里。本漢成陽縣，〔一九〕古郕伯國，周武王封弟季載於郕，漢以爲縣，屬濟陰郡。隋開皇六年，於此置雷澤縣，因縣北雷夏澤爲名也，屬濮州。

歷山，在縣北十六里。史記曰：「舜耕歷山，耕者讓畔。」

灉水、沮水，二源俱出縣西北平地，去縣十四里。

雷夏澤，在縣北郭外。〔二〇〕灉、沮二水，會同此澤。

姚墟，在縣東十三里。舜生於姚墟。

堯母廟，在縣西南四里。〔二一〕

堯陵，在縣西三里。自堯卽位，至永嘉三年，二千七百二十一年，記於碑。貞觀十一年有詔，禁人芻牧，春秋奠酹。

臨濮縣，上。北至州六十里。本漢成陽縣地，屬濟陰郡。隋開皇十六年，分鄄城南界、雷澤西界置臨濮縣，屬濮州。南臨濮水故以爲名。大業二年廢，武德四年重置。

清丘，在縣西三十五里。

濮陽縣，上。東至州八十里。〔二二〕本漢舊縣也，古昆吾國，卽帝丘，顓頊之墟也。昆吾卽夏諸侯，爲五伯之首。左傳曰：「狄滅衞，遷於帝丘。」衞侯自楚丘徙濮陽縣。秦置東郡理此，漢仍爲東郡及濮陽縣也。隋開皇十六年，改屬濮州。

黃河，北去縣一十五里。

瓠子河，上承黃河。漢書武帝時，河決瓠子，東南注鉅野，通於淮、泗。上使汲黯鄭當時興人徒塞之，輒復壞。〔二三〕是時武安侯田蚡奉邑食鄃，鄃在河北，〔二四〕河決而南，則鄃無水災。乃言「江、河之決皆天事，非易以人力塞之」，乃不復塞。後二十餘歲，歲比不登，梁、楚尤甚。上使汲人、〔二五〕郭昌率卒數萬人塞瓠子決河，沈白馬玉璧，自將軍以下皆負薪，下淇園之竹以爲楗。上悼功之不成，乃作歌於是，卒塞瓠子，築宮於其上，名曰宣房。其後王尊爲東郡太守，河水盛溢，泛浸瓠子金隄，尊躬率佐吏民，〔二六〕沈白馬，祀水神，〔二七〕親執玉璧，使巫策祝，請以身填金隄。水盛隄壞，吏民皆奔走，〔二八〕尊立不動，而水漸退。

范縣，上。西南至州六十里。本漢舊縣，屬東郡。春秋時，晉大夫士會之邑也。高齊廢，隋開皇六年又置范縣，屬濟州，十六年改屬濮州。

故顧城，在縣東二十八里。夏之顧國也，詩曰「韋、顧既伐，昆吾、夏桀」，注曰：「三國黨於桀，皆爲湯所誅。」

密州，高密。中。〔二九〕

禹貢青州之域，兼得徐州之地。今州界，於春秋時爲莒、魯之地，戰國時屬齊。秦并天下，屬琅邪郡。漢文帝十六年，分齊立膠西國，都高密。宣帝更名高密國。後魏永安二年，分青州立膠州，取膠水爲名也。隋開皇五年，改膠州爲密州，取境之密水爲名也。隋亂陷賊，武德五年，山東底定，改置密州。

州境：東西三百一十六里。南北三百九十里。

八到：西至上都二千七百四十五里。西至東都一千八百八十五里。南至海州三百八十四里。西南至沂州三百七十里。西北至青州三百三十里。東北至萊州三百四十五里。東至大海一百六十里。

貢、賦：開元貢：細布，牛黄，海蛤。賦：絁布。

管縣四：諸城，高密，輔唐，莒。

諸城縣，上。郭下。本漢東武縣也，屬琅邪郡，樂府章所謂東武吟者也。後漢屬琅邪國，晉屬東莞郡，〔三〇〕後魏屬高密郡。隋開皇十八年，改東武爲諸城縣，取縣西三十里漢故諸縣城爲名。

琅邪山，在縣東南一百四十里。史記曰始皇二十六年，滅齊。遂登琅邪，作層臺於山上，謂之琅邪臺。周迴二十里。秦王樂之，因留三月。徙黔首二萬户於山下，〔三一〕後十二年，〔三二〕刋石立碑，記秦功德。

海，在縣東一百五十里。〔三三〕

盧水，出縣東南盧山。水側有勝火木，野火燒死，其炭不灰，故東方朔有謂不灰之木者也。

縣理東南一百三十里濱海有鹵澤九所，煮鹽，今古多收其利。

濰水故堰，在縣東北四十六里。蓄以爲塘，方二十餘里，溉水田萬頃。

高密縣，上。西南至州一百二十里。本漢舊縣也，文帝十六年分齊立膠西國，封齊悼惠王子卬爲膠西王，都高密。世祖封鄧禹爲高密侯。高齊文宣帝省高密縣，隋開皇中復置，屬密州。

海，在縣東南六十里。

濰水，在縣西南，自諸城縣界流入，去縣四十里。昔韓信與楚將龍且夾濰水而陣，信爲萬餘囊，盛沙遏水，引軍擊之。信僞退，且追北。信決水，且軍半不得渡，遂斬龍且。〔三四〕

膠水，在縣東三十里。

夷安澤，在縣北二十里。周迴四十里，多麋鹿蒲葦。

龍且城，在縣西南五十五里。楚將龍且所築也。

鄭玄墓，在縣西七十里。

輔唐縣，上。東南至州一百二十里。本漢安丘縣也，屬北海郡，後漢亦屬北海國。〔三五〕有渠丘亭，故莒渠丘公所居也。高齊文宣帝天保七年省。隋分昌安縣置牟山縣，大業二年，改牟山縣爲安丘縣，取漢書舊名也。〔三六〕屬密州。乾元二年，改爲輔唐縣。

牟山，在縣西南十三里。牟山縣取名於此。

浯水堰，三齊記曰：「昔者堰浯水南入荆水，灌田數萬頃。」今尚有餘堰，而稻田畦畛存焉。

莒縣，上。東北至州一百九十里。故莒子國也，漢爲莒縣，文帝二年封朱虚侯章爲城陽王，都莒。後魏亦以莒縣屬東莞郡。隋開皇三年廢郡，莒縣屬莒州。大業三年罷莒州，以莒縣屬琅邪郡。武德五年重置莒州，縣屬焉。貞觀八年廢莒州，以縣屬密州。

濰山，在縣東北八十三里。濰水所出也。

縣理在莒國故城中，城三里，並皆崇峻，唯南開一門。

子城，方十二里，郭周迴四十里。

故曹公城，在縣南七十二里。昔魏太祖征陶謙，拔五城，略地東海，於此築城，周迴四里。

漢海曲縣，在縣東一百六十里，屬琅邪郡，有鹽官。地有東吕鄉、東吕里，太公望所出也。王莽末，海曲縣有吕母者，其子爲縣令枉殺，乃散財以招少年。少年感母恩，問母所欲。具言之，乃共起兵殺縣令。其後屯結至數萬，赤眉之興由此始也。今東海縣有吕母國，〔三七〕即舊集之所也。

海州，東海。上。開元户二萬三千七百二十八。鄉四十。

禹貢徐州之域。春秋時魯國之東鄙。七國時屬楚。秦置三十六郡，以魯爲薛郡，後分薛郡爲郯郡。漢改郯郡爲東海郡，領三十七縣，〔三八〕理在郯縣，屬徐州。後漢以爲東海國，〔三九〕封皇子彊爲王。晉惠帝封高密王子越爲東海王。梁武帝末年，長江已北悉附後魏，武定七年改青、冀二州爲海州。高齊文宣帝移海州理琅邪郡，改琅邪郡爲朐山郡。隋末喪亂，臧君相竊據之。武德四年，君相以郡歸順，改爲海州。

州境：東西一百九十八里。南北二百五十七里。〔四〇〕

八到：西至上都取沂、兖路二千五百五里。西至東都一千六百四十里。東南至楚州四百一十里。南至揚州七百里。東南至泗州漣水縣取官河水路三百四十里，陸路二百五十里。西北至沂州二百三十里。西至徐州取下邳路五百六十里。北至密州三百八十四里。東至海二十里。

貢、賦：開元貢：楚布。賦：絹，緜。

管縣四：朐山，東海，沭陽，懷仁。

朐山縣，上。郭下。本漢朐縣也，屬東海郡。後周武帝建德六年，改朐山縣爲朐山郡，取界内朐山爲名也。隋開皇三年廢郡，縣屬海州。

羽山，在縣西北一百里。〔四一〕書曰「殛鯀于羽山」，即此也。

碩濩湖，在縣南一百四十二里。

龍且故城，在縣南六十里。

鍾離昧故城，〔四二〕在縣南一百里。項羽將鍾離昧所築，昧即此縣人。

東海縣，上。西至州水路九十里。本漢贛榆縣地，俗謂之鬱州，亦謂之田横島。宋明帝失淮北地，乃於鬱州上僑立青州。地後入魏，魏改青州爲海州又於此置臨海鎮。高齊廢臨海鎮。周武帝復置東海縣，後遂因之。

小鬲山，在縣北六十里。田横弟避漢，〔四三〕所居之山也。其山三面絶壁，皆百餘仞，惟東南一道略容行人。〔四四〕

大海，在縣東二十八里。

贛榆故城，在縣北四十九里。隋末土人臧君相築。

田横國，在縣北五十七里。齊王田廣既死，田横乃代立爲王，與灌嬰戰於嬴下，横敗走，與其屬五百人入居海島，即此也。

沭陽縣，中。東北至州一百六十里。本漢厚丘縣地，宋文帝元嘉四年，於此置縣，〔四五〕屬南彭城郡。至太清二年，〔四六〕地入魏，孝静帝改爲沭陽郡，在沭水之陽，故以爲名，仍於郡東置懷文縣。周武帝改懷文爲沭陽縣。

沭水，西自下邳縣界流入，經縣南十步。

碩濩湖，在縣東八十里。與朐山連水，三分湖爲界。

懷仁縣，中。東南至州九十里。本漢贛榆縣地，梁於此置北海郡，後魏改置義唐郡。隋開皇初廢郡，移懷仁縣理於此，改屬海州。

贛榆故城，一名鹽倉城，在縣東北三十里。漢舊縣也，屬琅邪郡。

沂州，琅邪。中。開元户二萬七千四百。鄉五十五。

禹貢徐州之域。春秋時爲齊地。秦并天下，置琅邪郡，因琅邪山以爲名也。漢因之，高后立營陵侯劉澤爲琅邪王，文帝元年徙澤爲燕王，以琅邪爲郡。晉武帝咸寧二年，改封東海王睿爲王，〔四七〕王即帝位於江東，是爲東晉元帝。元帝於郡城置發千戍，以南軍鎮之。自永嘉之後，琅邪陷於胡寇，成帝於丹陽江乘縣界别立南琅邪郡。至宋武帝得河南，尋又没於後魏，莊帝置北徐州，琅邪郡屬焉。周武帝改北徐州置沂州，以州城東臨沂水，因以名之。大業十三年亂離，郡爲徐圓朗所破，武德四年討平圓朗，復置沂州。

州境：東西三百二十一里。南北四百二十九里。

八到：西至上都二千二百七十五里。西至東都一千四百一十五里。東南至海州二百三十里。西至兗州三百八十里。東南至泗州下邳縣二百七十七里。〔四八〕北至青州四百五十里。西南至徐州三百五十里。〔四九〕東北至密州三百七十里。〔五〇〕西北至淄州五百三十里。

貢、賦：開元貢：紫石英，黄銀。　賦：緜，絹。

管縣五：臨沂，沂水，費，承，〔五一〕新泰。

臨沂縣，上。　郭下。本漢舊縣也，屬東海郡，東臨沂水，故名之。後漢改屬琅邪國，晋屬琅邪郡，高齊省。隋開皇末，復置，屬沂州。

羽山，在縣東南一百一十里。與海州朐山縣分界。

沂水，東去縣一里。

王僧辯城，在縣東北五十里。梁將王僧辯屯兵於此。

王導故宅，在縣東北三十八里。

沂水縣，上。　南至州二百里。本漢東莞縣，即春秋莒、魯所争之鄆邑也。城陽姑幕縣南有員亭，即鄆也，俗變其字耳。〔五二〕後魏孝文帝於此置新泰縣，隋開皇四年改爲東安縣，十六年又於古蓋城别置東安縣，而此改名沂水縣。

沂山，在縣北一百二十四里。周禮青州其鎮沂山。

穆陵山，在縣北一百九十里。管仲曰「賜我先君履，南至於穆陵」，是也。

大峴山，在縣北九十里。宋高祖北伐，慕容超大將公孫五樓説超曰：「吴兵輕鋭，難與争鋒，宜斷大峴，使不得入，上策也。」超曰：「引使過峴，我以鐵騎蹴之，此成擒耳。」不從。宋高祖兵遂得入。初，是役也，或曰：「彼若嚴守大峴，軍無所資，何能自返？」高祖曰：「鮮卑性貪，且愛其穀，必將引我兵，一入大峴，吾何患焉。」及師過大峴，高祖喜曰：「天贊我也！」遂大破之。伍緝之從征記曰：「大峴去半城八十里，〔五三〕直度山二十五里，崕坂峭曲，石徑幽危，四岳、三塗，不是過也。」

雹山，在縣西北二十八里。出紫石英，好者表裏映徹，形若雹狀，故名雹山，今猶入貢。

成平公營，在縣北一百五十六里。周武帝拔鄴城，齊王高緯，〔五四〕先送其母妻於青州。是日，緯率千騎走青州，周遣大將軍成平公尉遲勤率二千騎追之，擒緯於青州南之雙溝。周因授以青州總管，立碑紀功。

費縣，上。東南至州九十里。古費國也，隱公元年傳曰：「費伯帥師城郎。」後爲魯季氏之邑。至漢爲費縣，屬東海郡。自宋至隋，皆屬琅邪郡。大業末爲賊潘當所破，武德四年重置，屬沂州。

蒙山，在縣西北八十里。楚老萊子所耕處。

東蒙山，在縣西北七十五里。論語曰：「夫顓臾，〔五五〕昔者先王以爲東蒙主。」

南城縣城，在縣南九十里。史記「齊威王使檀子守南城，則楚人不敢爲寇」，是也。

承縣，上。東北至州一百八十五里。本漢之承縣，春秋時鄫國也，屬東海郡。隋開皇三年罷郡，承縣屬徐州。大業十三年，縣爲山賊左君衡所破，武德四年又於此置鄫州，又改蘭陵縣爲承縣。〔五六〕貞觀八年廢鄫州，〔五七〕縣屬沂州。縣西北有承水，因以名焉。

抱犢山，在縣北六十里。壁立千仞，頂寬而有水。此山去海三百餘里，天氣澄明，宛然在目。昔有遁隱者，抱一犢於其上墾種，故以爲名山。高九里，周迴四十五里。

蘭陵縣城，在縣東六十里。史記曰，荀卿以儒者適楚，楚春申君以爲蘭陵令，因家焉。

縣界有陂十三所，並貞觀元年已來修立，以溉田焉。

新泰縣，上。東南至州二百六十三里。春秋時魯平陽邑也，宣公八年城平陽。晉武帝泰始中，鎮南將軍羊祜，此縣人也，表改爲新泰縣，屬泰山郡。隋開皇四年屬莒州，大業二年廢莒州，以縣屬沂州。

蒙山，在縣東南八十八里。書曰：「蒙、羽其藝。」

障山，在縣東八十里。出銷石、石腦、炬火等石，居人常采爲貨。

萊州，東萊。下。開元户二萬三千一百五。鄉四十三。

禹貢青州之域。卽古萊子國也，齊滅之，遷萊子於郳。在齊國之東，故曰東萊。漢高帝四年，韓信虜齊王廣，分齊郡置東萊郡，領縣十七，理掖縣，屬青州。後魏獻文帝分青州置光州，取界内光水爲名。隋開皇二年，〔五八〕改光州爲萊州。隋末陷賊，武德四年討平綦順，復爲萊州。

州境：東西四百二十八里。南北二百四十一里。

八到：西南至上都二千七百六十里。西南至東都一千九百里。東北至登州二百四十里。正南微西至密州三百四十五里。北至大海五十里。西南至青州三百四十五里。

貢、賦：開元貢：黃銀，文蛤，滑石器、牛黃。賦：緜，絹，貲布。

管縣四：掖，卽墨，昌陽，膠水。

掖縣，上。郭下。本漢舊縣也，屬東萊郡。按：掖水出縣南三十五里寒同山，故縣取爲名。

隋開皇三年罷郡，屬萊州。

萬里沙，在縣東北三十里。〔五九〕郊祀志武帝元封元年，大旱，禱萬里沙。

浮游島，〔六〇〕在縣西北四十里。遥望島在海中，若浮游然，故名。

海，在縣北五十二里。

膠水，西去縣七十五里。

海神祠，在縣西北十七里。

卽墨縣，中。西北至州二百六十三里。本漢舊縣也，屬膠東國。城臨墨水，故曰卽墨。高齊文宣帝併入膠水縣，隋開皇末又於此置卽墨縣，屬萊州。

大勞山、小勞山，在縣東南三十八里。晏謨齊記曰：「太白自言高，不如東海勞。」昔鄭康成領徒於此。」

海，在縣東四十三里，又在縣南一百里。

壯武故城，在縣西六十里。晉封張華爲壯武侯。

昌陽縣，上。西北至州一百九十九里。本漢舊縣也，屬東萊郡。置在昌水之陽，故名昌陽。有鹽官。隋開皇三年罷郡，昌陽縣屬萊州。

黄銀坑，在縣東一百四十里。隋開皇十八年，牟州刺史辛公義於此坑冶鑄，得黄銀獻之。大業末，〔六二〕貞觀初，更沙汰得之。

奚養澤，在縣西北四十里。周禮職方氏「幽州其澤藪曰奚養」。

膠水縣，中。北至州一百里。本漢膠東國之地，後漢省膠東國爲膠東縣，屬北海國，後魏屬北海郡。隋開皇三年罷郡，屬萊州，仁壽元年改爲膠水縣。

卽墨故城，在縣東南六十里。古東齊之地，史記蘇秦曰「齊東有琅邪、卽墨之饒」，此其處也。齊湣王時，燕將樂毅伐齊，下七十餘城，唯莒、卽墨不下。田單設奇策破燕軍，迎襄王於莒，盡復齊地，封單爲安平君。漢書曰：「漢元年，項羽徙齊王田市於卽墨，爲膠東王。田榮怒殺市於卽墨，自立爲王，遂併三齊之地。」漢膠東國領八縣，理卽墨，卽此城也。

平度故城，在縣西北六十七里。城西北有土山，古今煮鹽處。

淄州，淄川。上。開元戶三萬七千四百四。鄉七十一。

禹貢青州之域，周之九州爲幽州之境。職方氏「幽州其浸菑、時」，〔六二〕州蓋取淄水爲名也。春秋及戰國時屬齊。秦爲齊郡之地，在漢爲濟南郡之般陽縣也。〔六三〕隋開皇十六年，於今理改置淄州，隋亂陷賊，武德元年重置淄州。

州境：東西一百一十五里。南北一百八十二里。

八到：西南至上都二千二百九十五里。〔六四〕西南至東都一千四百三十五里。東至青州一百二十里。西南至兗州三百七十里。北渡河至棣州二百一十里。〔六五〕東南至沂州五百三十里。

貢、賦：開元貢：防風，理石。賦：緜，絹，米，粟。

管縣五：淄川，長山，鄒平，濟陽，高苑。

淄川縣，上。郭下。本漢般陽縣也，屬濟南郡。在般水之陽，故名。後漢屬齊國，晉省。宋於此置貝丘縣，隋開皇十八年改貝丘爲淄川縣，屬淄州。

淄水，出縣理東南原山，去縣六十里。〔六六〕俗傳禹理水功畢，土石黑，數里之中，波流若漆，故謂之淄水。

長山縣，上。東南至州六十四里。本漢於陵縣地也，宋武帝於此立武强縣，隋開皇十八年，改武强爲長山縣取長白山爲名，屬淄州。武德元年置鄒州，縣又屬焉。八年廢鄒州，依舊屬淄州。

長白山，在縣西南四十里。

濟水，西北去縣三十五里。

鄒平縣，上。東南至州一百二十里。本漢舊縣也，〔六七〕屬濟南郡。隋開皇三年，自梁鄒城移平原縣入鄒平城，屬齊州，今理是也。十六年，改屬淄州。十八年，改平原縣爲鄒平縣，復舊名也。

黃河，西北去縣八十里。

濟水，南去縣三十五里。

濟陽縣，上。東南至州九十四里。本漢梁鄒縣也，屬濟南郡。隋文皇於後漢梁鄒城地置濟南縣，〔六八〕大業二年省。景龍元年於漢梁鄒城置濟陽縣，屬淄州。

八會津，在縣南一里。相傳水陸所湊，其路有八，故名。

濟水，在縣南，又東北入高苑縣界。

高苑縣，上。南至州一百一十里。本漢舊縣也，屬千乘國。〔六九〕後漢屬樂安國。宋於此置長樂縣，屬渤海郡，隋開皇十八年，〔七〇〕改爲會城縣，大業三年改爲高苑縣，取縣東南高苑故城爲名。隋末陷賊，武德元年重置高苑縣，屬鄒州，八年廢鄒州，縣屬淄州。

濟水，北去縣七十步。

千乘故城，在縣北二十五里。漢千乘國也。

登州，東牟。　中。　開元户二萬八千五百三十三。〔七一〕　鄉三十六。

禹貢青州之域。古萊子之國，春秋「齊侯滅萊」。至漢，爲東萊郡之地。後魏孝静帝分東萊於黄縣東一百步中郎故城置東牟郡，高齊廢。隋開皇三年改置牟州，大業三年廢。武德初又置，因文登縣人不從賊黨，遂於縣理置登州。

州境：東西五百六十里。南北一百六十五里。

八到：西南至上都三千里。西南至東都二千一百四十里。北至海三里。西至海四里，當中國往新羅渤海過大路。〔七二〕正北微東至大海北岸都里鎮五百二十里。東至文登縣界大海四百九十里。東南至大海四百六十里。南至萊州昌陽縣二百里。南至大海六十里。〔七三〕

貢、賦：開元貢：牛黄，水葱席。　賦：麻，布。

管縣四：蓬萊，牟平，文登，黄。

蓬萊縣，中。郭下。本漢黄縣之地，屬東萊郡。昔漢武帝於此望蓬萊山，因築城，以蓬萊爲名，在黄縣東北五十里。貞觀八年，於此置蓬萊鎮。神龍三年，析黄縣置蓬萊縣，在鎮南一里，即今登州所理是也。

牟平縣，中。西至州二百里。本漢縣也，屬東萊郡。有鐵官、鹽官。〔七四〕在牟山之陽，其地夷坦，故曰牟平。漢書齊悼惠王子將閭爲牟平侯。〔七五〕後屬萊州。武德四年於中郎城置牟州，牟平縣屬焉。貞觀元年，牟州及縣俱廢。麟德二年，析文登縣於此重置牟平縣，屬登州。

文登縣，上。西北至州三百二十五里。〔七六〕本漢牟平縣也，屬東萊郡。高齊後帝分牟平縣置文登縣，屬長廣郡，取縣界文登山爲名。隋開皇三年廢長廣郡，文登縣屬萊州。武德元年，改屬登州。

之罘山，在縣西北一百九十里。史記曰：「始皇二十九年，登之罘，勒石紀功。」封禪書曰：「齊有八祀，之罘爲陽主。」

成山，在縣東北一百八十里。史記曰：「秦始皇二十九年，又東遊，登成山，升之罘，勒石紀功。」郊祀志曰：「齊有八祠，成山爲日主。」封禪書曰：「七日日主，祠成山。」

文登山，在縣西北九十里。

海，在縣南六十里。縣東一百八十里。三面俱至於海。縣東北海中有秦始皇石橋，今海中時見有堅石似柱之狀。

東牟故城，在縣西北一百一十里。漢高后二年，封齊悼惠王子興居爲侯。

不夜故城，在縣東北八十五里。屬東萊郡。〔七七〕春秋時萊子所置，初築此城，有日夜出，故名之。

黃縣，中。東北至州五十里。〔七八〕本漢舊縣也，〔七九〕屬東萊郡。隋開皇三年罷郡，屬萊州。武德四年屬牟州。神龍三年置登州，黃縣割屬焉。漢書曰：「秦欲攻匈奴，運糧，使天下飛芻輓粟，起於黃、腄、琅邪負海之郡，轉輸北河，率三十鍾而致一石。」黃即今黃縣，腄即今文登縣，屬東萊郡。腄，直瑞反。北河，朔方已北。六斛四斗曰鍾。計道路所費，凡用一百九十二斛，乃能致一石。

萊山，在縣東南二十里。封禪書曰，齊之八祀，「六曰月主，祠之萊山」。

故黃城，在縣東南二十五里。古萊子之國，春秋傳曰「齊侯滅萊」，杜注曰：「今萊黃縣是也。」〔八〇〕

大人故城，在縣北二十里。〔八一〕司馬宣王伐遼東，造此城，運糧船從此入，今新羅、百濟往還常由於此。

蓬萊鎮，在縣東北五十里。

海瀆祠，在縣北二十四里大人城上。

卷十一校勘記

〔一〕宋爲楚魏所滅　攷證：「爲」下宜有「齊」字。班固云：「宋滅曹，後五世亦爲齊、楚、魏所滅，參分其地，魏得其梁、陳留，齊得其濟陰、東平，楚得其沛。」此志所本。

〔二〕二百里　攷證：滑州云「二百四十里」。

〔三〕汎受　攷證：水經注、漢書注並作「汎愛」，文義爲長。今按：史記高祖本紀正義引括地志作「氾愛」，「汎」、「氾」通用，論語「汎愛衆」，左傳襄二十八年疏引作「氾愛」。此「受」爲「愛」之爛文。

〔四〕就其儀　今按：史記叔孫通傳「儀」下有「注」字。

〔五〕凡十八葉　攷證：按史記，自曹叔至伯陽，凡二十五世。通攷云：「凡二十五傳而曹爲宋所滅。」此恐誤。

〔六〕古之莘國也　攷證：按此志，莘國已見陳留，未知孰的。顧祖禹、洪亮吉並主此説。

〔七〕湯伐桀至俘厥寶玉　攷證：上宜有書名，樂史作「尚書」，今本無。下「注曰」云云，見書序典寶篇，即其文也。今按：此引見史記殷本紀，下注見集解引孔安國說。

〔八〕五十里　今按：「五十里」，括地志作「三十五里」，見史記蘇秦傳正義引。

〔九〕七十里　攷證：樂史無「七」字。

〔一〇〕昭帝封金日磾爲秺侯　今按：殿本同，它本「昭帝」作「宣帝」。史記建元以來王子侯者年表褚少孫補秺侯封在昭帝時。

〔一一〕晉屬濟陰郡　攷證：按晉志作「濟陽郡」，太康地記作「濟陰」，通典從晉志。疑初仍漢名，後改。

〔一二〕師延至投濮水而死　攷證：「師延至投濮水而死」，按水經注作「師延東走，自投濮水而死」，「至」字恐誤。

〔一三〕宋人　今按：殿本同，與左傳隱十年合，各本誤作「宋公」。

〔一四〕漢以爲菑縣　攷證：樂史云「秦滅六國爲菑縣」。此本陳留風俗傳，見水經注。

〔一五〕一百五十步　今按：史記秦本紀正義引括地志作「一里一百五十步」。

〔一六〕後爲郡　攷證：「郡」上宜有「東」字。沈約云：「允改封淮南，還曰東郡。」

〔一七〕大業三年　攷證：「三年」，樂史作「二年」。此志臨濮縣亦作「二年」，鄄城縣與此同。蓋省州在二年，改郡在三年，故多異文。

〔一八〕二十一里　攷證：八到云「北至黃河二十里」。

〔一九〕本漢成陽縣　今按：「成陽」與漢志合，各本作「郕陽」。下同。

〔二〇〕在縣北郭外　今按：詩地理攷引括地志作「在縣北郭外西北」。

〔二一〕西南四里　攷證：羅苹引作「東南」。

〔二二〕東至州八十里　今按：史記項羽本紀正義引括地志「濮陽縣，在濮州西八十六里」，不同。

〔二三〕輒復壞　今按：漢書溝洫志同，各本「輒」作「隄」。

〔二四〕鄃在河北　今按：漢書溝洫志同，各本無「鄃」字。

〔二五〕汲人　攷證：按河渠書「人」作「仁」，溝洫志同。

〔二六〕佐吏民　今按：殿本作「吏民」，各本作「佐吏」。攷證謂「無『佐』字非，唐人諱『民』。」或此志本作「佐吏」，殿本依漢書王尊傳改爲「吏民」，此則于「佐吏」下增「民」字。

〔二七〕祀水神　今按：殿本同，它本「祀」作「劾」。漢書王尊傳是「祀水神」。

〔二八〕親執玉璧至吏民皆奔走　今按：殿本同，各本此段作「親執玉璧請神」六字。

〔二九〕密州高密中　攷證：密州下鄉户數各本並缺。

〔三〇〕晉屬東莞郡　攷證：按晉志東莞郡無東武縣，畢沅曰「或咸寧三年省郡時縣並廢，後立郡不置東武縣也」。

〔三一〕二萬户於山下　攷證：水經注「二」作「三」。

〔三二〕後十二年　攷證：史記作「復十二歲」，謂新徙之民，免其徭役十二年也。今按：史記秦始皇本紀，滅齊在二十六年，作琅邪臺刻石在二十八年，此「後十二年」，或爲「後二年」之誤，承上滅齊之年而言，非盡如史文。

〔三三〕一百五十里　攷證：八到云「一百六十里」。

〔三四〕盛沙遏水至遂斬龍且　今按：各鈔本、岱南閣本、畿輔本同，殿本並依漢書韓信傳改作「壅水上流，引軍擊龍且。陽不勝，還走。龍且追信，信決壅囊，水大至，龍且軍大半不得渡，遂斬龍且。」敍述相同，但不如此本簡潔，原文蓋本水經濰水注。

〔三五〕屬北海國　今按：殿本同，它本「國」作「郡」。攷證云：「作『國』是。」

〔三六〕取漢書舊名也　今按：「書」字應衍，此志皆作「取漢舊名」。

〔三七〕呂母國　攷證：「國」疑宜作「固」。

〔三八〕領三十七縣　攷證：按地理志，東海郡實領三十八縣。

〔三九〕後漢以爲東海國　攷證：按郡國志「國」宜作「郡」。

〔四〇〕南北二百五十七里　攷證：官本缺。

〔四一〕一百里　攷證：路史引作「百二十里」。

〔四二〕鍾離眛故城　今按：「鍾離眛」，通經樓鈔本同，它本「眛」作「昧」。攷證云：「按漢書本紀及韓信傳，『眛』並作『眛』，師古音莫葛反。俗本多誤。」

〔四三〕田横弟避漢　今按：殿本同此，各本無「弟」字。

〔四四〕略容行人　攷證：官本「略」作「劣」。

〔四五〕於此置縣　攷證：欒史云「於此置僮縣」，此脱。

〔四六〕太清二年　攷證：欒史「二」作「三」，地形志作「武定七年」，正太清三年也。

〔四七〕改封東海王睿爲王　攷證：按晉書宣五王傳，宜作「改封東海王伷爲琅邪王」。睿卽其孫也，嗣王在太熙元年。

〔四八〕東南至泗州　攷證：「東南」，按方輿宜作「西南」。

〔四九〕西南至徐州　攷證：官本無「南」字。

〔五〇〕東北至密州　攷證：官本無「北」字。

〔五一〕承　考證：「承」宜作「氶」，欒史並誤。顧祖禹曰：「氶城，漢氶縣，以氶水所經而名。讀拯。」徐松曰：「氶縣以氶水得名，作『承』者誤。」新、舊志並作「氶」，不從「手」，此傳鈔之誤。下同。

〔五二〕城陽姑幕縣至俗變其字耳　攷證：上宜有「注」字，本杜預説也，唐無此郡縣名。今按：「城陽」，當作「琅邪」，郡國志姑幕縣屬琅邪國。水經沂水注：「京相璠曰：琅邪姑幕縣南四十里員亭，故魯鄆邑。世變其字，非也。」此志所本，上當有「水經注曰」四字。左傳昭元年杜注無此説。

〔五三〕去半城八十里　攷證：「半」宜作「牟」，春秋宣九年所謂根牟，洪亮吉云「牟鄉在縣南」是也。欒史並誤。

〔五四〕齊王高緯　攷證：「王」宜作「主」，詳周書本紀。

〔五五〕夫顓臾　今按：殿本同，各本「夫」上有「今」字。

〔五六〕又改蘭陵縣爲承縣　今按：新、舊唐志並謂隋置蘭陵縣，武德四年置鄫州，以蘭陵縣隸之。此失敘蘭陵建置，則改名無根。

〔五七〕貞觀八年廢鄫州　攷證：「八年」，樂史作「六年」。今按：新、舊唐志廢鄫州在元年。

〔五八〕開皇二年　攷證：「二年」，隋志作「五年」，疑誤。按掖縣膠水縣各敘云「三年罷郡，屬萊州」，不云光州，知萊州改在三年以前。

〔五九〕三十里　今按：玉海卷二十一引括地志作「二十里」，不同。

〔六〇〕浮游島　攷證：顧祖禹作「蜉蝣島」。

〔六一〕大業末　攷證：樂史「末」下有「絶」字，此脱。

〔六二〕菑時　今按：殿本同，它本「菑」作「淄」。攷證云：「官本『菑』，樂史同，與周禮職方合，此通用，卽水經注之淄水、時水也。」

〔六三〕濟南郡　攷證：官本「南」作「陰」，誤。

〔六四〕九十五里　今按：殿本同，岱南閣本「五」作「三」。

〔六五〕西南至兗州　攷證：官本「南」作「北」，誤。

〔六六〕去縣六十里　今按：「六十里」，史記夏本紀正義及詩地理考引括地志作「七十里」。殿本作「六千里」，誤。

〔六七〕鄒平縣本漢舊縣也　攷證：地理志「鄒」字斷，「平」字屬下臺縣，誤。此云漢舊縣，是原作「鄒平」也。

〔六八〕隋文皇　今按：「隋文皇」，殿本作「隋又于」三字，各本作「隋文於」。

〔六九〕屬千乘國　攷證：按地理志「國」宜作「郡」，千乘縣敘同。

〔七〇〕開皇十八年　攷證：官本脱「開皇」。

〔七一〕二萬八千五百三十三　今按：「二萬」，殿本同，它本作「一萬」。

〔七二〕過大路　攷證：「過」疑「道」之誤。

〔七三〕南至大海六十里　攷證：此條宜有誤。

〔七四〕有鐵官鹽官　攷證：地理志牟平縣下無鐵官鹽官，疑脱。樂史云「鐵山去牟平百里，錮鐵之處猶存，漢置鐵官」。

〔七五〕將閭爲牟平侯　攷證：漢書齊悼惠王傳云封將閭以楊虚侯，表同，此疑有誤。今按：史記惠景間侯者年表亦云將廬封在楊虚，又見水經河水注，而漢志無楊虚，平原郡有樓虚，蓋「楊虚」之誤，但將閭封國不在牟平。

〔七六〕三百二十五里　攷證：官本「三」作「一」，誤。李兆洛云「登州文登縣並今治」，洪亮吉云「文登西北至府三百三十里」。

〔七七〕屬東萊郡　今按：上當有「本漢縣也」句，傳鈔失之。漢志東萊郡有不夜縣。

〔七八〕五十里　攷證：官本「五」作「九」。

〔七九〕本漢舊縣也　攷證：按黄本秦縣，見始皇本紀。

〔八〇〕今萊黄縣是也　攷證：「今」下宜有「東」字，晉志黄縣屬東萊國。

〔八一〕二十里　今按：後海瀆祠作「二十四里」，未知孰是。

元和郡縣圖志卷第十二

河東道一

河中府，河東。〔一〕赤。開元户七萬二百七。元和户一萬九千六百。鄉六十五。今爲河中節度使理所。

管州五：河中府，絳州，晉州，慈州，隰州。縣三十七。都管户四萬一千三百六十五。

禹貢冀州之域。按今州，本帝舜所都蒲坂也。春秋時，爲魏、耿、楊、芮之地。左傳曰：「晉獻公滅魏以賜畢萬。」服虔注曰：「魏在晉之蒲坂。」畢萬之後，十代至文侯，〔二〕列爲諸侯，至惠王僭號稱王，至王假爲秦所滅。今州卽秦河東郡地也。漢元年，項羽封魏豹爲西魏王，王河東，都平陽。二年，豹降，從漢王在滎陽，請歸侍親疾，至則絶河津反爲楚，盡有太原上黨地。九月，韓信虜豹，定魏地，置河東、上黨、太原郡。文帝時，季布爲河東守，文帝謂曰：「河東吾股肱郡，故特召君耳。」後魏太武帝於今州理置雍州，延和元年改雍州爲秦州。周明帝改秦州爲蒲州，因蒲坂以爲名。隋大業三年罷州，又置河東郡。隋將屈突通守河東，高祖師次桑泉縣，通出守潼關，乃令鷹揚郎將堯君素、王行本留鎮郡城，遂於今桑泉縣置河東郡。武德元年罷郡，置蒲州。其年堯君素爲賊人薛宋、李楚客所殺，王行本仍堅守不賓。二年，置蒲州總管。三年，行本歸化，自桑泉移蒲州於今理。九年，廢總管置都督府，復爲州。開元元年五月，〔三〕改爲河中府，仍置中都，麗正殿學士韓覃上疏，陳其不可，至六月詔停，復爲州。乾元三年，又改爲河中府。大曆中，元載爲相，又上建中都議曰：「自古建大功者，未嘗不用天因地，故高祖保關中，光武據河内，皆深根固本，以制天下。臣等考天地之心，本聖人之意，驗古往之事，切當今之務，則莫若建河中爲中都，隸陝、虢、晉、絳、汾、潞、儀、石、慈、隰等十城爲藩衛。長安去中都三百里，順流而東，邑居相望。有羊腸、底柱之險，羊腸在潞州壺關縣東南一百六里。濁河、孟門之限，孟門在慈州文城縣西南二十六里，即龍門上口。以轘轅爲襟帶，與關中爲表裏，劉敬所謂『扼天下之吭而撫其背』，即此之謂。推是而言，則建中都將欲固長安，非欲外之也；將欲安成周，非欲舍之也；將欲制蠻夷，非欲懼之也；將欲定天下，非欲弱之也。河中之地，左右王都，黄河北來，太華南倚，總水陸之形勝，鬱關河之氣色。每歲白露既降，涼風已高，陛下處金城湯池内綏華夏，登信臣驍將外馭戎狄，出於仲秋，還於農隙，有漕濁泛舟之便，無登高履險之虞，不傷財，不害人，得養威而時狩，如此則國有保安之所，家無係虜之憂矣。」疏奏不省。初，代宗自幸陝之後，每歲八九月閒，京師恟恟，常懼犬戎復至，將相之家，皆裝儲糗，爲行李之備。載知人情不安，遂奏此疏，冀因制置，竊有兵權，議亦宏博，盡當時利害。然代宗探見載意，議故不行。或曰建中都，江融設險圖之首篇也，融誅後書已不傳，不知斯言何自而得？

府境：東西二百五里。南北一百七十七里。

八到：西南至上都三百二十里。東至東都五百八十五里。東北至絳州取桐鄉路二百六十里。西南至華州一百四十七里。西至同州六十七里。東南至虢州一百八十三里。〔四〕東南至陝州二百四十五里。

貢、賦：開元貢：麥䴬扇，〔五〕竹扇，漆匣，乾棗，鳳棲梨，〔六〕龍骨。〔七〕　賦：絹，緜，麻，布。

管縣八：河東，河西，臨晉，猗氏，虞鄉，寶鼎，解，永樂。

河東縣，次赤。　郭下。　本漢蒲坂縣地也，〔八〕屬河東郡。隋開皇三年罷郡，縣仍屬蒲州。十六年，移蒲坂縣於城東，仍於今理別置河東縣，大業二年省蒲坂縣入河東縣。

雷首山，一名中條山，〔九〕在縣南十五里。

風陵堆山，在縣南五十五里。〔一〇〕與潼關相對。

長原，一名蒲坂，〔一一〕在縣東二里。　其原出龍骨。

河水，北自桑泉縣界流入。〔一二〕

嬀汭水，〔一三〕源出縣南雷首山。　尚書曰：「釐降二女于嬀汭。」

州城，即蒲坂城也，城中有舜廟，城外有舜宅及二妃壇。

故陶城，在縣北四十里。〔一四〕尚書大傳曰：「舜陶于河濱。」

故堯城，在縣南二十八里。

蒲坂關，一名蒲津關，在縣西四里。魏志曰「太祖西征馬超、韓遂，夜渡蒲津關」，即謂此也。今造舟爲梁，其制甚盛，每歲徵竹索價謂之橋脚錢，數至二萬，亦關河之巨防焉。

風陵故關，一名風陵津，在縣南五十里。魏太祖西征韓遂，自潼關北渡，即其處也。

舜祠，在州理舜城中。貞觀十一年詔致祭，以時灑埽。

伯夷墓，〔一五〕在縣南三十五里雷首山。貞觀十一年詔致祭，禁樵蘇。

河西縣，次赤。郭下。本朝邑縣東地，乾元三年因置河中府，割朝邑縣置。

臨晉縣，次畿。西南至府七十四里。本漢解縣地，〔一六〕後魏改爲北解縣。隋開皇十六年，分猗氏縣於今理置桑泉縣，因縣東桑泉故城以爲名也，天寶十三年〔一七〕改爲臨晉。

河水，經縣西四十里。

涑水，在縣東二十三里。

故解城，本春秋時解梁城，又爲漢解縣城也，在縣東南十八里。晉惠公許賂秦伯以河外列城五，東盡虢略，内及解梁城是也。

桑泉故城，在縣東十三里。左傳曰「重耳圍令狐，入桑泉」，謂此也。

故司空魏國公裴寂墓，在縣東北十七里。

猗氏縣，次畿。西南至府一百一十里。本漢舊縣，卽猗頓之所居也。東魏恭帝二年，改猗氏爲桑泉縣，周明帝復改桑泉爲猗氏縣，屬汾陰郡。隋開皇三年罷郡，屬蒲州。

涑水，經縣南六里。

故郇邑，在縣西南四里。左傳曰「晉侯謀去故絳，欲居郇、瑕氏之地。韓獻子曰：『郇、瑕氏土薄水淺，不如新田。』遂遷新田。」卽平陽絳邑縣也。〔一八〕

虞鄉縣，次畿。西至府七十里。本漢解縣地也，後魏孝文帝改置南解縣，屬河東郡。周明帝武成二年廢南解縣，別置綏化縣，武帝改綏化爲虞鄉。

壇道山，〔一九〕一名百梯山，在縣西南十二里。山高萬仞，躋攀者百梯方可升降，故曰百梯山。南有穴，莫測淺深，每有勅使投金龍於此，兼醮焉。

王官故城，在縣南二里。〔二〇〕左傳曰秦伯濟河焚舟取王官。

五老仙人祠在縣西十七里。

寶鼎縣，次畿。西南至府一百一十里。本漢汾陰縣也，屬河東郡。劉元海時廢汾陰縣入蒲坂縣。後魏孝文帝復置汾陰縣，開元十一年，〔二一〕改爲寶鼎縣。

黃河，在縣北十一里。趙簡子沈佞臣欒激之所也。〔二二〕

汾水，北去縣二十五里。

后土祠，在縣西北一十一里。

殷湯陵，在縣北四十三里。

解縣，次畿。西北至府四十五里。本漢舊縣也，〔二三〕屬河東郡。隋大業二年省解縣，九年自綏化故城移虞鄉縣於廢解縣理，即今縣理是也。武德元年改虞鄉縣爲解縣，屬虞州，因漢舊名也，仍於蒲州界别置虞鄉縣。貞觀十四年，〔二四〕廢虞州，解縣屬河中府。〔二五〕

中條山，在縣南二十里。

鹽池，在縣東十里。

女鹽池，在縣西北三里。東西二十五里，南北二十里。鹽味少苦，不及縣東大池鹽。俗言此池亢旱，鹽即凝結；如逢霖雨，鹽則不生。今大池與安邑縣池總謂之兩池，〔二六〕官置使以領之，每歲收利納一百六十萬貫。

熨斗陂，在縣東北二十五里。〔二七〕

通路自縣東南踰中條山，出白徑，〔二八〕趣陝州之道也。山嶺參天，左右壁立，間不容軌，謂之石門，路出其中，名之白徑嶺焉。

永樂縣，次畿。北至府九十里。本漢河北縣地，周明帝改河北縣爲永樂縣，武帝省永樂縣，以地屬芮城縣。武德二年，〔二九〕分芮城於縣東北二里永固堡重置永樂，屬芮州，七年移於今

理，貞觀八年改屬。（河中府）〔三〇〕

中條山，在縣北三十里。

河水，經縣南二里。

永樂澗水，源出中條山，經縣東二里，又南入河。

五老山，在縣東北十三里。堯升首山觀河渚，有五老人飛爲流星上入昴，因號其山爲五老山。

絳州，絳郡。雄。開元户八萬一千九百八十八。鄉一百七十六。元和户一萬一千二百七十一。

禹貢冀州之域。春秋時屬晉，左傳曰：「晉人謀去故絳，欲居郇、瑕氏之地。韓獻子曰：『郇、瑕氏土薄水淺，不如新田。』遂遷新田。」注曰：「新田，今平陽絳邑縣是也。」三卿滅晉，其地屬魏，戰國時亦爲魏地。秦爲河東郡地。今州，卽漢河東郡之臨汾縣地也。魏正始八年，分河東汾北置平陽郡，又爲平陽郡地。後魏太武帝於今理西南二十里正平縣界柏壁置東雍州及正平郡，〔三一〕其地屬焉。孝文帝廢東雍州，東魏靜帝復置，周明帝武成二年改東雍州爲絳州。隋大業三年廢州，爲絳郡。初，義師將西入關，大將軍進次古堆，〔三二〕去絳郡十餘里。通守陳叔達堅守不下，高祖命廚人曰「明日早下絳城，然後食」。乃引兵攻城，自旦及辰，破之。仍置絳郡。武德元年罷郡，置絳州總管，三年復爲絳州。

州境：東西三百六十五里。南北三百三里。

八到：西南至上都五百九十里。東南至東都取垣縣王屋路四百八十里。東北至晉州一百四十里。南至陝州二百里。〔三三〕東至澤州四百四十里。西北至慈州二百四十里。

貢、賦：開元貢：梨，蠍，〔三四〕防風。賦：布，麻。

管縣九：正平，太平，萬泉，曲沃，翼城，聞喜，絳，稷山，龍門。

正平縣，望。郭下。本漢臨汾縣地，屬河東郡。隋開皇三年罷郡，改屬絳州。十八年改臨汾縣爲正平縣，因正平故郡城爲名也。

汾水，東北自曲沃縣界流入。

澮水，東自曲沃縣流入。

柏壁，在縣西南二十里。後魏明帝元年，於此置柏壁鎮，太武帝廢鎮，置東雍州及正平郡。周武帝於此改置絳州，建德六年又自此移絳州於今稷山縣西南二十里玉壁。按柏壁高二丈五尺，周迴八里。

晉虒祁宮在縣南六里。左傳曰：「石言于晉魏榆。師曠曰『石不能言，或憑焉。抑又聞之，作事不時，怨讟動于人，〔三五〕則有非言之物而言』。於是晉侯方築虒祁之宮。」今按宮南有澮水，北有汾水，俱西流至宮西而合。隋末依宮餘址築堡，今名修義堡。

晉靈公臺，在縣西北三十一里。左傳曰「晉靈公不君，從臺上彈人，觀其避丸」，卽此臺也。

武平故關，在縣西三十里。高齊時置，周平齊廢。

晉齊姜墓，在縣南九里。申生之母也。

驪姬墓，在縣南八里。

太平縣，緊。南至州五十里。本漢臨汾縣地，屬河東郡。後魏太武於今縣東北二十七里太平故關城置泰平縣，屬平陽郡。周改泰平爲太平縣，因關名。隋開皇三年罷郡，改屬晉州，十年改屬絳州。

汾水，在縣東二十九里。

太平故關城，在縣東北二十七里。

白波壘，在縣東南十二里。後漢末黃巾賊於西河白波谷寇太原，於此築壘。

子奇壘，在縣東三十里。後秦王姚興遣弟義陽公平字子奇，與征虜將軍狄伯支等步騎四萬伐魏，攻平陽陷之，遂據柴壁。魏軍大至，截汾水以守之。平大敗，將麾下三十騎赴汾水而死，狄伯支等十將四萬人皆爲魏所擒。今按此壘西臨汾水，壘側尚有柴村，子奇投汾水，卽此處也。

趙盾祠，在縣西南十八里。

李牧祠，在縣東北十三里。

晉公孫杵臼、〔三六〕程嬰墓，並在縣南二十一里趙盾墓塋中。

萬泉縣，上。東北至州一百二十里。本漢汾陰縣地，屬河東郡。又薛通城者，後魏道武帝天賜元年，赫連勃勃僭號夏，侵河外，於時有縣人薛通，率宗族千餘家，西去漢汾陰縣城八十里築城自固，因名之。武德三年，於薛通故城置萬泉縣，屬泰州。〔三七〕縣東谷中有井泉百餘區，因名萬泉。貞觀十七年廢泰州，縣屬絳州。

曲沃縣，緊。西至州五十里。本晉舊都絳縣地也，漢以爲絳縣，屬河東郡。後漢加「邑」字，屬郡不改。晉改屬平陽郡。後魏孝文帝於今縣東南十里置曲沃縣，屬正平郡，因晉曲沃爲名。隋開皇三年罷正平郡，改屬絳州。

絳山，在縣南十三里。出銅鉚。

汾水，西南去縣二十二里。

澮水，在縣南二里。

絳水，在縣東南三里。

漢絳縣，本春秋晉都新田也，在縣南二里。周勃爲絳侯，卽其地也，今號絳邑故城。

陘庭故城，在縣西北二十里。左傳「曲沃武公伐翼，次于陘庭」是也。

臺駘神祠，在縣西南三十六里。〔三八〕左傳曰：「晉侯有疾，卜臺駘爲祟，問于子産。子産曰：『昔金天氏有裔子曰昧，爲玄冥師，生允格、臺駘，能業其官，〔三九〕帝用嘉之，封諸汾川。今晉主汾而滅之，由是觀之，則臺駘汾神也。』」

翼城縣，望。西南至州一百里。本漢絳縣地也，屬河東郡。後魏明帝置北絳縣，〔四〇〕隋開皇末改爲翼城縣，屬絳州，因縣東古翼城爲名也。武德元年於此置澮州，四年廢澮州，〔四一〕縣屬絳州。

澮高山，〔四二〕在縣東南二十五里，澮水出焉。其山出鐵，隋於此置平泉冶。

澮水，今改名翼水。

故翼城，在縣東南十五里。晉故絳都也。

故唐城，在縣西二十里。堯裔子所封也。

聞喜縣，望。西北至州六十里。本漢左邑縣之桐鄉也，〔四三〕武帝元鼎六年，將幸緱氏，至此聞南越破，大喜，因立聞喜縣，屬河東郡。後魏改屬正平郡，隋開皇三年罷郡，屬絳州。

景山，在縣東南十八里。

董澤，一名董池陂，在縣東北十四里。左傳廚武子曰：「董澤之蒲，可勝既乎？」〔四四〕

桐鄉故城，漢聞喜縣也，在縣西南八里。俗以此城爲伊尹放太甲于桐宮之所，孔注尚書曰桐，湯葬地也。按今尸鄉有放太甲處，在偃師縣界，非此也。又漢大司農朱邑屬其子葬桐鄉者，又在今舒州界，亦非此也。

王官故城，今名王城，在縣南十五里。〔四五〕左傳曰：「俘我王官。」

祁奚墓，在縣東二十二里。今太原祁縣又有祁奚墓，未詳孰是。

絳縣，上。西北至州八十里。本漢聞喜縣地，後魏孝文帝置南絳縣，其地屬焉，因縣北絳山爲名也，屬正平郡。恭帝去「南」字，直爲絳縣。隋開皇三年罷郡，改屬絳州。義寧元年屬翼城郡。武德元年屬澮州，尋改屬絳州。

備窮山，在縣東北二十五里。出鐵鉚，穴五所。

絳水，一名沸泉水，〔四六〕出絳山東谷，懸流奔壑，一十許丈，西北注於澮。史記稱智伯率韓、魏引絳水灌晉陽，〔四七〕不浸者三版，智氏曰：「吾始不知水可以亡人之國，今乃知之。」汾水可以灌安邑，絳水可以灌晉陽。〔四八〕於是韓、魏之君共殺智伯。水在縣北十四里。

晉文公墓，在縣東二十里。左傳曰：「文公卒將殯于曲沃，出絳，柩有聲如牛。」貞觀十一年詔致祭，五十步禁樵蘇。

稷山縣，緊。東至州四十九里。本漢聞喜縣地，屬河東郡。後魏孝文帝於今縣東南三十里置高涼縣，屬龍門郡。隋開皇三年罷郡，縣屬絳州。十八年改爲稷山縣，因縣南稷山以爲名也。

稷山，在縣南五十五里。左傳曰「晉侯理兵于稷，〔四九〕以略狄土」，即此地也。

汾水在縣南五十里。

玉壁故城，在縣南十二里。後魏文帝大統四年，東道行臺王思政表築玉壁城，因自鎮之。八年，高歡寇玉壁，思政有備，攻不克。周初於此置玉壁總管，武帝建德六年廢總管。城周迴八十里，〔五〇〕四面並臨深谷。

稷祠，在縣南五十里稷山上。〔五一〕

羲和墓，在縣東北七十里。〔五二〕

龍門縣，望。東至州一百一十里。古耿國，殷王祖乙所都，晉獻公滅之以賜趙夙。秦置爲皮氏縣，漢屬河東郡。後魏太武帝改皮氏爲龍門縣，因龍門山爲名，屬北鄉郡。隋開皇三年廢郡，以縣屬絳州，十六年割屬蒲州。武德三年屬泰州，貞觀十七年廢泰州，縣隸絳州。

汾水，北去縣五里。漢武帝行幸河東，作秋風辭，即此水也。

故耿城，在縣南十二里，古耿國也。

伏龍原，在縣西南十八里。

黃河，北去縣二十五里，卽龍門口也。禹貢曰「浮于積石，至于龍門」，注曰「龍門山，在河東之西界」。大禹導河積石，疏決龍門，卽斯處也。河口廣八十步，巖際鐫迹，遺功尚存。三秦記曰：「河津一名龍門，水陸不通，魚鼈之屬莫能上。江海大魚集龍門下數千不得上，上則爲龍，故曰『曝鰓龍門』。」水經注曰：「其魚出鞏縣鞏穴，〔五三〕每三月則上渡龍門，得則爲龍，否則點額而還。」

蜚廉故城，在縣南七里。

龍門關，在縣西北二十二里。

大禹祠，在縣西二十五里龍門山上。隋末摧毁，貞觀九年奉勑更令修理。

高祖神堯皇帝廟，在禹廟南絶頂之上，畫行幸儀衞之像，蓋義寧初義旗至此也。

晉州，平陽。望。開元户六萬八百五十三。鄉一百四十八。元和户六千五百六十七。鄉五十九。

禹貢冀州之域，卽堯、舜、禹所都平陽也。春秋時其地屬晉，戰國時屬韓，後韓將馮亭以上黨降趙，又屬趙。在秦爲河東郡地，今州卽漢河東郡之平陽縣也。永嘉之亂，劉元海僭號稱漢，建都於此。前趙録曰：「太史令宣于循之言于元海曰：〔五四〕『蒲子崎嶇，非可久安。平陽唐堯昔都，願陛下都之。』於是遷都平陽。」後魏太武帝於此置東雍州，孝明帝改爲唐州，尋又改爲晉州，因晉國以爲名也。高齊武成帝於此置行臺，周武帝平齊，置晉州總管。

義旗初建改爲平陽郡，武德元年罷郡，置晉州，三年爲總管府，四年爲都督府，貞觀六年廢府，復爲晉州。

州境：東西三百二十四里。南北二百五十里。

八到：西南至上都七百三十里。東南至東都六百二十四里。東北至汾州三百六十里。東至潞州三百九十里。西至慈州二百二十里。〔五五〕東南至澤州四百一十里。東北至沁州二百九十里。西北至隰州二百五十里。

貢、賦：開元貢：蠟，燭。〔五六〕賦：麻，布。

管縣九：臨汾，襄陵，神山，岳陽，洪洞，霍邑，趙城，汾西，冀氏。

臨汾縣，望。郭下。本漢平陽縣，屬河東郡，在平水之陽，故曰平陽。魏置平陽郡，平陽縣屬焉。隋開皇元年改平陽縣爲平河縣，三年罷郡，縣屬晉州，其年又改平河縣爲臨汾縣。

平山，一名壺口山，今名姑射山，在縣西八里，平水出焉。尚書曰：「壺口治梁及岐。」

汾水，北自洪洞縣界流入。

潏水，今名三交水，東自襄陵縣界流入。

堯廟，在縣東八里汾水東。

姑射神祠，在縣北十三里姑射山東，武德元年勅置。

龍子祠，在姑射山東平水之源。其地茂林蓊鬱，俯枕清流，實晉之勝境也。

劉和墓，在縣南三十五里。和，元海太子也。

劉聰墓，在縣西南十一里。聰，元海第四子也。

襄陵縣，緊。西北至州二十六里。本漢舊縣也，屬河東郡。高齊省。周平齊，自臨汾縣移禽昌縣於今理，屬晉州。隋大業二年，改禽昌爲襄陵，取漢舊名也，縣東南有晉襄公陵，〔五七〕因以爲名。先是以禽昌名者，後魏禽赫連昌以置縣故也。

浮山，在縣東南七里。

潏水，在縣北十五里。

黑水，經縣北二十五里。

晉賈充墓，在縣西南十里。

神山縣，中。西至州七十八里。本漢襄陵縣地也，武德二年僕射裴寂奏分襄陵縣置浮山縣，屬晉州，因山爲名。至三年，〔五八〕因羊角山神人見，又改爲神山縣焉。

黑山，今名烏頭山，在縣東四十四里，黑水出焉。

羊角山，在縣東南三十一里。

老君祠，在縣東南二十里。武德三年，見神於羊角山下，語曲沃縣人吉善行曰：「報大唐天子，得聖理一千年。」其年，勑遣通事舍人柳憲立祠，因改縣爲神山。

岳陽縣，中。西南至州一百五十里。本漢穀遠縣地，後魏孝莊帝置安澤縣，屬義寧郡。隋開皇十六年改屬沁州，大業二年改爲岳陽縣，因山爲名。義旗初建，屬平陽郡，武德元年罷郡，改屬晉州。

烏嶺山，在縣東三十里。

千畝原，在縣北九十里。周迴四十里。

東池堡，在縣南三十三里。今堡中見貯義倉，北面絶崖，三面各二丈五尺，周迴二里。

洪洞縣，望。西南至州六十里。本漢楊縣，卽春秋時楊侯國也，晉滅之，以賜大夫羊舌肸。漢以爲縣，屬河東郡。魏置平陽郡，楊縣屬焉。隋開皇三年罷郡，改屬晉州。義旗初建，改爲洪洞縣，因縣北故洪洞鎮爲名也。

霍山，在縣東北三十里。事具霍邑縣。

汾水，自趙城縣東流入。

洪洞故城，在縣北六里。後魏鎮城也，姚最序行記曰「周建德五年。從行討齊師，次洪洞，百雉相臨，四周重複，控據要險，城主張元静率其所部肉袒軍門」，卽此也。

禽昌故城，在縣東南二十四里。後魏太武帝禽赫連昌置，因以名焉。

師曠祠，在縣東南二十五里。

霍邑縣，上。南至州一百五十里。本漢彘縣也，屬河東郡，因彘水爲名，即周厲王所奔之邑。後漢順帝改爲永安縣，屬郡不改。後魏初省，及宣武正始二年又置永安縣。隋開皇十八年改爲霍邑縣，屬晉州，因霍山爲名。隋末喪亂，武牙郎將宋老生屯兵於此。義師之至也，老生陳兵據險，師不得進，忽有白衣老人詣軍門曰：「霍山神遣語大唐皇帝，若向霍邑，當東南傍山取路，我當助帝破之。」遣人視之，果有微道。高祖笑曰：「此神不欺，趙襄子豈當負吾邪！」於是進師，去城十餘里，老生戰敗，劉宏基斬之，遂平霍邑，置霍山郡。武德元年廢郡，復置呂州，縣屬焉。〔五九〕貞觀十七年廢呂州，縣又隸晉州。

霍山，一名太岳，在縣東三十里。禹貢曰「壺口、雷首，至于太岳」，鄭玄注曰「今河東彘縣霍太山是也。」〔六〇〕

呂坂，在縣西南十里。有呂鄉，晉大夫呂甥之邑也，呂州取名於此。

汾水，經縣西二里。

彘水，出霍山，經縣南一里。

普濟寺，貞觀八年奉詔，以破宋老生，於此置寺。

周厲王陵，在縣東北二十五里。

趙城縣，上。南至州九十五里。本漢彘縣地，即造父之邑也，自漢迄晉不改。〔六一〕後魏太武帝廢。其趙城縣，義旗之初分霍邑縣置，屬霍山郡，因故趙城爲名。武德元年廢郡，置呂州，縣屬焉。貞觀十七年廢呂州，縣屬晉州。

汾水，出縣西四里。

霍山廟，在縣東南三十里霍山上，甚有靈驗，貞觀五年勅令修理。

汾西縣，中。東至州一百八十里。本漢彘縣地，屬河東郡後漢改彘縣爲永安縣，高齊又於此置臨汾郡及臨汾縣。隋開皇三年改臨汾縣爲汾西縣，十六年改屬汾州，十八年改屬呂州，大業二年改屬晉州。義旗初屬霍山郡，武德元年又屬呂州，貞觀十七年廢呂州又屬晉州。

汾水，在縣東三十五里。

冀氏縣，中。西至州一百九十二里。〔六二〕本漢（猗）〔陭〕氏縣地也，〔六三〕屬上黨郡。（猗）〔陭〕音居義反。〔六四〕至晉省。後魏莊帝於（猗）〔陭〕氏城南置冀氏縣，屬晉州。

烏嶺山，在縣西三十里。

沁水，在縣東一里。

慈州，文城。下。開元户一萬一千二百七十五。鄉三十。元和户一千八百七十七。

禹貢冀州之域。春秋時晉之屈邑，獻公子夷吾所居也。左傳曰「驪姬賂外嬖梁五與東關嬖五，使言於公曰：『蒲與二屈，君之疆也，不可無主。』乃使重耳居蒲，夷吾居屈。」注曰：

「二屈，今平陽郡北屈縣」是也。左傳「屈產之乘」，亦此地。秦兼天下，縣屬河東郡。漢北屈縣，屬河東郡。後魏孝文帝於北屈縣南二十一里置定陽郡，〔六五〕即今州理是也。隋開皇元年改定陽郡爲文城郡。貞觀八年改爲慈州，州內有慈烏戍，因以爲名。

州境：東西五百五十一里。南北二百一十二里。

八到：西南至上都六百八十五里。東南至東都七百二十五里。北至隰州二百里。西北至丹州一百八十里。東南至絳州太平縣一百九十里。西至龍門縣一百八十里。東南至晉州二百四十里。〔六六〕正西至黃河六十五里。東南至絳州二百四十里。

貢、賦：開元貢：蠟，白蜜。賦：麻，布。

管縣五：吉昌，文城，昌寧，仵城，呂香。

吉昌縣，中。郭下。本漢北屈縣地也，屬河東郡。後魏孝文帝於今州置定陽郡，并置定陽縣，會有河西定陽胡人渡河居於此，因以爲名。十八年，〔六七〕改定陽縣爲吉昌縣。貞觀八年改置慈州，縣依舊屬焉。

壺口山，在縣西南五十里。〔六八〕

風山，在縣北三十里。山上有穴如輪，風氣蕭瑟，未嘗暫止，當其衝略不生草，故以風爲名。

黃河，北去縣六十里。

姚襄城，在縣西五十二里。〔六九〕本姚襄所築，其城西臨黃河，控帶龍門、孟門之險，周、齊交爭之地。齊後主武平二年，遣右丞相斛律明月、〔七〇〕左丞相平原王段孝先破周兵於此城，遂立碑以表其功，其碑見存。齊氏又於此城置鎮，隋開皇廢，武德二年又置鎮，九年廢。城高二丈，周迴五里。

文城縣，中。東南至州六十五里。本漢北屈縣地，屬河東郡。後魏孝文帝於此置斤城縣，屬定陽郡。隋開皇十六年改斤城縣爲文城縣。〔七一〕

孟門山，俗名石槽，在縣西南三十六里。淮南子曰：〔七二〕「龍門未闢，呂梁未鑿，河出孟門之上，名曰洪水，大禹疏通，謂之孟門。」水經注曰：「風山西四十里河水南出孟門，〔七三〕與龍門相對，〔七四〕卽龍門之上口也，實爲黃河之巨阨。」今按河中有山，鑿中如槽，束流懸注，七十餘尺。

文城故城，在縣北三十里。〔七五〕故老曰此城晉文公爲公子時，避驪姬之難，從蒲奔狄，因築此城，人遂呼爲文城。

昌寧縣，中。西北至州五十里。本漢臨汾縣地，屬河東郡。後魏太武帝分臨汾縣置太平縣，孝文帝又分太平縣置昌寧縣，屬定陽郡。隋開皇元年改屬耿州，十八年又屬汾州，大業二年改汾州爲文城郡，縣仍隸焉。貞觀八年改爲慈州，縣又屬焉。

兩乳山，在縣西南七十里。山有兩岫，望如乳形，因以爲名。

黄河，北去縣七十九里。

倚梯故城，在縣西南一百五十里。〔七六〕累石爲之，東北兩面據嶺臨谷，西南兩面俯眺黄河，懸崖絶壁百餘尺，其西南角卽龍門之上口也，以城在高嶺，非倚梯不得上，因以爲名。城中有禹廟。後魏孝文帝西巡，至此立碑，碑今現在。

禹廟，在縣西南一百五里龍門東岸上，其碑是後魏孝文帝所立。

晉荀息墓，在縣東北十六里。

仵城縣，中下。西南至州五十八里。本漢北屈縣地，屬河東郡。後魏於此置仵城郡，〔七七〕領京軍縣，孝文帝改京軍縣爲仵城縣。隋開皇三年廢仵城郡，改屬文城郡，皇朝改屬慈州。

石門山，在縣北六十里。

拓定故城，在縣西一里。周保定四年置，以高齊境，因以爲名。隋廢。

吕香縣，中。北至州一百二十里。本漢臨汾縣地也，屬河東郡。後魏太武帝於此置邢軍縣，屬仵城郡。孝文帝改爲平昌縣。隋開皇十六年省平昌縣入仵城縣，〔七八〕義寧元年於此置平昌縣，貞觀元年改爲吕香縣，因舊吕香鎮爲名，屬慈州。

馬頭山，在縣南六十里。其山峭嶷，形如馬首，因以爲名。

橫嶺山，在縣西北六十里。

隰州，大寧。下。開元户一萬八千五百八十三。鄉四十八。元和户二萬三千三百四十九。鄉二十四。

禹貢冀州之域。春秋時爲晉地，七國屬魏。秦爲河東郡地，在漢爲蒲子縣，屬河東郡。後魏初屬仵城郡。孝文改蒲子爲長壽縣，〔七九〕太和十二年於此置汾州。周宣帝大象元年，於今州東百步置龍泉郡，隋開皇五年改爲隰州，大業三年又改爲龍泉郡，武德元年又爲隰州。爾雅曰「下濕曰隰」，以州帶泉泊下濕，故以隰爲名。

州境：東西　南北

八到：西南取慈州路至上都八百八十五里。東南至東都八百八十里。東南至晉州汾西縣一百六十里。西至延州三百六十里。北至石州二百五十里。南至河一百四十里。東北至汾州二百七十里。東南至河中府六百里。〔八〇〕

貢、賦：開元貢：蠟，白蜜，麝香，胡女布。賦：麻，布。

管縣六：隰川，蒲，大寧，温泉，永和，石樓。

隰川縣，中。郭下。本漢蒲子縣地也，屬河東郡。魏少帝分河東置平陽郡，蒲子縣屬焉。劉元海僭號稱漢，初理於蒲子，後徙平陽，又於此置大昌郡，以蒲子屬焉。周宣帝改置長壽縣，隋開皇十八年改爲隰川縣，南有龍泉下隰，因以爲名，屬隰州。

蒲水，源出縣東北石樓山。

黄櫨水，出縣東北黄櫨谷。

故横城，在縣南三十五里。隋仁壽四年，楊諒作逆，遣僞將吴子通屯兵築城於此，横絶蒲州道，因以爲名。

蒲縣，中。西北至州一百一十里。本漢蒲子縣地，後魏於此置石城縣，後廢。周宣帝於石城故縣置蒲子縣，〔六二〕因漢蒲子縣爲名也，屬定陽郡。隋開皇五年改屬隰州，大業二年改爲蒲縣。

五禿山，在縣東北五十里。山少草木，故名五禿，周迴七十七里。

常安原，在縣西南四十里。東西廣四十里，南北長二十里。

仵城故城，在縣西南六十三里。後魏仵城郡也。

大寧縣，中。東北至州八十六里。本漢北屈縣地也，屬河東郡。後魏於此置仵城縣，尋廢。周武帝又於廢縣西三里置大寧縣，屬南汾州。隋大業二年省。武德二年，於此置中州，復置大寧縣以屬焉。貞觀元年廢中州，以縣屬隰州。

孔山，在縣西北二十五里。上有穴如車輪三所，東西相去各二丈，其深不測，因以爲名。

黄河，北去縣六十八里。

蒲水，一名斤水，去縣六十步。

浮圖鎮，齊河清四年築，隋移大寧縣理此，卽今縣理是也。

温泉縣，中。西南至州一百六十里。本漢土軍縣地也，後魏於土軍故縣東七十里置新城縣，屬吐京郡，太武改爲嶺東縣，孝文改爲新城縣。武德三年，於縣東南四十里置北温州及温泉縣，因縣南温泉爲名。貞觀元年省北温州及新城縣，以温泉縣屬隰州。

遠望山，一名可寒堆，在縣西七十里。高五里，周迴七十五里。

西陽泉，源出縣東北，去縣十里。

永和縣，中下。東至州八十里。本漢狐讘縣，之涉反。〔八二〕屬河東郡，後漢省。魏初復置狐讘縣，屬河東郡，魏廢。〔八三〕高齊後主於其城置永和鎮，周宣帝廢鎮置臨河郡及臨河縣，屬汾州。隋開皇五年改屬隰州，十八年改臨河爲永和縣，以縣西永和關爲名也。

樓山，在縣西南二十二里。

黄河，東去縣六十里。〔八四〕

狐讘故縣城，在縣西南三十五里。

石樓縣，中下。東至州九十里。本漢土軍縣也，屬西河郡，晉省。後魏孝文帝於此城置吐京郡，卽漢土軍縣，蓋胡俗音訛，以軍爲京也。隋開皇五年又以吐京屬隰州，十八年改吐京爲石樓縣，因縣東石樓山爲名也。

石樓山，在縣東南六十里。水經注曰：「蒲水出石樓山。」

黃河，東去縣九十九里。〔八五〕

龍泉水，出縣東南，去縣十里。山下牧馬，多産名駒，故得龍泉之號。

縣理城，漢土軍城也。其城圓而不方，故謂之團城。

卷十二校勘記

〔一〕河東　攷證：河中府本四輔之一，宜依同、華、岐三州之例，於郡下注四輔。

〔二〕十代至文侯　今按：與史記魏世家合，各本「侯」誤「公」。

〔三〕元年五月　攷證：按舊書本紀及會要並作「九年正月」，此恐形近之訛。

〔四〕一百八十三里　攷證：虢州八到無「三」字。

〔五〕麥麲扇　今按：殿本同，它本誤分爲三物。攷證云：「『麲』，誤作『麲』。麲，音涓，麥莖也。」

〔六〕鳳棲梨　今按：殿本同，戈襄校舊鈔本、清初鈔本、通經樓鈔本「梨」作「栗」，陳樹華鈔本、岱南閣本、畿輔本分「鳳」、「栖栗」爲二物。新唐志作「鳳棲梨」，此不誤。

〔七〕龍骨　今按：與新唐志合，殿本亦有此二字，它本脱。

〔八〕本漢蒲坂縣　攷證：地理志云「故曰蒲，秦更名」，宜曰「秦縣」。「坂」，地理志作「反」，應劭曰：「秦始皇東巡，見長坂，故加『反』。」師古曰：「應説是。」今按：漢志作「蒲反」，郡國志作「蒲坂」。史記秦本紀「昭襄王四年，取蒲坂」。魏世家「哀王十六年，秦拔我蒲反、陽晉」。則蒲坂之得名在始皇前，且「坂」、「反」通用，應劭説非。

〔九〕雷首山一名中條山　今按：括地志云：「蒲州河東縣雷首山，一名中條山，亦名歷山，亦名首陽山，亦名襄山，亦名甘棗山，亦名豬山，亦名獨頭山，亦名薄山，亦名吴山。此山西起雷首，東至吴坂，凡十一名。」薄山卽襄山，括地志舉十一名，實只九名。通典有八名，不數雷首山，太平寰宇記與通典同，惟加陑山爲九。此志只舉中條，疑有脱文。

〔一〇〕五十五里　攷證：羅苹引作「五十里」。

〔一一〕長原一名蒲坂　今按：括地志云：「蒲坂，今蒲州南二里。」蒲州治河東縣，與此志同，但不言長原。此蓋緣秦本紀「以垣爲蒲坂」而誤，「垣」、「原」古通。

〔一二〕桑泉縣　攷證：按本志無桑泉縣，宜作「臨晉」，蓋稱舊説，未及改正。

〔一三〕嬀汭水　今按：水經河水注：「歷山，嬀、汭二水出焉，南曰嬀水，北曰汭水，尚書所謂『釐降二女於嬀、汭』也。」隋志、括地志以嬀汭爲一水兩源，此志則爲一水之名。攷説文「水涯曰汭」，尚書孔傳及釋文並不以「汭」爲水名，故酈道元雖舉歷山嬀、汭二水，亦曾惑之。其實應如禹貢「涇屬渭汭」之義，汭訓北、訓内，不得「嬀汭」共一水名。

〔一四〕四十里　今按：史記五帝本紀正義引括地志作「三十里」。

〔一五〕伯夷墓　攷證：宜作「夷、齊墓」，水經注雷首山有夷、齊廟，南有夷、齊墓。

〔一六〕本漢解縣地　今按：各本作「本漢舊縣也」，誤。攷證云：「地理志無臨晉縣，樂史云『臨晉　本漢解縣地』是也。」

〔一七〕天寶十二年　攷證：新、舊志「二」並作「三」。

〔一八〕卽平陽絳邑縣也　攷證：「卽」上應有「注」字，本杜預説。絳邑，晉屬平陽郡。今按：此引左傳成公六年及杜注，依例當有「杜注曰」三字。下絳州敍引此注有「注曰」二字。

〔一九〕壇道山　攷證：官本作「檀」，誤。樂史作「壇」，云「其頂方平如壇」。御覽引山海經「解縣南有壇道山」。九域志亦作「壇」。今按：水經涑水注作「鹽道山」。今本山海經郭璞注作「檀道山」。御覽引「山海經」下脱「郭注」二字。

〔二〇〕王官故城在縣南二里　攷證：官本按云：「後聞喜縣『王官故城在縣南十五里』，以虞鄉在聞喜西南言之，王官故城當在虞鄉東，此云『在縣南二里』，誤。」今按：水經涑水注「涑水又西逕左邑縣故城南，又西逕王官城北，城在南原上」。左邑漢縣，後漢改聞喜，王官城蓋在臨晉之東，聞喜之西，涑水南岸。史記晉世家正義引括地志云「王官故城，在蒲州猗氏縣南二里」，其方里正與水經注合。疑此條爲猗氏縣下文，錯簡在此，虞鄉乃漢解縣地，方位不合。

〔二一〕開元十一年　攷證：新志「一」作「二」，誤。

〔二二〕沈佞臣欒激之所也　攷證：「欒激」，官本按云「攷呂氏春秋及水經注作『欒徼』。」按水經注戴震作「徼」，趙一清作「激」。又按二字古通用，説苑「趙簡子與欒激遊，將沈於河」，字從水旁，此志所本。今按：水經河水注，大典本、朱箋本、趙本並作「激」，惟戴本依朱箋引呂氏春秋改「徼」。

〔二三〕本漢舊縣也　今按：漢解縣即春秋晉解梁城，後魏改爲北解縣，北周省，故城在今山西臨猗縣西南五姓湖北。後魏又置南解縣，即唐解縣治，地形志誤爲漢縣，此亦沿誤。

〔二四〕貞觀十四年　攷證：官本作「十七年」，樂史同。

〔二五〕河中府　今按：「河中府」當作「蒲州」，河中府改於開元間，貞觀時不得有此名。

〔二六〕總謂之雨池　攷證：「總謂之雨池」，「雨」，樂史作「兩」。

〔二七〕在縣東北　攷證：樂史「東北」作「西」。

〔二八〕通路至白徑　今按：「白徑」，隋志作「百徑」，此恐誤。若白徑，乃太行八徑之一，非此中條山之別嶺。下「白徑嶺」字亦宜作「百」。又疑「通路」是「路通」之誤，上當有「百徑嶺」三字。

〔二九〕武德二年　攷證：新、舊志並作「元年」，樂史同。

〔三〇〕貞觀八年改屬（河中府）　攷證：「八年」，新志作「十年」。今按：戈襄校舊鈔本無「河中府」三字，各本與此俱衍，貞觀中尚無河中府，今據刪。

〔三一〕正平郡　攷證：地形志「正」作「征」。

〔三二〕大將軍　攷證：樂史作「大軍」，脱「將」字。舊書本紀：「癸巳，建大將軍府，裴寂爲長史。」

〔三三〕二百里　攷證：陜州作「一百里」。九域志「南至本府界五十里，自界首至陜州一百八十八里」，當不止一百里也。

〔三四〕蠍　攷證：此當爲「蝎」字形近之誤。按六典及新志有蠟燭，無蠍，樂史同。

〔三五〕怨讟動于人　攷證：「人」，本作「民」，唐避。

〔三六〕公孫杵臼　今按：岱南閣本「杵」訛「杼」。

〔三七〕屬泰州　今按：「泰州」，殿本同，它本作「秦州」，誤，新、舊唐志並作「泰」，本志龍門縣兩泰州不誤。下同。

〔三八〕在縣西南　攷證：官本無「南」字。

〔三九〕能業其官　今按：左傳昭元年「能」上重「臺駘」二字，此脱。

〔四〇〕後魏明帝置北絳縣　攷證：地形志北絳太和十二年置，非明帝也，樂史並誤。絳縣敍孝文帝置南絳縣，俱太和十二年。

〔四一〕四年廢澮州　今按：各本「四年」作「二年」。攷證云：「新、舊志並云『二年改爲北澮州，四年廢』，『二』字恐誤，樂史同。」

〔四二〕澮高山　今按：括地志云「澮高山，又名澮山」。水經澮水注作「絳高山」，云「亦曰河南山，又曰澮山」。御覽引水經注作「詳高山」，寰宇記作「翔高山」。説文云「澮水出霍山，西南入汾」，則澮高山又稱霍山，蓋汾、沁二水之間皆霍太山脈，澮高特霍太山支脈耳。

〔四三〕本漢左邑縣　攷證：地理志云秦改爲左邑。

〔四四〕可勝既乎　攷證：樂史「既」作「計」，誤。

〔四五〕王官故城今名王城在縣南十五里　攷證：官本按云：「此與虞鄉王官故城各引左傳證之，據此，則前所云『在虞鄉縣南二里』者，其誤益明。」今按：據水經涑水注及括地志，王官故城應在猗氏縣南二里，於聞喜則是西南，此「南」上脱「西」字耳。殿本前按及攷證此引均未明。

〔四六〕絳水一名沸泉水　今按：水經澮水注云絳水，俗謂之白水，無沸泉水之名。史記魏世家正義引括地志「絳水一名白水，今名弗泉」，「弗」、「沸」不同，又此不舉白水。

〔四七〕史記稱至灌晉陽　攷證：「絳」，官本作「晉」。水經注無「絳」字，説苑「引絳水」作「決晉水」，均與此別。今按：史記魏世家「知氏滅范、中行，又率韓、魏之兵以圍趙襄子於晉陽，決晉水以灌晉陽之城」，戰國策秦策同。又國策趙策「三國之兵乘晉陽城，決晉水而灌之」。趙世家云「三國攻晉陽，引汾水灌其城」。史、策俱不言引絳水，此蓋本水經澮水注，注脱「晉」字，遂增一絳水以就此文，「絳」當作「晉」，但又與本文不相合。

〔四八〕汾水可以灌安邑絳水可以灌晉陽　今按：岱南閣本、畿輔本脱此二句。水經澮水注「晉陽」作「平陽」，與國策秦策、史記魏世家合，疑「晉」爲「平」之誤。絳水出今山西絳縣西北絳山，西北流至曲沃縣入澮水，去平陽百數十里，故酈道元謂「汾水灌安邑亦或有之，絳水灌平陽未識所由」。

攷梁書韋叡傳作「汾水灌平陽，絳水灌安邑」，恐史、策「汾」「絳」二字互倒，後人不能辨，遂使直北百餘里之絳水以浸平陽。然絳水源流甚短，惟涑水經今夏縣、安邑西北，其上流即絳水，或絳、涑古得通稱。

〔四九〕晉侯理兵　攷證：「理」，原作「治」，唐避。

〔五〇〕周迴八十里　攷證：「十」字疑衍，王應麟、顧祖禹並作「八里」。

〔五一〕縣南五十里稷山上　今按：上稷山云「在縣南五十五里」。

〔五二〕羲和墓在縣東北七十里　今按：岱南閣本、畿輔本「羲」誤「義」。攷證云：「『七十』，官本作『十七』，樂史同。」

〔五三〕水經注曰其魚出鞏縣鞏穴　攷證：今水經注作「爾雅曰：鱣鮪也，出鞏穴」，無「其魚出鞏縣」五字，餘亦微別。

〔五四〕宣于循之言于元海曰　攷證：官本「宣于循之」作「宣于修之」，與前趙録合，宜照改。樂史「宣于」作「鮮于」，亦稱前趙録，與今本別。今按：「修」「循」古通，非誤。

〔五五〕二百二十里　攷證：慈州八到作「二百四十里」。

〔五六〕蠟燭　攷證：官本作一物，此誤別爲二。

〔五七〕縣東南有晉襄公陵　今按：水經汾水注「汾水自平陽來，南歷襄陵縣故城西，西北有晉襄公陵」，顏師古漢志注亦謂襄陵縣西北有晉襄公陵，此云「縣東南」，恐非。

〔五八〕至三年　攷證：新、舊志「三」均作「四」。會要云「三年九月十九日，以吉善行於羊角山下見老君改焉」。新、舊志均恐未的。

〔五九〕復置呂州縣屬焉　今按：戈襄校舊鈔本、清初鈔本、殿本同此，它本脱「縣屬焉」三字。

〔六〇〕㕙縣　攷證：「㕙縣」，王鳴盛引上有「故」字，此脱。

〔六一〕自漢迄晉不改　攷證：官本按云：「後汾西縣志云『後漢改㕙縣爲永安縣』，此云『自漢迄晉不改』，有誤脱。」

〔六二〕西至州一百九十二里　攷證：錢坫引無「二」字。

〔六三〕本漢（猗）〔陭〕氏縣地也　今按：戈襄校舊鈔本「猗」作「陭」，各本與此俱誤「猗」。漢志陭氏縣屬上黨郡，若猗氏則爲東阿郡屬縣矣，今據改。下同。

〔六四〕（猗）〔陭〕音居義反　今按：殿本同，戈襄校舊鈔本作「陭音居義反」，它本無此注。居義正陭字音，猗無此音，今依改。

〔六五〕二十一里　攷證：趙一清引無「一」字。

〔六六〕二百四十里　攷證：晉州八到作「二百二十里」。

〔六七〕十八年　攷證：上宜有「開皇」二字。

〔六八〕在縣西南五十里　今按：舊説壺口卽古孟門山，尸子、呂覽、淮南子所謂「河出孟門之上」者也。漢志謂壺口在北屈東南，北屈故城在今山西吉縣東北二十一里，則壺口卽孟門東山，括地志及此志暨後之地理書，悉謂壺口在吉昌縣西南者失之。

〔六九〕五十二里　攷證：王應麟引作「二十五里」。

〔七〇〕斛律明月　攷證：王應麟引作「斛律光」，名字異耳。

〔七一〕於此置斤城縣至改斤城縣爲文城縣　攷證：地形志無斤城，隋志亦未詳改斤城爲文城。大清一統志表魏作「五城」，隋、唐並作「文城」。劉昫云「魏曰仵城，隋改曰文城」，蓋轉訛也。今按：地形志汾州定陽郡、南汾州定陽郡皆無文城縣及斤城縣，未知孰是。

〔七二〕淮南子曰　今按：「淮南子」當作「尹子」，此引見尹子君治篇，淮南子無此文。此緣水經河水注而誤。

〔七三〕風山西四十里河水南出孟門　攷證：今水經注作「河南孟門山」，與此所引小異。今按：水經注蓋言北屈縣西四十里有風山，風山西四十里河南有孟門山。孟門山在河中，故曰「河南孟門山」。此當衍「水」「出」二字，非異文。

〔七四〕與龍門相對　今按：水經河水注無此句，寰宇記引水經注有，蓋襲此志。

〔七五〕在縣北三十里　今按：史記晉世家正義引括地志作「縣西北四十里」。

〔七六〕一百五十里　攷證：樂史無「十」字，與下條合，此宜衍。

〔七七〕置仵城郡　攷證：「仵」，地形志作「五」。下同。今按：隋志作「伍」，寰宇記同。

〔七八〕仵城縣　攷證：隋志「仵」作「伍」。

〔七九〕改蒲子爲長壽縣　攷證：地形志無長壽，隰川敍云「周改長壽」，與隋志合，此恐有誤，樂史同。

〔八〇〕東南至河中府六百里　攷證：按方輿，「東」宜作「西」。

〔八一〕置蒲子縣　攷證：隋志云「周置蒲縣」，脱「子」字。

〔八二〕本漢狐讘縣　攷證：此本地理志。史記建元以來侯者年表「狐」作「瓡」，索隱曰：「卽『狐』字。」陳奂曰：「『瓡』當作『瓠』，狐、瓠聲通，徐廣音胡。」

〔八三〕魏廢　攷證：「魏」上脱「後」字。

〔八四〕黄河東去縣六十里　攷證：「去」宜作「至」，永和卽今縣，不在河外也。

〔八五〕黄河東去縣九十九里　攷證：「去」宜作「至」，樂史云「黄河在縣西」，是。

元和郡縣圖志卷第十三

河東道二

河東節度使　太原府　汾州　沁州　儀州

太原府，并州。〔一〕開元户十二萬六千八百四十。　鄉二百四十五。　元和户十二萬四千。　鄉二百四十九。今爲河東節度使理所。

管州十一：太原府，汾州，沁州，儀州，嵐州，石州，忻州，代州，蔚州，朔州，雲州。縣四十七。都管户一十五萬一千六百八十三。

禹貢冀州之域。禹貢曰「既修太原」，注曰「高平曰原」，今以爲郡名。舜典曰「肇十有二州」，王肅注曰：「舜爲冀州之北太廣，分置并州，至夏復爲九州，省并州合於冀州。周之九州，復置并州。」職方曰：「正北曰并州，其山鎮曰恒山，藪曰昭餘祁，川曰滹沱、漚夷，〔二〕浸曰淶、易。」釋名曰：「并，兼也，言其州或并或設，因以爲名。」春秋晉荀吳敗狄於大鹵，即太原晉陽縣也。中國曰太原，夷狄曰大鹵。按晉，太原、大鹵、大夏、夏墟、平陽、晉陽六名，〔三〕其實一也。太康地記曰「并州不以衞水爲號，又不以恒山爲名，而言并者，蓋以其在兩谷之間乎？」按今州本高辛氏之子實沈，又金天氏之子臺駘之所居也，左傳曰：「昔高辛氏有二子，伯曰閼伯，季曰實沈，居於大林，〔四〕不相能也，日尋干戈，后帝不臧，遷實沈於大夏主參。金天氏有裔子曰昧，爲元冥師，生允格、臺駘，以處太原。」晉陽縣也。太原，臺駘之所居。〔五〕按今州又爲唐國，帝堯爲唐侯所封，又爲夏禹之所都也。帝王世紀曰：「帝堯始封於唐，又徙晉陽，及爲天子都平陽。」平陽卽今晉州，晉陽卽今太原也。又曰：「禹自安邑都晉陽，至桀徙都安邑，至周成王以封弟叔虞，是爲晉侯。」史記曰：「成王與叔虞戲，削桐葉爲圭，曰：『以是封汝。』周公請封之於唐，〔六〕成王曰：『吾戲耳。』周公曰：『天子無戲言。』遂以封之。」今州，春秋時爲晉國，戰國時爲趙地，左傳曰：「晉趙鞅入晉陽以叛。」穎容曰：「趙簡子居晉陽，至成公居邯鄲。」〔七〕史記曰：「智伯率韓魏攻趙，襄子奔保晉陽。」晉爲韓、魏、趙所滅，故其地屬趙。地理志曰：「趙西有太原。」秦本紀曰：「莊襄王二年，蒙驁攻趙，定太原。四年，初置太原郡。」始皇置三十六郡，仍爲太原郡。漢二年，魏豹反爲楚，盡有太原、上黨之地。九月，韓信虜魏豹，定魏地，置河東、上黨、太原郡。六年，以太原二十一縣爲韓國，徙封韓王信，都太原。七年，信反，走入匈奴。十一年，封皇子爲代王，〔八〕都晉陽。文帝元年，立皇子參爲太原王，都晉陽。地理志云太原郡領二十一縣，屬并州。後漢末，省并州入冀州。魏文帝黄初元年，復置并州，改太原郡爲太原國。初，曹公圍袁尚於鄴，時袁紹外甥高幹爲并州刺史，沮授説幹曰：[九]「并州左有恒山之險，右有大河之固，北有强胡，宜速迎尚，並力觀變。」幹不能用，故敗。晉惠帝時，并州之地盡爲劉元海所有。其後劉曜徙都長安，自平陽，已東盡入石勒。至苻堅、姚興、赫連勃勃並於河東郡置并州。後苻丕爲慕容垂所迫，奔於晉陽，稱帝一年，爲慕容永所滅。後魏復爲太原郡。周武帝建德六年，平齊，置六府於并州，後省六府，置并州總管。隋開皇二年廢總管，置河北道行臺尚書省，今州理是也。九年，廢行臺，復置并州總管。大業元年廢總管，三年罷州爲太原郡。隋季陵遲，寇盜充斥，煬帝以高祖爲山西河東道撫慰大使、太原郡留守，仍遣武賁郎將王威、高君雅爲副。時賊帥歷山飛衆號十萬，來寇郡境，劉武周又殺太守王仁恭舉兵馬邑，俄又攻破汾陽。宫監裴寂、晉陽令劉文静勸高祖舉兵，旬日閒衆至數萬，威、君雅有疑心，高祖斬之以徇，時大業十三年也。其年入關，尅定京邑，高祖輔政。義寧元年，太原郡仍舊不改。武德元年罷郡爲并州總管，三年廢總管，四年又置，其年又改爲上總管，五年又改爲大總管，七年又改爲大都督。天授元年罷都督府，置北都，[一〇]神龍元年依舊爲并州大都督府。開元十一年，玄宗行幸至此州，以王業所興，又建北都，改并州爲太原府，立起義堂碑以紀其事。二十一年，分天下州郡爲十五道，置採訪使以檢察非法，太原爲河東道。又於邊境置節度使以式遏四夷，河東最爲天下雄鎮，河東節度理太原府，管兵五萬五千人馬一萬四千四，衣賜一百二十六萬疋段，軍糧五十萬石。掎角朔方天兵軍，太原府城內。聖曆二年置，管兵二萬人，馬五千五百匹。〔一一〕雲中郡守捉，東南去單于府二百七十里。調露中裴行儉破突厥置管兵七千七百人，馬一千二百匹。〔一二〕東南去理所八百餘里。大同軍，雁門郡北三百里，調露中突厥南侵，裴行儉開置，管兵九千五百人，〔一三〕馬五千五百匹。東南去理所八百餘里。雁門，今代州。橫野軍安邊郡東北百四十里，開元中河東公張嘉貞移置，〔一四〕管兵七千八百人，〔一五〕馬一千八百匹。西南去理所九百餘里。安邊郡，今蔚州地界。定襄郡去理所百八十里。管兵三千人。〔一六〕定襄郡，今忻州。雁門郡去理所五百里。管兵四千人。樓煩郡東南去理所二百五十里。管兵三千人。樓煩郡，今嵐州。岢嵐軍。樓煩郡北百里。長安中李迥秀置，管兵千人。東南去理所三百五十里。岢，音哿。天寶元年，改北都爲北京。〔一七〕今太原有三城，府及晉陽縣在西城，太原縣在東城，汾水貫中城南流。

府境：東西　南北

八到：西南至上都一千二百六十里。南至東都八百九十里。東南至儀州三百四十五里。西南至沁州三百四十里。東至趙州五百六十里。北至忻州一百八十里。正南微東至潞州四百五十里。東北至恒州五百里。

貢、賦：開元貢：人參，黃石鉚，柏子仁，蒲萄，甘草，龍骨，特生草，銅鏡。賦：布，麻。

管縣十三：太原，晉陽，榆次，清源，壽陽，太谷，祁，文水，交城，廣陽，陽曲，盂，樂平。

太原縣，赤。郭下。開元户二萬一千六百五十六。鄉四十。元和户〔一八〕

墾田〔一九〕

本漢晉陽縣地，高齊河清四年，自今州城中移晉陽縣於汾水東。隋文帝開皇十年，移晉陽縣於州城中，仍於其處置太原縣，屬并州。大業三年罷州，置太原郡，縣仍屬焉。隋末移入州城，貞觀十二年還遷於舊理，在州東二百六十步。〔二〇〕

牢山，一名看山，在縣東北四十五里。後魏書曰：「劉聰遣子粲襲晉陽，猗盧救之，遂獵牢山，陳閱皮肉，山爲之赤。」其山出金鉚。

潛丘，在縣南三里。爾雅曰：「晉有潛丘。」隋開皇二年於其上置大興國觀。

洞過水，〔二一〕東自榆次縣界流入，西去縣三十里入晉陽縣界。

陽曲故城，在縣東北四十五里。

陽直故城，在縣東北二十里。隋開皇十六年改陽曲縣，理此。

晉渠，在縣西一里。西自晉陽縣界流入。汾東地多鹹鹵，井不堪食，貞觀十三年，長史英國公李勣乃於汾河之上引決晉渠歷縣經鄽，又西流入汾水。

晉陽縣，赤。郭下。開元户一萬二千八百八十一。鄉二十五。元和户本漢舊縣也，屬太原郡，至後魏並不改。按此前晉陽縣理州城中，高齊武成帝河清四年，移晉陽縣於汾水東，今太原縣理是也。武平六年，於今理置龍山縣，屬太原郡，因縣西龍山爲名也。隋開皇三年，罷郡，置并州。十年，廢龍山縣，移晉陽縣理之。大業三年，罷州，爲太原郡，縣仍屬焉。皇朝因之。在州南二里。

懸甕山，一名龍山，在縣西南十二里。山海經曰：「懸甕之山，晉水出焉，其上多玉，其下多銅。」

蒙山，在縣西北十里。十六國春秋曰「前趙劉聰征劉琨不克，略晉陽之人，踰蒙山而歸」，卽謂此也。今山上有楊忠碑，爲周將討齊戰勝，隋開皇二年，追紀功烈，始建此碑。忠卽文帝之考，謚曰武元皇帝。

汾水，北自陽曲縣界流入，經縣東二里，又西南入清源縣界。

晉水，源出縣西南懸甕山。水經注曰：「晉水出懸甕山，東過其縣南。〔二二〕昔智伯遏晉水灌晉陽，城不没者三版，後人踵其遺跡，蓄以爲沼。沼水分爲二派，其北瀆卽智氏故渠也，其瀆乘高東北注入晉陽城，以周灌溉，東南出城注入汾水。其南瀆，於石塘下伏流，東南出晉陽城南，又東南入於汾。」今按晉水初泉出處，砌石爲塘，自塘東分爲三派：其北一派名智伯渠，東北流入州城中，出城入汾水；其次派東流經晉澤南，又東流入汾水，此二派卽酈道元所言分爲二派者也，其南派，隋開皇四年開，東南流入汾水。

洞過水，東自太原縣界流入，西入於汾，晉水下口也。水經注曰「劉琨之爲并州也，劉元海引兵邀擊之，〔二三〕合戰於洞過」，卽是水也。今按此水出沾縣北山，沾卽今樂平縣也，水經縣西南二十五里入汾水。

晉澤，在縣西南六里。隋開皇六年，引晉水溉稻田，周迴四十一里。

府城，故老傳晉并州刺史劉琨築。今按城高四丈，周迴二十七里。城中又有三城，其一曰大明城，卽古晉陽城也，左傳言董安于所築。史記云：「智伯攻襄子於晉陽，引汾水灌其城，城不浸者三版。」春秋後語云：「智伯攻晉陽，〔二四〕決晉水灌之，城中懸釜而炊。」今按城東有汾水南流城西又有晉水入城，而史記云引汾水，後語云決晉水，二家不同，未詳孰是。〔二五〕高齊後帝於此置大明宮，因名大明城。姚最序行記曰「晉陽宮西南有小城，内有殿號大明宮」，卽此也。城高四丈，周迴四里。又一城南面因大明城，西面連倉城，北面因州城，東魏孝静帝於此置晉陽宮，隋文帝更名新城，煬帝更置晉陽宮，城高四丈，周迴七里。又一城東面連新城，西面北面因州城，開皇十六年築，今名倉城，高四丈，周迴八里。

故唐城，在縣北二里。堯所築，唐叔虞之子燮父徙都之所也。

三角城，在縣西北十九里，一名徙人城。〔二六〕

捍胡城，一名看胡城，在縣北二十三里。

受瑞壇，在州理倉城中。義旗初，高祖神堯皇帝受瑞石於此壇，文曰「李理萬吉」。

晉陽故宮，一名大明宮，在州城内，今名大明城是也。昔智伯攻趙襄子，襄子謂張孟談曰：「無節奈何？」對曰：「臣聞，董安于，簡主之才臣也，〔二七〕理晉陽，公宮之垣，皆以藝蒿楛牆之，蒿至於丈。」〔二八〕於是發而試之，其堅則箘簬之勁不能過也。〔二九〕公曰：「矢足矣，吾銅少。」對曰：「臣聞，董安于之理晉陽，公宮之室，皆以鍊銅爲柱質，請發而用之，則有餘銅矣。」高齊文宣帝又於城中置大明宮。

竹馬府，在州城中。

汾橋，架汾水，在縣東一里，卽豫讓欲刺趙襄子，伏於橋下，襄子解衣之處。橋長七十五步，廣六丈四尺。

晉祠，一名王祠，周唐叔虞祠也，在縣西南十二里。水經注曰：「昔智伯遏晉水以灌晉陽，其川上溯，後人蓄以爲沼。沼西際山枕水有唐叔虞祠，水側有涼堂，〔三〇〕結飛梁於水上，晉川之中，最爲勝處。」序行記曰：「高洋天保中，大起樓觀，穿築池塘，自洋以下，皆遊集焉。」至今爲北都之勝。

介之推祠，在縣東五十里。

唐叔虞墓，在縣西南十六里。

高齊相國咸陽王斛律金墓，在縣西南十七里。

起義堂碑，在乾陽門街。開元十一年，玄宗幸太原所立，御製并書。

晉祠碑，在乾陽門街。貞觀二十年，〔三一〕太宗幸并州所置，御製并書。

講武臺，在縣西北十五里。顯慶五年置。

榆次縣，畿。西去府五十六里。〔三二〕開元户一萬五千四百三十七。鄉三十。本漢舊縣，卽春秋時晉魏榆地。左傳曰「石言於晉魏榆」，注曰：「魏，晉邑。榆，卽州理名也。」〔三三〕史記曰：「莊襄王二年，使蒙驁攻趙魏榆。」〔三四〕漢以爲縣，屬太原郡。後魏太武帝并入晉陽縣，宣武帝復置榆次縣。高齊文宣帝省，自今縣東十里移中都縣理之，屬太原郡。十年改中都縣又爲榆次縣，三年罷州爲郡，〔三五〕縣仍屬焉。皇朝因之。

麓臺山，俗名鑿臺山，〔三六〕在縣東南三十五里。

洞過水，東自壽陽縣界流入，經縣南四里，又西南入太原縣界。

中都故城，縣東十里。高齊移於廢榆次城，卽今縣理是也。

鑿臺，〔三七〕在縣南四里。水經注曰：「洞過水西過榆次縣南，水側有鑿臺，智伯瑶刳腹絶腸，折頸摺頤之處。」史記曰：「智氏信韓、魏從而伐趙，攻晉陽，韓、魏殺之於鑿臺之下。」說苑曰：「智氏見伐趙之利，不知榆次之禍。」皆謂此也。今按其臺爲洞過水所侵，無復遺跡。

原過祠，俗名原公祠，在縣東九里。史記曰：「智伯率韓、魏攻趙，趙襄子懼，乃奔保晉陽。原過從，後，至於王澤，見三人，自帶以上可見，自帶以下不可見。與原過竹二節，〔三八〕莫通。曰：『爲我遺趙毋卹。』原過既至，以告襄子。襄子齋三日，親自剖竹，有朱書曰：『趙毋卹，余霍泰山山陽侯天使也。三月丙戌，余將使汝反滅智氏。汝亦立我百邑。』襄子再拜，受三神之令。既滅智氏，遂祠三神於百邑，使原過主之。」〔三九〕

麓臺山祠，俗名智伯祠，在麓臺山上。

清源縣，畿。東北至府三十九里。開元户八千五百四十一。鄉十七。元和户本漢榆次縣地，地理志曰「榆次有梗陽鄉，魏戊邑」。按梗陽在今縣南百二十步梗陽故城是也，自漢、晉皆爲榆次縣地。後魏省榆次縣，地屬晉陽。隋開皇十六年，於梗陽故城置清源縣，屬并州，因縣西清源水爲名。大業二年省，又爲晉陽縣地，武德元年重置。

汾水，經縣東，去縣九里，又東南入文水縣界。〔四〇〕

梗陽故縣城，春秋晉大夫祁氏邑也，在縣南百二十步。左傳曰「晉殺祁盈，遂滅祁氏，分爲七縣，魏戊爲梗陽大夫」，是也。隋開皇十六年，於其城内置清源縣。

鷟城，在縣東南二十二里。晉陽春秋曰：〔四一〕「永嘉元年，洛陽步廣里地陷，有二鷟，色黄蒼者飛沖天，白者不能飛。蒼雜色，故夷之象，〔四二〕劉曜以爲己瑞，築此城以應之。」

閻没墓，在縣西南三里。左傳曰：「梗陽人有獄，魏戊不能斷，以獄上。其大宗賂以女樂，魏子將受之。魏戊謂閻没、女寬曰：'主以不賄聞於諸侯，若受梗陽人，賄莫甚焉，吾子必諫。'皆許諾。退朝，待於庭。饋入，召之。比置，三歎。魏子問之，對曰：『或賜小人酒，不夕食，饋始至，恐不足。』中置，自咎曰：『豈將軍食之而有不足。及饋之畢，願以小人之腹爲君子之心，屬饜而已。』魏子辭梗陽人。」

壽陽縣，畿。 西南至府一百五十里。 開元户五千一百六十七。 鄉十。 元和户 本漢榆次縣地，西晉於此置受陽縣，屬樂平郡，永嘉後省。 晉末山戎内侵，後魏太武帝遷戎外出，徙受陽之户於太陵城南，置受陽縣，屬太原郡。 受陽縣，即今文水縣是也，隋開皇十年改受陽爲文水縣，又於受陽故城別置受陽縣，屬并州，即今縣是也。 大業三年，罷州爲太原郡，縣仍屬焉。武德三年置受州，縣改屬焉。 貞觀八年廢受州，縣屬并州，十一年更名壽陽。〔四三〕

方山，在縣北四十里。

洞過水，東自樂平縣界流入，在縣南五十里，又西南入榆次縣界。

馬首故城，在縣東南十五里。 左傳曰「晉分祁氏之田爲七縣，韓固爲馬首大夫」，即其地也。

神武故城，後魏神武郡也，在縣北三十里。 周廢。

太谷縣，畿。 西北至府七十五里。 開元户一萬五百九十。 鄉二十。 元和户 本漢陽邑縣地，屬太原郡，今縣東十五里陽邑故城是也。〔四四〕後漢明帝以馮魴爲陽邑侯。 後魏太武帝省，景明二年復置陽邑縣，屬太原郡，即今縣是也。 高齊及周同。 隋開皇三年罷郡，屬并州，十八年改陽邑爲太谷縣，因縣西太谷爲名。大業三年，罷州爲太原郡，縣仍屬焉。武德三年，分并州之太谷、祁二縣於此置太州，〔四五〕六年省太州，復以太谷、祁縣屬并州。

白壁嶺，在縣北七十五里。

蔣谷水，今名象谷水，源出縣東南象谷，經縣北四里，北入清源縣界。

陽邑故城，〔四六〕在縣東南十五里。

咸陽故城，在縣西南十里。秦伐趙築之，以咸陽兵戍之，因名。

蘿蘼亭，俗名落漠城，〔四七〕在縣西北十九里。

祁縣，畿。北至府一百里。開元户一萬五千七百八十二。鄉三十。元和户　本漢舊縣，即春秋時晉大夫祁奚之邑也，左傳曰：「晉殺祁盈，遂滅祁氏，分爲七縣，以賈辛爲祁大夫。」注曰「太原祁縣也。按漢祁縣在東南五里故祁城是也，〔四八〕後漢迄後魏並不改。高齊天保七年省，隋開皇十年重置，屬并州。武德二年改屬太州，六年省太州，還屬并州。

幘山，在縣東南六十里。

胡甲水，〔四九〕一名太谷水，東南自潞州武鄉縣界流入，又南入汾州平遥縣界。

故祁城，漢祁縣城也，在縣東南五里。晉大夫賈辛邑。水經注曰：「賈辛以貌醜，妻不爲言，與之如皋射雉，中之妻乃笑。」〔五〇〕按左傳魏獻子謂賈辛曰：「昔賈大夫惡，取妻而美，三年不言，御以如皋射雉，獲之，其妻始笑而言。」注曰：「賈國之大夫。」以此而言，則辛非射雉者，酈道元所引爲謬。

趙襄子城，在縣西六里。

雲州故城，後魏雲州城也，在縣西二十里。孝武帝永熙中寄理并州界，〔五二〕謂此也。

祁奚墓，在縣東南七里。

後漢温序墓，在縣西北十四里。序本祁人，死葬洛陽，其子夢序云：「久客思故鄉。」乃反葬焉。

後漢周黨墓，在縣東南十四里。黨，廣武人，世祖引見，伏而不謁。

高齊唐邕墓，在縣東南七十里。碑云「齊尚書令晉昌王」。

文水縣，畿。東北至府百一十里。開元户一萬二千六百六。鄉二十三。元和户　本漢大陵縣地，屬太原郡，今縣東北十三里大陵故城是也。後魏省，仍於今理置受陽縣，屬太原郡。隋開皇十年，改受陽縣爲文水縣，因縣西文谷水爲名。皇朝因之。天授元年改爲武興縣，神龍元年復爲文水縣。城甚寬大，約三十里，百姓於城中種水田。

汾水，東北自清源縣界流入，經縣東十五里，又西南入汾州隰城縣界。

文水，〔五三〕西北自交城縣界流入，經縣西，又南入隰城縣界。

大陵城，漢大陵縣也，在縣東北十里。〔五三〕史記曰，趙武靈王游大陵，〔五四〕夢處女鼓琴而歌。異日，數言所夢，想見其狀。吴廣聞之，因進孟姚焉。

平陶城，漢平陶縣城也，在縣西南二十五里，屬太原郡。後魏改爲平遥縣，後西胡内侵，遷居京陵塞，在今汾州界。

大于城，在縣西南十一里。本劉元海築，令兄延年鎮之，胡語長兄爲大于，因以爲名。

交城縣，畿。東北至府八十里。開元户五千四百十三。鄉十二。元和户本漢晉陽縣地，開皇十六年分晉陽縣置交城縣，取古交城爲名，屬并州。皇朝因之。天授二年，〔五五〕長史王及善自山北故交城縣移就卻波村置。

少陽山，在縣西南九十五里。其上多玉，其下多赤銀。高二百丈，周迴二十里。

羊腸山，在縣東南五十三里。石磴縈委若羊腸，後魏於此立倉，今嶺上有故石墟，俗云太武帝避暑之所。地理志上黨，壺關亦有羊腸陂，在今潞州界，不謂此也。

狐突山，在縣西南五十里。出鐵鉚。

汾水，西北自嵐州静樂縣界流入。

文谷水，出縣西南文谷。水經曰文水出大陵縣西山文谷。按大陵縣，在今文水縣北十三里大陵故城是也。〔五六〕文水發源此城西北，東南流入文水縣界，行八十里。

廣陽縣，畿。西南至府三百六十里。〔五七〕開元户二千六百七十三。鄉五。元和户 本漢上艾縣地，屬太原郡。後漢屬常山國，晉屬樂平郡，後魏改石艾縣，屬樂平郡不改。隋開皇三年罷郡，改屬遼州。大業三年，〔五八〕省遼州後屬并州。武德三年，又屬遼州。遼州，今太原府樂平縣理是也。六年，改屬受州，貞觀八年廢受州後屬并州。天寶元年改爲廣陽縣，因縣西南八十里廣陽故城爲名也。

浮山，在縣東南三十五里。

澤發水，〔五九〕一名阜漿水，亦名妒女泉，源出縣東北董卓壘東。今其泉初出，大如車輪，水色青碧。泉傍有祠，土人祀之，婦人袨服靚妝，必興雷電，故曰妒女。故老傳此泉中有神似鼈，晝伏夜游。神出，水隨神而涌。其水東北流入井陘縣界。

廢受州城，在縣西北三十里。舊名塞魚城，武德八年因故跡築，移受州理此，貞觀八年廢。

井陘故關，在縣東北八十里。〔六〇〕史記曰：「漢二年，韓信與張耳欲東下井陘擊趙王，〔六一〕成安君陳餘聚兵井陘口二十萬，廣武君李左車説成安君曰：『井陘道狹，車不得方軌，騎不得成列。假臣奇兵三萬，從閒道絶其輜重，不至十日，兩將之頭，可致戲下。』」餘不從，故敗。今按井陘亦名土門。

盤石故關，在縣東北七十里。

葦澤故關，在縣東北八十里。

董卓壘，在縣東北八十里。水經注曰：「澤發水出董卓壘東。」〔六二〕

妒女祠，在縣東北九十里，澤發水源。

陽曲縣，畿。南至府七十里。開元戶八千一百二十二。鄉十六。元和戶。本漢舊縣也，屬太原郡。黃河千里一曲，曲當其陽，〔六三〕故曰陽曲。按此前陽曲縣，今忻州定襄縣是也，後漢末移於太原縣北四十五里陽曲故城是也。後魏又移於今縣南四里陽直故城。隋開皇三年改爲陽直縣，十年又移於今縣東北四十里汾陽故縣，十六年改陽直縣爲汾陽縣，因漢舊名也。煬帝又改爲陽直縣，移理木井城，卽今縣理是也。武德三年，又於今縣西十五里分置汾陽縣，屬并州。七年省陽直縣，改汾陽爲陽曲縣，因漢舊縣也。

方山，在縣東六十里。

汾水，西自交城縣流入，經縣西南，去縣三十里，又東南入太原縣界。

縣城，故木井城也，東魏孝靜帝築。城中有井，以木爲甃，因名之。

狼孟故城，在縣東北三十六里。〔六四〕史記曰「始皇十五年，大興兵，至太原，取狼孟」，是也。漢以爲縣，屬太原郡，晉末省。按城左右狹澗幽深，〔六五〕南面大壑，俗謂之狼馬澗。舊斷澗爲城，今餘壁猶存。

故盂城，漢盂縣也，本春秋時晉大夫祁氏邑，在縣東北八十里。〔六六〕左傳曰：「晉殺祁盈，遂滅祁氏，分爲七縣，以盂景爲盂大夫。」〔六七〕漢以爲縣。

石嶺鎮，在縣東北七十里。

盂縣，畿。西南至府二百二十里。開元户五千二百七十六。鄉十。本漢舊縣，屬太原郡，後漢及晉不改。按此前盂縣，在今縣西南陽曲縣東北八十里，故盂縣城是也。後魏省，地屬石艾縣。隋開皇十六年分石艾縣置原仇縣，屬遼州，因原仇故城爲名，即今縣是也。大業二年，改原仇爲盂縣，因漢舊名，屬并州。皇朝因之。武德三年，割并州之盂、壽陽二縣於此置受州，貞觀八年省受州，盂縣復屬并州。

白馬山，在縣東北六十里。〔六八〕山海經曰：「白馬之山，其陽多玉石，其陰多鐵及赤銅，木馬之水出焉。」山上有白馬關，後魏所置。

原仇山，在縣北三十里。出人參、鐵鉚。縣取此山爲名。

滹沱水，西自代州五臺縣界流入，南去縣百里。

縣城，本名原仇城，亦名仇由城。按韓子曰「智伯欲伐仇由國，〔六九〕道難不通，鑄大鐘遺之。仇由大悦，除塗將内之，赤章曼支諫不聽，斷轂而馳，仇由以亡」，蓋其地也。

樂平縣，畿。西南至府三百里。開元户二千六百八十九。鄉五。元和户　本漢沾縣，屬上黨郡。沾音丁念反。〔七〇〕晉於此置樂平郡，〔七一〕沾縣屬焉，又別置樂平縣。後魏太武帝省樂平郡及縣。（晉）孝明帝於今儀州和順縣重置樂平郡及縣，〔七二〕高齊移理沾城，卽今縣是也。隋開皇十六年，於此置遼州，縣屬焉。大業二年，省遼州，以樂平屬并州。皇朝因之。武德六年屬受州，貞觀八年省受州，縣改屬并州。

少山，一名河逢山，在縣西南三十里。福地記曰：「河逢山，在樂平沾縣，高八百丈，可避兵水，此卽恒山之佐命也。」

沾嶺，在縣西三十里。

清漳水，出縣西南少山。山海經曰：「少山，清漳水出焉。」今按清漳出樂平，濁漳出潞州長子縣界。

縣城，卽漢沾縣城也，隋文帝更加修築。

昔陽故城，一名夕陽城，在縣東五十里。左傳曰：「晉荀吳假道於鮮虞，遂入昔陽，〔七三〕滅肥子綿皋歸。」〔七四〕七國時，趙戍於此。〔七五〕

汾州，西河。望。開元户五萬三千七十六。鄉一百一十四。元和户八千三百四。鄉一百一十八。

禹貢冀州之域。其在虞舜十二州及周，皆屬并州。春秋時爲晉地，後屬魏，謂之西河，子夏居西河，吴起爲西河守，皆謂此也。秦屬太原郡。漢武帝元朔四年置西河郡，領縣三十六，理富昌縣是也。後漢徙理離石，卽今石州離石縣也。獻帝末荒廢，魏黄初二年，乃於漢茲氏縣置西河郡，卽今州理是也。晉惠帝時，爲劉元海所攻破，郡遂廢。後魏孝文帝太和八年，復於茲氏舊城置西河郡，屬吐京鎮。按吐京鎮，今隰州西北九十里石樓縣是也，十二年改吐京鎮爲汾州，西河郡仍屬焉。明帝時爲胡賊所破，因北移西河郡理平陽界，高齊又於此城置南朔州。周武帝廢南朔州，宣帝於此置汾州。隋大業三年廢汾州，〔七六〕還於隰城縣置西河郡，皇朝初改爲浩州，武德三年又改浩州爲汾州。

州境：東西一百六十四里。南北二百八十五里。

八到：西南至上都一千九十里。東南至東都九百三十里。東北至太原府一百七十里。東南至沁州二百六十里。西北至石州一百六十里。東南至潞州四百四十里。西南至隰州二百七十里。

貢、賦：開元貢：龍鬚席，石膏。賦：布，麻，〔七七〕菽，粟。

管縣五：西河，孝義，介休，靈石，平遥。

西河縣，望。郭下。開元户一萬二千三百七十五。鄉二十五。本漢茲氏縣也，曹魏於此置西河郡，晉改爲國，仍改茲氏縣爲隰城縣，上元元年改爲西河縣。今城内有晉西河王斌碑，文字殘缺。

謁泉山，在縣東北四十里，一名隱泉山，上有石室，去地五十餘丈，頂上平地可十頃，〔七八〕相傳以爲子夏石室。〔七九〕

比干山，在縣北一百一十里。

文湖，一名西河泊，在縣東十里。多蒲魚之利。

八門城，在縣北十五里。劉元海遣將喬嵩攻西河，築營自固，營有八門，因名。

卜商祠，在縣北四十里。

孝義縣，緊。西北至州三十五里。開元户一萬六百八十五。本漢茲氏縣地，曹魏移西河郡中陽縣於今理，永嘉後省入隰城。後魏又分隰城於今靈石縣東三十里置永安縣，貞觀元年以縣名與涪州縣名同，改爲孝義，因縣人郭興有孝義，〔八〇〕故以名焉。

勝水，在縣南一里。

團城，在縣西北十八里。後魏築以防稽胡，其城紆曲，故名團城。

魏文侯墳，在縣西五里。

段干木墓，在縣東北二十五里。〔八一〕

介休縣，〔八二〕望。西北至州六十五里。開元户一萬一千三百八十三。鄉二十二。本秦、漢之舊邑，〔八三〕在介山西，因名之。後魏明帝時爲胡賊所破，至孝静帝更修築，遷朔州軍人鎮之，因立爲南朔州，但領軍人不領郡縣，其介休縣仍屬汾州。高齊省介休入永安縣。周武帝省南朔州，復置介休縣，宣帝改介休爲平昌縣，〔八四〕隋開皇末又改平昌爲介休縣。義寧元年於縣置介休郡，武德元年改郡爲介州。貞觀元年廢介州，以縣屬汾州。

介山，在縣西南二十里。

雀鼠谷，在縣西十二里。

汾水，在縣北十二里。

鄔城泊，在縣東北二十六里。周禮「并州之藪曰昭餘祁」，卽鄔城泊也。

郭林宗墳，在縣東三里。周武帝時，除天下碑，唯林宗碑詔特留。

靈石縣，上。北至州一百二十里。開元戶三千七百三十一。鄉八。本漢介休縣地，隋開皇十年，因巡幸開道得瑞石，遂於谷口置縣，因名靈石。皇朝因之。

介山，在縣東四十二里。

汾河，在縣北十步，深一丈，濶三丈。

賈胡堡，在縣南三十五里。義寧元年，義師次於霍邑，隋將宋金剛拒不得進，屯軍此堡，有霍山神見靈，事已具於霍邑縣敍事。

平遥縣，望。西北至州八十里。開元戶一萬八千九百七。鄉三十八。本漢平陶縣地，〔八五〕屬太原郡，後漢隸西河郡。魏以太武帝名燾，〔八六〕改平陶爲平遥。隋屬西河郡，義寧元年於介休縣置介休郡，以平遥縣屬焉。武德元年，於此置介州，縣屬不改。貞觀元年省州，縣屬汾州。

麓臺山，在縣東南五十二里。

京陵故城，在縣東七里。漢京陵縣，晉九原地也，禮記注云「九原，晉卿大夫之墓地也」。

中都故城，在縣西十二里，屬太原郡，漢文帝爲代王都於此。

沁州，陽城。中下。開元户六千五百八十。鄉一十三。元和户二千二百二十。鄉一十三。

禹貢冀州之域。春秋時其地屬晉，戰國時屬韓，在秦爲上黨郡地。今州卽漢上黨郡之穀遠縣地也，隋開皇十六年於此置沁州，因州東沁水爲名。大業二年省沁州，武德元年重置。

州境：東西一百五十里。南北二百六十四里。

八到：西南至上都一千二十里。東南至東都六百三十里。西南至晉州二百九十里。西北至汾州二百六十里。東北至太原府三百四十里。西至晉州霍邑縣一百五十里。東南至潞州三百三十里。〔八七〕

貢、賦：開元貢：龍鬚席。賦：麻布。〔八八〕

管縣三：沁源，和川，綿上。

沁源縣，中。郭下。開元户二千二百五十四。鄉五。本漢穀遠縣地，舊在今縣南百五十里〔八九〕孤遠故城是也，語音訛轉，故以「穀」爲「孤」耳。後魏莊帝於今理置沁源縣，因沁水爲名也，屬義寧郡。隋開皇三年罷郡，縣屬晉州。十六年置沁州，縣屬焉。

霍山，一名太岳，在縣西七十八里。

沁水，自綿上縣界流入，在縣東一里。

和川縣，中下。北至州七十里。開元户二千八十。鄉四。本漢穀遠縣地，後魏莊帝於今縣南九里置義寧縣，屬義寧郡。隋開皇三年罷郡，改屬晉州。十六年置沁州，縣屬焉。十八年改爲和川縣。大業三年省，武德元年重置。

烏嶺，在縣西十六里。

沁水，在縣東十里。

棄波水，在縣東八十步。

冀缺墓，在縣南三十六里。

綿上縣，中下。西南至州七十六里。〔九〇〕開元户一千八百一十五。鄉四。本漢穀遠縣地隋開皇十六年置綿上縣，屬沁州，以縣西界有綿上地，因以爲名。

羊頭山，一名謁戾山，在縣東北五十里。沁水所出。

沁水，一名少水，出縣東南二十四里覆甑山。左傳曰「齊侯伐晉，封少水爲京觀」也。

霍山，在縣西南八十里。

儀州，樂平。下。開元户七千九百七十五。鄉一十九。元和户一千六百五十一。鄉二十。

禹貢冀州之域。春秋時其地屬晉，戰國屬韓，秦爲上黨郡地。今州理卽漢上黨郡之涅氏縣地也，後漢於此置陽阿縣，屬上黨郡。晉改爲轑陽，屬樂平郡。後魏明帝改轑陽爲遼陽，隋開皇十六年，〔九一〕於轑陽故城置遼山縣，屬并州，卽今州理是也。武德三年，於此置遼州，八年改爲箕州，因遼山縣界箕山爲名。先天元年，以與玄宗諱同聲，改爲儀州，因州東夷儀嶺爲名也。

州境：東西二百五十里。南北一百九十五里。

八到：西南至上都一千六百四十里。西南至東都七百八十里。西北至太原府三百四十五里。西至太原府祁縣三百里。正東微南至洺州三百六十里。〔九二〕南至潞州三百一十里。〔九三〕北至太原府樂平縣一百十里。〔九四〕

貢、賦：開元貢：人參三十兩。

管縣四：遼山，榆社，平城，和順。

遼山縣，中。郭下。開元户二千一百九十。鄉五。本漢涅氏縣地，後漢於此置陽阿縣，屬上黨郡。晉改爲轑陽縣，屬樂平郡。後魏明帝改爲遼陽。隋開皇十六年改置遼山縣，因縣西北遼山爲名。皇朝因之。

箕山，在縣東四十五里。上有許由冢。按司馬遷傳曰「余登箕山，上有許由冢」，則在今洛州陽城縣，不當在此。

(玉)〔五〕指山，〔九五〕在縣東五十里。

祝融祠，在縣北二里。

榆社縣，中。東至州一百一十里。開元戶二千七百一十。鄉六。本漢涅氏縣地，晉於今縣西北三十五里置武鄉縣，屬上黨郡。石趙時，改屬武鄉郡。隋開皇十六年，於此置榆社縣，屬韓州，今潞州襄垣縣是也。〔九六〕因縣西北榆社故城爲名。大業二年省，義寧二年又置。武德三年，於縣置榆州，縣屬焉。六年廢榆州，以縣屬遼州，後屬儀州。縣城，故武鄉城也，石勒時築。前趙録曰：「石勒上黨武鄉人，僭號後還，令曰：『武鄉吾之豐、沛，其復之三世。』」〔九七〕

石勒漚麻池，在縣北三十里。即勒微時與李陽所争處，今枯涸纔有處所。

平城縣，下。東南至州六十里。〔九八〕開元戶九百五十四。鄉三。本漢涅氏縣也，晉置武鄉縣，地屬焉。隋開皇十六年，於趙簡子所立平都故城置平城縣，屬遼州。大業三年改屬并州。武德三年改屬榆州，六年省榆州，改屬遼州，貞觀八年改屬箕州，先天元年改屬儀州。

八賦嶺，在縣西南三十里。武鄉水所出。

和順縣，中。南至州八十五里。開元户二千一百二十九。鄉五。本漢沾縣地，卽韓之閼與邑也。史記曰「秦伐韓閼與，趙惠文王使趙奢救之，大破秦師」，卽此地也。〔九九〕隋開皇十年，於今理置和順縣，屬并州，因縣東北和順故城以爲名。

九京山，在縣西十里。

清漳水，在縣北。

卷十三校勘記

〔一〕并州　今按：殿本同，它本脱此二字。

〔二〕川曰滹沱漚夷　攷證：今周禮作「川曰虖池嘔夷」。

〔三〕六名　攷證：御覽引上有「太康」二字。

〔四〕居于大林　攷證：今左傳「大」作「曠」。

〔五〕晉陽縣也太原臺駘之所居　今按：此爲左傳昭元年杜預注云：「大夏，今晉陽縣也。太原，晉陽也，臺駘之所居。」「晉陽縣」上疑脱「杜注曰大夏」五字，或「晉陽縣也」四字應移在「太原」二字下，方合。

〔六〕周公請封之於唐　攷證：今史記「周公」作「史佚」，呂氏春秋以爲周公事。地理志注應劭述韓詩外傳與此略同，「史記」疑即「韓詩」之誤。

〔七〕至成公　攷證：按史記「公」宜作「侯」。

〔八〕封皇子爲代王　今按：按漢書高帝紀「皇子」下當有「恆」字，與下句「立皇子參爲太原王」一例。

〔九〕沮授　攷證：按魏志宜作「牽招」，事詳本傳。樂史作「牽招」，御覽引同。

〔一〇〕天授元年罷都督府置北都　攷證：「天授」，新、舊書及會要並作「長壽」。「罷」，樂史及舊志並作「兼」，誤。會要云：「長壽元年置北都，改爲太原府，都督爲長史。」

〔一一〕管兵二萬人馬五千五百匹　攷證：舊志「二萬」作「三萬」，無「五百」二字。「五千」，官本作「九千」，恐誤。

〔一二〕馬一千二百匹　攷證：舊志作「馬二千匹」。

〔一三〕管兵九千五百人　攷證：舊志作「四千人」，疑誤。

〔一四〕張嘉貞　今按：岱南閣本、畿輔本「嘉」誤「加」。

〔一五〕管兵七千八百人　攷證：舊志作「三千人」，疑誤。

〔一六〕管兵三千人　攷證：舊志作「七千八百人」，疑誤。

〔一七〕改北都爲北京　攷證：按會要，河東統有清塞軍，貞元十五年置，此與舊志皆未詳，疑有闕略。

〔一八〕元和户　攷證：官本無此三字，按云：「前各府州有户、鄉數，而各縣皆無。自此以下，各縣有開元户、鄉，而不及元和，後仍有併開元不載者，決非此志原本參差，皆由傳寫遺缺。」

〔一九〕墾田　攷證：官本無。 按各鎮州宜有墾田條，此志多佚缺，各縣無載墾田者，率因傳寫錯訛。

〔二〇〕二百六十步　攷證：「二」下官本有「里」字。

〔二一〕洞過水　攷證：水經注作「同渦」，一作「同過」。今按：地形志作「同過」，云「五水合道，故曰同過」。朱謀㙔本、黄省曾本水經注作「洞渦」，其它各本俱作「洞過」。

〔二二〕晋水出懸甕山東過其縣南　今按：此二句爲水經晋水篇經文，應與水經注分別。又此引酈注，與今本小異，而與後漢書安帝紀章懷注及寰宇記引同。

〔二三〕劉元海　攷證：水經注原作「劉淵」，此避「淵」字。

〔二四〕引汾水灌其城至智伯攻晋陽　今按：清初鈔本、殿本同，它本脱此二十二字。

〔二五〕未詳孰是　今按：寰宇記云：「史記是引汾水，春秋後語是引晋水，未知孰是。」攷證云：「官本按云『史記趙世家作引汾水，韓世家亦作決晋水』。」按攷證所云「韓世家」當是「魏世家」。

〔二六〕徙人城　攷證：官本「徙」作「徒」。

〔二七〕董安于簡主之才臣也　今按：此本國策趙策，策作「董閼安于」，史記趙世家同此無「閼」字。「簡主」，一本作「簡子」。

〔二八〕皆以藝蒿楛牆之蒿至於丈　今按：趙策作「皆以狄蒿苦楚廧之，其高至丈餘」，黄丕烈引韓子作「皆以荻蒿楛楚牆之，有楛高至于丈」。「藝」疑「荻」之誤。

〔二九〕箘簵之勁不能過也　今按：「箘簵」，趙策同，各本誤「菌」。攷證云：「箘本禹貢，從艸者音義迥别，樂史並誤。」

〔三〇〕涼堂　今按：水經晉水注同，朱箋謂御覽引水經注作「涼臺」。按高誘國策注云：「鑿臺，晉陽下臺名。鑿池作渠，以灌晉陽城，因聚土爲臺，而止其上，故曰鑿臺。」楊守敬云：「涼臺即鑿臺，因人多納涼於此，故有涼臺之名。」此「堂」當作「臺」。

〔三一〕貞觀二十年　攷證：官本「十」下有「二」字，按新、舊書本紀，並無二十二年幸并州之文，疑誤。樂史同。

〔三二〕西去府五十六里　攷證：「去」宜作「至」。

〔三三〕卽州理名也　攷證：「理」宜作「里」，水經注「服虔曰『魏，晉邑；榆，州里名也』」，此志所本。今按：汲冢周書云「昔烈山氏帝榆岡之後，其國爲榆州」，州里指此。

〔三四〕使蒙驁攻趙魏榆　今按：殿本同，各本俱脱「趙」字。史記秦本紀、六國年表作「攻趙榆次」。又岱南閣本、畿輔本「驁」訛「鶩」。

〔三五〕十年改中都縣至三年罷州爲郡　攷證：「十年」、「三年」文不相屬，疑「十年」上脱「開皇」，「三年」上脱「大業」，隋志云「齊曰中都，開皇中改榆次」。又本紀「大業三年，罷州爲郡」。

〔三六〕麓臺山俗名鑿臺山　今按：通經樓鈔本、陳樹華鈔本無「俗名鑿臺山」五字。

〔三七〕鑿臺　今按：郡國志太原郡榆次及劉昭注「臺」誤「壺」。

〔三八〕竹二節　今按：各本「二」作「三」。攷證云：「史記及水經注均作『二』。」

〔三九〕使原過主之　今按：史記趙世家作「使原過主霍泰山祠」。

〔四〇〕入文水縣界　攷證：官本「文」作「汾」，誤。

〔四一〕晉陽春秋　攷證：「春」字疑衍，晉避太后諱，以「陽」字代，樂史作「晉陽秋」。

〔四二〕蒼雜色故夷之象　攷證：樂史作「蒼黄雜色胡夷之象」，此疑脱誤。

〔四三〕十一年更名壽陽　今按：壽陽即受陽，「壽」、「受」二字本互稱，晉志作「壽陽」，水經注引太康地記作「受陽」，此志故爲分別。

〔四四〕縣東十五里陽邑故城　今按：下文陽邑故城作「縣東南」。

〔四五〕置太州　攷證：「太」，官本作「泰」，樂史同。按新、舊志並作「太」，「泰」字恐誤。後仿此。今按：初學記引括地志序略作「泰」，舊志河中府龍門縣云「武德元年於縣置泰州」，「泰」、「太」二字，新、舊唐書錯出，音同字通耳。

〔四六〕陽邑故城　今按：殿本同，它本「邑」誤「武」。

〔四七〕蘿𦯬亭俗名落漠城　今按：殿本同，它本「𦯬」作「蘑」，與水經洞過水注合，攷證云「字疑通」。又寰宇記「漠」作「莫」。

〔四八〕在東南五里　攷證：錢坫引「五」作「十五」，程恩澤所引同。下仿此。

〔四九〕胡甲水　今按：水經汾水注作「侯甲水」，云「水發祁縣胡甲山」，「侯」、「胡」音轉字通。

〔五〇〕中之妻乃笑　今按：水經汾水注作「雙中之則笑」。

〔五一〕永熙中　攷證：地形志作「永昌」，誤。

〔五二〕文水　攷證：本縣叙及交城縣本條並作「文谷水」，此疑脱。

〔五三〕東北十里　攷證：縣叙「十」下有「三」字，交城縣文谷水條同，錢坫引亦作「十三」，樂史作「縣北十三里」，此脱「三」字。今按：史記趙世家正義引括地志亦作「十三里」。

〔五四〕趙武靈王游大陵　今按：劉邵趙都賦「北連昭餘，南屬滹沱，西盼大陵，東結轑河」，趙都邯鄲，則趙武靈王與趙肅侯所游之大陵，乃邯鄲近郊之地，不得遠游至大陵縣。

〔五五〕天授二年　攷證：舊志「二」作「元」。

〔五六〕北十三里　攷證：前兩見「北」上有「東」字，此疑脱。今按：括地志云：「大陵城在并州文水縣北十三里。」寰宇記同，疑上文水縣敍及大陵城條並衍「東」字。

〔五七〕三百六十里　攷證：官本「三」作「二」。廣陽，今平定州治，此恐誤。

〔五八〕大業三年　攷證：「三」宜作「二」。按隋書本紀「大業二年，省併天下州縣。三年，罷州爲郡」。樂史作「二年」，與史合。

〔五九〕澤發水　攷證：「澤」本作「滭」，水經注俗本多誤作「澤」，以形近也。樂史引水經注作「畢」，御覽引圖經作「滭」，畢、滭字通，詩經「滭沸濫泉」，説文作「畢」是也。顧祖禹云「澤發水一名畢發水」，莫究厥旨。洪亮吉作「澤發永」，將轉相傳引，去本愈遠矣，宜改正。

〔六〇〕縣東北八十里　今按：括地志作「縣東十八里」。

〔六一〕下井陘擊趙王　今按：史記淮陰侯列傳「擊」下有「趙」字，「趙王」二字屬下爲句，此脱。

〔六二〕董卓壘東　今按：今水經注無此文。

〔六三〕黄河千里一曲曲當其陽　今按：此漢志曲陽縣下應劭注，注無「黄」字，又「曲當其陽」無「曲」字。下卷定襄縣敍亦引此作「縣當其陽」。

〔六四〕三十六里　今按：史記秦本紀正義引括地志作「二十六里」。

〔六五〕按城左右狹澗幽深　攷證：官本「按」作「樓」，誤。

〔六六〕東北八十里　攷證：官本及錢坫所引並無「八」字。

〔六七〕以孟景爲孟大夫　攷證：左傳「孟景」作「孟丙」，水經注作「孟丙」。地理志「孟，晉大夫孟丙邑」，段玉裁曰：「大字孟，小字孟。」廣韻晉有孟丙，以邑爲姓，非也。」樂史與此同。又按唐高祖父名昞，兼避「丙」字。

〔六八〕東北六十里　攷證：洪亮吉引「六」作「八」。

〔六九〕仇由國　今按：韓非子説林作「仇繇」，無「國」字。國策作「厹由」，吕氏春秋作「夙繇」，又作「仇繇」，高誘注淮南子作「仇首」，括地志作「仇猶」。

〔七〇〕沾音丁念反　今按：殿本同，它本無此注。

〔七一〕晉於此置樂平郡　攷證：地形志，樂平郡、縣，本後漢獻帝分置，水經注同。樂史及輿地廣記並沿此誤。洪亮吉曰建安中置，與地形志合。

〔七二〕（晉）孝明帝　攷證：「晉」字宜衍，官本無。今按：寰宇記云「後魏孝昌二年於沾城置樂平郡及樂平縣」，與此所言不同，但重置實爲後魏孝明帝時，「晉」字應衍，今據殿本删。

〔七三〕遂入昔陽　今按：殿本同，與左傳昭十二年合，它本作「晉陽」，誤。

〔七四〕滅肥子綿皐歸　攷證：「肥」下宜脱「以肥」字。

〔七五〕昔陽故城至趙戍於此　攷證：此沿杜預之誤。肥國都昔陽，宜在今藁城縣西南，班固曰「肥纍，故肥子國」，是也。沾縣，今之樂平鄉，使肥國都此，則左傳云「假道鮮虞，遂入昔陽」，迂遠極矣。鮮虞在今新樂西南，距樂平三百餘里，晉入昔陽，何必假道。今按：左傳昭十二年：「晉荀吳僞會齊師者假道于鮮虞，遂入昔陽。秋八月，滅肥，以肥子緜皐歸。」杜預注：「昔陽，肥國都，樂平沾縣東有昔陽城。肥，白狄也，鉅鹿下曲陽西有肥累城。」杜既以沾縣昔陽爲肥國都，又以下曲陽肥累指肥國，故括地志及此志亦以樂平昔陽爲肥國所都，又以恒州槀城西七里肥累城爲春秋肥子國，蓋沿杜誤。攷左傳昭二十三年：「晉吳荀息於昔陽之門外，遂襲鼓，滅之。」漢志鉅鹿下曲陽應劭注：「晉荀吳滅鼓，今鼓聚昔陽亭是也。」左傳孔疏引劉炫云：「肥之與鼓，並在鉅鹿曲陽。」則鼓與肥共在一地，當在今河北晉縣。

〔七六〕於此置汾州大業三年廢汾州　攷證：「汾」宜作「介」，隋志西河郡注「後周改曰介州」。樂史云：「後周曰介州，隋初亦如之，大業中廢州，後爲西河郡。」

〔七七〕布麻　今按：殿本同此分布與麻爲二，它本作「麻布」，爲一物。

〔七八〕可十頃　今按：殿本同，與水經文水注合，它本「十」誤「千」。

〔七九〕相傳以爲子夏石室　今按：括地志據隋圖經集記，謂謁泉山頂石室爲子夏石室，退老西河所居，此志亦沿其誤。今汾陽在漢爲太原郡兹氏縣，無以爲西河者，蓋魏、晉移西河郡於此，因而附會。寰宇記引隋圖經云：「安陽有西河，卽卜子夏、田子方、段干木所游之地，以趙、魏多儒，在齊、魯之西，故呼西河。」子夏所居之西河，當在此，今河南湯陰縣東三十里，羑水之南。

〔八〇〕郭興　攷證：樂史作「鄭興」，顧祖禹亦作「鄭興」。

〔八一〕二十五里　攷證：官本「二」作「一」，疑脱，樂史與此同。

〔八二〕介休縣　攷證：按地理志「介」作「界」，水經注同。

〔八三〕本秦漢之舊邑　今按：漢縣在今介休縣東南十五里。今縣卽唐縣，乃後魏僑置之平昌縣，隋改介休，非秦、漢舊城。

〔八四〕周武帝省南朔州至平昌縣　今按：地形志，平昌縣，興和四年置。隋志云：「後魏置定陽郡平昌縣。」此云周改，疑誤。

〔八五〕本漢平陶縣地　今按：唐汾州平遥縣，本漢太原郡京陵縣地。後魏以漢平陶縣犯太武帝諱名，改爲平遥，後以西胡内侵，遷居京陵，此蓋言其始。

〔八六〕魏以太武帝名燾　攷證：「魏」上脱「後」字。

〔八七〕東南至潞州三百三十里　今按：殿本同，它本「南」誤「北」。攷證云：「『三百三十』潞州作『二百一十』。」

〔八八〕麻布　攷證：官本作「布，麻」，此誤合爲一。

〔八九〕百五十里　攷證：「里」，樂史作「步」，是。

〔九〇〕西南至州七十六里　攷證：官本無「西」字。

〔九一〕開皇十六年　攷證：隋志無「六」字，樂史同，遼山縣敍仿此。

〔九二〕三百六十里　攷證：洺州八到「十」下有「四」字。

〔九三〕三百一十里　今按：殿本同，與潞州八到合，它本「三」誤「二」。

〔九四〕一百十里　攷證：宜作「一百六十里」，官本作「二百六十里」亦非。

〔九五〕(玉)〔五〕指山　攷證：「『玉』，官本作『五』，是，樂史引李穆叔趙記云：『遼陽東北有五指山，巖石孤聳，上有一手一足之迹，其大如箕，指數俱全。』」今按：方輿紀要引十六國春秋亦作「五指山」，「玉」字誤，今從殿本改。

〔九六〕今潞州襄垣縣是也　今按：清初鈔本、殿本同，它本無此注。

〔九七〕其復之三世　攷證：「世」字恐未的，樂史作「葉」，宜是此志原文。

〔九八〕六十里　攷證：官本「六」作「九」，樂史同。

〔九九〕卽韓之閼與邑也至卽此地也　攷證：此本水經注，戴震本「韓」作「趙」，近實。按志文，閼與凡三見，以此屬韓，以銅鞮縣閼與城屬趙，均恐未的。其一武安之閼與山，亦云趙奢戰處，蓋沿隋志及括地志諸説，皆唐人誤會史記之文，未足據也。程恩澤辨之甚詳，互詳武安縣。今按：水經清漳水注，大典以下各本俱作「秦伐韓閼與」，惟戴本改「韓」爲「趙」。酈道元本史記趙奢傳「秦伐韓，軍於閼與」立説，而删「軍於」二字，則使閼與爲韓地，與趙奢傳上下文舛，戴本改作「趙」，與史記趙世家「秦、韓相攻而圍閼與」不合，楊守敬謂當仍趙奢傳作「秦伐韓軍於閼與」。至趙奢所戰閼與，當指潞州銅鞮縣西北閼與城。

元和郡縣圖志卷第十四

河東道三

嵐州　石州　忻州　代州　蔚州　朔州　雲州

嵐州，樓煩。下。開元户一萬七百二十六。鄉二十二。元和户六千三百八十二。鄉三十三。

禹貢冀州之域。周并州之域。春秋時屬晉，晉滅後爲胡樓煩王所居，趙武靈王破以爲縣。秦爲太原郡地，在漢即太原郡之汾陽縣地也。漢末大亂，匈奴侵邊，自定襄已西盡雲中、雁門、西河之閒遂空。建安中，曹公糾率散亡，立新興郡，晉末陷劉元海。後魏於今理置嵐州，因州西岢音哿。〔一〕嵐山爲名也。隋大業四年，於静樂縣界置樓煩郡，因漢樓煩縣爲名。隋亂陷賊，武德四年平劉武周置東會州，六年省東會州，重置嵐州。天寶元年改爲樓煩郡，乾元元年復爲嵐州。

州境：東西三百一十里。南北二百七十八里。

八到：南至上都取太原路一千五百八十里，取石、隰路一千三百七十五里。東南至東都一千二百一十里。東至忻州二百四十里。西至黄河一百八十里。河上有合河關，從關西至麟州一百二十里。南至石州二百四十里。〔二〕東北至朔州三百七十四里。東南至太原府三百三十里。〔三〕東北至代州三百里。

貢、賦：開元貢：熊皮，石蜜。賦：布，麻。

管縣四：宜芳，静樂，合河，嵐谷。

宜芳縣，上。郭下。開元戶五千五百二十四。鄉十一。本漢汾陽縣地，屬太原郡。後魏於此置岢嵐縣，隋開皇十八年改爲汾源縣，大業四年改汾源爲静樂縣。八年，分静樂置嵐城縣，屬樓煩郡，武德四年改爲宜芳縣。

岢嵐山，在縣北九十八里。高二千餘丈，西北與雪山相接。

岢嵐鎮，在縣西北九十八里。

秀容故城，在縣南三十里。劉元海感神而生，姿容秀美，因以爲名也。〔四〕

静樂縣，上。西至州四十五里。開元戶三千四百八十七。鄉七。本漢汾陽地城內有堆阜三，俗名三堆城。隋開皇三年，自今宜芳縣北移岢嵐縣於三堆城，十八年改爲汾源縣，大業二年，〔五〕改爲静樂縣。武德四年於縣置北管州，〔六〕因管涔山爲名。六年省，縣屬嵐州。

管涔山，在縣北一百三十里。汾水源出焉。初，劉曜隱於此山，山神使二童子獻劍於曜曰：「管涔山王使謁趙皇帝獻劍。」

伏戎城，在縣北八十里。隋樓煩郡所理也。

隋汾陽故宫，在縣北一百二十里。

樓煩關，在縣北一百五十里。

天池，在縣北燕京山上。〔七〕周迴八里，陽旱不耗，陰霖不溢。〔八〕故老言，嘗有人乘車，風飄墮池，有人獲車輪於桑乾泉。後魏孝文帝以金珠穿魚七頭放此池，後亦於桑乾泉得之。隋煬帝嘗於池南置宫，每夜風雨吹破，宫竟不成。〔九〕今池側有祠，謂之天池祠。

合河縣，中。東至州一百八十里。開元户一千八百五十九。鄉四。本漢汾陽縣地，後魏於蔚汾谷置蔚汾縣，屬神武郡。〔一〇〕隋開皇三年罷郡，縣屬石州。大業二年，〔一一〕改爲臨泉縣，四年屬樓煩郡。武德七年改爲臨津縣，屬嵐州。貞觀元年改爲合河縣，以城下有蔚汾水西與黄河合，故曰合河。

黄河，在縣西二里。

合河關，在縣北三十五里。

蔚汾關，在縣東七十里。

隋長城，起縣北四十里，東經幽州，延袤千餘里，開皇十六年因古蹟修築。〔一二〕

嵐谷縣，中。南至州九十里。開元户四千六百五十七。鄉九。隋大業三年置岢嵐鎮、壓草城、川賊路。長安三年，於此置嵐谷縣，景龍年廢，〔一三〕開元十二年重置，因嵐谷爲名。

石州，昌化。下。開元户九千二百六十二。鄉三十二。元和户五千二十。〔一四〕鄉三十二。

禹貢冀州之域，虞及周屬并州。春秋時屬趙。亦爲白狄之地，今步落稽其胄也。在秦爲西河郡之離石縣。〔一五〕靈帝末，黄巾大亂，百姓南奔，其郡遂廢。魏黄初三年復置離石縣，晉惠帝末劉元海起於河西，攻陷郡縣，其離石又没於賊。石勒時改爲永石郡，後魏明帝改爲離石鎮。〔一六〕高齊文宣帝於城内置西汾州，周武帝改爲石州。隋大業二年，〔一七〕又爲離石郡，武德元年改爲石州，五年置總管，七年改爲都督，貞觀六年復爲石州。〔一八〕

州境：東西一百九十里。南北三百三里。

八到：西南至上都一千二百五十里。東南至東都一千九十里。〔一九〕東南至汾州一百六十里。西渡河至綏州一百三十里。〔二〇〕正南微東至隰州二百五十里。北至嵐州二百五十里。〔二一〕

貢、賦：開元貢：胡女布三端，龍鬚席五領，麝香，蜜蠟。賦：麻，布。

管縣五：離石，平夷，定胡，臨泉，方山。

離石縣，中。郭下。開元户二千七百七十三。鄉五。本漢舊縣也，屬西河郡，縣東北有離石水，因取名焉。漢末荒廢，魏黄初復置，後陷劉元海。石勒改爲永石郡。高齊文宣帝於此置昌化縣，屬懷政郡。後周復爲離石，屬石州。隋氏不改，皇朝因之。

離石山，今名赤洪嶺，在縣西五十步。高歡大破爾朱兆於赤洪嶺，蓋此處也。

盧城，在縣東二十里。晉并州刺史劉琨所築，以攻劉曜。

平夷縣，中。東至州五十一里。〔三二〕開元户一千五百七十一。鄉四。本漢離石縣地，周宣帝割縣西五十一里置平夷縣，屬石州。隋氏不改，皇朝因之。

黄河，西去縣一百四十五里。〔三三〕

寧鄉水，在縣西南一百五十步。

定胡縣，中。東至州九十五里。開元户二千六百九。鄉五。本漢離石縣地，周宣帝大象元年於此置定胡縣，隋因之。武德三年於縣置西定州，貞觀二年廢州置孟門縣，七年廢縣爲孟門鎮，八年廢鎮復爲定胡縣。

黄河，去縣西二百步。

孟門鎮，在縣西一百步，河東岸。

臨泉縣，中下。南至州一百七十里。開元户一千五百九十六。鄉五。本漢離石縣地，周大象元年，於此置烏突郡烏突縣。隋開皇元年改烏突郡爲太和郡，烏突縣爲太和縣。三年廢郡，以太和縣屬石州。武德三年，改太和縣爲臨泉縣。

臨泉水，在縣北一百步。縣因此水爲名。

黄河，在縣北二十里。

方山縣，中。南至州九十里。開元户一千三百五十三。鄉四。本漢離石縣地，高齊文宣帝於此縣北六十八里置良泉縣，屬離石郡。隋大業三年移就今縣南三十五里方山置，故名方山。〔三四〕貞觀十一年移於今理。

赤洪水，在縣南五十里。

三角戍，在縣北七十三里。

忻州，定襄。下。開元户一萬四千三百三十八。鄉二十八。元和户四千二百四。鄉二十九。

古并州之域。春秋時爲晉地，戰國爲趙地，秦爲太原郡也，今州卽漢太原郡之陽曲縣也。按漢陽曲縣在今州東四十五里定襄縣理是也，後漢末大亂，匈奴侵邊，自定襄已西盡雲中、鴈門之閒遂空，曹公立新興郡以安集之，理九原，卽今州是也。後魏宣武帝又於今州西北十八里故州城移肆州理此，因肆盧川爲名也。隋開皇十八年改置忻州，因州界忻川口爲名也。大業二年省忻州。義旗初又置新興郡，武德元年廢郡，復置忻州。二年陷劉武周，四年武周平，依舊置忻州。

州境：東西一百四十五里。南北八十六里。

八到：西南至上都一千四百四十里。南至東都一千七十里。東北至代州一百六十里。西至嵐州二百四十里。南至太原府一百八十里。

貢、賦：開元貢：麝香，扇十五枝。 賦：麻，布。

管縣二：秀容，定襄。

秀容縣，上。郭下。 開元户七千一百三十八。鄉十一。 本漢陽曲縣地，屬太原郡。後漢末於此置九原縣，屬新興郡。後魏莊帝於今縣東十里置平寇縣。〔二五〕隋開皇十八年，於此置忻州，又於今縣西北五十里秀容故城〔二六〕移後魏明元所置秀容縣於今理，屬忻州。國朝因之。

滹沱水，在縣東三十二里。

定襄縣，上。 東至州四十五里。〔二七〕 開元户五千五百三十二。鄉十七。本漢陽曲縣，屬太原郡。黃河千里一曲，縣當其陽，故曰陽曲。後魏末移陽曲縣於太原界，仍於此城置定襄縣，屬新興郡。高齊省，武成帝移平寇縣於此。隋開皇十年移平寇於崞城，今代州崞縣是也。武德四年，分秀容縣於漢陽曲城重置定襄縣。

聖阜，今名聖人阜，〔二八〕在縣東北二十里。石上手足跡猶存。

滹沱水，西自秀容縣界流入。

代州，雁門。中都督府。〔二九〕 開元户一萬五千七十七。鄉二十八。 元和户二千一百二十。鄉四十。

古并州之域。春秋時爲晉地，戰國時屬趙。史記曰：「趙襄子與韓、魏共滅智伯，分晉地，則趙有代、句注之北。」今按句注在州西北三十五里〔三〇〕，雁門縣界西陘山是也。秦置三十六郡，雁門是其一焉。漢因之。後漢末，匈奴侵邊，其地荒廢。周宣帝大象元年，自九原城移肆州於今理，隋開皇五年改肆州爲代州，大業三年改爲雁門郡。隋氏喪亂，陷於寇境，武德四年平代，置代州都督府。

州境：東西三百二十里。南北三百二十八里。

八到：西南至上都一千六百里。南至東都一千二百三十里。〔三一〕北至朔州一百二十里。西至嵐州三百里。東北至蔚州四百里。東南取崩石嶺至忻州五百四十里。〔三二〕

貢、賦：開元貢：鵰翎五具，麝香。〔賦：布，蔴。〕〔三三〕

管縣五：雁門，繁畤，五臺，唐林，崞。

雁門縣，上。郭下。開元户五千二百二十一。鄉十。本漢廣武縣地，屬太原郡，後魏改屬雁門郡。隋開皇三年罷郡，縣仍屬肆州。後改肆州爲代州，縣屬不改。十八年改廣武縣爲雁門縣，蓋避太子之諱也。國朝因之。

夏屋山，〔三四〕在縣東北三十五里。史記曰：「趙襄子北登夏屋，誘代王，使廚人操銅枓擊殺之，遂有代地。」

句注山，一名西陘山，在縣西北三十里。〔三五〕晉咸寧元年句注碑曰：「蓋北方之險，有盧龍、飛狐，句注爲之首，天下之阻，所以分別内外也。」漢高祖欲伐匈奴，不從婁敬之説，械繫於廣武，遂踰句注，困於平城，謂此地也。

河神祠，在縣南。開元九年，并州刺史張説奏置。

繁畤縣，中　西至州六十里。開元户一千五百九十三。鄉五。本漢舊縣，屬雁門郡。漢末匈奴侵寇，舊縣荒廢，晉又置繁畤縣，周省。隋開皇十八年重置於今縣東六十里大堡戍，大業十二年移於武州城。聖曆二年，以縣在平川，難於固守，遂東移於今理。其城三面枕澗，東接峻坂，極爲險固。

泰戲山，〔三六〕一名武夫山，在縣東南九十里。滹沱水出焉。

五臺縣，中。西北至州一百二十里。開元户二千一百六十五。鄉五。本漢慮虒縣，慮，音閭。虒，音夷。〔三七〕屬太原郡，因慮虒水爲名也。晉省，後魏孝文帝復置，即今縣理是也，屬新興郡。〔三八〕高齊改屬雁門郡。隋大業二年改爲五臺縣，因山爲名也。

五臺山，在縣東北百四十里。道經以爲紫府山，内經以爲清涼山。

慮虒水，在縣北十五里。

唐林縣，中。東北至州一百一十里。本漢廣武縣地，證聖元年分五臺、崞二縣置武延縣，唐隆元年改爲唐林縣。

滹沱水，在縣東。

沙河，在縣南二里。

崞縣，中。東北至州五十里。開元户二千七百四十八。鄉五。本漢舊縣，因山爲名，屬雁門郡。漢末荒廢，晉初又置，魏改爲崞山縣，後魏宣武帝移雁門郡理此。隋開皇十年移平寇縣於此，屬代州，大業二年改爲崞縣。

滹沱水，在縣東二百步。

蔚州，興唐。〔三九〕下。開元户四千八百八十七。鄉十一。元和户一千五百六十三。鄉十二。

禹貢冀州之域。虞及周屬并州。周禮「并州川曰漚夷，浸曰淶、易」，今漚夷在靈丘，淶、易在飛狐，皆在州境。春秋時其地屬晉，戰國時屬趙，襄子殺代王有其地，後武靈王置雲中、雁門、代郡。秦亦爲代郡。漢元年，項羽徙趙王歇爲代王。二年，陳餘迎歇還趙，歇又立餘爲代王。三年，韓信斬陳餘，置代郡，領縣十八。東魏孝静帝又於此置北靈丘郡，周宣帝於今理置蔚州。隋大業三年，罷州置雁門郡。武德四年平劉武周，重置蔚州。

州境：東西南北

八到：西南至上都二千里。南至東都一千六百三十里。東北至嬀州界孔嶺關一百里，從關至嬀州一百五十里。東至易州山路三百六十里。東南至定州取轆轤山路四百九十里。〔四〇〕東至恆州取秦嶺路四百九十里。〔四一〕西至朔州二百八十里。〔四二〕西南至代州四百里。北至天成軍一百八十里。

貢、賦：開元貢：熊皮，豹皮。　賦：麻，布。

管縣三：興唐，靈丘，飛狐。

興唐縣，下。郭下。　開元户一千四百七十二。　鄉四。　本靈丘縣也，開元十二年於州東北一百三十里〔四三〕橫野軍子城南置安邊縣，屬蔚州，天寶元年改爲安邊郡，仍自靈丘移州理於安邊城。至德二年改爲興唐郡，仍改安邊縣爲興唐縣。

倒刺山，在縣東七十里。亦號雪山，俗傳靈仙所居，與五臺山略等。

漚夷河，亦曰瓠瓤河，上槽狹，下流闊，有似瓠瓤，因名。

大韭多生於山及平野，魏孝文所種，以濟軍需，後沃壤處皆長三尺，葉廣於馬藺，但味少短耳。〔四四〕

橫野軍，置在州城内。〔四五〕

靈丘縣，中下。　東北至州一百三十里。　開元户二千四百二十一。　鄉五。　本漢舊縣，屬代郡，後漢省。〔四六〕東魏孝静帝重置，屬靈丘郡。隋開皇三年罷郡，縣屬蔚州。大業二年省蔚州，改屬代州。隋末陷賊，武德六年又置靈丘縣，屬蔚州。

太白山，在縣南十里。山有鍾乳穴，其深不測，仰望穴中，乳如懸穗焉。

石銘陘嶺，在縣西北八十里。上有石銘，題言「冀州北界」，故謂石銘陘。

隘門山，亦曰隘口，在縣東南十五里。壁立直上，層崖刺天，有石道極險隘，後魏明元帝置義倉之所。

漚夷水，一名滱水，出縣西北高是山。〔四七〕周禮曰「并州其川漚夷」，謂此也。

兹水，出縣西枝迴山，〔四八〕懸河五丈，湍激之聲，響動山谷，樵栰之士，咸由此度，巨木淪滑，〔四九〕久乃方出，或落崖石，無不粉碎也。土地記云：「枝迴嶺與高是山連麓接勢。」

開皇長城，西自繁畤縣，經縣北七十里，東入飛狐縣界。

趙武靈王墓，在縣東三十里。

飛狐縣，下。西至州一百五十里。開元户九百九十二。鄉三。本漢廣昌縣地，屬代郡，後漢屬中山國，晉又屬代郡。隋開皇三年改屬蔚州，仁壽元年改爲飛狐縣，因縣北飛狐口爲名也。隋末陷賊，武德六年重置，寄理今易州遂城縣界，遥屬蔚州，貞觀五年移還今所。

磨笄山，在縣東北一百五十里。趙襄子姊爲代王夫人，襄子既殺代王，迎其姊，夫人曰：「以弟慢夫，非仁也。以夫怨弟，非義也。」磨笄自刎。百姓閔之，爲立祠。

倒刺山，在縣東北一百二十里。出佳大黄。

飛狐道，自縣北入嬀州懷戎縣界，即古飛狐口也。酈食其説漢王曰「杜白馬之津，塞飛狐之口」，此言皆一方之阸也。又劉琨自代出飛狐口奔於安次，亦謂此道也。

三河冶，舊置鑪鑄錢，至德以後廢。元和七年，中書侍郎平章事李吉甫奏：「臣訪聞飛狐縣三河冶銅山約數十里，銅鑛至多，去飛狐錢坊二十五里，兩處同用拒馬河水，〔五〇〕以水斛銷銅，北方諸處，鑄錢人工絕省，所以平日三河冶置四十鑪鑄錢，舊跡並存，事堪覆實。今但得錢本，令本道應接人夫，三年以來，其事卽立，救河東困竭之弊，成易、定援接之形。制置一成，久長獲利。」詔從之。其年六月起工，至十月置五鑪鑄錢，每歲鑄成一萬八千貫。時朝廷新收易、定，河東道久用鐵錢，人不堪弊，至是俱受利焉。

朔州，馬邑。下。開元户六千二十。〔五一〕鄉十三。元和户七百二十九。鄉十六。

禹貢冀州之域。虞及周爲并州之地。春秋時爲北狄地，戰國時屬趙。秦爲雁門郡地，在漢卽雁門郡之馬邑縣也。史記曰：「匈奴圍韓王信於馬邑，信降匈奴。」按馬邑卽今州理是也，漢末大亂，郡遂荒廢，建安中曹公又立馬邑縣，屬新興郡。晉改屬雁門郡，晉亂，其地爲猗盧所據，劉琨表盧爲大單于，封代公，徙馬邑。後魏都代，地屬畿內。孝文帝遷洛之後，又於定襄故城置朔州，葛榮之亂，州郡又廢，高齊文宣帝又於馬邑城置朔州，卽今理是也。武成帝置北道行臺，周武帝置朔州總管。隋開皇罷總管，大業三年罷州爲馬邑郡，皇朝改爲朔州。

州境：東西四百八十里。南北九十七里。

八到：西南至上都一千七百二十里。南至東都一千三百五十里。東至蔚州三百五十里。〔五二〕北至單于大都護府三百五十里。〔五三〕東北至雲州三百四十里。西南至嵐州三百七十四里。

貢、賦：開元貢：白鵰翎四具。

管縣二：鄯陽，馬邑。

鄯陽縣，中。郭下。開元户三千六百五十八。鄉十八。本漢馬邑縣，屬雁門郡，漢末荒廢。建安中又置，屬新興郡。晉又屬雁門郡，晉末又廢。高齊於此置招遠縣，屬郡不改。隋開皇三年罷郡，改屬朔州。大業元年改爲鄯陽縣。

句注山，在縣東八十里。

河水，在縣西三百里。

州城，本漢馬邑城也。昔秦人築城於武周塞以備胡，〔五四〕城將成而崩者數矣，有馬馳走，〔五五〕周旋反覆，父老異之，因依而築城，乃不崩，遂名馬邑。

馬邑縣，中。西至州三十里。開元户二千三百八十。鄉五。本鄯陽縣地，開元五年，分鄯陽縣於州東三十里大同軍城内置馬邑縣，建中年間，河中節度使馬燧權移州於馬邑縣焉。

桑乾河，在縣東三十里。

雲州，雲中。下。開元户三千一百六十九。鄉七。元和户。鄉七。〔五六〕

禹貢冀州之域。虞及周屬并州。春秋時爲北狄地。戰國時其地屬趙，其後武靈王自代至高闕爲塞，而置雲中、雁門、代郡。今州卽秦雁門郡地，在漢雁門郡之平城縣也。史記曰，漢七年，韓王信亡走匈奴，上自將逐之。遂至平城，爲匈奴所圍，用陳平祕計得出是也。漢末大亂，匈奴侵邊，自定襄以西，雲中、雁門、西河遂空。曹公鳩集荒散，又立平城縣，屬新興郡。晉又改屬雁門，晉亂，劉琨表封猗盧爲代王，都平城。後魏道武帝又於此建都，東至上谷軍都關，西至河，南至中山隘門塞，〔五七〕北至五原，地方千里，〔五八〕以爲甸服。孝文帝改爲司州牧，置代尹。孝文帝遷都洛邑，改置恆州。孝昌之際，亂離尤甚，恆、代之北，盡爲邱墟，高齊文宣帝天保七年置恆安鎮，徙豪傑三千家以實之，今名東州城。其年廢鎮，又置恆州。周武平齊，州郡並廢，又於其所置恆安鎮，屬朔州。自周迄隋，仍爲鎮也。隋亂陷賊，武德四年平劉武周置北恆州，七年廢。貞觀十四年，自朔州北界定襄城移雲州及定襄縣於此，後爲默啜所破，移百姓於朔州。開元十八年，〔五九〕復置雲州及雲中縣。

州境：東西一百七十七里。南北四百九十里。

八到：西南至上都一千九百六十里。南至東都一千五百九十里。東至幽州七百里。西至靜邊軍一百八十里。東至清塞城一百二十里，又東至天成軍六十里，又東至納降守捉九十里，與幽州分界。西南至太原府七百里。

貢、賦：開元貢：鵰翎五具。賦：布，麻。

〔管縣一：雲中。〕〔六〇〕

雲中縣，中。本漢平城縣，屬雁門郡。漢末大亂，其地遂空。魏武帝又立平城縣，屬新興郡。晉改屬雁門郡。後魏於此建都，屬代尹，孝文帝改代尹爲恆州，縣屬不改。隋爲雲內縣屬馬邑郡。貞觀十四年，〔自〕朔州北界定襄城移於此，〔六一〕後爲默啜所破，移百姓至朔州。開元十八年，改置雲中縣，屬雲州。

白登山，在縣東北三十里。

火山，在縣西五里。山有火井，深不見底，以草投之，則煙騰火發。有火井祠。

紇真山，在縣東三十里。虜語紇真，漢言三十里。其山夏積雪霜。〔六二〕

單于臺，在縣西北四十餘里。〔六三〕漢武帝元封元年，勒兵十八萬騎出長城，北登單于臺，卽此也。

卷十四校勘記

〔一〕音嗀　今按：殿本同，它本脱此注。

〔二〕南至石州二百四十里　攷證：石州八到「四」作「五」。

〔三〕三百三十里　攷證：官本「三十」作「二十」，樂史作「二百五十里」。按唐州卽今嵐縣，樂說近合。

〔四〕秀容故城至因以爲名也　攷證：此忻州錯簡，宜移列忻州，作「縣西北五十里云云」。御覽引此原屬忻州，宋初本不誤。且志文於忻州秀容縣敍原有秀容故城云云，與嵐州相距二百餘里，不知何時錯於此，宜改正。

〔五〕大業二年　攷證：隋志作「四年」。

〔六〕武德四年於縣置北管州　攷證：舊志作「四年置管州，五年置北管州」。

〔七〕天池在縣北燕京山上　今按：水經灅水注作「大池」，寰宇記引水經注作「天池」。

〔八〕陽旱不耗陰霖不溢　攷證：水經注「旱」作「熯」，「溢」作「濫」。

〔九〕宮竟不成　今按：殿本同，它本無「宮」字。

〔一〇〕後魏於蔚汾谷置蔚汾縣屬神武郡　攷證：按地形志神武郡兩見，並無蔚汾縣。隋志云：「臨泉縣，後齊置，曰蔚汾，大業四年改。」

〔一一〕大業二年　攷證：隋志作「四年」。

〔一二〕因古蹟修築　攷證：洪亮吉引「蹟」作「趾」。

〔一三〕景龍年廢　攷證：官本按云：「新、舊書並作『神龍二年廢』。」

〔一四〕五千二十　今按：岱南閣本、畿輔本「千」作「百」。

〔一五〕在秦爲西河郡之離石縣　攷證：「秦」宜作「漢」，地理志西河郡武帝元朔四年置。御覽引亦作「秦」，蓋宋本已然。樂史云「秦爲太原郡，兩漢爲西河郡」，是。

〔一六〕改爲離石鎮　攷證：官本「鎮」作「郡」，樂史同，此疑誤。

〔一七〕大業二年　攷證：「二」宜作「三」。

〔一八〕貞觀六年復爲石州　攷證：舊志云：「貞觀六年又廢，天寶元年改爲昌化郡，乾元元年復爲石州。」「六年」下宜有缺文。

〔一九〕一千九十里　攷證：樂史「九十」作「九百」，誤。

〔二〇〕二百三十里　攷證：綏州八到云「二百七十里」。

〔二一〕二百五十里　攷證：嵐州八到云「二百四十里」。

〔二二〕東至州五十一里　攷證：樂史云：「平夷縣在州南五十里。」李兆洛曰：「今寧鄉縣。」洪亮吉曰：「州南微西五十里。」此疑脱「北」字。

〔二三〕西去縣一百四十五里　今按：與寰宇記合，各本無「一百」二字。

〔二四〕隋大業三年至故名方山　攷證：方山縣，隋志不詳，舊志亦云「隋縣」，當本此志，足補隋志之缺。

〔二五〕後魏莊帝至平寇縣　攷證：地形志平寇縣云「真君七年，併三堆、朔方、定陽屬焉」，則置平寇縣不自莊帝也。

〔二六〕秀容故城　攷證：按地形志秀容縣有秀容故城，即此志所謂秀容故城也，有專條，錯入嵐州，詳前。

〔二七〕東至州四十五里　攷證：按定襄即今治，宜作「西至州」，樂史云「州東四十五里」，是也。

〔二八〕聖人阜　今按：御覽引水經滹沱水注合，殿本「阜」作「山」，它本脱「阜」字。

〔二九〕中都督府　今按：殿本同，與新、舊唐志合，它本脱「中」字。

〔三〇〕三十五里　攷證：按雁門縣句注山本條無「五」字。

〔三一〕一千二百三十里　攷證：樂史「二」作「三」。

〔三二〕五百四十里　攷證：恆州八到云「五百三十里」。

〔三三〕〔賦布蘇〕　今按：殿本有，它本與此均脱，今據補。

〔三四〕夏屋山　今按：漢志作「賈屆山」，括地志云：「夏屋山一名賈屋山，今名賈母山。」

〔三五〕三十里　攷證：程恩澤引作「二十里」。

〔三六〕泰戲山　今按：「泰」，戈襄舊鈔本、岱南閣本、畿輔本作「秦」。攷證云：「山海經作『泰戲』，郝懿行注云『淮南子作「魯平」，説文作「戍夫」，寰宇記作「孤阜」。戲當讀如呼，泰戲、魯平、戍夫、武夫、孤阜，皆聲近字異也。』」

〔三七〕慮音閭虒音夷　今按：殿本同，它本無此注。

〔三八〕屬新興郡　攷證：地形志永安郡有驢夷縣，當即此，新興郡未詳。

〔三九〕興唐　攷證：御覽引作「安邊郡」，誤。興唐乃至德二年改，詳興唐縣敍。

〔四〇〕四百九十里　攷證：定州八到云「四百七十里」。

〔四一〕東至恆州取秦嶺路　攷證：「東」宜作「南」，恆州，今正定府。官本「取」下有「方」字。

〔四二〕二百八十里　攷證：朔州八到云「至蔚州三百五十里」。官本作「三百八十里」，與此異。樂史作「四百六十里」，近合。

〔四三〕一百三十里　攷證：前太原府敍注作「一百四十」。

〔四四〕葉廣於馬藺但味少短耳　今按：岱南閣本、畿輔本「藺」作「蘭」。攷證云：「樂史作『藺』，校云『藺，原本訛「蘭」，據元和志改正。』是此志本作『藺』。『短』，樂史作『甘』。」

〔四五〕在州城內　攷證：太原府敍云「在郡東北百四十里」，此云「在州城內」，移置未詳。又按會要州界有懷柔軍，先天元年八月八日置。

〔四六〕後漢省　今按：各本「漢」作「魏」。攷證云：「『魏』宜作『漢』，郡國志無靈丘縣，樂史云後漢省。」

〔四七〕高是山　今按：山海經北次三經云「高是之山，滋水出焉」，水經滱水篇及注作「高氏山」。攷證云：「錢坫云古通用。」

〔四八〕茲水出縣西枝迴山　攷證：趙一清引「茲」作「滋」，「枝」作「枚」。今按：畢沅山海經新校正引作「茲水出縣西枚回山」。

〔四九〕巨木淪滑　今按：趙一清補水經滋水引同，它本「滑」作「渚」。

〔五〇〕同用拒馬河水　攷證：洪亮吉引此「拒」作「巨」。

〔五一〕六千二十　攷證：官本「二」作「三」。

〔五二〕東至蔚州三百五十里　攷證：里數未的，詳前。

〔五三〕單于大都護府　今按：殿本同，它本脱「府」字。

〔五四〕築城于武周塞以備胡　攷證：按水經注「武周」作「武州」，漢以爲縣，屬雁門郡，别本作「武周」，誤。今按：史記匈奴列傳及漢志俱作「武州」，今此志各本皆誤。

〔五五〕有馬馳走　今按：水經㶟水注「馳走」下有「一地」二字，郡國志雁門郡馬邑劉昭補注引干寶搜神記同，此疑脱。

〔五六〕鄉七　攷證：宜衍，官本無。

〔五七〕西至河南至中山隘門塞　攷證：御覽引「南」上有「南」字，誤。

〔五八〕地方千里　攷證：御覽引「千」作「五千」，恐誤。

〔五九〕開元十八年　攷證：舊志作「二十年」。

〔六〇〕〔管縣一雲中〕　今按：殿本有此一行，與新唐志合，各本與此俱脱，依例當有此目，今據補。

〔六一〕〔自〕朔州北界定襄城移於此　今按：戈襄校舊鈔本、岱南閣本「朔州」上有「自」字，是，此脱，今依補。

〔六二〕虜語紇真至夏積雪霜　今按：寰宇記朔州鄯陽縣引冀州圖作「虜語紇真，華言千里」，疑此有誤。又「夏積雪霜」作「夏恆積雪」。

〔六三〕四十餘里　攷證：樂史作「四百二十餘里」，杜佑曰「百餘里」，未知孰的。

元和郡縣圖志卷第十五

河東道四

澤潞節度使

潞州，上黨。大都督府。開元户六萬四千二百七十六。鄉一百三十三。元和户一萬七千八百。鄉一百二十。今爲澤潞節度使理所。

管州五：潞州，澤州，邢州，洺州，磁州。磁、邢、洺本河北道，今屬澤潞節度使管内。縣三十七。

都管户二萬六千二百四十三。

禹貢冀州之域。殷時爲黎國。春秋時屬晉，又兼有潞子之國。潞子嬰兒，爲晉所滅。戰國時屬韓，别爲都，〔一〕以其遠韓近趙，至趙孝成王時，馮亭以上黨降趙，復爲趙地。秦爲上黨郡地。後漢末，董卓作亂，移理壺關城，即今州理是也。周武帝建德七年，於襄垣縣置潞州，上黨郡屬焉。隋開皇十年罷郡，〔二〕自襄垣縣復移潞州於壺關，即今州是也。州得名，因潞子之國。武德元年，又於襄垣縣置韓州，貞觀十七年廢。開元十七年，〔三〕以玄宗歷試嘗在此州，置大都督府。

州境：東西二百九十三里。南北三百三十六里。

八到：西南至上都一千三百三十里。南至東都四百七十里。北至儀州三百一十里。東北至洺州四百五十里。東取穴陘嶺路至相州三百五十里。西至晉州三百九十里。東南至澤州一百八十七里。〔四〕西北至沁州二百一十里。〔五〕

貢、賦：開元貢：人參，墨。賦：麻，布。

管縣十：上黨，長子，屯留，潞城，壺關，黎城，銅鞮，鄉，〔六〕襄垣，涉。

上黨縣，望。郭下。開元户一萬一千三百八十三。鄉二十二。本漢壺關縣也，隋開皇中分壺關置上黨縣，屬潞州。釋名曰：「黨所也，在于山上其所最高，故曰上黨。」

鷄鳴山，一曰火山，在縣東南七十六里。

濁漳水，在縣西南二十二里。

州城，漢壺關縣也。上黨記曰：「曹公之圍壺關，起土山於城西北角，穿地道於城西，内築界城以遮之。」

五龍祠，在縣東南二十里五龍山上。慕容永所立，以祭五方神。

馮亭墓，在縣西五里。

長子縣，緊。東北至州五十二里。開元户二萬二百六十六。鄉三十三。〔七〕漢舊縣，本春秋時地名，左傳曰「晉人執衞行人石買於長子」，是也。慕容永僭號於此，稱西燕，爲慕容垂所滅。隋開皇九年，移寄氏縣理此，屬潞州，十八年改寄氏爲長子縣。

發鳩山，在縣西南六十五里。濁漳水出焉。

羊頭山，在縣東五十六里。後漢安帝時，羌寇河東，以任尚爲御史，擊破於羊頭山，謂此也。

神農城，後魏風土記曰：「神農城在羊頭山上，山下有神農泉，卽神農得嘉穀之所。」

武訖嶺，〔八〕在縣南四十五里。風土記曰：「秦、趙戰於長平，趙軍敗退，秦將白起逐至此，名曰武訖嶺。」

屯留縣，上。東南至州六十四里。開元户八千一百六十六。鄉十七。本晉邑，春秋曰「晉人執衞行人孫蒯于純留」，是也。〔九〕漢以爲縣，屬上黨郡。高齊省，隋開皇中重置，屬潞州。

絳水出縣西南方山，去縣八十四里。

潞城縣，上。南至州四十里。開元户七千四百六十四。鄉十六。本漢潞縣，屬上黨郡，卽春秋時赤狄潞子嬰兒國也，晉滅之。後魏太武帝改潞縣爲刈陵縣，〔一〇〕屬襄垣郡。隋開皇十六年，於此置潞城縣，屬潞州。

黄阜山，在縣西北二十五里。劉聰將綦毋劇敗晉將崔恕於黄阜。

漳水，一名潞水，在縣北。闞駰曰：「潞水在縣北，爲冀州浸，卽漳水也。」按王猛與慕容評相禦於潞川，評鬻水與軍人絹匹水二石，〔一二〕則此無他大川可以爲浸，所有唯漳水耳，故土俗尚謂濁漳爲潞水也。

武王塢，在縣西北四十里。塢東有後魏天柱大將軍爾朱榮碑，文曰：「建義元年，東討逆賊，鎮豎葛榮，軍次上黨。武王祠東有二狡兔從賊方而來，天柱彎弓祝之曰：『中則擒葛榮，不中則否。』應弦而殪，遂擒榮。」

壺關縣，〔一三〕上。西北至州三十里。本漢縣也，屬上黨郡。山形似壺，於此置關，故名壺關。隋開皇十六年，分壺關置上黨縣，大業二年省壺關併入上黨，武德四年重置。

羊腸坂，在縣東南一百六里。沾水出焉。

漢壺關三老令狐茂墓，在縣東九里。〔一三〕上書明戾太子冤者。

曹公壘，在縣東南一百二里。曹公攻高幹所築。

黎城縣，中。西南至州一百二十里。古黎國，春秋曰「晉荀林父滅潞，立黎侯而還」，〔一四〕今縣東十八里黎侯城是也。〔一五〕漢爲潞縣之地，後魏太武改潞縣爲刈陵縣，隋開皇十八年改刈陵爲黎城縣。武德初屬韓州，貞觀十七年廢韓州，屬潞州。

古壺關，在縣東二十五里。春秋齊國夏伐晉，取八邑，有盂口，盂口卽壺口也，聲相近，故有二名。

清漳水，在縣東北五十里。

濁漳水，在縣西北五十六里。

馮奉世墓及馮昭儀墓，在縣東二里。

銅鞮縣，上。 東至州一百五十里。本晉大夫羊舌赤邑，時號赤曰「銅鞮伯華」。漢以爲縣，屬上黨郡。隋開皇十六年改屬沁州，大業二年省沁州復屬潞州。武德六年屬韓州，貞觀十七年廢韓州復隸潞州。

石梯山，在縣西三十里。

閼與城，在縣西北二十里。史記曰：「秦昭襄王攻趙閼與，趙奢曰：『其道遠險狹，〔一六〕譬猶兩鼠鬭於穴中，將勇者勝。』遂破秦軍，解閼與之圍。」

晉銅鞮宮，在縣東十五里。子産曰：「今銅鞮之宮數里。」

斷梁城，在縣東北三十里。下臨深壑，東西北三面阻澗，廣袤二里，俗謂之斷梁城。

叔向墓，在縣東十八里。

鄉縣，〔一七〕中。 東至州一百七十里。本漢涅氏地，屬上黨郡。晉始爲武鄉縣，屬樂平郡。石氏分上黨置武鄉郡，縣屬焉。隋開皇初廢郡，縣屬潞州。晉縣原有「武」字，後草創失其舊名。

禿頂山，在縣西北九十三里。

石臼嶺，在縣北六十五里。

護甲水，〔一八〕在縣西北八十里。

襄垣縣，上。南至州九十三里。本漢舊縣，屬上黨郡，趙襄子所築，因以爲名。後魏孝莊帝〔一九〕改屬襄垣郡。後周建德六年，於襄垣城置韓州，〔二〇〕縣屬焉。貞觀十七年廢州，〔二一〕縣屬潞州。

鹿臺山，在縣南二十里。

涅水，在縣西北六十里。

濁漳水，在縣南二十一里。

〔天〕井(谷)關，〔二二〕在縣東南四十里。置在天井谷內，深邃似井，因以爲名。魏武初遷鄴，於此置關，周建德六年廢。

涉縣，上。南至州一百八十里。本漢舊縣，〔二三〕屬魏郡，因涉河水爲名。晉屬廣平郡，後省。隋開皇十年，於故涉城重置涉縣，屬磁州，〔二四〕十六年改屬韓州。貞觀十七年廢韓州，縣屬潞州。

清漳水，一名涉河，在縣南一里。

澤州，高平。上。開元戶二萬二千二百三十五。鄉五十九。元和戶三千五百二十七。鄉五十。禹貢冀州之域。春秋時屬晉，戰國時屬韓、魏，後屬趙，秦使白起破趙於長平，卽今州北高平縣西北二十一里長平故城是也。秦并天下，今州卽上黨郡地。漢爲上黨郡高都縣之地也。後魏道武帝置建興郡，〔二五〕孝莊帝改置建州，周改建州爲澤州，蓋取濩澤爲名也。〔濩音烏怕反。〕〔二六〕

州境：東西二百九十里。南北一百五十里。

八到：西南至上都一千一百四十里。西南至東都二百八十里。北至潞州一百四十九里。北至太原府大路六百一十里。西至絳州四百四十里。東踰山至衞州四百一十里。

貢、賦：開元貢：白石英五十斤，人參。賦：麻，布。元和貢：白石英，野鷄九十隻。

管縣六：晉城，高平，陵川，沁水，陽城，端氏。

晉城縣，上。郭下。本漢高都縣，屬上黨郡。〔二七〕隋開皇三年改屬澤州，十八年改爲丹川縣，因縣東丹水爲名。貞觀三年，〔二八〕改置晉城縣。

太行山，在縣南四十里。禹貢曰：「太行、恆山，至于碣石。」注曰：「二山連延，東北接碣石。」

丹水，在縣北十二里司馬山。俗傳秦坑趙衆，流血丹川，故名丹水，斯爲不經也。

天井故關，一名太行關，在縣南四十五里太行山上。

高平縣，上。南至州八十里。本漢泫氏縣，屬上黨郡，在泫水之上，故以爲名。後魏改爲玄氏，屬建興郡。〔二九〕高齊文宣帝省玄氏縣，自長平高城移高平縣理之，仍改高平縣，屬高都郡。隋開皇三年，改屬澤州。

頭顱山，一名白起臺，在縣西五里。秦坑趙衆，收頭顱築此臺。

米山，在縣東十里。趙將廉頗，積糧此山，因名。

涇水，〔三〇〕在縣西北三十六里。

長平故城，在縣西二十一里。白起破趙四十萬衆於此，盡殺之。

長平關，在縣北五十一里。

陵川縣，中。西至州一百四十里。本漢泫氏縣地，隋開皇十六年於此置陵川縣，因川爲名，屬澤州。

太行山，在縣西南百里。

沁水縣，中。東南至州二百里。本漢端氏縣地，後魏孝莊帝，〔三一〕於此置泰寧郡及東永安縣，高齊省郡而縣存。隋開皇十八年，改爲沁水縣。

沁水，在縣東北五十二里。

古王離城，在縣東北五十里。秦時王離擊趙所築，四面絶險。

陽城縣，中。東至州一百一十里。本漢濩澤縣，屬河東郡，因濩澤爲名也。隋改屬澤州。

天寶元年，改爲陽城縣。

析城，在縣西南七十五里。

濩澤，在縣西北十二里。〔三〕墨子曰：「舜漁於濩澤。」

端氏縣，中。南至州一百里。本漢舊縣也，史記曰：「趙成侯十六年，與韓、魏分晉，封晉君於端氏。肅侯元年，奪晉君端氏，徙處屯留。」漢以爲縣，屬河東郡。晉屬平陽郡。後魏屬安平郡。隋開皇三年罷郡，屬澤州。

石門山，在縣西南四十一里。

沁水，在縣南一里。

邢州，鉅鹿。上。開元户五萬八千八百二十。鄉一百二十。元和户三千六百九十三。鄉三十三。

禹貢冀州之域。亦古邢侯之國，邢侯爲紂三公，以忠諫被誅。周成王封周公旦子爲邢侯，後爲狄所滅，齊桓公遷邢於夷儀。按故邢國，今州城内西南隅小城是也。夷儀，今龍岡縣界夷儀城是也。春秋時屬晉，後三家分晉屬趙。秦兼天下，於此置信都縣，屬鉅鹿郡，項羽改曰襄國，蓋以趙襄子謚名也。趙歇爲趙王，張耳爲常山王，並理信都襄國，今州理龍岡城是也。前趙嘉平元年，石勒屯兵許昌，張賓説勒曰：「觀王彌有王青州之心，遲迴未發者，懼明公躡其後也。明公獨無并州之思乎？」勒從之，遂長驅至鄴攻晉北中郎將於三臺。

張賓又進曰：「三臺險固，攻之未易卒下。〔三三〕王彭祖、劉越石大敵也，宜及其未至，密規進據牢城，掃定并薊，桓文之業可濟也。邯鄲、襄國，趙之舊都，依山憑險，形勝之國，可擇此二邑而都之，王業可圖也。」勒於是進據襄國。王浚遣兵五萬人來討勒，勒欲挑戰，張賓諫曰：「夫用兵，當以己所便，擊彼所不便。今段末柸强悍，〔三四〕且宜示之以弱，鑿北壘爲突門二十餘道，伏精卒，候賊列守未定，出其不意，擂鼓奮勇，直衝柸帳，柸卒既奔，則彭祖可指辰而定也。」勒從其計，遂生擒末柸。永嘉六年，勒僭號，〔三五〕遂定都焉。至季龍徙都鄴，爲襄國郡。石氏既滅，罷之。後魏復爲襄國縣。隋開皇(五)〔三〕年，〔三六〕以襄國縣屬洺州，九年改爲龍岡縣，〔三七〕十六年割龍岡等三縣置邢州，以邢國爲名也。大業三年，改爲襄國郡。武德元年，改爲邢州，置總管。二年，陷竇建德，四年討平之，又爲劉黑闥所陷，五年擒之，依舊爲邢州。

州境：東西二百八十二里。南北一百三十六里。

八到：西至上都一千九百里。西南至東都八百四十里。東北至趙州一百九十里。東至貝州二百三十里。西踰山至儀州二百三十五里。東南至洺州一百二十里。

貢賦：開元貢：文石獅子，絲，布。　賦：綿，絹。

管縣九：龍岡，堯山，鉅鹿，沙河，平鄉，南和，任，内丘，青山。

龍岡縣，上。郭下。古邢國也，秦以爲信都，項羽更名曰襄國，漢因不改。石勒僭號據之，勒未立前，襄國有讖曰「古在左，月在右，讓亡言，或入口」。識者以爲胡有襄國也。周武帝改爲襄國郡。隋開皇三年罷郡，縣屬洺州，九年改爲龍岡縣，以西北有龍岡，因名之。十六年，於此置邢州，龍岡縣屬焉。皇朝因之。

土山，〔三八〕在縣東百五十步。昔冉閔攻石祗於襄國，爲土山地道於此。

石井岡，一名龍岡，在縣西北七里。岡上有井，大如車輪，石勒時天旱，沙門佛圖澄於此掘得一死龍，長尺餘，漬之以水，良久乃蘇，雨遂大降，因名龍岡。

夷儀嶺，在縣西百五十七里。

夷儀故城，在縣西一百四十里。今俗謂之隨宜城，蓋語訛也。

石勒墓，在縣南十五里。

堯山縣，上。西南至州八十里。本曰柏人，春秋時晉邑，戰國時屬趙，秦滅趙屬鉅鹿郡。漢高祖八年，〔三九〕從平城過趙，趙相貫高壁人厠上要之。〔四〇〕上心動，問縣名，曰：「柏人。」上曰：「柏人者，迫於人也！」〔四一〕去弗宿。後魏改「人」爲「仁」。隋開皇三年罷鉅鹿郡，屬趙州，大業三年，〔四二〕改屬邢州。天寶元年，改爲堯山縣。

泫水，〔四三〕在縣西一里。俗亦名曰脂溝。

柏人故城，在縣西北十二里。

張耳臺，在縣西北十二里。

鉅鹿縣，上。西至州一百十九里。本漢南䜌縣地，〔四四〕隋開皇六年於此置鉅鹿縣，屬趙州，取漢鉅鹿縣之名也。武德元年，於此置起州，又立白起縣，二年陷竇建德，四年討平，罷起州，以縣屬趙州，貞觀元年改屬邢州。

大陸澤，一名鉅鹿，在縣西北五里。〔四五〕禹貢曰：「恆、衞既從，大陸既作。」按澤東西二十里，南北三十里，葭蘆茭蓮魚蟹之類，充牣其中。澤畔又有鹹泉，〔四六〕煮而成鹽，百姓資之。

沙河縣，上。北至州三十五里。本漢襄國縣地，隋開皇九年改襄國爲龍岡縣，十六年分龍岡於此置沙河縣，以沙河在縣南五里，因以爲名。

黑山，在縣西四十里。出鐵。

礬口山，〔四七〕在縣西南九十八里。漢、魏時舊鐵官也。

平鄉縣，上。西至州九十里。本春秋時邢國，後爲趙地，始皇滅趙，以爲鉅鹿郡，〔四八〕亦大稱也。張耳與趙王歇走入鉅鹿城，王離圍之，即此地也。後魏自平鄉故城移平鄉縣於此理之，屬廣平郡。隋開皇三年屬洺州，十六年改屬邢州。

濁漳水，今俗名柳河，在縣西南十里。

落漠水，在縣西南十八里。

沙丘臺，在縣東北二十里。殷紂所築。趙李兑圍武靈王於沙丘宫，王探雀鷇食之而死。又秦始皇東巡回，死於沙丘。

南和縣，緊。西南至州三十八里。本漢舊縣，屬廣平國。後漢屬鉅鹿郡，石趙屬襄國郡，周屬南和郡。隋開皇三年屬洺州，十六年改屬邢州。

鴛鴦水，經縣北五里。

張賓墓，在縣西十二里。石勒軍師，號曰「右侯」。

任縣，上。西南至州三十八里。本漢張縣地也，在今縣西南渚陽城是也，後漢省。趙於此置苑縣，〔四九〕石氏滅廢。隋開皇十六年，於此置任縣，屬邢州，大業三年省，武德四年重置。

張城，一名渚陽城，在縣西南二十七里。漢張縣也，石勒傳「晉將王浚遣石季龍盟就六眷於渚陽」，謂此也。

内丘縣，上。南至州五十八里。古邢國地，在漢爲中丘縣，屬常山郡。晉於此立中丘郡，石趙改爲趙安縣。後魏孝文帝復立中丘縣，隋室諱「忠」，改爲内丘。開皇三年屬趙州，大業二年改屬邢州。

鵲山，在縣西三十六里。〔五〇〕昔扁鵲同虢太子遊此山采藥，因名。

青山縣，中。東南至州五十里。本漢中丘縣地，隋開皇十六年於此置青山縣，屬邢州，縣界有青山，因名。大業二年省，縣屬龍騰府。武德元年，析龍岡、内丘兩縣重置，屬邢州。

黑山，一名青山，在縣西二十里。幽深險絶，爲逋逃之藪。以周太祖諱「黑」，因改黑山爲青山，縣取名焉。

雷公山，在縣西南八里。漢末黑山羣盜張飛燕等不立君長，直以名號爲稱，多髯者謂之羝公，大聲者謂之雷公，時有雷公賊保此，因以爲名。

洺州，廣平。望。開元户七萬七千一百五十。鄉一百四十六（鄉一十七）。〔五一〕

禹貢冀州之域。春秋時赤狄之地，後屬晉，荀林父敗赤狄於曲梁，按曲梁，今州理地也。七國時屬趙，趙敬侯始都邯鄲，至幽王遷爲秦所滅。秦兼天下，是爲邯鄲郡地。漢武帝置平干國，宣帝改曰廣平國。〔五二〕自漢至晉，或爲國，或爲郡。永嘉末，胡虜竊號，石勒據有其地，石氏滅，又屬慕容儁，〔五三〕至子暐滅，又屬苻堅。後慕容垂得山東，其地復屬焉。周武帝建德六年，於郡置洺州，以水爲名。隋大業三年罷州爲永安郡，〔五四〕武德元年又改爲洺州，兼置總管。二年陷於竇建德，四年討平，又爲建德舊將劉黑闥所陷，尋討平。六年罷總管，復爲洺州。

州境：東西一百九十七里。南北一百一十二里。

八到：西南至上都一千六百二十里。西南至東都六百六十里。〔五五〕西北至邢州一百二十里。東北至貝州二百二十里。東南至魏州一百六十四里。正西微北至儀州三百六十四里。〔五六〕

貢、賦：開元貢：平紬，縑，纊。賦：緜，絹。

管縣八：永年，雞澤，洺水，肥鄉，清漳，曲周，臨洺，平恩。

永年縣，望。郭下。本漢曲梁縣，屬廣平國。後漢屬鉅鹿郡。高齊文宣帝省曲梁置廣平縣，〔五七〕隋開皇三年罷郡，屬洺州。仁壽元年改廣平爲永年，避煬帝諱也。

洺水，在縣南三里。

雞澤，在縣西南十里。左傳「諸侯同盟于雞澤」，今其澤魚鼈菱芡，州境所資。

廉頗臺，在州城南十里。十六國春秋「冉閔遇慕容恪於廉臺，十戰皆敗」。

皇家平劉黑闥壘，在縣西南十里，洺水南。貞觀四年，於壘東置昭福寺，碑岑文本撰。

雞澤縣，上。西南至州五十里。本漢廣平縣地，隋開皇十六年，於廣平城置雞澤縣，大業二年省，〔五八〕武德四年重置。

洺、漳二水，在縣東南二十五里。合流，東入平鄉縣界。

洺水縣，上。西至州五十里。本漢斥漳縣，屬廣平國。漳水經其城，其地斥鹵，故曰斥漳。隋開皇六年，以縣西近洺河，改爲洺水，〔五九〕屬洺州。

衡漳故瀆，俗名阿難渠，在縣西二百步。蓋魏將李阿難所導，故名。

黄塘陂，〔六〇〕在縣西北十五里。晉龍驤將軍劉牢之救苻丕，追慕容垂大軍於黄塘泉，〔六一〕即此陂也。

肥鄉縣，上。西北至州四十九里。〔六二〕本春秋時晉地，七國時屬趙。今縣即漢邯鄲縣地，魏黄初二年分邯鄲、列人等縣立肥鄉，〔六三〕屬廣平郡，後魏省入臨漳。隋開皇十年又置，屬磁州，十六年割屬洺州。

肥鄉故城，在縣西二十二里。

平原君墓，在縣東北七里。〔六四〕

清漳縣，上。西北至州七十里。本漢列人縣地，按列人縣，故城在今肥鄉界。隋開皇十六年於此置清漳縣，南濱漳水，因以爲名，屬洺州。

曲周縣，上。西南至州八十里。本漢舊縣，屬廣平國，酈商爲曲周侯。後漢屬鉅鹿郡，魏屬魏郡。後魏宣武帝改置曲安縣，屬廣平郡，高齊省。隋開皇六年復置，屬洺州，大業二年省。武德四年，于曲周故城重置。

漳水，在縣西二十九里。

阿難枯渠，在縣南十四里。

臨洺縣，緊。東南至州五十里。本漢易陽縣地，屬趙國，後魏省入邯鄲縣。〔六五〕隋開皇十年，移邯鄲縣理陟鄉城，城在今邯鄲縣界，仍於北中府城別置臨洺縣，〔六六〕北濱洺水，因以爲名，屬磁州，大業三年割屬洺州。〔六七〕

狗山，在縣西十里。山頂石上有狗跡，因名。武德五年，太宗親總戎討劉黑闥，於此立營。〔六八〕

平恩縣，上。西至州八十三里。本漢舊縣也，屬魏郡，宣帝以許廣漢爲平恩侯。魏省，尋復置，隋開皇六年，罷屬洺州。〔六九〕

康臺澤，在縣東五里。

磁州，滏陽。上。元和户一千四十。鄉一十三。

本漢魏郡武安縣之地，〔七〇〕周武帝於此置滏陽縣及成安郡，隋開皇十年廢郡，〔七一〕於縣置磁州，以縣西九十里有磁山，出磁石，因取爲名。大業二年廢，以縣屬相州。皇朝永泰元年重置，以河東有慈州，故此加「石」也。

州境：東西一百七里。南北一百一十五里。

八到：西南至上都一千五百四十里。西南至東都六百四十五里。南至相州六十五里。正北微東至洺州一百十里。西至潞州三百四十里。

貢、賦：開元貢：紗，鳳翮席。　賦：錦，絹。

管縣四：滏陽，邯鄲，昭義，武安。

滏陽縣，望。　郭下。　本漢武安縣之地，魏黄初三年分武安立臨水縣，屬廣平郡，以城臨滏水，故曰臨水；以城在滏水之陽，亦曰滏陽。　周武帝於此別置滏陽縣，屬成安郡。　隋開皇三年廢郡，縣屬相州。　十年，於此置磁州，滏陽屬焉。　大業二年廢磁州，縣屬相州。　永泰元年重立磁州，縣又割屬。

鼓山，〔七二〕一名滏山，在縣西北四十五里。　滏水出焉。　泉源奮湧，若滏水之湯，故以滏口名之。〔七三〕八陘第四曰滏口陘，山嶺高深，實爲險阨。

石季龍墓，在縣西南十四里。

佛圖澄墓，在縣西南十七里。

高齊神武陵，在縣南三里。

邯鄲縣，上。　西南至州七十里。　本衞地也，後屬晉，七國時爲趙都，趙敬侯自立晉陽，始都邯鄲，至幽王遷降，秦遂滅趙以爲邯鄲郡。　邯，山名也；單，盡也。　城郭從邑，故「單」字加「邑」。　魏以爲縣，屬廣平郡。〔七四〕隋開皇十年置磁州，邯鄲縣屬焉。　大業二年廢磁州，縣屬洺州。　永泰元年重置磁州，縣還割屬。

邯山，在縣東南五里。

叢臺，在縣城内東北隅。

洪波臺，在縣西北五里。

趙簡子墓，在縣西南十二里。

公孫杵臼、程嬰墓，在縣西十五里。

趙奢墓，在縣西北七里。

樂毅墓，在縣西南十八里。

藺相如墓，在縣西南二十三里。

昭義縣，上。東南至州四十里。魏黄初三年於今滏陽縣置臨水縣，北齊天保元年移理松釜，〔七五〕周武帝建德六年廢。永泰元年再置，仍改名昭義。

武安縣，上。東南至州九十里。本七國時趙地，趙將李牧封武安君，即今縣也。漢屬魏郡，魏屬廣平郡。隋開皇三年屬相州，十年割屬磁州，大業二年磁州廢，割屬洺州。後置磁州，又分隸焉。

閼與山，〔七六〕在縣西南五十里。趙奢拒秦軍閼與，即此山也。

洺水，西北去縣八十三里。

武安故城，在縣西南五里。六國時趙邑也，趙奢之救閼與。秦軍鼓譟，武安屋瓦皆振，〔七七〕即此城也。

卷十五校勘記

〔一〕別爲都　攷證：「都」宜作「郡」，史記韓世家「我上黨郡守以上黨郡降趙」，班固云「上黨，韓之別郡也」，各地書多作「郡」。

〔二〕開皇十年罷郡　攷證：「十」宜作「三」。

〔三〕開元十七年　今按：與舊唐志合，各本俱脱「十」字。

〔四〕八十七里　攷證：澤州八到作「四十九里」。

〔五〕二百一十里　攷證：沁州八到作「三百三十里」，疑誤。

〔六〕鄉　攷證：宜作「武鄉」，皆後人誤會志文妄削，詳後。

〔七〕鄉三十三　今按：殿本作「三十二」，它本脱此四字。

〔八〕武乾嶺　今按：殿本同，與寰宇記合，它本「嶺」誤「山」。

〔九〕執衛行人孫蒯於純留　今按：此與左傳襄十八年合，它本作「屯留」，則同漢志。

〔一〇〕改潞縣爲刈陵縣　今按：殿本同，與地形志合，它本「刈」作「剗」，疑誤。下同。

〔一一〕濁水與軍人絹匹水二石　攷證：「人」宜作「入」。按十六國春秋作「入絹一匹」，此本水經注。

〔一二〕壺關縣　攷證：以下各縣不復列開元户鄉數，傳鈔脱漏。

〔一三〕縣東九里　今按：各本作「縣東北一十九里」。

〔一四〕立黎侯而還　今按：此引左傳宣十五年，非春秋。

〔一五〕今縣東十八里黎侯城是也　今按：史記周本紀正義引括地志作「東北十八里」，郡國志劉昭注引上黨記宜作「東北」。

〔一六〕其道遠險狹　今按：與史記趙奢傳合，各本作「其險狹」，缺「道遠」二字。

〔一七〕鄉縣　攷證：本武鄉縣，祁縣胡甲水條云「自潞州武鄉縣界流入」，是也。敍云「晉縣原有『武』字，後草創失舊名」，指後魏時，敍内應有脱錯，非謂本志無「武」字，宜改正。唐志亦作「武鄉」。顧祖禹曰：「武鄉縣，後魏改爲鄉郡，縣亦曰鄉縣。隋初郡廢，縣屬潞州。武后時亦曰武鄉縣，神龍初仍曰鄉縣，天寶初復曰武鄉。」

〔一八〕護甲水　攷證：祁縣條作「胡甲水」。今按：水經汾水注作「侯甲水」，侯、胡、護三字一音之轉。

〔一九〕後魏孝莊帝　今按：岱南閣本、畿輔本作「魏莊帝」，脱「後」字「孝」字。

〔二〇〕於襄垣城置韓州　攷證：官本「於」作「改」，「城」作「縣」，疑誤。

〔二一〕貞觀十七年廢州　今按：「州」上當有「韓」字，舊志云：「貞觀十七年廢韓州，以所管襄垣等五縣屬潞州。」

〔二二〕〔天〕井（谷）關　攷證：官本作「天井關」，欒史同此誤。今按：水經沁水注亦作「天井關」，此脱「天」

字，衍「谷」字，今從殿本改。

〔二三〕涉縣本漢舊縣　攷證：地理志「涉」作「沙」，恐誤。水經注作「涉」，與王子侯表離石侯綰後更爲涉侯文合，是漢縣本作「涉」，地理志乃形近之訛。趙一清謂自三國後始有涉名，誤矣。

〔二四〕屬磁州　攷證：「磁」字隋志無「石」旁。

〔二五〕後魏道武帝置建興郡　攷證：地形志曰「慕容永分上黨置建興郡，真君九年省」，與此別。

〔二六〕〔濩音烏怕反〕　今按：殿本有此注，各本與此俱脱，今補。

〔二七〕本漢高都縣屬上黨郡　今按：水經沁水注：「沁水又東與丹水合，水出上黨高都縣故城北阜下。」蓋後魏高都，已非漢舊，故指漢縣爲故城，其地以丹水攷之，當在今山西高平縣西，非唐澤州晉城。

〔二八〕貞觀三年　攷證：舊志作「武德二年」，新志作「武德三年」。

〔二九〕後魏改爲玄氏屬建興郡　今按：各本「魏」作「漢」。攷證云：「『漢』宜作『魏』，地形志縣屬建興郡，後漢無此郡名。」

〔三〇〕涇水　攷證：疑即水經注之泫水，地理志有泫水無涇水，蓋誤。

〔三一〕後魏孝莊帝　攷證：「莊」宜「明」，地形志泰寧郡，孝昌中置。

〔三二〕十二里　攷證：錢坫引作「十三」，戴震引作「十一」。

〔三三〕攻之未易卒下　今按：與十六國春秋合，各本「之」誤「守」。

〔三四〕段末柸强悍　今按：十六國春秋「柸」作「杯」。岱南閣本「悍」作「捍」，攷證云「捍」誤。

〔三五〕永嘉六年勒僭號　攷證：十六國春秋勒僭號改元在咸和五年，計前稱太和者二，稱趙王者九，始於晉太興二年，不及永嘉時，宜有誤。

〔三六〕開皇〔五〕〔三〕年　今按：「五年」，隋志作「三年」，各本不誤，今改。

〔三七〕改爲龍岡縣　今按：與隋志合，新志亦作「岡」，各本作「崗」。

〔三八〕土山　今按：岱南閣本、畿輔本「山」下有「二」字。

〔三九〕漢高祖八年　今按：殿本同，它本作「漢書曰八年」。

〔四〇〕壁人厠上要之　今按：殿本同，它本作「壁人柏人，要之置厠」，與漢書張耳傳合。

〔四一〕上心動問縣名至迫於人也　今按：殿本「縣名」下有「何」字，它本無「上心動，問縣名，曰柏人」九字，俱就史記、漢書張耳傳而節略之，此及殿本爲詳。

〔四二〕大業三年　攷證：「三」宜作「二」。

〔四三〕泫水　攷證：「泫」當作「泜」。按泫水南注沁水，不過邢州。顧祖禹曰：「泜水，縣西二里。蘇林音祇，近脂，故有脂溝之名。韓信斬陳餘此水上。」「泜」，俗作「沍」，形近誤「泫」。

〔四四〕本漢南繺縣地　今按：漢志鉅鹿郡南繺縣，孟康繺音良全反。它本作「欒」，誤。

〔四五〕一名鉅鹿在縣西北五里　攷證：王鳴盛尚書後案引「鹿」下有「澤」字，錢坫引「五」下有「十」字，此並脱。

〔四六〕鹹泉　今按：岱南閣本、畿輔本作「醎泉」。攷證云：「『醎』俗字。」

〔四七〕礬口山　攷證：官本作「礬」，隋志作「礬」。

〔四八〕以爲鉅鹿郡　攷證：「郡」宜作「縣」。顧祖禹曰：「平鄉縣，秦鉅鹿縣，漢因之爲郡。」秦鉅鹿郡治信都，今邢臺縣。

〔四九〕趙於此置苑縣　攷證：樂史云：「後趙置苑縣，石季龍改爲清苑縣。」此宜有脱。

〔五〇〕鵲山在縣西三十六里　攷證：「鵲山」，地理志作「蓬山」。樂史作「蓬鵲山」；「三十六」作「六十三」，顧祖禹亦云，此疑倒。

〔五一〕(鄉一十七)　攷證：官本無，宜衍。今按：元和無户鄉，今據删。

〔五二〕漢武帝置平干國宣帝改曰廣平國　今按：殿本同，與漢志合，它本作「漢帝分置廣平國」，疑有脱誤。

〔五三〕慕容儁　攷證：十六國春秋、水經注「儁」並作「儁」，字通。

〔五四〕永安郡　攷證：隋志「永」作「武」。

〔五五〕六百六十里　攷證：官本「六百」作「七百」，樂史同。

〔五六〕三百六十四里　攷證：儀州八到無「四」字。

〔五七〕置廣平縣　今按：殿本同，與隋志合，它本「平」作「年」。攷證云：「後魏因漢舊名置，後廢。」

〔五八〕大業二年省　攷證：官本「二」作「三」，疑誤。隋書云：「大業二年省併州縣。」

〔五九〕改爲洛水　今按：殿本同，它本「改」作「故」。

〔六〇〕黄塘陂　今按：各本「陂」誤「坡」。　攷證云：「按樂史作『董塘陂』，此誤。」

〔六一〕黄塘泉　攷證：本作「董唐淵」，十六國春秋「牢之追及於董唐淵，爲垂所擊，敗績」，即此所本，「淵」避作「泉」。

〔六二〕四十九里　攷證：官本「九」作「五」。

〔六三〕分邯鄲列人等縣立肥鄉　今按：殿本同，與寰宇記合，它本「等」作「二」，省「列人」二字，未是。

〔六四〕東北七里　攷證：官本「北」作「南」，樂史同。

〔六五〕本漢易陽縣地至省入邯鄲縣　攷證：地形志易陽縣屬魏尹。顧祖禹曰：「後魏時省入邯鄲，尋復置，天平初改屬魏郡。」

〔六六〕仍於北中府城別置臨洺縣　今按：殿本同，與寰宇記合，它本「北」誤「此」。

〔六七〕大業三年割屬洺州　攷證：「三」宜作「二」。

〔六八〕於此立營　今按：殿本同，它本「營」誤「宮」。寰宇記亦作「營」。

〔六九〕開皇六年罷屬洺州　攷證：文義未析，「罷」下宜有脱文。樂史云「開皇六年，移於平恩縣舊理」，疑本此志，故「治」仍作「理」，蓋六年復置也。

〔七〇〕本漢魏郡武安縣之地　今按：殿本同，它本作「本漢廣平郡魏武安縣之地」，漢無廣平郡，顯有誤衍。攷證云：「作『魏郡』，亦未的。邯鄲屬趙國，疑別有脱誤。」

〔七一〕十年廢郡　攷證：「十」宜作「三」。

〔七二〕鼓山　攷證：水經注作「石鼓山」。

〔七三〕若滏水之湯故以滏口名之　攷證：王應麟引此「湯」作「湯湯」，無「口」字，亦非原文。水經注作「若滏之揚湯」，此志所本，宜照改。王應麟作「湯湯」，卽「揚湯」之誤。

〔七四〕魏以爲縣屬廣平郡　攷證：宜作「漢以爲縣」，地理志屬趙國，高祖九年封趙王如意都此。

〔七五〕移理松釜　攷證：樂史「釜」作「谷」。

〔七六〕閼與山　攷證：此本括地志，乃唐人誤會史記之訛，已詳前和順縣。趙奢傳：「秦圍閼與，聞趙發兵救，故進逼武安，欲摧其鋒。奢堅壁二十餘日不出，示無救閼與意。秦軍安之。乃出其不備，直馳二日一夜而至閼與，解其圍。」其不在武安，明矣。

〔七七〕武安屋瓦皆振　今按：與史記趙奢傳合，各本「振」作「動」，疑誤。

元和郡縣圖志卷第十六

河北道一

懷州　魏州　相州　博州　衛州　貝州　澶州

懷州，河内。雄。開元户四萬三千一百七十五。鄉八十九。元和户八千七百四十一。鄉三十一。〔一〕

今爲河陽三城懷州節度使理所。

管州一：懷州。縣十。内河陽、汜水、温縣、濟源、河清等五縣，事具河南府。

禹貢冀州之域，覃懷之地。周爲畿内及衞、邢、雍三國。〔二〕春秋時屬晉，七國時屬韓、魏二國。秦兼天下，滅韓爲三川郡，滅魏爲河東郡，今州爲三川郡之北境，河東郡之東境。楚、漢之際，項羽立司馬卬爲殷王，王河内。高帝二年，卬降，以其地爲河内郡，領縣一十八，理懷。後漢世祖南定河内，難其守，鄧禹舉寇恂。世祖謂恂曰：「河内殷富，吾將因是而起。昔高祖留蕭何鎮關中，吾今委卿以河内。」〔三〕恂遂伐淇園之竹，理矢百餘萬，養馬三千匹，〔四〕收租四百萬斛以給軍事，由是東漢之業濟焉。晉河内郡，移理野王。隋開皇三年罷郡，置懷州。武德二年陷賊，其年於河清縣界柏崖城置懷州。四年討平王世充，自柏崖城

移於今理，今屬河陽三城。〔五〕

州境：東西二百一十七里。南北一百一十五里。

八到：西南至上都一千一十里。〔六〕西南至東都一百五十里。東至衞州二百六十里。東南渡河至鄭州一百九十里。北至澤州一百四十里。

貢、賦：開元貢：牛膝。賦：絲，絹，緜。元和貢：平紬十匹，牛膝。

管縣五：河内，武陟，武德，修武，獲嘉。

河内縣，望。郭下。開元户一萬八百五十四。鄉二十一。本春秋時野王邑，左傳曰「晉人執晏弱於野王」，是也。漢以爲縣，屬河内郡。隋開皇十三年，〔七〕改爲河内縣，皇朝因之。

太行山，在縣北二十五里。禹貢曰「太行、恆山，至于碣石」，注曰：「二山連延，東北接碣石。」

太行陘，在縣西北三十里。連山中斷曰陘。述征記曰太行山首始於河内，自河内北至幽州，凡百嶺，連亘十二州之界。〔八〕有八陘：第一曰軹關陘，今屬河南府濟源縣，在縣理西十一里；第二太行陘，第三白陘，此兩陘今在河内；第四滏口陘，對鄴西；第五井陘；第六飛狐陘，一名望都關；第七蒲陰陘，此三陘在中山；第八軍都陘，在幽州。太行陘闊三步，長四十里。

沁水，在縣北四里。

丹水，北去縣七里。分溝灌溉，百姓資其利焉。

濟水，經縣西南，去縣三十里。

新城壘，在縣東北九里。武德三年，劉德威於此置營。

武陟縣，望。西北至州一百里。開元户九千九百九十九。〔九〕鄉十六。本漢懷縣地，隋開皇十六年分修武縣置武陟縣，理武德故城，今縣東二十里武德故城是也，屬殷州。皇朝因之，貞觀元年省殷州，屬懷州。

沁水，在縣東一里。

故懷城，在縣西十一里。兩漢河内郡並理之，晉移郡理野王。

故殷城，在縣東南十里。楚、漢之際，司馬卬爲殷王，都在此。

武德縣，望。西至州四十七里。開元户一萬二百六十二。鄉二十。本周司寇蘇忿生之州邑也，左傳曰「周與鄭人蘇忿生之田州、陘、隤、懷」，注曰「州，今河内州縣」，是也。漢以爲州縣，屬河内郡。隋開皇十六年，改州爲邢丘縣，遥取古邢丘爲名也。大業二年，改邢丘爲安昌縣，取安昌侯張禹國城爲名也。武德二年，改爲武德縣。

太行山，在縣北五十里。

沁水，北去縣二里。

安昌故城，在縣東十三里。卽張禹所封國城也。

故大斛關，在縣北一百六里太行山上。

平皋陂，在縣南二十三里。周迴二十五里，多菱蓮蒲葦，百姓資其利。

修武縣，緊。西南至州一百二十里。開元户六千七百一十七。鄉十三。本殷之甯邑，韓詩外傳曰：「武王伐紂，勒兵於甯，改曰修武。」〔一〇〕左傳曰「晉陽處父聘於衞，過甯」，注曰：「汲郡修武縣是。」漢以爲縣，屬河内郡。周武帝以爲修武郡，修武縣屬修武郡。隋開皇三年罷郡，屬懷州。武德初屬殷州，貞觀元年省殷州，依舊屬懷州。

太行山，在縣北四十二里。

天門山，今謂之百家巖，在縣西北三十七里。以巖下可容百家，因名。上有精舍，又有鍛竈處所，卽嵇康所居也。

濁鹿故城，在縣界東北二十三里。魏文帝受禪，封漢帝爲山陽公，居河内山陽之濁鹿城，卽此城也。

禪陵，在縣北三十五里。獻帝陵也，以禪讓名。

獲嘉縣，望。西南至州一百六十里。開元户一萬一十四。鄉十九。本漢縣也，武帝將幸緱氏，至汲縣之新中鄉，得南越相呂嘉首，因立爲獲嘉縣，屬河内郡。前獲嘉縣理，在今衛州新鄉縣西南十里獲嘉縣故城是也，高齊又移於衛州共城，隋自共城移於今理。

同盟山，在縣東北五里。武王伐紂，與諸侯同盟於此山。

七賢祠，在縣西北四十二里。嵇、阮祠也。

魏州，魏郡。大都督府。開元户十一萬七千五百七十五。鄉一百四十。元和户六千九百二十。鄉四十五。今爲魏博節度使理所。

管州六：魏州，相州，博州，衛州，貝州，澶州。縣四十三。都管户

墾田

禹貢冀、兖二州之域。在夏爲觀扈之國。春秋時爲晉地。按沙麓崩，在今元城東南四十里是。戰國時爲衛、魏二國地。秦滅魏，置東郡，滅趙，置邯鄲郡。漢高祖使韓信定河北，以秦邯鄲郡之南部東郡之邊縣置魏郡，即今元城縣是也。後漢封曹操爲魏王，理鄴。前燕慕容暐都鄴，其魏郡並理於鄴中也。後魏於今州理置貴鄉郡，尋省。周宣帝大象二年，〔二〕又於貴鄉郡東界置魏州。隋煬帝大業三年，罷州爲武陽郡。隋亂陷賊，武德四年討平竇建德，改置魏州。其年又陷劉黑闥，五年平黑闥，置總管府，七年改爲都督府，貞觀六年罷都督，復爲州。

州境：東西一百九十六里。南北一百三十八里。

八到：西南至上都一千六百一十里。西南至東都七百五十里。東北至貝州二百一十里。正東微北至博州一百八十里。西至相州二百一十里。西北至洺州一百六十四里。東南渡河至濮州一百九十里。東南至鄆州二百四十里。

貢賦：開元貢：縣紬，平紬。賦：絲，縣，絁，紬。

管縣八：貴鄉，元城，魏，館陶，冠氏，朝城。莘，昌樂。

貴鄉縣，望。三十。〔一二〕郭下，管西界。本漢元城縣地，後魏孝文帝分置貴鄉縣，屬昌樂郡。隋開皇三年罷郡，縣屬魏州。大業三年，改屬武陽郡。皇朝因之，武德初割屬魏州。

大河故瀆，俗名王莽河，西去縣三里。

州城，前燕慕容暐所築，周宣帝於此置州理焉。

狄仁傑祠，在縣東南四里。爲魏州刺史，百姓爲立生祠。〔一三〕

古堰，今名愜山，在縣西九里。成帝時河決金隄，河隄使者王延世募人塞之，蓋運土塞河之處，以其愜當人情，故謂之愜山。

元城縣，望。三十。郭下，管東界。本漢舊縣，屬魏郡。魏武侯公子元食邑於此，因名。魏黄初三年，〔一四〕於此置陽平郡。高齊省元城縣入貴鄉，隋開皇六年復置。貞觀十三年又省入貴鄉，聖曆元年重置。開元十三年，移在州東北三百步。

沙麓，〔一五〕在縣東十二里。卽春秋經所書「沙麓崩」，漢書以爲元后興之祥也。

馬陵，在縣東南一里。齊將孫臏破魏軍，殺龐涓於此。

五鹿墟，在縣東十二里。公子重耳乞食於五鹿，野人與之塊，〔一六〕卽此處也。

王翁孺墓，在縣東二百步。元后之祖也。

東晳墓，在縣東二十五里。

魏縣，望。三十六。東至州四十里。本漢舊縣，屬魏郡。後魏孝文帝分魏縣置昌樂，高齊省魏縣屬昌樂縣。隋開皇六年，又分昌樂置魏縣，屬魏州，皇朝因之。

舊漳河，在縣西北十里。

新漳河，在縣西北二十里。〔一七〕

蓋寬饒墓，在縣東南八里。

館陶縣，緊。二十五。西至州五十里。〔一八〕本春秋時晉地冠氏邑，陶丘在縣西北七里。爾雅曰「再成爲陶丘」。趙時置館於其側，因爲縣名。漢屬魏郡，〔一九〕魏文帝改屬陽平郡。石趙移陽平郡理此。周大象二年置屯州，以近屯河爲名。隋大業二年廢屯州，以縣屬魏州。

大河故瀆，俗名王莽河，在縣東四里。

屯氏河，俗名屯河，在縣西二里。

白溝水，本名白渠，隋煬帝導爲永濟渠，亦名御河，西去縣十里。

冠氏縣，緊。二十四。西至州六十里。本漢館陶縣地，隋開皇六年分館陶東界置冠氏縣，因古冠氏邑爲名，屬屯州。大業二年廢屯州，縣屬魏州。

王莽河，北去縣十八里。

冉仲弓墓，在縣北二十五里。

朝城縣，緊。三十。西北至州一百里。本漢東武陽郡，在武水之陽，故曰武陽，其後爲縣，屬魏郡。隋開皇十六年屬莘州，大業二年廢莘州，屬魏郡。〔二〇〕貞觀十七年廢，永昌元年置，改名武聖，開元七年改爲朝城。

武河，在縣東十步。

黄河，在縣東二十九里。

武陽臺，在縣西南一里。

扁鵲墓，在縣羅城西北隅。

莘縣，上。二十一。西至州一百里。本衛地，漢爲陽平縣，屬東郡。魏改屬陽平郡。隋開皇六年，又於樂平故城置陽平縣，屬魏州，八年改陽平爲清邑縣，大業二年改爲莘縣，因縣北古莘亭爲名。皇朝因之。

莘亭，在縣北十三里。傳曰「衞宣公使太子伋之齊，使盜待諸莘，將殺之，二子伋、壽争相爲死」，即此地也。

昌樂縣，望。二十四。北至州五十里。本漢舊縣，屬東郡，〔二一〕後漢省。後魏孝文帝於漢舊昌樂城置昌樂郡及昌樂縣，周武帝改屬魏郡，隋罷郡，改屬魏州。皇朝因之。

王莽河，西去縣十六里。

相州，鄴郡。望。開元户七萬八千。鄉一百五十一。元和户三萬九千。〔二二〕鄉二十九。

禹貢冀州之域。又爲殷盤庚所都，曰殷墟，項羽與章邯盟於洹水南殷墟是也。春秋時屬晉。戰國時屬魏，魏文侯使西門豹守鄴是也。秦兼天下，爲上黨、邯鄲二郡之地。漢高帝分置魏郡，理鄴。後漢末，冀州理之，韓馥爲冀州牧，居鄴。其後袁紹、曹操因之。建安十七年，〔二三〕册命操爲魏公，居鄴。黄初二年，以廣平、陽平、魏三郡爲「三魏」，長安、譙、許、鄴、洛陽爲「五都」。〔二四〕石季龍自襄國徙都之，仍改太守爲魏尹。慕容儁平冉閔，又自薊徙都之，仍置司隸校尉。苻堅平鄴，以王猛爲冀州牧，鎮鄴。〔二五〕後魏孝文帝於鄴立相州。〔二六〕初，孝文帝幸鄴，訪立州名，尚書崔光對曰：〔二七〕「昔河亶甲居相。聖皇天命所相，宜曰相州。」孝文帝從之，蓋取内黄東南故殷王河亶甲居相所築之城爲名也。至東魏孝静帝又都鄴城，高齊受禪，仍都於鄴，改魏尹爲清都尹。周武帝平齊，復改爲相州。大象二年，自故鄴城移相州於安陽城，卽今州理是也。隋大業三年，改相州爲魏郡。武德元年，復爲相州。後或爲總管，或爲都督。

州境：東西二百一十四里。南北一百六十九里。

八到：西南至上都一千四百四十里。西南至東都五百八十里。北至磁州六十五里。東北至洺州一百八十里。東取臨洺縣北至邢州二百六十五里。東至魏州二百一十里。西至潞州三百五十里。東南至滑州一百三十里。

貢賦：開元貢：紗，鳳翮席，胡粉，知母。　賦：緜，絹，絲。〔二八〕

管縣十：安陽，鄴，成安，内黄，堯城，洹水，臨漳，臨河，湯陰，〔二九〕林慮。

安陽縣，緊。　郭下。本七國時魏寧新中邑，秦昭襄王拔之，改名安陽。漢初廢，以其地屬湯陰縣。晉於今理西南三里置安陽縣，屬魏郡，後魏併入湯陰。隋開皇十年置安陽縣，屬相州。皇朝因之。

韓陵山，在縣東北十五里。東魏丞相高歡破爾朱兆衆於此山。

洹水，西南自林慮縣界流入。慮，音閭。〔三〇〕

鄴縣，緊。二。　南至州四十里。本漢舊縣，屬魏郡。晉以懷帝諱，改鄴爲臨漳縣，石季龍徙都之，復改爲鄴縣。冉閔及慕容儁洎東魏、高齊並都於此，其縣名直至隋氏不改，皇朝因之。

濁漳水，在縣北五里。西門豹爲鄴令，引漳水以富魏之河内。後史起爲鄴令，又引漳水溉鄴，人歌之曰：「鄴有賢令，號爲史公，〔三一〕決漳水兮灌鄴旁，終古瀉鹵生稻粱。」〔三二〕今天谷井堰，即其遺址也。

故鄴城，縣東五十步。本春秋時齊桓公所築也，自漢至高齊，魏郡鄴縣並理之。今按魏武帝受封於此，至文帝受禪，呼此爲鄴都。

西門豹祠，在縣西十五里。

魏武帝西陵，在縣西三十里。

成安縣，上。四。西南至州一百五十里。本漢斥丘縣地，屬魏郡。土地斥鹵，故曰斤丘。其地舊屬鄴縣，高齊文宣帝分鄴縣置成安縣，屬清都尹。周平齊，屬魏郡。隋開皇三年，改屬相州。皇朝因之。

濁漳水，西自滏陽縣界流入。

斥丘故城，在縣東南三十里。〔三三〕本春秋時乾侯邑，漢以爲斥丘縣。左傳曰：「公如晉次於乾侯。」

內黃縣，緊。三。西北至州八十里。本漢舊縣，屬魏郡。河以北爲內，南爲外，故此有內黃，陳留有外黃。後魏省，隋開皇六年重置內黃縣，屬相州。武德二年，於黎陽縣置黎州，縣屬焉。貞觀十七年廢州，縣屬相州。

蕩水，〔三四〕南去縣七里。

黃澤，在縣西北五里。

故殷城，在縣東南十里。〔三五〕殷王河亶甲居相，因築此城。

永濟渠，本名白渠，隋煬帝導爲永濟渠，一名御河，北去縣二百步。

堯城縣，上。西至州四十里。本漢内黃縣地，晉於此置長樂縣，高齊省長樂入臨漳縣。隋開皇十年，分臨漳洹水二縣於此重置長樂縣，十八年改爲堯城，因所理堯城爲名也。

洹水，在縣北四里。

丹朱墓，在縣東一里。

洹水縣，上。三。西南至州一百二十里。本漢内黃縣地，晉於此置長樂縣，屬魏郡。後魏省，孝文帝復置長樂縣，高齊省入臨漳縣。周武帝分臨漳置洹水縣，因洹水流入，即以爲名，屬魏郡。隋開皇三年割屬相州，皇朝因之。

洹水，西自堯城縣界流入。

鸕鷀陂，在縣西南五里。周迴八十里，蒲魚之利，州境所資。

永濟渠，西去縣二里。

臨漳縣，上。西南至州六十里。本漢鄴縣地，東魏孝靜帝分鄴縣之地，於鄴城中置臨漳縣。

周武帝平齊，自鄴城移臨漳縣於今理，屬魏郡。隋開皇三年，改屬相州。皇朝因之。

東山池，在縣西南十五里。東魏相高澄所築，引萬金渠水爲池，作遊賞處。

鸕鷀陂，在縣東南三十里。與洹水縣同利。

袁紹墓，在縣西北十六里。

臨河縣，上。二。西北至州一百二十里。本漢黎陽縣地，隋開皇六年分置臨河縣，屬衞州。其城本春秋時衞新築城，十六年改屬黎州，大業二年又改屬衞州。武德二年，重置黎州，縣屬焉。貞觀十七年廢黎州，以縣屬相州。

黄河，南去縣五里。

湯陰縣，〔三六〕上。二。北至州四十里。本七國時魏湯陰邑也，漢以爲縣，屬河内郡，縣有蕩水，因取名焉。晉屬魏郡，後魏省。隋開皇六年重置湯陰縣，屬相州，十六年改屬黎州。武德四年，分安陽置湯源縣，屬衞州，六年改屬相州，〔三七〕貞觀元年改爲湯陰，從漢舊名。

蕩水，西去縣三十五里。

牖里，一名羑里，在縣北九里。紂拘西伯之所也。

林慮縣，上。一。東至州一百一十里。本漢隆慮縣，〔三八〕屬河内郡，以隆慮山在北，因以爲名。後避殤帝諱，改曰林慮，屬朝歌郡。〔三九〕晉屬汲郡。後魏太武帝省入鄴縣，文帝立，復屬魏郡。周武帝置林慮郡，〔四〇〕隋開皇三年罷郡，縣屬相州。武德二年又置巖州，五年廢，縣又屬相州。

林慮山，在縣西二十里。山多鐵，縣有鐵官。南接太行，北連恆岳。

博州，博平。上。　開元戶三萬七千四百七十。　鄉七十四。　元和戶二千四百三十。　鄉一十五。

禹貢兗州之域。春秋時齊之西界聊攝地也。戰國時爲齊地。秦兼天下，今州卽秦東郡地也。在漢爲東郡聊城縣之地。後魏明元帝於此置平原鎮，孝文帝罷鎮置平原郡。葛榮之據冀州也，又於今理置冀州，尋廢。孝武帝復置平原郡。隋開皇三年置郡，〔四一〕十六年於今理置博州，大業三年省。隋亂，宇文化及弑逆，自江都舉兵至此。竇建德攻陷其城，復自據。武德四年，討平竇建德，重置博州。

州境：東西一百五十七里。南北一百六十六里。

八到：西南至上都一千七百九十里。西南至東都九百三十里。西南至魏州一百八十里。西北至貝州一百九十里。東北至德州二百六十里。〔四二〕東渡河至鄆州一百八十里。東渡河至齊州二百九十里。

貢、賦：開元貢：平紬十匹。　賦：緜，絹。

管縣六：聊城，武水，堂邑，清平，博平，高唐。

聊城縣，緊。三。郭下。本春秋時聊攝地，晏子對景公曰：「聊攝以東，其爲人多矣。」漢以爲縣，屬東郡。晉屬平原郡。〔四三〕高齊改屬濟州。隋開皇三年改屬冀州，十六年置博州，縣屬焉。

黄河，南去縣四十三里。

茌平故城，〔四四〕在縣東五十三里。在茌山之平地。石勒之賤也，賣在茌平人師歡家爲奴。

四口故關，在縣東南八十里。隋置。

武水縣，上。八。東北至州六十里。本漢陽平縣地，屬東郡。隋開皇八年，改陽平爲清邑縣，十六年分清邑置武水縣，屬莘州，即今博州武水縣理是也。在武水溝之南，因名之。大業三年廢莘州，改屬魏州。貞觀元年，改屬博州。

黄河，南去縣二十二里。

堂邑縣，上。二。東至州六十里。本漢清縣、發干二縣之地，屬東郡。隋開皇六年，於此置堂邑縣，屬屯州，〔四五〕因縣西堂邑故城爲名。大業二年，改屬魏州。武德四年又屬屯州，貞觀元年廢屯州，改屬博州。

樂平故城，本漢清縣，在縣東三十里。後趙録曰：「東海王使征東將軍苟晞擊汲桑、石勒，勒與晞相持戰於平原、陽平閒，爲晞所敗，勒奔樂平。」〔四六〕

堂邑故城，在縣西北二十七里。高帝五年，陳嬰爲堂邑侯，嬰孫午繼封，尚館陶公主。

清平縣，上。二。東南至州八十里。本漢清陽縣地，屬清河郡。隋開皇六年自今貝州清河縣界移貝丘縣於今理，屬貝州。十六年，改貝丘爲清平縣，屬博州。大業二年省博州，改屬貝州。隋亂廢，武德四年重置，屬博州。

博平縣，上。二。西南至州七十里。本齊之博陵邑也，史記曰「齊威王伐晉，至博陵」，是也。漢以爲縣，〔四七〕屬東郡。晉屬平原國。隋開皇三年改屬屯州，十六年改屬博州。

故攝城，在縣西南二十里。晏子曰「聊攝以東，其爲人多矣」，即此城也。

高唐縣，上。二。西南至州一百一十里。本齊邑，春秋夙沙衛奔高唐以叛。史記齊威王曰：「吾臣有肦子者，〔四八〕使守高唐，趙人不敢東漁於河。」漢以爲縣，屬平原郡。後魏屬濟州，高齊改屬平原郡。隋開皇十六年，改屬博州。皇朝因之。長壽二年改爲崇武縣，神龍二年復舊名。〔四九〕

黄河，在縣東四十五里。

華歆墓，在縣東二十里。

衛州，汲郡。望。開元户三萬六百六十六。〔五〇〕鄉六十七。元和户二千七百七十七。鄉一十九。

禹貢冀州之域。後爲殷都，在今州東北七十三里衛縣北界朝歌故城是也。今州理，即殷牧野之地，周武王滅殷，分其畿内爲三國，詩國風邶、鄘、衛是也。〔五一〕邶封紂子武庚，鄘管叔尹之，衛蔡叔尹之，以監殷人，謂之三監。武王崩，三監及淮夷叛。成王既伐管叔、蔡叔，以殷封康叔爲衛侯，今郡及魏郡之黎陽，河内之野王朝歌，皆衛之分。其後十五葉，懿公爲狄所滅，〔五二〕更封於楚丘，今滑州衛南縣是也。河内殷墟，更屬於晉，後又屬齊，戰國時屬魏。〔五三〕秦屬河東郡。在漢爲汲縣，屬河内郡。魏黄初中置朝歌郡，屬冀州。晉武帝改朝歌爲汲郡，仍屬冀州。後魏孝静帝移汲郡理枋頭城，在今衛縣界，〔五四〕又於汲縣置義州以處歸附之人。周武帝改義州爲衛州，隋大業三年改爲汲郡。武德元年又改爲衛州，二年陷竇建德，四年討平，仍舊名焉。

州境：東西二百三十六里。南北一百四十一里。

八到：西南至上都一千二百五十里。西南至東都三百九十里。東北至相州一百九十里。東渡河至滑州一百一十五里。〔五五〕正西微南至懷州二百六十里。正南渡河至鄭州二百三十里。東北至澶州二百五十里。西北踰山至澤州陵川縣二百四十里。〔五六〕

貢、賦：開元貢：絹。賦：緜，絹。

管縣五：汲，新鄉，衛，共城，黎陽。

汲縣，緊。郭下。本漢舊縣，屬河内郡。後魏於此置義州及伍城郡伍城縣，周改義州爲衛州，伍城縣屬衛州。隋開皇六年改伍城縣爲汲縣，〔五七〕大業三年改屬汲郡。武德元年重置義州，汲縣屬焉。四年廢義州，縣屬衛州。

黄河，西自新鄉縣界流入，〔五八〕經縣南，去縣七里謂之棘津，亦謂之石濟津。左傳「晉伐曹，曹在衛東。〔五九〕假道于衛，衛人弗許，還自南河濟」是也。宋元嘉中，遣宣威將軍垣護之以水軍守石濟，亦是此處也。

比干墓及廟，在縣北十里。〔六〇〕

太公廟，在縣西北二十五里。太公，卽河内汲人也。

新鄉縣，緊。十九。東至州四十八里。本漢獲嘉縣、汲縣二縣地，隋開皇六年於兩縣地古新樂城中置新鄉縣，〔六一〕屬衛州。武德四年屬殷州，貞觀元年廢殷州，縣屬衛州。

清水，在縣北一里。

獲嘉故城，在縣西南十里。本漢舊縣，越相呂嘉反，武帝將幸緱氏，至汲縣新中鄉，得呂嘉首，以爲獲嘉縣。

衛縣，緊。十九。西南至州六十八里。本漢朝歌縣，屬河内郡。魏黄初中，朝歌縣又屬朝歌郡，晉武帝改爲汲郡。隋開皇三年罷郡，縣屬衛州。大業三年，〔六二〕改朝歌爲衛縣，屬汲郡。皇朝因之。

黑山，在縣北五十五里。漢末眭固白繞等起黑山，聚衆十餘萬，號黑山賊。

蘇門山，在縣西北十一里。孫登所隱，阮籍、嵇康所造之處。

延津，在縣西二十六里。魏曹公遣于禁渡河守延津，卽此地也。

枋頭故城，在縣東一里。建安九年，魏武帝在淇水口下大枋木爲堰，遏淇水令入白渠，〔六三〕以開運漕，故號其處爲枋頭。晉太和四年，桓温北伐，慕容暐時亢旱，水道不通，乃鑿鉅野三百餘里，以通舟運。自清水入河，暐將慕容垂率衆八萬來拒，温大破之，遂至枋頭。軍糧竭盡，温焚舟步退，垂以八千騎追温，戰敗於襄邑，亦謂此也。後苻氏克鄴，改枋頭爲永昌縣。〔六四〕十六國春秋曰：「晉劉牢之救苻丕，慕容垂率師至枋頭以拒之，知晉軍盛，乃退。」後魏嘗移汲郡理此。

陽河水，出縣西北平地，卽紂斮朝涉之脛處。

朝歌故城，在縣西二十一里。殷之故都也。

鹿臺，在縣西。〔六五〕殷紂營之，七年乃成。〔六六〕大三里，高千尺。

共城縣，上。二。 東南至州六十二里。 本周共伯國，厲王無道，流崩於彘，共伯奉王子靖立爲宣王，共伯復歸於國。漢以爲縣，屬河內郡。晉屬汲郡。高齊省。隋開皇四年加「城」字，〔六七〕於此置共城縣，屬衞州。〔六八〕皇朝因之。

白鹿山，在縣西五十四里。

天門，在縣西五十里。

淇水，源出縣西北沮洳山，至衞縣入河，謂之淇水口。

故凡城，在縣西二十里。古凡伯國也。

百門陂，在縣西北五里。方五百許步，百姓引以漑稻田，此米明白香潔，異於他稻，魏、齊以來，常以薦御。陂南通漳水。

黎陽縣，上。二。西南至州一百二十里。古黎侯國，漢以爲黎陽縣，在黎陽山北，屬魏郡。後魏屬黎陽郡。隋開皇三年屬衞州，十六年又屬黎州。大業二年省黎州，縣屬衞州。皇朝武德二年重置黎州，縣屬焉。貞觀十七年黎州廢，復屬衞州。

大伾山，正南去縣七里。卽黎山也，尚書云「東過洛汭，至于大伾」，注曰：「山再成曰伾。」

枉人山，在縣西北四十二里。或言紂殺比干於此。

黎陽鎮故城，在縣東南一里。古翟遼城也，翟遼於此僭號。皇朝改曰白馬鎮。

袁譚故城，在縣西南百步。

曹公故城，在縣西南一里。是曹公攻譚時所築。

白馬故關，在縣東一里五步。酈食其説高祖曰「杜白馬之津」，卽此地也。後更名黎陽津。慕容德自鄴將徙滑臺，至黎陽津，風飄船没，〔六九〕魏軍垂至，三軍色懼，昏而冰合，是夜濟訖，旦而魏軍至，冰亦消泮。德大悦，改黎陽津爲天橋津。高齊文襄征潁城，仍移石濟關於此，卽造橋焉，改名白馬關。周又改名黎陽關。

貝州，清河。上望。〔七〇〕開元户八萬四千四百。鄉一百七十七。元和户二萬一百二。鄉三十五。

禹貢冀州之域。春秋時其地屬晉，七國時屬趙。秦兼天下，以爲鉅鹿郡。漢文帝又分鉅鹿置清河郡，〔七一〕以郡臨清河水，故號清河。後漢以爲清河國。周武帝建德六年平齊，〔七二〕於此置貝州，因邱以爲名。隋大業三年，又爲清河郡。隋末陷賊，武德四年討平竇建德，復置貝州。

州境：東西二百四十九里。南北一百九十里。

八到：西南至上都一千八百二十里。西南至東都九百六十里。南至魏州二百一十里。正東微北至德州二百三十里。北至冀州二百一十里。西至邢州二百三十里。東至博州一百九十里。

貢、賦：開元貢：白氈。賦：緜，絹。

管縣十：清河，清陽，歷亭，東武城，〔七三〕宗城，經城，漳南，臨清，夏津，永濟。

清河縣，緊。郭下。本漢信成縣地，〔七四〕屬清河郡。後漢省信成縣置清河縣，至隋不改。皇朝因之。

故末柸城，〔七五〕在縣東北五十里。十六國春秋曰：「鮮卑段末柸自稱遼西公，於此築城，與石勒相持，因爲名。」

永濟渠，東南去縣十里。

清陽縣，緊。四。郭下。本漢舊縣也，屬清河郡。後漢省清陽縣，其地屬甘陵縣。隋開皇六年重置，皇朝因之。

甘陵，在縣城内。後漢清河王慶陵，慶卽安帝父也。

歷亭縣，上。三。西南至州一百里。本漢東陽縣地，屬清河郡。後漢省東陽縣，其地屬鄃縣。〔鄃，音輸。〕〔七六〕隋開皇十六年於此置歷亭縣，遥取漢歷縣爲名。皇朝因之。

東陽故城，在縣西十八里。漢高祖以張相如爲東陽侯。〔七七〕

東武城縣，〔七八〕上。二。西南至州四十二里。本七國時趙邑也，史記曰趙平原君勝封東武城，卽此地也。蓋以定襄有武城，同屬趙，故此加「東」字以辨之，屬清河郡。〔七九〕隋開皇三年改屬貝州，皇朝因之。自後魏以來，山東貴族清河諸崔，卽此邑人，爲天下甲族。

宗城縣，望。五。東北至州六十里。本後漢章帝分立廣宗縣，屬鉅鹿郡。後魏改屬廣宗郡。隋開皇三年改屬貝州，仁壽元年改宗城縣。皇朝因之。

張甲河，在縣南二十五里。

漳水，東去縣二十七里。

經城縣，上。四。東至州六十里。本後漢分前漢堂陽縣，於今縣西北二十里置經城縣。〔八〇〕後魏省併入南宮縣，孝文帝又於今理置經城縣，又置廣宗郡。高齊省郡及縣，仍置武强縣於此。隋開皇六年，移武强縣於此，置經城縣，屬貝州。皇朝因之。

張甲枯河，東去縣十里。

漳南縣，上。二。西南至州一百一十里。本漢東陽縣之地，隋開皇六年置東陽縣，屬德州，取漢東陽之名。十六年改屬貝州，十八年改爲漳南縣，以漳水在縣北，故名也。皇朝因之。

永濟渠，在縣東五十里。

漳水，在縣北四十六里。

臨清縣，緊。五。東北至州六十里。本漢清泉縣地，〔八一〕後魏孝文帝於此置臨清縣，屬魏郡。〔八二〕高齊省。隋開皇六年復置臨清縣，屬貝州。皇朝因之。貝丘城，在縣東南五十里。〔八三〕漢貝丘縣城也。城内有丘，高五丈，周迴六十八步，城因此爲名。春秋「公田于貝丘」，是齊州地，與此異也。

永濟渠，在縣城西門外。

夏津縣，上。二。西北至州九十里。本漢鄃縣地，呂佗、欒布皆爲鄃侯，田蚡奉邑亦在鄃，屬清河郡。隋大業二年改屬貝州，天寶元年改爲夏津縣。

屯氏河，在縣北。

永濟縣，緊。四。東北至州一百一十里。本漢貝邱縣地，臨清縣之南偏，大曆七年，田承嗣奏於張橋行市置，西井永濟渠，〔八四〕故以爲名。

永濟渠，在縣西郭内。闊一百七十尺，深二丈四尺。南自汲郡引清、淇二水東北入白溝，穿此縣入臨清。按漢武帝時，河決館陶，分爲屯氏河，東北經貝州、冀州而入渤海，此渠蓋屯氏古瀆，隋氏修之，因名永濟。

澶州，頓丘。上。元和户三千二百六十九。鄉一十七。

本漢頓丘縣地，武德四年分魏州之頓丘、觀城二縣，於今理置澶州，因澶水爲名，又分置澶水縣。貞觀元年廢澶州，以澶水縣屬黎州。今衞州黎陽縣理是也，非成都管内黎州。〔八五〕大曆七年，魏博節度使田承嗣又奏置澶州。

州境：東西一百二十九里。南北七十里。

八到：西南至上都一千五百里。西南至東都六百三十里。西南至衞州二百五十里。北至魏州一百一十里。南至濮州濮陽縣三十六里。東至濮州范縣一百一十里。西至相州内黃縣七十里。西至相州臨河縣八十里。東北至魏州朝城縣九十四里。

貢、賦：開元貢：平紬，絹。　賦：絁，緜，絹，粟。

管縣四：頓丘，臨黄，觀城，清豐。

頓丘縣，望。　郭下。　本漢舊縣，因縣東北頓丘以爲名，屬東郡。晉屬頓丘郡。隋廢郡，屬魏州。武德初割屬澶州，州廢還屬魏州，大曆初又屬澶州。

秋山，在縣西北三十五里。

黄河，在縣南三十五里。

顓頊陵，在縣西北三十五里。

帝嚳陵，在縣北三十里。

衞康叔墓，在縣東北九十里。

臨黄縣，上。　西至州六十七里。　本漢觀縣地，後漢改觀縣爲衞縣。〔八六〕後魏孝文帝分衞縣置臨黄縣，以北臨黄溝，因以爲名，屬頓丘郡。隋改屬魏郡。武德初割屬澶州，州廢還屬魏州，大曆初又割屬澶州。

黄河，南去縣三十六里。

盧津關，古高陵津，縣東南三十五里。

魏長賢墓，在縣北十五里。貞觀七年追贈定州刺史，即徵父也。

觀城縣，緊。西至州二十四里。漢觀縣，古之觀國。左傳曰虞有三苗，夏有觀扈。國語注曰：「觀國，夏啟子太康之第五弟所封也，在衞縣，夏相滅之。」漢以爲縣，屬東郡。後漢改觀縣爲衞國縣，屬東郡。隋開皇六年改衞國縣爲觀城縣，屬魏州。武德四年，以觀城屬澶州，州廢還屬魏州，大曆初隸澶州。

衞靈公墓，在縣東南四十二里。〔八七〕

清豐縣，上。東至州二十五里。本漢内黄縣地，大曆七年於清豐店置，因以爲名。

黄河，在縣南五十里。

卷十六校勘記

〔一〕鄉三十一　攷證：官本作「三十五」。

〔二〕及衞邢雍三國　攷證：「邢」宜作「邘」，説文「邘，武王所封國」。徐廣曰「邘城在野王縣西北」，即唐懷州境。邢國屬邢州，相去殆八百里。欒史作「邘」，後誤「邦」，校者未能核正，徑依之改「邢」，誤。今按：史記周本紀正義引括地志：「故邘城，在懷州河内縣西北二十七里，古邘國也。」卜辭有「盂方」，王國維謂即邘國，其地在野王，此作「邢」者，字形相近而誤。

〔三〕委卿以河内　攷證：後漢書寇恂傳「卿」作「公」。

〔四〕理矢百餘萬養馬三千匹　攷證：寇恂傳「理」作「治」，唐避。「三」作「二」。

〔五〕今屬河陽三城　今按：殿本作注。攷證云：「『河陽三城』下宜有『節度』字。」

〔六〕一千一十里　攷證：由東都只千里，「十一」字衍。

〔七〕開皇十三年　攷證：隋志作「六年」。

〔八〕凡百嶺連亘十二州之界　今按：各本皆無「凡」下「百嶺」等九字。

〔九〕九千九百九十九　攷證：官本「九千」作「七千」。

〔一〇〕勒兵於甯改曰修武　今按：按左傳文五年定公元年、國策秦策皆稱甯，春秋、戰國無稱修武者，應劭謂秦改修武，是。

〔一一〕周宣帝大象二年　攷證：官本按云：「宣帝年號大成，静帝年號大象，此有誤。」今按：此志凡大象俱稱宣帝，前已數見，詳三卷丹州門山縣。

〔一二〕望三十　攷證：按唐制，「望」是州縣等第，官本同。「三十」字未悉何義，蓋鄉數也。以前各縣無此例，傳鈔變亂，決非舊規。官本無，以下同。

〔一三〕狄仁傑祠至爲立生祠　今按：此條殿本同在貴鄉縣後，它本列在魏縣下。仁傑爲魏州刺史，郡人立祠，當在貴鄉，九域志古跡亦在貴鄉縣。

〔一四〕黄初三年　今按：岱南閣本、畿輔本「三」作「二」。

〔一五〕沙麓 攷證：按春秋三家經傳並作「沙鹿」，水經注同，此本漢書元后傳。今按：隋志作「沙麓山」。

〔一六〕野人與之塊 攷證：官本「野」上衍「人」字。

〔一七〕二十里 今按：殿本同，它本作「三十里」。攷證引寰宇記作「二十一里」。

〔一八〕西至州五十里 攷證：「西」宜作「南」，欒史云「州北五十里」。

〔一九〕漢屬魏郡 攷證：「魏」字誤，漢東武陽屬東郡。

〔二〇〕屬魏郡 攷證：「郡」宜作「州」，見前二縣及州叙。

〔二一〕昌樂縣本漢舊縣屬東郡 攷證：地理志作「樂昌」，恩澤侯表同，不名昌樂。顧祖禹曰「晉改昌樂」。

〔二二〕三萬九千 今按：岱南閣本、畿輔本脱。

〔二三〕建安十七年 攷證：魏志作「十八年」。

〔二四〕長安譙許鄴洛陽爲五都 攷證：「許」，宜作「許昌」，魏志黄初二年改許縣爲許昌縣。魏略云「改長安、譙、許昌、鄴、洛陽爲五都」，此志所本。

〔二五〕鎮鄴 攷證：官本「鄴」作「薊」，誤。

〔二六〕後魏孝文帝於鄴立相州 攷證：「孝文」，宜作「道武」，地形志相州，太祖天興四年置。今按：寰宇記云道武立。

〔二七〕崔光　攷證：宜作「崔宏」，事見魏書崔元伯傳、北史崔宏傳。

〔二八〕賦綿絹絲　今按：殿本同，它本脱。

〔二九〕湯陰　今按：清初鈔本、殿本同，它本「湯」作「蕩」。

〔三〇〕盧音閭　今按：殿本同，它本脱此注。

〔三一〕鄴有賢令號爲史公　攷證：按漢書「號」本作「兮」，俗作「兮」，近「号」，故誤作「號」。

〔三二〕終古舄鹵生稻粱　今按：漢書溝洫志「舄」作「舄」，「鹵」下有「兮」字，此省。

〔三三〕縣東南三十里　今按：殿本同，它本無「東」字。攷證云「錢坫引作『東南』」，蓋據殿本。

〔三四〕蕩水　今按：與地理志及水經蕩水篇注合，各本此處作「湯水」，後蕩陰縣作「蕩水」。「湯」、「蕩」二字古通，如地理志「狼湯渠」，水經注作「蒗蕩渠」。

〔三五〕東南十里　攷證：路史引作「十三」，王鳴盛引同。

〔三六〕湯陰縣　今按：殿本同，與隋、唐志合，它本「湯」作「蕩」。地理志、水經蕩水注作「蕩」，廣韻作「蕩」。

〔三七〕六年改屬相州　攷證：官本作「十六年」，誤。

〔三八〕林慮縣本漢隆慮縣　今按：與舊唐志合，各本「隆慮」二字作「舊」字。又「林慮」，漢志作「隆慮」，後漢改。

〔三九〕改曰林慮屬朝歌郡　攷證：「林慮」下宜有脱文，朝歌，曹魏郡名。

〔四〇〕周武帝置林慮郡　攷證：地形志林慮郡治林慮，後魏永安中置，不始周武帝。
〔四一〕隋開皇三年置郡　攷證：「置」宜作「罷」，事見本紀。
〔四二〕二百六十里　今按：與德州八到合，各本「二」誤「一」。
〔四三〕晉屬平原郡　攷證：「郡」宜作「國」，見後博平縣。
〔四四〕茌平故城　今按：戈襄校舊鈔本、清初鈔本、岱南閣本、畿輔本「茌」作「茬」，下同。
〔四五〕屬屯州　今按：各本「屯」作「毛」。周書静帝紀「大象二年八月，分相州陽平郡置毛州」，隋志、新、舊唐志並作「毛」。此志館陶縣敘云：「周大象二年置屯州，以近屯河爲名。」屯河即屯氏河，在館陶西，州名取此，字當作「屯」。
〔四六〕勒奔樂平　今按：與十六國春秋「桑奔馬牧，勒奔樂平」合，各本「勒」誤「桑」。
〔四七〕至博陵是也漢以爲縣　今按：史記田敬仲完世家與此同，各本「博陵」上脱「至」字。又攷證云：「『爲』下宜有『博平』二字」。
〔四八〕肦子者　攷證：「肦」，水經注作「肸」。今按：國策齊策作「盼」，此本史記田敬仲完世家。
〔四九〕神龍二年　攷證：新、舊志並作「元年」。
〔五〇〕六百六十六　今按：殿本同，它本作「六千六十六」。
〔五一〕邯鄘衞是也　今按：「邯」，殿本誤「邱」，它本作「邶」，邶，邯俗字。
〔五二〕懿公爲狄所滅　今按：殿本「狄」作「翟」，它本作「戎狄」。

〔五三〕戰國時屬魏　今按：殿本同，它本「魏」誤作「衞」。

〔五四〕在今衞縣界　攷證：樂史「衞」作「魏」，誤。

〔五五〕一百一十五里　攷證：滑州八到作「一百五十里」。

〔五六〕陵川縣　今按：戈襄校舊鈔本、殿本「川」誤「山」。

〔五七〕開皇六年改伍城縣爲汲縣　今按：與隋志合，各本誤作「汲州」。寰宇記「六年」作「三年」，誤。

〔五八〕新鄉縣　今按：各本作「新安縣」，誤。

〔五九〕曹在衞東　攷證：官本無。此本水經注，彼稱春秋，故不依傳文，此引左傳，語當區別。

〔六〇〕縣北十里　今按：括地志作「縣北十里二百五十步」。

〔六一〕古新樂城中置新鄉縣　今按：各本無「古」字。攷證云：「官本『樂』作『築』，樂史作『樂』，云十六國時燕安樂王臧所築。」

〔六二〕大業三年　攷證：官本「三」作「二」，舊志同，誤，三年始改州爲郡。

〔六三〕令入白渠　攷證：「渠」，樂史作「溝」，與水經注合，此疑誤。

〔六四〕改枋頭爲永昌縣　攷證：前趙録云「建元六年，堅自鄴如枋頭，改枋頭爲永昌縣」，是此志所本。今按：「永昌」，各本俱誤倒爲「昌永」。

〔六五〕在縣西　今按：史記殷本紀正義引括地志云：「鹿臺，在衞州衞縣西南三十二里。」疑此有脱字。

〔六六〕七年乃成　今按：岱南閣本、畿輔本作「三十七年」，「三十」二字衍，寰宇記亦云「七年」。

〔六七〕開皇四年　攷證：隋志「四」作「六」。

〔六八〕屬衞州　攷證：上宜有脱文，隋志「屬懷州」。

〔六九〕風飄船没　今按：南燕録同，各本「没」訛「渡」。

〔七〇〕上望　攷證：「上」字宜衍。按會要，大曆七年升爲望州。

〔七一〕漢文帝又分鉅鹿置清河郡　攷證：地理志云清河郡高祖置，晉志序曰「文增厥九」，亦不述清河。御覽引此無「文」字，宜衍。

〔七二〕六年平齊　攷證：官本脱「平」字。

〔七三〕東武城　攷證：「東」字衍。

〔七四〕信成縣地　攷證：官本「成」作「城」，非。

〔七五〕故末柸城　攷證：十六國春秋「柸」作「杯」。

〔七六〕〔鄃音輸〕　今按：據殿本補此注。

〔七七〕東陽故城至爲東陽侯　今按：殿本亦有此條，它本脱。

〔七八〕東武城縣　攷證：新、舊志並無「東」字，宜衍。後人不能正縣叙脱錯，依文妄增，謬矣，詳下條。

〔七九〕故此加東字以辨之屬清河郡　攷證：「辨之」下宜有「漢」字，「郡」下宜有「後魏省東字」。地形志曰：「武城，二漢、晉曰東武城，屬清河郡，後改。」

〔八〇〕置經城縣　攷證：郡國志無「城」字，樂史原無，校者補「城」字，云依後漢書，蓋別本也。晉志亦無「城」字，隋志曰經城。

〔八一〕清泉縣　攷證：「泉」，地理志作「淵」，唐避。

〔八二〕屬魏郡　攷證：地形志屬陽平郡，與此別。

〔八三〕五十里　攷證：錢坫云：「樂史作『十五里』，非。」

〔八四〕西井永濟渠　攷證：「井」，樂史作「臨」，此恐誤。

〔八五〕今衛州至管内黎州　今按：殿本同，它本脱此注。

〔八六〕後漢改觀縣爲衛縣　今按：「衛縣」，與郡國志合，各本作「衛國縣」，「國」字衍，後漢衛縣，後魏始名衛國縣。

〔八七〕東南四十二里　今按：殿本同，它本無「東」字。

元和郡縣圖志卷第十七

河北道二

恒冀節度使

恒州，常山。大都督府。開元户四萬二千六百九十四。鄉八十七。元和户一萬七千五百八十。鄉七十。今爲恒冀節度使理所。

管州六：恒州，冀州，深州，趙州，德州，棣州。縣四十四。都管户六萬二千六百四。

禹貢冀州之域。周爲并州地。春秋時屬鮮虞國。戰國時屬趙。秦兼天下，爲鉅鹿郡之地。漢高帝三年，韓信東下井陘，擊破陳餘、趙王歇，以鉅鹿之北境置恒山郡，因恒山爲名，後避文帝諱，改曰常山。兩漢恒山太守皆理於元氏，晉理於真定，即今常山故城是也。後魏道武帝登恒山郡城，北望安樂壘，嘉其美名，遂移郡理之，即今州理是也。周武帝於此置恒州，隋煬帝大業九年罷州，以管縣屬高陽郡。〔一〕武德元年，重置恒州。三年陷賊，四年討平竇建德，仍舊焉。

州境：東西二百一十里。南北二百七十里。

八到：西南至上都一千九百九十里。西南至東都一千一百三十里。西取太原路至上都一千七百六十里。東北至定州一百二十里。東南至槀城縣六十里，從槀城北至定州一百二十里。東南至深州一百八十里。西取井陘路至太原府五百里。西北取五臺山路至代州五百三十里。

貢、賦：開元貢：羅。賦：緜，絹。

管縣十：真定，槀城，九門，靈壽，行唐，井陘，獲鹿，石邑，房山，鼓城。

真定縣，望。郭下。二十一。本名東垣，屬中山國，以河東有垣縣，故此加「東」字。高帝十一年，代相陳豨反，帝自攻拔之，改曰真定，屬恆山郡。武帝改爲真定國。後漢復爲縣，屬常山郡。〔二〕後燕慕容垂都之，後徙理盧奴。隋開皇三年，真定縣改屬恆州。皇朝因之。

滋水，北去縣三十里。

滹沱河，南去縣一里。

故權城，卽古之犍鄉也，縣北二十里。後漢建武元年，賈復破青犢於射犬，追戰於真定之犍鄉，大破之，卽此地也。

槀城縣，緊。西北至州五十八里。十三。本漢舊縣，元鼎四年置屬真定國，後漢改屬鉅鹿郡，〔三〕晉省。後魏重置，高齊改爲高城縣。隋開皇十八年，復爲槀城縣。武德初屬廉州，貞觀二年改屬恆州。

肥累故城，縣西南七里。春秋時肥子國，白狄別種也。

滹沱水，去縣二十九里。

九門縣，上。西至州三十里。〔四〕本戰國時趙邑，漢於此置九門縣，屬常山郡。高齊省，隋開皇六年重置。義旗初，於此置九門郡，後廢，以縣屬恆州。

滹沱水，在縣西九十里。〔五〕

滋水，北去縣二十三里。

靈壽縣，中。八。東至州八十五里。本中山國都也。按中山武公本周同姓，其後桓公，不恤國政，後樂羊爲魏將，拔中山，封之靈壽。漢於此置靈壽縣，屬常山郡。後漢屬常山國。隋開皇三年改屬恆州。武德五年屬井州，七年改屬恆州。〔六〕

滹沱水，在縣西南二十里。

行唐縣，上。十四。南至州七十里。本趙南行唐邑，惠文王初置，漢因爲縣，屬恆山郡。後魏去「南」字爲行唐縣。隋開皇三年改屬恆州，皇朝因之。

玉女山，縣北三十六里。

滋水，去縣南二十六里。

井陘縣，中。五。東南至州九十里。六國時趙地，秦始皇十八年，王翦興兵攻趙，下井陘。漢高帝三年，韓信、張耳東下井陘，擒成安君，卽此地也。

陘山，在縣東南八十里。四面高，中央下，如井，故曰井陘，屬常山郡。隋開皇十六年，於縣置井州，大業二年廢，縣屬恆州。武德元年重立井州，貞觀十七年廢，縣又屬恆州。〔七〕

綿蔓水，在縣西南八十里。韓信擊趙，使萬人先行，背水爲陳，信曰「陷之死地而後生」，謂此水也。

獲鹿縣，中。東北至州五十里。本漢石邑縣地，屬常山郡。隋開皇十六年，於此置鹿泉縣，以鹿泉在漢縣南，因爲名，屬井州。大業二年省，義寧初重置，還屬井州。貞觀二年改名獲鹿，〔八〕屬恆州。

飛龍山，在縣南四十五里。前趙録曰：「王浚遣將祁弘率鮮卑討石勒於飛龍山下，勒大敗。」〔九〕

萆山，今名抱犢山，韓信伐趙，使輕騎二千人，人持一赤幟，從閒道萆山而望，後遂改爲萆山。〔一〇〕後魏葛榮之亂，百姓因山抱犢而死，故以爲名。〔一一〕又云抱犢者，古有其名也，卽道家謂之「北嶽佐命」是也，名山記以爲福地之數，云可避兵水也。

井陘口，今名土門口，縣西南十里。卽太行八陘之第五陘也，四面高，中央下，似井，故名之。韓信擊趙，欲下井陘。成安君陳餘聚兵井陘口，號二十萬。李左車説餘曰：「臣聞千里餽糧，士有饑色。今井陘之道，車不得方軌，騎不得成列，行數百里，其勢糧食必在後，願足下假臣奇兵三萬，從閒道絶其輜重；足下深溝高壘，勿與戰。彼前不得鬬，退不得還，吾奇兵絶其後，野無掠擄，不至數日，兩將之頭可致戲下。」〔一二〕成安君儒者，不從，故敗。述征記曰：「其山首自河内，有八陘，井陘第五。四面高，中央低，似井，故名之。」

鹿泉，出井陘口南山下。皇唐貴族有土門崔家，爲天下甲族，今土門諸崔是也，源出博陵安平。

石邑縣，緊。十五。東北至州三十里。本戰國時中山邑也，史記趙武靈王攻中山，取石邑是也。漢於此置石邑縣，屬常山郡，後漢至隋不改，皇朝因之。

鹿泉水，一名陘水，南去縣十里。

趙佗墓，在縣北十三里。佗，真定人，僭號南越帝，文帝爲其先人置守冢，昆弟在者存問之，佗遂釋黄屋左纛而稱臣。

房山縣，〔一三〕中。東至州八十里。〔一四〕本漢蒲吾縣地，屬常山郡。隋開皇十六年置房山縣，因縣北房山爲名，屬井州。大業二年廢井州，縣屬恆州。武德四年又屬井州，貞觀十七年又屬恆州。其城内實外險，一名嘉陽城。

房山，一名王母山，在縣西北五十里。漢武帝於此山上立祠，今王母觀是也。

蒲吾故城，在縣東二十里。

鼓城縣，中。十三。西北至州九十五里。本春秋時鼓子國，蓋白狄別種也。又漢曲陽縣地。〔一五〕左傳曰：「晉荀吴圍鼓，以鼓子鳶鞮歸。」漢下曲陽，〔一六〕屬鉅鹿郡。隋開皇六年置昔陽縣，十八年改爲鼓城縣，屬廉州。〔一七〕大業九年改屬高陽郡。〔一八〕貞觀元年屬定州，大曆三年割屬恆州。

滹沱水，去縣北十三里。

魏收墓，在縣北七里。後魏、北齊貴族諸魏，皆此邑人也，所云「鉅鹿曲陽人」者是矣。

後漢京觀，在縣西南七里。後漢皇甫嵩攻黄巾賊張角弟寶於下曲陽，首虜千餘人，〔一九〕築爲京觀。

冀州，信都。上。開元户九萬四千一百二十。鄉一百八十五。元和户八千九百六十七。鄉四十八。

禹貢冀州，堯所都也。虞及三代同爲冀州地。爾雅曰：「兩河閒曰冀州。」冀，近也，兩河之閒，其氣相近。春秋時屬晉，七國時屬趙。秦屬鉅鹿郡。漢高帝分趙鉅鹿立清河、信都、常山，其信都即今州理是也。文帝又分立河閒、廣平二郡。景帝改信都爲廣川國，宣帝復故。後漢初，王郎僭號，河北悉應。光武自薊南行，至下博失道，有白頭公曰：「努力，信都爲長安守。」光武至信都，太守任光果開門出迎，卽今州理是也。明帝更名樂成國，安帝更名安平國。〔三〇〕後漢末，韓馥爲冀州牧，〔三一〕公孫瓚欲襲之，袁紹使高韓諷馥，〔三二〕令以冀州讓紹。馥素性怯，〔三三〕因然其計。馥長史耿武諫曰：「冀州北鄙，〔三四〕帶甲百萬，穀有十年。〔三五〕袁紹孤客窮軍，譬如嬰兒在股掌之上，絶其乳哺，立可餓殺，奈何以州與之！」馥不從，以州與紹，紹遂領冀州牧。及曹公破紹，又理之。文帝黃初中，以鄴爲五都之一，始移冀州理信都。自石趙至慕容垂，或理鄴，或理信都。苻堅用王猛爲冀州牧，鎮鄴。後魏冀州亦理於鄴，〔三六〕仍於信都爲舊冀州之理，置長樂郡。隋開皇三年罷郡爲冀州，大業三年復爲信都郡。隋末陷賊，武德四年討平竇建德，改爲冀州。

州境：東西二百六十里。南北二百三十六里。

八到：西南至上都取相州路一千九百里。西南至東都一千四百里。正西微北至趙州一百六十里。〔三七〕北至瀛州二百四十里。西北至深州一百三十里。東至德州二百一十五里。東北至景州二百一十里。東北至滄州一百二十里。〔三八〕

貢、賦：開元貢：絹。賦：緜，絹。

管縣九：信都，衡水，南宮，武邑，下博，武强，棗强，堂陽，阜城。

信都縣，望。三十。郭下。本漢舊縣，屬信都國。後漢屬安平國。後魏屬長樂郡。隋開皇三年屬冀州，皇朝因之。

衡水，亦曰長蘆水，卽濁漳水之下流也，西北去縣六十二里。

辟陽故城，在縣東南三十五里。審食其爲辟陽侯。

煮棗故城，在縣東北五十里。〔二九〕漢煮棗侯國城，〔三〇〕六國時於此煮棗油，後魏及齊以爲故事，每煮棗油，卽於此城。

衡水縣，上。十八。南至州四十里。本漢桃縣之地，〔三一〕隋開皇十六年於今縣置衡水縣，縣在長蘆河西，長蘆河則衡漳故瀆也，因以爲名。

長蘆水，縣南二百步。

藺相如臺，在縣東北十二里。

南宮縣，望。三十。東北至州六十二里。本漢舊縣，屬信都國。後漢書光武自薊南馳至南宮，遇大風雨，引入道旁空舍，馮異抱薪，鄧禹然火，〔三二〕帝對竈燎衣，卽此地也。後漢屬安平國。高齊省，隋開皇六年復置南宮縣，皇朝因之。

絳水枯瀆，在縣東南六里。

武邑縣，上。二十五。西南至州九十里。本漢舊縣，屬信都國。後漢屬安平國。高齊省，隋開皇六年復置，屬冀州，皇朝因之。

長蘆水，北去縣三十二里。

觀津城，在縣東南二十五里。本趙邑也，趙孝成王封樂毅於觀津，號望諸君。又漢景帝母竇太后，觀津人也。

武强湖，〔三三〕在縣北三十二里。

下博縣，上。十三。南至州一百里。本漢舊縣，屬信都國，以泰山有博縣，故此加「下」字。後漢屬安平國。後魏屬長樂郡。隋開皇三年罷郡，屬冀州，十六年屬深州。皇朝因之，貞觀十七年改屬冀州。〔三四〕

下博故城，在縣南二十里。卽漢光武失道之處也。光武自滹沱南出，至此失道，不知所之，遇白衣老父曰：「努力，信都爲長安守，去此八十里。」從之也。

長蘆橋，在縣南，架長蘆水。

武强縣，望。十一。西南至州一百三十里。本漢武隧縣地也，屬河閒國。晉於此置武强縣，屬武强郡。〔三五〕高齊改屬長樂郡。隋開皇三年改屬冀州。貞觀元年改屬深州，後屬冀州。

武隧故城，在縣東三十一里。〔三六〕秦破趙將扈輒於武隧，斬首十萬，卽此也。

武强故城，在縣西南二十五里。漢將嚴不識以擊黥布功，〔三七〕封武强侯。後漢王梁爲

武强侯。〔三八〕

棗强縣，上。十二。西北至州六十八里。本漢舊縣，屬清河郡。高帝以留肹爲棗强侯。〔三八〕其地棗木强盛，故曰棗强。後魏屬長樂郡，隋開皇三年屬冀州。皇朝因之。

縣外城，卽姚弋仲之故壘也。

棘津故城，在縣東北二十七里。左傳曰：「晉荀吳帥師，涉自棘津。」史記曰：「吕望，東海人也。老而無遇，賣食棘津。」

堂陽縣，上。十七。東至州六十五里。本漢舊縣，屬鉅鹿郡，在堂水之陽。按長蘆水亦謂之堂水，在縣南二百步，縣因取名。後漢屬安平國，高齊省，隋開皇十六年重置，屬冀州，皇朝因之。

阜城縣，緊。十。西南至州一百四十里。本漢舊縣，屬渤海郡。〔三九〕後漢屬安平國。隋開皇九年改屬觀州，大業二年復屬冀州。武德四年復屬觀州，貞觀十七年廢觀州，又隸冀州。

苻融壘，〔四〇〕在縣東北二十四里。

深州，饒陽。上。開元户四萬二千二百一十五。鄉七十五。元和户一萬四千九十七。鄉五十。

禹貢冀州之域。七國時爲趙地。秦爲鉅鹿郡地。漢爲饒陽縣地，屬涿郡。隋開皇十六年，於饒陽置深州，以州西故深城爲名。大業二年廢深州。武德元年，討平竇建德，四年

復置，貞觀十七年又廢，先天元年於今理重置。〔四一〕

州境：東西九十里。南北一百一十里。

八到：西南至上都取趙州路二千五十里。西南至東都一千三百二十里。正西微北至恆州一百八十里。東南至冀州一百三十里。西南至趙州二百里。東北至瀛州一百四十五里。

貢、賦：開元貢：絹。賦：絹，緜。

管縣四：陸澤，鹿城，饒陽，安平。

陸澤縣，上。十七。郭下。本饒陽、鹿城二縣地，先天元年因置州，割二縣置陸澤縣。〔四二〕禹貢「大陸既作」，此縣南三里即大陸之澤，因名之。

鹿城縣，〔四三〕上。二十三。東至州二十五里。本漢安定縣地，屬鉅鹿郡。高齊改曰安國。隋開皇三年於此置安定縣，取漢舊名，屬定州。十八年改爲鹿城，取縣東故鹿城爲名也，改屬冀州。貞觀元年，改屬深州。

衡漳水，在縣東十里。

滹沱河，在縣西北四十二里。

大陸澤，在縣南十里。

饒陽縣，望。三十。西南至州三十里。本漢舊縣，屬涿郡，在饒河之陽。隋開皇三年改屬定州，十六年屬深州，大業二年省深州改屬瀛州。武德四年屬深州。

滹沱河，北去縣四十五里。

州理城，晉魯口城也。公孫泉叛，〔四四〕司馬宣王征之，鑿滹沱入派水以運糧，因築此城。蓋滹沱有魯沱之名，因號魯口。後魏道武帝皇始三年，〔四五〕車駕幸魯口，卽此城也。

蕪蔞故城，在縣東北三十五里。隋縣也，蓋因東北蕪蔞亭爲名。

蕪蔞亭，在縣東北四十五里。後漢光武帝自薊東南馳，晨夜至饒陽蕪蔞亭，饑甚，馮異進豆粥，光武帝曰：「得公孫豆粥，饑寒俱解。」公孫，異字也。

安平縣，上。十八。東南至州五十三里。本漢舊縣，屬涿郡。高帝以鄂千秋爲安平侯。〔四六〕後漢屬博陵郡。〔四七〕後魏以來，博陵諸崔，卽此邑人也。隋開皇三年縣屬定州，十六年改屬深州，大業二年還屬定州，武德四年又屬深州。

派水，今名礓河，西自定州義豐縣界流入。

滹沱河，在縣南二十三里。

趙州，趙郡。望。開元户五萬一千四百三十。鄉九十九。元和户八千一百五十七。鄉一百一十七。〔四八〕

禹貢冀州之域。春秋時屬晉。戰國時屬趙。秦爲邯鄲郡地。漢爲常山郡平棘縣地，又爲趙國。自兩漢及魏，皆以封建子弟。後魏明帝又於廣阿城置殷州，高齊改殷州爲趙州，因趙國爲名。隋開皇十六年又於欒城縣置欒州，大業二年廢欒州，以縣並屬趙州。三年，以趙州爲趙郡。武德元年，張志昂舉城歸國，又改爲趙州。

州境：東西二百五十里。南北一百一十七里。

八到：西南至上都一千八百九十里。西南至東都一千三十里。北至恆州一百里。正東微南至冀州一百六十五里。東北至槀城縣七十里，從縣至定州一百二十里。西踰山至太原府五百六十里。

貢、賦：開元貢：絲。賦：緜，絹。

管縣九：平棘，元氏，臨城，柏鄉，高邑，贊皇，昭慶，寧晉，欒城。

平棘縣，上。十二。郭下。本春秋時晉棘蒲邑。漢文帝三年，濟北王興居反，遣棘蒲侯柴武擊之。〔四九〕武帝時，又有平棘侯薛澤，爲丞相。蓋漢初爲棘蒲，後改爲平棘也，屬常山郡。隋開皇二年改屬趙州，十六年改屬欒州，大業二年又屬趙州。皇朝因之。

斯洨水，縣北三十五里。

槐水，一名白溝河，南去縣二十五里。

故欒城，縣西北十六里。〔五〇〕春秋時晉邑。

千萬壘，〔五一〕縣南一里。後漢安帝永初元年，以御史任尚討羌無功，檻車徵還。羌遂入侵河內，趙、魏閒百姓相驚。北軍中候朱寵，〔五二〕將五營兵屯孟津，詔魏郡、趙國、常山等繕作塢壘六百一十處，此其一也。

李左車墓，縣西南七里。

趙郡李氏舊宅，在縣西南二十里。卽後漢、魏以來山東舊族也，亦謂之「三巷李家」，云東祖居巷之東，南祖居巷之南，西祖居巷之西。亦曰「三祖宅巷」也。三祖李氏，亦有地屬高邑縣。

封斯村者，李氏舊塋多在封斯。〔五三〕

元氏縣，上。十七。東南至州四十九里。本趙公子元之封邑，漢於此置元氏縣，屬常山郡，兩漢常山太守皆理於元氏。後漢書帝紀云：「世祖光武皇帝建武四年，光武北征彭寵，陰后從行，生孝明帝於元氏傳舍。」又云：「顯宗孝明皇帝，永平五年冬十月，行幸鄴，與趙王相會鄴，〔五四〕常山三老言於帝曰：『上生於元氏，願蒙優復。』詔曰：『豐、沛、濟陽，受命所由，加恩報德，適其宜也。其復元氏縣田租更賦六歲，賜縣掾吏及門闌走卒錢。』」〔五五〕又云：「肅宗孝章皇帝建初七年九月己酉，幸鄴，勞賜常山趙國吏人，復元氏租賦三歲。」元和三年二月戊辰，進幸中山，遣使者祠北嶽，出長城。癸酉，還幸元氏，祠光武、顯宗於縣舍正堂。明日，又祠顯宗於始生堂。皆奏樂，復元氏租賦。〔五六〕三月丙子，詔復元氏七年徭役。其兩漢元氏縣，在今縣西北十五里故城是也。晉屬趙國，高齊廢。隋開皇六年又置元氏縣，屬趙州。

皇朝因之。

飛龍山，〔五七〕縣西北三十里。前趙録曰：「河瑞元年，王浚使將祁弘，率鮮卑務塵部十餘萬東討石勒，〔五八〕戰於飛龍山，勒師大敗。」

元氏故城，在縣西北十五里。卽漢之舊縣也，兩漢常山太守皆理於此城。至隋末，爲劉黑闥所破，其後移於今所。

開業寺，在縣西北十五里。卽後魏車騎大將軍、陝定二州刺史、尚書令、司徒公趙郡李徽伯之舊宅也。

臨城縣，中。八。東北至州一百里。本戰國時趙房子邑也，漢以爲縣，屬常山郡，自漢至隋不改。屬趙州，〔五九〕皇朝因之。天寶元年改名臨城，以縣西南十里有古臨城，因改名焉。

泜水，在縣南二里。出白土，細滑如膏，以之濯綿，色如霜雪，如蜀錦之得江津也，故俗稱房子之纊，魏都賦曰「緜纊房子」。〔六〇〕

敦與山，在縣西南七十里。泜水所出。

柏鄉縣，上。十二。北至州六十一里。本春秋時晉鄗邑〔鄗，呼各反。〕〔六一〕之地，漢以爲縣，屬常山郡。後漢光武帝卽位於鄗南千秋亭五成陌，〔六二〕因改曰高邑，屬常山國。高齊天保七年，移高邑縣於漢房子縣東北界，今高邑縣是也。隋開皇十六年，於漢鄗城南十八里改置皇朝因之。

柏鄉縣，〔六三〕遥取古柏鄉縣以爲名，屬欒州。大業二年，改屬趙州。皇朝因之。

高邑故城，在縣北二十一里。本漢鄗縣也。

漢世祖廟，一名壇亭，縣北十四里，鄗縣故城南七里。卽世祖卽位之千秋亭也，後於此立廟，故後漢書帝紀云「肅宗孝章帝元和三年三月丙子，詔高邑令祠光武於卽位壇」，是也。

高邑縣，上。東北至州五十五里。本六國時趙房子邑之地，漢以爲縣，屬常山郡。後魏屬趙郡。高齊天保七年，移高邑縣於其縣城東北十五里，今縣是也。隋開皇三年改屬趙州，皇朝因之。

房子故城，〔六四〕在縣西南十五里。本漢房子縣也。

馮唐墓，在縣東北二十八里。趙人也。

贊皇縣，中。五。東北至州七十里。本漢鄗邑縣之地，〔六五〕屬常山郡，隋開皇六年於此置贊皇縣，〔六六〕縣南有贊皇山，〔六七〕因以爲名，屬欒州。大業二年改屬趙州，皇朝因之。

贊皇山，縣東南二十六里。穆天子傳曰：「至房子，登贊皇山。」

泜水，在縣西南三十五里。韓信斬陳餘處。李左車曰「陳餘軍敗於鄗下，身死於泜水上」，是也。

濟水，源出贊皇山，西北流，去縣南十里。此自别是一濟水，應劭以爲四瀆，〔六八〕誤也。

百陵岡，在縣東十里。卽趙郡李氏之别業於此岡下也。岡上亦有李氏塋冢甚多。

昭慶縣，望。十五。東北至州九十里。本漢廣阿縣，屬鉅鹿郡。後漢省。後魏别置廣阿縣，隋仁壽元年改爲象城縣，大業二年又改爲大陸縣，屬趙州。武德四年復改爲象城縣，取縣西北古象城爲名。天寶元年，改爲昭慶縣。

廣阿澤，在縣東二十五里。爾雅曰「晉有大陸」，廣阿卽大陸别名，淮南子曰鉅鹿。大陸、廣阿，咸一澤也。

任敖墓，一名七里邱，在縣西四里。高帝時爲御史大夫，封廣阿侯。

皇十三代祖宣皇帝建六陵，〔六九〕高四丈，周迴八十丈。

皇十二代祖光皇帝啟運陵，高四丈，周迴六十步。二陵共塋，周迴一百五十六步，在縣西南二十里。

寧晉縣，緊。十二。西北至州四十三里。本春秋時晉楊氏邑，漢以爲廮陶縣，屬鉅鹿郡。晉省。後魏於此置廮遥縣，屬南鉅鹿郡。隋開皇六年，改爲廮陶，〔七〇〕復漢舊名。大業二年改屬趙州。天寶元年改爲寧晉。

欒城縣，中。十二。東南至州三十九里。本漢關縣，屬常山郡。後漢省。〔七一〕後魏太和十一年，於此置欒城縣，取平棘縣舊欒城爲名。隋屬欒州，又改屬趙州，皇朝因之。

斯洨水，在縣西北二十里。

德州，平原。上。開元户六萬一千七百七十。鄉一百一十六。元和户九千三百五十六。鄉二十五。〔七二〕

禹貢兖州之域，春秋時屬齊，戰國時亦爲齊地。秦兼天下，今州秦之齊郡。漢分齊郡置平原郡。後漢至晉，平原爲王國，封建子弟。後魏文帝於今州置安德郡，隋開皇三年改爲德州。〔七三〕大業三年罷州，爲平原郡。隋末陷賊，武德四年討平竇建德，復爲德州。

州境：東西一百九十五里。南北二百一十九里。

八到：西南至上都二千五十里。西南至東都一千七百九十里。〔七四〕西南至博州二百六十里。〔七五〕東北至棣州二百四十里。正南渡河至齊州二百四十五里。西南至貝州二百三十里。正北微東至滄州二百四十里。西至冀州二百一十五里。

貢、賦：開元貢：綾。賦：絹，緜。

管縣七：安德，平原，平昌，將陵，安陵，蓨，長河。

安德縣，緊。二十八。郭下。本漢舊縣，屬平原郡。後魏屬安德郡。隋開皇三年廢郡，改屬冀州，九年改屬德州。皇朝因之。

黄河，南去縣十八里。〔七六〕

鬲津枯河，在縣南七十里。禹貢兗州「九河既道」，鬲津卽九河之一，鬲津至徒駭二百餘里，今河雖移，不離此城也。〔七七〕

馬頰河，縣南五十里。

鹿角故關，縣東南七十五里。

平原縣，上。十八。東北至州四十六里。本漢舊縣，屬平原郡。後漢屬平原國。後魏屬安德郡。隋開皇三年罷郡，屬冀州，九年改屬德州。皇朝因之。

黃河，在縣南五十里。

王莽枯河，在縣南五里。

管輅祠，在縣西南一里。

平昌縣，上。二十三。西南至州八十里。本漢舊縣，屬平原郡。後漢屬平原國。隋開皇三年屬滄州，十六年改屬德州。皇朝因之。

馬頰河，在縣南十里。久視元年開決，又名新河。

將陵縣，望。二十。南至州五十里。本漢安德縣地，屬平原郡。隋開皇十六年於此置將陵縣，取安德縣界故城爲名，屬德州。皇朝因之。

鬲津枯河，南去縣二十里。

王莽枯河，西去縣十里。

安陵縣，望。二十。南至州一百里。本漢蓨縣地，晉立安陵縣，〔七八〕屬渤海郡，本蓨縣之安陵，故以爲名。高齊省。隋開皇六年重置，屬冀州，九年立觀州，縣屬焉。皇朝因之。貞觀十七年觀州廢，縣割屬德州。

蓨縣，上。二十二。東南至州一百二十里。本漢條縣，卽條侯國也，景帝封周亞夫爲條侯。漢條縣屬信都國，後漢屬渤海郡。晉改「條」爲「脩」。隋開皇三年廢渤海郡，屬冀州。五年改脩縣爲蓨，音惕。〔七九〕縣，屬觀州。皇朝武德初亦屬觀州，貞觀十七年觀州廢，改屬德州。

長河縣，上。十八。東至州五十里。本漢廣川縣地，屬信都國。後漢屬清河國。魏封裴秀爲廣川侯。〔八〇〕高齊省。隋開皇六年復置，屬冀州，九年改屬德州。仁壽元年改廣川縣爲長河縣。皇朝因之。

漳水河，自貝州漳南縣流入，在縣西二十三里。

王莽枯河，東去縣五里。

永濟渠，縣西十里。

張公故關，縣東南七十里。

棣州，樂安。上。開元户二萬五千五百四十五。鄉四十八。元和户五千四百四十七。鄉一十七。

禹貢青州之域，又兗州之域。春秋爲齊地，管仲曰：「北至於無棣。」秦并天下，爲齊郡。漢爲平原、渤海、千乘三郡地。曹魏屬樂陵國，〔八一〕晉石苞爲樂陵公是也。隋開皇十七年，割滄州陽信縣置棣州，〔八二〕大業二年廢入滄州。武德四年又置棣州，六年又廢。貞觀十七年，又置移於厭次縣，即今州理是也。天寶元年改爲樂安郡，乾元元年復爲棣州。

州境：東西三百四十九里。南北一百四十二里。

八到：西南至上都二千二百九十里。西南至東都一千四百二十里。西南至德州二百四十里。南至淄州二百一十里。正北微西至滄州二百五十里。東南至青州三百二十三里。西南渡河至齊州二百五十里。〔八三〕東北至大海二百里。

貢、賦：開元貢：絹十匹。賦：絹，粟，麥。

管縣五：厭次，滴河，渤海，陽信，蒲臺。

厭次縣，上。六。郭下。本漢富平縣，屬平原郡。後漢更名曰厭次，則厭次前已廢矣，相傳以秦始皇東遊厭氣，至碣石，次舍於此，因名之。高齊省。隋開皇十六年重置。武德初屬德州，貞觀十七年於此置棣州。

黃河，在縣南三里。

滴河，在縣南四十里。〔八四〕

通海故關，在縣西南四十里。

滴河縣，中。二十。　東北至州八十里。本漢枌縣，屬平原郡。後漢省。隋開皇十六年於此置滴河縣，因北有滴河以名之，屬滄州。貞觀元年屬德州，十七年改屬棣州。

黃河，在縣南八十里。

滴河，縣北一十五里。〔八五〕漢成帝鴻嘉四年，河水泛溢爲害，河隄都尉許商鑿此河通海，故以「商」字爲名，後人加「水」焉。

渤海縣，緊。　西至州七十里。本隋蒲臺縣地，〔八六〕垂拱四年分置渤海縣屬棣州，在州東一百一十里。天寶五年，以土地鹹鹵，自縣西移四十里，就李邱村置。

大海，在縣東一百六十里。

陽信縣，望。十四。　南至州六十里。本漢舊縣，屬渤海郡。魏屬樂陵國。後魏置樂陵郡，隋開皇三年罷郡，屬滄州。十六年，〔八七〕於陽信縣置棣州。武德六年又置，屬滄州，貞觀十七年又割屬棣州。

鉤般河，〔八八〕卽九河之一，經縣北四十里。

蒲臺縣，緊。十二。　西北至州七十五里。本漢濕沃縣地，屬千乘國。宋屬樂陵郡。隋開皇三年改屬滄州，十六年改爲蒲臺縣，北有蒲臺，因爲名也。隋末廢，武德三年重置。〔八九〕八年改屬淄州。貞觀十七年置棣州，割蒲臺屬焉。

海，在縣東一百四十里。

海畔有一沙阜，高一丈，周迴二里，俗人呼爲鬬口淀，是濟水入海之處，海潮與濟相觸，故名。今淀上有甘井可食，海潮雖大，淀終不没，百姓於其下煮鹽。

黄河，西南去縣七十五里。

蒲臺，在縣北三十里。秦始皇築此臺以望海，於臺下縈蒲繫馬，今蒲生猶縈結。

卷十七校勘記

〔一〕大業九年罷州以管縣屬高陽郡　攷證：隋志河間郡高陽縣云「舊高陽郡，開皇初廢」，與此別。又按會要，范陽節度使統有恒陽軍，在恒州郭下，依定州書北平軍，易州書高陽軍例，宜列入州敍。

〔二〕屬常山郡　攷證：「郡」宜作「國」，靈壽縣敍曰常山國，與郡國志合，此誤。

〔三〕後漢改屬鉅鹿郡　攷證：郡國志鉅鹿無稾城，顧祖禹、洪亮吉並云後漢省。此本地形志，唐時司馬彪書不入正史，故不甚依據也。

〔四〕西至州三十里　今按：殿本同，它本作「西南」。

〔五〕滹沱水在縣西九十里　今按：各本「沱」作「沲」，同。殿本按云：「前真定縣滹沱河去縣一里，則去州治亦一里。九門縣既云西至州三十里，而滹沱乃云在縣西九十里，必有誤。」

〔六〕武德五年屬井州七年改屬恒州　今按：「井」，各本誤「并」，井州，隋開皇十六年置，見隋志恒山郡井陘縣下，舊、新唐志並誤「并」。「七年」，攷證云：「宜作『貞觀十七年』，靈壽縣志云『貞觀十七年州廢，屬恆州』，與此志井陘縣敍合。」

〔七〕陘山在縣東至又屬恆州　今按：此六十四字，殿本接上文，各本與此誤分爲另一條，此實縣敍，今依殿本改正。

〔八〕貞觀二年改名獲鹿　攷證：舊志作「至德九年」，新志作「天寶十五年」，實一年也，與此別，未知孰的。互詳房山縣。

〔九〕前趙録曰至勒大敗　攷證：今本前趙録無此文，見後趙録。互詳元氏縣。

〔一〇〕後遂改爲箄山　今按：「箄」字，殿本同，它本作「萆」。此字多異文，楚漢春秋作「卑」，司馬貞引漢書作「箄」，今史記淮陰侯傳、漢書韓信傳並作「萆」，卽此所本。説文「箄，蔽也」。則此字應作「箄」。

〔一一〕百姓因山抱犢而死故以爲名　今按：御覽引隋圖經「卑山，今名抱犢山，四面危絶，後魏葛榮亂，百姓抱犢上山，因以名之」，疑此傳鈔有脱誤。

〔一二〕可致戲下　攷證：官本「戲」作「麾」，字同。今按：史、漢傳並作「戲下」。

〔一三〕房山縣　攷證：按舊志云至德元年改平山，新志及輿地廣記並云天寶十五載。又按舊書本紀，天寶十五載即至德元年三月己亥，改常山郡爲平山郡，房山縣爲平山縣，鹿泉縣爲獲鹿縣，鹿城縣爲束鹿縣，此志於恒州及各縣敍未詳，未悉何義。

〔一四〕東至州八十里　今按：殿本同，它本「東」作「東南」。

〔一五〕又漢曲陽縣地　今按：此六字爲傳鈔誤衍，方敍鼓國，何得羼入漢事，且漢縣應稱下曲陽。

〔一六〕漢下曲陽　今按：當作「漢爲下曲陽縣地」，脱「爲」、「縣地」三字。

〔一七〕屬廉州　今按：「廉州」，各本作「鹿州」，隋志趙郡稾城下云開皇十年置廉州，舊唐志、寰宇記同。「鹿」字誤。

〔一八〕大業九年改屬高陽郡　攷證：隋志云開皇初廢鼓城屬趙郡，與此別。

〔一九〕首虜千餘人　攷證：「千」宜作「十」，「餘」下脱「萬」字，後漢書曰「首虜十餘萬人，築京觀於城南」，是也。

〔二〇〕明帝更名樂成國安帝更名安平國　今按：殿本同，它本作「明帝更名信都爲樂成國」，無「安帝更名安平國」句。按後漢書安帝紀「延光元年五月己巳，改樂成國爲安平，封河間王開子得爲安平王」，是應有安帝更名事，各本皆脱。

〔二一〕韓馥爲冀州牧　攷證：「牧」下宜有「理鄴」句，與下「曹公破紹」，文義方合。

〔二二〕使高韓諷馥　攷證：按魏志，「韓」宜作「幹」。

〔二三〕馥素性怯　攷證：按魏志，「性」宜作「恇」，皆形近之誤。

〔二四〕冀州北鄙　攷證：按魏志，「北」宜作「雖」。

〔二五〕穀有十年　攷證：按魏志，「有」宜作「支」。

〔二六〕後魏冀州亦理於鄴　攷證：按地形志，後魏理鄴者爲魏尹，屬司州，與此別。

〔二七〕一百六十里　攷證：趙州八到作「一百六十五里」。

〔二八〕東北至滄州一百二十里　攷證：按滄州在景州東北，里數宜誤。景州八到云「西南至冀州二百一十里，東北至滄州二百二十里」，近實。

〔二九〕東北五十里　攷證：棗强縣志引此作「東南二十五里」。

〔三〇〕漢煮棗侯國城　攷證：徐廣曰煮棗國在冤曲，與此別。

〔三一〕本漢桃縣之地　攷證：官本「縣」作「園」，誤。

〔三二〕鄧禹然火　攷證：後漢書馮異傳「然」作「熱」。

〔三三〕武强湖　攷證：水經注「湖」本作「淵」，唐避。

〔三四〕貞觀十七年改屬冀州　今按：殿本同，它本「十七年」作「元年」。殿本此下按云：「舊唐書下博縣貞觀元年屬深州，十七年屬冀州，先天二年屬深州，開元二年還冀州，此所志略而未備。」

〔三五〕屬武强郡　攷證：「强」，宜作「邑」，按晉書牽秀傳「武邑灌津人」，魏收曰「晉武帝置武邑郡」，隋志云「武强縣舊置武邑郡，後齊廢」。

〔三六〕在縣東三十一里　攷證：錢坫引「東」下有「北」字。

〔三七〕嚴不識以擊黥布功　攷證：「嚴不識」，史記作「莊不識」，漢書避「莊」改「嚴」，「識」作「職」，音同。

〔三八〕以留肦爲棗强侯　攷證：官本下按云「漢書功臣表作『彊圉侯留肦』。」按漢書功臣表「肦」作「肹」字，通「肸」。史記作「彊侯勝」。索隱曰「漢志闕」。未知孰的。通攷依漢書。此作「棗强侯」，與史異。今按：漢彊地無攷，指爲棗强，亦殊無據。水經河水注正回之水出彊山，亦謂彊川水，其地有彊冶鐵官，在今黽池縣東，或留肦封此。

〔三九〕屬渤海郡　攷證：地理志「渤」作「勃」。崔浩曰：「勃，旁跌也。」齊都賦云：「海旁出爲勃。」

〔四〇〕苻融壘　今按：殿本同，它本「苻」誤「符」。

〔四一〕於今理重置　今按：各本無「今」字。

〔四二〕陸澤縣　今按：岱南閣本、畿輔本「陸」誤「鹿」。

〔四三〕鹿城縣　攷證：「鹿城」，宜作「束鹿」，詳房山縣下。又按通鑑元和五年「劉濟擊王承宗，拔饒陽、束鹿」，不云鹿城。

〔四四〕公孫泉叛　攷證：「泉」本作「淵」，唐避。

〔四五〕皇始三年　攷證：按魏書，「三」宜作「元」，皇始無三年。

〔四六〕以鄂千秋爲安平侯　攷證：漢書功臣表無「千」字。

〔四七〕後漢屬博陵郡　今按：郡國志安平縣屬安平國。水經滱水注「漢桓帝繼質帝爲帝，追尊父翼陵曰博陵，因以爲縣，又置郡焉，漢末罷還安平，晉太始年復爲郡」，是漢桓帝曾置博陵郡，但此應作「後漢屬安平國」。

〔四八〕鄉一百一十七　今按：殿本作「一百一十」，它本作「一百五十七」。

〔四九〕柴武擊之　攷證：史記功臣表作「陳武」，漢書作「柴武」。臣瓚云「有二姓」。漢書功臣表亦作「陳」，與史記同。

〔五〇〕十六里　攷證：錢坫引作「十五里」。

〔五一〕千萬壘　攷證：樂史作「十方壘」，是，校者據通志改爲「十萬」，謬矣。今按：岱南閣、畿輔二本「壘」誤「疊」。

〔五二〕北軍中候　今按：與後漢書百官志合，各本誤作「北軍侯」。

〔五三〕封斯村至多在封斯　今按：殿本亦有此條，它本脱。攷證謂即漢封斯縣。錢坫引有「平棘故城在縣南云云」，此脱。

〔五四〕與趙王相會鄴　攷證：按後漢書「相」宜作「栩」。

〔五五〕賜縣掾吏及門闌走卒錢　攷證：按後漢書「賜」上有「勞」字，「吏」作「史」，無「錢」字。

〔五六〕復元氏租賦　攷證：後漢書無此句。

〔五七〕飛龍山　今按：隋志作「封龍山」。

〔五八〕率鮮卑務塵部十餘萬東討石勒　今按：各本「率」作「擊」，誤。「鮮卑務塵部」，後趙録作「鮮卑段務勿塵等」，疑此有脱誤。

〔五九〕屬趙州　今按：「屬」上當有「隋」字。

〔六〇〕緜纊房子　今按：與魏都賦合，各本「緜」誤「織」。

〔六一〕〔鄗音呼各反〕　今按：殿本有此注，此與各本俱脱，今據補。

〔六二〕五成陌　今按：與後漢書光武帝紀合，各本「成」作「城」。

〔六三〕十八里　攷證：高邑故城條作「二十一里」，此恐有誤。柏鄉縣志云「故鄗城在城北二十二里」，與本條近合。

〔六四〕房子故城　攷證：地理志「房」作「防」，古通。

〔六五〕本漢鄗邑縣之地　攷證：地理志有鄗，無鄗邑。宜作「房子」，注云「有贊皇山，濟水所出」，是也。

〔六六〕開皇六年　攷證：隋志作「十六年」。

〔六七〕縣南有贊皇山　攷證：後本條「南」作「東南」。

〔六八〕應劭以爲四瀆　今按：岱南閣本、畿輔本「劭」誤「邵」。

〔六九〕建六陵　攷證：「六」宜作「初」，會要云：「開元二十八年七月十八日，詔改爲建初陵，本名建昌陵，儀鳳二年五月一日追封。」

〔七〇〕廮陶　今按：殿本同，岱南閣本作「癭」，誤，它本作「廮遥」，隋志云：「舊曰廮遥，開皇六年改爲廮陶。」

〔七一〕欒城縣至後漢省　攷證：郡國志有欒城，顧祖禹、洪亮吉並云後漢置。

〔七二〕鄉二十五　今按：殿本同，它本「五」作「六」。

〔七三〕開皇三年改爲德州　攷證：隋志云開皇九年置德州。樂史云「三年罷郡，以平原屬冀州，九年復置德州」，與此志安德、平原敍並合，此宜有脱。

〔七四〕七百九十里　攷證：「七」宜作「一」。

〔七五〕二百六十里　攷證：博州八到作「一百六十里」，誤。

〔七六〕去縣十八里　攷證：「十八」，樂史作「八十」，是。此志平原縣云「東北至州四十五里」，黄河在縣南五十里，去州不止十八里也。

〔七七〕不離此城也　攷證：「城」當作「域」。許商曰：「自鬲以北至徒駭間，相去二百餘里，今河雖數移徙，不離此域。」此志所本。

〔七八〕本漢蓨縣地晉立安陵縣　攷證：地理志作「脩」，史記功臣表作「條」，漢書功臣表作「脩」，師古曰「讀條」。此志蓨縣敍云「漢條縣」，字並通。「安陵」上宜有「東」字，後魏省「東」稱安陵。

〔七九〕音惕　攷證：官本無。

〔八〇〕魏封裴秀爲廣川侯　攷證：此本魏志裴松之注，晉書本傳作「濟川侯」，以高苑縣濟川墟爲侯國，與此別。

〔八一〕曹魏屬樂陵國　今按：殿本同，戈襄校舊鈔本作「安樂國」，它本作「樂安國」，並誤。攷證云：「下云『樂陵公是也，』『魏樂陵在河北，樂安在河南。』」

〔八二〕開皇十七年至置棣州　攷證：隋志云：「開皇六年置棣州。」

〔八三〕二百五十里　攷證：齊州作「三百五十里」，恐誤。

〔八四〕縣南四十里　攷證：「南」字恐誤，詳後。

〔八五〕黃河在縣南八十里滴河在縣北一十五里　攷證：按水經注滴河自黃河北出入海。此志厭次縣云「黃河在縣南三里，滴河在縣南四十里」，是滴河在黃河之南。此云「黃河在縣南八十里，滴河在縣北一十五里」，是滴河在黃河之北。方位里數，宜有錯謬。

〔八六〕本隋蒲臺縣地　今按：各本「隋」誤「漢」，漢無蒲臺縣，隋志渤海郡有蒲臺縣，云「開皇十六年置」。

〔八七〕十六年　攷證：按隋志宜作「六年」，州敘作「十七年」，此作「十六」，傳鈔錯謬。今按：寰宇記亦云開皇十六年置棣州。

〔八八〕鉤般河　今按：殿本同，它本「鉤」誤「鈎」。攷證云：「王鳴盛、郝懿行並引作『鉤盤』，字通。通鑑『般』作『磐』。」

〔八九〕武德三年重置　今按：殿本同，它本「置」誤「屬」。

元和郡縣圖志卷第十八

河北道三

易定節度使　定州　易州

滄景節度使　滄州　景州

定州，博陵。上。　開元户六萬五千四百六十。　鄉一百三十。　元和户二萬六千八百三十二。　鄉一百一十四。

今爲易定節度使理所。

管州二：定州，易州。　縣十六。　都管户三萬六千四百二。

禹貢冀州之域，亦堯帝始封唐國之地。春秋時鮮虞白狄之國，左傳曰「晉荀吳侵鮮虞」是也。戰國時爲中山國，與六國並稱王，後爲趙武靈王所滅。中山之地，方五百里，秦兼天下，今州蓋秦趙郡、鉅鹿二郡之地。漢高帝分趙、鉅鹿置常山、中山二郡，城中有山，故曰中山。景帝改爲中山國，封子勝爲中山王。哀帝崩，立中山孝王之子衎，是爲平帝。後燕慕容垂僭號，建都於此，仍置中山尹。後魏道武帝平慕容垂子寶爲中山郡，置安州，又改爲定州，以安定天下爲名也。隋開皇元年，以「中」字犯廟諱，改中山郡爲鮮虞郡。大業三年，改爲博陵郡，遥取漢博陵郡爲名也。九年，又改爲高陽郡。隋末陷賊，武德四年討平竇建德，復置定州，復開皇之舊名也。天寶元年改爲博陵郡，乾元元年復爲定州。

州境：東西一百七十四里。南北三百里。

八到：西南至上都二千八十五里。西南至東都一千二百二十五里。東北至易州二百五十里。〔一〕東至瀛州二百里。西北至蔚州四百七十里。〔二〕東北至莫州二百五十里。西南取藁城路至趙州一百九十五里。〔三〕

貢、賦：開元貢：兩窠細綾十四匹。

管縣十：安喜，新樂，義豐，唐，望都，北平，無極，陘邑，深澤，恆陽。

安喜縣，緊。郭下。本漢盧奴縣，屬中山國。黑水故池，在州城西北，去縣四里，周迴百餘步，深入不流，俗謂水黑曰盧，不流曰奴，因以名縣。後燕慕容垂都中山，故改盧奴爲弗違縣。〔四〕後魏平燕，又改爲盧奴。高齊省盧奴，移舊安喜縣於此，屬中山郡。隋改爲鮮虞縣，武德四年復爲安喜縣。按安喜故城，在今縣東三十里，本漢安險縣，後漢改爲安熹縣，〔五〕蜀志曰「先主嘗爲安喜尉」。

滱水，〔滱，苦候反。〕〔六〕一名唐河，在縣北八里。

長星川，南去縣八里。

天井澤，在縣東南四十七里。周迴六十二里。

新樂縣，中。東北至州五十里。本春秋鮮虞國。漢爲新市縣之地。隋開皇十六年置新樂縣，屬定州，取新樂故城爲名也。新樂者，漢成帝時中山孝王母馮昭儀隨王就國，王爲建宮於樂里，在西鄉，呼爲西樂城，時人語訛，呼「西」爲「新」，故爲新樂。

儀臺，縣西南十三里。後燕録曰：「慕容麟與道武戰於儀臺，〔七〕燕師敗績。」

木刀溝，在縣東南二十四里。溝傍人姓木名刀，因爲名。

義豐縣，緊。西至州六十里。本漢安國縣之地，屬中山國。魏明帝追封后父毛嘉爲安國侯。晉屬博陵國。隋開皇六年改爲義豐縣，屬定州。皇朝因之。

滱水，俗名唐河，縣北五里。

泒水，縣西二十五里。

解瀆故城，縣東北九里。本漢解瀆亭，靈帝襲爵解瀆亭侯，桓帝崩無子，竇武定册迎立，卽靈帝也。

長林溝，今名木刀溝，經縣南三十三里。

唐縣，上。東南至州五十里。本春秋時鮮虞邑，漢唐縣之地，卽古唐侯國，堯初封於此，今定州北有故唐城，是堯所封也。漢唐縣屬中山國，高齊省入安喜縣，隋開皇十六年重置，屬定州。皇朝因之。

孤山，蓋都山也，縣東北五十四里。

滱水，一名唐河，西去縣一百五十步。

寡婦故城，縣北九里。後漢賈復追銅馬、五幡賊，於此築城，後人語訛，轉呼爲「寡婦」。

八度故關，〔八〕縣西北二十里。

倒馬故關，縣西北一百一十三里。以滱水東經倒馬關，山路險峭，馬爲之倒，因以爲名。

望都縣，上。西南至州五十里。本漢舊縣，屬中山國。以堯山在北，堯母慶都山在南，登堯山見都山，故以望都爲名。後魏屬北平郡，高齊省。隋開皇六年復置，屬定州。皇朝因之。

唐水，縣西南四十二里。

陽城淀，縣東南七里。周迴三十里，莞蒲菱芡，靡所不生。

柳宿城，縣東南四十二里。宣帝母王夫人微時，泣別於柳宿城，即此地也。

堯祠，縣南四十里。

北平縣，上。西南至州八十三里。本秦曲逆縣地，屬中山國，〔九〕陳平封曲逆侯。後漢章帝巡嶽，以曲逆名不善，改名蒲陰縣。後魏孝明帝改名北平縣，〔一〇〕於今縣東北二十里置北平郡，割中山國之蒲陰、望都、北平三縣屬之。高齊省北平郡及蒲陰縣，以北平縣屬中山郡。隋開皇三年屬定州。皇朝因之。萬歲通天二年，契丹攻圍，七旬不下，故改爲徇忠縣，尋復舊名。

蒲陽山，在縣西北四十里。

濡水，縣西五里。

安陽故關，縣西北二十五里。

無極縣，上。北至州八十里。本漢毋極縣，屬中山國。後魏太武省，高齊重置，〔二〕屬中山郡。隋開皇三年，改屬定州。萬歲通天元年，改「毋」爲「無」。

滹沱水，南去縣三十五里。

陘邑縣，中。北至州三十里。〔三〕本七國時中山國之苦陘邑，漢苦陘縣也。李克爲中山相，苦陘之吏，上計入多於前。李克曰：「苦陘無山林之饒，而入多於前，是擾亂吾人也。」遂免之。漢屬中山國，章帝改爲漢昌，魏文帝改曰魏昌。高齊省，隋開皇十六年改置隋昌縣，屬定州。武德四年，改曰唐昌，天寶元年改曰陘邑。

廉頗臺，在縣西南十九里。慕容恪與冉閔戰於魏昌，冉閔大敗，卽此也。

木刀溝，在縣南二里。

深澤縣，中。西北至州九十里。本漢南深澤縣也，〔一三〕以涿郡有深澤縣，故此加「南」以別之，屬中山國。高齊省，隋開皇六年分安平縣於滹沱河北重置深澤縣，屬定州。皇朝因之。

滹沱河，縣南二十五里。光武爲王郎所追，至滹沱，欲渡，導吏還言水深無船，左右懼。上使王霸前瞻水，霸恐驚衆，乃言可渡。比至，冰合，以囊沙布冰上，乃渡。未畢數車，冰陷，今名溝傍合處爲危渡口。

恆陽縣，上。東至州六十里。本漢上曲陽縣，屬常山郡。後漢屬中山國。高齊天保七年除「上」字但爲曲陽縣，屬中山郡。隋開皇六年，改曲陽爲石邑縣，其年移石邑於井陘縣，屬恆州。七年於此置恆陽縣，屬定州，以在恆山之南，因以爲名。

恆山，在縣北一百四十里。常水所出。〔一四〕周官職方氏「并州山鎮曰恆山」，是爲北嶽。漢以避文帝諱，改曰常山。至周武帝平齊，復名恆山。

長星溝水，〔一五〕在縣西北十七里。

郊壇，縣東南十二里。後燕慕容垂都中山，置壇於此郊祭。

後燕故苑，縣西南十五里。

恆嶽觀，在縣南百餘步。

真君廟，在縣東北十里嘉禾山下。

恆嶽下廟，在縣西四十步。

北平軍，在州西三里。開元十年置。〔一六〕

易州，上谷。上。開元户三萬七千二百二十七。鄉七十二。元和户五百六十九。鄉四十五。

禹貢冀州之域。虞及周爲并州地。春秋時屬燕、晉。戰國時屬燕、趙。秦置三十六郡，以爲上谷郡。漢分置涿郡，今州則漢涿郡故安縣之地。隋開皇元年改爲易州，〔一七〕因州南十三里易水爲名。大業初爲上谷郡，遥取漢上谷以爲名。隋亂陷賊，武德四年又改爲易州。

高陽軍在州城内，開元二十年置。

州境：東西二百一十里。南北四百四十七里。

八到：西南至上都二千三百四十五里。西南至東都一千四百七十五里。東北至幽州二百一十里。北至嬀州取故城頭路四百里。東至莫州一百九十里。西北至蔚州取飛狐路三百六十里。

貢、賦：開元貢：紬，縢，墨。賦：絹，絲。

管縣六：易，淶水，容城，遂城，蒲城，〔一八〕五迴。

易縣，上。郭下。本漢故安縣，屬涿郡。文帝以申屠嘉爲故安侯。隋開皇十六年，於漢故城西北隅置易縣。故城卽燕之南郡，〔一九〕周迴約三十里。

孔山，在縣西南四十五里。有鍾乳穴，深不可測。

淶水，自蔚州飛狐縣流入。

易水，一名故安河，出縣西寬中谷。周官曰：「并州，其浸淶、易。」燕太子丹送荆軻易水之上，卽此水也。

武陽故城，縣東南七里。故燕之下都。

范陽故城，秦范陽縣也，在縣東南六十二里。以在范水之陽，故名。蒯通説武信君，使賜范陽令侯印，趙地聞之，不戰而下者四十餘城。〔二〇〕

樊於期故城，縣西十三里。於期授首荆軻處。

淶水縣，上。西南至州四十二里。本漢遒縣，遒，子由反。〔二一〕屬涿郡。後周省入涿縣。隋開皇元年，又於此置范陽縣，遥取漢范陽爲名，十年又改爲永陽縣，屬幽州，十六年改屬易州。十八年，以重名改淶水縣，近淶水爲名。

淶水，一名巨馬河，東北二里。袁紹將崔巨業攻圍故安不下，退軍南還，公孫瓚擊破之於巨馬水，死者七八千人，〔二二〕卽此水也。

石泉故城，〔二三〕縣西北三十里。在衆山之内，平山之中，四圍絶澗，〔二四〕壁立五丈，水不周處，路不容轍。〔二五〕

容城縣，上。西北至州八十八里。本漢舊縣，屬涿郡。高齊省入范陽縣。隋開皇元年改置逎縣，天寶元年改爲容城縣，復漢舊名。

遂城縣，上。北至州七十里。本漢北新城縣，屬涿郡。〔二六〕後魏除「北」字，尋又省。隋開皇三年，移後魏新昌縣於此，屬易州，十六年改新昌縣爲遂城縣。按縣城，卽戰國時武遂城也，趙將李牧攻燕，拔武遂、方城，卽此也。後魏孝武帝永熙二年，以韓瓚爲營州刺史，行達此城，値盧曹搆逆，就置南營州，以瓚爲刺史。所部三千餘人，並雄武冠時，因號英雄城。

蒲城縣，〔二七〕中。東北至州一百四里。本漢北平縣，屬中山國。高祖以張蒼爲北平侯。後漢世祖追銅馬、五幡賊於北平，破之，卽此。後魏於此置永樂縣，〔二八〕天寶元年改爲蒲城縣，以縣北故蒲城爲名。

五迴嶺，在縣西北五十里。高四十許里。〔二九〕

五迴縣，中下。東至州七十里。〔三〇〕本漢北平縣地，開元二十三年，刺史盧暉奏置，〔三一〕在五迴山東麓，因名之。二十四年，刺史田琬以其險隘，東遷於五公城，在今易縣西五十里。

滄州，景城。上。開元戶九萬八千一百五十七。〔三二〕鄉一百七十九。元和戶九千五百一十四。鄉三十九。今爲滄景節度使理所。

管州二：滄州，景州。縣十二。

禹貢冀州、兗州之域。後魏孝明帝熙平二年，分瀛州、冀州置滄州，以滄海爲名。隋大業二年罷州，〔三三〕爲渤海郡。武德元年改爲滄州，二年陷竇建德，四年討平建德，州仍舊。

州境：東西三百二十二里。〔三四〕南北四百五里。

八到：西南至上都二千二百二十里。西南至東都一千三百六十里。西南至景州一百二十里。〔三五〕東南至棣州二百五十里。西北至幽州五百五十里。西南至德州二百四十里。東至大海一百八十里。

貢、賦：開元貢：柳箱，葦簟，糖蟹，鱧鮬。賦：緜，絹。

管縣七：清池，長蘆，魯城，鹽山，饒安，樂陵，無棣。

清池縣，緊。郭下。本漢浮陽縣，屬渤海郡，在浮水之陽。後魏屬滄州。隋開皇十八年改爲清池縣，以縣東有仵清池，因以爲名。

仵清池，在縣東南一十五里。

長蘆縣，上。東南至州三百四十里。〔三六〕本漢參户縣地，周大象二年，於此置長蘆縣，屬章武郡。水經云：「長蘆，水名也。水傍多蘆葦，因以爲名。」〔三七〕隋開皇初屬瀛州〔三八〕，貞觀後改屬滄州。

參户故城，一名木門城，在縣西北四十里。〔三九〕

薩摩陂，在縣北十五里。周迴五十里，有蒲魚之利。

魯城縣，上。南至州一百里。本漢章武縣，屬渤海郡，有鹽官。高齊省。隋開皇十六年，於此置魯城縣。

大海，在縣東九十里。

平魯渠，在郭內。魏武北伐匈奴開之。

鹽山縣，上。西至州六十里。本春秋齊無棣邑也，管仲曰「北至於無棣」。漢於此置高城縣，屬渤海郡。武帝以平津鄉封公孫弘，即此縣鄉也。隋開皇十八年，改爲鹽山縣。

鹽山，在縣東南八十里。

饒安縣，上。北至州九十里。本漢千童縣，即秦千童城，始皇遣徐福將童男女千人入海求蓬萊，置此城以居之，故名。漢以爲縣，屬渤海郡。靈帝置饒安縣，以其地豐饒，可以安人。後魏屬滄州，隋不改，皇朝因之。

胡蘇河，在縣西五十里。

無棣河，在縣南二十里。

樂陵縣，上。北至州一百三十五里。本燕將樂毅攻齊所築，漢以爲縣，屬平原郡，即漢大司馬史高所封之邑。後魏屬樂陵郡。隋開皇三年罷郡，屬滄州。

重合故城，縣東二百步。漢重合縣，武帝封莽通爲重合侯。

無棣縣，上。西北至州一百二十里。本春秋時齊之四履北至之地，在漢爲陽信縣地。隋開皇六年，割陽信、饒安置無棣縣，以南臨無棣溝，因以爲名，屬滄州。

横海軍，在州城西南。開元十四年置。〔四〇〕

景州，下。　元和户二千二十五。　鄉一十五。

本漢景城縣，屬渤海郡。〔四一〕隋開皇三年罷郡，屬滄州。十六年又於長蘆縣置景州，大業二年廢。武德四年重置，貞觀元年廢，以所屬縣分入滄州。貞元二年，於弓高縣重置。

州境：

八到：西南至上都二千一百里。西南至東都一千二百四十里。西南至冀州二百一十里。東北至滄州一百二十里。南至德州二百里。北至瀛州一百四十里。

貢、賦：（與滄州同）〔元和貢：葦簟。　賦：綿，絹。〕〔四二〕

管縣五：弓高，南皮，景城，東光，臨津。　五縣志文，傳寫闕佚。〔四三〕

卷十八校勘記

〔一〕東北至易州　攷證：官本無「東」字。

〔二〕四百七十里　攷證：蔚州八到「七十」作「九十」。

〔三〕一百九十五里　攷證：「五」字宜衍，趙州八到云「東北至稾城縣七十里，從縣至定州一百二十里」。

〔四〕改盧奴爲弗違縣　攷證：官本按云：「『弗違』，舊唐書作『不連』。」今按後燕録多稱盧奴。

〔五〕後漢改爲安熹縣　攷證：郡國志作「安憙」，與「喜」通。或作「熹」，誤。

〔六〕〔滱苦候反〕　今按：據殿本補此注。

〔七〕戰於儀臺　攷證：今後燕録作「義臺」，疑脱。

〔八〕八度故關　攷證：水經注「度」作「渡」。

〔九〕屬中山國　攷證：上脱「漢」字。

〔一〇〕改名北平縣　攷證：官本「名」作「爲」。五字疑衍，地形志未詳，文義亦多岨峿。

〔一一〕後魏太武省高齊重置　攷證：地形志云「毋極縣，晉省，太和十二年復」，與此別。

〔一二〕北至州三十里　今按：殿本同，它本作「五十里」。

〔一三〕深澤縣本漢南深澤縣也　攷證：今本地理志以南深澤縣屬涿郡，中山國深澤縣無「南」字，誤。錢坫地理志補注主此説。

〔一四〕常水所出　今按：「常」當作「恒」，禹貢「恒、衛既從」，鄭玄曰「恒水出恒山北谷」，漢志「上曲陽縣，恒山，禹貢恒水所出」。山水名應作「恒」字。

〔一五〕長星溝水　今按：水經滱水注稱長星溝，又稱長星水，不連用「溝水」二字。

〔一六〕北平軍至十年置　攷證：宜移屬州敍下，舊志云「北平軍在定州城西，管兵六千人」。

〔一七〕開皇元年改爲易州　攷證：「元」宜作「三」。今按：隋志上谷郡云「開皇元年置易州」，寰宇記謂開皇九年改名易州。

〔一八〕蒲城　今按：各本「蒲」作「滿」，蓋緣新唐志之訛而誤改者。

〔一九〕即燕之南郡　攷證：樂史「郡」作「鄙」，此恐誤。

〔二〇〕四十餘城　攷證：漢書「四」作「三」。今按：史記張耳陳餘列傳亦作「三十餘城」，「四」字誤。

〔二一〕迺子由反　今按：各本無「迺」字，岱南閣本、畿輔本「子」作「字」。漢迺縣，水經易水注作「遒」。

〔二二〕攻圍故安至死者七八千人　今按：殿本同，與魏志注引魚豢典略合，它本無「圍」字，無「退軍南還」字，「水」上脱「巨馬」二字。「七八」作「六七」，與水經巨馬水注同。

〔二三〕石泉故城　攷證：水經注作「石泉固」。今按：此本水經易水注，字當作「固」，固即塞，非城。疑「固」誤「故」，傳鈔又加「城」字。

〔二四〕平山之中四圍絶澗　今按：水經易水注「山」作「川」，此誤。又「四圍」作「四周」。

〔二五〕水不周處路不容轍　今按：水經易水注作「水之不周者，路不容軌」，「軌」與「轍」同，岱南閣本作「輒」，恐非。

〔二六〕本漢北新城縣屬涿郡　攷證：按地理志北新城屬中山國，又云涿之北新城，説本歧出，郡國志北新城不注故屬中山國，蓋原屬涿郡也。今按：地理志「城」作「成」。

〔二七〕蒲城縣　今按：各本「蒲」誤「滿」，下同。攷證云：「本作『蒲』，傳鈔者妄改『滿』。趙一清曰：『蒲城之稱，惟元和志及舊唐書同於酈注，其他莫不從『滿城』之訛』。後漢書蒲陽山，蒲水所出，在今定州北平縣西，叙内並同。」

〔二八〕永樂縣　攷證：地形志作「永洛縣」。

〔二九〕高四十許里　今按：「里」下，各鈔本及岱南閣本、畿輔本並有「建安元年，魏太祖封公孫度爲永寧鄉侯，度曰：我王遼東，何永寧也」一段，殿本削之，按云「是别條所引，脱去上下文，錯置於此」。

〔三〇〕七十里　攷證：按縣叙宜作「五十里」。

〔三一〕刺史盧暉奏置　攷證：官本「盧」作「田」，疑誤，舊志及樂史並與此同。

〔三二〕一百五十七　今按：殿本同，它本「一百」作「五百」。

〔三三〕大業二年　攷證：隋志「二」作「三」。

〔三四〕三百二十二里　今按：殿本同，它本「二十」作「三十」。

〔三五〕一百二十里　攷證：景州「一百」作「二百」，近合。

〔三六〕三百四十里　攷證：「三百」宜衍，顧祖禹曰「長蘆故城在州西北四十四里」，與樂史同。

〔三七〕水傍多蘆葦因以爲名　今按：今水經注無此文，亦見寰宇記滄州清池縣下引。

〔三八〕隋開皇初屬瀛州　今按：各本脱「初」字。

〔三九〕四十里　攷證：錢坫引作「四十四里」。

〔四〇〕横海軍至十四年置　攷證：宜屬州叙之末，如易州高陽軍例。

〔四一〕本漢景城縣屬渤海郡　攷證：舊志云「漢鬲縣，屬平原郡」，恐非。

〔四二〕（與滄州同）〔元和貢至絹〕　今按：殿本無「與滄州同」四字，有「元和貢葦簟，賦綿、絹」八字，與滄州貢賦亦不同，此爲傳鈔缺佚，後人意增，今删，依殿本補「元和貢」等八字。

〔四三〕五縣志文傳寫闕佚　今按：此八字殿本同此爲注，它本有「以後文闕」或「有闕文」等大字。殿本此下按云：「又攷唐書地理志有幽州，卽范陽郡，其縣曰薊、幽都、廣平、潞、武清、永清、安次、良鄉、昌平。有涿州，亦范陽郡，其縣曰范陽、歸義、固安、新昌、新城。有瀛州，卽河間郡，其縣曰河間、高陽、平舒、束城。有莫州，卽文安郡，其縣曰莫、清苑、文安、任丘、長豐、唐興。有平州，卽北平郡，其縣曰盧龍、石城、馬城。有嬀州，卽嬀川郡，其縣曰懷戎。有檀州，卽密雲郡，其縣曰密雲、燕樂。有薊州，卽漁陽郡，其縣曰漁陽、三河、玉田。有營州，卽柳城郡，其縣曰柳城。此九州三十有三縣，元和時其名不改，王應麟地理通釋載歸義縣之易水，固安縣之方城故城，猶據元和志，今傳寫各本皆缺佚之。」

元和郡縣圖志卷第十九

河北道四闕

元和郡縣圖志卷第二十

山南道一闕

元和郡縣圖志卷第二十一

山南道二〔一〕

襄陽節度使（襄陽大都督府）　襄州　鄧州　復州　郢州　唐州　隨州　均州　房州

襄州，〔襄陽。大都督府。〕〔二〕開元户三萬六千三百五十七。　鄉七十七。　元和户十萬七千一百七。〔三〕鄉一百六十二。　今爲襄陽節度使理所。

管州八：襄州，鄧州，復州，郢州，唐州，隨州，均州，房州。　縣三十八。　都管户一十四萬二千。

禹貢豫、荆二州之域。於周諸國，則穀、鄧、鄾、盧、羅、鄀之地。春秋時地屬楚。秦兼天下，自漢以北爲南陽郡，今鄧州南陽縣是也。〔四〕漢以南爲南郡，今荆州是也。後漢建安十三年，魏武帝平荆州，置襄陽郡。自赤壁之敗，魏失江陵，而荆州都督理無常處。吴將諸葛瑾、陸遜皆數入其境，自羊公鎮襄陽，吴不復入。永嘉之亂，三輔豪族流於樊、沔，僑於漢水之側，立南雍州。〔五〕孝武帝以朱序爲南雍州刺史。苻堅遣將苻丕攻陷襄陽，序爲丕所擒。後堅敗，州復歸晉。安帝時，魯宗之爲刺史，仍於州理置寧蠻校尉。梁太清二年，岳陽王蕭詧爲雍州刺史，兄河東王譽爲元帝所殺，詧怒，以州北附。西魏克江陵，以詧爲梁王，都江陵，爲西魏藩國。恭帝改雍州爲襄州，因州南襄水爲名也。按襄陽去江陵陸道五百里，勢同輔車，無襄陽則江陵受敵。自東晉庾翼爲荆州刺史，將事北伐，遂鎮襄陽，北接宛、洛，跨對樊、沔，爲荆、郢之北門，代爲重鎮。周置總管，隋置行臺，皇家初亦置山南道行臺，武德七年廢行臺，置都督府。貞觀六年廢都督府，改爲州。永貞（九）〔元〕年升爲大都督府。〔六〕

州境：東西二百四十六里。南北三百六十七里。

八到：西北至上都一千二百五十里。〔七〕北至東都八百二十五里。東至隨州三百五十里。南至江陵府四百七十里。西至房州陸路四百二十里，水路五百八十四里。東南至郢州三百二十里。西北至均州三百六十里。

貢、賦：開元貢：火麻布，庫路真。賦：緜，絹。元和貢：麝香，綾紗，竹扇，橙子，柘木，弩材，漆器。

管縣七：襄陽，臨漢，南漳，義清，宜城，樂鄉，穀城。

襄陽縣，望。郭下。本漢舊縣也，屬南郡，在襄水之陽，故以爲名。魏武帝平荆州，分南郡置襄陽郡，縣屬焉。後遂不改。

峴山，在縣東南九里。山東臨漢水，古今大路。羊祜鎮襄陽，與鄒潤甫共登此山，後人立碑，謂之墮淚碑，其銘文卽蜀人李安所製。

萬山，一名漢皐山，在縣西十一里。與南陽郡鄧縣分界處，古諺曰「襄陽無西」，言其界促近。

檀溪，在縣西南。初，梁高祖鎮荆州，聞齊主崩，令蕭遥光等五人輔政，謂之「五貴」。歎曰：「政出多門，亂其階矣！」陰懷平京師之意。潛造器械，多伐砍竹木，沈於檀溪，爲舟裝之備。〔八〕參軍吕僧珍獨悟其旨，亦私具櫓數百張。及義師起，乃取檀溪竹木，裝戰艦。諸將爭櫓，僧珍每船付二張，事克集。今溪已涸，非其舊矣。

州理中城，在縣東邊。一處，有土赤色。昔苻丕攻襄陽，朱序用道法，以硃砂爊之，至今土色有異。西北角有夫人城，苻丕之攻也，朱序母深識兵勢，登城履行，知此處必偏受敵，令加修築。寇肆力來攻，果衂而退，因謂之夫人城。

劉琦臺，縣東三里。琦與諸葛亮登臺去梯言之所也。〔九〕

諸葛亮宅，在縣西北二十里。

習郁池，在縣南十四里。

臨漢縣，〔一〇〕緊。南至州二十里。本漢鄧縣地，卽古樊城，仲山甫之國也。西魏於此立安養縣，屬鄧城郡。〔一一〕周天和五年改屬襄州。天寶元年，改爲臨漢縣。縣城南臨漢水，〔一二〕

魏將軍曹仁據樊，〔一三〕蜀將關羽圍樊，使于禁、龐德救之。會漢水暴漲，〔一四〕羽以舟師攻禁，禁遂降羽。德瞋目不屈，羽殺之。

故鄀城，在縣東北二十二里。春秋鄀國也，桓七年鄀侯吾離來朝是也，楚文王滅之。

鄀塞故城，在縣東南二十二里。南臨宛水，阻一小山，號曰鄀塞。昔孫文臺破黄祖於此山下。魏常於此裝治舟艦，〔一五〕以伐吴，陸士衡表稱「下江、漢之卒浮鄀塞之舟」，謂此也。

南漳縣，中。東北至州一百四十里。本漢臨沮縣地，按臨沮縣，今在荆州當陽縣西北臨沮故城是也。後魏於此置重陽縣，隋改爲南漳縣。

荆山，在縣西北八十里。三面險絶，惟東南一隅，纔通人徑。〔一六〕

柤山，（柤音祖。）〔一七〕在縣東北一百八里。吴將朱然、諸葛瑾從柤中乘山險道北出，柤中去襄陽城一百五十里。〔一八〕按此是地名，非山，蓋以地山相近，因名。或云司馬宣王鑿八疊山，開路於此停阻也。

襄水，出縣北一百一十里白石山。〔一九〕

義清縣，中。東北至州五十八里。本漢中廬縣地也，西魏於此置義清縣，後因之。

中廬故縣，在今縣北二十里。本春秋廬戎之國，秦時謂之伊廬，項羽亡將鍾離眛家在伊廬也。〔二〇〕

長渠，在縣東南二十六里，派引蠻水。昔秦使白起攻楚，引西山谷水兩道争灌鄢城，一道使沔北入，一道使沔南入，遂拔之。

宜城縣，上。北至州九十五里。本漢邔音忌縣地也。城東臨漢江，古諺曰「邔無東」，言其東逼漢江，其地短促也。宋孝武帝大明元年，以胡人流寓者，立華山郡理之。後魏改爲宜城。周改宜城爲率道縣，屬武泉郡。隋開皇三年罷郡，屬襄陽。皇朝因之，天寶元年改爲宜城縣。

漢水，在縣東九里。

故宜城，在縣南九里。本楚鄢縣，秦昭王使白起伐楚，引蠻水灌鄢城，拔之，遂取鄢，即此城也。至漢惠帝三年，改名宜城。

樂鄉縣，中下。東北至州二百二十里。本春秋時鄀國之城，在今縣北三十七里鄀國故城是也。在漢爲若縣地，晉安帝於此置樂鄉縣，屬武寧郡。隋大業三年改屬竟陵郡，皇朝改屬襄州。

漢水，東去縣四十二里。

穀城縣，上。東南至州一百四十五里。本春秋時穀國，左傳「穀伯綏來朝」，今縣北十五里故穀城是也。漢爲筑陽縣，〔筑，音逐。〕〔三〕蕭何子封筑陽侯，即此也。隋開皇七年，改爲穀城縣，屬襄州。

筑水，在縣南一百二十步。

鄧州，南陽。上。　開元户三萬八千六百一十一。　鄉五十八。　元和户一萬四千一百四。　鄉六十一。

禹貢豫州之域。周爲申國。戰國時屬韓，蘇秦説韓宣惠王曰：〔三二〕「韓西有宜陽，東有穰、淯」，是也。〔三三〕秦昭襄王取韓地，〔三四〕置南陽郡，以在中國之南，而有陽地，故曰南陽，三十六郡，南陽居其一焉。漢因之，領縣三十六，理宛城。後漢於郡理置（荆州）〔南都〕，〔三五〕建安中張繡屯兵於穰，降魏，魏於穰置萬州，晉宣王、夏侯伯仁皆爲都督，或理宛，或理新野。永嘉五年，爲劉聰所没，成帝咸康四年復歸於晉。苻堅之亂，又没前秦，姚興時又復還晉。後魏孝文帝南侵，又陷之。梁普通中蹔克，還入魏，太和中置荆州，〔三六〕理穰縣，今鄧州所理是也，隋開皇七年，梁王歸入隋，自穰縣移荆州還江陵，於穰縣置鄧州。大業三年，改爲南陽郡。武德二年，復爲鄧州。

州境：東西五百九十里。南北三百八十一里。

八到：西北至上都九百五十里。北至東都六百四十五里。東北至汝州四百七十五里。東至唐州三百二十里。南至襄州一百八十里。西南至均州三百四十里。

貢、賦：開元貢：白紵，絲布。〔三七〕　賦：布，麻。〔三八〕

管縣七：穰，南陽，新野，向城，臨湍，菊潭，内鄉。

穰縣，望。郭下。漢舊縣，本楚之别邑，取豐穰之義。後屬韓，秦武王攻取之，封魏冉爲穰侯。漢以〔爲〕縣，〔二九〕屬南陽郡。後魏既克南陽，於此城置荆州。隋開皇三年屬鄧州，皇朝因之。

湍水，〔湍，音專。〕北去縣七里。〔三〇〕

六門堰，在縣西三里。漢元帝建昭中，召信臣爲南陽太守，復於穰縣南六十里造鉗盧陂，累石爲隄，傍開六石門，以節水勢。澤中有鉗盧玉池，〔三一〕因以爲名，用廣溉灌，〔三二〕歲歲增多，至三萬頃，人得其利。後漢杜詩爲太守，復修其陂，百姓歌之曰：「前有召父，後有杜母。」

南陽縣，緊。西至州一百二十里。本周之申國也，平王母申后之家。漢置宛縣，屬南陽郡。更始即帝位，世祖納陰后，〔三三〕並於宛城。魏代荆州都督所理。至隋改爲南陽縣，屬鄧州。

精山，在縣西北二十七里。黄巾賊據宛城，漢西鄉侯朱儁擊破之，〔三四〕餘衆走保精山，謂此也。

淯水，東去縣三里。南都賦曰「淯水蕩其胸」，是也。

新野縣，中。西北至州七十里。本漢舊縣，屬南陽郡。魏代新野縣爲荆州都督所理，王昶爲都督，卽鎮此城。晉惠帝立新野郡，隋開皇三年罷郡，縣屬鄧州。

淯水，西去縣二百步。

後漢西華侯鄧晨宅，在縣北二十四里。晨，新野人，世祖姊夫也。初起兵新野，王莽焚其冢墓，洿其宅，宗族怒曰：「幸自富足，〔三五〕何故隨婦家入湯鑊中？」晨終無恨。

陰皇后宅，在縣東北。擣衣石存焉。

向城縣，上。西南至州一百九十里。本漢西鄂縣地，春秋時向邑。江夏有鄂，故此加「西」。後魏孝文帝於古向城置向城縣，屬淯陽郡。貞觀九年，改屬鄧州。

豐山，在縣南三十二里。有九鐘，霜降則鳴。

西鄂故城，在縣南二十里。張衡卽此縣人，故宅餘址猶存。

魯陽關，在縣北八十里。今鄧、汝二州於此分境。荆、豫徑途，斯爲險要，張景陽詩云：「朝登魯陽關，狹路峭且深。」〔三六〕

博望故城，在縣東南四十五里。張騫封邑。

臨湍縣，上。東南至州八十五里。本漢冠軍縣地，後魏孝文帝割縣北境置新城縣，屬南陽郡。廢帝以近湍水，改爲臨湍。隋文帝復改爲新城，天寶元年又改爲臨湍縣。〔三七〕

翼望山，在縣西北二十里。〔三八〕湍水出焉。

冠軍故城，在縣南四十里。漢武帝以霍去病討匈奴功冠諸軍，故封此縣，以褒異之。

後漢膠東侯賈復宅，在縣南三十五里。

楚堰，在縣南八里。擁斷湍水，高下相承八重，溉田五百餘頃。

菊潭縣，上。　東南至州一百五十里。　本漢酈縣〔酈，音蹢。〕〔三九〕武陶戍之地，後魏廢帝因武陶戍置郡，隋開皇三年罷郡，以爲菊潭縣，因縣界内菊水爲名，屬鄧州。

菊水出縣東石澗山。其旁多菊，水極甘馨，谷中三十餘家不復穿井，仰飲此水，皆壽百餘歲。王暢、袁隗爲太守，命酈縣月送水三十斛，飲食沐浴，悉皆用之。

内鄉縣，上。　東南至州二百四十里。　本楚之析邑，後屬於秦，史記秦昭王發兵出武關，攻楚，取析十五城是也。〔四〇〕漢以爲縣，屬弘農郡。後漢屬南陽郡。後魏於此置析陽郡，廢帝改爲中鄉縣。隋開皇三年，以避廟諱，改爲内鄉，〔四一〕屬鄧州。

析水，北自盧氏縣界流入，與丹水合，古今謂之析口。

縣城，卽楚析縣也，〔四二〕史記楚頃襄王元年，秦出武關，斬楚衆五萬，取析十五城。漢高祖入關，下析、酈是也。

復州，竟陵。下。　開元户五千二百三十二。　鄉一十一。　元和户七千六百九十。　鄉一十五。

禹貢荆州之域。春秋、戰國時並屬楚，史記白起拔郢，東至竟陵，卽此是也。秦屬南郡，在漢卽江夏郡之竟陵縣地也。晉惠帝分江夏立竟陵郡，周武帝改置復州，取州界復池湖爲名也。貞觀七年，州理在沔陽縣，寶應二年移理竟陵縣。

州境：東西四百三十里。南北六百九十里。

八到：西北至上都一千六百八十里。〔四三〕西北至東都一千四百二十五里。東北至安州三百三十里。東至沔州陸路三百四十里，水路七百里。西北至郢州陸路二百五十里，水路三百里。南至沔陽縣一百三十里，自縣南至岳州水路五百里。〔四四〕

貢、賦：開元貢：白紵布一十匹。〔四五〕賦：布，麻。

管縣三：竟陵，沔陽，監利。

竟陵縣，中。郭下。漢舊縣也，屬江夏郡。舊縣在今郢州長壽縣界竟陵大城是也。周屬復州，隋大業三年，改復州爲沔州，縣屬不改。武德初，又屬復州。

五華山，在縣東北七十里。

縣城，本古風城，古之風國，卽伏羲，風姓也。南臨汉水。〔四六〕

沔陽縣，中下。北至州一百三十里。本漢雲杜縣地，梁天監二年分置沔陽縣，卽今縣東三十里沔陽故城是也。今沔陽縣，卽後魏所置建興縣，隋大業三年改建興縣爲沔陽郡，武德五年改郡爲縣，屬復州。

沔水，在縣南八十步。東入汊川縣界。

馬骨湖，在縣東南一百六十里。夏秋汎漲，淼漫若海；春冬水涸，即爲平田。周迴一十五里。

監利縣，中下。東北至州二百六十里。本漢華容縣地也，晉武帝太康五年分立監利縣，屬南郡。隋開皇三年，改屬復州。〔四七〕

大江，在縣南一百三十里。

郢州，富水。下。開元户五千六百九十九。鄉一十九。〔四八〕元和户一萬一千九。鄉二十三。

本江夏郡雲杜縣之地。周地圖記曰：「蠻人酋渠田金生代居此地，常爲邊患，梁普通末，遣郢州刺史元樹討平之，因置新州。」後魏廢帝二年改爲温州，因温水爲名也。隋末廢温州，縣並入安陸郡。武德四年，於今京山縣重置温州。〔四九〕貞觀十七年廢温州，於長壽改置郢州。

州境：東西　南北

八到：西北至上都一千三百八十五里。西北至東都一千一百二十五里。東南至復州三百里。正南微西至江陵府三百里。西北至襄州三百一十里。東北至隨州三百九十里。

貢、賦：開元貢：白紵布二十匹。　賦：布，麻。

管縣三：長壽，京山，富水。

長壽縣，上。　郭下。本漢竟陵縣地，宋分置長壽縣，〔五〇〕理石城，即今縣理是也，屬竟陵郡。魏文帝大統後，屬温州。貞觀十七年，於縣改置郢州，〔五一〕縣屬焉，後遂因之。

漢水，去縣十步。

縣城，本古之石城，背山臨漢水，吴於此置牙門戍城，羊祜鎮荆州，〔五二〕亦置戍焉，即今州理是也。

京山縣，下。　西至州一百六十里。本漢雲杜縣地，隋屬温州。大業二年，改爲京山縣。皇朝温州所理在此，貞觀十七年罷温州，縣屬郢州。

大洪山，在縣西北二百里。孤秀爲衆山之傑，其山多鍾乳。

温湯水，在縣南十五里。擁以溉田，〔五三〕其收數倍。流經其家，〔五四〕多凶。

富水縣，中。　西南至州三百四十里。本漢安陸縣地，後漢分其地置新市縣，〔五五〕屬江夏郡。後漢有新市、平林兵，謂此。後魏改新市爲富水縣，取縣界富水爲名。

富水，南去縣一百步。

唐州，淮安。上。　開元户二萬一千五百九十七。　鄉四十五。　元和户四萬七百四十。〔五六〕　鄉八十七。

禹貢豫州之域。春秋時爲楚地，秦爲南陽郡地，自漢迄宋皆同。後魏太和中於此置東荆州，理比陽故地，其後改爲淮州。隋開皇五年，又改爲顯州。貞觀九年，改爲唐州。

州境：東西三百八里。南北三百十里。

八到：西北至上都取葉縣路一千三百四十里，取鄧州路一千二百二十五里。西北至東都五百二十里。南至隨州三百六十里。東南至申州二百六十里。西北至襄州三百五十里。〔五七〕西至鄧州三百二十里。東至蔡州二百四十里。〔五八〕東北至許州二百七十里。北至汝州葉縣一百八十里，自葉縣取龍興路至汝州一百八十里。

貢、賦：開元貢：絹，絲，布。〔五九〕賦：布，麻。〔六〇〕元和貢：絹十匹。

管縣七：比陽，慈丘，桐柏，平氏，湖陽，方城，泌陽。

比陽縣，上。郭下。本漢舊縣，屬南陽郡。比水所出，故曰比陽。後魏屬江夏郡，隋屬淮安郡，貞觀中改屬唐州。

顯望岡，在縣西北六十里。

比水，南去縣二里。後漢世祖破甄阜、梁丘賜於比水西，斬之，即此水也。

舞陰故城，在縣西北六十五里。漢縣，屬南陽郡。曹公與張繡戰，引還舞陰，即此城也。

慈丘縣，上。西南至州七十里。本漢比陽縣之地，後魏孝文帝於此置江夏縣，并置江夏郡領之。隋開皇三年廢郡，縣屬淮州。十八年改爲慈丘，取慈丘山爲名。

慈丘山，在縣西五十里。

比水，出縣東南太湖山。〔六一〕

桐柏縣，中。西北至州一百二十里。漢平氏縣之東界也，梁於此置義鄉縣，〔六二〕隋開皇十八年改爲桐柏，取桐柏山爲名也。〔六三〕

桐柏山，在縣西南九十里。禹貢曰「導淮自桐柏」。出紫草。

天木山，〔六四〕俗名天目山，在縣東北五十五里。祖逖爲豫州刺史，藏家口於天木山，即此山也。山上有池，時人號爲天目。

淮水，出縣南桐柏山，一名大復山。

淮瀆廟，在縣西六十里桐柏山東北。

平氏縣，中。東北至州七十里。本漢舊縣，屬南陽郡。晉屬義陽郡，其後爲北人侵掠，縣皆丘墟。後魏於平氏故城重置，屬淮州。隋改屬淮安郡，貞觀中改屬唐州。

醴水，出縣東南桐柏山，西流經縣北三里。與淮同導，西流爲醴，東流爲淮。

湖陽縣，中。東北至州一百六十里。古蓼國也，左傳曰「鄖人將與隨、絞、州、蓼伐楚」，注曰「今義陽東湖陽縣」是也。地理志曰蓼國，咎繇後，爲楚所滅。〔六五〕後魏孝莊帝於此立湖州。貞觀元年廢，以湖陽屬唐州。

方城縣，上。東南至州一百六十里。本漢堵音者，陽地也，屬南陽郡，在堵水之陽，故名。後漢朱祐爲堵陽侯。梁於此置堵陽郡。隋改置方城縣，〔六六〕取方城山爲名也，屬淯陽郡。貞觀中，改屬唐州。

方城山，在縣東北五十里。卽沮、溺耦耕處。左傳屈完對齊桓公，「楚國方城以爲城」是也。

堵水，西去縣三十五里。

泌陽縣，中。東至州一百里。本漢棘陽縣地，後魏於此置襄城郡，領襄城、上馬二縣，貞觀元年廢入湖陽縣。開元十三年，刺史白知節奏復置，天寶元年改爲泌陽。

隨州，漢東。上。開元户一萬三千二百一十六。鄉二十七。元和户一萬二千七百一十六。

本春秋時隨國，與周同姓。左傳曰「漢東之國隨爲大」。注曰「今義陽隨縣也」。其後爲楚所滅，爲南陽郡地。〔六七〕漢立爲隨縣，屬南陽郡。晉太康九年，分義陽置隨郡。〔六八〕自宋已還，多以封建子弟爲王。後魏文帝大統十六年改隨州，後遂因之。

州境：東西三百七十里。南北三百七十八里。

八到：西北至上都一千四百三里。〔六九〕西北至東都一千一百六十五里。西至襄州三百五十里。西南至郢州三

百九十里。北至唐州三百六十里。〔七〇〕東南至安州一百五十五里。東北至申州二百四十里。〔七一〕

貢、賦：開元貢：綾，葛，覆盆子。賦：絹，布，緜。元和貢：綾十匹，葛五匹。

管縣四：隨，光化，棗陽，唐城。

隨縣，上。郭下。本漢舊縣，屬南陽郡。即隨國城也，歷代不改。

厲山，亦名烈山，在縣北一百里。禮記曰厲山氏，炎帝也，起於厲山，故曰厲山氏。

斷蛇丘，在縣北二十五里。〔七二〕即隨侯救斷蛇處。

溠水，在縣西四十里。左傳曰：「楚武王伐隨，莫敖屈重除道梁溠。」

平林故城，在縣東北八十〔八〕里。〔七三〕王莽末，關東起兵，陳牧、廖堪起兵，〔七四〕號「平林兵」。

季梁廟，在縣南門外道西三十二步。

光化縣，下。西北至州三十四里。〔七五〕本漢隨縣地，南齊武帝分其地立安化縣，屬隨郡。後魏文帝改爲新化縣，廢帝改爲光化縣。

棗陽縣，上。東南至州二百里。〔七六〕本漢蔡陽地，屬南陽郡。後漢分蔡陽立襄鄉縣，周改爲廣昌，隋仁壽元年改爲棗陽縣，因棗陽村爲名也。

春陵故城，在縣東南三十五里。〔七七〕漢景帝子長沙王發子春陵節侯之邑也。世祖即位，〔七八〕幸春陵，復其徭役，改曰章陵。

後漢世祖宅，在縣東南三十里。宅南三里有白水，〔七九〕東京賦所謂「龍飛白水」也。

世祖父南頓君陵，縣東二十七里。

唐城縣，上。東南至州一百五里。本漢隨縣地，梁於此置下溠戍。後没魏，改爲下溠鎮。隋開皇三年，改鎮爲唐城縣，〔八〇〕大業〔三〕〔二〕年廢。〔八一〕開元二十四年，採訪使宋鼎奏置。

唐城山，在縣北三十二里。〔八二〕

均州，武當。下。開元户九千八百五十九。鄉二十。元和户八千一百八十二。鄉二十。

漢南陽郡武當縣地也，因山爲名。〔八三〕永嘉之亂，雍州始平郡流人出在襄陽者，江左因僑立始平郡以領之，寄理襄陽。宋孝武帝割武當縣以隸之。後魏改始平郡爲武當郡，隋開皇三年罷郡，置均州。

州境：

八到：西北至上都九百里。東北至東都八百八十五里。東至鄧州二百四十里。東南水路至襄州三百六十里。南至房州二百六十八里。西至金州三百六十里。北至鄧州内鄉縣二百三十里。

貢、賦：開元貢：麝香，山鷄皮毛。賦：絹，布，緜，麻。

管縣三：武當，鄖鄉，豐利。

武當縣，上。郭下。本漢舊縣，屬南陽郡。後漢初，延岑起兵於此，後遂空廢。宋元嘉末，移縣理延岑城。貞觀十五年，〔八四〕於此置均州。

武當山，一名參山，一名太和山，在縣南八十里。高二千五百丈，周迴五百里。〔八五〕陰長生於此得仙。〔八六〕

漢水，去縣西北四十里。〔八七〕水中有洲，名滄浪洲，即禹貢云「又東爲滄浪之水」。

鹽池，在縣東南百里。池水四周，上生紫氣。池左右草木十餘里，氣所染著，上如雪霜，嘗之鹽味，土人謂之鹽花。

鄖鄉縣，上。東至州一百一十三里。本漢鍚縣，〔鍚，音羊。〕〔八八〕古麇國之地也，左傳曰「楚潘崇伐麇，至于鍚穴」是也。漢鍚縣屬漢中郡，晉武帝改鍚縣爲鄖鄉縣，隋初屬均州，後隸房州，貞觀中又改屬均州。

西山，今名寶蓋山，在縣西南三里。其山南臨漢水。

漢水，西自豐利縣界流入，南去縣三里。東有澇灘，冬即水淺，而下多大石。又東爲淨灘，夏水急迅，行旅苦之。歌曰：「冬澇夏淨，斷官使命。」

豐利縣，上。東至州二百四十里。本漢長利縣之地也，理在長利川，故以爲名。宋於此僑置南上洛郡，屬梁州。後魏文帝改南上洛郡爲豐利郡，又立豐利縣。隋以豐利縣屬金州，貞觀八年改屬均州。

（錫）〔錫〕義山，〔八九〕一名天心山，在縣東北六十五里。山方圓百里，形如城，四面有門，相傳以爲仙靈所居。

漢水，南去縣二十里。

房州，房陵。下　開元户一萬四千四百三十二。〔九〇〕鄉三十四。元和户四千四百三十一。〔九一〕鄉三十四。禹貢梁州之域。古麇國之地，左傳曰「楚子伐麇，成大心敗麇師於防渚」。闞駰以爲防陵即春秋時防渚，州之得名，蓋自此也。戰國時屬楚，秦爲漢中郡地。漢立房陵縣，屬漢中郡。後漢末，立爲房陵郡。建安三十四年，〔九二〕蜀先主遣宜都太守孟達征房陵，殺太守申耽。〔九三〕魏文帝時，孟達降魏，魏改房陵郡爲新城郡。後達叛魏降蜀，司馬宣王擊殺之。侯景之亂，地入後魏。至周武帝，改爲遷州。貞觀十年，廢遷州，自竹山縣移房州於廢遷州廨，即今州理是也。

州境：東西五百二十三里。南北三百六十九里。

八到：西北至上都一千六百六十八里。〔九四〕東北至東都一千一百五十五里。南至歸州山路五百里。東至襄州四百二十里，水路五百八十四里。正西微北至金州五百四十里。北至均州二百六十八里。

貢、賦：開元貢：麝香，蠟，鍾乳，蒼礬石。〔九五〕賦：布，麻。元和貢：麝香二十顆，茜草，〔九六〕石膏，〔九七〕雷丸。

管縣四：房陵，永清，竹山，上庸。

房陵縣，上。郭下。本漢舊縣，屬漢中郡。後漢改「防」爲「房」。後魏以爲光遷縣，貞觀十年復改爲房陵。

房山，在縣西南四十三里。其山西南有石室，似房，因以爲名。

建鼓山，在縣南一百十三里。與馬鬣山連接，〔九八〕二山並高峻，冬夏積雪。

筑水，出縣西北蕖山，經縣北二里。〔九九〕魏遣夏侯泉與張郃下巴西，〔一〇〇〕集軍宕渠，劉備屯軍筑口，〔一〇一〕卽此水也。

趙王遷墓，在縣北九里。秦使王翦滅趙，徙趙王遷於房陵。

永清縣，中下。西至州一百十里。本房陵縣地，後魏廢帝分房陵東境置大洪縣，周武帝改爲永清縣，屬遷州。隋改屬房陵郡。

沮水，出縣西南景山，東南入於漢江。左傳曰：「江、漢、沮、漳，楚之望也。」〔一〇二〕

筑水，經縣北三里。

大洪故縣城，在縣東六里。

竹山縣，中下。東至州一百四十八里。本漢上庸縣，古庸國也。昔武王伐紂，庸人往焉，故牧誓云「及庸蜀羌髳微盧彭濮人」，注云「庸、濮在江、漢之南」。左傳曰「庸率羣蠻以叛楚，使盧戢棃侵庸」，〔一〇三〕後遂滅之。至漢初，立上庸縣，屬漢中郡。後漢於縣立上庸郡。後魏改置竹山縣，因黃竹嶺以爲名也。

方城山，在縣東南三十里。頂上平坦，四面險固。山南有城，周十餘里。

白馬塞山，在縣西南三十五里。初，孟達爲新城太守，登此山而歎曰：「劉封、申耽據金城千里而不能守，豈丈夫也。」〔一〇四〕

黃竹山，在縣北一百里。山上竹色皆黃，因以爲名也。

上庸縣，中下。東至州二百五十里。本漢上庸縣地。按漢上庸縣，〔一〇五〕今竹山縣理是也。蕭齊武帝分上庸縣地於此立新豐縣，〔一〇六〕屬上庸郡，後魏改爲孔陽縣，〔一〇七〕因界內孔陽水爲名。隋開皇三年罷孔陽縣，仍移上庸縣理於廢孔陽縣理，屬羅州。貞觀十年，改屬房州。

長羅山，在縣北四里。

孔陽水，在縣西五十步。

卷二十一校勘記

〔一〕山南道二　今按：殿本爲「山南道一」，下有按云：「唐書地理志山南道有江陵府，即荊州南郡，其縣曰江陵、枝江、當陽、長林、石首、松滋、公安、荊門。有峽州，卽夷陵郡，其縣曰夷陵、宜都、長陽、遠安。有歸州，卽巴東郡，其縣曰秭歸、巴東、興山。有夔州，卽雲安郡，其縣曰奉節、雲安、巫山、大昌。有澧州，卽澧陽郡，其縣曰澧陽、安鄉、石門、慈利。有朗州，卽武陵郡，其縣曰武陵、龍陽。有忠州，卽南賓郡，其縣曰臨江、豐都、南賓、墊江、桂溪。有萬州，卽南浦郡，其縣曰南浦、武寧、梁山。皆列襄州前。又舊唐書地理志山南西道有商州，卽上洛郡，其縣曰上洛、豐陽、洛南、商洛、上津、安業，後改安業爲乾元。新唐書列商州於關内道，杜佑通典置於洋州之後。王應麟載商州商洛及江陵、松滋、夷陵、遠安、奉節各條，謂據元和志，今傳寫各本並缺佚之。」

〔二〕襄州　攷證：宜照官本注「襄陽大都督府」，如前各州例；此移前改大書，乃傳鈔變亂，宜改正。今按：殿本「襄陽大都督府」作注，此及各本皆誤作州目，今從殿本將州目「襄陽大都府」移於此。又此下各本及此均失州之等級，當依新唐志注「望」字。

〔三〕七千一百七　今按：殿本同，它本「一百」作「二百」。

〔四〕今鄧州南陽縣是也　今按：「南陽縣」，輿地紀勝襄陽府引作「南陽郡」，謂元和志引「楚地記云」，

〔五〕立南雍州　今按：輿地紀勝襄陽府引「南」作「爲」。今各本皆無此句，未詳。

〔六〕永貞〔九〕〔元〕年升爲大都督府　今按：各本作「元年」，是，永貞無九年，今據改。

〔七〕一千二百五十里　今按：岱南閣本、畿輔本「二」作「八」。

〔八〕爲舟裝之備　攷證：王象之引「舟」作「柵」。

〔九〕登臺去梯言之所也　今按：輿地紀勝襄陽府引「臺」作「樓」。

〔一〇〕臨漢縣　攷證：疑宜作「鄧城縣」。按新、舊志及會要並云貞元二十一年，改臨漢爲鄧城，徙治古鄧城。

〔一一〕屬鄧城郡　攷證：隋志「西魏置河南郡」，恐誤。

〔一二〕縣城南臨漢水　今按：各本接上臨漢縣敍爲一條，殿本同此爲專條，是。

〔一三〕曹仁據樊　攷證：王應麟引「據」作「處」。

〔一四〕漢水暴漲　攷證：王應麟引「漲」作「長」。

〔一五〕裝治舟艦　攷證：「治」例作「理」，此後人改。

〔一六〕三面險絶至通人徑　今按：輿地紀勝引作「西絶險，惟西南一隅纔通人徑」。

〔一七〕柤山　今按：殿本同，它本作「祖」。攷證云：「王應麟、王象之引此作『柤』。」又殿本此下有「柤音祖」注，各本與此俱脱，今據補。

〔一八〕從柤中至柤中去襄陽城一百五十里　今按：與吴志朱然傳合。殿本上「柤中」誤作「沮中」，它本兩「柤中」並誤作「沮中」。

〔一九〕出縣北一百一十里　今按：岱南閣本、畿輔本「出」作「在」，疑誤。

〔二〇〕鍾離昧　今按：各本「昧」誤「眛」。

〔二一〕〔筑音逐〕　攷證：官本有「筑音逐」，此脱。今按：各本皆脱此注，今據殿本增。

〔二二〕蘇秦説韓宣惠王曰　今按：殿本同，與史記韓世家合，它本脱「宣」字。

〔二三〕東有穰淯是也　今按：戰國策韓策「淯」作「洧」。

〔二四〕秦昭襄王取韓地　今按：岱南閣本、畿輔本脱「秦」字。

〔二五〕後漢於郡理置(荆州)〔南都〕　今按：「荆州」誤，當從殿本作「南都」。張衡南都賦李善注引摯虞云：「南陽郡治宛，在京之南，故曰南都。」若荆州，則治武陵郡漢壽縣，非此。今據改。

〔二六〕太和中置荆州　今按：與下穰縣敍合。殿本作「置穰州」，它本作「置萬州」，均誤。地形志「荆州，太延中治上洛，太和移置穰城」，隋志亦云「南陽郡，舊置荆州」。

〔二七〕白紵絲布　今按：殿本同，各鈔本作「白紵布」，岱南閣本、畿輔本作「紇紵絲布一十匹」。

〔二八〕賦布麻　今按：岱南閣本、畿輔本缺。

〔二九〕漢以〔爲〕縣　今按：戈襄校舊鈔本、岱南閣本、畿輔本「縣」上有「爲」字，此脱，今補。

〔三〇〕〔湍音專〕北去縣七里　今按：殿本「湍」下注「音專」二字，此脱，今補。岱南閣本、畿輔本「去」作「至」。

〔三一〕鉗盧玉池　攷證：「玉」，官本作「王」，顧祖禹作「玉」。

〔三二〕溉灌　今按：殿本作「灌溉」。

〔三三〕世祖納陰后　攷證：「世祖」，官本下按云：「原作『代祖』，據史改正。」按「世」字仍宜作「代」，不可改。此書中如「虎」、「淵」、「民」、「治」等字，俱照舊文改正，便非唐人書矣。後倣此。

〔三四〕朱雋　攷證：官本「雋」有「人」旁，字通。

〔三五〕幸自富足　攷證：漢書「幸」作「家」。

〔三六〕狹路峭且深　攷證：王琦引此「狹」作「峽」，與水經注合，此誤。

〔三七〕臨湍縣　今按：岱南閣本、畿輔本「縣」作「焉」。

〔三八〕西北二十里　今按：殿本同，它本「十」作「百」。攷證云：「郝懿行引作『二十里』。」

〔三九〕〔酇音蹢〕　攷證：官本「酇」注「音蹢」，此脱。今按：今據殿本補「酇音蹢」注。

〔四〇〕取析十五城　今按：殿本同，與史記楚世家合，它本「析」下衍「邑」字。

〔四一〕開皇三年至改爲内鄉　攷證：隋志云西魏改，與此別。

〔四二〕縣城即楚析縣也　今按：各本此條與前析水條連文，誤，殿本同此作專條。

〔四三〕六百八十里　攷證：官本「八十」下有「五」字，此恐脱。

〔四四〕五百里　攷證：岳州作「五百五十里」。

〔四五〕白紵布一十匹　今按：殿本無「一十匹」三字。

〔四六〕縣城至南臨汉水　今按：各本此條與前五華山連爲一條，誤，殿本同此作專條。

〔四七〕改屬復州　今按：殿本無「改」字。

〔四八〕鄉一十九　攷證：官本「九」作「二」。

〔四九〕於今京山縣重置温州　今按：岱南閣本、畿輔本無「今」字。

〔五〇〕宋分置長壽縣　攷證：宋志「長」作「萇」。

〔五一〕魏文帝大統後至置郢州　今按：殿本同，與舊、新唐志合，它本作「大統十四年」，無「屬温州貞觀十七年」八字。輿地紀勝郢州長壽縣引此作「魏文帝大統十七年於縣置郢州」，不同。

〔五二〕羊祜鎮荆州　攷證：顧祖禹引上有「晉」字。

〔五三〕擁以溉田　今按：岱南閣本、畿輔本「田」上有「稻」字。

〔五四〕流經其家　今按：殿本同，它本無「流」字。

〔五五〕分其地置新市縣　攷證：「置」下宜有「南」字，郡國志作「南新市」，以中山有新市。

〔五六〕四萬七百四十　今按：殿本作「四萬七百五十」。

〔五七〕西北至襄州三百五十里　攷證：「北」宜作「南」，唐州，今河南泌陽縣；襄州，今湖北襄陽府。「五十」，官本作「二十」，恐誤。今按：通典唐州云「西南到襄陽郡三百三十里」，此志各本皆誤。

〔五八〕二百四十里　攷證：蔡州八到作「二百十里」。

〔五九〕絹絲布　今按：殿本共「絲布」爲一，恐誤。

〔六〇〕賦布麻　今按：岱南閣本、畿輔本並脱。

〔六一〕太湖山　今按：殿本作「大胡山」。

〔六二〕梁於此置義鄉縣　今按：輿地紀勝隋州引此作「梁置淮安縣」，與隋志合，此傳鈔脱佚。據寰宇記義鄉縣爲後周建德三年置，隋改爲桐柏。

〔六三〕取桐柏山爲名也　今按：殿本無「桐柏」二字，岱南閣本、畿輔本「取」作「因」。

〔六四〕天木山　今按：晉書祖逖傳及水經淮水注並作「大木山」。

〔六五〕古蓼國也至爲楚所滅　攷證：二説俱本地理志，然「古蓼國也」，見南陽郡湖陽縣下，「蓼」作「廖」，師古曰「左傳作『𨻳』」，古字通用。「蓼國咎繇後」，見六安國蓼縣下，相距數百，併爲一地，恐未確。

〔六六〕隋改置方城縣　攷證：隋志云「西魏置」。今按：地形志已有方城縣，屬襄城郡，非隋改名。

〔六七〕爲南陽郡地　攷證：「爲」上宜有「秦」字。

〔六八〕晉太康九年分義陽置隨郡　攷證：按晉志不載，王象之曰：「恐置於晉末，非太康時。」水經注曰武帝太康時立爲郡，此志所本，史缺，王象之以爲晉末，誤矣。

〔六九〕四百三里　攷證：樂史「三」下有「十五」，此疑脱。

〔七〇〕北至唐州三百六十里　攷證：「北」宜作「東北」，唐州云「西南至隋州」。今按：各本俱作「西至唐州」，誤。

〔七一〕二百四十里　攷證：申州作「二百三十里」。

〔七二〕在縣北二十五里　今按：輿地紀勝隋州景物引此作「在隋縣北十五里」。

〔七三〕在縣東北八十〔八〕里　今按：岱南閣本作「八十八里」，與輿地紀勝引同，此及各本脱「八」字，今據增。

〔七四〕廖堪　攷證：後漢書及通考「堪」並作「湛」。

〔七五〕三十四里　今按：岱南閣本、畿輔本作「三百里」，誤。

〔七六〕東南至州二百里　攷證：官本脱「南」字。

〔七七〕在縣東南三十五里　今按：輿地紀勝棗陽軍無「東」字、「五」字。

〔七八〕世祖卽位　攷證：「世」宜作「代」，下條同。

〔七九〕宅南三里有白水　今按：殿本同，與張衡東京賦合，它本「白水」誤合爲「泉」，下文「龍飛白水」同。

〔八〇〕後没魏至爲唐城縣　攷證：隋志云西魏改㶏西爲下溠，開皇十六年改下溠爲唐城，似下溠西魏已爲縣，非鎮。

〔八一〕大業〔三〕〔二〕年廢　今按：各本「三」作「二」是，此誤，今據改。

〔八二〕三十二里　今按：輿地紀勝隋州景物引此無「二」字。

〔八三〕因山爲名　今按：「因山爲名」，岱南閣本、畿輔本作「因山水爲名」。

〔八四〕貞觀十五年　攷證：兩唐志並作「八年」。

〔八五〕周迴五百里　今按：岱南閣本、畿輔本無「百」字。

〔八六〕陰長生　今按：殿本「陰」上有「乃」字。

〔八七〕西北四十里　今按：輿地紀勝均州漢水引無「北」字。

〔八八〕本漢鍚縣〔鍚音羊〕　今按：殿本同，它本「鍚」作「錫」，下同。攷證云：「按地理志鍚，應劭音陽，師古曰『即春秋所謂鍚穴』。左傳注『鍚穴，麇地』。陸德明音羊。或作『錫』，星歷反。郡國志作『錫』，引春秋同，斯乃或體，不可從。」又殿本有「鍚音羊」注，此脱，今補。

〔八九〕(錫)〔鍚〕義山　今按：「錫」當作「鍚」，殿本作「鍚」不誤。水經沔水注「漢水又逕魏興郡之鍚縣故城北，縣有鍚義山，方圓百里，形如城，四面有門」，即此志所本，今依殿本改。

〔九〇〕四千四百三十二　今按：殿本「二」作「一」。

〔九一〕四千四百三十一　今按：各本無「三十一」三字。

〔九二〕建安三十四年　攷證：「三」宜作「二」。今按：蜀志劉封傳，劉備遣孟達收房陵，在建安二十四年，「三」字實誤，且建安只二十五年。

〔九三〕孟達征房陵殺太守申耽　攷證：華陽國志「孟達攻房陵，殺太守蒯祺」，與此別。又按三國志云「攻申耽於上庸」，本二事，此疑誤。

〔九四〕西北至上都　今按：殿本同，它本脱「北」字。

〔九五〕蒼礬石　今按：殿本同，它本作「竹五個」。

〔九六〕茜草　今按：殿本「茜」作「芮」，誤。

〔九七〕石膏　今按：岱南閣本、畿輔本脱「膏」字。

〔九八〕馬鬣山　今按：各本「鬣」作「騣」，字通。

〔九九〕縣北二里　今按：輿地紀勝房州筑水引此作「縣南三里」。

〔一〇〇〕夏侯泉　攷證：「泉」本作「淵」，唐避。

〔一〇一〕屯軍筑口　攷證：水經注「筑」作「汎」，此形近之訛。蜀志誤作「瓦口」。

〔一〇二〕沮水至楚之望也　攷證：官本下按云：「沮，今左傳本作『睢』，孔穎達疏云『睢經襄陽，至南郡枝江縣入江』，與山海經睢水出景山相合。地理志臨沮注引左傳作『沮』，與水經沮水出房陵縣相合。沮、睢蓋通用。」

〔一〇三〕盧戢棃　今按：殿本同，與左傳合，它本作「盧戢黎」。

〔一〇四〕豈丈夫也　攷證：官本「豈」下有「大」字。

〔一〇五〕按漢上庸縣　今按：岱南閣本、畿輔本無「漢」字。

〔一〇六〕於此立新豐縣　攷證：隋志云「梁曰新豐」，誤。

〔一〇七〕後魏　攷證：隋志作「後周」。

元和郡縣圖志卷第二十二

山南道三

興元府　**洋州**　**利州**　**鳳州**　**興州**　**成州**　**文州**　**扶州**〔一〕

興元府，漢中。　開元户。　元和户。　今爲山南西道節度使理所。

管州十七：興元府，洋州，利州，鳳州，興州，成州，文州，扶州，集州，集州以下九州闕。壁州，巴州，蓬州，通州，開州，閬州，果州，渠州。　縣八十八。

禹貢「華陽、黑水惟梁州」。舜十二牧，梁其一也。　春秋時及戰國並屬楚。　楚懷王時，秦惠文王取漢中地六百里，以爲漢中郡。　秦亡，項羽封高祖爲漢王。　高祖欲攻羽，蕭何曰：「語曰『天漢』，其稱甚美。」遂從之。　後漢末，張魯據漢中，改漢中爲漢寧郡。　曹公討平之，復爲漢中郡。　蜀先主破魏將夏侯妙才，〔二〕遂有其地，爲重鎮。　魏延、蔣琬、姜維相繼屯守。其後鍾會既克蜀，又置梁州。　晉末李特據蜀，漢中又爲所有，桓温討平之。　譙縱時，又失漢中，縱滅又歸舊理。　自漢、宋已還，〔三〕多理南鄭。　隋開皇三年罷郡，所領縣並屬梁州。　大業三年，罷州爲漢川郡。　武德元年，又改爲褒州，二十年又爲梁州。〔四〕　興元元年，因德宗還幸，改爲興元府。按漢中當巴、蜀捍蔽，故先主初得漢中，謂人曰：「曹公雖來，無能爲也！」及蕭齊明帝時，後魏大將元英率兵十萬，通斜谷，圍南鄭，刺史蕭懿拒守百餘日，不拔而退。

府境：〔五〕東西三百九十九里。南北四百四十七里。

八到：東北至上都七百六十里。東北至東都一千六十二里。〔六〕西南至利州四百九十里。北取太白山路至鳳翔府六百里。西取斜谷路至鳳州三百八十里。西取巴嶺路至集州二百八十里。正西微北至興州二百五十里。東至洋州一百二十里。

貢、賦：開元貢：紅花。賦：布，麻，緜，絹。〔七〕

管縣六：南鄭，褒城，金牛，三泉，城固，西。〔八〕

南鄭縣，次赤。郭下。本漢舊縣，屬漢中郡。幽王爲犬戎所滅，鄭桓公死之，鄭人南奔居此，〔九〕故曰南鄭。高祖都之。蜀後主以魏延爲南鄭侯。後魏改爲光義縣，隋開皇元年又爲南鄭。

巴嶺，在縣南一百九里。東傍臨漢江，與三峽相接。山南卽古巴國。

漢水，經縣南，〔一〇〕去縣一百步。禹貢曰「嶓冢導漾，東流爲漢。」裴秀云漢氏釋淮水改秩漢水爲四瀆，以其國所氏。

褒城縣，次畿。〔一一〕東至府三十三里。〔一二〕本漢褒中縣，屬漢中郡，都尉理之。古褒國也。當斜谷大路，〔一三〕晉義熙末，朱齡石平蜀，梁州刺史理此，仍改褒中縣。魏又於此置褒中郡。〔一四〕隋開皇元年，以避廟諱改爲褒内縣，仁壽元年改爲褒城。〔一五〕

褒水，源出縣西衙嶺川。〔一六〕斜水與褒水同源而派分。褒水東流入於漢中郡褒城縣，斜水北流入渭，經武功縣及鳳翔、扶風三縣者也。〔一七〕漢孝武帝時，人欲通褒斜道及漕，事下御史大夫張湯。湯問其事，因言：「抵蜀從故道，多坂，迴遠。〔一八〕今開褒水至斜，閒百餘里，以車轉，從斜下渭。如此，漢中之穀可致，山東從沔無限，便於砥柱之漕。且褒、斜林木竹箭之饒，擬於巴、蜀。」天子然之，拜湯子卬爲漢中守，〔一九〕發數萬人作褒斜道五百里。〔二〇〕道果便近，而水多湍石，不可漕，遂止。

褒谷山，在縣北五里。南口爲褒，北口爲斜，長四百七十里。

褒國，在縣東二百步。褒姒之所出也。

甘亭關，在縣北九里。今爲戍。

褒斜道，一名石牛道，張良令漢王燒絶棧道，示無還心，即此道也。諸葛亮與兄瑾書曰：「前趙子龍退軍，燒壞赤崖以北閣道緣谷百餘里。其閣梁一頭入山腹，立柱於水。今水大而急，不可安柱，不可强也。」

金牛縣，次畿。東至府一百八十里。本漢葭萌縣地，東晉孝武帝分置緜谷縣。〔二一〕武德二年，分縣谷縣通谷鎮置金牛縣，取秦五丁力士石牛出金爲名。

嶓冢山，縣東二十八里。漢水所出。

嘉陵江，經縣西，去縣三十里。

故關城，俗名張魯城，在縣西三十八里。

三泉縣，次畿。東北至府二百五十里。本漢葭萌縣地，蜀先主改爲漢壽縣。武德四年置南安州，又置三泉縣，八年州廢，以縣屬梁州。〔二二〕

城固縣，〔二三〕次畿。（二十）西至府七十二里。〔二四〕本漢舊縣，有鐵官，屬漢中郡。隋開皇三年改屬梁州。武德二年，改爲唐固縣，貞觀二年復舊。

通關山，〔二五〕在縣東北九里。漢高祖北定三秦，蕭何守（關）〔漢〕中，欲修此道通關中，〔二六〕故名通關山。

漢水，南去縣二里。

黑水，出縣西北太行山，〔二七〕南流入漢。諸葛亮牋曰：「朝發南鄭，暮宿黑水。」

成固故城，〔二八〕在縣東六里。韓信所築。晉平譙縱後，梁州刺史嘗理於此也。

西縣，次畿。西至府一百里。〔二九〕本漢沔陽縣地，後魏分置嶓冢，隋大業二年改爲西縣。

百牢關，在縣西南三十步。隋置白馬關，後以黎陽有白馬關，改名百牢關。自京師趣劍南，達淮左，皆由此也。

八陣圖，在縣東南十里。諸葛亮疊細石爲圖。

諸葛亮墓，在縣東南八里。亮卒，遺命葬漢中定軍山。貞觀十一年，勑禁採樵。

定軍山，在縣東六十里。

洋州，洋川。雄。開元户一萬八千八百八十九。鄉四十八。元和户二千八百九十六。鄉五十二。〔三〇〕

本漢漢中郡成固縣地，先主分成固立南鄉縣，爲蜀重鎮。晉改爲西鄉縣。後魏宣武帝正始中，於豐寧戍置豐寧郡，廢帝於此置洋州，因洋水爲名。隋大業二年廢洋州置洋川鎮，武德元年復於西鄉立洋州。

州境：東西二百九十二里。南北六百六十里。

八到：東北至上都六百四十里。東北至東都一千四百九十里。東至金州五百里。西至興元府一百二十里。南至壁州西路五百六十里。〔三一〕北至京兆府盩厔縣五百里。

貢、賦：開元貢：白交棱，火麻布，野紵布。〔三二〕賦：緜，〔三三〕絹。

管縣五：興道，黄金，洋源，西鄉，貞符。〔三四〕

興道縣，緊。郭下。本漢成固縣地，後魏宣武帝分置興勢縣，理在興勢山上，故以爲名。武德元年置洋州，以縣屬焉。貞觀二十三年改爲興道縣。

興勢山，在縣北二十里。〔三五〕蜀先主遣諸葛亮出駱谷，戍興勢山，置烽火樓，處處通照，卽此山。按三國時蜀以漢中、〔建安末破魏將夏侯妙才，遂有漢中，以魏延鎮守，其後蔣琬、姜維相繼鎮於此，卽今郡也。〕興勢、〔後主延熙七年，將軍王平守之，魏將曹爽等攻不克，卽今興道縣也。〕白帝〔先主章武元年屯之，遂爲重鎮。後主建興十五年，吴將全琮來攻，不克，卽今雲安郡也。〕〔三六〕並爲重鎮。〔三七〕

漢水，經縣南，去縣一百步。

儻谷，一名駱谷，在縣北三十里。後主延熙二十年，諸葛誕反於淮南，分關中兵東下，姜維欲乘虛向秦川，率數萬人出駱谷，聞誕已破，遂還。

駱谷路，在今洋州西北二十里，州至谷四百二十里。晉司馬勳出駱谷，破趙戍，壁於懸鉤，去長安二百里。按駱谷在長安西南，南口曰儻谷，北口曰駱谷。谷中多反鼻蛇，青攢蛇〔攢音爨。〕一名燋尾蛇，〔三八〕常登竹木上，能十數步攢人。人中此蛇者，卽須斷肌去毒，不然立死。

駱水，在縣城西一里。

黄金縣，中。西南至州一百三十里。本漢安陽縣地，屬漢中郡。後魏文帝於此分置黄金縣，〔三九〕因黄金水爲名。

黄金水，出縣西北百畝山黄金谷，南流經縣西，去縣九里。其谷水陸艱險，語曰：「山水艱阻，黄金、子午。」魏遣曹爽由駱谷伐蜀，蜀將王平拒之於興勢山，張旗幟至黄金谷，謂此山也。

故鐵城在縣西北八十里。城在山上，言其險峻，故以「鐵」爲名。昔氐帥楊難當寇漢川，令魏興太守薛健據黄金戍，〔四〇〕姜寶據鐵城，宋遣梁州刺史蕭思話攻拔之。驛郎子午道也，舊道在今金州安康縣界，梁將軍王神念以舊子午道緣山避水，橋梁百數，多有毁壞，乃别開乾路，〔四一〕更名子午道，即此路是也。

洋源縣，中。西北至州一百二十里。本漢、晉西鄉縣，〔四二〕武德七年析置洋源縣，因洋水爲名。

洋水，在縣南三百步。

西鄉縣，上。西北至州一百里。本漢成固縣地，蜀先主置南鄉，晉武帝改爲西鄉縣。武德元年置洋州，州理在西鄉，後移理興道縣。

洋水，東去縣八里。

貞符縣，中。南至州六十里。開元十八年置，初名華陽縣，天寶三年廢。八年，王鉷奏開清水谷路，復奏置。其年鑿山得玉册，因改名貞符縣，隸京兆府，十一年以路遠，改屬洋州。

利州，益昌。下府。開元户一萬一千八百八十一。鄉三十二。元和户二千四百四十四。鄉二十七。

本秦蜀郡地，漢分巴、蜀置廣漢郡，按今州卽廣漢郡之葭萌縣地也。蜀先主改葭萌爲漢壽縣，屬梓潼郡。晉改漢壽爲晉壽。梁天監〔中〕以竺胤爲太守，〔四三〕隨夏侯道遷入後魏，改立西益州。梁大通六年又克之，〔四四〕始通劍路，改西益州爲黎州。武陵王蕭紀僭號於蜀，以席嶷爲黎州刺史。嶷反，州屬魏，復改黎州爲西益州。正始三年，改西益州爲利州。隋大業三年，改爲義成郡，武德元年又改爲利州。州城西臨嘉陵江。周宣帝大象二年，以豆盧勣爲利州總管，至任未幾，而王謙據益州叛，〔四五〕遣益州刺史達奚堪馬步十萬來攻利州，於子城南北起土山，城内之人負户汲。援軍既至，堪等敗走。今大城内東西南北有大池，是達奚堪取土處也。

州境：東西三百三十里。南北二百五里。

八到：東至上都一千二百五十里。東北至東都一千一百一十里。〔四六〕西至龍州四百里。東北至興元府四百九十里。東至集州三百里。西北至文州四百九十里。

貢、賦：開元貢：天門冬，〔四七〕金鋼鐵，絲布。賦：布，緜絹。〔四八〕元和貢：芎藭，麝香。

管縣五：緜谷，益昌，葭萌，胤山，〔四九〕景谷。

緜谷縣，上。郭下。本漢葭萌縣地，東晉孝武帝分晉壽縣置興安縣，隋開皇十八年改爲緜谷縣，因縣東南緜谷爲名。

龍門山，在縣東北八十二里。出好鍾乳。

穿山，一名胡頭山，出好鐵，舊置鐵官。又有山空鼉，伏於空處，皮可爲甲，刀箭所不能入。

西漢水，一名嘉陵水，經縣西，去縣一里。

潛水，出縣東北龍門山。書曰「沱潛既道」，是也。

益昌縣，中下。東北至州四十五里。〔五〇〕本漢葭萌縣地，晉改置晉壽縣，周改爲益昌縣，屬晉壽郡，隋改屬利州。

晉壽故城，在縣東南五十里。本漢葭萌縣也，按蜀先主自葭萌取成都，留中郎將霍峻守葭萌城，張魯遣使誘之。峻曰：「小人頭可得，城不可得也。」

小劍故城，在縣西南五十一里。小劍城去大劍戍四十里，連山絶險，飛閣通衢，故謂之劍閣道。自縣西南踰小山入大劍口，即秦使張儀、司馬錯伐蜀所由路也，亦謂之石牛道。又有古道，自縣東南經益昌戍，又東南入劍州晉安縣界，〔五一〕即鍾會伐蜀之路也。

葭萌縣，上。北至州一百一十五里。本漢葭萌縣地，東晉於今縣南置晉安縣，隋改爲葭萌縣，取漢舊縣名也。

嘉陵江，在縣城南。

胤山縣，中下。西北至州二百一十五里。本漢葭萌縣地，後魏於今縣西南十五里置義城縣，隋義寧二年改名義清縣，天寶元年改爲胤山，以縣北三十里有可胤山爲名。縣城置玄白崖山上，武德四年築，義清縣理焉。唯三面有城，皆臨絶險，南面因險，不更築城。

景谷縣，中下。西南至州六十六里。本漢白水縣地，屬廣漢郡。宋元嘉十七年，〔五二〕氐人楊難當自稱大秦王，進軍克葭萌，獲晉壽太守申坦，因分白水置平興縣，屬之沙州。隋開皇十八年改爲景谷縣，因縣北景谷爲名。大業二年廢沙州，縣屬利州。縣城，本平興城，楊難當所築。削山爲城，城三角，中有一井，傅竪眼所穿。

木馬山，在縣西南二十五里。諸葛亮之出祁山也，作木牛流馬以供運，於此造作，因以名焉。

白水，一名羌水，經縣西一里。

石門關，在縣南十八里。〔五三〕因山爲阻，昔諸葛亮鑿石爲門，因名之。

鳳州，河池。上。開元户三千八百四十九。鄉二十二。〔五四〕元和户一千三百五十八。鄉一十五。

禹貢梁州之域。戰國時爲秦地，秦并天下爲隴西郡地。漢高帝分隴西郡置廣漢郡，武帝分廣漢、隴西郡置武都郡，領縣九。其屬有故道河池二縣，今州卽二縣之地也。三國時屬魏，明帝太和三年，其地没蜀，魏平蜀後復爲雍州之地。其地本氐、羌所居，後漢獻帝建安中有楊騰者，爲部落大帥。騰子駒，勇健多計略，始徙居仇池。至宋武帝封楊盛爲武都王，其子玄及難當亦相繼爲王。文帝元嘉十八年，難當傾國南寇，規有蜀土。後魏太平真君二年，招定仇池，其年於此城立鎮。太和元年置固道郡，孝昌中以固道郡置南岐州，廢帝三年改南岐州爲鳳州，因州境有鸑鷟山爲名。按成州同谷縣本是鳳州西界，縣南有鳳凰山，因爲州名。隋大業三年改爲河池郡，武德元年復爲鳳州。

州境：東西四百八十里。南北三百七十六里。

八到：東北至上都六百里。東北至東都一千四百六十里。西南至興州三百三十里。〔五五〕東北至鳳翔府二百八十里。東至興元府三百八十里。〔五六〕北至隴州四百二十里。

貢、賦：開元貢：蠟一百斤。賦：布，麻。元和貢：蜜，土布。

管縣三：梁泉，兩當，河池。

梁泉縣，中下。郭下。開元户一千八百一十八。鄉一十二。本漢故道縣地，後魏太和元年於此置梁泉縣，取縣西梁泉爲名，屬固道郡。隋開皇三年罷郡，縣屬鳳州。皇朝因之。武德元年析置黄花縣，寶應元年省。

三松山，在縣南五里。

故道水，出陳倉縣之大散嶺，西南流入故道川。今州理，卽故道川也。

迴車戍，在縣西北六十里。梁太清五年，〔五七〕西魏遣雍州刺史達奚武爲大都督及行臺楊寬率衆七萬，由陳倉路取迴車戍入斜谷關，出白馬道，謂此也。

兩當縣，中下。東至州五十里。開元户一千六十六。鄉五。本漢故道縣地，屬武都郡。漢高帝引兵從故道出襲雍，謂此也。永嘉之後，地没氐、羌，縣名絶矣。後魏變文爲「固」，於此置固道郡，領兩當、廣鄉二縣，因縣界兩當水爲名。或云：縣西界有兩山相當，因取爲名。隋開皇罷郡，縣屬鳳州。皇朝因之。

鷲鷲山，在縣西二十里。

尚婆水，今名石磐水。〔五八〕水多磐石，因以爲名。俗語音訛，故云尚婆。川中有鳥羣飛，二月從北向南，八月從南還北，音如簫管，俗云伎兒鳥。春來則種禾，〔五九〕秋去則種麥，人常以爲農候。

河池縣，中下。東至州一百七十里。開元户九百六十五。鄉五。本漢舊縣，屬武都郡。河池，一名仇池。按仇池山本名仇維山，〔六〇〕上有池，似覆壺，有瀑布，其縣因山爲名。山在成州界，去縣稍遠，今縣所處，謂之河池川，故取以爲名。永嘉之後，没於氐、羌，縣名絶矣。後魏於此置廣化郡廣化縣，〔六一〕隋開皇三年罷郡，縣屬鳳州，仁壽元年改爲河池縣，復漢舊名。皇朝因之。

故道水，經縣城西，去城三十步。〔六二〕

河池戍，在縣城中。

髑髏堆，在縣東北四十三里。後魏討仇池於此，大破其軍，〔六三〕築爲京觀，俗號其地爲髑髏堆。

興州，順政。上。〔六四〕開元户二千四十五。鄉八。元和户九百五十四。鄉九。

禹貢梁州之域。戰國時爲白馬氐之東境。秦并天下，屬蜀郡。漢武帝元鼎六年，以白馬氐置武都郡，今州卽漢武都郡之沮縣也。晉永嘉末，氐人楊茂搜自號氐王，據武都。自後郡縣荒廢，而茂搜子孫承嗣爲氐王。其後楊難當又據下辨，自稱大秦王。難當弟伯宜爲茄盧王。〔六五〕伯宜孫鼠分王武興。按武興，卽今州理是也。楊鼠既王武興，又得武都、河池二縣之地。鼠子集始稱藩於魏，後謀叛魏，魏遂廢武興爲藩鎮。其年，改鎮爲東益州。廢帝二年，改東益州爲興州，因武興郡爲名。隋大業二年，〔六六〕罷州爲順政郡，武德元年復置興州。按州城，卽古武興城也。初，蜀以其處當衝要，遣蔣舒爲武興督守之。及鍾會伐蜀，舒遂降魏，卽其處也。城雖在平地，甚牢實，周迴五百許步，唯開西北一門，外有壘，三面周匝。

州境：東西二百八十六里。南北一百九十里。

八到：東北至上都九百五十里。東北至東都一千八百一十里。北至鳳州三百五十里。東南至興元府二百五十里。西至武州三百五十里。南沿流至興元府三泉縣一百五十里。

貢、賦：開元貢：蠟六十斤，硃砂。賦：布，麻。

管縣三：順政，長舉，鳴水。

順政縣，中下。郭下。開元户一千一百八十八。鄉四。本漢沮縣地，後魏廢帝分置漢曲縣，屬順政郡。隋開皇三年罷郡，以漢曲縣屬興州，十八年改爲順政縣。皇朝因之。

武興山，在縣北百里。多漆及黄蘗。

嘉陵水，經縣南，去縣百步。

沮水，出縣東北八十二里。以其初出沮洳然，故名爲沮水。

興城關，在縣南五里。

大城戍，在縣東南四十九里。

楊君神祠，在縣西南二里嘉陵水南。山上卽楊難當神也，土人祠之。

長舉縣，中下。南至州一百里。開元户四百三十。鄉二。本漢沮縣地，後魏於此分置長舉縣，〔六七〕屬槃頭郡。周武帝廢槃頭郡，縣改屬落叢郡。隋開皇三年罷郡，縣屬興州。皇朝因之。

接溪山，在縣西北五十三里。出硃砂，百姓採之。

青泥嶺，在縣西北五十三里接溪山東，卽今通路也。懸崖萬仞，山多雲雨，〔六八〕行者屢逢泥淖，故號青泥嶺。

嘉陵水，去縣南十里。

槃頭故城，在縣南三里。因水盤屈爲名也。

鳴水縣，中下。東至州一百一十里。開元户四百二十七。鄉二。本漢沮縣地也，後魏宣武帝於此置落叢郡，〔六九〕因落叢山爲名。又置鳴水縣，〔七〇〕因谷爲名。隋開皇三年罷郡，縣屬興州。皇朝因之。

廚山，在縣南三里。極崇峻幽深，多木蜜，百姓資其利。

落叢山，縣西北十里。出鐵。

成州，同谷。下。開元户四千九百五。

禹貢梁州之域。古西戎地也，後爲白馬氐國。西南夷自冉駹以來什數，白馬最大。〔七一〕有山曰仇池，地方百頃，其地險固，白馬氐據焉。秦逐西羌，置隴西郡。秦末，氐、羌又侵據之。元鼎六年平西南夷，置武都郡，今州界二郡之地。晉宋閒氐帥楊定、楊難當竊據仇池，自稱大秦王，宋遣將軍裴方明討平之。後魏於此置仇池鎮，理百頃岑上，後又改爲郡。梁改爲秦州，齊廢帝改爲成州。〔七二〕隋大業三年，改成州爲漢陽郡。武德元年，復爲成州。本屬隴右道，貞元五年節度使嚴震奏割屬山南道。今於同谷縣西界泥公山上權置行成州。

州境：東西三百九十三里。南北三百九十四里。

八到：東至上都一千里。東至東都一千八百六十里。南至武州三百八十里。東至鳳州四百五十里。東南取良恭縣路至宕州五百四十里。東北至秦州一百八十里。

貢、賦：開元貢：蠟燭，鹿茸，防葵，狼毒。賦：布，麻。

管縣三：上祿，同谷，長道。

上祿縣，中。郭下。本漢舊縣，屬武都郡。後魏改爲階陵縣，周武帝改爲倉泉縣。隋開皇三年罷郡，縣屬成州，大業三年改爲上祿縣。

仇池山，在縣南八十里。壁立百仞，有自然樓櫓卻敵，分置均調，有如人功。上有數萬人家，一人守道，萬夫莫向。其地良沃，有土可以煑鹽，楊氏故累世據焉。〔七三〕

雞頭山，在縣東北二十里。後漢將來歙從山道襲得略陽，隗囂出其不意，使將王孟將兵塞雞頭道，卽此也。

州城，卽楊難當所築也。

同谷縣，中下。西北至州一百八十里。本漢下辨道地，屬武都郡。故氏白馬王國。後魏宣武帝於此置廣業郡并白石縣，恭帝改白石爲同谷縣。隋開皇三年罷郡，以縣屬康州，大業初屬鳳州，〔七四〕貞觀元年屬成州。

仙掌山，在縣南五里。

下辨水，一名甘泉，縣東北七十里。

長道縣，下。南至州五十里。本漢上祿縣地，後魏之天水郡也，廢帝改爲長道郡，又立漢陽縣屬焉。隋開皇三年罷郡，縣屬成州。十八年改漢陽縣爲長道縣。

祁山，在縣東十里。蜀後主建興六年，諸葛亮率軍攻祁山，即此是也。漢水經其南，有諸葛亮壘，壘之左右猶有豐草，蓋亮之所植也。

西漢水，東北自秦州上封縣界流入。〔七五〕

鹽井，在縣東三十里。水與岸齊，鹽極甘美，食之破氣。

鹽官故城，在縣東三十里，在嶓冢西四十里。相承營煮，味與海鹽同。

酇公營，在縣西南三里。武德元年，行軍元帥酇國公竇軌討薛舉餘黨，〔七六〕營軍於此是也。

文州，陰平。下。貞觀中屬隴右道。〔七七〕開元户一千七百六十九。鄉九。元和户二百一十八。

禹貢梁州之域。戰國時，氐、羌據焉。漢開西南夷，置陰平道，凡邑有蠻夷曰道。〔七八〕以統兵衆,〔七九〕屬廣漢郡。永平之後,羌虜數反,遂置爲郡。後入於蜀,屬雍州。晉永嘉末,太守王鑒以郡降李雄,〔八〇〕自後氐、羌據之,不爲正朔所頒,故江右諸志並不録也。至後魏平蜀,始於此置文州,理陰平郡。隋大業二年罷州,縣屬武都。隋末又陷寇賊,至武德元年隴、蜀平,復爲文州。大曆十四年,西戎犯邊,刺史拔城南走。建中三年,以舊城在平地,窄小難守,遂移於故城東四里高原上,卽今州理是也。

州境:東西一百八十里。〔八一〕南北二百四十里。

八到:東北至上都一千四百五十里。東北至東都二千三百一十里。東取山路至龍州三百六十里。東南至利州四百九十里。西南至扶州一百六十里。北至武州二百五十里。

貢、賦:開元貢:麝香,蠟燭。賦:布,麻。

管縣二:曲水,長松。

曲水縣,中下。郭下。本漢之陰平道也,屬廣漢郡。晉爲陰平縣,屬陰平郡。永嘉末,地陷李雄,縣遂廢。後魏平蜀,置曲水縣,屬陰平郡。隋開皇三年罷郡,縣屬文州。皇朝因之。

太白山,在縣南二百五十三里。其山巖谷高深,常多霜雪,春夏不消,俗因名焉。

太白泉,一名羌水,經縣北,去縣一里。

鄧艾故城，在縣東七里。魏景元四年，鄧艾伐蜀，上言：「今敵既摧折，宜遂乘之。從陰平，由斜徑，經漢德陽亭出劍閣，西百里，去成都三百餘里，奇兵衝其腹心，破之必矣。」遂自陰平道伐蜀，蓋此時所築城也。

姜維故城，在縣東七里。後主令維於此築城，與鄧艾相守。

長松縣，中下。西南至州七十里。開元户四百九十四。鄉三。後魏之建昌縣也，屬(盧)〔蘆〕北郡。〔八二〕隋開皇十八年改爲長松縣，屬文州，大業三年罷州，縣屬武都郡。武德元年，復改屬文州。〔八三〕

天魏山，在縣北三十一里。

蘆北故城，在縣東五十二里。因葭蘆鎮爲名也。

扶州，同昌。下。貞觀中屬隴右道。開元户二千一百九十五。鄉十四。

禹貢梁州之域。古西戎之地，自秦、漢迄魏、晉屬蕃夷，無所建置。後魏討定陰平鄧至羌，立爲寧州，分置昌寧、帖夷等郡，〔八四〕後改爲鄧州，因鄧至羌爲名也。隋開皇七年改爲扶州，大業三年改爲同昌郡。〔八五〕武德元年，重置扶州。

州境：東西三百九十里。南北四百十九里。

八到：東北至上都一千六百里。東北至東都二千四百六十里。東南至龍州六百里。北至宕州四百里。東北至文州一百六十里。西南至松州驛路三百三十里。西北至故芳州驛路三百三十里。

貢、賦：開元貢：麝香，當歸，芎藭。賦：布，麻。

管縣四：同昌，帖夷，〔八六〕鉗川，尚安。

同昌縣，中下。郭下。開元户六百一十九。鄉四。本後魏之舊縣也，廢帝前元年置，屬昌寧郡。〔八七〕隋開皇初改屬鄧州，後屬扶州。皇朝因之。

鄧至山，在縣東二十五里。

白水，經縣西，去縣百步。

鄧至故城，〔八八〕在縣南三里。

帖夷縣，中下。西至州一百里。開元户五百六十六。鄉四。本後魏廢帝元年置，屬帖夷郡。隋開皇三年屬鄧州，七年改屬扶州。皇朝因之。

白水，經縣南，去縣百步。

安昌故城，在縣東北三十二里。後魏廢帝遣寧同、宇文衵平陰平、鄧至二蕃，〔八九〕立寧州，修築故城。

鉗川縣，中下。東至州一百三十里。開元户四百一十八。鄉三。後魏廢帝二年置，因山爲名。屬尚安郡。隋開皇三年屬鄧州，七年改屬扶州。皇朝因之。

羅夷山，在縣東南五十八里。

白水，經縣南，去縣二十八里。

鉗川神祠，去縣西北十里。水、旱人祈請焉。

尚安縣，中下。東南至州一百十里。開元户四百一十九。鄉三。〔九〇〕後魏恭帝後三年置，屬武進郡。隋開皇三年屬鄧州，七年改屬扶州。皇朝因之。

素嶺山，在縣西北一百六十八里。

黑水，源出素嶺山，經縣西北三十步。〔九一〕

卷二十二校勘記

〔一〕興元府至扶州　今按：殿本無此州目，另有按云：「唐書地理志，山南西道有集州，即符陽郡，其縣曰難江、大牟、嘉川。有壁州，即始寧郡，其縣曰通江、廣納、符陽、白石、東巴。有巴州，即清化郡，其縣曰清化、曾口、歸仁、始寧、其章、恩陽、七盤。有蓬州，即蓬山郡，其縣曰蓬池、良山、儀隴、伏虞、宕渠、蓬山、朗池。有通州，即通川郡，其縣曰通川、永穆、三岡、石鼓、東鄉、宣漢、新寧、巴渠、閬英。有開州，即盛山郡，其縣曰開江、新浦、萬歲。有閬州，即閬中郡，其縣曰閬中、普安、南部、蒼溪、西水、奉國、新井、新政、岐坪。有果州，即南充郡，其縣曰南充、相如、流溪、西不符。」

充、岳池。有渠州，即潾山郡，其縣曰流江、渠江、潾山。此皆缺志文，與節度使所管州縣原目

〔二〕夏侯妙才　攷證：王應麟引「妙才」作「淵」，非。今按：唐人書當避「淵」字。

〔三〕自漢宋已還　攷證：王象之、錢坫引並無「漢」字，宜衍。

〔四〕武德元年至又爲梁州　今按：舊唐志云：「武德元年置梁州，開元十三年改梁州爲褒州，二十年又爲梁州。」新唐志云：「開元十三年以『梁』『涼』聲相近，更名褒州，二十年復曰梁州。」此傳鈔脱誤，「元年」下應有「置梁州」文，「又改」上缺「開元十三年」五字。

〔五〕府境　今按：殿本同，它本作「州境」。

〔六〕一千六十二里　今按：岱南閣本、畿輔本「十」作「百」。

〔七〕縣　今按：戈襄校舊鈔本、清初鈔本「縣」上有「絲」字。

〔八〕西　今按：岱南閣本、畿輔本作「西縣」，非例。

〔九〕幽王至鄭人南奔居此　攷證：王象之引作「故褒之附庸，周時，鄭桓公死于犬戎，其人南奔」，與此異。

〔一〇〕經縣南　今按：殿本無「南」字，疑脱。

〔一一〕次畿　今按：戈襄校舊鈔本、殿本同，與新唐志合，它本脱此二字。

〔一二〕三十三里　今按：戈襄校舊鈔本、通經樓本、清初鈔本、殿本同，它本作「三百三十里」，褒城去南

鄭不及四十里，「三百三十」誤。

〔一三〕當斜谷大路　今按：殿本脱「谷」字。

〔一四〕魏又於此置褒中郡　攷證：「魏」上宜有「後」字。

〔一五〕仁壽元年改爲褒城　攷證：隋志云：「九年因失印更給，改名焉。」按仁壽無九年，志誤。

〔一六〕衙嶺川　攷證：水經注「川」作「山」。

〔一七〕經武功縣及鳳翔扶風　攷證：按唐無鳳翔縣，斜水亦不經扶風，核上下文義，與此志多岨峿，恐後人妄增，抑或傳鈔之誤。

〔一八〕迴遠　今按：史記河渠書及漢書溝洫志並作「回遠」。

〔一九〕湯子卬　攷證：官本「卬」誤「印」。

〔二〇〕五百里　今按：河渠書及溝洫志並作「五百餘里」。

〔二一〕本漢葭萌縣地至緜谷縣　攷證：地理志作「葭明」，師古音「萌」。晉志無葭萌、緜谷二縣，序云「劉備改葭萌曰漢壽，泰始中改漢壽曰晉壽」，與此別。

〔二二〕八年州廢以縣屬梁州　攷證：舊志云：「武德八年以縣屬利州，天寶元年改屬梁州。」

〔二三〕城固縣　攷證：官本下按云「前、後漢書及晉書俱作『成固』」。今按：州郡志改作「城固」。

〔二四〕次畿（二十）　今按：殿本無「二十」字，志無此例，「二十」二字不可解，攷證謂「傳鈔參差，非原文」，今刪。

〔二五〕通關山　攷證：水經注作「通關勢山」，謂關中與興勢也，此疑省。

〔二六〕蕭何守（關）〔漢〕中欲修此道通關中　今按：殿本上「關中」作「漢中」，與水經沔水注合。按史記蕭相國世家「漢王引兵東定三秦，何以丞相留守」，則作「漢中」者是，各本及此俱誤，今據改。又「此道」，沔水注作「北道」，「此」字疑誤。

〔二七〕出縣西北太行山　今按：岱南閣本、畿輔本「出」作「去」，「太行山」作「秦山」。

〔二八〕成固故城　今按：岱南閣本、畿輔本「成」作「城」。攷證云：「地理志、水經注俱作『成』，此志洋州條亦作『成』。」

〔二九〕西至府一百里　攷證：按西縣在今沔縣西四十里，宜作「東至府」方合。

〔三〇〕鄉五十二　今按：殿本作「五十一」。

〔三一〕南至壁州西路　攷證：樂史「西」作「山」，此疑誤。

〔三二〕白交樱火麻布野紵布　今按：新唐志「樱」作「椶」，「野紵布」作「野苧麻」。「紵」，殿本同此，它本作「苧」，字通。

〔三三〕䏲　今按：殿本同，它本作「錦」。

〔三四〕貞符　攷證：「貞」，原作「真」，宜從本字，詳亳州真源縣，下同。今按：舊、新唐志並作「真符」。

〔三五〕縣北二十里　攷證：王象之引「二」作「三」，此疑脱。

〔三六〕漢中〔建安末破魏至雲安郡也〕　今按：殿本漢中、興勢、白帝下各有注，各本與此俱脱，今據補。

〔三七〕並爲重鎮　今按：殿本此下按云：「雲安郡卽夔州，地理通釋引元和志『白帝山卽州城所據也，與赤甲山接。初，公孫述殿前井有白龍出，因號白帝城。城周迴七里，西南一里。因江爲池，東臨瀼溪，惟北一面，小差逶迤，羊腸數轉，然後得上。』今是書于夔州及所管各縣並缺，附識于此。」

〔三八〕青攢蛇〔攢音爨〕　攷證：「攢」疑作「攅」。官本攢「音爨」，此脫。今按：它本與此脫注，今從殿本增。

〔三九〕後魏文帝於此分置黃金縣　攷證：晉志漢中郡有黃金縣，此疑復置。

〔四〇〕薛健　今按：殿本同，它本「健」作「犍」。攷證云：「王應麟引作『薛健』，與水經注合，『犍』誤。事詳宋書蕭思話傳。」

〔四一〕乃別開乾路　攷證：王象之引「乾」作「新」。

〔四二〕本漢晉西鄉縣　攷證：「漢」字疑衍。州郡志曰：「蜀立南鄉，晉太康二年更名西鄉。」

〔四三〕梁天監〔中〕以竺胤爲太守　今按：戈襄校舊鈔本、陳樹華鈔本並作「天監中」，各本與此俱脫「中」字，今據增。「竺胤」，殿本同，它本作「竺允」。攷證云：「允，世宗憲皇帝廟諱，初以『允』字代，後以『允』卽『胤』之古文，不足以示敬避，經傳中敬缺末筆。」

〔四四〕梁大通六年又克之　攷證：梁本紀大通無六年，樂史作「大同二年」。王象之曰：「大通六年，晉壽尚屬後魏，至大同元年始克晉壽，不應梁預於大通六年改魏之州名也。」恐「通」「同」音近，「元」「六」形近之訛。

〔四五〕王謙　今按：殿本同，它本「謙」下衍「之」字。

〔四六〕一千一百一十里　攷證：「一千」宜作「二千」，至東都里數，不應減於上都。樂史云「至西京二千一百一十里」，是。

〔四七〕天門冬　今按：與新唐志合，各本「天」上有「乾」字。

〔四八〕緜絹　攷證：官本分爲二物。

〔四九〕胤山　今按：殿本同，與舊、新唐志合，它本作「允山」。

〔五〇〕四十五里　今按：岱南閣本、畿輔本「十」誤「百」。

〔五一〕入劍州晉安縣界　攷證：王應麟引「晉」作「普」，與劍州合，此誤。

〔五二〕宋元嘉十七年　攷證：按宋書氐胡傳，「七」宜作「三」。

〔五三〕縣南十八里　今按：殿本同，它本作「縣西南十八里」。攷證：謂王象之引無「西」字，「西」字宜衍。

〔五四〕鄉二十二　今按：岱南閣本、畿輔本作「鄉三十二」。

〔五五〕西南至興州三百三十里　今按：殿本作「東北至興州」，它本作「東至興州」，攷證云：「並誤，宜作『西南』。興州云『北至鳳州三百五十里』，與此別。」

〔五六〕東至興元府三百八十里　今按：殿本同，岱南閣本作「東北至興元府」，攷證云均非，宜作「南至」。

〔五七〕梁太清五年　攷證：按梁書太清無五年，周書達奚武及楊寬傳，實大統十七年事，通鑑云梁大寶二年，此疑誤。

〔五八〕今名石磐水　攷證：「今名」，趙一清引作「本名」，深合文義。

〔五九〕春來則種禾　今按：與寰宇記合，各本「禾」作「米」，疑誤。

〔六〇〕本名仇維山　攷證：樂史引開山圖「維」作「夷」，與水經注合。

〔六一〕後魏於此置廣化郡廣化縣　攷證：地形志廣化縣屬廣業郡，南岐州廣化郡無廣化縣。今按：隋志「河池，後魏曰廣化，並置廣化郡」，與此同。水經漾水注云「河池水南逕河池戍」，則酈道元時，河池戍不稱廣化縣。地形志南岐州廣化郡無屬縣，東益州廣業郡領廣業、廣化二縣。據漾水注，廣業郡治武街，與河池縣俱爲濁水所經，疑「廣化郡」當是「廣業郡」。

〔六二〕去城三十步　今按：岱南閣本、畿輔本作「三十六步」。

〔六三〕大破其軍　今按：殿本同，與寰宇記合，它本「其」作「吴」。攷證云「吴」字誤。

〔六四〕上　今按：殿本同，它本作「下」，舊、新唐志並作「下」。

〔六五〕伯宜爲茹盧王　攷證：梁書武興國傳「茹」作「茄」，紀事與名稱亦別，此志蓋雜採魏、晉、北史各篇，故多異詞。又按北史、水經注作「葭蘆」，「茹」字蓋誤，樂史同。

〔六六〕大業二年　攷證：「二」宜作「三」。

〔六七〕分置長舉縣　攷證：地形志「長」作「萇」。

〔六八〕山多雲雨　今按：殿本同，它本「山」作「上」。

〔六九〕後魏宣武帝於此置落叢郡　今按：殿本同，它本「魏」誤「漢」。地形志「叢」作「蘩」，疑誤。

〔七〇〕又置嗚水縣　今按：「嗚水」，地形志作「明水」。

〔七一〕自冉駹以來什數白馬最大　今按：史記西南夷傳「自冉駹以東北，君長以什數，白馬最大」，即此所本，傳鈔脱誤，致不可通。

〔七二〕齊廢帝改爲成州　攷證：隋志「西魏曰成州」，與此别。

〔七三〕其地良沃至故累世據焉　攷證：官本「地」作「池」，按云「『其池』一作『其地』，『有土』一作『有工』。」今按：水經注云「平田百頃，煑土成鹽」，「工」字宜訛。「世」，宜作「代」。

〔七四〕大業初　今按：各本脱「初」字。

〔七五〕上封縣　攷證：「封」宜作「邽」，元魏避諱改，隋復舊名。

〔七六〕行軍元帥至餘黨　今按：「行軍元帥」，各鈔本及岱南閣本、畿輔本無此四字。

〔七七〕貞觀中屬隴右道　攷證：此與扶州下云云，疑皆後人妄增。官本下按云：「此志不言永徽後屬劍南，亦未完備。」按此志於十道屬州移割增減，例不悉載，如虢州隸河東，志列河南；棣州隸河南，志列河北；蘄、黄、安、沔隸淮南，志列江南；渝、合隸山南，志列劍南。其移屬年月，不盡叙述，蓋與各節鎮不叙建革分併同一例也，豈俱脱略，官本以爲未完備，難執論也。

〔七八〕凡邑有蠻夷曰道　今按：殿本同，它本脱此注。

〔七九〕以統兵衆　今按：殿本同，它本「兵」作「其」。

〔八〇〕太守王鑒以郡降李雄　攷證：「太守」上疑有脫文。按晉書本紀「永嘉六年，陰平都尉董沖逐太守王鑒，以郡降李雄」，非鑒叛也。此説見華陽國志及輿地志等書，與晉書異。

〔八一〕一百八十里　今按：殿本作「一百八十八里」。

〔八二〕屬（盧）〔蘆〕北郡　今按：「盧」當作「蘆」，各本不誤，今據改。

〔八三〕復改屬文州　今按：殿本同，它本無「屬」字。

〔八四〕分置昌寧帖夷等郡　攷證：官本昌寧下按云：「通典及新、舊唐書並作『鄧寧』，惟隋書作『昌寧』，與此合。」今按御覽引後魏書曰：「廢帝前元，西逐吐谷渾，定陰平，置鄧州及鄧寧郡，又置怗夷郡，以戎夷寧怗爲名也。」「帖夷」宜作「怗夷」，詳後。

〔八五〕大業三年改爲同昌郡　攷證：官本「三」作「二」，誤。

〔八六〕帖夷　攷證：「帖」宜從「心」，此並從「巾」，義雖可通，失其真矣。下同。今按：隋志、舊、新唐志並作「帖夷」。

〔八七〕屬昌寧郡　攷證：御覽引周地圖屬封統郡。今按：寰宇記亦云「廢帝前元年置，屬封統郡」。

〔八八〕鄧至故城　攷證：御批通鑑輯覽注引元和志「鄧艾所至，故名」，此脫。今按：隋志同昌縣下云「有鄧至山，云鄧艾所至，故名」，輯覽注所引或即此，當是後人附益，鄧至山與城之得名，蓋緣於鄧至羌，非關鄧艾。

〔八九〕宇文昶平陰平鄧至二蕃　攷證：宇文昶即趙昶，後周賜姓。官本「平陰平」作「平彌陰平」，「彌」下按云：「此數字似有脱誤。」按「彌」宜作「殄」，此脱。「弥」與「弥」形相近，轉訛爲「彌」，失檢甚矣。樂史作「平殄」，當據改。

〔九〇〕鄉三　攷證：官本按云：「前自河東道之太原至五臺三十九縣，崞至馬邑六縣，上黨至潞城四縣，河北道之河内至獲嘉五縣，山南道之梁泉至鳴水六縣，長松至尚安五縣，各載開元户鄉數，其間二百餘縣同，前關内、河南及後江南、劍南、嶺南、隴右諸道所隸各縣，並傳寫遺缺。」

〔九一〕經縣西北三十步　今按：岱南閣本、畿輔本脱「西北」二字。

元和郡縣圖志第二十三

山南道四闕

元和郡縣圖志第二十四

淮南道闕

中國古代地理總志叢刊

元和郡縣圖志

下

〔唐〕李吉甫撰

中華書局

元和郡縣圖志卷第二十五

江南道一

浙西觀察使

潤州，丹陽。上。開元户九萬一千六百三十五。鄉一百。元和户五萬五千四百。鄉八十。

墾田六千七百二十七頃。〔一〕今爲浙西觀察使理所。

管州六：潤州，常州，蘇州，杭州，湖州，睦州。縣三十七。都管户三十一萬三千七百七十二。

墾田五萬七千九百三十二頃。

本春秋吴之朱方邑，始皇改爲丹徒。漢初爲荆國，劉賈所封。〔二〕後漢獻帝建安十四年，孫權自吴理丹徒，號曰「京城」，今州是也。十六年遷都建業，以此爲京口鎮。按州理或古名京城，説者以爲荆王劉賈嘗都之，或曰孫權居之，故名京城。今按「荆」字既不同，又孫權未稱尊號已名爲「京」，則兩説皆非也。按京者，人力所爲，絶高丘也。亦有非人力所爲者。人力所爲者，若公孫瓚所築易京是也；非人力所爲者，滎陽京索是也。今地名徐陵，即此京非人力所爲也。京上郡城，城前浦口，即是京口。吴志曰「漢獻帝興平二年，長沙桓王孫策創業江東，使將軍孫何領兵屯京地」，是也。吴志又云「魏將臧霸以輕船五百，敢死萬人襲徐陵，攻燒城塹」，即吴時或稱京城，或稱徐陵，或稱丹徒，其實一也。晉永嘉亂後，幽、冀、青、并、兖五州流人過江者，多僑居此處，吴、晉以後，皆爲重鎮。晉咸和中，郗鑒自廣陵鎮於此，爲僑徐州理所。昇平二年，徐州刺史北鎮下邳，京口常有留局，後徐州寄理建業，又爲南兖州，後又爲南徐州。隋開皇九年，賀若弼自廣陵來襲，陷之，遂滅陳，廢南徐州，改爲延陵鎮。十五年罷鎮，置潤州，城東有潤浦口，因以爲名。隋氏喪亂，杜伏威竊據其地，武德三年伏威歸化。六年輔公祏叛，復據其地。七年平公祏，依前置州。其城吴初築也，晉王恭爲刺史，改創西南樓名萬歲樓，西北樓名芙蓉樓。

州境：東西三百八里。南北一百九十里。

八到：西北至上都二千六百七十里。西北至東都一千八百一十里。東南至常州一百七十里。北渡江至揚州七十里。正南微西至宣州四百里。〔三〕

貢、賦：開元貢：雜藥，紋綾。　賦：絲，紵，布。

管縣六：丹徒，丹陽，金壇，延陵，上元，句容。

丹徒縣，望。　郭下。本朱方地，後名谷陽，春秋魯襄二十八年齊慶封奔吴，吴與之朱方，聚族而居之，〔四〕富於其舊。後楚靈王使屈申圍慶封於朱方，克之，盡滅其族，即此地。初，秦以其地有王氣，始皇遣赭衣徒三千人鑿破長隴，故名丹徒。

北固山，在縣北一里。下臨長江，其勢險固，因以爲名。蔡謨、謝安作鎮，並於山上作府庫，儲軍實。宋高祖云：「作鎮作固，誠有其緒，〔五〕然北望海口，實爲壯觀，以理而推，固宜爲顧。」江今闊一十八里，春秋朔望有奔濤，魏文帝東征孫氏，臨江嘆曰：「固天所以限南北也。」

蒜山，在縣西九里。山臨江絶壁，晉安帝時，海賊孫恩至丹徒，戰卒十萬，率衆登山，鼓譟動地，引陣南出，欲向京城。時宋武帝衆無一旅，率所領横擊，大破之。山多澤蒜，因以爲名。

氐父山，〔六〕在縣西北十里。晉破苻堅，獲氐賊，置此山下，因以爲名。今土俗亦謂之金山。

獸窟山，一名招隱山，在縣西南九里。即隱士戴顒之所居也。

東浦，亦謂之潤浦，在縣東二里，〔七〕北流入江。隋置潤州，〔八〕取此浦爲名也。

永興寧陵，在縣東南三十五里。宋武帝追尊曰孝皇帝，諱翹，初仕郡，爲功曹。

丹陽縣，望。西北至州六十四里。本舊雲陽縣地，〔九〕秦時望氣者云有王氣，故鑿之以敗其勢，截其直道，使之阿曲，故曰曲阿。武德五年，曾於縣置簡州，八年廢。天寶元年，改爲丹陽縣。

劉繇城，在縣西南一百四十步。漢末，繇爲揚州刺史，揚州舊理壽春，已爲袁術所據，〔一〇〕故繇來建城，號令江南，衆數萬人。後孫策東略，繇奔豫章。

庱亭壘，在縣東四十七里。本蘇峻將管商攻略晉陵，郗道徽以此地東據要路，〔一一〕北當武進，故遣督護李閎築此拒之。今置埭。

練湖，在縣北一百二十步，周迴四十里。晉時陳敏爲亂，據有江東，務修耕績，令弟諧遏馬林溪以溉雲陽，亦謂之練塘，溉田數百頃。

新豐湖，在縣東北三十里。晉元帝大興四年，晉陵内史張闓所立。舊晉陵地廣人稀，且少陂渠，田多惡穢，闓創湖成溉灌之利。初以勞役免官，後追紀其功，超爲大司農。

南齊宣帝休安陵，在縣北二十八里。高帝父也，追尊爲宣皇帝。

高帝道成泰安陵，在縣口三十二里。〔一二〕

武帝賾景安陵，在縣東二十二里。〔一三〕

景帝道生永安陵，在縣東北二十六里。明帝父也，追尊爲景皇帝。

明帝鸞興安陵，在縣東北二十四里。

梁文帝順之建陵，在縣口二十五里。武帝父也，追尊爲文皇帝。

武帝衍修陵，在縣東三十一里。貞觀十一年，詔令百步禁樵采。

簡文帝綱莊陵，在縣東二十七里。

金壇縣，緊。西北至州一百四十里。本漢曲阿縣地，隋於此置金山府。隋末亂離，鄉人自立爲金山縣，武德八年廢。垂拱二年又置縣，〔一四〕以婺州有金山，改名金壇。

延陵縣，緊。東至州一百里。晉太康二年分曲阿之延陵鄉置延陵縣，蓋因季子以立名也。又漢地理志，季子所居在今毗陵，本名延陵，至漢始改，然今縣北見有其祠，或當時采地所及，其地亦曰連陵。

茅山，在縣西南三十五里。三茅得道之所，事具仙經，不錄。

古神亭，在縣西北二十五里。初，孫策與太史慈遇於神亭，即此地也。吴志曰：「太史慈渡江到曲阿，見劉繇，會孫策至，繇使慈覘輕重，獨與一騎卒遇於神亭。策從騎十二，〔一五〕皆韓當、宋謙、黄蓋輩也，慈便前鬭，策刺慈馬，得慈項上手戟，慈亦得策兜鍪，會兩家兵騎來赴，遂各解散。後策獲慈，解縛捉手曰：『寧識神亭時邪？是時卿得我，如何？』慈曰：『未可量也。』策乃大笑。」

上元縣，緊。東北至州一百八十里。本金陵地，〔一六〕秦始皇時望氣者云：「五百年後，金陵有都邑之氣。」故始皇東遊以厭之，改其地曰秣陵，塹北山以絶其勢。及孫權之稱號，自謂當之。孫盛以爲始皇逮於孫氏四百三十七載，考其曆數，猶爲未及。晉之渡江，乃五百二十六年，遂定都焉。隋開皇九年平陳，於石頭城置蔣州，以江寧縣屬焉。武德三年，杜伏威歸化，改江寧爲歸化縣。九年，改爲白下縣，屬潤州。貞觀九年，又改白下爲江寧。至德二年，於縣置江寧郡，乾元元年改爲昇州，兼置浙西節度使。上元二年廢昇州，仍改江寧爲上元縣。

鍾山，在縣東北十八里。按輿地志，古金陵山也，邑縣之名，皆由此而立。吴大帝時，蔣子文發神異於此，封之爲蔣侯，改山曰蔣山。宋復名鍾山。梁武帝於西麓置愛敬寺，江表上已常遊於此，爲衆山之傑。

覆舟山，在縣東北一十里，鍾山西足地形如覆舟，故名。宋元嘉中改名玄武山，以爲樂遊苑。初，桓玄作亂，使卞範之屯覆舟山西，衆餘二萬。〔一七〕宋高祖率義師食畢，棄其餘糧，躬先士卒以擊之，範之等一時土崩。

牛頭山，在縣南四十里。山有二峯，東西相對，名爲「雙闕」。晉氏初過江，無闕，王導指山磐兩峯，卽此，名天闕山。

方山，在縣東南七十里。秦鑿金陵以斷其勢，方石山垝，居僞切。〔一八〕是所斷之處也。

三山，在縣西南五十里。〔一九〕晉王濬伐吴，宿於牛渚，部分明日前至三山，卽此也。

四望山，在縣西北八里。晉温嶠伐蘇峻於四望山，築壘以逼賊是也。

蔡洲，在縣西十二里江中。晉盧循作亂，戰士十餘萬，舟艦數百里，連旗而下。宋高祖登石頭以望循軍，初循引向新亭，公顧左右失色。既而迴泊蔡洲，公曰：「此成擒耳。」俄而循大敗而走。

淮水，源出縣南華山，在丹陽、湖孰兩縣界，西北流經秣陵、建康二縣之閒入於江。初，王敦搆亂，王導憂將覆族，使郭璞筮之，曰：〔二〇〕「淮水絶，王氏滅。」卽此淮也。

玄武湖，在縣北十里。周迴二十五里。

婁湖，縣東南五里。吴張昭所創，溉田數十頃，周迴七里。昭封婁侯，故謂之婁湖。宋時爲苑。

晉故臺城，在縣東北五里。成帝時，蘇峻作亂，焚燒宫室都盡，温嶠以下咸議遷都，惟王導固争不許。咸和六年，使王彬營造，七年帝遷於新宫，卽此城也。

揚州故理，〔二一〕在縣東百步。後漢末又理壽春。劉繇爲揚州刺史，始移理曲阿。吴長沙桓王孫策定江東，置揚州於建業，其州廨王敦及王導所創也，後會稽王道子於東府城領州，〔三二〕故亦號此爲西州。及隋平陳，又於石城置蔣州，移揚州於江北之江都焉。

丹陽郡故城，在縣東南五里。初爲丹陽内史，後改爲尹。

石頭城，在縣西四里。即楚之金陵城也，〔三三〕吴改爲石頭城，建安十六年，吴大帝修築，以貯財寶軍器，有戍。吴都賦云「戎車盈於石城」，是也。諸葛亮云「鍾山龍盤，石城虎踞」，〔三四〕言其形之險固也。

秣陵故縣，在縣東南四里。本金陵地也，秦改爲秣陵。

湖孰故縣，在縣東南七十里。

越城，在縣南六里。本東甌越王所築也。吴王濞敗，先趨此城，後保丹徒。郭璞行於途中，贈白衣人袴褶，亦此城也。

建康故城，在縣南三里。建安中改秣陵爲建業，晉復爲秣陵，孝武帝又分秣陵水北爲建業，〔三五〕避愍帝諱，改名建康。

東府城，在縣東七里。其地西則簡文帝爲會稽王時邸第，東則丞相會稽王道子府。謝安薨，道子代領揚州，仍前府舍，故稱爲東府，而謂揚州廨爲西州。謝惠連祭冥漠君文，即因修此府之城牆所爲也。

輔公祏城，在縣東七里。其地本齊文惠太子苑地也，公祏搆亂，築以爲城。其年，公祏平，城遂毁廢。

賀若弼壘，在縣北二十里。隋平陳，弼過江，於蔣山龍尾築壘。

韓擒虎壘，〔三六〕在縣西四里。隋平陳樹碑，其文，薛道衡之詞。武德七年，趙郡王孝恭平輔公祏，樹碑紀功，與此碑相對，李百藥之詞。

吴大帝蔣陵，在縣北二十二里。

晉元帝睿建平陵、明帝紹武平陵、成帝衍興平陵，並在縣北六里雞籠山。

康帝岳崇平陵，在縣東北二十里蔣山西南。

哀帝丕安平陵，在縣北六里雞籠山南。

簡文帝昱高平陵、孝武帝昌明隆平陵、安帝德宗休平陵、恭帝德文沖平陵，並在縣東北二十里蔣山西南。

宋武帝劉裕初寧陵、文帝義隆長寧陵，並在縣東北二十二里蔣山東南。

孝武帝駿景寧陵，在縣西南四十里巖山。

明帝彧高寧陵，在縣北十九里幕府山東南。

陳武帝霸先萬安陵，在縣東三十八里方山西北。貞觀十一年，詔百步内禁樵采。

文帝蒨永寧陵，在縣東北四十里蔣山東北。

宣帝頊顯寧陵，在縣南四十里牛頭山西北。

梁昭明太子安陵，〔二七〕在縣東北五十四里查硎山。

晉王導墓，在縣西北十四里幕府山西。

謝安墓，在縣東南十里石子岡北。

句容縣，緊。東北至州二百里。漢舊縣也，晉元帝興於江左，爲畿内第一品縣。縣有茅山，本名句曲，以山形似「己」字，故名句曲；有所容，故號句容。

赤山湖，在縣南三十五里。

茅山，在縣東南六十里。

竹里山，在縣北六十里。王塗所經，塗甚傾險，行者號爲翻車峴。山間有長澗，高下深阻，舊説云似洛陽金谷。宋武帝初起，自京口至江乘，破桓玄將吴甫之於竹里，移檄京師，即此處也。

銅冶山，在縣北六十五里。出銅鉛，歷代采鑄。

常州，晉陵。緊。開元户九萬六千四百七十五。〔二八〕鄉一百八十七。元和户五萬四千七百六十七。

禹貢揚州之地。春秋時屬吴，延陵季子之采邑。漢改曰毘陵，晉東海王越謫於毘陵。〔二九〕元帝以避諱，改爲晉陵郡，宋、齊因之。隋開皇九年平陳，廢郡，於常熟縣置常州，因縣爲名。後割常熟縣入蘇州，移常州理於晉陵縣。隋亂陷於寇境，武德七年平，仍舊置常州。

州境：東西二百十二里。南北二百九十里。

八到：西北至上都二千八百四十五里。西北至東都一千九百八十里。東南至蘇州一百九十里。西南至古宣州五百里。正南微西至湖州私路三百里。西北至潤州一百七十里。

貢、賦：開元貢：細紵，紅紫二色緜布，〔三〇〕紙六十張。　賦：紵布。〔三一〕

管縣五：晉陵，武進，江陰，無錫，義興。

晉陵縣，望。　郭下。　本春秋時延陵，漢之毗陵也，後與郡俱改爲晉陵。季札所居也，墓在本縣北七十里申浦之西。

武進縣，望。　郭下。　吴大帝改丹徒爲武進，晉武帝復改武進曰丹徒，別置武進縣於丹陽縣東五十里。〔三二〕梁武帝改武進爲蘭陵，入晉陵。〔三三〕垂拱二年，又析晉陵西界立武進縣於州理。

江陰縣，緊。　東南至州五十里。〔三四〕本漢毗陵縣之漑陽鄉，〔三五〕晉太康二年置漑陽縣，梁敬帝置江陰縣、郡。隋開皇九年罷郡，縣屬常州。

無錫縣，望。西北至州九十六里。漢舊縣也。東三十九里〔三六〕有梅里山，吴太伯葬處。

義興縣，緊。北至州一百二十里。本漢陽羨縣，故城在荆溪南。晉惠帝時，妖賊石冰寇亂揚土，〔三七〕縣人周玘創義討冰，割吴興之陽羨幷長城縣之北鄉爲義興郡，以表玘功。隋開皇九年平陳，廢郡爲義興縣。

荆溪，〔三八〕是周處斬蛟處。

蘇州，吴郡。緊。開元户六萬八千九十三。鄉一百一十八。元和户十萬八百八。

禹貢揚州之地。周時爲吴國。太伯初置城，在今吴縣西北五十里，〔三九〕至闔閭遷都於此。後爲越所并，楚滅越而封黄歇於吴。秦置會稽郡二十六縣於吴。項羽初起，殺會稽太守殷通，即此也。漢亦爲會稽郡。後漢順帝永建四年，陽羨令周喜、〔四〇〕山陰令殷重上書，求分爲二郡，遂割浙江以東爲會稽，浙江以西爲吴郡。〔四一〕孫氏創業，亦肇跡於此。歷晉至陳不改，常爲吴郡，與吴興、丹陽號爲「三吴」。隋開皇九年平陳，改爲蘇州，因姑蘇山爲名。山在州西四十里，其上闔閭起臺。外郭城，云是伍胥所築，周迴四十七里。

州境：東西四百四十一里。南北四百九十八里。

八到：西北至上都三千三十里。西北至東都二千一百七十里。南至杭州三百七十里。正南微西至湖州二百一十里。東北至海三百三十里。西北至常州一百九十里。

貢、賦：開元貢：白石脂，蛇牀子。　賦：紵，布。　元和貢：絲葛十匹，白石脂三十斤，蛇牀子三升。

管縣七：吳，長洲，嘉興，海鹽，常熟，崑山，華亭。

吳縣，望。　郭下。　本吳國，闔閭所都，秦置縣。

太湖，在縣西南五十里。禹貢謂之震澤，周禮謂之具區。湖中有山，名洞庭山。

虎丘山，〔四二〕在縣西北八里。吳越春秋云闔閭葬於此，秦皇鑿其珍異，〔四三〕莫知所在，孫權穿之，亦無所得。其鑿處，今成深澗。

松江，在縣南五十里，經崑山入海。左傳云「越伐吳，軍於笠澤」，卽此江。

長洲縣，　望。　郭下。　本萬歲通天元年析吳縣置，取長洲苑爲名。苑在縣西南七十里。

嘉興縣，望。　北至州一百四十七里。　本春秋時長水縣，秦爲由拳縣，漢因之。吳時有嘉禾生，改名禾興縣，後以孫晧父名，改爲嘉興縣也。

海鹽縣，上。　西北至州一百二十七里。　本秦縣，漢因之。其後縣城陷爲柘湖，移於武原鄉。後又陷爲當湖，移置山旁。隋開皇九年廢縣，北屬杭州，武德七年地入嘉興。開元五年，刺史張廷珪又奏置。〔四四〕

常熟縣，緊。　南至州一百里。　本漢吳縣地，梁大同六年置常熟縣，武德七年移理海鹽虞城；〔四五〕今縣是也。

崑山縣，緊。西至州八十里。本秦、漢婁縣，其城吴子壽夢所築。梁分置信義縣，又分信義置崑山縣，因縣有崑山，故取名焉。

華亭縣，上。西至州二百七十里。天寶十年，吴郡太守趙居貞奏割崑山、嘉興、海鹽三縣置。

華亭谷，在縣西三十五里。陸遜、陸抗宅在其側，〔四六〕遜封華亭侯。陸機云「華亭鶴唳」，此地是也。

杭州，餘杭。上。開元户八萬四千二百五十二。鄉一百八十八。元和户五萬一千二百七十六。

禹貢揚州之域。春秋時爲吴、越二國之境。其地本名錢塘，史記云「秦始皇東游，至錢塘，〔四七〕臨浙江」，是也。漢屬會稽，吴志注云：「西部都尉理所。」陳禎明中置錢塘郡，隋平陳，廢郡爲州。〔四八〕

州境：東西五百五十四里。南北八十九里。

八到：西北至上都三千四百里。西北至東都二千五百四十里。西南至睦州三百一十五里。東南取浙江至越州一百三十里。〔四九〕西至歙州四百七十里。西北至宣州四百九十六里。東北至浙江入海處約一百里。北至蘇州三百七十里。

貢、賦：開元貢：黄藤紙，橘，黄連，緋綾，紋紗。　賦：紵布。　元和貢：白編綾十二匹。

管縣八：錢塘，餘杭，臨安，富陽，於潛，鹽官，新城，唐山。

錢塘縣，緊。　郭下。　本漢舊縣也。　錢塘記云：「昔州境逼近海，〔五〇〕縣理靈隱山下，今餘址猶存。　郡議曹華信乃立塘以防海水，募有能致土石者卽與錢。　及塘成，縣境蒙利，乃遷理此地，於是改爲錢塘。」〔五一〕按華信漢時爲郡議曹，據史記，「始皇至錢塘，臨浙江」，秦時已有此名，疑所説爲謬。　隋平陳以後，縣頻遷置，貞觀四年定於今所。〔五二〕

靈隱山，在州西北十七里。

界石山，在州西南四十九里。

浙江，在縣南一十二里。　莊子云浙河，〔五三〕卽謂浙江，蓋取其曲折爲名。　江源自歙州界東北流經界石山，又東北經州理北，又東北流入於海。　江濤每日晝夜再上，常以月十日、二十五日最小，月三日、十八日極大，小則水漸漲不過數尺，大則濤湧高至數丈。　每年八月十八日，數百里士女，共觀舟人漁子泝濤觸浪，謂之弄潮。〔五四〕

餘杭縣，緊。　東南至州七十里。　本吴地。　吴興記云：「秦始皇三十七年，將上會稽，塗出此地，因立爲縣，舍舟航於此，仍以爲名。」〔五五〕

由拳山，晉隱士郭文舉所居。　傍有由拳村，出好藤紙。

臨安縣，緊。東南至州一百二十八里。本吴大帝分餘杭縣立臨水縣，晉改爲臨安。隋亂，廢置無準，垂拱四年巡撫使狄仁傑復奏置。

富陽縣，緊。東北至州七十三里。本漢富春縣，屬會稽郡。晉孝武帝太元中，避鄭太后諱，改「春」爲「陽」。吴孫堅父子卽此縣人。縣有王洲，出橘，爲江東之最，今見進供。

湖洑山，在縣西南五十里。甚幽邃，重疊險遠，每時有擾攘，人皆逃避於此山。

於潛縣，緊。東至州二百里。本漢舊縣也，縣西有朁山，因以爲名。舊「朁」字無「水」，至隋加「水」焉。〔五六〕武德七年置潛州，領於潛、臨水二縣。八年廢州，縣屬杭州。

天目山，在縣理北六十里。有兩峯，峯頂各一池，左右相對，名曰天目。〔五七〕

鹽官縣，上。西南至州一百三十里。本漢海鹽縣，有鹽官。〔五八〕吴志云「孫權爲將軍，陸遜始仕幕府，出爲屯田都尉」，卽此地也。武德七年省入錢塘縣，貞觀四年復置。

海水，在縣南七里。

臨平湖，在縣西五十五里。溉田三百餘頃。

新城縣，上。東北至州一百三十二里。本漢富春縣地，〔五九〕永淳元年分富春西境置。

唐山縣，中。東至州二百四十八里。〔六〇〕漢於潛縣地，〔六一〕萬歲通天元年置武隆縣，神龍元年改爲唐山縣。

湖州，吳興。上。開元户六萬一千一百三十三。鄉一百二十二。元和户四萬三千四百六十七。

禹貢揚州之域。防風氏之國。〔六二〕秦始皇徙越人於此。吳歸命侯置吳興郡，梁紹泰初改吳興郡爲震州，蓋取震澤爲名。陳初罷震州，復爲吳興郡。隋平陳，廢吳興郡，仁壽二年於此置湖州。

州境：東西三百八里。南北二百一十三里。

八到：西北至上都三千二百四十里。西北至東都二千二百四十里。〔六三〕東北至蘇州二百一十里。正西微北至宣州三百七十里。東北至常州私路三百里。東至杭州私路一百九十里。〔六四〕

貢、賦：開元貢：絲布。賦：糙秔米，紵，布。元和貢：布三十三端。

管縣五：烏程，長城，安吉，武康，德清。

烏程縣，望。郭下。本秦舊縣，越絕云：「始皇至會稽，徙於越之人於烏程。」吳興記云：「吳景帝封孫皓爲烏程侯，〔六五〕及皓卽位，改葬父和於此，遂立爲吳興郡。」

霅溪水，一名大溪水，一名苕溪水，西南自長城、安吉兩縣東北流，至州南與餘不溪水、苧溪水合，又流入於太湖，在州北三十五里。

吳興塘，太守沈攸之所建，灌田二千餘頃。

長城縣，緊。東南至州七十里。本漢烏程縣地，晉武帝太康三年分其地置長城縣，昔闔閭使弟夫槩居此，築城狹而長，因以爲名。

顧山，在縣西北四十二里。〔六六〕貞元以後，每歲以進奉顧山紫笋茶，役工三萬人，累月方畢。

若溪水，〔六七〕釀酒甚濃，俗稱「若下酒」。〔六八〕

安吉縣，上。東北至州一百四十里。本漢故鄣縣地，漢靈帝中平二年，張角作亂，荆、揚尤甚，唯此郡守險阻固，漢朝嘉之，故分立爲縣。

武康縣，上。東北至州一百五里。本漢烏程餘不鄉之地，漢末童謡云「天子當興於東南三餘之閒」，故吴大帝改會稽之餘暨爲永興，而分餘不鄉置永安縣，屬吴興。晋平吴，改爲武康。

封山，在縣東南十八里。卽家語云「封嵎之山，防風氏之國」也。

德清縣，上。北至州一百五里。天授二年析武康鄉置武原縣，景雲二年改爲臨溪縣，以臨餘不溪也，天寶元年又改爲德清縣。

睦州，新安。〔六九〕上。開元户五萬五千五百一十六。元和户九千五十四。

禹貢揚州之域。春秋時迭入吴、越。秦屬丹陽郡，〔七〇〕爲歙縣。後漢建安十三年，吴大帝遣中郎將賀齊討歙縣山賊，平定，分歙爲始新、新定、〔七一〕黎陽、休陽四縣，與歙、黟凡六縣，立新都郡，理始新縣。晉武帝太康元年，改新都爲新安郡，新定縣爲遂安縣。隋平陳，廢新安郡，析新安縣置睦州，後又改爲遂安郡。隋氏喪亂，陷於寇賊，武德四年討平汪華，改爲州，取「俗阜人和，內外輯睦」爲義。萬歲通天二年，又自新安東移一百六十五里，理建德，卽今州理是。

州境：東西四百二十里。南北三百十一里。

八到：西北至上都三千七百一十五里。西北至東都二千八百五十五里。西北至衢州二百八十一里。〔七二〕西北至歙州三百七十里。東南至婺州一百六十里〔七三〕。

貢、賦：開元貢：交梭，石筴。賦：絲，紵，布。元和貢：交梭二匹，竹簟。

管縣六：建德，桐廬，遂安，清溪，分水，壽昌。

建德縣，上。郭下。本漢富春縣地，吳黃武四年分置建德縣，隋大業末改爲鎮，武德四年復改爲建德縣。

浙江，在州南一十里。又有東陽江，東南自婺州界來，至州南注浙江。

七里瀨，在縣東北一十里。

桐廬縣，緊。西南至州一百五里。本漢富春縣之桐溪鄉，黃武四年分置桐廬縣，以居桐溪地，因名。

浙江，在縣南一百四十步。

桐廬江，源出杭州於潛縣界天目山，南流至縣東一里入浙江。

嚴子陵釣臺，在縣西三十里，浙江北岸也。

遂安縣，上。東北至州一百九十里。〔七四〕本漢歙縣地，吴大帝使賀齊平黟、歙，於縣之南鄉安定里置新定縣，〔七五〕晉武帝太康元年改爲遂安。

白石山，在縣西七十里。其山出白石英，貢，〔七六〕因以爲名。

清溪縣，上。東至州一百六十五里。黄武元年，分歙縣東鄉置始新縣，晉改爲雉山，以縣南有雉山，因名之。隋開皇九年併爲新安縣，仁壽中復爲雉山。開元二年改爲還淳，〔七七〕今改爲清溪。

新安江，自歙州黟縣界流入縣，東流入浙江。

分水縣，上。東北至州一百八十五里。〔七八〕本桐廬之西境，武德四年置，七年省。如意元年改置武盛縣，〔七九〕神龍元年復改爲分水。

壽昌縣，中。東北至州一百一十里。本漢富春縣地，吴分立新昌，晉太康元年改爲壽昌。〔八〇〕皇朝因之。

卷二十五校勘記

〔一〕墾田六千七百二十七頃　攷證：官本下按云：「前各府州據此類推，皆有墾田數，傳寫缺佚。」按此志府州縣下列有墾田者，關內道涇、原、寧、慶、坊、鄜、丹、延八州，河南道陝、虢、汝三州，河東道太原府太原縣，河北道魏、博、相、衛、貝、澶六州，嶺南道梧州，其數並缺，此原書體例之僅存者。

〔二〕劉賈所封　今按：漢書高帝紀：「六年，以東陽、鄣郡、吳郡五十三縣立劉賈爲荆王。」本傳謂其王淮東，不言都丹徒。

〔三〕至宣州四百里　今按：殿本同，與宣州八到合，它本「百」誤「十」。

〔四〕聚族而居之　今按：殿本同，它本無「聚族」二字。輿地紀勝鎮江府丹徒縣引作「聚其族而居之」，與左傳襄二十八年同。

〔五〕宋高祖云至誠有其緒　攷證：「宋」，御覽、樂史並引作「梁」，此誤，當爲形近之訛。「緒」，樂史引京口記作「語」。又按梁書「大同十年，幸京口城北固樓，改名北顧」，即其事。

〔六〕氏父山　今按：各本「氏」作「互」。攷證云：「宜作『氏』，蓋以苻氏氏羌，故云。「丘」爲「氏」之僞體，與「互」形近，致誤。

〔七〕在縣東二里　攷證：「東」，王象之作「東南」。

〔八〕隋置潤州　今按：岱南閣本、畿輔本「州」誤「川」。

〔九〕本舊雲陽縣地　攷證：「本」下宜脱「漢曲阿」三字，地理志曰「曲阿，故雲陽」，是也。

〔一〇〕已爲袁術所據　攷證：官本「已」上有「是時」二字。

〔一一〕郗道徽「徽」原作「微」，攷證：晉書郗鑒字道徽，「微」字誤。今按：郗鑒晉書有傳，今據改。

〔一二〕在縣口三十二里　攷證：官本「二」作「一」，王象之引作「縣北三十一里」。

〔一三〕武帝磧至縣東二十二里　今按：岱南閣本、畿輔本「磧」誤「頣」。輿地紀勝鎮江府古迹引作「二十一里」，殿本與同。

〔一四〕垂拱二年　攷證：新、舊志並作「四年」。

〔一五〕獨與一騎至騎十二　攷證：吴志「一」作「二」，「十二」作「十三」。

〔一六〕本金陵地　攷證：王象之引作「本楚金陵邑」。

〔一七〕粟餘二萬　攷證：晉書卞範之傳、宋書高祖本紀並作「衆合二萬」，蓋誤。今按：戈襄校舊鈔本「粟」作「衆」。

〔一八〕居僞切　今按：殿本同，它本無此注。

〔一九〕五十里　今按：殿本同，它本作「五十五里」。

〔二〇〕在丹陽湖孰至筮之曰　攷證：按湖孰、秣陵、建康俱非唐縣，宜脱引據書名，樂史引輿地志與此小别。「曰」上官本有「璞」字。

〔二一〕揚州故理　今按：岱南閣本、畿輔本「理」誤「里」。

〔二二〕會稽王道子　今按：岱南閣本、畿輔本「道」誤「導」。

〔二三〕卽楚之金陵城也　今按：殿本同，它本「卽」誤「江」。

〔二四〕石城虎踞　攷證：「虎」字後人所改，唐避。

〔二五〕孝武帝　今按：岱南閣本、畿輔本脱「孝」字。下簡文帝高平陵條同。

〔二六〕韓擒虎壘　攷證：「虎」字後人所增，唐人稱單名，見隋書、北史。

〔二七〕安陵　攷證：宜作「安寧陵」，見本傳，此脱。

〔二八〕四百七十五　今按：殿本同，它本「四百」作「九百」。

〔二九〕晉東海王越謫於毘陵　今按：晉書越無謫於毘陵事，通典謂是越嫡子封于毘陵。輿地紀勝常州沿革引此而辨之，云：「元和志『謫於』二字既無來歷，往往是『嫡子』二字，其下或有脱字，遂訛爲『謫于』耳，當從通典。」攷證云：「按晉志云以毘陵郡封東海王世子毘，避諱改爲晉陵郡，蓋此志及通典所本，宜補正。」

〔三〇〕紅紫二色綿布　攷證：官本接上寫。

〔三一〕賦紵布　今按：岱南閣本、畿輔本上有「元和貢」三字，無「賦」字。

〔三二〕晉武帝復改武進至東五十里　今按：岱南閣本、畿輔本作「晉武德改武復日丹徒」，蓋有錯脱。殿本「丹徒」下有「曲阿」二字，按云：「此『曲阿』二字，疑上下有缺文。」攷證云：「『曲阿』二字，疑自丹陽縣叙脱。」以爲丹陽縣「本舊雲陽縣地」，「本」下脱「曲阿」二字，殿本有此二字，即彼文所脱。攷宋志「武進，晉太康二年分丹徒、曲阿立」。輿地紀勝常州武進縣引此志作「於曲阿別置武進縣於丹陽東五十里」。則此志本有「曲阿」，傳鈔缺失，殿本惟脱「於」耳，攷證以爲錯出，未審。

〔三三〕改武進爲蘭陵入晉陵　攷證：「入晉陵」上有脱文，樂史云：「隋文帝廢，武德二年復置，貞觀元年併入晉陵。」

〔三四〕東南至州五十里　攷證：「東」宜作「西」。

〔三五〕溉陽鄉　攷證：「溉」，郡國志注作「暨」，晉志作「既」，舊書「武德三年置暨州」，字蓋通用。

〔三六〕東三十九里　攷證：王象之引無「九」字。

〔三七〕石冰　今按：輿地紀勝常州宜興縣引同，各本「冰」誤「水」。攷證云：「晉書及通鑑俱作『石冰』。」

〔三八〕荆溪　攷證：樂史云「在縣南二十步」，此疑脱。

〔三九〕在今吴縣西北五十里　攷證：王象之引無「西」字。

〔四〇〕周喜　攷證：水經注「喜」作「嘉」，此志越州叙亦作「嘉」，此誤。今按：輿地紀勝平江府沿革引此作「周喜」，若誤，宋時已然。

〔四一〕陽羨令周喜山陰令殷重至爲吴郡　今按：水經漸江水注無山陰令殷重名，云：「周嘉上書，以縣遠赴會至難，求得分置，遂以浙江西爲吴，以東爲會稽。」輿地紀勝平江府引此爲「陽羨令周喜、山陰令陰重上書，以吴、越二國周旋一萬一千里，以浙江山川陰絶，求得分置，遂分浙江以西爲吴郡，浙江以東爲會稽郡」。疑此傳寫脱。又「殷重」作「陰重」，不同。

〔四二〕虎丘山　攷證：「『虎』宜作『武』，顧祖禹曰：『唐時諱虎，亦曰武丘。』」

〔四三〕鑿其珍異　攷證：王象之引「其」作「求」。

〔四四〕張廷珪　攷證：官本「廷」作「庭」，誤，新、舊書俱作「廷」。

〔四五〕移理海鹽虞城　攷證：「『鹽』字宜衍。按常熟縣志：『唐武德七年移治于海虞城，今縣是也。』晉書地理志：『海虞，吴郡縣。』」

〔四六〕陸遜陸抗宅　攷證：「『抗』，樂史作『凱』，此疑誤。抗，遜子；凱，遜族子。

〔四七〕至錢塘　攷證：史記「塘」作「唐」，漢書同。

〔四八〕廢郡爲州　今按：輿地紀勝臨安府錢塘縣引作「廢郡爲杭州」。

〔四九〕一百三十里　攷證：越州八到作「百四十里」。

〔五〇〕昔州境逼近海　今按：輿地紀勝臨安府錢塘縣引作「昔邑境逼近江流」，此「州」當作「邑」，謂錢塘縣也。「海」當是「江」，即錢塘江。

〔五一〕郡議曹華信至改爲錢塘　今按：輿地紀勝臨安府錢塘縣引此作「初功曹華信議立此塘，以防海水，募有能致土石一斛與千錢，旬月之間，來者雲集。塘未成，譎不復取，皆棄土石而去，塘遂成，因號錢塘」。後漢書朱儁傳注及水經漸江水注引劉道真錢塘記與此引並同，疑今志文簡略不明，乃宋以後鈔者削之。水經注引錢塘記同此作「郡議曹華信」，輿地紀勝引作「功曹華信」，恐誤。

〔五二〕貞觀四年　攷證：舊志作「六年」。

〔五三〕浙江在縣南一十二里莊子云浙河　今按：岱南閣本、畿輔本「浙江」下衍「東」字。攷證云：「莊子本作『制河』，此誤。郝懿行曰『浙、制、漸三字聲轉，其實一也。』」

〔五四〕謂之弄潮　今按：殿本「潮」作「濤」，與輿地紀勝臨江府景物引同。攷證謂王應麟引亦作「濤」，疑此誤。

〔五五〕舍舟航於此仍以爲名　攷證：此說本徐廣，郡國志注以爲在富春，未知孰的。

〔五六〕有蓸山至至隋加水焉　攷證：按地理志於蓸無水旁，郡國志、三國志、州郡志、水經注並有水旁。隋志作「於灊」，與此別。今按：岱南閣本、畿輔本「蓸山」作「灊山」，誤。

〔五七〕名曰天目　攷證：顧祖禹引此下有「左屬臨安，右屬於灊」二句，此脱。

〔五八〕鹽官縣本漢海鹽縣有鹽官　今按：地理志海鹽縣屬會稽郡，郡國志屬吴郡，至吴始置鹽官縣，各本作「本漢舊縣」，誤。地理志西河郡有鹽官縣，非此。

〔五九〕本漢富春縣地　今按：輿地紀勝臨安府新城縣引作「富陽」，誤。富陽，晉避諱改。

〔六〇〕二百四十八里　今按：殿本同，它本脱「二」字。

〔六一〕漢於灊縣地　攷證：「灊」宜作「蓸」。

〔六二〕防風氏之國　今按：輿地紀勝安吉州沿革引「防風」上有「古」字。

〔六三〕二百四十里　今按：岱南閣本、畿輔本作「三百四十里」。

〔六四〕東至杭州私路一百九十里　攷證：宜作「東南」。

〔六五〕吴景帝　今按：殿本同，它本「吴」誤「晉」。

〔六六〕顧山在縣西北四十二里　攷證：括地志、樂史「顧」上並有「西」字。「四十二里」，王象之引作「四十里」。

〔六七〕若溪水　攷證：「若」疑脱「竹」，顧野王輿地志：「夾溪悉生箭箬，故名。」

〔六八〕若下酒　今按：殿本同，它本「下」誤「水」。「若」當作「箬」，箬下，村名。吴録：「烏程箬下酒，有名。」

〔六九〕新安　攷證：新、舊志並作「新定」。

〔七〇〕秦屬丹陽郡　攷證：秦郡無丹陽，恐「漢」字之誤。

〔七一〕新定　今按：與吴志合，下遂安縣叙云「吴大帝使賀齊平黟、歙，於縣之南鄉安定里置新定縣」，是，各本皆誤作「新安」。

〔七二〕西北至衢州　攷證：「西北」宜作「西南」。

〔七三〕東南至婺州　今按：殿本同，它本「南」誤「北」。

〔七四〕東北至州　今按：殿本同，它本脱「北」字。

〔七五〕置新定縣　攷證：官本「定」作「安」，誤。

〔七六〕出白石英貢　攷證：王象之引「貢」作「充貢」，此脱。

〔七七〕開元二年　攷證：新、舊志「二年」並作「二十年」，上有「文明元年復曰新安」，此無。

〔七八〕東北至州　攷證：分水郎今縣，「東北」宜作「東南」。

〔七九〕如意元年改置武盛縣　今按：與新、舊唐志合，各本「元年」作「二年」，「武盛」作「盛武」，疑誤倒。攷證謂樂史、歐陽忞、王象之並作「武盛」。

〔八〇〕本漢富春縣地至改爲壽昌　今按：新唐志云「壽昌，永昌元年析雉山縣置」，輿地廣記亦云「本雉山縣地」，與此云「富春縣地」不同。

元和郡縣圖志卷第二十六

江南道二

浙東觀察使

越州，會稽。都督府。開元户十萬七千六百四十五。鄉二百一十。元和户二萬六百八十五。鄉百四十五。今爲浙東觀察使理所。

管州七：越州，婺州，衢州，處州，温州，台州，明州。縣三十(七)〔八〕。〔一〕都管户一十萬四千三百六十七。

禹貢揚州之域。春秋時爲越，周禮「吴越星紀之分」。夏少康封少子無餘以奉禹祀，號曰於越，越國之稱，始於兹矣。後代句踐稱王，與吴王闔閭戰，敗之檇音醉。李，故城在今嘉興縣南三十七里。夫差立，句踐復伐吴滅之，〔二〕并其地。遂渡淮，遷都琅邪，朝貢周，周錫命爲伯。至六代，王無彊爲楚所滅。〔三〕秦以其地并吴立爲會稽郡。後漢順帝時，陽羨令周喜上書，〔四〕以吴、越二國，周旋一萬一千里，以浙江山川險絶，求得分置。遂分浙江以西爲吴郡，東爲會稽郡。自晉至陳，又於此置東揚州。〔五〕隋平陳，改東揚州爲吴州，大業元

年改爲越州。武德四年討平李子通，置越州總管。六年陷輔公祏，七年平定公祏，改總管爲都督。〔六〕

州境：東西六百四十八里。南北三百六十里。

八到：西北至上都三千五百三十里。西北至東都二千六百七十里。東至明州二百七十五里。東南至台州四百七十五里。西南至婺州三百九十里。西北至杭州一百四十里。〔七〕

貢、賦：開元貢：甘橘，甘蔗，葛根，石蜜，交梭白綾。〔八〕自貞元之後，凡貢之外，别進異文吴綾，〔九〕及花皷歇單絲吴綾，〔一〇〕吴朱紗等織麗之物，凡數十品。

管縣七：會稽，山陰，諸暨，餘姚，蕭山，上虞，剡。

會稽縣，望。郭下。山陰，〔一一〕越之前故靈文（國）〔園〕也。〔一二〕秦立以爲會稽山陰。漢初爲都尉。隋平陳，改山陰爲會稽縣，皇朝因之。吴越春秋云：「禹巡行天下，會計修國之道，〔一三〕因以會計名山，仍爲地號。」山陰縣，秦舊地，〔一四〕隋改爲會稽。垂拱二年，又割會稽西界别置山陰，大曆二年刺史薛兼訓奏省山陰并會稽。七年，刺史劉少遊又奏置，〔一五〕今復併入會稽。宋略云：「會稽山陰，編户三萬，號爲天下繁劇。」〔一六〕

重山，大夫種葬處。〔一七〕

會稽山，在州東南一十里。〔一八〕

八到：西北至上都三千九百九十五里。〔四〇〕西北至東都三千三十五里。正北微西至睦州一百六十里，水路一百八十里。正北微東至越州三百九十里。西至衢州一百九十里。東南至處州二百六十里。

貢、賦：開元貢：藤，紙。賦：紵布。元和貢：纖纊，白藤，細紙。

管縣七：金華，義烏，永康，東陽，蘭溪，武義，浦陽。

金華縣，望。郭下。本漢烏傷縣地，獻帝初平三年，分烏傷置長山縣，〔四一〕屬會稽郡。隋平陳，改爲吴寧縣，十二年又改爲東陽縣，十八年又改爲金華縣。其長山一名金華，故取名焉。

東陽江，有二源，一南自永康縣界流入，一東自義烏縣界流入，至縣界南合爲一，謂之東陽江。

金華山，在縣北二十里。赤松子得道處。出龍鬚草。

義烏縣，緊。西南至州一百五十一里。本秦烏傷縣也，〔四二〕孝子顔烏將葬，羣烏銜土塊助之，〔四三〕烏口皆傷，時以爲純孝所感，乃於其處立縣曰烏傷。武德四年，於縣置綢州，〔四四〕縣屬焉，又改烏傷爲義烏。

永康縣，望。西北至州一百九里。本漢烏傷縣地，吴大帝分烏傷之南界置，隋廢。武德四年於縣置麗州，八年廢州，縣屬婺州。

東陽縣，望。西至州一百五十里。〔四五〕本漢烏傷縣地，垂拱二年分義烏縣置，取舊東陽郡名也。〔四六〕

蘭溪縣，緊。東南至州五十里。咸通五年割金華縣西界置。

蘭溪，在縣南七里，東北流入東陽江。

武義縣，上。北至州九十里。〔四七〕天授二年，〔四八〕分永康西界以爲武義縣。

浦陽縣，上。西南至州一百二里。天寶十三年，分義烏縣北界置。

浦陽江，在縣西北四十里。出雙溪山嶺，〔四九〕東入越州諸暨縣。

衢州，信安。上。開元户六萬二千二百八十八。鄉一百二十四。元和户一萬七千四百二十六。鄉一百七。

本舊婺州信安縣也，武德四年平李子通，於信安縣置衢州，以州有三衢山，因取爲名。六年，陷輔公祏廢州，垂拱二年復置。

州境：東西六百一十里。南北二百十六里。〔五〇〕

八到：西北至上都四千九十五里。〔五一〕西北至東都三千一百三十五里。〔五二〕南至建州七百里。〔五三〕西至信州二百五十里。東至婺州一百九十里。東南至處州四百五十里。

貢、賦：開元貢：緜紙。賦：紵布。〔五四〕元和貢：紙，〔五五〕黄連，葛粉，簟，扇，龍鬚席。

管縣五：〔五六〕信安，常山，龍丘，須江，盈川。

信安縣，望。郭下。本春秋姑蔑之地，漢太末縣也，獻帝初平三年，分太末立新安縣，屬會稽郡。晉太康元年，〔五七〕以弘農有新安，故改名信安。皇朝置州，縣屬焉。

常山縣，上。東至州八十里。本太末縣地，隋初置定陽縣，隋末廢。咸亨三年，於今縣東四十里置常山縣，因縣南有常山爲名。廣德二年本道使薛兼訓奏，移置於舊縣西四十里，即今縣是也。

龍丘縣，緊。西至州七十二里。本春秋姑蔑之地，越西部也，〔五八〕杜注云「今東陽太末縣」。越絶書謂之姑婺州。晉改太末爲龍丘，〔五九〕因縣東龍丘山爲名。隋末廢，貞觀八年又置。

須江縣，上。北至州九十五里。武德四年置衢州，分信安縣南境置須江縣，八年並廢。永昌元年秋復置，以縣南有須江溪，因以爲名。

盈川縣，〔六〇〕本漢太末縣地，如意元年分龍丘縣置。元和七年省入信安。〔六一〕

縠水江，〔六二〕在縣東南一里。

處州，縉雲。上。開元户三萬三千二百七十八。鄉七十六。元和户一萬九千七百二十六。鄉三十六。

禹貢揚州之域。春秋時爲越國。秦滅楚，〔六三〕置會稽郡。後越王無彊七代孫閩君揺佐漢有功，〔六四〕立爲東越王，〔六五〕都東甌，今温州永嘉縣是也。後以甌地爲回浦縣，屬會稽。後漢〔六六〕改回浦爲章安。晉立爲永嘉郡，梁、陳因之。隋開皇九年平陳，改永嘉爲處州，十二年又改爲括州，大業三年復改爲永嘉郡。武德四年討平李子通，復立括州，仍置總管府，七年改爲都督府，貞觀元年廢。天寶元年爲縉雲郡，乾元元年復爲括州。大曆十四年以與德宗廟諱同音，改處州。貞元六年，刺史齊抗以舊州湫隘，屢有水災，北移四里就高原上。

州境：東西　南北

八到：西北至上都四千一百五十五里。〔六七〕西北至東都三千二百九十五里。西北至婺州二百六十里。西北至衢州四百五十里。東北至台州四百九十里。西北至建州水路九百里，〔六八〕陸路四百九十里。東南水路至温州二百七十里。〔六九〕

貢、賦：開元貢：葛，紵布，蜜，緜。〔七〇〕元和貢：緜，紵布，麻布，樹皮布，小綾，紗，絹，緜紬。〔七一〕

管縣六：麗水，松陽，縉雲，遂昌，青田，龍泉。

麗水縣，上。郭下。本後漢松陽縣地，隋平陳，乃分松陽縣之東鄉立括蒼縣，〔七二〕取括蒼山爲名，屬處州。後因之不改。大曆十四年改爲麗水。麗水本名惡溪，以其湍流阻險，九十里間五十六瀨，〔七三〕名爲大惡，隋開皇中改爲麗水，皇朝因之，以爲縣名。

松陽縣，上。東至州二百九十二里。〔七四〕本漢回浦縣之地，屬會稽，後漢分立此縣，〔七五〕有大松樹，大十八圍，〔七六〕因取爲名。隋開皇九年廢，十二年復置。皇朝因之。

縉雲縣，上。西南至州八十五里。萬歲登封元年分麗水縣東北界、婺州永康縣南界置，因山爲名。〔七七〕

縉雲山，一名仙都，一曰縉雲，〔七八〕黄帝鍊丹於此。

遂昌縣，上。東至州三百四十里。〔七九〕吴赤烏二年分太末縣置平昌縣，晉太康元年改爲遂昌。武德八年廢，景雲二年刺史孔琮復奏置。

青田縣，中。東至州一百五十里。〔八〇〕本麗水縣之鄉名也，景雲二年刺史孔琮奏於此分置青田縣。

青田溪，在縣西南十八里。

龍泉縣，中。東至州三百五十里。〔八一〕乾元二年，〔八二〕越州刺史獨孤峻奏割遂昌、松陽二縣置。

龍泉洞，在縣南二里。

温州，永嘉。上。開元户三萬七千五百五十四。鄉七十八。元和户八千四百八十四。鄉一十六。

本漢會稽東部之地，初閩君摇有功於漢，封爲東甌王，晉大寧中於此置永嘉郡，隋廢郡地入處州。武德五年，杜伏威歸化，於縣理置東嘉州，尋廢。六年，輔公祏爲亂於丹陽，永嘉、安固等百姓於華蓋山固守，不陷凶黨，高宗上元元年，〔八三〕於永嘉縣置温州。

州境：東西二百四里。南北七百二十里。

八到：西北至上都四千四百二十五里。〔八四〕西北至東都三千五百六十五里。正北微西至台州五百里。〔八五〕西北至處州二百七十里。〔八六〕東至大海八十里。西南至福州水陸路相兼一千八百里。

貢、賦：開元貢：䌷，紵，布，鮫魚皮三十張。〔八七〕元和貢：鮫魚皮。〔八八〕

管縣四：永嘉，安固，横陽，樂成。〔八九〕

永嘉縣，上。郭下。郎漢回浦縣之東甌鄉，晉立爲縣。〔九〇〕上元二年於此置温州，縣移在州東一百八十步。

永嘉江，一名永寧江，在州東三里。

華蓋山，在州東一里。

安固縣，上。北至州七十七里。〔九一〕本漢回浦縣地，後漢改回浦爲章安，吴分章安於此立羅陽縣，少帝改曰安陽。晉太康元年更名安固，前上元二年自處州割入温州。

安固山，在縣北一里。

安固江，在縣南一里。

横陽縣，上。北至州一百五里。〔九二〕本晉太康元年分安固南横嶼屯置，〔九三〕隋平陳廢入安固縣，大足元年又分安固縣再置。〔九四〕

橫陽山，在縣南二百七十里。東臨大海。

橫陽江，在縣南一百里。

樂成縣，上。北至州一百二十四里。〔九五〕本漢回浦縣地，東晉孝武帝分永寧縣置，隋廢，載初元年復置。

大海，在縣東一十一里。

台州，臨海。上。開元户五萬。鄉一百一十五。〔九六〕元和户　鄉九十五。〔九七〕

禹貢揚州之域。春秋時爲越地，秦并天下置閩中郡，漢立(東)〔南〕部都尉。〔九八〕本秦之回浦鄉，〔九九〕分立爲縣，揚雄解嘲云「東南一尉，西北一候」，是也。〔一〇〇〕後漢改回浦爲章安縣。吴大帝時分章安、永寧置臨海郡，隋平陳廢郡爲臨海縣。武德四年討平李子通，於臨海縣置海州，五年改海州爲台州，蓋因天台山爲名。六年，輔公祏叛，州從陷没。七年平定公祏，仍置台州。

州境：東西三百九十三里。南北四百三十五里。

八到：西北至上都四千五百里。西北至東都三千一百四十五里。正南微東至温州五百里。〔一〇一〕東至大海一百八十里。西北至越州四百七十五里。〔一〇二〕正西微南至處州四百九十里。

貢、賦：開元貢：乾薑三百斤，鮫魚皮。元和貢：甲香三十斤，鮫魚皮一百張。

管縣五：臨海，唐興，黄巖，樂安，寧海。

臨海縣，緊。郭下。本漢回浦縣地，後漢更名章安。吴分章安置臨海縣，屬會稽郡。武德五年改置台州，縣屬焉。

臨海江，有二水合成一水，一自始豐溪，一自樂安溪，〔一〇三〕至州城西北一十三里合。〔一〇四〕

唐興縣，上。東南至州一百一十里。三國時吴分章安置南始平縣，晉武帝以雍州有始平，改爲始豐。肅宗上元二年，〔一〇五〕改爲唐興。

天台山，在縣北一十里。

赤城山，在縣北六里。實爲東南之名山。

黄巖縣，上。北至州一百五里。前上元二年割臨海南界置。

黄巖山，在縣西南二百三十里。

大海，在縣東七十里。

樂安縣，上。東至州一百五里。東晉穆帝永和三年分始豐南鄉置樂安縣，〔一〇六〕屬臨海郡，歷代因之。隋開皇九年廢。武德五年改屬，〔一〇七〕前上元元年復置於孟溪之側，今縣是也。

樂安溪，源在縣西馮溪山，〔一〇八〕流經縣南，又東入臨海縣界。〔一〇九〕

寧海縣，上。西南至州二百五十里。晉穆帝永和三年分會稽之鄮縣置寧海縣，隋開皇九年廢併入章安縣。〔一二〇〕永昌元年，於廢縣東二十里又置，載初元年移就縣東一十里。〔一二一〕

大海，在縣東六里。

明州，餘姚。上。開元户 元和户四千八十三。

本會稽之鄮縣及句章縣地也，〔一二二〕春秋越王句踐平吳，徙夫差於甬東，韋昭云「即句章東浹口外洲」，〔一二三〕是也，武德四年於縣立鄞州，八年廢。開元二十六年，採訪使齊澣奏分越州之鄮縣置明州，以境内四明山爲名。句章故城，在州西一里。

州境：東西 南北

八到：西北至上都三千八百五里。西北至東都二千九百四十五里。東北至大海七十里。西至越州二百七十五里。西南至台州寧海縣一百六十里，〔一二四〕至州二百五十里。〔一二五〕

貢、賦：開元貢 元和貢：海肘子，橘子，紅蝦米，鰿子，紅蝦鮓，〔一二六〕烏鰂骨。

管縣四：鄮，奉化，慈溪，象山。

鄮縣，上。郭下。本漢舊縣也，屬會稽郡。隋平陳，省入句章。武德八年再置，仍移理句章城，後屬明州。

大海，在縣東七十里。〔一二七〕

翁洲，入海二百里，卽春秋所謂甬東地也。越滅吴，請吴王居甬東，吴王曰：「孤老矣，不能事君王。」乃縊。其洲周環五百里，有良田湖水，〔二八〕多麋鹿。

奉化縣，上。北至州六十里。〔二九〕本漢之鄮地，開元二十六年採訪使齊澣奏置。

赤堇山，〔三〇〕在今縣東一十里。

慈溪縣，上。東南至州七十里。本漢鄮縣地，開元二十六年齊澣奏置。

慈溪，在縣南二十二里。

大海，在縣北六十里。

象山縣，中。西北至州水陸相兼一百六十里。〔三一〕本漢鄞縣地，神龍元年，監察御史崔皎奏於寧海縣東界海曲中象山東麓彭姥村置縣，東至大海二十里，南至大海三十五里，東北至大海四十里，正北至大海一十五里，〔三二〕唯西南有陸路接台州寧海。

卷二十六校勘記

〔一〕縣三十（七）〔八〕　今按：底本、殿本作「三十七」，各本作「三十八」，浙東觀察使所管七州，實爲三十八縣，此與殿本以衢州盈川縣廢于元和七年，故得三十七縣，誤改之，今據戈襄舊鈔本改。

〔二〕句踐復伐吴滅之　今按：殿本同，它本「吴」作「卒」。

〔三〕王無彊爲楚所滅　今按：與史記越王句踐世家、吴越春秋合，各本「彊」作「疆」，與水經漸江水注合。

〔四〕周喜上書　今按：殿本同，它本「喜」作「嘉」。輿地紀勝紹興府沿革引此亦作「嘉」，「嘉」下有「山陰令陰重」五字，此脱，上蘇州敍亦有「山陰令殷重」句。

〔五〕自晉至陳又於此置東揚州　攷證：「晉」宜作「宋」，王象之曰：「晉志無東揚州，沈約曰孝建元年分揚州之會稽等五郡爲東揚州。」歐陽忞曰「宋置」，是。

〔六〕改總管爲都督　今按：殿本同，它本「都督」下有「府」字。

〔七〕一百四十里　攷證：杭州八到「四」作「三」。

〔八〕交梭白綾　今按：殿本無「白綾」二字，它本「綾」作「紗」，均誤，新唐志作「白編交梭十樣花紋等綾」，則此本爲是。又殿本此下有「賦紵布」三字，各本與此俱無。

〔九〕異文吴綾　今按：殿本同，它本「異」下有「物」字。

〔一〇〕單絲吴綾　今按：殿本作「單絲吴紗」，它本作「單紗吴綾」，各不同。殿本此注下按云：「前此惟同、澤、懷、襄、唐、隋、房、利、鳳、常、蘇、杭、湖、睦州兼載開元、元和貢，又惟潤州與此越州論及貞元以後進奉，其他府州僅載開元貢，稽之杜佑通典所列開元、天寶時諸郡常貢，名目亦不盡同，當是傳寫既多缺佚，復有舛訛，今參校各本不異，悉仍其舊。」

〔一一〕山陰　攷證：上宜有「本」字。

〔一二〕越之前故靈文(國)〔園〕也　今按：「越之前」三字不可通，恐有誤衍。「靈文國」，通經樓鈔本「國」作「園」，是，漢志「會稽郡山陰，有靈文園」，靈文園卽漢文帝母薄太后父靈文侯陵園，各本與此俱誤「國」，今據改。

〔一三〕會計修國之道　攷證：「修」，吴越春秋作「治」，唐避。

〔一四〕山陰縣秦舊地　今按：自「山陰縣至今復併入會稽」一段，殿本移後爲山陰縣敍，按云：「傳寫各本以此五十八字錯置前『會計名山仍爲地號』之下，而別標『同會稽』三字，今就文義，參合各縣敍移正。」攷證云：「按本敍云『今復併入會稽，宋略云會稽、山陰、編户三萬，號爲天下繁劇』，亦是總結文義，似不必分移山陰縣下。」

〔一五〕劉少遊　攷證：「劉」宜作「陳」，舊書陳少遊傳云：「大曆五年，改越州刺史兼觀察。」

〔一六〕宋略云至天下繁劇　攷證：官本接前「仍爲地號」下。

〔一七〕重山大夫種葬處　攷證：樂史作「種山，在縣北三里餘」。今按：水經漸江水注「種山，大夫文種之所葬也」，卽此志所本，字當作「種」，隋志亦誤「重」。

〔一八〕在州東南二十里　攷證：王象之引「東南」作「西」，誤。洪亮吉曰：「在縣東南十三里。」

〔一九〕在州東四十里　今按：岱南閣本、畿輔本「東」作「西」，無「四」字，誤。

〔二〇〕馬臻創立　今按：殿本同，它本「立」下有「鏡湖」二字。

〔二一〕溉田九千頃　今按：殿本同，它本「溉」上有「都」字。

〔二二〕同會稽　今按：殿本無此三字，將會稽縣叙「山陰縣秦舊地云云」五十八字移此。

〔二三〕東北至州一百四十五里　今按：岱南閣本、畿輔本「至」誤「去」，殿本「四十五」作「四十四」。

〔二四〕鳥帶山　攷證：水經注云「諸暨縣北帶烏山」，此志所本，「鳥」宜作「烏」，「帶」字衍。今按：事類賦引會稽記「諸暨縣有烏帶山」，御覽引會稽記「諸暨縣西北有烏帶山」，今本水經漸江水注云「諸暨縣北帶烏山」，蓋「北」下脱「有」字，「帶烏」字倒，攷證未詳攷耳。此「鳥」字傳鈔致訛，輿地紀勝紹興府景物下引此志作「烏帶山」，尚不誤。

〔二五〕西至州一百四十里　今按：殿本作「四十五里」，它本「至」誤「去」。

〔二六〕隋平陳廢　今按：岱南閣本、畿輔本「廢」上有「縣」字。攷證云：「王象之引作『省入句章縣』。」

〔二七〕一百五十里　攷證：王象之引下有「高二百丈，周迴二百十里，四旁皆虛，玲瓏若窗牖，故名」。

〔二八〕東北至州　攷證：「北」宜作「南」。

〔二九〕吴大帝改曰蕭山　攷證：「蕭山」上宜有脱文，湖州武康縣敍云「吴大帝改餘暨爲永興」，是。沈約云「永興，漢舊餘暨縣」，吴大帝更名永興，非改蕭山。唐志云天寶元年更名，此傳鈔佚耳。

〔三〇〕西至州九十六里　今按：殿本同，它本「至」誤「去」。

〔三一〕故城西枕上虞江　攷證：「故城」上宜脱「漢舊縣」，殊戾文義。

〔三二〕在今縣西二十八里　今按：「二十八里」下岱南閣本有「北流」二字，各本與此皆無。攷證云：「『北流』下仍有缺文，宜云『入海』，與下剡溪條文義相足。」

〔三三〕剡縣　今按：漢志作「剡」，宋志、齊志同，郡國志、晉志、隋志作「郯」。

〔三四〕吴賀齊爲令　今按：「賀齊」，殿本作「智高」，它本作「賀高」，並誤，輿地紀勝紹興府嵊縣引此作「賀齊」，寰宇記亦作「賀齊」，三國志吴志有賀齊傳。

〔三五〕八十里　今按：各本作「八里」。

〔三六〕鄉一百八十九　今按：殿本作「一百九十八」。

〔三七〕秦屬會稽郡　攷證：「秦」下宜脱「漢」字。

〔三八〕本會稽西部常置都尉　攷證：地理志會稽西部都尉治錢塘，顧祖禹曰後漢治烏傷。　今按：宋志云「東陽郡本會稽西部都尉，吴寶鼎元年立」，齊志同，則婺州亦曾爲西部都尉治。

〔三九〕陳武帝置縉州至平陳置婺州　今按：通鑑：「梁元帝承聖二年，王僧辯至姑孰，遣婺州刺史侯瑱築壘東關以待齊師。」注云：「東陽郡，梁置婺州。」又陳書留異傳：「梁紹聖二年除縉州刺史，至陳文帝時授都督縉州諸軍事。」據此則縉州不置於陳，婺州不始於隋，蓋梁置婺州，又改名縉州，隋平陳乃復其初名耳。寰宇記同此誤。

〔四〇〕三千九百九十五里　今按：殿本同，它本「九百」作「八百」，攷證疑「九百」誤，未詳。

〔四一〕初平三年分烏傷置長山縣　今按：各本「三年」作「二年」。「長山」，殿本同，它本作「常山」。郡國志會稽郡烏傷，劉昭注「初平三年，分縣南鄉置長山縣」，與此合。

〔四二〕本秦烏傷縣也　攷證：「秦」，前後敍並作「漢」。

〔四三〕孝子顏烏將葬羣烏銜土塊助之　今按：殿本同，它本作「孝子顏烏以淳孝著聞，羣烏銜塊助之」，與水經漸江水注引異苑同。攷證謂「『助之』下宜脱『爲墳』二字」，是，水經注及寰宇記有。

〔四四〕於縣置縚州　今按：殿本同，戈襄校舊鈔本、陳樹華鈔本作「紬州」，「紬」即「綢」字，它本誤作「緍州」。新唐志義烏下云「武德四年，以縣置綢州，因綢巖爲名」。綢巖即綢山，在縣北，紀要云以峯巒綢疊名。

〔四五〕西至州　今按：岱南閣本、畿輔本「至」誤「去」，下蘭溪縣亦誤。

〔四六〕取舊東陽郡名也　攷證：「郡」，官本作「縣」，誤。

〔四七〕北至州九十里　今按：殿本同，它本作「西南至州」。攷證云：「宜作『西北』。」

〔四八〕天授二年　今按：殿本同，與舊、新唐志合，它本作「天寶」，誤。

〔四九〕出雙溪山嶺　今按：岱南閣本、畿輔本「雙」作「桑」。水經注不言浦陽江出何山，紀要云白巖嶺又名雙溪，水合浦陽江，卽江别源，則「雙」字是。

〔五〇〕二百十六里　攷證：官本「六」作「五」。

〔五一〕四千九十五里　今按：殿本同，它本「四」作「三」。

〔五二〕三千一百三十五里　今按：殿本同，它本作「二千百三十里」。

〔五三〕南至建州七百里　攷證：官本「南」作「東南」，宜爲「西南」之誤，建州今福建建寧府。

〔五四〕賦紵布　今按：殿本同，它本無「賦」字。

〔五五〕紙　今按：殿本作「緜紙」。

〔五六〕管縣五　攷證：官本「五」作「四」，下無盈川。

〔五七〕太康元年　攷證：水經注作「三年」。

〔五八〕越西部也　攷證：「部」宜作「鄙」。今按：水經漸江水注「縠水源西出太末縣，縣是越之西部，姑蔑之地也」，卽此志所本。部猶言界，水經贛水注亦有「秦以爲南部」文，全祖望、戴震妄改爲「鄙」。

〔五九〕晉改太末爲龍丘　攷證：「晉」，官本作「吳大帝赤烏三年」，按晉、宋志俱有太末，無龍丘，隋志未詳。

〔六〇〕盈川縣　攷證：下宜注等第並至州方里。按縣敍既不詳省併，縠水江自列專條，是未廢也。新志云省于元和七年，疑後人依其說而削之，致與領縣總目不合。又按山陰縣與盈川縣同時省併，當歸一例。

〔六一〕元和七年省入信安　今按：此是殿本按語，云「按唐書地理志元和七年省入信安」，削去首六字，似爲本志原注矣，非是。

〔六二〕縠水江　今按：殿本同，它本「縠」作「穀」。水經漸江水注作「縠水」，紀要作「穀水」。

〔六三〕秦滅楚　今按：殿本同，它本「楚」作「越」，誤。

〔六四〕越王無彊　今按：「彊」，殿本作「諸」，誤，它本作「疆」。史記越王句踐世家本是「彊」字，若「諸」則當漢初，與摇同時矣。

〔六五〕立爲東越王　攷證：按漢書本傳，宜作「東海王」，都東甌，世號東甌王。温州敍亦稱東甌王，「越」字疑誤。

〔六六〕後漢　今按：殿本同，它本作「世祖」。

〔六七〕四千一百五十五里　今按：殿本「一百」作「二百」。

〔六八〕西北至建州水路九百里　攷證：官本作「東南」，此誤。今按：唐處州在今浙江麗水縣，建州即今福建建甌縣，位處州西南，此「西北」固誤，「東南」亦未是。

〔六九〕二百七十里　攷證：「二百」，温州八到作「三百」。

〔七〇〕葛紵布蜜餻　攷證：官本有「蠟」無「葛」，疑即「蝎」，俗「蠟」字；「紵布」别列於後，上有「賦」字。

〔七一〕紗絹綿紬　攷證：官本「紗絹」作「絲絹」。

〔七二〕括蒼縣　攷證：隋志「蒼」作「倉」，脱「艸」。

〔七三〕五十六瀨　今按：輿地紀勝作「五十九瀨」。

〔七四〕東至州二百九十二里　今按：岱南閣本「至」誤「去」。殿本「二百」作「一百」。攷證云：「洪亮吉曰『今縣至府一百二十里。』」

〔七五〕後漢分立此縣　攷證：官本下按云：「郡國志但云以章安縣東甌鄉爲縣，此云分立松陽，當别有所據，舊唐書地理志亦云後漢分章安之南鄉置松陽縣，與此相合。」按沈約云「松陽，吴立」，蓋在建安中，此志所本。

〔七六〕大十八圍　今按：殿本同，岱南閣本、畿輔本作「大八十一圍」。攷證引吴地志云「中空可容三十人」。

〔七七〕因山爲名　今按：戈襄校舊鈔本、清初鈔本、殿本同，它本「山」誤「以」。山即縉雲山。

〔七八〕一曰縉雲　今按：縉雲山一名縉雲，此必有誤，紀要處州府縉雲縣縉雲山云「又名丹峯山，天寶七載改名仙都」，此「縉雲」二字或是「丹峯」。

〔七九〕東至州三百四十里　攷證：按遂昌即今縣，屬處州府，洪亮吉曰：「東少南至府一百八十里。」

〔八〇〕東至州一百五十里　攷證：官本「東」作「西北」，此誤。

〔八一〕東至州三百五十里　攷證：顧祖禹、洪亮吉並云今縣，至府一百八十里。

〔八二〕乾元二年　今按：殿本同，與舊、新唐志合，它本作「元年」。

〔八三〕上元元年　攷證：舊志作「二年」，此志永嘉、安固二縣敍同，此誤。

〔八四〕四千四百二十五里　攷證：「四百」，官本作「五百」。

〔八五〕正北微西至台州　攷證：「微西」，宜作「微東」。

〔八六〕二百七十里　今按：「二百七十里」，岱南閣本、畿輔本「二」作「三」。

〔八七〕紵布　攷證：官本「紵布」爲一物，别作賦。

〔八八〕鮫魚皮　今按：殿本此下有「三十張」三字。

〔八九〕樂成　今按：殿本同，與兩唐志合，它本「成」作「城」。

〔九〇〕永嘉縣至晉立爲縣　攷證：晉志、宋志並作「永寧」，無永嘉，隋志云：「舊永寧，平陳改永嘉。」

〔九一〕北至州七十七里　今按：岱南閣本「至」誤「去」。

〔九二〕北至州一百五里　攷證：官本脱「一百五里」。

〔九三〕太康元年分安固南横嶼屯置　攷證：宋志「元年」作「四年」，「嶼」作「萸」，下有「船」字。

〔九四〕大足　攷證：官本「足」作「定」，蓋形近之訛。

〔九五〕北至州一百二十四里　今按：岱南閣本作「去州」，無「北」字，攷證云：「並誤，樂城即今樂清，西南至温州八十里。」

〔九六〕鄉一百一十五　今按：殿本同，它本作「百十一」。

〔九七〕元和户鄉九十五　今按：殿本無，有按云：「元和户鄉數傳寫缺。」

〔九八〕置閩中郡漢立(東)〔南〕部都尉　攷證：「閩中」，通典作「會稽」，非，王象之辨之已悉。「東」，官本作「南」，王象之所引同，此誤。今按：「東」當作「南」，漢志「會稽郡回浦，南部都尉治」，今據殿本改。

〔九九〕本秦之回浦鄉　今按：殿本同，它本「秦」作「漢」，恐誤。

〔一〇〇〕西北一候　今按：各本「候」誤「侯」。攷證云：「尉、候並漢末職，主伺察。」

〔一〇一〕正南微東至温州　攷證：「微東」宜作「微西」。

〔一〇二〕西北至越州　今按：各本「西北」誤「東北」。

〔一〇三〕一自始豐溪一自樂安溪　今按：「自」，殿本同，它本作「是」。「始豐」，殿本作「始風」。

〔一〇四〕一十三里合　攷證：洪亮吉引與此同，「合」下有「流」字。

〔一〇五〕肅宗上元二年　攷證：「肅宗」宜改作「前」，新志作「高宗」。按此志稱高宗上元者，以「前」字別之，見黄巖、樂安二縣敍。

〔一〇六〕分始豐南鄉置樂安縣　今按：各本「豐」誤「平」。顧野王輿地志云「晉穆帝永和三年，分始豐南鄉置樂安縣」，此志所本。

〔一〇七〕武德五年改屬　攷證：宜衍，官本無。今按：新唐志台州樂安云：「武德四年析臨海置，八年省，高宗上元二年復置。」此有脱誤，非衍文，殿本削此六字，蓋未深攷。

〔一〇八〕源在縣西馮溪山　今按：「源在」，殿本作「源出」，它本「源」誤「原」。攷證云：「洪亮吉引『馮溪山』作『馮師山』。」

〔一〇九〕又東入臨海縣界　攷證：洪亮吉引「界」下有「合靈江」三字。

〔一一〇〕開皇九年廢併入章安縣　今按：殿本「廢」下有「郡」字，攷證謂「郡」字宜衍。隋志無章安，臨海下云「舊章安」。

〔一一一〕移就縣東一十里　今按：殿本同，輿地紀勝台州甯海縣引亦作「一十里」，它本「一」作「二」，恐誤。

〔一一二〕本會稽之鄮縣及句章縣地也　今按：殿本同，它本「及」作「漢」。按「本」下當有「漢」字，此脱，它本又錯在「句章」上。

〔一一三〕浹口外洲　攷證：國語注，「浹」宜作「海」。　今按：左傳哀公三十四年「越滅吴，請使吴王居于甬東」，注云「甬東，越地，會稽句章縣東海中洲也。」疑「浹口」爲「海中」字訛。韋昭吴語注作「海口」，而段玉裁據困學紀聞説「海口」當作「浹口」，恐非。

〔一一四〕寧海縣　今按：各本「寧」誤「臨」。

〔一一五〕二百五十里　今按：此下岱南閣本、畿輔本有「至都四百一十里」句，以至寧海縣百六十里，至台州二百五十里，共爲四百一十里，「都」上「至」字應衍。

〔一一六〕紅蝦鮓　今按：岱南閣本、畿輔本以「鮓」字屬下「烏鰂骨」爲一物，誤。

〔一一七〕七十里　今按：殿本同，它本作「一百七十里」。

〔一一八〕有良田湖水　今按：殿本及輿地紀勝慶元府昌國縣引同，它本重「湖」字，誤。

〔一一九〕北至州六十里　今按：岱南閣本、畿輔本「至」誤「去」，下慈溪縣同誤。

〔一二〇〕赤莧山　攷證：顧祖禹「莧」作「堇」，引會稽記「破赤堇而取錫」，與此別。

〔一二一〕一百六十里　今按：輿地紀勝慶元府象山縣引此作「一百七十里」。

〔一二二〕正北至大海一十五里　今按：殿本同，它本「一十」上衍「並」字。

元和郡縣圖志卷第二十七

江南道三

鄂岳觀察使

鄂州，江夏。緊。開元户一萬九千一百九十。鄉三十三。元和户三萬八千六百一十八。鄉三十七。今爲鄂岳觀察使理所。

管（縣）〔州〕六：〔一〕鄂州，沔州，安州，黄州，蘄州，岳州。縣二十五。〔二〕都管户七萬二千二百四十七。

禹貢荆州之域。春秋時謂之夏汭。漢爲沙羨之東境。自後漢末謂之夏口，亦名魯口。吴置督將於此，名爲魯口屯，以其對魯山岸爲名也。三國争衡，爲吴之要害，吴常以重兵鎮之。魏明帝問司馬懿曰：「二虜宜討，〔三〕何者爲先？」對曰：「吴以中國不習水戰，故敢散居東關。〔四〕凡攻敵，必扼其喉而舂其心。〔五〕夏口、東關，敵之心喉，若以陸軍向皖，〔六〕引權東下，爲水軍向夏口，乘其虛而擊之，此神兵從天而墜矣。」〔七〕晉庾翼爲荆州，曾理於此。義熙初，劉毅表以爲「夏口，二州之中，〔八〕地居形要，控接湘川，〔九〕邊帶漢沔」，請荆州刺史劉道規鎮夏口。至六年，自臨嶂徙理夏口，〔一〇〕即今州理是也。〔一一〕宋孝武帝以方鎮太重，分荆、湘、江三州之八郡爲郢州，以分上流之勢。隋平陳，改郢州爲鄂州。州城本夏口城，吴黄武二年，〔一二〕城江夏以安屯戍地也。城西臨大江，西南角因磯爲樓，名黄鶴樓。三國時，黄祖爲太守，吴遣淩統攻而擒之。禰衡遇害，亦此地也。東南角樓名焦度樓，宋沈攸之自荆州稱兵至此，時焦度領兵在此，城守東南角，攸之攻之不克，遂退走，因名焦度樓。

州境：東西四百七十四里。南北三百八十八里。

八到：西北至上都二千二百六十里。西北至東都一千四百里。東至江州六百里。〔一三〕西南至岳州五百五十里。〔一四〕西北至安州二百九十里。西至沔州隔江七里。正北微東至黄州二百里。〔一五〕

貢、賦：開元貢：銀，碌。賦：〔一六〕紵布。　元和貢：銀十五兩。〔一七〕

管縣五：江夏，永興，武昌，唐年，蒲圻。

江夏縣，望。郭下。本漢沙羡縣地，屬江夏郡。東晉以汝南流人僑立汝南郡，後改爲汝南縣。隋開皇九年改爲江夏縣，屬鄂州。

黄鶴山，在縣東九里。

江水，西南自蒲圻縣界流入。又北對峥嶸(州)〔洲〕，〔一八〕劉毅破桓玄於此。又北流經黄軍浦，相傳吴將黄蓋屯軍處。〔一九〕

曹公城，在縣東北二里。梁武帝起義，遣將曹景宗所築。

頭陀寺，在縣東南二里。

鸚鵡洲，在縣西南二里。

永興縣，緊。 西北至州四百里。本漢鄂縣地，吴大帝分立新陽縣，〔二〇〕隋開皇九年改爲富川，〔二一〕十八年改爲永興縣。

石鼓山，在縣西六十里。上有三石鼓，鼓鳴，天卽雨。

大江水，在縣西北四十五里。

下雉故縣，在縣東南一百四十里。漢伍被謂淮南王安曰「守下雉之城，絶豫章之口」是也。

陳永興故城，在縣東五十里。東臨江水，俗云伍子胥所築。

武昌縣，緊。 西至州一百七十里。舊名鄂，本楚熊渠封中子紅於此稱王，至今武昌人事鄂王神是也。離騷云「乘鄂渚而反顧」。〔二二〕漢以爲縣，屬江夏郡。武帝以封姊，號鄂邑長公主。建安二十五年，吴大帝以下雉、尋陽、新城、〔二三〕柴桑、沙羨、武昌六縣爲武昌郡，黄武初，〔二四〕自建業徙都，廢。黄龍九年，〔二五〕於此卽尊位，還都建業。皇太子登留守武昌，以陸遜輔之。嘉禾元年，太子還建業，立皇子奮爲齊王，居武昌，諸葛恪不欲諸王處瀕江兵馬之地，徙居豫章。甘露元年，歸命侯又都之，揚土百姓，泝流供給，〔二六〕以爲患苦。陸凱上疏曰：〔二七〕「武昌土地實危險而埆确，非王都安國養人之處。且童謠言『寧飲建業水，不食武昌魚。寧還建業死，不止武昌居。』」於是還都建業，改爲江夏縣，後爲武昌。〔二八〕

樊山，在縣西三里。〔二九〕謝玄暉詩曰「釣臺臨講閲，樊山開廣宴」，謂此也。

西塞山，在縣東八十五里。竦峭臨江。

孫權故都城，在縣東一里餘。本漢將灌嬰所築，晉陶侃、桓温爲刺史，並理其地。

唐年縣，上。西北至州六百三里。本漢沙羡縣地，天寶二年分置唐年縣。

葛仙山，在縣北六十里。

壺頭山，〔三〇〕在縣東北六十里。

下雋故城，在縣西南一百六里。因雋水爲名。

蒲圻縣，上。東北至州四百一十里。本漢沙羡縣地，〔三一〕晉武帝改爲沙陽，今縣□一里沙陽故縣城是也。〔三二〕吴大帝分立蒲圻縣，因蒲圻湖爲名。本屬長沙郡，隋割屬鄂州。

赤壁山，在縣西一百二十里。北臨大江，其北岸卽烏林，與赤壁相對，卽周瑜用黄蓋策，焚曹公舟船敗走處，故諸葛亮論曹公「危於烏林」，是也。

雋水，源出縣東南。

大嶓水，西北流入江。

蒲圻湖，在縣南七十五里。

呂蒙城，在縣西南八十里。孫權以蒙爲横野將軍，〔三三〕爲周瑜破曹公定荆州，於此鎮守。

沔州，漢陽。上。開元户五千二百八十六。鄉十二。元和户二千二百六十二。〔三四〕鄉十二。

本漢安陸縣地，晉於今州西臨嶂山下置沌陽縣，〔三五〕江夏郡自上昶城移理焉。後郡又移理夏口，沌陽縣屬郡下不改，入陳廢。隋開皇九年置戍，十七年廢戍，改置漢津縣，屬沔陽郡，大業二年改爲漢陽縣。武德四年，分沔陽郡於漢陽縣置沔州及縣，並自臨嶂山下改移於今理。

州境：東西二百五十二里。南北二百四十六里。

八到：西北至上都二千二百五十里。〔三六〕東北至東都一千三百九十三里。〔三七〕東渡江至鄂州七里。西北至隨州四百三十五里。〔三八〕東北至黄州二百二十里。西至復州竟陵縣三百四十里。西北至安州二百八十里。西取桐塚路至復州四百六十里。

貢、賦：開元貢：白紵布一端。元和貢：麻貲布一端。〔三九〕

管縣二：漢陽，汊川。

漢陽縣，中。郭下。縣本末已具州序。

魯山，一名大別山，在縣東北一百步。其山前枕蜀江，北帶漢水，山上有吴將魯肅神祠。

臨嶂山，在縣西六十里。

大江水，南自復州沔陽縣界流入，去縣東二十步，東北流入黄州界。

漢水，一名沔水，西自汊川縣界流入，漢陽縣因此水爲名。

郤月故城，在縣北三里。劉表將黄祖所守處。

汊川縣，中。東至州一百五十里。本漢陽縣地，武德四年分置汊川縣，因汊水爲名也。〔四〇〕

内方山，在縣南九十里。

小別山，在縣東南五十里。春秋「吴伐楚，令尹子常濟漢而陳，自小別至於大別」，卽此也。

汊川水，在縣南二里，西北自鄂州界流入。

赤壁草市，在縣西八十里。古今地書多言此是曹公敗處，今按三國志，劉表卒，其子琮代立，在襄陽。劉備屯樊，琮降曹公，備隨南走。曹公以江陵有軍實，恐備先據得之，自當陽倍道追備，一日夜行三百里，遂克江陵。又自江陵追備，至巴丘，遂至赤壁。孫權遣周瑜、程普各領兵萬人，與劉備來敵曹公，遇於赤壁，因風縱火，曹公大敗，遂取華容道步歸，退保南郡。瑜等復追之，曹公留曹仁守江陵，自徐北歸。〔四一〕據此而言，則赤壁不在汉川也。何則？曹公既從江陵水軍至巴丘，赤壁又在巴丘之下，軍敗引還南郡，周瑜水軍退，並是大江之中，與汉川殊爲乖繆。〔四二〕蓋是側近居人，見崖岸赤色，因呼爲赤壁，非曹公敗處也。〔四三〕

安州，安陸。中府。〔四四〕開元户二萬二千二百二十二。鄉三十五。元和户九千八百一十九。鄉三十五。

春秋時鄖國，後爲楚所滅。漢爲安陸縣，高帝六年分南郡置江夏郡於此，領縣二十四。〔四五〕後漢移理沙羡。〔四六〕曹魏齊王芳時，王基爲荆州，自城上昶，徙江夏郡理之，以逼夏口，在今州西北五十三里上昶故城是也。江夏郡自後漢末當吴、魏二國之境，永嘉南遷後又當苻秦、石趙與東晉犬牙爲界，〔四七〕自後魏、周、隋與宋、齊、梁、陳交争之地，故江夏前史所載，或移於沙羡，或移於上昶，或移理魯山城。南北二朝兩置江夏郡。吴理武昌，曹魏與晉俱理安陸，故漢所理江夏郡前書多言在安陸。其雲夢縣東南四里溳水之北有江夏古城，周所理。據山川言之，此城南近夏水，餘阯寬大，則前漢江夏郡所理也。宋武帝分江夏置安陸郡，後魏大統十六年改爲安州。

州境：東西二百一十九里。南北三百二十五里。

八到：西北至上都一千九百七十里。東北至東都一千一百六十里。東至黄州三百一十里。東南至鄂州二百九十里。〔四八〕西南至復州三百二十里。〔四九〕西北至隨州一百五十五里。東南至沔州二百八十里。

貢、賦：開元貢：紵布一十八匹。賦：緜，紵。元和貢：紵布一十四匹。〔五〇〕

管縣六：安陸，應山，雲夢，孝昌，吉陽，應城。

安陸縣，上。郭下。本漢舊縣，屬江夏郡。隋改屬安州。其城三重，西枕溳水。

陪尾山，一名横山，〔五一〕在縣北六十里。禹貢云「熊耳、外方、桐柏至于陪尾」，即此也。

溳水，故清發水也，西北自隨州流入注於沔，謂之鄖口。春秋「吴敗楚於柏舉，從之，及於清發」，是也。

雲夢澤，在縣南五十里。史記司馬相如傳云：「楚有七澤，其小者名雲夢，方九百里。」左傳云「邧子之女，棄子於夢中」，无「雲」字。「楚子濟江入雲中」，〔五二〕復無「夢」字。以此推之，則雲、夢二澤，本自別矣。〔五三〕而禹貢及爾雅皆曰雲夢者，蓋雙舉二澤而言之，故後代以來，通名一事，左傳曰「畋於江南之雲夢」，是也。

應山縣，中。南至州一百八里。本漢隨縣地，〔五四〕梁大同，〔五五〕以隨州北界應濃山戍置應州，又分隨縣置永陽縣。隋開皇十八年改永陽爲應山縣。

石龍山，在縣東北二十五里。有石盤回屈曲若龍形。

禮山關，〔五六〕因古禮山縣爲名，武德八年縣廢，卽齊志所謂武陽關也，在州東北二百四十里，在縣東北一百三十里，北至申州一百五十里。

百雁關，按圖經云：「昔有雁息其上，故以爲名。」在州東北二百里，在縣北九十里，北至申州九十里，〔五七〕東至禮山關一百里。

平靖關，因古平靖縣爲名，後魏大統十七年置，隋大業二年廢。齊志云義陽有三關，此則其一。在州北一百七十里，在縣北六十五里，北至申州九十里，東至百雁關一百六十里。

雲夢縣，中。北至州七十里。本漢安陸縣地，後魏大統末於雲夢古城置雲夢縣。

雲夢澤，在縣西七里。〔五八〕

孝昌縣，中。西北至州八十里。〔五九〕本漢安陸縣地，宋於此置孝昌縣，屬江夏郡，卽隋改安州也。

吉陽縣，中。西至州一百三里。〔六〇〕本漢安陸縣地，梁於此置平陽縣，其故城今理是也。西魏改爲京池縣。隋大業二年改爲吉陽，因縣北吉陽山爲名。

應城縣，中。東北至州八十里。本漢安陸縣地，宋於此置應城縣。〔六一〕

故浮城縣，在縣西北三十五里。即古蒲騷城也，左傳「莫敖狃於蒲騷之役」，「鄖人軍於蒲騷」，是也，後魏於此置浮城縣，隋廢。

孔山故城，在縣東北一百一十里。〔六二〕

平靖故城，在縣西四十里。

吉陽故城，在縣北五十里。

黄州，齊安。下。　開元户一萬三千七十三。鄉二十八。　元和户五千五十四。鄉一十八。

本春秋時邾國之地，後又爲黄國之境。〔六三〕戰國時屬楚。秦屬南郡。二漢爲江夏郡西陵縣地。魏爲重鎮，文帝黄初中，〔六四〕吴先揚言欲畋於江北，豫州刺史滿寵度其必襲西陽，遂先爲之備。權聞之，尋亦退還。後吴克邾城，使陸遜以三萬人城而守之。至晉爲西陽國，封子弟爲王。蕭齊於此置齊安郡，隋開皇三年罷郡置黄州，因古黄國爲名也。

州境：東西二百一十里。南北三百三十七里。

八到：西北至上都二千二百八十里。東北至東都一千四百七十里。東南至蘄州二百三十里。〔六五〕西南至鄂州二百三十里。〔六六〕南至大江一百步。〔六七〕西至安州三百一十里。北至光州三百六十里。

貢、賦：開元貢：紵貲布十匹。　賦：絹，布，緜，麻。

管縣三：黄岡，黄陂，麻城。

黃岡縣，上。郭下。本漢西陵縣地，故城在今縣西二里。蕭齊於此置齊安縣，〔六八〕隋開皇十八年改爲黃岡，因縣東黃岡爲名。

大江水，西自黃陂縣界流入，經州南一百一十八里，〔六九〕東入蘄州界。

故邾城，在縣東南一百二十里，〔七〇〕古邾國也，後爲楚所滅，漢以爲縣。

西陽故城，在縣東南一百三十里。漢縣也，屬江夏郡。

大活故城，在縣北二百三十五里。隋於此置關鎮。

黃陂縣，中。東北至州一百二十里。〔七一〕本漢西陵縣地，三國時劉表爲荆州刺史，以此地當江、漢之口，懼吳侵軼，建安中使黃祖於此築城鎮遏，因名黃城鎮。周大象元年，改鎮爲南司州，〔七二〕并置黃陂縣。隋初改爲鎮，後復爲縣。

白沙關，西至大關六十里，在州西二百四十里，北至光州界二十五里。

大活關，東北至光州二百八里，西至安州禮山關一百里，在縣北二百里。

大江水，在縣南一百二十九里。〔七三〕西南自江夏縣界流入，又東入黃岡縣界。

武湖，在縣南四十九里。黃祖閱武習戰之所。後宋謝晦舉兵叛，爲檀道濟所破，敗走武湖戍，生執之，〔七四〕即此地也。

龍驤水，在縣南七十二里。相傳晉龍驤將軍王濬率舟師伐吳，屯軍於此。

石陽故城，〔七五〕在縣西二十三里。吴聞魏文帝崩，征江夏，圍石陽，不克而還，即此也。

安昌故城，在縣西南七十里。高齊築，以捍陳寇。

麻城縣，中。南至州一百一十里。本漢西陵縣地，梁於此置信安縣，隋開皇十八年改爲麻城縣。

龜頭山，在縣東南八十里。舉水之所出也。春秋吴、楚戰於柏舉，即此地也。

陰山關，西至穆陵關一百里，在縣東北一百里，〔七六〕在州東北二百里，北至光州殷城縣二百里。〔七七〕

穆陵關，西至白沙關八十里，在縣西北一百里，在州北二百里，至光州一百四十九里。〔七八〕

蘄州，蘄春。上。開元户二萬六千八百九。鄉五十一。元和户一萬六千四百六十二。鄉五十一。

禹貢揚州之域。春秋、戰國並屬九江郡。〔七九〕在漢爲蘄春縣地，屬江夏郡。三國時屬魏，魏使廬江謝奇爲蘄春典農，屯皖，吕蒙襲擊破之。後於此復置蘄春郡。〔八〇〕晉孝武帝改曰蘄陽，以鄭太后諱故也。高齊於此立齊昌郡，後陷於陳，改爲江州。周平淮南，改爲蘄州。

州境：東西三百三十九里。南北五百五十五里。

八到：西北至上都二千五百一十里。西北至東都一千七百里。〔八一〕東北至舒州三百七十里。〔八二〕東北至壽州踰大山九百七十里。東北至江州二百五十里。〔八三〕西北至黄州二百三十里。

貢、賦：開元貢：白紵細布。元和貢：白紵布一十五匹。

管縣四：蘄春，黄梅，蘄水，廣濟。

蘄春縣，上。郭下。本漢舊縣，屬江夏郡，因蘄水以爲名也。晉改爲蘄陽，隋開皇十八年復改蘄春縣。

蘄水，西南經縣三里。源出東北大浮山，一名蘄山。

翻車故城，在縣東南八十二里。〔八四〕九江王黥布背項籍歸漢，因築此城，城近翻車水，因以爲名。

黄梅縣，上。西至州一百四十里。本漢蘄春縣地，隋開皇九年置新蔡縣，屬蘄州。仁壽元年改爲黄梅縣，因縣北黄梅山爲名。縣城，晉驃騎將軍郭默所築。

大江水，在縣南一百里。

太子洑，在江之岸。梁武帝初下建業，留丁貴嬪於此，生太子，因以爲名。〔八五〕

九江故城，在縣西南七十里。漢九江王黥布所築。

蘄水縣，上。東南至州七十二里。本漢蘄春縣地，宋文帝於此置浠水縣。北齊改爲蘭溪鎮，武德四年改爲縣。天寶六年，以名重，改爲蘄水縣也。

廣濟縣，中。西至州五十里。本漢蘄春縣地，武德四年以此地衝要，置永寧縣，天寶元年以名重，改爲廣濟縣。

江水，在縣南一百二十里。

積布山，在縣南一百里。南臨大江，壘石壁立，形如積布，故以爲名，俗謂之積布磯。

岳州，巴陵。下。開元户九千一百六十五。鄉二十一。元和户一千五百三十五。

本巴丘地，古三苗國也，史記「三苗之國，左洞庭，右彭蠡」。春秋及戰國時屬楚。秦屬長沙郡。吴於此置巴陵縣，宋文帝又立爲巴陵郡，梁元帝改爲巴州。隋開皇九年改爲岳州，大業三年爲羅州。武德六年，復爲岳州。

州境：東西三百九十一里。南北四百一十里。〔八六〕

八到：西北至上都二千二百二十五里。西北至東都一千八百六十五里。〔八七〕西北至江陵府五百七十里。南至潭州五百五十里。西至澧州四百四十里。〔八八〕東北至鄂州五百五十里。北至復州沔陽縣五百五十里。〔八九〕

貢、賦：開元貢：細紵布。賦：麻，紵，綀。元和貢：白紵練布七匹。

管縣五：巴陵，華容，湘陰，沅江，昌江。

巴陵縣，上。郭下。本漢下雋縣之巴丘地也。下雋屬長沙郡，故城在今蒲圻縣界。吴初巴丘置大屯戍，使魯肅守之，後改爲巴陵縣，〔九〇〕自晉以後遂因之。蜀志曰「西增白帝之兵，東益巴丘之戍」。又周瑜卒於巴丘，皆此地也。〔九一〕昔羿屠巴蛇於洞庭，其骨若陵，故曰巴陵。

君山，在縣西三十里青草湖中。昔秦始皇欲入湖觀衡山，遇風浪，至此山止泊，因號焉。又云湘君所游止，故名之也。

大江，在縣北五里。

巴陵城，對三江口。岷江爲西江，澧江爲中江，〔九二〕湘江爲南江。〔九三〕

彭城洲，在縣東北九十四里。宋元嘉三年，荆州刺史謝晦反，臺遣到彥之進討，軍次彭城洲，彥之軍敗，退保隱磯，卽此處也。

侯景浦，在縣東北十二里。本名三湘浦，景既克建業，自統兵西趣荆峽，先遣其將宋子仙、任約襲郢州。湘東王繹令王僧辯拒之，景軍大敗，燒營退走。天監中，寶誌道人爲符書云：「起自汝、蔡，訖於三湘。」〔九四〕侯景果起於懸瓠汝水之南，〔九五〕而敗於巴陵三湘之浦也。

洞庭湖，在縣西南一里五十步。周迴二百六十里。〔九六〕湖口有一洲，名曹公洲。

巴丘湖，又名青草湖，在縣南七十九里。周迴二百六十五里。俗云古雲夢澤也，曹公征荆州，〔九七〕還於巴丘，遇疾燒船，〔九八〕歎曰：「郭奉孝在，不使孤至此！」

湋湖，一名翁湖，在縣南一十里。〔九九〕爾雅云：「河水決出還復入者爲湋。」〔一〇〇〕左傳定公四年「吳人敗楚於雍澨，〔一〇一〕五戰入郢」，卽此是也。

陶侃故城，在縣東北八里。

華容縣，中。東至州一百六十里。本漢孱陵縣地，吳分置南安縣。〔一〇二〕隋平陳，以縣屬岳州，開皇十八年改爲華容縣。

方臺山，在縣南三十二里。出雲母，往往有長四尺者，可以爲屏風。掘時忌有聲響，則所得麄惡。

赤亭湖，在縣南八十里。侯景攻巴陵，遣將任約等入湖。湘東王使胡僧祐、陸法和夜以大艦遏湖口，因風縱火，鼓譟而前。賊窮聚湖中，俄然崩潰，卽此也。

赤亭故城，在縣西南七十里。城據絶景原，三面臨水，極爲阻隘。〔一〇三〕梁湘東王遣胡僧祐據城，以擒任約。

湘陰縣，中下。北至州三百三十里。本春秋時羅子國，秦爲羅縣，今縣東北六十里故羅城是也。宋元徽二年，分益陽、羅、湘西三縣立湘陰縣。

玉笥山，在縣東北七十五里。〔一〇四〕屈原放逐，居此山下而作九歌焉。

湘水，南自長沙縣界流入，又北入青草湖。昔王延壽有異才，年二十而得惡夢，作夢賦。年二十一溺死於湘浦，卽斯川也。湘水至清，雖深五六丈，了了見底。

汨水，東北自洪州建昌縣界流入，西經玉笥山，〔一〇五〕又西經羅國故城爲屈潭，卽屈原懷沙自沈之所，又西流入於湘水。

舜二妃冢，在縣北一百六十三里青草湖上。

屈原冢，在縣北七十一里。

沅江縣，中下。 東北至州三百七十里。〔一〇六〕本漢益陽縣地，梁元帝分置重華縣，〔一〇七〕隋平陳改爲安樂縣，開皇末又改爲沅江縣。

關州，在縣東南五十八里。建安二十年，孫權以先主得蜀，使使求還荆州。先主言須得涼州乃相與。權患之，〔一〇八〕遣呂蒙襲長沙、零陵、桂陽三郡。先主引兵五萬下公安，令關羽入益陽，此州蓋羽屯兵之處，故以爲名。

沅江水，西北自龍陽縣界流入。與華容縣中分爲界。

昌江縣，中下。 西北至州六百五十里。〔一〇九〕後漢分長沙爲漢昌縣，孫權改爲吳昌縣。神龍三年，析湘陰於故吳昌城改置昌江縣。〔一一〇〕

汨水，在縣東北四十里。

卷二十七校勘記

〔一〕管（縣）〔州〕六　今按：殿本無此三字，各本「縣」作「州」是，此誤，今據岱南閣本改。

〔二〕縣二十五　今按：岱南閣本、畿輔本「二」誤「三」。

〔三〕二虜宜討　今按：殿本「討」作「設」，誤。

〔四〕故敢散居東關　今按：殿本同，與晉書宣帝紀合，戈襄校舊鈔本無「居」字，它本「散居」二字誤作「撤」字。

〔五〕必扼其喉而舂其心　攷證：官本「舂」作「搗」，與晉書合。今按：各鈔本「喉」下無「而」字。

〔六〕若以陸軍向皖　攷證：地理志「皖」作「晥」，郡國志作「皖」，後漢書作「晥」，字通。

〔七〕從天而墜矣　今按：殿本同，它本無「矣」字。

〔八〕二州之中　攷證：王象之引「二州」上有「居荆江」三字。

〔九〕控接湘川　攷證：官本「川」作「州」，誤。

〔一〇〕自臨嶂徙理夏口　今按：殿本同，它本「嶂」作「鄣」。攷證云：「作『嶂』是，水經注作『林鄣』，亦作『臨嶂』，此志沔州下兩見並作『臨嶂』。」

〔一一〕即今州理是也　今按：酈亭校舊鈔本云「六字應衍」。

〔一二〕黄武二年　攷證：水經注作「黄初」，此疑訛。

〔一三〕六百里　攷證：江州八到作「五百九十三里」。

〔一四〕五百五十里　今按：與岳州八到合，各本作「五百十里」。

〔一五〕正北微東至黄州二百里　攷證：「正北微東」宜作「正東微南」，黄州八到「二百」下有「三十」。

〔一六〕賦　今按：殿本同，它本脱此字。

〔一七〕元和貢銀十五兩　攷證：官本無「元和貢云云」。

〔一八〕又北對峥嶸（州）〔洲〕　攷證：官本「州」作「洲」是。按水經注，叙在黄軍浦下，此叙於黄軍浦上，恐誤。　今按：峥嶸，江洲名，見水經江水注，「州」字誤，今從殿本改「洲」。

〔一九〕黄蓋屯軍處　今按：岱南閣本、畿輔本「軍」作「兵」。

〔二〇〕吴大帝分立新陽縣　攷證：王應麟引「新陽」作「陽新」，與吴志合，此誤。

〔二一〕改爲富川　今按：殿本同，與隋志合，它本「川」誤「州」。

〔二二〕離騷云　攷證：「離騷」宜作「楚辭」，語見屈原九章。

〔二三〕尋陽新城　攷證：王應麟引作「尋陽、陽新」，與吴志合，此誤。

〔二四〕黄武初　攷證：按吴志，孫權徙都武昌，在黄初元年，後二年乃自稱黄武，此宜作「黄初初」。

〔二五〕黄龍九年　攷證：「九年」宜作「元年」，無九年。

〔二六〕沂流供給　今按：岱南閣本、畿輔本「泝」誤「沂」。

〔二七〕陸凱上疏曰　今按：清初鈔本、殿本「凱」誤「坑」。

〔二八〕改爲江夏縣後爲武昌　攷證：此疑有誤，按州郡志曰「鄂，漢舊縣，吴改武昌」。水經注曰「孫權以黄初元年徙此，改曰武昌縣，鄂縣徙治袁山東」。皆不詳江夏之名。

〔二九〕在縣西三里　今按：殿本同，它本「西」下有「南」字。輿地紀勝壽昌軍作「西四里」。

〔三〇〕壺頭山　攷證：官本「壺」作「壼」。

〔三一〕沙羡縣地　今按：岱南閣本「縣」下衍一「縣」字。

〔三二〕今縣□一里沙陽故縣城是也　今按：各本「縣」下均注「缺」字，未詳。

〔三三〕以蒙爲横野將軍　攷證：吴志作「横野中郎將」。

〔三四〕六十二　今按：殿本同，它本作「六十一」。

〔三五〕晉於今州至置沌陽縣　攷證：晉志無沌陽縣，見州郡志及水經注。

〔三六〕西北至上都　今按：殿本同，它本「西」下無「北」字。

〔三七〕三百九十三里　今按：殿本同，它本作「四百四十里」。

〔三八〕隨州　今按：岱南閣本、畿輔本作「隋」。

〔三九〕麻貲布一端　今按：殿本同，它本「端」作「疋」。殿本按云：「此沔州與蘄、洪、饒、虔、吉、江、袁、撫、信、宣、歙、潭、衡、郴、永、連、邵、漳、汀、涪、思、費、南、珍、溱、播、辰、錦、敘、溪、施、樊等州之賦，並傳寫遺缺。其所貢之布葛，或言端，或言疋。據杜佑通典載，開元二十五年，令江南諸州租布帛皆闊尺八寸、長四丈爲疋，布五丈爲端。則端與疋自不同。而是志於各州未悉載，當亦由傳寫失之。」

〔四〇〕因汶水爲名也　今按：殿本同，它本「水」作「川」，疑誤。

〔四一〕自徐北歸　攷證：吴志周瑜傳作「徑自北歸」。

〔四二〕與汶川殊爲乖繆　攷證：官本「與」作「又」。

〔四三〕非曹公敗處也　攷證：官本脱「非」字。

〔四四〕中府　今按：各本作「中都督府」，此省。

〔四五〕領縣二十四　攷證：「二」字宜衍，地理志江夏郡領十四縣。

〔四六〕後漢移理沙羡　攷證：官本「沙羡」下按云：「後漢書郡國志云『凡縣名先書者，郡所治也。』其志江夏郡先書西陵，最後乃書沙羡，似無移治之事。」按地理志、郡國志，其郡治不必先書。酈道元曰：「江夏舊治安陸，吴乃徙沙羡。」在後漢時，彪志雖首列西陵，必非郡治。

〔四七〕石趙與東晉犬牙爲界　今按：岱南閣本、畿輔本「與」誤「東」。

〔四八〕二百九十里　今按：殿本同，它本作「二百二十里」。

〔四九〕三百二十里　今按：殿本同，它本「三」作「二」。　攷證云：「復州八到云三百三十里」。

〔五〇〕元和貢紵布一十匹　今按：各鈔本與殿本無。

〔五一〕陪尾山一名横山　攷證：「陪」，史記作「負」，漢書作「倍」，師古讀陪。「横山」，地理志、水經注並作「横尾山」。陪尾在泗州，王鳴盛謂乃别一山，非禹貢所云。

〔五二〕楚子濟江入雲中　今按：岱南閣本、畿輔本「楚」上有「云」字。

〔五三〕本自別矣　今按：殿本同，它本「自」作「是」。輿地紀勝德安府古迹雲夢澤引亦是「自」字。

〔五四〕本漢隨縣地　今按：殿本同，它本作「隋」。

〔五五〕梁大同　今按：「同」下缺年，寰宇記梁大同二年置。

〔五六〕禮山關　今按：殿本「禮」作「澧」，輿地紀勝隋州景物武陽關引此亦作「澧」。它本「禮」作「灃」。攷證云：「王應麟引作『澧』，南本作『禮』與『灃』並誤。」今按：隋志「應山，有關，有禮山」，即此禮山關。紀要隨州應山縣武陽關云：「卽古大隧也，亦曰禮山關。」宋東隨縣，隋初改名禮山縣，尋廢。唐初又分應山縣置禮山縣，後併入應山。此云「禮山關，因古禮山縣爲名」，是當作「禮」，作「澧」與「灃」並非。

〔五七〕北至申州九十里　今按：輿地紀勝隋州景物白鴈關引作「北至信陽九十里」，紀要隨州應山縣引同。

〔五八〕縣西七里　今按：岱南閣本、畿輔本「里」下有「事見上」三字。

〔五九〕西北至州八十里　今按：殿本無「北」字，畿輔本從岱南閣本作「西北至州五十五里」。

〔六〇〕西至州一百三里　今按：殿本同，它本作「西北」。

〔六一〕宋於此置應城縣　攷證：隋志云「西魏置應城」，與此別。今按：宋書恩倖傳「明帝封壽寂之爲應城侯」，寰宇記亦云應城宋置，而宋志無應城縣，蓋偶脱漏，隋志言西魏置，誤。

〔六二〕一百一十里　今按：殿本同，它本作「一百二十里」。

〔六三〕本春秋時邾國之地至黄國之境　今按：殿本同，它本「邾」作「楚」。攷證云：「作『邾』是。按水經注『江水又東過邾縣南鄂縣北』，注曰『楚宣王滅邾，徙居於此，故曰邾也。』此志黄岡縣有故邾城，曰『古邾國，後爲楚所滅』，與水經注合，王象之引亦作『邾』。」按漢志及郡國志並謂魯國騶縣爲邾本國，邾本魯之附庸，其國在今山東鄒縣東南。郡國志江夏郡邾縣，劉昭注引地道記「楚滅邾，徙其君此城」。則黄州邾城，非邾故國。此志先言邾國之地，後言黄國之境，亦序次顛倒，當云「本春秋黄國之地，後邾徙於此」方合。

〔六四〕黄初中　攷證：「『黄初』宜有誤，下引滿寵事在太和三年，詳魏志本傳。

〔六五〕東南至蘄州二百三十里　今按：殿本同，它本無「南」字。

〔六六〕西南至鄂州二百三十里　攷證：「『西南』宜作『西北』。」鄂州八到無「三十」。

〔六七〕南至大江一百步　今按：下黄岡縣大江水云「經州南一百一十八里」，此云「一百步」，誤。寰宇記黄岡縣云：「唐中和五年，隨州移就大江邊。」據此，「一百步」是後人依唐末隨州地望改，與元和時不相應，當作「一百十八里」。

〔六八〕蕭齊於此置齊安縣　攷證：隋志云「齊曰南安」，誤。今按：齊志齊安郡有齊安、南安，兩縣相近，至隋置黄岡縣，二縣並廢，故或以爲改齊安，或以爲改南安置，俱不誤。

〔六九〕一十八里　今按：岱南閣本、畿輔本「一」作「二」。

〔七〇〕一百二十里　今按：史記楚世家正義引括地志作「百二十一里」。

〔七一〕東北至州一百二十里　攷證：宜作「東南至州二百二十里」。黄陂即今縣，黄州今黄州府。

〔七二〕周大象元年改鎮爲南司州　攷證：隋志云「後齊置南司州，後周改曰黄州」，與此别。今按：周書「大象元年，伐陳，杞國公亮拔黄城，江北盡平」，此志所云周改鎮爲南司州所本。然司州之置，陳已有之，陳紀「太建五年九月克黄城，以黄城爲司州」，早於大象元年七月。

〔七三〕二十九里　攷證：官本「二」作「一」。

〔七四〕生執之　攷證：王象之引作「戍主生執之」，此疑脱。

〔七五〕石陽故城　攷證：顧祖禹引下有「一名西城」句。

〔七六〕在縣東北一百里　今按：殿本作「一百一十里」，岱南閣本、畿輔本作「一百一里」，各鈔本同。

〔七七〕在州東北二百里至殷城縣二百里　今按：「二百里」，岱南閣本、畿輔本作「二百一十里」，「北至光州」句在「陰山關」下。

〔七八〕穆陵關至一百四十九里　今按：此條殿本在陰山關前。

〔七九〕春秋戰國並屬九江郡　攷證：此有脱誤，宜作「春秋戰國並屬楚，秦屬九江郡」方合。

〔八〇〕後於此復置蘄春郡　今按：戈襄校舊鈔本「於此」二字作「吴」。

〔八一〕西北至東都　今按：殿本「西」誤「東」。

〔八二〕東北至舒州三百七十里　今按：岱南閣本、畿輔本脱此條。

〔八三〕東北至江州二百五十里　攷證：「東北」宜作「東南」。江州八到作「二百八十九里」。

〔八四〕在縣東南八十二里　今按：殿本同，它本脱「南」字。

〔八五〕太子湫至因以爲名　攷證：宋書桂陽王休範傳已有太湫之名，似不因梁武丁貴嬪生太子始云。

〔八六〕四百一十里　攷證：官本「一」作「五」。

〔八七〕西北至東都　今按：岱南閣本、畿輔本「西」誤「東」。

〔八八〕西至灃州　今按：岱南閣本、畿輔本「澧」誤「灃」。

〔八九〕五百五十里　攷證：復州八到云「五百里」。

〔九〇〕後改爲巴陵縣　今按：岱南閣本、畿輔本「後」作「復」。攷證云：「州郡志云巴陵縣晉置，水經注云本巴邱邸閣，晉立巴丘縣，均與此別。」

〔九一〕西增白帝之兵至皆此地也　攷證：按蜀志宗預傳，「西」、「東」句宜倒，「兵」原作「守」。「丘」，官本誤「陵」，裴松之曰「周瑜所鎮，今巴丘縣也」。晉巴丘屬廬陵郡，巴陵屬長沙郡，建安時乃荆州地，尚未入吴。

〔九二〕岷江爲西江澧江爲中江　今按：岱南閣本、畿輔本「岷江」誤「峄江」，「澧」誤「灃」。

〔九三〕湘江　今按：岱南閣本、畿輔本「湘」上衍「湖」字。

〔九四〕起自汝蔡訖於三湘　攷證：梁書侯景傳作「起自汝際訖三湘」。

〔九五〕侯景果起於懸瓠　今按：寰宇記補引同，各本「果」作「東」，誤。

〔九六〕周迴二百六十里　攷證：王琦引「二」作「三」。

〔九七〕曹公征荆州　今按：自此至「不使孤至此」二十四字，岱南閣本接上條「曹公洲」下。
〔九八〕遇疾燒船　攷證：官本下按云：「魏志郭嘉傳作『遇疾疫燒船』。」
〔九九〕一十里　今按：殿本作「十里」。
〔一〇〇〕爾雅云至爲澧　攷證：語本爾雅注，「澧」宜作「灃」。
〔一〇一〕雍澨　今按：岱南閣本、畿輔本「雍」誤作「壅」。
〔一〇二〕吴分置南安縣　攷證：官本「南安」倒，恐非，隋志與官本合。劉昫云劉表所改，未知孰的。
〔一〇三〕極爲阻隘　今按：殿本同，它本「隘」作「益」，誤，輿地紀勝引此亦作「隘」，見岳州景物。
〔一〇四〕七十五里　今按：輿地紀勝岳州景物引無「五」字。
〔一〇五〕西經玉笥山　今按：殿本同，它本「經」下衍「入」字。
〔一〇六〕三百七十里　今按：岱南閣本、畿輔本脱「十」字。
〔一〇七〕梁元帝分置重華縣　攷證：隋志云「梁曰藥山平陳改安樂」，與此别。
〔一〇八〕權患之　攷證：蜀志「患」作「忿」。
〔一〇九〕六百五十里　攷證：疑有誤，昌江，今平江縣治，西北至岳州府二百四十里。今按：元豐九域志云「平江縣在州東二百五十七里」，疑此「六」爲「二」之訛。
〔一一〇〕後漢分長沙至改置昌江縣　攷證：宜有脱誤，顧祖禹曰：「春秋羅國地，秦爲羅縣，漢因之，屬長沙國，後漢屬長沙郡。建安十五年，吴析置漢昌縣，尋改曰吴昌，開皇九年省入羅縣，唐又省羅縣入湘陰，神龍二年，復分置昌江縣。」

元和郡縣圖志卷第二十八

江南道四

江西觀察使 洪州 饒州 虔州 吉州 江州 袁州 信州 撫州

宣歙觀察使 宣州 歙州 池州

洪州，豫章。〔一〕中都督府。開元户五萬五千四百五。鄉九十四。元和户九萬一千一百二十九。鄉一百一十。今爲江南西道觀察使理所。

管州八：洪州，饒州，虔州，吉州，江州，袁州，信州，撫州。

管縣三十八。都管户二十九萬三千一百八十。

禹貢揚州之域。春秋時楚之東境，吴之西境，七國時全爲楚地。秦滅楚，爲九江郡。晉惠帝元康二年，〔二〕於郡理立江州。東晉元帝時，〔三〕江州自豫章移理武昌郡，自後或理湓城，或理潯陽，或理半洲，〔四〕並在湓城側近。隋開皇九年平陳，置洪州，因洪崖井爲名。武德元年，〔五〕改爲總管府，七年改爲都督府。

州境：東西一千六百一十五里。南北一千一百五十六里。

八到：西北至上都三千八十五里。西北至東都二千二百七十五里。東至饒州四百四十里。西至潭州一千一百三十五里。〔六〕南至撫州二百一十九里。北至江州三百二十五里。

貢、賦：開元貢：葛，紵布，丹參，旋覆花。元和貢：細葛布一十五匹。

管縣七：南昌，高安，新吳，豐城，建昌，武寧，分寧。

南昌縣，望。郭下。漢高帝六年置。隋平陳，改爲豫章縣。寶應元年六月改爲鍾陵縣，十二月改爲南昌縣。〔七〕

高安縣，緊。東至州一百五十里。本漢建城縣，〔八〕武德五年改爲高安，仍於縣置靖州。八年廢州，復爲縣，屬洪州。

新吳縣，上。東至州一百五十里。後漢靈帝中平中分海昏縣置。〔九〕隋開皇九年，省入建昌。武德五年又置，舊隸楚，今新屬吳，故曰新吳。

豐城縣，上。北至州一百四十七里。本漢南昌縣地，晉武帝太康元年移於今縣南四十一里，名豐城，卽是雷孔章得寶劍處也。

建昌縣，緊。北至州一百二十二里。東三里故海昏城，〔一〇〕卽漢昌邑王賀所封。今縣城，則吳太史慈所築。

武寧縣，上。東至州三百六十里。〔一一〕長安四年割建昌界置。

分寧縣，上。東南至州六百五十里。〔一二〕貞元十六年，刺史李巽奏分武寧縣西界置，因以名焉。

饒州，鄱陽。上。開元户一萬四千六十二。鄉二十。元和户四萬六千一百一十六。鄉六十九。

本秦鄱陽縣也，〔一三〕屬九江郡。鄱陽記云「在揚州巳午之閒」。孫權分豫章立爲鄱陽郡。梁承聖二年改爲吴州，至陳光大元年省吴州，依舊置郡。隋開皇九年平陳，改鄱陽爲饒州，其城卽吴芮爲番令所居城。〔一四〕

州境：東西六百五十九里。南北四百六十一里。

八到：西北至上都三千一百三十里。西北至東都二千三百二十里。東南至信州五百里。東北至池州五百八十里。東北至歙州七百里。西至洪州四百四十里。西至撫州四百七十里。〔一五〕

貢、賦：開元貢：麩金，紵布，秔米。元和貢：麩金，竹簟。

管縣四：鄱陽，餘干，樂平，浮梁。

鄱陽縣，上。郭下。秦置。孫權分豫章置鄱陽郡，理於此。晉武帝改爲廣晉。隋開皇九年改廣晉爲鄱陽，以在鄱水之北，故曰鄱陽。

永平監，置在郭下，每歲鑄錢七千貫。〔一六〕

餘干縣，上。東至州一百里。〔一七〕漢餘汗縣，淮南王云「田於餘汗」，是也。縣因餘汗之水爲名，隋開皇九年去「水」存「干」，名曰餘干。

樂平縣，上。西至州一百四十里。本漢餘汗縣地，後漢靈帝於此置樂平縣，南臨樂安江，北接平林，因曰樂平。

銀山，在縣東一百四十里。每歲出銀十餘萬兩，收税山銀七千兩。

浮梁縣，上。西南至州二百二十里。武德五年析鄱陽東界置新平縣，尋廢。開元四年，刺史韋玢再置，改名新昌，天寶元年改名浮梁。每歲出茶七百萬馱，税十五餘萬貫。

虔州，南康。上。開元户三萬二千八百三十七。鄉五十七。元和户二萬六千二百六十。鄉五十七。

孫權嘉禾五年，分廬陵立南部都尉，理雩都，〔一八〕晉武帝太康三年罷都尉，立爲南康郡，至永和五年移理贛。隋開皇九年平陳，罷南康郡爲虔州，大業三年罷虔州，復爲南康郡。武德五年，又再置虔州，蓋取虔化水爲名也。

州境：東西一千四百二里。南北一千三百三十九里。

八到：西北至上都四千一百二十五里。西北至東都三千三百一十五里。東至建州一千五百八十五里。西至郴州一千一十二里。〔一九〕南至循州一千六百一十四里。〔二〇〕北至吉州四百七十四里。〔二一〕

貢、賦：開元貢：白紵布，乾蕈。元和貢：白紵布，蜜梅。

管縣七：贛，南康，信豐，大庾，雩都，虔化，安遠。

贛縣，上。郭下。貢水西南自南康縣來，章水東南自雩都縣來，二水至州北合而爲一，通謂之贛水，〔二二〕因爲縣名。

南康縣，上。東北至州八十里。本漢灌嬰所置南壄縣也，屬豫章郡。獻帝初平二年析南壄置南安縣，晉太康五年改爲南康。

信豐縣，上。北至州一百九十五里。〔二三〕獻帝初平二年分南壄立南安縣，晉武帝改爲南康。永淳元年析南康更置南安，天寶元年改爲信豐。〔二四〕

大庾縣，上。東北至州二百二十里。南康記云：「前漢南越不賓，遣監軍庾姓者討之，築城於此，因之爲名。」隋以爲鎮，神龍初改鎮爲縣。

雩都縣，上。西北至州一百七十里。漢初所置，因雩都水爲名。

虔化縣，上。西南至州四百七十六里。本漢贛縣地，吴寶鼎三年初置新都，〔二五〕晉太康元年改爲寧都，隋開皇十八年，〔二六〕改寧都爲虔化。

安遠縣，上。西北至州五百二十里。梁大同中，〔二七〕於今縣南七十里安遠水南置安遠縣，隋開皇中廢。貞元四年，刺史路應重奏分雩都縣地置。

吉州，廬陵。上。開元户三萬四千四百八十一。鄉七十四。元和户四萬一千二百二十五。鄉六十九。

本秦廬陵，屬九江郡。獻帝興平二年，〔二八〕分豫章於此置廬陵郡，晉太康中移郡於石陽縣，〔二九〕今舊州東北故城是也。隋開皇中改廬陵爲吉州，有吉水，〔三〇〕因爲名焉。

州境：東西四百二十里。南北六百九十二里。

八到：西北至上都三千六百五里。北至東都二千七百九十里。東北至撫州四百五十里。〔三一〕西至衡州九百一十里。南至虔州五百二十里。〔三二〕北至洪州五百七十六里。

貢、賦：開元貢：〔三三〕白紵布，茶，陟釐。

管縣五：廬陵，安福，永新，太和，新淦。

廬陵縣，上。郭下。本漢石陽縣，〔三四〕晉移郡於此，〔三五〕隋改爲州，又改名石陽縣爲廬陵，因廬水爲名。

安福縣，上。東至州一百二十里。本漢安平縣，後漢改爲平都縣，屬廬陵。吴分置安城郡，〔三六〕隋廢郡爲安復縣，武德中改爲安福縣。

永新縣，上。東北至州二百二十一里。本漢廬陵縣地，吴歸命侯所置，屬安城郡，隋開皇中廢，顯慶四年又依舊置。〔三七〕

太和縣，上。北至州一百里。隋開皇九年平陳，分廬陵縣置西昌縣，十八年改爲太和。〔三八〕

新淦縣，上。南至州二百七十里。本漢舊縣，豫章南部都尉所居，縣有淦水，因以爲名。陳割屬巴山郡。隋開皇中廢郡，縣屬吉州。

江州，潯陽。上。開元户二萬一千八百六十五。鄉四十一。元和户一萬七千九百四十五。鄉四十九。

禹貢揚、荆二州之境，揚州云「彭蠡既豬」，今州南五十二里彭蠡湖是也。荆州云「九江孔殷」，今州西北二十五里九江是也。然彭蠡以東爲揚州界，九江以西屬荆州界。春秋時爲吴之西境，吴爲越滅，後復爲楚地。〔三九〕秦屬廬江郡，漢屬淮南國。晉太康十年，以荆、揚二州疆域曠遠，難爲統理，分豫章、鄱陽、廬江等郡之地置江州，〔四〇〕因江水以爲名，理豫章。至惠帝，分廬江之潯陽，〔四一〕武昌之柴桑置潯陽郡，自東晉元帝至蕭齊，或理半洲，至陳武帝於潯陽置西江州，復理豫章。文帝天嘉元年省西江州，江州自豫章復理潯陽。隋文帝平陳，置江州總管，移理湓城。大業三年，罷江州爲九江郡。武德四年，討平林士弘，復置江州，五年又置總管，七年改爲都督，貞觀二年罷都督府。州理城，古之湓口城也，漢高帝六年灌嬰所築。漢建安中，孫權經此城，權自標地，〔四二〕令人掘之，正得古井，銘云：「漢六年潁陰侯開，三百年當塞。〔四三〕後不滿百年，當爲應運者所開。」權以爲己瑞。井極深大，江中風浪，井水輒動。晉咸和四年，後將軍郭默殺平南將軍劉胤，〔四四〕叛於此城，陶侃討默築壘以攻之，〔四五〕默乃以布囊盛米爲壘以應陶，今稱云陶公壘。

州境：東西五百九十九里。南北一百七十七里。

八到：西北至上都二千七百六十里。西北至東都一千九百五十里。東至宣州一千八百里。西至鄂州五百九十三里。〔四六〕南至洪州三百二十五里。西北至蘄州二百八十九里。〔四七〕

貢、賦：開元貢：葛，生石斛。元和貢：碌。

管縣三：潯陽，彭澤，都昌。

潯陽縣，緊。郭下。本漢舊縣，屬廬江郡，以在潯水之陽，故曰潯陽。隋平陳，改潯陽爲彭蠡縣，大業二年改爲湓城縣，武德五年復改爲潯陽縣。

廬山，在縣東三十二里。本名鄣山，昔匡俗字子孝，隱淪潛景，廬於此山，漢武帝拜爲大明公，俗號廬君，故山取號。周環五百餘里。

巢湖故城，在縣東四十二里。按楚有二巢，一在廬江六縣，〔四八〕其南巢，桀所奔處，蓋此。〔四九〕

柴桑故城，在縣西南二十里。

半洲故城，在縣西九十里。按吴將孫慮，黄武六年，〔五〇〕出鎮於此，築此城。

官亭湖神廟，在縣東南九十里。

彭澤縣，上。西南至州二百里。本漢舊縣，屬豫章郡，置彭城湖南，因以爲名。隋開皇九年廢彭澤，別置龍城縣，至十八年又改爲彭澤縣。

馬當山，在縣東北一百里。橫入大江，甚爲險絶，往來多覆溺之懼。

江水，西自都昌縣界流入，〔五一〕經縣北二十五里，〔五二〕東北流入秋浦縣界。

都昌縣，上。西北至州一百五十里。本漢彭澤縣地，武德五年分置都昌縣，以縣北有都村，配以「昌」字，取嘉名也。

彭蠡湖，在縣西六十里。〔五三〕與潯陽縣分湖爲界。

釣磯山，在縣南一百一十二里。昔陶侃嘗釣於此，得一梭，化爲龍而去。

彭澤故城，在縣北四十五里。晉陶潛爲令，理此城。

左里故城，在縣西南九十五里。盧循爲宋祖所敗，自蔡州南走，〔五四〕還屯潯陽，聞大軍將至，欲走豫章，乃悉力栅斷左里。及大軍至，將戰，高祖所執麾竿折幡沈水，衆懼，公笑曰：「往年覆舟之戰，幡竿亦有折者；今復然，賊必破矣。」卽進攻栅，賊投水死者萬餘人，遂大破之。〔五五〕

袁州，宜春。上。開元户二萬二千三百三十五。鄉四十一。元和户一萬七千二百二十六。〔五六〕鄉四十一。

本秦九江郡地，在漢爲宜春縣，屬豫章郡。晉平吴後屬荆州，東晉以來屬江州。隋開皇十一年置袁州，因袁山爲名。大業三年罷袁州爲宜春郡。武德五年討平蕭銑，復置袁州。

州境：東西五百二十六里。南北二百二十五里。

八到：西北至上都三千一百八十里。〔五七〕西北至東都二千四百里。東至洪州七百四十里。〔五八〕西至潭州五百二十六里。〔五九〕南至吉州三百一十七里。北至江州五百六十五里。〔六〇〕

貢、賦：開元貢：白紵布，麻布。

管縣三：宜春，新喻，萍鄉。

宜春縣，上。郭下。本漢舊縣，灌嬰定江南所築城。晉武帝太康元年，〔六一〕以太后諱春，改爲宜陽縣。隋開皇十一年，於縣置袁州，移縣於城東五里，復改爲宜春。

新喻縣，上。西南至州一百五十里。本漢宜春縣地，吴孫晧分置新渝縣，因渝水爲名。天寶後相承作「喻」，〔六二〕因聲變也。

萍鄉縣，上。東至州一百四十二里。本漢宜春縣地，吴寶鼎二年分立萍鄉，先隸吉州，隋開皇十一年屬袁州。以地多生萍草，〔六三〕因以爲名。

信州，上饒。中。元和户二萬八千七百一十一。〔六四〕鄉六十四。

本漢餘汗縣地，三國時又分鄱陽郡葛陽縣之地，陳改爲弋陽。今州所理在弋陽縣東一百里，乾元元年，租庸使洪州刺史元載奏置。

州境：

八到：西北至上都三千六百三十里。西北至東都二千八百二十里。東至衢州二百五十里。西北至饒州五百里。東南至建州五百里。〔六五〕

貢、賦：元和貢：緜，藤紙。

管縣五：上饒，玉山，弋陽，永豐，貴溪。

上饒縣，上。郭下。本吴所置，隋平陳省，乾元元年重立。

玉山縣，上。西至州九十里。證聖元年，〔六六〕分常山、須江等縣置。乾元元年，自衢州割入信州。

弋陽縣，上。東至州一百里。後漢分餘汗東界立葛陽縣，自吴至陳並屬鄱陽郡。隋開皇中，因失印改爲弋陽縣。〔六七〕乾元元年，自饒州割屬信州。

永豐縣，中。西北至州四十五里。本弋陽縣進賢鄉永豐里之地，乾元元年置，因里爲名。

貴溪縣，上。東至州二百二十里。永泰元年，洪州觀察使李勉奏割樂平、餘干二縣置，在貴溪口，因以爲名。

撫州，臨川。上。開元户二萬四千九百八十八。鄉四十八。元和户二萬四千七百六十七。鄉五十一。

本禹貢揚州之境。秦屬九江郡，漢屬豫章。吴太平中改置臨川郡，隋開皇九年改爲撫州，大業十二年又改爲臨川縣，〔六八〕武德五年又改爲州。

州境：東西四百七十八里。南北六百三十里。

八到：西北至上都三千三百五十里。北至東都二千四百九十五里。東〔北〕至饒州四百七十里。〔六九〕西南至吉州四百五十六里。〔七〇〕南至虔州一千一百八十里。〔七一〕北至洪州二百一十九里。〔七二〕

貢、賦：開元貢：葛十匹。元和貢：葛十匹。

管縣四：臨川，南城，崇仁，南豐。

臨川縣，上。郭下。後漢和帝永元八年析南城縣爲臨安縣，〔七三〕開元九年改爲臨川縣。〔七四〕

南城縣，上。東南至州一百三十里。〔七五〕漢分豫章郡立爲南城縣。

崇仁縣，上。東北至州一百里。〔七六〕本漢臨汝縣之地，吴少帝太平二年分臨汝爲新建縣，屬臨川郡。梁普通三年改爲巴縣，〔七七〕隋開皇中改爲崇仁。

南豐縣，上。西北至州二百六里。〔七八〕本漢南城縣之地，吴少帝分以爲南豐縣。隋平陳，省入南城。景雲二年又置，先天二年又廢，開元八年復置。

宣州，宣城。緊。開元户八萬七千二百三十一。鄉一百六十七。元和户五萬七千三百五十。鄉一百九十五。今爲宣歙觀察使理所。

管州三：宣州，歙州，池州。縣二十。都管户九萬一千七百六。

禹貢揚州之域。春秋時屬楚。〔七九〕秦爲鄣郡。漢武帝改爲丹陽郡，領縣十七，理宛陵，卽今理是也。漢有銅官，〔八〇〕輿地志云：「宛陵縣銅山者，漢采銅所理也。」順帝立宣城郡，〔八一〕東晉或理蕪湖，或理姑熟，或理赭圻。隋開皇九年平陳，改郡爲宣州，移於今理。武德二年置總管府，〔八二〕七年改爲宣城郡，乾元元年復爲宣州。州理城，周封楚子熊繹於此，漢丹陽郡亦理此城，〔八三〕俗傳晉桓彝所築。

州境：東西四百八十六里。南北五百五十二里。

八到：西北至上都取和，滁路三千一十里，取潤州路三千七十里。西北至東都取和、滁路二千一百五十里。正北微東至潤州四百里。正北微西至和州二百五十里。西南至池州三百四十里。正南微西踰嶺至歙州三百八十里。西渡江至廬州六百四十里。

貢、賦：開元貢：白紵布。自貞元後，常貢之外，別進五色線毯及綾綺等珍物，與淮南、兩浙相比。

管縣十：宣城，南陵，涇，當塗，溧陽，溧水，寧國，廣德，太平，旌德。

宣城縣，望。郭下。本漢宛陵縣，屬丹陽郡，後漢順帝置，〔八四〕至晉屬宣城郡，隋自宛陵移於今理。

敬亭山，州北十二里。〔八五〕即謝脁賦詩之所。

青弋水，州西九十九里。〔八六〕

南陵縣，望。東至州一百里。本漢春穀縣地，梁於此置南陵縣，仍於縣理置南陵郡。隋平陳廢郡，縣屬宣州。

鵲頭鎮，在縣西一百一十里。即春秋時楚伐吳，敗於鵲岸是也。沿流八十里，有鵲尾洲，吳時屯兵處。

利國山，在縣西一百一十里。出銅，供梅根監。

梅根監，在縣西一百三十五里。梅根監並宛陵監，每歲共鑄錢五萬貫。

銅井山，在縣西南八十五里。出銅。

戰鳥山，在縣西北一百二十里，〔八七〕臨大江。本名孤圻山，昔桓温於赭圻討賊，屯兵山下，夜中衆鳥鳴，賊謂官軍已至，一時驚潰，因以爲名。

春穀故城，在縣西一百五十里。

赭圻故城，在縣西北一百三十里。西臨大江。吳所置赭圻屯處也，晉哀帝時，桓温領揚州牧，入朝參政，自荆州還至赭圻，詔止之，遂城赭圻鎮焉。後城被火災，乃移鎮姑熟。

涇縣，緊。東北至州一百五里。本漢舊縣，因涇水以爲名，屬丹陽郡。晉屬宣城郡。武德七年，於此置猷州，八年廢，以縣屬宣州。

陵陽山，在縣西南一百三十里。陵陽子明得仙處。〔八八〕

徽領山，〔八九〕在縣東南二百五十里。涇水所出也。

蓋山，在縣西南八十里。下有舒姑泉，昔舒氏女化爲魚於此泉，聞絃歌聲，則有雙鯉湧出。原本「西南」下有「二百」二字。

當塗縣，緊。東南至州一百九十三里。本漢丹陽縣地，其當塗縣本屬九江郡，漢爲侯國。左傳「禹會諸侯於塗山」，注云「在壽春東北」，以塗山爲邑，故以名焉。晉武帝太康初分丹陽置于湖縣，成帝時以江北之當塗縣流人過江在于湖者，僑立爲當塗縣，屬淮南郡。隋大業十年廢于湖縣，以當塗屬宣州。〔九〇〕

牛渚山，在縣北三十五里。山突出江中，謂之牛渚圻，津渡處也。始皇二十七年，東巡會稽，道由丹陽至錢塘，即從此渡也。晉左衞將軍謝尚鎮於此。温嶠至牛渚，燃犀照諸靈怪，亦在於此。

博望山，在縣西三十五里，與和州對岸。江西岸曰梁山，在溧陽縣〔九一〕南七十里。兩山相望如門，俗謂之天門山。山上皆有卻月城，宋車騎將軍王玄謨所築，於此屯兵捍禦。

赤金山，在縣北一十里。出好銅與金類，淮南子、食貨志所謂丹陽銅也。

九井山，在縣南一十里。殷仲文九日從桓温登九井賦詩，即此山也。

龍山，在縣東南十二里。桓温嘗與僚佐，九月九日登此山宴集。

丹陽湖，在縣東南七十九里。周迴三百餘里，與溧水分湖爲界。〔九二〕

蕪湖水，在縣西南八十里。源出丹陽湖，西北流入於大江。漢末湖側亦嘗置蕪湖縣，吴將陸遜、晉謝尚、王敦皆嘗鎮此。

姑熟水，在縣南二里。縣名因此。

慈湖，在縣北六十五里。吴將卞融於此屯兵。〔九三〕晉成帝咸和二年，陶侃與蘇峻戰於慈湖。侯景之亂，兵至慈湖，梁人聞之大恐。

采石戍，〔九四〕在縣西北三十五里。西接烏江，北連建業，城在牛渚山上，與和州横江渡相對，隋師伐陳，賀若弼從此渡。隋平陳置鎮，貞觀初改鎮爲戍。

溧陽縣，緊。西南至州二百四十里。本漢舊縣，屬丹陽郡，以在溧水之陽爲名。吴時置屯田於此。隋屬蔣州，今潤州上元縣西石頭城，是蔣州理也。又屬潤州，大業二年屬宣州。〔九五〕

平陵山，在縣南十八里。晉成帝時，李完圍韓晃於此山，〔九六〕斬之。山高四十丈。

溧水，在縣南六里。

溧水縣，上。南至州二百二十五里。本漢溧陽縣地，隋開皇十一年宇文述割溧陽之西、丹陽之東置。

中山，在縣東南一十五里。出兔毫，爲筆精妙。

丹陽湖，在縣西南二十八里。與當塗縣分中流爲界。

固城湖，〔九七〕在縣南一百里。周迴九十里，多蒲魚之利。

寧國縣，上。西北至州一百一十里。本後漢末分宛陵南鄉置，屬丹陽郡。晉屬宣城郡。其後武德中廢，天寶三年復置。

五湖水，在縣東北四里。

廣德縣，緊。西至州一百六十五里。後漢分故障縣置，〔九八〕屬丹陽郡。宋爲經安縣，〔九九〕隋仁壽三年屬湖州，大業二年移於今理，屬宣州。至德二年，改爲廣德。

桐汭水，在縣西五十里。春秋「楚子期伐吳，至桐汭」，是也。

太平縣，上。東北至州二百八十里。〔一〇〇〕本涇縣地，天寶四年，宣城郡太守李和上奏，割涇縣西南十四鄉置。

黄山，在縣西南四十里。上有泉水，泉側多黄連。

旌德縣，上。北至州二百三十里。本太平之地，以縣界闊遠，永泰初土賊王方據險作叛，〔一〇一〕詔討平之，奏分太平置旌德縣。

歙州，新安。　上。　開元户三萬一千九百六十一。　鄉七十二。　元和户一萬六千七百五十四。　鄉五十。

禹貢揚州之域。春秋時屬越。秦時爲丹陽郡歙縣之地，〔一〇三〕其後或屬新都，〔一〇三〕或隸新安郡，或立新寧郡。隋開皇十一年置歙州，〔一〇四〕武德中置都督，貞觀廢。

州境：東西四百一十九里。南北二百四十里。

八到：西北至上都取睦州路四千八百五里，取宣州路三千四百五十里。西北至東都三千三百二十五里，取宣州、潤州路二千五百九十里。東至杭州四百七十里。東至睦州三百七十里。西南至饒州七百里。正北微東至宣州三百里。〔一〇五〕

貢、賦：開元貢：麻布。〔一〇六〕　元和貢：細紵布，竹簟。

管縣六：歙，黟，休寧，婺源，績溪，祁門。

歙縣，上。　郭下。本秦舊縣也，〔一〇七〕縣西有歙浦，因以爲名。晉後屬新都郡，或屬新安郡，或屬新寧郡。隋初省，開皇十一年又置歙州及縣。〔一〇八〕

北黟山，在縣西北二百六十八里。宣、歙二州分界處。

布射山，一名勸山，〔一〇九〕在縣北二十里。吴志歙賊金奇萬户屯於此。

烏聊山，在縣東南二百六步。上有毛甘故城，後漢末，賊毛甘萬户屯於此，吴將賀齊討平之。

浙江，西自休寧縣界流入。

黟縣，上。東至州一百五十二里。本漢舊縣，理在黟川，因以爲名，屬丹陽郡。隋平陳，省入休寧縣。十一年復置，隸宣州，十二年改隸歙州。按縣南有墨嶺，出墨石。又昔貢柿心木，縣由此得名。説文「黟」字從「黑」旁「多」，後傳誤遂寫「黝」字。

林歷山，在縣西南一百五十里。昔吴大帝使賀齊討黟歙山賊，賊帥陳僕、祖山等二萬户屯此山。山四面壁立，高數十丈，徑路危狹，不容方楯，〔一二〇〕賊乘高下石，不可得攻。齊乃陰募輕健士，密於隱險賊所不備處，以戈拓斬山爲緣道，〔一二一〕夜令勇士潛上，懸布援人，遂大破之。忽賊中有善禁者，官軍刀劍不得拔，弓弩矢發多還自向。賀齊令曰：「吾聞蟲有毒者，兵有刃者，可禁；其無刃者，不可禁。」〔一二二〕乃多作勑木白棓，〔一二三〕選異力精卒五千人攻之，禁果不行，賊遂大敗。

休寧縣，上。東至州六十六里。本秦歙縣地，屬丹陽郡。後漢建安中，賀齊討黟、歙山賊，分休陽縣置，〔一二四〕後頻有改易，隋開皇九年改爲休寧縣，屬婺州，十二年改屬歙州。〔一二五〕

横鄣山，在縣東南八十四里。

漸江，一名浙江，源出縣東南横鄣山，東流經歙縣，又東南入睦州界。

婺源縣，上。東北至州二百九里。本休寧縣西南界，開元二十六年，〔一二六〕平妖賊洪氏始置此縣，以婺水遶城三面，因以爲名。

善山，在縣南五十里。與惡山隔溪相對，俗謂之夫婦山。

績溪縣，中下。西南至州六十六里。本梁大通元年於此置梁安縣，武德中廢，大曆二年，刺史長孫全緒奏分歙縣置，此縣北有乳溪與徽溪，相去一里，並流，離而復合，有如績焉，因以爲名。

祁門縣，中下。東至州一百七十九里。本古昌門地，漢黟縣之南境，永泰元年草賊方清於此僞置昌門縣，以爲守備。刺史長孫全緒討平之，因其舊城置縣，恥其舊號，以縣東北一里有祁山，因改爲祁門縣。大曆五年又移於東，面臨大溪，西枕小山。

池州，池陽。下。元和户一萬七千五百九十一。鄉三十四。

本漢鄣郡之域，吴於此置石城縣。〔一一七〕梁昭明太子以其水魚美，故封其水爲貴池，今城西枕此水。隋廢石城縣入南陵縣，開皇中於此置秋浦縣。永泰二年，〔一一八〕江西觀察使李勉奏置池州，〔一一九〕因武德四年總管左難當所奏舊名，取貴池以爲州號也。

州境：

八到：西北至上都取宣州路三千四百一十里，取江州路二千五百三十里。西北至東都取宣州路二千五百一十里，取江州路二千五百三十里。東北陸路至宣州三百四十里。西〔南〕至江州五百八十里。〔一二〇〕東南至歙州四百六十

里。西南至饒州五百八十里。正北微西渡江至舒州四百三十里。〔一一〕

貢、賦：

管縣四：秋浦，青陽，至德，石埭。

秋浦縣，上。郭下。隋開皇十九年，於石城故城置，屬宣州。永泰二年，李勉奏置池州，縣屬焉。〔一二〕

烏石山，在縣西一百四十里。廣德初爲賊陳莊、方清所據，袁傪破平之。

大江水，在縣北七里。

貴池水，在縣西七里。

秋浦水，在縣西八十里。

青陽縣，上。西南至州七十里。本漢涇縣地，天寶元年洪州都督徐輝奏，於吳所立臨城縣南置，屬宣州，在青山之陽爲名。〔一三〕永泰二年隸池州。

至德縣，中。東北至州二百五十里。〔一四〕本漢石城，至德二年刺史宋若思奏置，因年號爲名。初屬潯陽郡，乾元元年改屬饒州，永泰二年割屬池州。

堯城，在縣南四百里。

舜城，在縣北二十里。舊傳兩帝南巡至此。

石埭縣，中。西北至州二百里。本漢丹陽郡地，至吴大帝封韓當爲石埭城侯，〔一三五〕因此置縣。其後屢有廢興，永泰二年洪府都督李勉奏割秋浦、〔一三六〕青陽、涇三縣，於吴所置陵陽城南五里置。〔一三七〕

陵陽山，在縣北三十里。竇子明於此得仙。

石埭，在縣西北一百三十里。有兩横石壅江，有如埭焉，因名。

卷二十八校勘記

〔一〕豫章　攷證：「豫」字恐後人所增，通典云：「避代宗諱，止稱章郡。」

〔二〕晉惠帝元康二年　今按：殿本同，它本脱「晉」字。

〔三〕東晉元帝時　今按：殿本同，它本脱「東」字。

〔四〕或理半洲　攷證：王象之引「半洲」作「本洲」，恐誤。

〔五〕武德元年　攷證：宜作「五年」，前爲林士宏所據。

〔六〕一千一百三十五里　攷證：潭州八到云「九百八十里」。

〔七〕改爲南昌縣　攷證：新志云貞元中改，欒史同，與此别。

〔八〕漢建城縣　攷證：「城」，地理志作「成」。

〔九〕分海昏縣置　今按：岱南閣本、畿輔本「昏」誤「昬」，下同。

〔一〇〕東三里故海昏城　攷證：不述建昌立縣所始，應有缺。今按：宋志「建昌，漢和帝永元十六年分海昏立」。方輿紀要「宋元嘉中廢海昏，移建昌治焉」。此有脱文。

〔一一〕東至州　攷證：「東」宜作「東南」，武寧即今縣。

〔一二〕東南至州六百五十里　今按：殿本同，它本無「南」字。攷證云：「官本作『東南』是。『六百』宜有訛，分寧即今義寧州，至府三百五十里。」

〔一三〕本秦鄱陽縣也　攷證：「鄱」宜作「番」，漢始增「邑」旁，下引吴芮事正作「番」。

〔一四〕爲番令所居城　攷證：漢書吴芮傳「番」作「番陽」。

〔一五〕西至撫州　攷證：宜作「西南」。

〔一六〕七千貫　攷證：官本脱「貫」字。

〔一七〕東至州　攷證：「東」宜作「北」，餘干即今縣。

〔一八〕孫權嘉禾五年至理雩都　今按：「孫權」上岱南閣本、畿輔本又出「虔州南康上」五字，志無此例，應衍。此上有脱文，當云「秦九江郡地，漢屬豫章郡，後漢分置廬陵郡」，下接「孫權云云」。寰宇記引吴志云「孫皓分廬陵南部立」，與此異。

〔一九〕一千一十二里　攷證：郴州無「一十二」。

〔二〇〕一千六百一十四里　攷證：循州作「一千五百里」。

〔二一〕四百七十四里　攷證：吉州作「五百二十里」。

〔二二〕貢水西南至通謂之贛水　攷證：上有脱文，宜云「本漢舊縣，屬豫章郡」。又按貢、章今稱，與此互異，此本劉澄之説，詳水經注。

〔二三〕一百九十五里　今按：殿本同，與輿地紀勝合，它本無「五」字。

〔二四〕改爲信豐　今按：寰宇記云：「以泉州有南安縣，遂改名信豐。」

〔二五〕置新都　今按：宋志云「吴立日陽都」，與此别。

〔二六〕開皇十八年　今按：與隋志合，各本脱「十八年」三字。

〔二七〕梁大同中　攷證：王象之引作「大同十年」。

〔二八〕興平二年　攷證：王象之引作「初平二年」，並辨郡國志注及寰宇記作「興平二年」之誤，以爲當從元和志。此疑後人據彼所改，元和志本作「初平」。

〔二九〕移郡於石陽縣　攷證：晉志未詳，當别有據。

〔三〇〕吉水　今按：寰宇記作「吉陽水」。

〔三一〕四百五十里　攷證：撫州「五十」下有「六」字。

〔三二〕五百二十里　攷證：虔州作「四百七十四里」。

〔三三〕開元貢　今按：岱南閣本、畿輔本作「元和貢」。

〔三四〕本漢石陽縣　攷證：地理志無石陽縣。今按：郡國志豫章郡有石陽縣，寰宇記云「和帝分新淦立」，此「漢」上缺「後」字。

〔三五〕晉移郡於此　今按：輿地紀勝吉州廬陵縣引「晉」下有「太康中」三字。

〔三六〕本漢安平縣至分置安城郡　攷證：王象之引此志云「本西漢安平、安城二縣，安平屬豫章郡，安城屬長沙國」，與此別。

〔三七〕顯慶四年又依舊置　攷證：「顯」宜作「明」，此後人改。「四」，新、舊志並作「二」，會要與此合。

〔三八〕分廬陵置至改爲太和　今按：宋志「西昌吴立」，梁書長沙嗣王業傳、陳書杜僧明傳並有西昌縣之名，則西昌廢於陳末，隋平陳又復置耳。「太和」，隋志作「泰和」。「十八年」，隋志作「十一年」，殿本作「十年」。

〔三九〕吴爲越滅後復爲楚滅地　今按：殿本同，它本「後」字在「吴」字下。

〔四〇〕廬江等郡之地置江州　攷證：晉志「江」作「陵」，此疑誤。

〔四一〕廬江之潯陽　攷證：晉志「潯」作「尋」，下「潯陽郡」同。

〔四二〕自標地　攷證：王琦引作「自標井地」。

〔四三〕當塞　攷證：王琦引「塞」下復有「塞」字。

〔四四〕劉胤　今按：殿本同，它本「胤」作「允」，蓋板刻避清諱改，劉胤晉書有傳。永樂大典八千九十二引此作「劉嗣」，紀勝同。又大典及紀勝此作「郭默城」專條，今各本均附州敍後，恐誤。

〔四五〕築壘以攻之　今按：岱南閣本、畿輔本無「壘」字，與輿地紀勝郭默城引合。

〔四六〕五百九十三里　攷證：鄂州作「六百里」。

〔四七〕二百八十九里　攷證：蘄州作「二百五十里」。今按：永樂大典八千九十二引此及下柴桑故城、半州故城均作在德化縣，蓋所據本以後唐所易縣名稱唐之潯陽縣也。

〔四八〕一在廬江六縣　攷證：官本脱「一」字。

〔四九〕蓋此　今按：殿本作「蓋在此」。

〔五〇〕黄武六年　攷證：按吴志，宜作「黄龍二年」。

〔五一〕西自都昌縣界　今按：殿本同，它本「自」誤「至」。

〔五二〕經縣北二十五里　今按：岱南閣本、畿輔本脱「北」字。

〔五三〕六十里　攷證：程恩澤引作「二十里」。

〔五四〕爲宋祖所敗自蔡州南走　攷證：「宋祖」宜作「宋高祖」，「蔡州」宜作「蔡洲」。

〔五五〕遂大破之　攷證：官本脱「之」字。

〔五六〕二百二十六　攷證：官本「二百」作「一百」，誤。

〔五七〕三千一百八十里　今按：殿本「一百」作「二百」，它本作「三千九百七十二里」。

〔五八〕東至洪州　攷證：疑作「東北至江州」，詳後。

〔五九〕二十六里　攷證：潭州八到作「二十五里」。

〔六〇〕北至江州五百六十五里　今按：「北」當作「東北」。「江州」，岱南閣本、畿輔本作「洪江」，「五百六十五」，殿本作「五百二十五」。攷證云：「按前云『東至洪州七百四十里』，當是『江州』，官本此條爲『江州』，則里數大謬。袁州卽今府，洪州今南昌府，江州今九江府。」

〔六二〕晉武帝太康元年　攷證：宜作「晉孝武帝太元元年」，見杭州富陽縣及蘄州各敍，此傳鈔之誤。

〔六二〕天寶後相承作喻　今按：與新唐志合，各本此句作「今曰新喻」四字。隋志作「喻」。

〔六三〕以地多生萍草　攷證：樂史云：「楚昭王得萍實於此，縣北有萍實里。」

〔六四〕七百一十一　今按：殿本同，它本「一十」下無「一」字。攷證云：「宜作『七百一十二』，方合都管戶數。」

〔六五〕東南至建州五百里　攷證：建州作「五百四十里」。

〔六六〕證聖元年　攷證：「元」，官本作「二」，樂史作「三」，並誤。今按：舊唐志同此，新唐志作「二年」。

〔六七〕改爲弋陽縣　今按：輿地紀勝信州弋陽縣引此下有「以地有弋水故也」句，疑今本脫。

〔六八〕大業十二年又改爲臨川縣　攷證：「十二年」宜作「三年」，「縣」宜作「郡」。

〔六九〕東〔北〕至饒州四百七十里　今按：殿本同，它本作「東北至」。饒州今江西波陽縣在撫州東北，此脫「北」字，今據岱南閣本增。

〔七〇〕西南至吉州四百五十六里　今按：殿本同，它本「西」下脫「南」字。吉州八到作「四百五十里」。

〔七一〕南至虔州一千一百八十里　今按：殿本同，它本「一百」作「五百」。「南」當作「西南」，虔州今贛州市，位於撫州西南。攷證云：「『一千一百八十里』與『一千五百八十里』均未的，按前云『至吉州四百五十六里』，吉州云『至虔州五百二十里』，尚不及千里。」

〔七二〕北至洪州二百一十九里　今按：殿本同，它本作「二百四十里」，此與洪州八到合。「北至」當作「東北至」。

〔七三〕析南城縣爲臨安縣　攷證：郡國志作「臨汝」，與此別。

〔七四〕開元九年改爲臨川縣　攷證：「元」宜作「皇」，見隋志臨川縣。

〔七五〕東南至州一百三十里　攷證：南城今建昌府治，「東南」宜作「西北」。此志方輿率多顛倒，傳鈔誤也。

〔七六〕東北至州一百里　攷證：「北」，官本作「南」，誤，崇仁即今縣，在府西稍南。

〔七七〕梁普通三年改爲巴縣　今按：殿本同，它本無「爲」字。「巴」，隋志作「巴山」，寰宇記「巴山縣，梁大同二年置，以巴山爲名」，此各本俱脱「山」字，置縣年代亦不同。

〔七八〕二百六里　攷證：官本「六」作「六十」，此脱。

〔七九〕春秋時屬楚　攷證：「楚」宜作「吴」，蓋誤因地理志丹陽爲楚子始封故也。

〔八〇〕理宛陵即今理是也漢有銅官　攷證：宣城縣敍云「本漢宛陵縣」，又云「隋自宛陵移於今理」，語宜未合。今按：岱南閣本「銅官」下衍「地」字。

〔八一〕順帝立宣城郡　今按：殿本同，它本「順帝」上有「漢」字。攷證云：「按晉志云『太康二年置』。宣城縣敍云『後漢順帝置，至晉屬宣城郡』，語似未合。」

〔八二〕武德二年置總管府　攷證：舊志云：「三年杜伏威歸化置。」

〔八三〕周封楚子至亦理此城　攷證：楚子始封國，在今歸州東南七里丹陽故城是也。水經注引宜都記云：「秭歸，蓋楚子熊繹之始國。」又云：「江水北對丹陽城，楚子熊繹始封丹陽之所都也。」地理志以爲吴之丹陽，論者云：尋吴、楚悠隔，繿縷荆山，無容遠在吴境，是爲非也。又楚之先王陵墓在其間，蓋爲徵矣。」樂史、王象之引此志歸州秭歸縣丹陽故城，指爲楚之舊都，此復引固說，反滋惑矣。

〔八四〕後漢順帝置　今按：此疑有脱文，與下句不相協。又宋志謂晉太康元年分丹陽立，郡國志亦不載，當有誤。

〔八五〕十二里　攷證：王象之引無「二」字。

〔八六〕九十九里　攷證：王象之引作「五十里」。

〔八七〕一百二十里　攷證：王象之引作「一百三十二里」。

〔八八〕陵陽子明得仙處　攷證：池州石埭縣作「竇子明」，輿地志云「陵陽令竇子明」，是也，列仙傳云「銍鄉人」。今按：郡國志丹陽郡陵陽，劉昭注云：「陵陽子明得仙於此縣山，故以爲名。」即此志所本，列仙傳亦稱陵陽子明。

〔八九〕徽領山　攷證：官本作「徽嶺山」，誤。「徽」亦作「翬」。

〔九〇〕大業十年廢于湖縣以當塗屬宣州　攷證：隋志云平陳併當塗入宣城，不詳于湖縣。

〔九一〕在溧陽縣　攷證：王應麟引「溧」作「歷」，是，即和州治，其卷已佚，此誤爲「溧」，方輿迴別。

〔九二〕與溧水分湖爲界　攷證：王琦引「溧水」下有「縣」字，此脱。

〔九三〕卞融於此屯兵　攷證：王象之引「卞」作「笮」，吴志：「笮融，丹陽人。」

〔九四〕采石戍　今按：殿本同，它本「采」作「採」。攷證云：「王象之引作『采』。」

〔九五〕大業二年屬宣州　攷證：隋志云，溧陽，開皇十八年併入溧水。

〔九六〕李完　攷證：晉書蘇峻傳作「李閎」。

〔九七〕固城湖　今按：各本「固」作「因」。攷證云：「宜作『固』，顧祖禹曰在高淳縣南五里。」

〔九八〕分故障縣置　今按：殿本同，與郡國志合，它本「障」誤「彰」。

〔九九〕宋爲經安縣　攷證：隋志「經安」作「綏安」，此形近之訛。

〔一〇〇〕東北至州二百八十里　今按：殿本同，太平即今安徽太平縣西舊太平縣，在宣城西南，它本作「東至州」，脱「北」字。

〔一〇一〕王方　攷證：王象之引作「王萬敵」。

〔一〇二〕秦時爲丹陽郡　攷證：「秦」宜作「漢」，王象之引亦作「秦」，蓋自宋已訛，宣州敍云「漢武帝改爲丹陽郡」，與漢志合。

〔一〇三〕或屬新都　攷證：下脱「郡」字，官本作「新郡」，亦誤。吴置，晉改爲新安郡，梁析置新寧郡。

〔一〇四〕十二年置歙州　攷證：隋志作「十一年」，歙縣敍亦作「十一」，此恐誤。

〔一〇五〕三百里　攷證：宣州作「三百八十里」。

〔一〇六〕麻布　今按：岱南閣本、畿輔本上有「紵」一物。

〔一〇七〕本秦舊縣也　攷證：王象之引「秦」作「漢」。

〔一〇八〕十一年又置歙州及縣　攷證：「又置」下官本有「十二年置」，宜衍。

〔一〇九〕一名勤山　攷證：吴志賀齊傳作「安勤山」。

〔一一〇〕不容方楯　攷證：吴志「方」作「刀」。

〔一一一〕以戈拓斬山爲緣道　攷證：官本作「以戈帖山」，無「斬」字，王象之所引同，此蓋依賀齊傳改。

〔一一二〕吾聞至不可禁　攷證：三國志注作「吾聞金有刃者可禁，蟲有毒者可禁，其無刃之物，無毒之蟲，則不可禁」，其語差詳。

〔一一三〕韌木白棓　今按：戈襄校舊鈔本、清初鈔本、殿本同，它本作「軔」，攷證謂三國志注作「勁」。

〔一一四〕分休陽縣置　今按：各本「置」作「其」，屬下讀，蓋脱「置」字。

〔一一五〕十二年　攷證：隋志作「十八年」。

〔一一六〕二十六年　攷證：新、舊志並作「二十八年」，樂史同。

〔一一七〕本漢鄣郡之城吴於此置石城縣　攷證：「漢」宜作「秦」。石城本漢舊縣，屬丹陽郡，「吴」即「漢」字之訛。今按：「鄣郡之城」，岱南閣本「城」作「地」。晏公類要云「吴黄武三年，封韓當爲石城侯，乃置石城縣於此」，或此縣東漢末曾併廢，吴又復置。

〔一一八〕永泰二年　攷證：舊志作「元年」。

〔一一九〕李勉奏置池州　攷證：王象之引「勉」作「芃」，非，按舊書本傳，其時芃爲刺史。

〔一二〇〕西〔南〕至江州五百八十里　今按：殿本同，它本「西」作「西南」。江州今江西九江市，位於池州西南，此與殿本脱「南」字，今據岱南閣本補。

〔一二一〕正北微西渡江至舒州　攷證：宜作「正西微北」，舒州今潛山縣治。今按：池州與舒州隔江相對，當作「正西」，衍「北微」二字方合。

〔一二二〕縣屬焉　今按：殿本同，它本「縣」上衍「新」字。

〔一二三〕在青山之陽爲名　攷證：王琦引「爲名」作「故名」，義長。

〔一二四〕二百五十里　今按：殿本同，它本作「二百五里」，恐均誤，輿地紀勝作「一百八十里」，以今里數計之亦合。

〔一二五〕吳大帝封韓當爲石埭城侯　攷證：吳志韓當傳作「石城侯」，無「埭」字。今按：此有脱誤，寰宇記引吳志云「吳大帝黄武二年，封韓當爲石城侯，遂置石埭場」，此脱下句，「埭」字又誤置「石」字下。

〔一二六〕洪府都督　攷證：州敍云「江西觀察使」，蓋兼官，史不盡詳。

〔一二七〕陵陽城南　今按：輿地紀勝池州石埭縣引作「陵陽縣」。岱南閣本、畿輔本脱「南」字。

元和郡縣圖志卷第二十九

江南道五

湖南觀察使　**潭州**　**衡州**　**郴州**　**永州**　**連州**　**道州**　**邵州**

福建觀察使　**福州**　**建州**　**泉州**　**漳州**　**汀州**

潭州，長沙　中都督府。　開元户二萬一千八百。　鄉六十九。　元和户一萬五千四百四十四。　鄉六十九。今爲湖南觀察使理所。

管州七：潭州，衡州，郴州，永州，連州，道州，邵州。縣三十四。〔一〕

禹貢荆州之域。春秋時爲黔中地，楚之南境。秦幷天下，分黔中以南之沙鄉爲長沙郡，以統湘川。下言長沙郡地者，皆禹貢荆州之域，楚之南境也。按東方朔記「南郡有萬里沙祠，自湘川至東萊，〔二〕地可萬里，故曰長沙」。漢初以吴芮有功，封長沙王。至景帝，封其子發爲王，因入朝，有詔諸王迭起舞，王但張褎而已。帝怪而問之，對曰：「臣國小地狹，不足以回旋。」帝悦，益以武陵、桂陽二郡。〔三〕自漢至晉，並屬荆州。懷帝分荆州湘中諸郡置湘州，南以五嶺爲界，北以洞庭爲界，漢、晉以來，亦爲重鎮。今按其俗雜，有夷人名猺，自言先祖有功，免徭役也。隋開皇九年平陳，改爲潭州，取昭潭爲名也，又置總管府。大業中罷牧，置都尉府，三年罷爲長沙郡。〔四〕武德四年，又置潭州總管府，七年改爲都督府。

州境：東西一千六十里。南北五百七十五里。

八到：西北至上都二千四百四十五里。北至東都二千一百八十五里。〔五〕正南微東至衡州四百六十里。北至岳州水路五百五十里。東南至袁州五百二十五里。西北至朗州四百里。東至洪州九百八十里。

貢、賦：開元貢：葛布十五匹。元和貢：絲布十五匹。

管縣六：長沙，醴陵，瀏陽，益陽，湘鄉，湘潭。

長沙縣，緊。郭下。本漢臨湘縣，屬長沙國。隋改爲長沙縣，屬潭州。

嶽麓山，在縣西南，隔湘江水六里，蓋衡山之足也，故以「麓」爲名。

雲母山，在縣北九十里。列仙傳「長沙雲母，服之不朽」。

銅山，〔六〕在縣北一百里。楚鑄銅處。

昭山，在縣南七十里。臨湘水，下有旋潭，甚深無底，州之得名因此也。

湘水，南自衡山縣界流入於岳州湘陰縣界。

故尉城，在縣西北七十里。孫權以程普爲長沙縣西部都尉，〔七〕以防關羽，因立此城。

故陶闕，在縣西南五里。晉杜弢據湘州反，陶侃討之，因置此城。

賈誼宅，在縣南四十步。

吴芮墓，在縣北四里。

陶侃墓，在縣南二十三里。

醴陵縣，中下。 西北至州一百八十里。 本漢臨湘縣地。禹貢「岷山導江，東别爲沱，又東至于醴」，是也。〔八〕後漢置此縣，屬長沙郡，吴封顧雍爲長沙侯，而家人不知是也。〔九〕隋平陳，省入長沙，武德四年復置。

瀏陽縣，中下。 西至州二百五十里。 本漢長沙國臨湘縣地，〔一〇〕吴置瀏陽，因縣南瀏陽水爲名。隋平陳廢，景龍二年復置。

益陽縣，上。東南至州一百八十里。本漢舊縣，屬長沙國，在益水之陽，因名。隋平陳，屬潭州。

澬水，〔一一〕一名茱萸江，南自邵州流入，經縣南三十步。縣西有關羽瀨，南對甘寧故壘，昔羽屯兵水北，孫權令魯肅、甘寧拒於此水，寧謂肅曰：「羽聞吾咳唾之聲，必不敢渡，渡則成擒也。」羽夜聞寧處分，曰：「興霸聲也。」遂不渡茱萸江。

益水，出縣東南益山，〔一二〕東北流入澬水。

關羽故壘，在縣西一十五里。

湘鄉縣，緊。 西北至州二百三十里。〔一三〕 本漢湘南縣之湘鄉也，後漢立爲縣，屬零陵郡。自吴至陳並屬衡陽郡。隋省入衡山縣，武德四年復置。

石魚山，其石色若雲母，開發一重，石若魚形刻畫，燒之作魚膏臭。在縣西一十五里。

龍山，有鍾乳穴，在縣南二百四十里。

漣水，在縣南四十五里。煑水一石，得鹽五升。

湘潭縣，緊。東北至州一百四十里，陸路一百二十里。本漢湘南縣地，吴分立衡陽縣，晉惠帝更名衡山，歷代並屬衡陽郡，隋改屬潭州。〔一四〕天寶八年改名湘潭。

涓湖，溉良田二百餘頃，縣西七十里。

湘水，經縣理東。

衡州，衡陽。上。開元户一萬三千五百一十三。鄉四十四。元和户一萬八千四百四十七。鄉四十四。

秦屬長沙郡，漢爲酃縣地。吴分長沙之東部爲湘東郡，晉以郡屬湘州。隋開皇九年罷郡爲衡州，〔一五〕以衡山爲名。

州境：東西六百五十里。南北四百九十九里。

八到：西北至上都二千九百五十里。北至東都二千六百四十九里。東北至吉州九百一十里。東南至郴州三百七十里。東南至郴縣界七百三十八里。〔一六〕正南微西至永州五百七十里。北至潭州四百六十里。西至邵州三百五十六里。〔一七〕

貢、賦：開元貢：麩金、大麻，紵絲。元和貢：水銀。

管縣六：衡陽、攸，茶陵，耒陽，常寧，衡山。

衡陽縣，緊。郭下。本漢酃縣地，吴分置臨蒸縣，屬衡山郡。天寶初更名衡陽郡，縣仍屬焉。〔一八〕縣城東傍湘江，北背蒸水。

岣嶁山，卽衡山也，在縣北七十里。

湘水，西南自永州祁陽界入。

蒸水，自臨蒸縣北東注於湘，謂之蒸口。〔一九〕

酃湖，在縣東二十里。可釀爲酒，晉紀武帝平吴，薦酃酒於太廟是也。

蒸陽故城，在縣西一百七十里。

攸縣，下。西南至州陸路三百四十五里。本漢舊縣，武德四年分湘潭縣置，以北帶攸溪爲名。

茶陵縣，中。西南至州水路四百五十里。本長沙國界，齊永明七年入湘東郡，〔二〇〕隋開皇九年爲湘潭縣。〔二一〕武德四年置茶陵縣，貞觀九年廢，聖曆元年復舊，因南臨茶山，縣以爲名。

耒陽縣，上。西北至州一百六十八里。本秦縣，〔二二〕因耒水在縣東爲名。漢屬桂陽郡。隋改爲耒陰，屬衡州。〔二三〕後漢蔡倫卽此縣人，有宅基在縣西一里。

雨瀨，在故縣西南，每旱賽之則雨降。〔二四〕

常寧縣，下。西北至州陸路一百八十里。〔二五〕本秦耒陽縣地，〔二六〕吴分耒陽置新平縣。宋元徽中，三洞蠻抄掠州縣，移就江東，因蠻寇止息，遂號新寧，〔二七〕卽今理是，東俯潭水，西枕宜江。天寶元年改名常寧。

湘水，在縣北六十里。

衡山縣，上。西南至州一百二十里。本漢陰山縣，以縣東一百二十里有陰山爲名。至梁武帝天監中分陰山立湘潭縣，天寶八年改爲衡山。

湘水，在縣東。

衡山，南嶽也，一名岣嶁山，在縣西三十里。南嶽記曰：「衡山者，朱陽之靈臺，太虛之寶洞。」又云：「赤帝館其嶺，祝融託其陽，以其宿當翼、軫，度應機、衡，故爲名。」又曰：「上如車蓋及衡軛之形，山高四千一十丈。」

衡嶽廟，在縣西三十里。南嶽記曰：「南宮四面皆絕，人獸莫至，周廻天險，無得履者。」漢武帝移於江北置廟。隋文帝復移於今所。

郴州，桂陽。中。開元户三萬二千一百七十六。鄉五十。元和户一萬六千四百三十七。

本漢長沙國地，(後)漢分長沙南境立桂陽郡，理郴縣，〔二八〕領十一縣。隋平陳改爲郴州，大業中復爲桂陽郡，武德四年爲郴州。

州境：東西五百九十六里。南北三百二十三里。

八到：西北至上都三千二百七十五里。北至東都三千一十五里。西至道州五百三十五里。東至虔州一千里。東南至韶州四百一十里。西北至衡州三百七十里。〔二九〕

貢、賦：開元貢：細白紵。〔三〇〕元和貢：細白紵。〔三一〕

管縣八：郴，義章，義昌，平陽，資興，高亭，臨武，藍山。

郴縣，上。郭下。本漢舊縣，項羽徙義帝之所都也。歷代屬郴陽郡，〔三二〕隋屬郴州。

桂陽監，在城内。每年鑄錢五萬貫。〔三三〕

馬嶺山，在縣東北五里。昔蘇耽學道於此得仙，其舊宅在城東半里，俯臨城，餘跡猶存。

石井山，在縣東北八十里。有風母獸，既死，張口向風則生。

劉洞，〔三四〕在縣西北二十三里。出偃鼠，如牛，將爲災乃出畎畝，散落其尾，悉爲小鼠。

淥水，自郴侯山注來。〔三五〕

程鄉，吴録云程鄉出酒。

横溪水，俗謂之貪泉，飲者輒冒於貨財。

郴水，經縣東一里。〔三六〕

温水，在縣北。常溉田，十二月種，明年三月熟，可一歲三熟。

義帝祠，在縣南一里。墓在縣西一里。

義章縣，中下。西北至州一百一十五里。本漢郴縣地，隋末蕭銑分置，屬郴州，武德因而不改。開元二十三年，自縣北移於今理，卻據層嶺，前臨通江。〔三七〕

章水，在縣北六十五里。

義昌縣，中下。西北至州三百三十里。本漢郴縣地，至東晉分置汝城縣，屬桂陽郡。隋改爲盧陽縣，〔三八〕天寶元年改爲義昌。

平陽縣，上。東至州九十九里。本漢郴縣地，東晉陶侃於今理南置，屬平陽郡。至陳俱廢。隋末蕭銑分置，武德因而不改。七年省，八年復置。

銀坑，在縣南三十里。所出銀，至精好，俗謂之「偏子銀」，別處莫及。亦出銅鑛，供桂陽監鼓鑄。〔三九〕

資興縣，中下。西至州一百二十里。本漢郴縣地，後漢於此置漢寧縣，吳改曰陽安，晉改爲晉寧。至隋省，開皇十一年又置，改爲晉興。貞觀廢，咸亨三年又置，〔四〇〕改爲資興。南俯耒江，北帶長嶺。

高亭縣，中下。南至州九十里。本漢便縣，晉省，陳復置，至隋省入郴縣。開皇十三年，宇文融奏割郴縣北界置安陵縣，安陵水在縣北一百步，因以爲名。天寶元年，改爲高亭縣，以縣東一百三十步高亭山爲名。

臨武縣，中下。東北至州二百一十三里。本漢舊縣，因南臨武溪水，以爲名。歷代屬桂陽郡，後郡爲郴州，〔四一〕縣屬不改。

桐柏山，在縣西北六十里。

雞水，〔四二〕在縣南，卽桂水也。

藍山縣，中。東北至州三百二十里。本漢南平縣，至隋廢。咸亨中復置於今理，天寶元年改爲藍山縣。

九疑山，在縣西南五十里。

永州，零陵。中。開元户二萬七千五百九十。鄉四十八。元和户八百九十四。鄉四十五。

秦屬長沙郡，漢爲長沙國，武帝分置零陵郡，領縣十。至宋，封晉恭帝爲零陵王。隋文帝開皇九年平陳，置永州，因水爲名。大業三年，復爲零陵郡。武德四年，〔四三〕又置永州。史記舜葬九疑，卽此也。

州境：東西三百三十二里。南北五百六十一里。

八到：西北至上都三千一百五十五里。北至東都二千八百九十五里。〔四四〕西南至桂陽五百五里。東北至衡州陸路五百七十里。西至敍州南郎溪，山懸險不通，無里數。東南至道州水路二百六十里。東至韶州六百里。〔四五〕

貢、賦：開元貢：細葛，石燕。〔四六〕

管縣四：零陵，祁陽，湘源，灌陽。

零陵縣，上。郭下。本漢泉陵縣地，隋平陳改爲零陵縣。自改零陵，故移於此。〔四七〕

湘水，經州西十餘里。

石室山，在縣北一里。呂蒙所築。

祁陽縣，上。南至州一百八十里。本漢泉陵縣地，屬零陵郡，吳分泉陵置。武德四年，〔四八〕復置於今理，貞觀元年省，四年又置。

石燕山，在縣西北一百一十里。出石燕，充藥。

湘水，經縣南三十步。〔四九〕

湘源縣，上。東北至州一百三十里。本漢洮陽縣地，至隋改置湘源縣，屬永州。

湘水，經縣東。

灌陽縣，中。北至州三百六十里。本漢零陵縣地，隋大業末，蕭銑析湘源縣置。武德七年廢，上元二年呂諲奏置。

灌水，在縣西南一百二里。

連州，連山。下。開元户一萬八百八十。鄉二十二。元和户五千二百七十。鄉二十二。

秦爲長沙郡之南境，漢置桂陽郡，至陳爲桂陽縣。〔五〇〕隋文帝開皇十年置連州，因黄連嶺爲名。大業初改爲熙平郡，武德四年復爲連州。

州境：東西二百四十二里。南北四百里。

八到：西北至上都三千六百六十五里。〔五一〕東北至東都三千四百五里。〔五二〕東至韶州陸路五百里。西南至封州六百三十里。東至廣州八百九十里。西至賀州捷路二百七十里，取道州桂嶺路三百六十里。東北度嶺至郴州三百九十里。

貢、賦：開元貢：細布。元和貢：鍾乳。

管縣三：桂陽，陽山，連山。

桂陽縣，上中。郭下。本漢舊縣，屬桂陽郡。吴、宋、齊並屬始興郡，梁、陳屬陽山郡，隋屬連州。

貞女峽，在縣東南一十里。

黄連嶺，在縣西南一百五十里。

陽山縣，中下。〔五三〕西北至州水路一百七十四里。〔五四〕本漢舊縣，爲南越置關之邑，故其關在縣西北四十里茂漢口。〔五五〕史記尉佗移檄陽山關曰：「盜兵且至，急絕道聚兵自守。」今陽山北當騎山嶺路，〔五六〕秦於此立陽山關，漢破南越以爲縣。後漢省，晉重置，〔五七〕在洭水南。〔五八〕梁天監六年置陽山郡，以縣屬焉。隋開皇十年屬連州。神龍二年，〔五九〕移於洭水北，卽今縣理也。是界諸山，各出乳穴。

連山縣，中下。東至州一百六十里。自漢至齊爲桂陽郡之地。梁武帝分桂陽置廣惠縣，〔六〇〕隋開皇十年改爲廣澤，屬連州，仁壽元年改爲連山。

滑水，今爲黃連水。

道州，江華。中。開元户二萬七千四百四十。鄉六十。元和户一萬八千三百三十八。〔六一〕鄉五十一。

秦屬長沙郡，漢屬長沙國，武帝分長沙置零陵郡，吴分零陵置營陽郡，今州是也，以郡在營水之南，〔六二〕因爲名。隋末陷寇賊，武德四年平蕭銑，置營州，貞觀八年改爲道州。

州境：東西二百九十五里。南北四百里。

八到：西北至上都三千四百一十五里。北至東都三千一百五十五里。〔六三〕西北水路至永州二百六十里。〔六四〕南踰嶺至賀州四百四十里。正南踰嶺至韶州四百二十里。〔六五〕正東微北至郴州五百三十五里。

貢、賦：開元貢：細紵布。元和貢：細紵布。

管縣五：弘道，永明，延唐，大曆，江華。

弘道縣，上。郭下。本漢營浦縣，屬零陵郡，隋改永陽縣。貞觀八年省入營道縣，天寶六年改爲弘道縣。〔六六〕

大陽原，在縣南五十步。多小斑竹，相傳云：舜崩之後，二妃尋湘水，以手拭淚，把竹遂成斑也。

營水，南自江華縣流入。

永明縣，中。東北至州一百一十里。本漢營浦縣，隋改爲永陽縣。武德四年移於州西南，貞觀八年省，天后又置，〔六七〕天寶元年改爲永明。

延唐縣，上。西至州一百里。本漢泠道縣地，屬零陵郡。漢景帝時，零陵文學於泠道舜祠下得玉琯十二是也。至隋自奔巢水口移營道縣於此，〔六八〕武德四年移營道於州郭內，於此置唐興縣，天寶元年改爲延唐縣。

九疑山，在縣東南一百里。舜所葬也。九山相似，行者疑惑，故爲名。舜廟在山下。

泠水，今名遲水，源出九疑山。

春陵故城，在縣北五十里。長沙定王封中子買爲春陵侯是也。

大曆縣，中下。西北至州二百二十里。本漢營道縣地，大曆二年觀察使韋之晉奏析延唐縣於州東置，〔六九〕因年號爲名。

江華縣，中。北至州一百一十三里。本漢馮乘縣地，故城在縣南七十里，至隋不改。武德四年，分馮乘縣置江華縣，屬營州，八年屬道州。〔七〇〕

營水，出縣東北。

淮南王子廟，在縣南七十二里。荆州記云「淮南王安被誅，其子奔至此城門，化爲石」，今名東塘神。

邵州，邵陽。下。開元户一萬二千三百二十。鄉三十。元和户一萬八百。〔七一〕鄉二十二。

秦爲長沙郡地，漢爲昭陵縣，屬零陵郡。吴分置邵郡，〔七二〕今州是也。宋、齊並爲邵陵王國，隋開皇十年，以邵陵郡屬潭州。隋末陷於寇賊，武德四年平蕭銑，屬南梁州，貞觀十年改爲邵州。

州境：東西屈曲一百二十里。南北水路七百三十四里。

八到：西北至上都二千八百八十四里。北至東都二千五百八十五里。東北至潭州陸路五百三十里。東南至永州二百二十里。東至衡州三百五十六里。

貢、賦：開元貢：黄蠟，麻布。元和貢：銀。

管縣二：邵陽，武岡。

邵陽縣，上。郭下。本漢昭陵縣，屬長沙國，後漢改昭陽縣。〔七三〕晉武帝改爲邵陽，在邵水之陽，故名。

武岡縣，上。東北至州四百三十里。本漢都梁縣地，屬零陵郡。吳寶鼎元年改爲武岡縣，因武岡爲名。〔七四〕一云晉武帝分都梁縣置。梁天監元年，以太子諱「綱」，故爲武强，〔七五〕武德四年復舊。

都梁山，在縣東北一百三十里。〔七六〕

福州，長樂。中都督府。開元戶三萬一千六十七。鄉六十六。元和戶一萬九千四百五十五。鄉八十一。今爲福建觀察使理所。

管州五：福州，建州，泉州，漳州，汀州。縣二十四。

禹貢揚州之域。本閩越，秦幷天下，以閩中下郡，作三十六郡之數，今州卽閩中郡之地也。下言閩中地者，皆禹貢揚州之域。〔七七〕漢初又爲閩越國。自越王句踐六世至無彊，爲楚所滅，子孫播遷海上。七世至無諸，從諸侯之師滅秦率人佐漢。漢五年，立無諸爲閩中王，王故地。郡又有冶縣，按冶卽今台州章安故縣是也，後漢改爲東侯官。吳於此立曲郁都尉，〔七八〕主謫徙之人作船於此。晉置晉安郡，領縣八，屬揚州。南朝以封子弟爲王，梁簡文帝初封晉安王，入爲皇太子是也。陳廢帝改爲豐州，又爲泉州，因泉山爲名。隋大業二年改爲閩州，三年改爲建安郡。武德六年改爲泉州，八年置都督府。景雲二年又爲閩州。開元十三年改爲福州都督府，因州西北福山爲名，兼置經略使，仍自嶺南道割屬江南東路。

州境：

八到：西北至上都五千二百九十五里。西北至東都四千四百二十四里。東北至溫州水路屈曲一千八百里，山路險阻。西南至泉州三百七十里。正北微西至建州六百里。東南水路至海一百六十里。西南至汀州水路屈曲一千三百六十五里。東至大海七十里。

貢、賦：開元貢：海蛤，蚺蛇膽。賦：緜，絹。元和貢：乾薑，白蕉。

管縣九：閩，侯官，長樂，福唐，連江，長溪，尤溪，古田，永泰。

閩縣，上。郭下。本漢冶縣地，屬會稽郡。後漢改爲東侯官。〔七九〕吴改屬建安郡。晉以侯官爲晉安郡。隋開皇九年改爲原豐縣，十二年又改爲閩縣。〔八〇〕皇朝因之。

海，在縣東南一百六十里。

東湖，在縣北三里。

西湖，在縣西二里。

侯官縣，緊。北至州郭二里。武德六年於今州西北三十一里置，〔八一〕八年廢。長安二年重置，〔八二〕貞元五年觀察使鄭叔則奏移於州郭。

長樂縣，上。西至州一百里。本隋閩縣地，武德六年分置長樂縣，以長安樂爲名。

石尤嶺，縣南四十里。與福唐縣分界。

大海，在縣東七十里。

海壇山，〔八三〕縣東一百二十里。山在大海中，周迴三百里。

福唐縣，緊。東北至州水路一百七十里。〔八四〕聖曆二年析長樂縣東南界置萬安縣，天寶元年改名福唐。

大海，在縣東四十五里。

丹步渡，在縣南一百步。其水謂之旡患溪。

連江縣，緊。西南至州水陸路一百六十里。本漢冶縣地，晉分立温麻縣。武德六年移於連江之北，改爲連江縣。

連江，在縣南三百里，〔八五〕東流入海。

海，在縣東五里。

長溪縣，中下。西南至州水路八百里。長安二年割晉温麻舊縣北四鄉置長溪縣。

長溪，在縣南四十五里，流入大海。

尤溪縣，中下。東南至州水路八百里。開元二十九年開山洞置。縣東水路沿流至侯官，縣西水路泝流至汀州龍巖縣。〔八六〕

古田縣，中下。東至州七百里。開元二十九年開山洞置。東與連江接界，與沙縣分界。〔八七〕

永泰縣，中下。東北至州一百五十里。〔八八〕永泰二年觀察使李承昭開山洞置。縣東水路沿流至侯官，縣西泝流至南安縣，南北俱抵大山，並無行路。

建州，建安。上。開元户二萬八百，鄉四十。元和户一萬五千四百八十。鄉四十。

本秦閩中地也，漢於其地立冶縣，屬會稽郡。後漢改冶爲東侯官。吴孫休永安三年，以會稽郡南部都尉分爲建安郡，〔八九〕今州卽其地也。宋、齊、梁皆以封子弟爲王。開元十年罷郡，〔九〇〕以縣屬泉州。隋氏喪亂，建安縣人擁衆自保，武德四年歸附，遂於建安縣置建州。

州境：

八到：西北至上都四千六百九十五里。西北至東都三千八百三十五里。正南微東至福州六百里。西北至信州五百四十里。〔九一〕西南至汀州水路屈曲一千五百里。東北至處州水路九百里。〔九二〕西北至撫州八百三十里。正北微東至衢州七百里。

貢、賦：開元貢：金花練，焦葛布。〔九三〕賦：綿，絹。元和貢：焦布，偃鼠皮。

管縣五：建安，浦城，邵武，將樂，建陽。

建安縣，上。郭下。本漢冶縣之地，後改爲東侯官，又立建安縣，〔九四〕遂因不改。

建陽溪，一名建安水，在州西四百步，南流入福州界。

浦城縣，緊。東南至州三百六十里。〔九五〕本漢興縣，吴永安三年改曰吴興。隋平陳，省入建安。武德四年又省，〔九六〕載初元年復置，改曰唐興。天授二年爲武寧，神龍元年復爲唐興，天寶元年改爲浦城。

梨嶺，在縣東北八十里。〔九七〕與弋陽縣分界。

邵武縣，上。〔九八〕本漢冶縣地，吴於此立昭武縣，晉改爲邵武。

飛猿嶺，在縣西一百七十里。

邵武溪水，源出飛猿嶺，東南流經縣西。

將樂縣，中下。東北至州四百五十里。吴永安三年置，隋開皇九年省，武德八年復立。

將樂溪水，源出百丈嶺，東北流經縣界。

建陽縣，中。東至州一百六十里。〔九九〕本上饒縣地，〔一〇〇〕吴分置建平縣，晉太元四年改爲建陽。隋開皇十年省入建安，武德四年重置。

建陽溪水，源出縣北温嶺，南流經縣界。

泉州，清源。上。開元户五萬七百五十四。鄉三十四。〔一〇一〕元和户三萬五千五百七十一。

舊泉州本理在今閩縣，武德六年置，景雲二年改爲閩州，開元中改爲福州。今泉州，本南安縣也，久視元年縣人孫師業訴稱赴州遥遠，遂於南安縣東北界置武榮州，景雲二年改爲泉州，卽今理是也。

州境：東西四百里。南北三百三十里。

八到：西北至上都五千六百九十五里。西北至東都四千八百四十五里。東北至福州三百七十里。東至大海一百里。西南至漳州三百五十里。〔一〇二〕南至大海一百里。

貢、賦：開元貢：蠟燭。賦：紵布，紵麻。元和貢：綿二十斤，〔一〇三〕蚺蛇膽。

管縣四：晉江，南安，莆田，仙游。

晉江縣，上。郭下。開元六年，〔一〇四〕刺史馮仁知彖州郭無縣，請析南安縣東置，在晉江之北，因名。

南安縣，緊。東至州八十里。〔一〇五〕本漢冶縣地，後漢爲侯官縣地，〔一〇六〕晉爲晉安縣地。〔一〇七〕陳立爲南安縣，〔一〇八〕因縣南安江取以爲名。

海，在縣東南九十里。

莆田縣，上。西南至州一百五十里。本南安縣地，陳廢帝分置莆田縣。隋開皇十年省，武德六年復置。貞觀改隸閩州，景雲二年割屬泉州。

大海，在縣東一十五里。

仙遊縣，中。南至州一百六十里。聖曆二年，析莆田西界，〔一〇九〕於今縣北十五里置清源縣，天寶元年改爲仙游，仍移於今理。

仙游山，在縣西三十里，縣因以爲名。

漳州，漳浦。上。開元户一千六百九十。鄉一十一。〔一一〇〕元和户一千三百四十三。

本泉州地，垂拱二年析龍溪南界置，因漳水爲名。初置於今漳浦縣西八十里，開元四年改移就李澳川，卽今漳浦縣東二百步舊城是。十二年，自州管内割屬福州，二十二年又改屬廣州，二十八年又改屬福州。乾元二年緣李澳川有瘴，遂權移州於龍溪縣置，卽今州理是也。

州境：東西三百七十里。南北三百九十里。

八到：西北至上都六千四百五十里。西北至東都五千六百四十里。東至大海一百五十里。南至大海一百八十里。西北至潮州四百八十里。北至汀州九百里。

貢、賦：開元貢：鮫魚皮，甲香，蠟。元和貢：鮫魚皮。〔一一一〕

管縣三：龍溪，漳浦，龍巖。

龍溪縣，中下。郭下。陳分晉安縣置，屬南安郡，後屬閩州。開元二十九年割屬漳州。

縣東十五里至山，險絶無路，西二十里至山，南三里至山，北十六里至山。

大海，去縣五十四里。

漳浦縣，中下。　東北至州一百二十里。　垂拱中析龍溪南界置。

龍巖縣，中下。　東北至州三百里。　先置在汀州界雜羅口，名雜羅縣，〔一二〕屬汀州。天寶元年改爲龍巖縣，大曆十二年皇甫政奏改隸漳州。

廢懷恩縣，在州西南三百一十里。垂拱二年置，屬漳州，開元二十九年廢，今置鎮。

汀州，臨汀。　下。　元和户二千六百一十八。　鄉一十一。〔一三〕

開元二十一年，〔一四〕福州長史唐循忠於潮州北、廣州東、福州西光龍洞，檢責得諸州避役百姓共三千餘户，奏置州，因長汀溪以爲名。

州境：

八到：西北至上都取建州路六千二百九十五里。西北至東都五千三百三十五里。東北至福州水陸相兼屈曲一千三百六十里。東北至建州水陸相兼一千五百里。東南至漳州九百里。正南微西至潮州一千三百五十里。西至虔州水陸相兼一千二百里。

貢、賦：開元貢：蠟，偃鼠皮。

管縣三：長汀，沙，寧化。

長汀縣，中下。郭下。白石溪水，在縣南二百步，下流入潮州界。

沙縣，中下。西南至州一百八十里。本宋置，〔二五〕屬建安郡。隋開皇十六年廢，武德四年又置，屬建州，開元二十三年割屬汀州，因沙丘以爲名。

溪水，自縣西來，經縣郭東北流入建安溪。

寧化縣，中下。西南至州六百里。本沙縣地，開元二十二年開山洞置。縣西與虔化縣接。

玄武山，在縣北五里。

卷二十九校勘記

〔一〕縣三十四　今按：殿本同，它本脱。

〔二〕湘川　今按：史記貨殖列傳正義引十三州志「湘川」作「湘州」。

〔三〕益以武陵桂陽二郡　今按：史記五宗世家集解、漢書景十三王傳應劭注並作「帝以武陵、零陵、桂陽屬焉」，此云「二郡」非。

〔四〕三年罷爲長沙郡　今按：各本脱「爲」字。攷證云：「隋書大業三年罷州爲郡，宜作『罷州爲長沙郡』。」

〔五〕北至東都　今按：殿本同，它本「北」上有「西」字。

〔六〕銅山　今按：水經湘水注作「銅官山」，云「西臨湘水，山土紫色，內含雲母，亦謂之雲母山」。此分雲母山與銅山爲二。

〔七〕以程普爲長沙縣西部都尉　攷證：吴志未詳。「縣」當作「郡」。

〔八〕又東至于醴　攷證：官本「醴」作「澧」，與今禹貢合，此本史記。

〔九〕吴封顧雍至不知是也　攷證：按吴志顧雍傳，此初封陽遂鄉侯事，與此別。

〔一〇〕本漢長沙國臨湘縣地　今按：陳樹華鈔本、殿本同，它本作「本漢長沙縣地」，蓋傳鈔脫。

〔一一〕瀆水　攷證：水經注作「資水」。

〔一二〕出縣東南益山　今按：岱南閣本、畿輔本「出」作「在」，誤。

〔一三〕西北至州　攷證：湘鄉即今縣，「西」宜作「東」。

〔一四〕隋改屬潭州　攷證：隋志湘潭屬衡州，顧祖禹本之駁此志，云「梁置湘潭」。按梁之湘潭，乃唐之衡山縣，此志詳衡州，天寶中以衡山爲湘潭，以湘潭爲衡山，敍述甚明，非梁置也。

〔一五〕開皇九年　今按：岱南閣本、畿輔本「年」下衍「置」字。

〔一六〕東南至郴縣界七百三十八里　攷證：官本無。

〔一七〕三百五十六里　今按：殿本同，它本作「一百五十六里」。

〔一八〕縣仍屬焉　攷證：官本下按云：「此所敍未全，舊唐書云『吴末分長沙東界立湘東郡，隋罷郡爲衡州，改臨蒸爲衡陽，武德四年復爲臨蒸，開元二十年復爲衡陽』。」按敍內不詳衡陽名縣之始，非敍例，傳鈔脱也。

〔一九〕蒸水自臨蒸縣至蒸口　攷證：「蒸」宜作「承」，見地理志，本作「氶」，水名。「臨蒸」宜作「衡陽」，詳本縣敍，此蓋因仍舊文。今按：水經湘水注「承水至湘東臨承縣北東注于湘，謂之承口」，即此所本，「蒸水」下當有脱文。

〔二〇〕本長沙國界至入湘東郡　今按：殿本同，它本「國」誤「縣」。「入」當作「屬」，齊志湘東郡有茶陵縣。攷證云：「茶陵本屬長沙國，地理志作『茶陵』，晉志作『茶陵』，屬湘東郡，與此異。」

〔二一〕隋開皇九年　今按：殿本同，與輿地紀勝茶陵軍引合，它本無「隋」字，「開皇」誤作「開元」。

〔二二〕本秦縣　今按：輿地紀勝衡州耒陽縣引作「本秦耒縣」，耒縣未詳。

〔二三〕隋改爲耒陰屬衡州　攷證：官本下按云：「此所敍亦未全，舊唐書云『武德四年復爲耒陽』。」按縣名耒陽，敍述止於耒陰，非敍例，傳鈔脱也。今按：隋志作「洡陰」。

〔二四〕雨瀨至每旱賽之則雨降　今按：殿本同，它本無「則雨降」三字。荆州記作「雨瀨灘」，云「壅塞之則雨」。

〔二五〕陸路一百八十里　今按：殿本同，它本無「陸路」二字。

〔二六〕本秦耒陽縣地　今按：殿本同，它本「耒」下無「陽」字，與輿地紀勝衡州常寧縣引合。

〔二七〕吴分耒陽置新平縣至遂號新寧　攷證：新平、新寧，並見晉志，屬湘東郡。沈約云「新寧，吴立」，與此別。今按：楊守敬隋書地理志攷證云：「宋志『新寧吴立』，又云『孝武太元二十年省新平』，然則省入新寧也，元和志云宋置新寧者未審。」又輿地紀勝衡州常寧縣引作「遂號常寧」，恐誤。

〔二八〕（後）漢分長沙至理郴縣　今按：戈襄校舊鈔本無「後」字，是，地理志「桂陽郡，高帝置」，此及它本俱衍「後」字，今據删。岱南閣本、畿輔本無「郡」字，「理」作「治」，非此志原文。殿本「郴」誤「彬」。

〔二九〕三百七十里　今按：殿本同，與衡州八到合，它本「十」下衍「一」字。

〔三〇〕細白紵　今按：殿本作「紬，白紵」，爲二物。

〔三一〕元和貢細白紵　今按：殿本無。

〔三二〕歷代屬郴陽郡　攷證：「郴」宜作「桂」。

〔三三〕桂陽監至五萬貫　今按：殿本與此列在郴縣，它本列在州敍後，俱爲專條。攷證謂「宜接州敍下」。

〔三四〕劉洞　攷證：王象之引作「留洞」。

〔三五〕自郴侯山注來　攷證：水經注云「淥水出縣東俠公山，西北流而南屈注于耒，謂之程鄉谿」，「來」字誤。歐陽忞「郴侯山」作「侯公山」。王象之云「郴侯山，漢昭帝四年封楚王孫暢爲郴侯，故名」。今按：「來」即「耒」傳鈔之訛。

〔三六〕郴水經縣東一里　今按：「郴水」下各本有「出」字，攷證謂「出」下宜有脱，此省，是。

〔三七〕前臨通江　今按：輿地紀勝郴州宜章縣引「通江」作「大江」。

〔三八〕隋改爲扈陽縣　攷證：隋志及舊唐書並作「盧」。今按：寰宇記引輿地志「陳盧陽郡領盧陽縣」，與舊唐志合，據水經洭水注，洭水初名盧溪水，則縣之得名，蓋以水稱，此作「扈陽」誤，輿地紀勝郴州桂東縣引亦作「扈陽」，是宋時已訛。

〔三九〕亦爲銅鑛供桂陽監鼓鑄　今按：戈襄校舊鈔本、殿本作「銅鉚」，岱南閣本、畿輔本作「銀鑛」，誤。又「鼓鑄」下岱南閣本、畿輔本有「疑黄銀或銅鑛」六字，疑傳鈔者以後人批注誤入正文。

〔四〇〕咸亨　今按：與舊、新唐志合，各本誤作「咸通」。藍山縣敘同誤。

〔四一〕後郡爲郴州　今按：殿本同，它本脱「後郡」二字。

〔四二〕雞水　攷證：「雞」宜作「灌」，按水經注「湟水一名洭水，出桂陽，亦曰灌水，桂水其别名也」。今按：「灌」與「桂」音近，而實訛字。雞水或唐人俗稱，不可謂錯。

〔四三〕武德四年　今按：各本脱「武德」二字。

〔四四〕北至東都　今按：殿本同，它本作「西北」。

〔四五〕東至韶州　今按：各「東」作「南」。攷證云：「宜作『東南』。」

〔四六〕石燕　今按：殿本同，與新唐志合，下祁陽縣石燕山出石燕，即此州貢物，它本作「燕石」，誤倒。

〔四七〕自改零陵故移於此　今按：殿本同，它本「零陵」作「泉陵」，與輿地紀勝引合。攷證云：「作『零陵』義長。『故』，王象之引作『郎』，是。」

〔四八〕武德四年　攷證：上宜有脱，歐陽忞曰隋省入零陵縣。今按：隋志「零陵，舊曰泉陵，平陳，又廢祁陽入焉」。此蓋脱隋平陳省祁陽縣一事，致武德四年復置不可通。

〔四九〕經縣南三十步　今按：岱南閣本、畿輔本脱「縣」字。

〔五〇〕至陳爲桂陽縣　攷證：桂陽本漢縣疑有誤。

〔五一〕西北至上都　攷證：官本「西」作「東」，誤。

〔五二〕東北至東都　攷證：「東北」，宜衍「東」字。

〔五三〕中下　攷證：官本「下」作「上」。

〔五四〕水路一百七十四里　攷證：官本無「水路」，「七十四」作「四十七」。

〔五五〕故其關在縣西北四十里茂漢口　攷證：疑宜作「其故關」。「茂漢」，顧祖禹引作「茂溪」。

〔五六〕今陽山北當騎山嶺路　今按：「山」當作「田」，史記南越列傳陽山關，索隱引姚察云：「陽山縣上流百餘里有騎田嶺，當是陽山關。」

〔五七〕後漢省晉重置　今按：漢志有陽山，陰山，郡國志有陰山無陽山，應劭云「陽山，今陰山也」，是後漢以陽山併入陰山耳。又水經洭水注云「陽山縣，故含洭縣之桃鄉，孫皓分立爲縣」，則爲吴重置。

〔五八〕在注水南　攷證：「注」宜作「洭」，此形近之訛。下同。今按：楊守敬引此作「洭」。

〔五九〕神龍二年　攷證：王象之引「二」作「元」，與舊志合。

〔六〇〕梁武帝分桂陽置廣惠縣　攷證：官本下按云：「梁武，舊唐書作『晉武』，『廣惠』，隋書作『廣德』與此互異，皆當以此爲是。」今按：宋本寰宇記「梁武帝分桂陽縣西北置廣惠縣」，與此志合，而輿地廣記則云「晉武帝立廣惠縣，梁改曰廣德」，乃緣誤不察也。

〔六一〕一萬八千三百三十八　攷證：官本「一萬」作「二萬」。

〔六二〕以郡在營水之南　攷證：水經注云「置在營水之陽」，「南」字誤，王象之引亦作「南」，蓋自宋本已訛。

〔六三〕北至東都　今按：殿本同，它本「北」作「西北」。

〔六四〕西北水路　攷證：「西」宜作「東」。

〔六五〕正南踰嶺至韶州四百二十里　攷證：「正南」宜作「西南」，官本作「西至」，並誤。「韶」宜作「昭」，若韶州，則地隔郴、連，不止四百二十里。

〔六六〕天寶六年　攷證：新、舊志「六」並作「九」。

〔六七〕天后又置　今按：殿本同，它本「天」誤「太」。

〔六八〕得玉琯十二至奔巢水口移營道縣於此　今按：殿本同，它本無「十二」字，「水」作「永」，誤。攷證云陳蘭森引與此同。

〔六九〕韋之晉奏析延唐縣於州東置　攷證：官本按云：「舊唐書地理志『大曆二年湖南觀察使韋貫之

奏請析延唐縣於道州東南二百二十里春陵侯故城北十五里置縣，因以大曆爲名。』又本傳云『貫之本名純，以憲宗廟諱，遂以字行。』新唐書世系表云『貫之字正理，憲宗相。』合志、傳、表，皆可證貫之非之晉。然攷本傳，元和十二年罷相，乃爲湖南觀察使，去大曆已四十餘年，則所云大曆二年貫之奏置，亦誤，今並仍原文以存疑。」按此志成於當時，自宜有據，不可因史、志舛異，致疑本書。」

〔七〇〕八年屬道州　攷證：王象之引上有「貞觀」，與州敍合，此脱。

〔七一〕一萬八百　今按：岱南閣本、畿輔本無「百」字。

〔七二〕吴分置邵郡　攷證：「邵郡」宜作「邵陵郡」，沈約云：「邵陵太守，吴孫晧寶鼎元年分零陵北部都尉立。」

〔七三〕後漢改爲昭陽縣　攷證：按郡國志長沙郡無昭陽縣，有昭陵。沈約曰「吴曰昭陽」，蓋在建安中。水經注曰「吴寶鼎元年分立邵陵郡於邵陵縣，故昭陵也」，與此異。今按：郡國志零陵郡有昭陽，據漢表蓋元始五年分昭陵置。長沙郡仍有昭陵，則昭陵、昭陽兩縣並立，此云後漢改昭陽爲昭陵，誤。

〔七四〕改爲武岡縣因武岡爲名　攷證：沈約云「武岡，晉武分都梁立」，與此別。今按：晉志有都梁而無武岡，宋志、齊志則武岡、都梁二縣並立，俱屬邵陵郡，此誤。

〔七五〕以太子諱綱故爲武强　今按：補梁志云：「天監元年昭明太子尚在，簡文帝時爲晉安王，不應避諱，當是大通三年立晉安王爲太子時改。」宋本寰宇記謂隋平陳省武岡入邵陽，大業末改爲武强，又非關避諱改。

〔七六〕縣東北　攷證：王象之引無「北」字。

〔七七〕下言閩中至揚州之域　今按：殿本同，它本無此注。

〔七八〕治卽今台州章安故縣至曲郍都尉　攷證：台州云漢回浦縣，此云治縣，皆本舊説，見州郡志。「東侯官」，「侯」宜作「候」，下同。郡國志無，晉志有候官，沈約曰「前漢無，後漢曰東候官，屬會稽郡」，與此合。「曲郍都尉」，沈約作「典船校尉」，此疑誤。

〔七九〕後漢改爲東侯官　攷證：官本「侯官」作「候官」，是，下按云：「杜佑通典及舊唐書並云冶縣又名東冶縣，後漢改爲候官都尉。」按東候官，後漢置，見前。今按：殿本縣目作「候官」，此及下「侯官縣」仍同各本作「侯」，兩字古書通用。

〔八〇〕改爲原豐縣十二年又改爲閩縣　今按：殿本同，它本無「十二年」三字。隋志云：「閩，舊曰東侯官，平陳改曰原豐，十二年改曰閩。」與此同，惟原豐見晉志，宋志「原豐，晉太康三年立」，齊志亦有，則非隋置。

〔八一〕三十一里置　攷證：王象之引作「三十里」。

〔八二〕長安二年　今按：殿本同，與舊、新唐志合，它本作「三年」。

〔八三〕海澶山　攷證：顧祖禹「澶」作「壇」。

〔八四〕水路一百七十里　今按：岱南閣本、畿輔本脱「水路」二字。

〔八五〕在縣南三百里　攷證：「百」字疑衍，王象之引亦作「三百」，蓋自宋已誤。樂史云「南海在縣南五里」，顧祖禹曰「連江在縣南」。

〔八六〕至汀州龍巖縣　攷證：「汀」宜作「漳」。

〔八七〕東與連江接界與沙縣分界　攷證：官本無「東」字。「與沙縣」上應有脱文。

〔八八〕一百五十里　攷證：「一」官本作「二」，樂史作「三」，並誤。

〔八九〕分爲建安郡　攷證：官本脱「安」字。

〔九〇〕開元十年　攷證：「開元」宜作「開皇」，隋志平陳罷郡。

〔九一〕五百四十里　攷證：信州作「五百里」。

〔九二〕水路九百里　今按：與處州合，各本「水」誤「山」。

〔九三〕焦葛布　攷證：官本無。

〔九四〕後改爲東侯官又立建安縣　攷證：「後」下宜有「漢」字。官本建安縣下云：「按通典，漢治縣地，吴置建安縣，有武夷山。」按樂史云「以建安年號爲名」，蓋後漢時也。

〔九五〕東南至州　攷證：「東」宜作「西」，浦城即今縣，建寧府北少東。

〔九六〕武德四年又省　攷證：按文義此句宜衍。

〔九七〕在縣東北　攷證：「東」，樂史作「西」，是。

〔九八〕邵武縣上　攷證：宜有至州方里，邵武卽今治，東至建寧三百餘里。

〔九九〕東至州　今按：殿本同，它本作「東南」。

〔一〇〇〕本上饒縣地　攷證：上饒，今江西廣信府治，方輿爲遥，恐誤，顧祖禹、洪亮吉並云建安縣地。

〔一〇一〕鄉三十四　攷證：官本屬元和，開元户下按云「傳寫缺」。

〔一〇二〕西南至漳州　今按：殿本同，與寰宇記合，它本「西南」誤「正南」。

〔一〇三〕綿二十斤　攷證：官本作「綿二百兩」。

〔一〇四〕開元六年　攷證：兩唐志並作「八年」。

〔一〇五〕東至州　今按：殿本同，它本「東」下有「北」字。攷證云：「宜作『東南』。」

〔一〇六〕後漢爲侯官縣地　攷證：「侯官」上宜有「東」字。

〔一〇七〕晉爲晉安縣地　攷證：官本下按云：「通典云吴置晉安縣晉置晉安郡在此。」按沈約云，吴立東安縣，晉武帝改晉安。通典恐未的，且吴未歸晉，何取名於晉安也。

〔一〇八〕陳立爲南安縣　攷證：「縣」宜作「郡」。今按：殿本下按云：「隋志謂『南安，舊曰晉安，置南安郡，平陳郡廢，縣改名焉』。舊唐書亦謂『南安，隋縣』。與此異。」南安郡爲陳置，隋志云舊置，但改縣名耳。陳書高宗二十九王傳，宣帝子叔儉，後主至德元年封南安王。輿地廣記謂陳文帝置。

〔一〇九〕析莆田西界　今按：殿本同，它本「田」誤「城」。

〔一一〇〕鄉一十一　攷證：官本屬元和。

〔一一〕元和貢鮫魚皮　攷證：官本無。

〔一二〕雜羅口名雜羅縣　攷證：樂史云：「『雜羅』，一本作『新羅』。」晉志有新羅縣，疑卽其地。舊志云汀州先治新羅。「雜」字恐誤。

〔一三〕鄉一十一　攷證：官本作「一十」。

〔一四〕開元二十一年　攷證：兩唐志並作「二十四年」，通典作「二十六年」。王象之曰：「二十一年建議，二十四年成，二十六年又分他郡之地以益之，雖有不同，不過置郡一節耳。」

〔一五〕沙縣　攷證：州郡志作「沙村長」，不云沙縣。

元和郡縣圖志卷第三十

江南道六

黔州觀察使

黔州，黔中。下都督府。開元户三千九百六十三。鄉一十一。元和户一千二百一十二。鄉九。今爲黔州觀察使理所。

管州十五：黔州，涪州，夷州，思州，費州，南州，珍州，溱州，播州，辰州，錦州，敍州，溪州，施州，獎州。縣五十二。

本漢涪陵縣理，後漢獻帝時分爲四縣，置屬國都尉，理涪陵。至蜀，先主又增置一縣，改爲郡。晉永嘉後，地没蠻夷，經二百五十六年，至宇文周保定四年，涪陵蠻帥田恩鶴以地内附，〔一〕因置奉州，建德三年改爲黔州，隋大業三年又改爲黔安郡。因周、隋州郡之名，〔二〕遂與秦、漢黔中郡犬牙難辨。其秦黔中郡所理，在今辰州西二十里黔中故郡城是，漢改黔中爲武陵郡，移理義陵，〔三〕卽今辰州敍浦縣是，後魏移理臨沅，卽今辰州是。〔四〕今辰、錦、敍、獎、溪、澧、朗、施等州，實秦、漢黔中郡之地，而今黔中及夷、費、思、播，隔越峻嶺，東有沅江水及諸溪，並合東注洞庭湖，西有(巴)〔延〕江水，〔五〕一名涪陵江，自牂柯北歷播、費、思、黔等州北注岷江，〔六〕以山川言之，巴郡之涪陵與黔中故地，炳然分矣。貞觀四年，於州置都督府，總務、施、業、辰、智、牂、充、(舊)應、莊九州。〔七〕其年，自今州東九十里故州城移於涪陵江東彭水之南。聖曆元年罷都督府，〔八〕景龍二年又罷莊州都督府，復以播州爲都督府。先天二年罷播州都督府，復以黔中爲都督府。開元二十六年，又於黔中置采訪處置使，以都督渾瑊爲使，又隸五谿諸州入黔中道，仍加置經略使。天寶元年改爲黔中郡，六年都督蕭克濟以舊城傾欹，移築城於江畔。乾元元年，復爲黔州。大曆四年，以辰錦等五州爲辰錦觀察使，至十年奉勅卻隸黔府。

州境：東西五百四十五里。南北二百九十八里。

八到：(西)〔東〕北至上都，〔九〕取江陵府路三千六百五十里，北取萬、開州路二千五百七十里。(西)〔東〕北至東都三千四百四十五里。南至夷州五百八十里。〔一〇〕東南至思州二百八十里。北渡江山路至忠州四百里。西北至涪州三百三十里。西南至播州八百里。〔一一〕

貢、賦：開元貢：黄蠟。賦：紵，布。〔一二〕元和貢：蠟五十斤，竹布，紵麻布。〔一三〕

管縣六：彭水，黔江，洪杜，洋水，信寧，都濡。

彭水縣，上。郭下。本漢酉陽縣地，屬武陵郡。〔一四〕自吳至梁、陳，並爲黔陽縣地。隋開皇十三年蠻帥内屬，於此置彭水縣。

伏牛山，在縣北一百里。

左右鹽泉，〔一五〕今本道官收其課。

黔江縣，中下。西至州二百里。本漢酉陽縣地，隋開皇五年置石城縣，屬庸州，大業二年廢。武德元年又置，天寶元年改名黔江。

洪杜縣，〔一六〕中下。北至州一百三十里。武德二年，析彭水縣於今縣北十八里置，因縣東一里洪杜山爲名，麟德二年移於今理。

洋水縣，中下。東北至州一百六十里。本武德二年，於今縣東置盈隆縣，貞觀十年移於今理。先天元年改爲盈川，以縣南有盈川山爲名。天寶元年改爲洋水，以縣西三十里洋水爲名。

信寧縣，中下。東南至州一百三十里。隋大業十年，於今縣西南置信安縣，〔一七〕武德二年改爲信寧縣，屬義州。義州，今夷州義泉縣理是。貞觀四年移於今理，十一年屬黔州。

涪陵江水，去縣二里。

都濡縣，中下。北至州二百里。本貞觀二十年析盈隆縣置，以縣西北六十里有都濡水爲名也。

涪州，涪陵。下。開元户六千九百九。鄉二十六。元和户三百五。鄉二十一。

禹貢梁州之域。春秋時屬巴國。秦爲巴郡地。華陽國志曰：「涪陵，巴之南鄙，從枳縣入，泝涪水。」枳縣，即今涪州所理是也，與荆、楚界相接，秦將司馬錯由之取黔中地。漢爲涪陵縣地，蜀先主以爲涪陵郡。武德元年立爲涪州，在蜀江之南，涪江之西，故爲名。上元二年，因黄草硤有獠賊結聚，〔一八〕江陵節度呂諲請隸於江陵，置兵鎮守。元和三年，中書侍郎平章事李吉甫奏曰：「涪州去黔府三百里，輸納往返，不踰一旬。去江陵一千七百餘里，途經三峽，風波没溺，頗極艱危。自隸江陵近四十年，衆知非便，疆理之制，遠近未均，望依舊屬黔府。」

州境：

八到：東取江陵路至上都水陸相兼三千三百二十五里，從萬州北開州通宣縣，〔一九〕及洋州路至上都二千三百四十里。東至東都三千六百里，水路至萬州六十里。〔二〇〕東至忠州三百五十里。東至江陵府水路一千七百里。東南至黔州水路三百三十里。西南至渝州水路三百四十里。西北陸路至渠州陵山縣三百七里。〔二一〕

貢、賦：開元貢：麩金，文鐵刀，蒟醬。元和貢：白蜜，連頭十段布一匹。

管縣四：涪陵，樂温，武龍，賓化。

涪陵縣，中下。郭下。本漢舊縣，屬巴郡。〔二二〕漢時赤甲軍多取此縣人。蜀置涪陵郡。隋開皇廢郡，縣屬渝州。武德元年置涪州，縣改屬焉。

雞鳴硤山，在縣西十五里。先主時，涪陵人反，蜀將鄧芝討焉。〔三三〕至雞鳴硤，見猨母子相抱，芝引弩射中猨母，其子拔箭，以樹葉塞瘡。芝投弩水中，歎曰：「吾傷物之性，其死矣！」果亡。

州城，本秦枳縣城也，自李雄據蜀，此地積爲戰場，人衆奔波，或上或下。桓溫定蜀，以涪郡理枳縣城。〔三四〕

開池，在縣東三十里。出鋼鐵，土人以爲文刀。〔三五〕

樂溫縣，中下。東南至州一百一十里。本漢枳縣地，周明帝分置巴縣，武德二年改爲樂溫縣，因樂溫山爲名，在縣南三十里。縣出荔枝。

武龍縣，中下。西北至州二百五十里。本漢涪陵縣地，武德九年分立武龍縣。

涪江水，在縣南，屈北流注於蜀江。

賓化縣，中下。東北至州三百里。本漢枳縣地，周武成三年省入巴縣，〔三六〕貞觀十一年分巴縣置隆化縣，以縣西永隆山爲名。先天元年，以犯廟諱，改爲賓化縣。

夷州，義泉　下。開元户一千四百八十七。鄉一十一。

本徼外蠻夷之地，自漢至梁、陳並屬牂柯郡。歷代恃險，多不賓附。隋大業七年置綏陽縣，屬明陽郡。武德四年改爲夷州，貞觀元年廢，四年於黔州都上縣復置。

州境：東西二百九十里。南北二百九十里。

八到：東北至上都取江陵路四千一百五十五里，北取當州路三千七百里。東北至東都二千九百四十五里。〔二七〕西南至播州二百四十里。東北至涪州四百里。北至黔州五百八十里。東至費州三百里。

貢、賦：開元貢：斑布。賦：麤布。元和貢：葛粉三十斤。

管縣五：綏陽，都上，義泉，洋川，寧夷。

綏陽縣，中下。郭下。本漢牂柯郡地，隋大業十二年巴郡丞梁粲招慰所置。

綏陽山，在縣北二十九里。縣以爲名。

都上縣，中下。西北至州五十里。〔二八〕本漢牂柯郡地，隋大業十二年招慰所置。其處是酋豪首領都集之所，因以爲名。

義泉縣，中下。東北至州一百里。隋大業十二年，招慰所置，以帶山泉爲名，屬義州。武德中於此置牢州，貞觀十七年州廢，以縣屬夷州。

洋川縣，中下。東至州一百里。武德二年於今縣東北置，屬牢州。貞觀十四年於今理置。

寧夷縣，中下。西北至州一百九里。隋大業八年置，屬明陽郡。武德四年屬夷州，永徽後廢。〔二九〕

思州，寧夷。下。開元户三千四百四十二。鄉十。元和户四百二十九。鄉六。

楚爲黔州地，秦拔之置郡。自漢至吴並爲武陵郡酉陽縣地。吴分置黔陽縣，至梁、陳不改。隋開皇十九年置務川縣，〔三〇〕屬庸州，庸州，黔江縣地是也。〔三一〕大業二年廢。武德四年於縣置務川郡，〔三二〕貞觀四年改爲思州，以思邛水爲名。

州境：東西二百三十里。〔三三〕南北五百十二里。〔三四〕

八到：東北至上都，〔三五〕取江陵府路三千九百二十五里。東北至東都三千七百二十五里。西南至夷州四百里。東南至錦州常豐縣五百里。西北水路至黔州二百八十里。南至費州水路四百里。

貢、賦：開元貢：葛，朱砂。元和貢：蠟十五斤。

管縣三：務川，思王，思邛。

務川縣，中下。郭下。本漢酉陽縣地，屬武陵郡。自晉至陳，並爲黔陽縣地。隋開皇十九年置，因川爲名。

内江水，一名涪陵水，在縣西四十步。

思王縣，中下。北至州水路三百里。武德三年置。相傳云漢時陳丘爲牂柯太守，阻兵保據思邛水。漢將夜郎王數萬，破丘於此，〔三六〕安撫百姓，時人思慕，遂爲縣名。

思邛縣，中下。西北至州二百九十里。開元四年招輯生夷所置。

費州，涪川。下。開元户二百。

本古徼外蠻夷地，漢武帝元鼎六年通西南夷，置牂柯郡。隋文帝於此置涪川縣，屬黔州，煬帝改爲黔安郡。貞觀四年，分思州涪川、扶陽縣置費州。〔三七〕

州境：

八到：東北至上都，〔三八〕取江陵路四千三百三十五里。東北至東都四千一百二十五里。北至思州水路四百里。正南微西至牂柯、充州一百九十里。〔三九〕西南至播州四百里。東至奬州水陸相兼四百里。

貢、賦：元和貢：蠟四十斤。〔四〇〕

管縣四：涪川，多田，城樂，扶陽。

涪川縣，中下。郭下。本漢牂柯郡之地，隋開皇五年置，取涪水爲名。

内江水，經縣北一百五十步。

多田縣，中下。西南至州四十里。武德三年置。初屬思州，貞觀八年屬費州。

涪陵江水，經縣南五十步。

城樂縣，中下。東至州一百五十里。武德四年置。初屬思州，貞觀八年割屬費州。

扶陽縣，中下。東南至州八十五里。武德置，〔四一〕屬思州，貞觀四年屬費州。

南州，南川。下。開元户一千一百二十四。

周屬雍州，戰國時爲巴國界，秦爲巴郡之地，漢爲巴郡江州之境。其男女露頭徒跣，衣皆左衽。周閔帝拓定巴境，以江州置七州郡。武德二年，割渝州置，領六縣。又改爲溱州，四年復爲南州。

州境：東西二百一十里。南北一百八十九里。

八到：東北至上都三千一百六十里。東北至東都二千九百里。北至渝州江津縣二百三十里。東至契丹土六百里。〔四二〕西至没丁山八十里。〔四三〕南至溱州二百七十里。〔四四〕

貢、賦：開元貢：斑布。

管縣二：南川，三溪。

南川縣，中下。郭下。本漢江州之地，武德二年置隆陽縣，先天元年改爲南川。

蘿緣山，〔四五〕在縣南十二里。山多楠木，堪爲大船。

溱溪水，在縣南四十步。

三溪縣，中下。西北至州二百四十里。貞觀五年置，以縣內有溱溪、東溪、葛溪，三溪合流，故以爲名。其縣城甚高險。

溱溪水，在縣西。

珍州，夜郎。下。開元户二千六百。

本徼外蠻夷之地，貞觀十六年置。

州境：

八到：東北至上都五千五百五十里。〔四六〕東北至東都四千五百四十五里。〔四七〕(南)〔西〕接夷獠界。〔四八〕東南至播州二百里。北至溱州二百四十里。

貢、賦：開元貢：蠟。

管縣三：夜郎，麗皋，樂源。〔四九〕

夜郎縣，中下。郭下。

麗皋縣，中下。郭下。

樂源縣，中下。

右並貞觀十六年，開山洞與州同置，〔五〇〕三縣並在州側近或十里，或二十里，隨所畬種田處移轉，不常厥所。

溱州溱溪。下。開元户八百九十二。

本巴郡之南境，貞觀十六年有渝州萬壽縣人牟智才上封事，請於西南夷竇渝之界招慰不庭，〔五一〕建立州縣。至十七年置，以南有溱溪水爲名。

州境：

八到：東北至上都三千四百三十四里。東北至東都四千二百九十一里。東北至黔州取珍、播夷路一千三百里。

正南微東至珍州二百里。〔五二〕東北至南州二百七十里。東與賓州接界，〔五三〕山險不通，無里數。西接合江縣。〔五四〕

貢、賦：開元貢：茄子，楮皮布，紵布，黄蠟。元和貢：蠟四十斤。

管縣二：榮懿，扶歡。〔五五〕

榮懿縣，中下。郭下。貞觀十七年與州同置。

扶歡縣，中下。東北至州五十里。貞觀十七年與州同置。〔五六〕以縣東扶歡山爲名。〔五七〕

播州，播川。下。

本西南徼外蠻夷夜郎、且蘭之地。戰國屬楚，秦亦常置吏，至漢武帝平西南夷，〔五八〕置牂柯郡。貞觀元年，於牂柯北界置𨚗州，〔五九〕十一年省。十三年置播州。景龍二年置都督府，先天二年罷。

州境：

八到：東北至上都取江陵路四千三百五十五里，北取萬、開州路三千二百七十里。東北至東都四千一百四十五里。東北至黔州八百里。東北至費州四百里。東北至牂柯北界巴江鎮七十里。〔六〇〕東南至牂柯州二百二十里。

貢、賦：元和貢：蠟二十斤。

管縣三：遵義，帶水，芙蓉。

遵義縣，中下。郭下。本恭水縣，貞觀十四年改爲羅蒙，十六年改今名。

夷牢水，經縣北一里。

帶水縣，中下。東至州七十里。貞觀九年置柯盈縣，屬郎州，十三年屬播州，十四年改爲帶水縣，因縣北有帶水爲名。

芙蓉縣，中下。西南至州六十里。貞觀五年置在芙蓉山上，因爲名。後移於山東三里，卽今理是。又有舍月、胡刀、胡江、羅爲四縣，並貞觀中置，今廢。

辰州，盧溪。下。開元户五千三百二十。〔六一〕鄉一十三。元和户一千二百二十九。鄉一十一。

禹貢荆州之域。春秋時屬楚。秦爲黔中郡。漢爲武陵郡沅陵縣地。按後漢書高辛氏有畜犬曰槃瓠，〔六二〕帝妻以女，有子十二人，皆賜名山廣澤，其後滋蔓，今長沙武陵是也。光武時尤盛，其渠帥精夫、相單程等據險爲寇。精夫者，蠻爲渠帥者也。漢遣將軍劉尚，發兵萬餘人，泝沅水入武溪擊之。山深水急，舟船不得上，蠻緣路邀戰，漢軍皆没。後遣伏波將軍馬援等至臨沅擊破之，其單程等悉降。蠻平，因置吏。陳文帝於此置沅陵郡，開元九年改爲辰州，〔六三〕取辰溪爲名。謹按：辰州蠻戎所居也，〔六四〕其人皆槃瓠子孫。或曰巴子兄弟立爲五谿之長，〔六五〕今酉谿在州西，次南武谿，次南沅谿，次南辰谿，次東南熊谿，次東南朗谿。其熊、朗二谿與酈道元水經注雖不同，推其次第相當，則五谿盡在今辰州界也。景雲二年置都督府，開元中罷。

州境：東西一千二百五十七里。南北一千四百二十七里。

八到：北至上都二千五百一十里。〔六六〕東北至東都二千二百五十里。東至朗州〔水〕路沿流四百六十里。〔六七〕南至敍州水路五百三十八里。正北微東至澧州七百五十里。〔六八〕西南至錦州水路七百里。正西微北水路至溪州三百六十八里。〔六九〕

貢、賦：開元貢：犀角，水銀，光明砂四斤。〔七〇〕元和貢：光明砂，藥砂。

管縣五：沅陵，盧溪，麻陽，敍浦，辰溪。

沅陵縣，上。郭下。本漢舊縣，屬武陵郡。陳屬沅陵郡，隋平陳屬辰州。

壺頭山，在縣東四十九里。卽馬援攻五谿蠻置營之所。初援軍下雋，〔似阮反〕〔七一〕有兩道可入，從壺頭路近而水險，從充道則途夷而運遠。充州在澧州西五百里，武德所置崇義縣東北一里故充城是，南至沅陵縣一百二十里。中郎將耿況欲從充道。援以爲如進壺頭，搤其咽喉，賊自破，遂進營於此。賊乘高守隘，水迅船不得進，會暑甚，〔七二〕士卒多疾死，援穿岸爲室，以避炎氣。武陵記云：「今山邊有石窟，卽援穿空室處。」

明月山，下有明月池。沅陵記云：「兩岸素山，崖石如披雪，寒松如插翠。」在縣東二百里。

沅江，在縣南二十里。〔七三〕

秦黔中故郡城，在縣西二十里。

盧溪縣，中。東北至州一百六十里。本漢沅陵縣地。梁天監十年置盧州，隋末蕭銑於此置盧溪縣，以南溪爲名，武德後因而不改。

盧水，在縣西二百五十里。卽武溪所出。〔七四〕武陵記云：「溪山高可萬仞。山中有槃瓠石窟，可容數萬人。〔七五〕窟中有石似狗形，蠻俗相傳卽槃瓠也。又有巴蛇，〔七六〕四眼，大十圍，不知長幾里。」

麻陽縣，中下。東北至州四百里。陳天嘉三年於麻陽麻口置戍，〔七七〕垂拱四年置龍門縣，尋改爲麻陽，因戍爲名。

三山谷，一名辰山，在縣西南八百三十五里。

苞茅山，產茅，〔七八〕有刺而三脊，在縣西南三百五十里。

敍浦縣，上。西北至州三百八十五里。本漢義陵縣地，〔七九〕離騷云「入敍浦而邅迴」，卽此也。武德四年，〔八〇〕分辰溪置此縣。

車靈故城，在縣南一里。靈則吴之叛臣，入敍溪以自保，號車王，後爲吴將鍾離殺之。〔八一〕

辰溪縣，中下。西北至州一百六十里。本漢辰陵縣，屬武陵郡，後改曰辰陽，以在辰水之陽爲名。離騷云「朝發枉渚，夕宿辰陽」，是也。隋平陳，改爲辰溪縣。

五城山，在縣東南三百六十二里。武陵記云：「楚威王使將軍莊蹻定黔中，因山造此城。」

沅江水，在縣南二百步。〔八二〕

錦州，盧陽。下。開元户三千一百三。鄉一十一。

本漢辰州盧陽之地，〔八三〕垂拱三年以地界闊遠，分置錦州，以州理前溪，水多文石，望之似錦，因名。長安四年移於伏溪水灣曲中置，即今理是。惟東面平地，餘三面並臨溪岸。

州境：

八到：東北至上都三千二百一十一里。〔八四〕東北至東都二千七百五十里。東北至辰州水路七百里。〔八五〕南至獎州陸路五百四十里。東北至溪州五百里。〔八六〕南至思州八百里。

貢、賦：開元貢：光明砂，水銀。

管縣五：盧陽，洛浦，招喻，渭陽，常豐。

盧陽縣，中下。郭下。垂拱三年與州同置，在盧水口，因以爲名。長安四年移於今理。

晃山，在縣南一百里。山出丹砂。

洛浦縣，中下。南至州一百八十里。先天二年分大鄉縣置，〔八七〕以縣西洛浦山爲名。縣東西各有石城一，甚險固，犵獠反亂，居人皆保其土。

招喻縣，中下。西南至州陸路八十里。垂拱三年析辰州盧溪縣置。

渭陽縣，中下。東至州三百里。垂拱三年析麻陽縣置，在坡山西阯。山甚高險，百姓食坡山溪水。

常豐縣，中下。東南至州四百里。垂拱三年置。初名萬安，天寶二年改爲常豐。〔八八〕

磨匿山，在縣東五十里。

敘州，潭陽。下。開元户四千九百四十。元和户一千六百五十七。

秦置黔中郡，漢爲武陵郡無陽縣之地。〔八九〕荆州記：「舞溪獠、獰之類，其縣人但羈縻而已。溪山阻絶，非人迹所履。又無陽烏獰萬家，皆咬地鼠之肉，〔九〇〕能鼻飲。」隋初於此置辰州。貞觀八年分辰州龍標縣置巫州，天授二年改曰沅州。開元十三年，以「沅」「原」聲相近，復爲巫州。天寶元年改爲潭陽郡。〔九一〕大曆五年，以境接敘浦，改爲敘州。

州境：

八到：東北至東都二千七百八十八里。北至上都三千四十八里。西泝流至奬州八百里。北沿流至辰州五百三十八里。南踰嶺至融州水陸共一千五百里。〔九二〕東南踰嶺至吉州水陸共二千一百里。〔九三〕

貢、賦：

管縣三：龍標，朗溪，潭陽。

龍標縣，上。郭下。本漢無陽縣地，輿地志「縣本在無水之陰，後漢省入辰陽縣」。隋初於此置辰州，煬帝廢州。武德七年置龍標縣，因龍標山爲名。

朗溪縣，中下。北至州一百二十里。漢鐔音尋。城縣之地，〔九四〕晉安帝省。貞觀八年析龍標縣置，在朗溪之側，因爲名。

沅溪水，西南自獠界流入。

潭陽縣，中下。東至州三百二十里。先天二年析龍標縣置，在無水東岸。

溪水，在縣南二里。

溪州，靈溪。下。開元户四百七十七。元和户八百八十九。

漢屬武陵郡，爲沅陵、遷陵二縣之地，梁置大鄉縣。天授二年割辰州大鄉、三亭二縣立溪州。〔九五〕

州境：東西六百里。南北八百里。

八到：西北至上都二千八百七十八里。〔九六〕北至東都二千六百一十八里。〔九七〕正東微南至辰州三百六十里，一路取西泝流三百七十里。〔九八〕東北至澧州，〔九九〕水陸相兼一千三百里，山路險阻，若遇霖潦，則不通行。本管三亭縣，自縣西水陸路相兼五百里至黔江縣，又西三百里至黔州，其三亭縣與施州接界，山路峻，不通行。

貢、賦：開元貢：朱砂，黄連。元和貢：朱砂一十斤，黄蠟二百斤。

管縣二：大鄉，三亭。

大鄉縣，上。郭下。蕭梁置，已具州敘。

齊右城，在縣東二百一十二里。秦時武安君所築。

陋城，在縣東南六十七里。〔一〇〇〕漢横海將軍韓説所築。〔一〇一〕

三亭縣，中下。東至州水路三百七十里。本漢遷陵縣，屬武陵郡，隋廢入大鄉縣。貞觀九年分大鄉復置，〔一〇二〕因縣西十五里有三亭古城爲名。〔一〇三〕

酉水南有龍標故城，蜀將馬德信所築。其城甚寬大，在龍標山。

石門洞，在縣東一百五十里。〔一〇四〕其嶮峽纔通一舟。〔一〇五〕

黔山，在縣西五十里。後漢時陸康伐蠻假此，卽禱請爲援，諸樹木皆有人馬之形，因平羣寇，〔一〇六〕改爲武神山。

施州，清江。下。〔一〇七〕開元户三千四百七十六。鄉一十六。元和户一千八百四十五。鄉一十六。

春秋巴國之界，七國爲楚巫郡之地，秦屬黔中郡，漢爲巫縣之地。巫縣卽今夔州巫山縣是也，吴分立沙渠縣，至梁、陳不改。周武帝建德三年於此置施州，隋改爲清江縣，義寧二年復置施州。〔一〇八〕

州境：東西六百一十八里。南北四百九十五里。

八到：東北至上都二千七百里。〔一〇九〕東北至東都二千三百八十五里。西至萬州六百八十五里。北至夔州五百里。東至敘州七百六十六里。〔一一〇〕南至黔州四百八十五里。

貢、賦：開元貢：清油，蜜，黃連，蠟。〔一一一〕元和貢：黃連十斤，藥子二百顆。

管縣二：清江，建始。

清江縣，中下。郭下。本漢南巫縣地，〔一一二〕吳沙渠縣，隋開皇五年置清江縣，屬施州，置在清江之西，因以爲名。

清江，一名夷水，昔廩君浮土舟於夷水，即此也。

建始縣，中下。南至州一百三十里。本漢巫縣地，後周以前無縣邑。〔一一三〕建德三年於此置業州，並置建始縣，〔一一四〕貞觀八年廢，以縣屬施州。

獎州，龍溪。下。開元户一千七百四十。鄉六。元和户三百四十九。鄉六。

本漢武陽縣地，貞觀八年於此置夜郎，屬巫州。長安四年於此置舞州，開元十三年改爲鶴州，二十年又改爲業州，大曆五年又改爲獎州。

州境：

八到：北至上都三千八百四十八里。東北至東都三千五百八十八里。西南泝流沿溪至費州五百七十里。西南泝流至牂柯充州七百里。東沿流至敍州八百里。南至牂柯羈縻應州三百里。

貢、賦：年貢：熟蠟三十斤。〔一一五〕

管縣三：峨山，渭溪，梓薑。

峨山縣，中下。郭下。本夜郎縣，天寶元年改爲峨山。〔一一六〕其縣本在渭溪之南，長壽初移於溪北。

渭溪縣，中下。西至州水路一百六十里。聖曆元年，〔一一七〕析峨山縣於渭溪東置，因以爲名。

渭溪水，北自錦州渭陽縣流入。

梓薑縣，中下。東北至州水路四百里。建中四年，〔一一八〕自牂柯洞外充州割屬奬州。

卷三十校勘記

〔一〕田恩鶴　攷證：御覽引十道志「恩」作「思」，樂史同，此恐誤。今按：輿地紀勝黔州沿革引此作「思」，今各本皆錯。

〔二〕因周隋州郡之名　今按：殿本同，與輿地紀勝黔州沿革引合，它本無「周」字，脱。

〔三〕爲武陵郡移理義陵　今按：輿地紀勝引同，與漢志合，各本「義陵」誤「義寧」。

〔四〕即今辰州是　今按：殿本同，它本作「即今州是，秦漢黔所理是」，戈襄校舊鈔本酈亭云「『今』下脱『辰』字，『秦漢黔所理是』六字衍。」攷證説同。攷輿地紀勝引此無「辰」字，有「秦漢黔中所理是也」八字，是南宋時此志已誤衍。

〔五〕西有(巴)〔延〕江水　攷證：官本「巴」作「延」。按水經注「涪陵水乃延江之枝津」，此疑誤。今按：水經江水篇「江水又東至枳縣西，延江水從牂柯郡北流西屈注之」，卽此所本，「巴」字誤，當作「延」，今據殿本改。

〔六〕自牂柯北歷至注岷江　今按：殿本同，它本作「牂牁」。漢志、水經作「牂柯」，與此合。攷證云：「史記西南夷傳作『牂牁』，司馬相如傳作『牂牱』，與地理志別。」下同。

〔七〕牂充(舊)應莊九州　攷證：官本無「舊」字，宜衍。今按：九州之名已具，「舊」字介於充、應兩州之間，於義不合，今依殿本删。

〔八〕聖曆元年　攷證：官本「元」作「九」，誤。

〔九〕(西)〔東〕北至上都　攷證：「西北」，官本作「東北」，是，下同。今按：上都及東都皆位黔州東北，兩「西」字均應作「東」，今從殿本。

〔一〇〕五百八十里　今按：殿本同，與夷州八到合，它本無「八十」二字。

〔一一〕八百里　今按：殿本同，與播州八到合，它本作「一百里」，誤。

〔一二〕賦紵布　今按：殿本同，它本作「調入布充」。

〔一三〕竹布紵麻布　今按：殿本無「紵麻布」，岱南閣本、畿輔本「竹布」上有「賦」字。

〔一四〕本漢酉陽縣地屬武陵郡　攷證：官本下按云「此與州敍『本漢涪陵縣理』有異」。按顧祖禹曰「酉陽故城在辰州府西北百二十里」，與此無涉，宜從州敍爲的。又按洪亮吉云「蜀漢常僑置酉陽縣在酉陽州北，此或『漢』上脱『蜀』字。隋圖經、貞觀地志皆指此爲西漢酉陽，誤矣」。今按：州敍謂「本漢涪陵縣理」，此縣注云「郭下」，則當爲「本漢涪陵縣」，若漢酉陽縣在唐溪州大鄉界，與黔州相去千里，輿地紀勝涪州引貞觀地志「黔中是武陵郡酉陽地」，此志本之，而先後不照。

〔一五〕左右鹽泉　攷證：樂史屬上條下，云「山左右有鹽泉」。隋志云「伏牛山有鹽井」。此疑脱二字，致分別條。今按：輿地紀勝黔州景物引作「有左右鹽官收其課」，疑「鹽」下脱「泉」字。

〔一六〕洪杜縣　攷證：舊志「杜」作「社」，云「因洪社溪爲名」。王象之引作「杜洪」，俱與此别。

〔一七〕置信安縣　攷證：隋志未詳。

〔一八〕黄荸硤　今按：殿本同，它本「荸」作「草」。攷證云：「官本作『荸』誤。水經注『江水又東右逕黄葛峽，又左經明月峽，江之右岸有枳縣治。』黄草疑卽黄葛别名。

〔一九〕開州通宣縣　攷證：官本「通宣」作「通宜」，兩志並無此二名。樂史作「通州宣漢縣」，此脱。

〔二〇〕水路至萬州六十里　攷證：樂史「六十」作「六百一十」，此脱。

〔二一〕至渠州陵山縣三百七里　攷證：「陵山」宜作「潾山」，樂史作「隣山」，「三百七」作「二百七十」，此疑誤。

〔二二〕本漢舊縣屬巴郡　攷證：官本下按云：「此似與前以黔州爲漢涪陵縣理相混，必合後條『州城本秦枳縣城』乃明。」按此志敍述沿革，本多互見，閲者尤宜參觀焉。

〔二三〕先主時涪陵人反蜀將鄧芝討焉　攷證：按蜀志鄧芝傳，討涪陵在延熙十一年，非先主時事，此疑誤。

〔二四〕以涪郡理枳縣城　今按：岱南閣本、畿輔本「涪郡」作「涪都」。攷證云：「王象之引『涪都』作『涪陵』，此誤。官本作『郡』，亦非。」

〔二五〕開池至以爲文刀　攷證：王象之引作「鬬池」。「鋼鐵」，王象之引作「剛鐵」，「文刀」作「交刀」。

〔二六〕武成三年　攷證：「三」宜作「二」。

〔二七〕二千九百四十五里　攷證：「二千」，以自上都至涪州道里核之，宜爲「三千」之誤。

〔二八〕五十里　今按：殿本同，它本作「五十二里」。

〔二九〕永徽後廢　攷證：以下宜有缺，兩志並云「開元二十五年來屬」。

〔三〇〕隋開皇十九年置務川縣　今按：與務川縣敍合，各本「十九年」作「九年」。攷證云：「隋志云『開皇末』，樂史作『十九年』。」

〔三一〕黔江縣　攷證：上宜有「今」字。

〔三二〕置務川郡　攷證：舊志作「置務州」。王象之云：「大業三年罷州爲郡，武德初改郡爲州，不應四年尚立郡也。」

〔三三〕二百三十里　攷證：官本「二」作「六」。

〔三四〕五百十二里　攷證：官本「五」下無「百」字，疑脫。

〔三五〕東北至上都　今按：殿本同，它本作「西北」，誤。下條「東北至東都」同。

〔三六〕破丘於此　今按：岱南閣本、畿輔本「丘」誤「兵」。

〔三七〕分思州涪川扶陽縣置費州　今按：岱南閣本、畿輔本「涪川」誤「涪州」，新唐志云「析思州之涪川、扶陽開南蠻置」。

〔三八〕東北至上都　今按：殿本同，它本「東北」作「西北」，誤。下條「東北至東都」同。

〔三九〕至牂柯充州一百九十里　攷證：「充」上宜有「羈縻」二字。按舊志所載羈縻州五十州有充、牂柯等州，並寄治山谷。後獎州八到仿此。

〔四〇〕元和貢　攷證：官本作「開元貢」。

〔四一〕武德置　攷證：樂史云隋置。

〔四二〕東至契丹土六百里　攷證：官本無此條。樂史云「東至渝州界丹山六十里」。

〔四三〕没丁山　攷證：樂史作「波丁州」。

〔四四〕南至溱州二百七十里　攷證：官本上有「西」字，此脫。今按：南州即今四川綦江縣，溱州在今四川南川縣西南，於南州爲東南，當作「東南至溱州」，殿本「西南」誤，此缺「東」字。

〔四五〕蘿緣山　今按：殿本同，與輿地紀勝南州軍景物引及寰宇記合，它本「蘿」作「羅」，脫「艸」。

〔四六〕東北至上都　今按：殿本同，它本「東」誤「西」。

〔四七〕東北至東都　今按：殿本同，它本「北」上脱「東」字，「五百」作「三百」。

〔四八〕（南）〔西〕接夷獠界　攷證：官本「南」作「西」。今按：珍州南接夷州，西與瀘州都督府所管羈縻淅州、順州界，俱夷獠所居，殿本作「西接夷獠」，是，「南」字誤，今據改。

〔四九〕樂源　今按：殿本同，與舊、新唐志合，它本「樂」誤「洛」。下同。

〔五〇〕開山洞與州同置　今按：殿本同，它本作「開山洞置，並置夜郎麗皋洛源」，攷證謂「並置云云」宜衍。

〔五一〕招慰不庭　今按：岱南閣本、畿輔本「慰」誤「尉」。

〔五二〕二百里　攷證：官本作「二百四十里」，與珍州合，此脱。

〔五三〕東與賓州接界　攷證：按賓州屬嶺南道，方輿遥隔，樂史作「涪州賓化縣界」，此疑脱。

〔五四〕西接合江縣　今按：「合江」當作「江津」，溱州西與渝州江津縣接，渝州八到云「江津縣陸路南至溱州三百六十里」，是也。合江縣屬瀘州，中隔渝州，地不相接。又此條岱南閣本、畿輔本連前條後，非是。

〔五五〕扶歡　攷證：官本作「扶觀」，按云「通典、舊唐書、新唐書、文獻通考及宋史並作『扶歡』，與此異」。按此作「扶歡」，與他書合，「觀」、「歡」形近易訛。

〔五六〕十七年　今按：此與上榮懿縣「十七年」，殿本並作「十六年」，與新唐志合。

〔五七〕扶歡山　今按：各本「歡」作「觀」。攷證云：「宜作『歡』，一作『歡扶山』。」

〔五八〕至漢武帝　今按：岱南閣本、畿輔本「至」上衍「東」字。

〔五九〕貞觀元年於牂柯北界置麟州　今按：殿本同，它本「北界」作「地界」。攷證云：「兩志『元』並作『九』，『麟』作『郎』。」

〔六〇〕東北至牂柯北界巴江鎮　攷證：樂史「東北」作「東南」，官本「巴江」作「巴陵」。

〔六一〕三百二十　攷證：官本無「十」字。

〔六二〕槃瓠　今按：殿本同，後漢書南蠻傳及劉昭注引魏略合，它本作「盤瓠」，與水經沅水注合，二字通用。

〔六三〕開元九年　攷證：「元」宜作「皇」，詳隋志。

〔六四〕辰州蠻戎所居也　今按：岱南閣本、畿輔本脱「州」字。

〔六五〕立爲五谿之長　今按：各本「立」作「入」。

〔六六〕北至上都　今按：殿本同，它本作「西北」，此誤。

〔六七〕東至朗州〔水〕路至六十里　今按：戈襄校舊鈔本「朗州」下有「水」字，是，各本與此皆脱，今據補。水路沿流，謂順沅水自沅陵而至武陵。

〔六八〕澧州　今按：岱南閣本、畿輔本「澧」誤「灃」。

〔六九〕六十八里　攷證：溪州八到無「八」字。

〔七〇〕光明砂四斤　攷證：官本無。

〔七一〕〔似阮反〕　今按：殿本有此注，今據增。

〔七二〕會暑甚　今按：殿本同，它本「甚」作「其」，屬下讀。攷證謂陳蘭森引作「甚」。

〔七三〕在縣南二十里　攷證：陳蘭森引作「縣東南六十里」。

〔七四〕卽武溪所出　今按：殿本同，與輿地紀勝辰州引合，它本「武」誤「五」。

〔七五〕山中有槃瓠石窟可容數萬人　今按：輿地紀勝辰州景物引「山中」作「山半」，餘同。岱南閣本、畿輔本無「可容數萬人」句。

〔七六〕巴蛇　攷證：王象之引作「斑蛇」。

〔七七〕麻口　攷證：王象之引作「麻溪口」，此脫。

〔七八〕産茅　今按：各本皆脫「産茅」二字，輿地紀勝辰州景物引有此二字，攷證云「陳蘭森引有『産茅』。」

〔七九〕義陵縣　今按：與漢志、舊唐志、輿地紀勝辰州漵浦縣引同，各本「陵」誤「寧」。

〔八〇〕武德四年　攷證：舊志「四」作「五」，新志作「三」。

〔八一〕鍾離殺之　攷證：「鍾離」下宜有「牧」字，吴志有傳，常爲武陵太守。

〔八二〕二百步　今按：岱南閣本、畿輔本作「二百里」，誤。攷證云陳蘭森引作「步」。

〔八三〕木漢辰州盧陽之地　攷證：地理志無此名，宜衍「漢」字，「盧」改「麻」，舊志云分辰州麻陽置。

〔八四〕東北至上都　今按：殿本同，它本「東北」誤「西北」，下條「東北至東都」，脫「東」字。又岱南閣本、畿輔本上都、東都兩條互倒，非志例。

〔八五〕七百里　攷證：官本「七」作「九」，誤。

〔八六〕東北至溪州五百里　今按：殿本同，它本「州」誤「汭」。

〔八七〕先天二年　攷證：兩志並作「天授」，陳蘭森引「二」作「三」。

〔八八〕天寶二年　攷證：官本「二」作「三」，兩志並作「元」。

〔八九〕無陽縣之地　今按：殿本同，與漢志合，它本「無」作「舞」。攷證云：「陳蘭森引作『無陽』。王象之曰『新經云巫、無、潕、舞、⿰氵舞，聲之變耳。』」

〔九〇〕烏⿰犭許萬家皆咬地鼠之肉　攷證：後漢書「⿰犭許」作「滸」，恐誤。王象之引「地」作「蛇」。

〔九一〕天寶元年　今按：岱南閣本、畿輔本「寶」誤「保」。

〔九二〕水陸共一千五百里　今按：殿本同，它本無「共」字。

〔九三〕水陸共二千一百里　今按：殿本「二千」作「一千」。它本「水陸」作「水路」，無「共」字，敘州至吉州，踰嶺後浮湘水、洣水不能徑達，必有陸路，作「水路」誤。

〔九四〕漢鐔城縣之地　攷證：王象之引上有「本」字。地理志「鐔城」作「潭成」，淮南子、水經注並作「鐔」。

〔九五〕天授二年　今按：舊、新唐志同，各本脱「二年」二字。

〔九六〕西北至上都　攷證：官本無「西」字。

〔九七〕北至東都　攷證：官本「北」作「東北」。

〔九八〕一路取西泝流三百七十里　攷證：官本無「一路取」三字，「西泝云云」冠下「本管三亭縣」條上。

〔九九〕東北至澧州　今按：岱南閣本、畿輔本「澧」誤「灃」。

〔一〇〇〕六十七里　攷證：陳蘭森引「六」作「二」。

〔一〇一〕横海將軍　今按：殿本同，它本「横」誤「播」。攷證云：「陳蘭森引作『横』。」

〔一〇二〕貞觀九年　攷證：官本「九」作「元」，與新志合。

〔一〇三〕因縣西　攷證：官本，「縣」作「鄉」，疑誤。

〔一〇四〕縣東一百五十里　今按：各本「東」字注「缺」或空格，攷證云：「陳蘭森引作『縣東』。」

〔一〇五〕其嶮峽纔通一舟　攷證：陳蘭森引「嶮」作「險」，無「峽」字。

〔一〇六〕因平羣寇　今按：各本「羣」作「郡」，攷證云：「陳蘭森引作『羣』。」

〔一〇七〕清江下　今按：殿本同，它本「下」作「上」。攷證云：「舊志作『清化郡』，新志云『本清江郡，天寶元年更名』。」

〔一〇八〕復置施州　今按：各本作「復置郡」，恐誤，義寧所置，此應爲州。

〔一〇九〕東北至上都　今按：殿本同，它本作「西北」，誤。下條「東北至東都」亦誤作「西北」。

〔一一〇〕六十六里　攷證：官本作「六十五里」。

〔一一一〕蠟　今按：清初鈔本、殿本「蠟」上有「藥子」。

〔一二〕本漢南巫縣地　攷證：「南」下宜有「郡」字，地理志巫縣屬南郡。

〔一三〕後周以前無縣邑　攷證：陳蘭森按云：「宋書州郡志『晉初立建始縣』，宋永初時亦有建始縣，謂後周以前無縣邑，非是。」按州郡志又云「晉有建平都尉，領巫、北井、泰昌、建始四縣」，晉志亦有建始縣。

〔一四〕並置建始縣　今按：舊唐志云周分巫縣置建始，與此合，蓋晉立建始縣，宋永初後廢，周復置以爲業州治耳。

〔一五〕年貢熟蠟三十斤　今按：殿本無。

〔一六〕天寶元年　攷證：舊志作「開元二十年」。

〔一七〕聖曆元年　攷證：兩志並作「天授二年」。

〔一八〕建中四年　攷證：兩志並作「天寶三年」。

元和郡縣圖志卷第三十一

劍南道上

四川節度使

成都府益州。大都督府。開元户十三萬七千四十六。鄉二百五十。元和户四萬六千一十。鄉二百四十二。〔一〕今爲西川節度使理所。

管州二十六：成都府，彭州，蜀州，漢州，邛州，簡州，資州，嘉州，戎州，雅州，自雅州以下分入下卷。眉州，松州，茂州，翼州，維州，當州，悉州，静州，柘州，恭州，真州，黎州，嶲州，姚州，協州，曲州。縣一百一十二。

禹貢梁州之域。古蜀國也，歷夏、商、周、武王時，庸、蜀、羌、髳、微、盧、彭、濮皆助伐商。及周衰，蜀僭號稱王。秦惠王元年，蜀人來朝。八年，因五丁伐蜀，〔二〕滅之，封公子通爲蜀侯，於成都置蜀郡，以張若爲守，因蜀山以爲郡名也。始皇三十六郡，蜀郡不改。其理本在青衣江，今嘉州龍遊縣界，漢高帝王蜀，分蜀置廣漢郡。初有漢中、廣漢、巴、蜀四郡，武帝遣唐蒙通西南夷，又置牂柯、越嶲、犍爲、益四郡，因分雍州之南置益州焉。後公孫述據成都，改益州爲司隸，蜀郡爲成都郡，〔三〕吴漢討述平之，州郡復舊。靈帝末，劉焉爲益州牧，初理緜竹，後遇天火，焚燒城闕，府庫蕩盡，遂徙理成都焉。子璋繼立，後以州降先主，獨益州置牧，蜀郡置守。魏景元四年，鍾會、鄧艾平蜀。晉武帝改蜀郡爲成都國，以皇子穎爲王。惠帝時，李雄竊據，桓温討平之。簡文帝時，苻堅遣將鄧羌、楊安伐蜀，益州並没於秦。孝武帝太元八年平蜀，安帝時譙縱又據益州叛，朱齡石討平之。至梁，武陵王蕭紀竊號於蜀，其兄湘東王繹討之，斬於白帝。西魏廢帝二年，地並入於魏，益州置總管。〔四〕至周併省，郡與州同理成都。隋開皇二年，置西南道行臺。〔五〕大業三年，罷州爲蜀郡。武德元年改爲益州總管府，三年置西行臺。龍朔三年，復爲大都督府。〔六〕開元二十一年，又於邊郡置節度使，以式遏四夷，成都爲劍南節度理，都管兵三萬九百人，馬二千匹，凡衣賜八十萬匹段，軍糧七萬石。〔七〕西抗吐蕃，南撫蠻獠。〔八〕統團結營，蜀郡城内，管兵一萬四千人，馬一千八百匹。臨翼郡，〔九〕通化郡北百四十里。管兵五百人。臨翼，今翼州。維川郡，通化郡西二百七十里。管兵五百人。維川，今維州。天寶軍，平戎城東八十里，在維川郡東。開元二十年〔一〇〕章仇兼瓊置，管兵一千人。蓬山郡，維川郡北。管兵五百人。蓬山，今拓州。交川郡，臨翼郡北百里。管兵二千八百人。交川，今松州。平戎城，恭化郡南八十里。開元二十八年章仇兼瓊置，管兵千人。去蜀郡八百里。恭化，今恭州。盧山郡，臨邛郡西二百里。管兵四百人。盧山，今雅州。江源郡，貞觀二十一年裴行方置，管兵五百人。江源，今當州。洪源郡，開元三年陸象先置，管兵千人。洪源，今黎州。昆明軍，越嶲郡南。開元中移置，管兵五千二百人，〔一一〕馬二百匹。寧遠軍，越嶲郡西昆明縣南。開元中置，管兵五百人。〔一二〕雲南軍，管兵二千三百人。〔一三〕雲南，今姚州。澄川寨，〔一四〕雲南郡東六百里。管兵二千人。南溪郡，〔一五〕瀘川郡西二百五十里，管兵二千人。〔一六〕南溪，今戎州。瀘川，今瀘州。歸誠郡。靜川郡東南。管兵四百人。〔一七〕歸誠，今悉州。靜川，今靜州。天寶元年，改蜀郡大都督府。十五年玄宗幸蜀，改爲成都府。

州境：東西二百九里。南北三百八十八里。

八到：東北至上都二千一十里。東北至東都二千八百七十里。正東微南至簡州一百五十里。西北至彭州一百里。正西微南至蜀州一百五十里。正南微西至陵州二百里。〔一八〕南至眉州二百里。〔一九〕西南至邛州二百六十里。北至漢州一百里。

貢、賦：開元貢：羅八匹。布八匹。元和貢：高杼䘸布綾羅，高杼衫段，絲布。

管縣十：成都，華陽，靈池，犀浦，廣都，郫，温江，新繁，雙流，新都。

成都縣，次赤。郭下。本南夷蜀侯之所理也，秦惠王遣張儀、司馬錯定蜀，因築城而郡縣之。自秦、漢至國初以來，前後移徙十餘度，所理不離郡郭。

武擔山，在縣北一百二十步。

大江，一名汶江，一名流江，經縣南七里。蜀守李冰穿二江成都中，皆可行舟，溉田萬頃。蜀人又謂流江爲懸笮橋水，此水濯錦，鮮於他水。

州城，秦惠王二十七年張儀所築。〔二〇〕初儀築城，屢頹不立，忽有大龜周行旋走，巫言依龜行處築之，遂得堅立。城西南樓百有餘尺，名張儀樓，臨山瞰江，蜀中近望之佳處也。

南外城中有文翁學堂，一名周公禮殿，華陽國志云：「文翁立學，精舍講堂作石室，一曰玉室。」李膺記云：「後漢中平中，火延學觀，廂廊一時蕩盡，唯此堂火燄不及。搆制雖古，而巧異特奇，壁上悉圖古之聖賢，梁上則刻文宣及七十弟子。〔二一〕齊永明中，劉瑱更圖焉。」朱齡石平譙縱，勒宋武帝檄文於石壁之室，代王更以丹青增飾古畫，仍加豆盧辨、蘇綽之像。

少城，一曰小城，在縣西南一里二百步。蜀都賦云：「亞以少城，接乎其西。」

錦城，在縣南一十里。故錦官城也。

摩訶池，在州中城內。

萬里橋，架大江水，在縣南八里。蜀使費禕聘吳，諸葛亮祖之，〔二二〕禕嘆曰：「萬里之路，始於此橋。」因以爲名。

西南兩江共七橋李冰所造，言上應七星，漢代祖遺吳漢伐蜀，謂之曰：「安軍宜在七星橋間。」〔二三〕

昇仙橋，〔二四〕在縣北九里。相如初入長安題其門：「不乘高車駟馬，不過汝下。」

江瀆祠，在縣南八里。

盤石城，在縣東三十里。

先主廟，在縣南二十里。〔二五〕

鄧艾廟，在縣西二里。

華陽縣，次赤。管縣東界，郭下。本漢廣都縣地，貞觀十七年分蜀縣置。乾元元年改爲華陽縣，華陽本蜀國之號，因以爲名。

宋興山，〔二六〕在縣北三十里。

笮江水，在縣南六里。

靈池縣，次畿。西至府六十里。久視元年，長史李通廣奏分蜀縣、廣都置東陽縣，天寶元年爲靈池縣，因縣南靈池爲名。

武侯山，在縣東南十五里。

分棟山，在縣東十五里。其山北連秦隴，南入資、瀘，〔二七〕其於東川郡此爲隔門也。

涳江，〔二八〕在縣北四十里。

犀浦縣，次畿。東至府二十七里。本成都縣之界，垂拱二年分置犀浦縣。昔蜀守李冰造五石犀，沈之於水，以厭怪，因取其事爲名。

都江水，在縣北四里。

黄花水，在縣南八里。

廣都縣，次畿。北至府四十二里。本漢舊縣，元朔二年置。蜀號三都者，成都、新都、廣都也。先主以蔣琬爲廣都長，諸葛亮曰「琬託志忠雅，當贊王業，非百里之才」，卽此也。隋仁壽元年，〔二九〕避煬帝諱，改爲雙流縣。今廣都縣，龍朔三年長史喬師望重奏置。

大塔山，在縣東四十里。有阿育王塔，因名。

牛飲水，〔三〇〕在縣西三里。

諸葛亮宅，在縣南一十九里。

郫縣，次畿。東至府五十里。本郫邑，蜀望帝理汶山下，邑曰郫，是也。秦滅蜀，因而縣之，不改。

平樂山，在縣西二十五里。

郫江，一名成都江，經縣北，去縣三十一里。

故郫城，在縣北五十步。〔三一〕晉惠帝大安二年，李雄殺汶山太守陳君遂，竊據郫城，自稱大都督、益州牧。刺史羅尚數攻之，後尚爲雄所敗，委城夜遁，雄遂克成都，自郫遷據焉。

温江縣，次畿。東至府七十五里。本漢郫縣地也，後魏於此置温江縣，屬蜀郡，隋開皇三年廢入郫縣。仁壽三年，於郫東境置萬春縣，貞觀元年改名爲温江縣。

大江，俗謂之温江，南流經縣一里。出麩金。

涎江，〔三一〕在縣西十里。

新繁縣，次畿。東南至府六十里。本漢繁縣地，屬蜀郡，因繁江以爲名也。周改爲新繁，隋開皇三年省。武德三年分廣都縣地重置，因周舊名也。

郫江，一名成都江，經縣西，去縣十一里。

雙流縣，次畿。北至府四十里。本漢廣都縣也，隋仁壽元年避煬帝諱改爲雙流，因以縣在二江之間，〔三二〕仍取蜀都賦云「帶二江之雙流」爲名也。皇朝因之。龍朔三年，又别立廣都縣。

宜城山，在縣南十二里。出紫草。

諸葛亮舊居，在縣東北八里，〔三四〕今謂之葛陌。孔明表云「薄田十頃，桑八百株」，即此地也。

新都縣，次畿。南至府四十八里。本漢舊縣也，屬廣漢郡。隋開皇十八年改爲興樂縣。武德二年，〔三五〕分成都縣地重置。

麗元山，在縣北八里。

新婦峴，在縣北七里。

諸葛亮八陣，在縣北十九里。

彭州，濛陽。緊。開元户五萬一百二十。鄉一百。元和户九千八百八十七。鄉八十八。

禹貢梁州之地，漢分梁州爲益州，即漢益州繁縣地也。垂拱二年，於此置彭州，以岷山導江，江出山處，兩山相對，古謂之天彭門，因取以名州。

州境：東西一百七十六里。南北七十一里。

八到：東北至上都一千九百八十五里。東北至東都二千八百四十五里。東南至成都府一百里。東至漢州七十五里。西北取灌口路至茂州三百七十里。西南至蜀州一百二十里。

貢、賦：開元貢：交梭羅。

管縣四：九隴，導江，唐昌，濛陽。

九隴縣，望。西至州二里。本漢繁縣地，舊曰小郫，言土地肥良，比之郫縣也。梁於此置東益州，後魏改爲九隴郡，取九隴山爲名也。隋開皇三年罷郡爲九隴縣，〔三六〕屬益州。皇朝因之，後改屬彭州。

白鹿山，在縣西北六十一里。

九隴山，在縣西二十五里。連峰迤邐，凡有九曲。

導江縣，望。東至州五十八里。本漢郫縣地，武德元年於灌口置盤龍縣，尋改爲灌寧縣，二年又改爲導江縣，取禹貢「岷山導江」之義也，屬成都，垂拱二年割屬彭州。

玉壘山，在縣西北二十九里。蜀都賦曰：「包玉壘而爲宇。」〔三七〕

灌口山，在縣西北二十六里。漢蜀文翁穿(渝)〔湔〕江溉灌，〔三八〕故以灌口名山。又灌口山西嶺有天彭闕，亦曰天彭門，兩石相立如闕，故名之。蜀後主以建興十四年至(渝)〔湔〕江，〔三九〕登觀坂，看汶江之流。初，白馬氐侵掠益州，刺史皇甫晏表討之，軍至都(江)〔安〕，〔四〇〕屯觀坂。蜀郡何旋進諫曰〔四一〕：「今所安營，地名觀坂，自上觀下反上之象。漢高悟柏人，岑彭忌彭亡，〔四二〕不可不察。」晏不納，其夜果敗。

盤龍山，在縣北二十里。

大江，西自茂州界流入。按孫卿子曰：「江出汶山，其源可以濫觴，及至江津，下方舟避風，〔四三〕不可涉也。」

蠶崖關，〔四四〕在縣西北四十七里。其處江山險絶，鑿崖通道，有如蠶食，因以爲名。漢於此置縣，後廢。

灌口鎮，在縣西二十六里。後魏置。自觀坂迄於頃山，〔四五〕五百里間，兩岸壁立如峰，瀑布飛流，十里而九，昔人以爲井陘之阸。

楗尾堰，〔四六〕在縣西南二十五里。李冰作之，以防江決。破竹爲籠，圓徑三尺，長十丈，以石實中，累而壅水。漢成帝時，瓠子河決，王延塞之，用此法也，漢書所謂「下淇園之竹以爲楗」。

望帝祠，在灌口鎮城内。

李冰祠，在縣西三十里。

司馬相如墓，在縣東十二里。

唐昌縣，望。東至州三十里。本郫縣、導江、九隴三縣之地，儀鳳二年於此分置唐昌縣。

江水，在縣西北四里。

白水，在縣北三里。

昌化山，在縣北九里。

九隴山，在縣北十三里。

嚴君平墓，在縣西南十里。

濛陽縣，緊。北至州四十里。〔四七〕本九隴、雒、新都、新繁、什邡五縣之地，儀鳳二年於此分置濛陽縣，在濛江之水北，因曰濛陽。

彌濛水，在縣南二百五十步。〔四八〕

羅江水，在縣北一十里。

蜀州，唐安。　緊。　開元户五萬二十六。　鄉八十八。　元和户一萬四千五百八。　鄉八十八。

禹貢梁州之域。秦滅蜀，爲蜀郡。在漢爲郡之江原縣也。〔四九〕李雄據蜀，分爲漢原郡，晉穆帝改爲晉原郡。後魏平蜀後，移犍爲郡理此東三十里，因省晉原郡以併之，仍於此西十里立多融縣，〔五〇〕取舊郡名也。隋開皇三年改屬益州，〔五一〕皇朝初因之，垂拱二年割晉原等四縣屬蜀州。

州境：東西　南北

八到：東北至上都二千一百一十五里。東北至東都二千九百一十五里。東（北）至成都府一百五十里。〔五二〕東南至眉州一百七十里。西南至邛州八十三里。〔五三〕東北至彭州一百二十里。

貢、賦：開元貢：羅十八匹，木蘭皮，沙糖。　元和貢：白羅，木蘭皮。〔五四〕

管縣四：晉原，青城，新津，唐興。

晉原縣，望。　郭下。　本漢江原縣，屬蜀郡。李雄時改爲漢原，晉爲晉原。周立多融縣，又改爲晉原，屬益州。後因之，垂拱二年改屬蜀州。

鶴鳴山，在縣西七十九里。絶壁千尋。張道陵天師學道於此。〔五五〕

多融山，在縣西南。

斜江水，出鶴鳴山，經縣西四十里。

青城縣，望。南至州四十一里。本漢江原縣地，周武帝於此置青城縣，〔五六〕因山爲名，屬犍爲郡。隋開皇三年罷郡，縣屬益州。垂拱二年改屬蜀州，開元十八年改爲青城。

青城山，在縣西北三十二里。仙經云此是第五洞天，上有流泉懸澍，一日三時灑落，謂之潮泉。

大江，經縣北，去縣二里。

弩機水，如弩箭，水流甚急，故名之，縣東南四十里。

新津縣，望。西北至州八十里。本漢犍爲郡武陽縣地，故城東七里。又東有新津渡，謂之新津市，〔五七〕周閔帝元年於此立新津縣，垂拱二年割入蜀州。

天社山，在縣南三里，在成都南百里。〔五八〕北枕大江，南接連嶺，每益土有難，人多依焉。

唐興縣，望。西北至州四十里。本漢江原縣地，後魏於此立犍爲郡。隋開皇三年罷郡，又徙僰道縣於此，大業二年廢入新津縣，武德元年於廢州置唐隆縣，屬益州，垂拱二年割入蜀州。先天元年以犯諱改爲唐安，至德二年改爲唐興縣。

鄗江，一名皁江，經縣東二里。出麩金。

汶井江，在縣西二十里。

漢州，德陽。上。開元户四萬二千五百。鄉一百六。元和户二千一百一十三。鄉一百六。

禹貢梁州之域。秦爲蜀郡地，漢分蜀郡爲廣漢郡，今州卽廣漢郡之雒縣也。隋開皇三年罷郡，縣屬益州。皇朝初因之，至垂拱二年於雒縣分置漢州。

州境：東西六十八里。南北一百九十九里。

八到：東北至上都一千九百一十里。東北至東都二千九百七十里。南至成都府一百里。東至梓州二百一十里。〔五九〕正西微南至彭州七十五里。東北至緜州一百八十里。

貢、賦：開元貢：布二十匹，交梭羅。元和貢：彌牟布，〔六〇〕紵布。

管縣五：雒，緜竹，德陽，什邡，金堂。

雒縣，望。郭下。本漢舊縣也，屬廣漢郡，縣南有雒水因以爲名。隋開皇三年屬益州，垂拱二年割屬漢州。

雒水，在縣東一里。

馬蹄水在縣南二里。

緜水在縣東三十里。

君平卜臺，在縣東一里。

鷹橋，〔六一〕在縣南二里。

緜竹縣，緊。南至州九十里。本漢舊縣也，屬廣漢郡，都尉理之。有紫嵓山，緜水所出。初，劉焉爲益州牧，從事賈龍選吏卒迎焉，徙理緜竹，撫納離叛，陰圖異計。其後遇天火燒爇，乃徙理成都。隋開皇十八年改名孝水縣，境有孝子姜詩泉，故取爲名。大業二年復爲緜竹，屬蜀郡。武德中屬益州，垂拱二年割入漢州。

紫嵓山，在縣西北三十里。

鹿堂山，〔六二〕在縣西二十二里。

緜水，出縣西北紫嵓山。〔六三〕蜀都賦「浸以緜、洛」，謂此水也。蜀人稱郫、繁曰膏腴，緜、洛爲浸沃。

緜竹故城，在縣東五十里。諸葛瞻於此戰敗。

德陽縣，緊。西南至州四十五里。本漢緜竹縣地，後漢分緜竹縣立德陽，屬廣漢郡。周閔帝元年，郡縣並廢。武德三年復置，屬益州，垂拱二年割屬漢州。

鄧艾平蜀京觀，在縣北三十三里。艾以景元四年征蜀，大破諸葛瞻於緜竹，築臺以爲京觀。初，瞻在涪而艾已入江油，瞻曰：「吾內不除黄皓，外不制姜維，進不守江油，吾有三罪，何面目而反進屯緜竹，埋人腳而戰。」父子死焉。

秦宓宅，其地曰三造亭，在縣北五里。初，太守夏侯纂三造其門，故以爲名。

姜詩泉，在縣北三十九里。詩母好江水，一旦泉涌舍側，味如江水。

鹿頭戍，在縣北三十八里。

什邡縣，望。南至州四十里。本漢舊縣，〔六四〕屬廣漢郡，高祖封雍齒爲什邡侯，應劭曰「什音十」，〔六五〕故曰什邡，俗名雍齒城。周閔帝改爲方亭縣，武帝省。武德三年復置，垂拱二年割入漢州。

洛通山，在縣西三十九里。李冰導洛通山，謂此也。

雍齒城，在縣南四十（里）〔步〕。〔六六〕

金堂縣，上。北至州五十三里。〔六七〕本漢牛鞞縣地，屬犍爲郡。咸亨二年，〔六八〕蜀郡長史李崇義析雒縣、新都及簡州金水三縣置，以縣界連金堂山，故以爲名。舊屬益州，垂拱二年割屬漢州。

昌利山，在縣東北一十里。

望蜀山，在縣東南二里。

中江水在縣東北一里。

毗江水，在縣西二里。

邛州，臨邛。上。〔六九〕開元戶一萬三千五十二。鄉六十三。〔七〇〕元和戶二萬五千一百七十六。鄉六十五。

禹貢梁州之域。秦爲蜀郡地，今州卽蜀郡之臨邛縣地也。宋及齊、梁不置郡縣，唯豪家能服獠者名爲保主，總屬益州。梁益州刺史蕭範於蒲水口立栅爲城以備生獠，名爲蒲口頓，武陵王蕭紀於蒲口頓改置邛州，南接邛來山，因以爲名，領依政一縣。〔七一〕隋大業二年廢，以縣屬雅州。武德元年，割雅州依政等五縣置邛州。

州境：東西二百八里。南北一百二十里。〔七二〕

八到：東北至上都二千一百七十里。東北至東都三千三十里。東南至眉州一百七十里。〔七三〕東北至蜀州八十里。〔七四〕西南至雅州一百七十里。〔七五〕西至羌夷一百三十里。

貢、賦：開元貢：絲布一十四。〔七六〕元和貢：絲布一十四。

管縣七：臨邛，大邑，安仁，依政，臨溪，火井，蒲江。

臨邛縣，緊。郭下。本漢縣也，屬蜀郡。晉末李雄亂後，爲獠所侵。後魏廢帝二年定蜀，復於舊城置臨邛縣，仍置臨邛郡。隋開皇三年罷郡，以縣屬邛州，大業二年屬雅州，武德中復屬邛州。

銅官山，在縣南二里。鄧通所封，後卓王孫買爲陶鑄之所。

白朮水，〔七七〕經縣南二里。

火井，廣五尺，深三丈，在臨邛縣南一百里。以家火投之，有聲如雷。以竹筒盛之，持行終日不滅。蜀都賦云：「火井沈熒於幽泉。」

卓王孫宅，在縣南五里。

大邑縣，上。東南至州四十九里。本漢江原縣地，咸亨二年割晉原縣之西界置。

鶴鳴山，在縣西北三十七里。

七里池，在縣西七里。

安仁縣，緊。西南至州二十八里。〔七八〕本秦臨邛縣地，武德二年割臨邛、依政、唐興等縣置，貞觀十七年廢，咸亨元年依舊置。

斜江水，經縣南五里。

依政縣，上。西至州五十七里。本秦臨邛縣地，後魏於此置依政縣，屬蒲陽郡。隋開皇三年罷郡，以縣屬邛州，大業屬雅州，武德中復屬邛州。

噫棘山，〔七九〕在縣南四十里。山南眉州丹陵縣界。〔八〇〕

白朮水，東南經縣南一十里。

州城，西漢末公孫述爲導江卒正，理臨邛，謂此城也。

臨溪縣，中下。東至州六十二里。本秦臨邛縣地，後魏恭帝於此置臨溪縣屬蒲源郡，〔八一〕隋開皇三年罷郡，縣屬邛州，後因之。縣城三面據險，北面平坦。

孤石山，〔八二〕在縣東十九里。有鐵礦，大如蒜子，燒合之成流支鐵，甚剛，因置鐵官。

火井縣，中下。東北至州六十里。本秦臨邛縣地，後魏於此置縣，屬雅州。武德元年，割依政等五縣置邛州，縣屬焉。縣有鹽井。

蒲江縣，中下。西北至州六十三里。本秦臨邛縣地，後魏恭帝置廣定縣，隋仁壽元年改廣定爲蒲江縣，南枕江水，因以爲名。後因之。

車應山，〔八三〕在縣南八十里。

蒲江水，經縣南二百步。

鹽井，距縣二十里。

簡州，陽安。下。開元户二萬二百二十三。鄉三十九。元和户二千五百二十二。〔八四〕鄉四十。

禹貢梁州之域。秦爲蜀郡地，漢武帝分置犍爲郡，今州卽犍爲郡之牛鞞音髀。縣也。李雄據蜀，夷獠内侵，因兹荒廢。南齊於此置牛鞞戍，隋仁壽三年於此置簡州，因境有賴簡池爲名。大業二年省，武德三年復置。

州境：東西二百一十三里。南北一百八十八里。

八到：東北至上都二千一百七十里。東北至東都二千九百里。正西微北至成都府一百五十里。正東微南至普州二百四十里。東北至梓州三百一十里。正西至陵州一百八十里。〔八五〕東南至資州三百二十里。

貢、賦：開元貢：緜紬一十五匹。〔八六〕元和貢同。

管縣三：陽安，金水，平泉。

陽安縣，上。郭下。本漢牛鞞縣也，後魏恭帝二年，於此置陽安縣，屬武康郡，隋開皇三年罷郡，縣屬益州。武德三年置簡州，縣又來屬。

分棟山，在縣西七十七里。

中江水，卽牛鞞水也。昔羅尚乘牛鞞水東征李雄，〔八七〕卽此水也。

賴簡池，在縣東九十六里。

陽明鹽井，在縣北十四里。又有牛鞞等四井，公私仰給。

金水縣，上。南至州一百五十里。本漢廣漢郡之新都縣地也，縣有金堂山水通於巴、漢。東晉義熙末，刺史朱齡石帥建平生〔獠〕征蜀，〔八八〕仍於東山立金泉戍。後魏平蜀，置金泉縣，隸金泉郡。〔八九〕隋開皇三年罷郡，〔九〇〕以縣屬益州。武德元年，以避神堯諱，改爲金水縣，屬簡州。

金堂山，在縣北二十四里。

銅官山，〔九一〕在縣北四十九里。

大渡津，在縣北三十里。

平泉縣，中。北至州四十八里。本漢牛鞞及符縣地，〔九二〕後爲夷獠所居。後魏恭帝二年於此置婆閏縣，屬益州，〔開皇〕十八年改爲平泉縣，〔九三〕以縣内有泉源出於平地，故以爲名。隋仁壽三年置簡州，以縣屬焉。皇朝因之。

大塔山，在縣西北六十三里。與分棟山連屬，南入陵州界。

赤水，經縣南七十步。

上軍井、下軍井，並鹽井也，在縣北二十里，公私資以取給。

婆閏故縣，〔九四〕在縣南四十六里。

資州，資陽。上。開元户一萬八千五百二十二。鄉五十三。元和户二千四百九十九。〔九五〕鄉五十五。

禹貢梁州之域。秦併蜀，爲蜀郡。在漢即犍爲郡資中縣地也。李雄之亂，夷獠居之。後魏廢帝二年析武康郡之陽安縣置資州，取資水爲名也。隋大業三年，改爲資陽郡，武德元年復爲資州。

州境：東西三百四十八里。南北一百三十三里。

八到：東北至上都取遂州路二千三百三十里。東北至東都三千二百九十里。西北至簡州三百二十里。正北微東至普州一百七十里。〔九六〕正西至昌州二百六十里。〔九七〕西南至榮州二百六十里。〔九八〕東至合州五百六十五里。

貢、賦：開元貢：麩金。　賦：緜絹。〔九九〕　元和貢：麩金，柑子，麻布。

管縣八：盤石，資陽，内江，丹山，銀山，龍水，清溪，月山。

盤石縣，上。　郭下。　本漢資中縣地，後爲夷獠所居。周武帝於漢資中故城置盤石縣，〔一〇〇〕屬資中郡。隋開皇三年罷郡，屬資州。皇朝因之。

牛鞞水，合内江水，南去縣二十步。多魚鼈，亦出麩金。

資陽縣，上。　東南至州一百二十里。　本漢資中縣地，屬犍爲郡。李雄亂蜀，縣荒廢。後魏廢帝二年始通巴、蜀，開拓資中。周明帝於資中縣置資陽縣，〔一〇一〕因資水爲名，屬資陽郡。隋開皇三年罷郡，縣屬資州。

牛鞞水，東去縣二十一里。

王褒墓，在縣西北十五里。褒，資中人也，宣帝使祠金馬、碧雞，道病死。

内江縣，中。　西北至州九十八里。　本漢資中縣地，後漢分置漢安縣。李雄之後，陷於夷獠。周武帝天和二年，於中江水濱置漢安戍，其年改爲中江縣，屬資中郡。隋文帝避廟諱，改爲内江縣，屬資州。皇朝因之。

鹽井二十六所，在管下。

丹山縣，中。南至州二百三十里。本漢資中縣地，貞觀四年於此置丹山縣，取界內崇丹山爲名也。

銀山縣，中。西北至州四十八里。本漢資中縣地，隋爲內江縣地，義寧二年分置銀山縣，因縣界銀山爲名。

鹽井一十一所，在管下。

龍水縣，中。東至州一百二十里。本漢資中縣地，義寧二年招慰夷獠，於此分置龍水縣，以縣西北有溪，屈曲繞城如龍，因以爲名。

清溪縣，中下。西南至州一百三十里。本漢資中縣地，自晉訖梁，夷獠所居。隋大業十二年於此置牛鞞縣，因牛鞞水爲名也。皇朝初因之，天寶元年改爲清溪縣。

月山縣，中下。東至州五十里。本漢資中縣地，隋義寧二年分置月山縣。內江水，在縣南一里。

嘉州，犍爲。中。開元戶二萬二千九百一十二。鄉五十三。元和戶一千九百七十五。鄉六十五。

禹貢梁州之域。秦爲蜀郡。今州卽漢犍爲郡之南安縣地也，後夷獠所侵。梁武陵王蕭紀開通外徼，立青州，遥取漢青衣縣以爲名也。周宣帝二年，改爲嘉州。按州境近漢之漢嘉舊縣，因名焉。隋大業二年，併嘉州入眉州，八年改爲眉山郡。〔一〇三〕武德二年改爲嘉州，〔一〇三〕割通義、洪雅等四縣别置眉州。

州境：東西　南北

八到：東北至上都二千三百五十里。東北至東都三千二百一十里。北至眉州一百四十里。東南至戎州陸路三百二十里。東至榮州二百一十里。正北微東至陵州一百九十里。正西微北至雅州三百二十里。

貢、賦：開元貢：麩金。　賦：小布，麻。　元和貢同。賦：絹，緜。〔一〇四〕

管縣八：龍遊，夾江，綏山，羅目，峨眉，玉津，平羌，犍爲。

龍遊縣，緊。　郭下。本漢南安縣地，周武帝保定元年於此立平羌縣，隋開皇三年改爲峨眉縣。〔一〇五〕九年，又於峨眉山下别置峨眉縣，改州理平羌縣爲青衣縣，取青衣水爲名也。十三年改名龍遊，〔一〇六〕以隋將伐陳，理舟艦於此，有龍見江水，引軍而前，故名縣。皇朝因之。

青衣水，經縣南，去縣三里。

蘇稽戍，在縣西南三十里。

夾江縣，上。　東南至州七十五里。本漢南安縣地，隋開皇十三年，〔一〇七〕割平羌、龍遊二縣地，於夾江廢戍置夾江縣，屬嘉州。大業二年割屬蜀州，〔一〇八〕武德二年卻隸嘉州。〔一〇九〕

青衣水，經縣西。

綏山縣，中。東至州四十里。本漢南安縣地，隋大業十一年，招慰生獠，立以爲縣，因山爲名，屬眉山郡，武德元年割屬嘉州。

綏山，在縣西南一百一十九里。在峨眉山西南，〔一〇〕其高無極。

峨眉山，在縣西南三十六里。〔一一〕

小峨眉山，在縣南六里。

羅目縣，中。東北至州九十五里。本漢南安縣地，麟德二年，招慰生獠，於今縣西南一百八十三里置沐州及羅目縣。前上元三年，州縣俱廢，儀鳳三年重置，屬嘉州。羅目，獠中山名，因以名縣。

峨眉山，在縣西四十里。

大渡水，在縣北二百步。

峨眉縣，上。東至州七十五里。本漢南安縣地，周武帝於此置平羌縣，後改平羌爲峨眉縣，〔一二〕又以爲青衣縣，仍別立峨眉縣。枕峨眉山東麓，故以爲名，屬嘉州。隋大業三年割入眉州，〔一三〕皇朝武德元年又屬嘉州。

峨眉大山，在縣西七里。蜀都賦云「抗峨眉於重阻」。兩山相對，望之如峨眉，〔一四〕故名。此山亦有洞天石室，高七十六里。

中峨眉山，在縣東南二十里。有古穴，〔一五〕初纔容人，行數里漸寬。有鍾乳穴，穴有蝙蝠，其大如筐。

車剛水，在縣北二十里。

玉津縣，中。西北至州二十九里。〔一六〕本漢南安縣地，李雄時，夷獠自牂柯入居焉。蕭紀置青州之地，隋大業十一年於此置玉津縣，〔一七〕以江有璧玉津，故以爲名。皇朝因之。

峨江，在縣城下。

玉津鎮，在縣城中。

平羌縣，中下。南至州一十八里。本漢南安縣地，周武帝置平羌縣，因境内平羌水爲名。隋開皇四年，改州理平羌縣爲峨眉縣，仍於今縣東六十里別立平羌縣。大業十一年，〔一八〕夷獠侵没，移於今理。

熊耳峽，在縣東北三十一里。

犍爲縣，中下。西北至州一百五十六里。本漢南安縣地，周於此置沈犀郡，并立武陽縣。隋開皇三年廢郡，以縣屬戎州，又改武陽爲犍爲縣，前上元二年割屬嘉州。〔一九〕

大江，在縣西十步。

大鹿山，在縣北一里。

沈犀故城，在縣東南三里。

戎州，南溪。中。開元户六千七百八十七。鄉二十五。元和户一千二百九十三。鄉二十五。

禹貢梁州之域。古僰國也。初，秦軍破滇，通五尺道，至漢武帝建元六年，〔一〇〕遣唐蒙發巴、蜀卒通西南夷自僰道抵牂柯，鑿石開道，二十餘里，〔一一〕通西南夷，置僰道縣，屬犍爲郡，今州卽僰道縣也。戎獠之中，最有人道，故其字從「人」。李雄竊據，此地空廢。梁武帝大同十年，使先鐵討定夷獠，乃立戎州，卽以鐵爲刺史，後遂不改。

州境：東西五百六十里。南北七百一十二里。

八到：東北至上都取嘉、眉州水陸相兼二千七百里。東北至東都三千五百六十里。東北至瀘州水路三百一十里，陸路三百四十里。〔一二〕北至榮州三百一十里。〔一三〕西南至石門鎮三百里。西北至嘉州水路三百五十里，陸路三百二十里。西南至南詔所居羊直咩城二千三百里。〔一四〕北至姚州三百一十里。

貢、賦：開元貢：葛五匹，紵布。元和貢：荔枝煎四斗。

管縣五：僰道，義賓，開邊，南溪，歸順。

僰道縣，中。郭下。本漢舊縣也，屬犍爲郡。永嘉後荒廢。梁於此立戎州，周保定三年改僰道爲外江縣，隋大業三年改爲僰道縣。出荔枝，一樹可收一百五十斗。

黄泉山，在縣西北五十九里。

汶江，流經縣東北，去縣十步。

馬湖戍，在縣西二十一里。

義賓縣，中。東南至州一百六十里。本漢南安縣地，屬犍爲郡。天寶元年改爲義賓，屬戎州。

大秋溪，在縣東北一十三里。〔一二五〕有秋溪鹽井，蓋因此水爲名也。

開邊縣，中。東北至州六十五里。本漢僰道地也，周爲外江縣地，隋開皇六年於此縣北一百三十里野容川置開邊縣，後上元元年獠賊叛亂，因而荒廢，永泰二年復於今理。

小梨山，〔一二六〕在縣南四十七里。

大梨山在縣南六十里。

南廣水，在縣西北一里。

鹽泉鎮，在縣西南八十里。

南溪縣，中。西至州五十里。本漢僰道縣地，〔一二七〕梁於此立南廣縣，屬戎州，隋仁壽二年改爲南溪縣，避煬帝諱也。皇朝因之。

平蓋山，在縣東三十里。多荔枝。

可盧山，在縣南五十里，山多邛竹。

汶江，經縣南，去縣十步。

歸順縣，中下。〔三八〕聖曆二年析郁鄢縣地以生獠户置。

卷三十一校勘記

〔一〕鄉二百四十二　今按：殿本同，它本「十二」作「十一」。

〔二〕八年因五丁伐蜀　攷證：按史記，五丁伐蜀，秦惠文王後九年事。

〔三〕蜀郡爲成都郡　攷證：按後漢書公孫述傳，「成都郡」作「成都尹」。

〔四〕入於魏益州置總管　攷證：隋志云「後周置總管府」。

〔五〕開皇二年置西南道行臺　今按：「二年」，各本作「三年」，誤。隋志作「二年」，隋紀：「開皇二年正月置西南道行臺尚書省於益州，以蜀王秀爲尚書令。」

〔六〕置西行臺龍朔三年復爲大都督府　今按：此與殿本「復」下有「爲」字，它本脱。攷證云：「舊志『西』作『西南道』，『三年』作『二年』。」

〔七〕七萬石　攷證：舊志「七」作「七十」。

〔八〕南撫蠻獠　攷證：舊志「獠」作「獠」，此誤。

〔九〕臨翼郡　攷證：「郡」疑當作「軍」。

〔一〇〕二十年　攷證：會要作「二十九年」，此脱。

〔一一〕二百人　攷證：舊志「二」作「一」。

〔一二〕五百人　攷證：舊志「五」作「三」。

〔一三〕二千三百人　攷證：舊志無「二千」。

〔一四〕澄川寨　攷證：舊志「川」作「州」，「寨」作「守捉」。

〔一五〕南溪郡　攷證：舊志「溪」作「江」。

〔一六〕二千人　攷證：舊志「二千」作「三百」。

〔一七〕四百人　攷證：舊志「四百」作「五千」。

〔一八〕正南微西至陵州二百里　今按：殿本同，它本作「正東微南」誤。陵州治仁壽，即今四川仁壽縣，成都至仁壽，當作「正南微東」方合。「二百」，陵州八到作「三百」，誤。

〔一九〕南至眉州二百里　攷證：眉州八到作「三百」，誤。今按：眉州即今眉山縣，在成都西南，當作「西南至」。

〔二〇〕秦惠王二十七年張儀所築　攷證：此本水經注。按史記惠王十四年，又改爲後元年，張儀滅蜀在後九年，詳府叙，非二十七年，道元恐誤。今按：水經江水注「秦惠王二十七年，遣張儀與司馬錯等滅蜀，遂置蜀郡」，蓋有錯簡，故與史異。此志但言築州城，乃本華陽國志，云「張儀於惠王二十七年城成都」。又蜀都賦注引蜀王本紀「秦惠王滅蜀王，封公子通爲蜀侯。惠王二十七年，使張若與張儀築城」。是滅蜀築城非同年，此志不誤，未可牽涉今本水經注爲言。

〔二一〕刻文宣及七十弟子　今按：岱南閣本、畿輔本「宣」下有「尼」字，疑衍。攷證云：「『尼』疑當作『王』。」

〔二二〕諸葛亮　今按：殿本同，它本脫「亮」字。

〔二三〕安軍宜在七星橋閒　攷證：水經注引光武語「七星橋」作「七橋連星」，此本華陽國志。

〔二四〕昇仙橋　攷證：水經注「仙」作「遷」，趙一清作「僊」，顧祖禹兩名並存，華陽國志亦作「遷」，疑形近「僊」，轉訛爲「仙」。

〔二五〕二十里　今按：殿本同，它本作「一十里」。

〔二六〕宋興山　今按：岱南閣本、畿輔本「宋」下空格，非。

〔二七〕南入資瀘　攷證：洪亮吉引下有「東北入靜戎軍」句。今按：方輿紀要引寰宇記有此句，不云元和志，洪所引或亦是寰宇記文，唐無靜戎軍。

〔二八〕洝江　攷證：官本作「浽江」。今按：洝江、浽江，地書無攷，唐靈池縣即今成都龍泉驛，此江在北四十里，當是沱江，「洝」、「浽」並形近訛。

〔二九〕仁壽元年　今按：殿本同，與隋志合，它本「元」誤「二」。

〔三〇〕牛飲水　今按：殿本同，它本「水」作「山」，誤。方輿紀要雙流縣下云「清水一名牛飲水」。

〔三一〕五十步　攷證：錢坫引作「五十里」。今按：方輿紀要郫縣下云「郫城在縣城北，漢縣治此」，與此言「五十步」合，錢坫引「里」字恐誤。

〔三二〕泜江　今按：各鈔本同，岱南閣本、畿輔本作「泜江」，殿本作「阜江」。攷證云：「樂史作『岷江』。」「泜江」、「泜江」，疑皆「岷江」之誤，岷江卽大江，亦名温江，縣以此名，寰宇記作「岷江」是。阜江在蜀州境内，非此所指，殿本作「阜江」，誤。

〔三三〕因以縣在二江之閒　攷證：王琦引無「以」字，宜衍。

〔三四〕八里　攷證：「八里」，官本作「八十八里」。

〔三五〕武德二年　攷證：上宜脱「大業初省入成都」句。

〔三六〕後魏改為九隴郡至九隴縣　攷證：隋志云後周置九隴郡並縣。今按：隋志云「九隴，舊曰晉壽，梁置東益州，後周州廢，置九隴郡，並改縣曰九隴」，與此異。舊唐志及寰宇記並謂西魏爲天水郡，仍改爲九隴，又與隋志及此別。

〔三七〕蜀都賦曰包玉壘而爲宇　攷證：官本無「曰」字，「包」作「由」，「宇」作「守」，並誤。

〔三八〕文翁穿（渝）〔湔〕江溉灌　攷證：「渝」爲「湔」字之誤，華陽國志「文翁爲蜀守，穿湔江口」，卽地理志所謂湔水也。今按：「渝」，陳樹華鈔本作「湔」，各本與此皆誤，今據改。水經江水注「文翁又穿湔溲以溉灌繁田」，卽此。下文「至渝江」同改。

〔三九〕至（渝）〔湔〕江　攷證：蜀志作「至湔」無「江」字，裴松之曰「湔縣名，屬蜀郡」，各地志皆未詳。

〔四〇〕軍至都（江）〔安〕　今按：戈襄校舊鈔本「都江」作「都安」，與水經江水注合，都安蜀置，都安堰卽以縣名，各本與此均誤，今據改。

〔四一〕蜀郡何旋進諫曰　攷證：水經注作「從事何旅」。

〔四二〕忌彭亡　攷證：官本「彭」作「岑」，誤，詳眉州彭山縣。

〔四三〕下方舟避風　攷證：御覽引作「不方舟，不避風」，是。

〔四四〕蠶崖關　攷證：官本「關」作「谷」。今按：新唐志作「關」。

〔四五〕迄於頃山　今按：各本「於」下有「于」字，連「頃山」二字爲名。攷證云：「于頃山，按方輿道里攷之，即此志翼州衛山縣之七頃山也，顧祖禹引此作『千頃山』，恐皆未的。」

〔四六〕楗尾堰　今按：殿本同，它本「楗」作「揵」。史記河渠書、漢書溝洫志俱用「楗」字。攷證云：「『楗』字是，俗多從『手』旁。」下同。

〔四七〕北至州　攷證：樂史云「濛陽縣在州東三十九里」，「北」宜作「西」。洪亮吉曰「故城在彭縣東北」。今按：濛陽即今四川彭縣東南濛陽鎮，「北」上當有「西」字，洪云「在彭縣東北」，誤。

〔四八〕二百五十步　今按：各本無「二百」字。

〔四九〕江原縣也　攷證：官本「原」作「源」，非。

〔五〇〕多融縣　攷證：地形志無此郡縣名，晉原縣叙又云「周立多融縣」，疑有脱誤。

〔五一〕隋開皇三年　今按：殿本無「三」字，它本無「隋」字，「年」上空格，此與隋志合。

〔五二〕東（北）至成都府　攷證：官本無「北」。今按：蜀州治晉原，即今四川崇慶縣，在成都正西，「北」字應衍，今删從殿本。

〔五三〕八十三里　攷證：邛州八到無「三」字。

〔五四〕元和貢白羅木蘭皮　攷證：官本無。

〔五五〕張道陵　攷證：後漢書、魏志並作「張陵」，元魏立天師道場，始加「道」字，天寶七年封爲太師。

〔五六〕置青城縣　攷證：「青」宜作「清」，方合叙義。隋志作「清」。

〔五七〕又東有新津渡謂之新津市　今按：岱南閣本、畿輔本「有」上「津」字，攷證云：「『津』字宜衍。」攷寰宇記引李膺益州記云「皁里江津之所曰新津市」，與此異。

〔五八〕天社山至成都南百里　今按：清初鈔本、殿本「天」作「大」，它本作「太」，字形相近，未知孰是。攷證云：「水經注作『天社山』，樂史同，南本改。」攷水經江水注之天社山在漢武陽縣，此志爲眉州彭山縣，與此新津之山非一，何能混同而引證之？「成都」，各本誤作「城郭」，以方里核之，作「成都」是，攷證云「『郭』，南本誤作『都』」，未審。

〔五九〕二百一十里　攷證：官本「一」作「二」。

〔六〇〕彌牟布　今按：與新唐志合，通雅布帛「彌牟，細布也。彌牟，言細也」。「牟」，殿本作「子」，它本作「平」、作「年」，並誤。

〔六一〕鷹橋　攷證：「鷹」宜作「鴈」。

〔六二〕鹿堂山　今按：隋志、新唐志同，寰宇記作「鹿頭山」，云「自綿州羅江縣界迤邐入德陽縣界」。新唐志德陽有鹿頭關，此志有鹿頭戍，疑作「鹿頭山」是。

〔六三〕出縣西北紫嵓山　今按：殿本同，它本無「西北」二字。方輿紀要漢州綿竹縣云「紫嵓山在縣西北三十里」。

〔六四〕什邡縣　攷證：地理志作「汁方」，功臣表作「汁防」，史記表作「汁邡」，留侯世家作「什方」，此與説文、郡國志合。

〔六五〕應劭曰什音十　今按：岱南閣本、畿輔本「劭」誤「邵」。

〔六六〕四十（里）〔步〕　今按：殿本同，它本「里」作「步」。史記留侯世家正義引括地志「雍齒城在益州什邡縣南四十步，漢什邡縣」。是什邡縣即雍齒城，唐縣城在漢縣北四十步，亦見方輿紀要，「里」字誤，今據岱南閣本改「步」。

〔六七〕五十三里　今按：殿本同，它本「三」作「二」。

〔六八〕咸亨二年　今按：與舊、新唐志及邛州大邑、安仁二縣叙合，各本作「咸通」，誤。

〔六九〕上　今按：殿本同，與舊、新唐志合，它本作「上下」，攷證云：「『下』字宜衍。」

〔七〇〕鄉六十三　攷證：官本「三」作「二」。

〔七一〕領依政一縣　攷證：依政縣叙云「後魏置」，與此異。

〔七二〕二十里　攷證：官本「二」作「一」。

〔七三〕東南至眉州　今按：殿本同，它本脱「東」字。

〔七四〕東北至蜀州八十里　今按：殿本同，它本脱「東」字。「八十里」，蜀州八到作「八十三里」。

〔七五〕西南至雅州　今按：殿本同，它本脱「南」字。

〔七六〕絲布一十匹　攷證：官本無「一十匹」及下「元和貢」條。

〔七七〕白朮水　今按：與下依政合，各本「朮」作「木」，誤。

〔七八〕二十八里　攷證：樂史及王存九域志「二」並作「三」。

〔七九〕噫棘山　攷證：樂史作「意悚山」。

〔八〇〕丹陵　攷證：眉州作「丹稜」。

〔八一〕屬蒲源郡　攷證：官本「源」作「原」。今按：隋志作「蒱原郡」。隋志凡「蒲」俱書作「蒱」，下同。

〔八二〕孤石山　攷證：華陽國志「孤」作「古」。

〔八三〕車應山　攷證：樂史「應」作「膺」。

〔八四〕元和户至二十二　攷證：官本無。

〔八五〕正西至陵州　攷證：陵州八到作「東北至簡州」。今按：簡州今四川簡陽縣，陵州今仁壽縣，簡州至陵州爲西南行，當作「西南至陵州」。

〔八六〕綿紬一十五匹　攷證：官本無「綿」字及下元和條。

〔八七〕乘牛犍水涷征李雄　今按：殿本同，它本「涷」作「東」，輿地紀勝簡州景物引亦作「東」。

〔八八〕帥建平生〔獠〕征蜀　今按：殿本無此四字。清初鈔本、陳樹華鈔本、楊守敬隋書地理志攷證引「生」下並有「獠」字，此脱，今據增。

〔八九〕金泉縣　攷證：「泉」本作「淵」，唐避，下同。今按：隋志作「金泉」，續通典郡縣並作「金淵」，輿地紀勝謂「泉」字避唐諱追改。

〔九〇〕開皇三年罷郡　今按：隋志云「西魏置縣及金泉郡，後周廢郡」，與此異。

〔九一〕銅官山　今按：此志於邛州臨邛縣已載銅官山，云「鄧通所封」，是以蜀有兩銅官山，而諸地理書只載臨邛之山，蓋本史記，此又載於金水縣，惟隋志與此同。

〔九二〕本漢牛鞞及符縣地　今按：清初鈔本、殿本同，戈襄校舊鈔本「符」誤「將」，它本無「及符」二字，與輿地紀勝簡州平泉縣引合。

〔九三〕屬益州〔開皇〕十八年改爲平泉縣　今按：陳樹華鈔本「十八年」上有「開皇」二字，各本與此俱脱，今據補。輿地紀勝平泉縣引爲「屬益州武康郡，隋開皇四年罷郡，以縣入益州，十八年改爲平泉縣」，疑今見各本有脱文。輿地廣記作「開皇十一年改名」。

〔九四〕婆閏故縣　今按：岱南閣本、畿輔本脱「在縣」二字。「婆閏故縣」，輿地紀勝簡州古迹引作「婆國故城」，恐誤。

〔九五〕二千四百九十九　攷證：官本「二千」作「一千」。

〔九六〕一百七十里　攷證：「一百」，普州作「二百」。

〔九七〕正西至昌州二百六十里　攷證：「正西」，按方輿宜作「正東」。昌州作「西北至資州三百里」。

〔九八〕二百六十里　攷證：「二百」，榮州作「一百」。

〔九九〕開元貢麩金賦緜絹　攷證：官本貢有「柑子」，緜絹爲二物，別有「布、麻」，無元和條，此誤。

〔一〇〇〕周武帝　攷證：王象之引下有「保定二年」。

〔一〇一〕周明帝　今按：寰宇記作「周武帝」。

〔一〇二〕八年改爲眉山郡　今按：岱南閣本、畿輔本「山」誤「州」。攷證云：「『八年』，宜作『三年』。」

〔一〇三〕武德二年改爲嘉州　攷證：「二年」宜作「元年」，舊志云「武德元年改眉山郡爲嘉州」，此志綏山縣叙亦作「元年」。

〔一〇四〕賦絹緜　今按：殿本無元和貢賦，「絹、綿」二物屬開元賦。它本無「賦」字。攷證云：「此傳鈔割離，南本於『絹』上增『賦』字，亦非。」

〔一〇五〕周武帝保定至改爲峨眉縣　攷證：隋志云周置峨眉縣及平羌郡，與此別。

〔一〇六〕十三年改名龍遊　今按：隋志云：「平陳日龍見水，隨軍而進，十年改名焉。」寰宇記與此同。攷證云：「『三』字宜衍。」

〔一〇七〕開皇十三年　攷證：隋志脱「十」字。

〔一〇八〕大業二年割屬蜀州　攷證：「二」，官本作「三」，誤。「蜀州」，王象之引作「眉州」。

〔一〇九〕武德二年　攷證：官本作「元年」，與舊志合。

〔一一〇〕在峨眉山西南　今按：殿本同，它本「西南」作「東北」，誤，寰宇記同此作「西南」。

〔一一一〕三十六里　今按：岱南閣本、畿輔本作「六里」，脱「三十」二字。

〔一一二〕後改平羌　攷證：「後」宜作「隋」。

〔一一三〕大業三年　攷證：王象之引「三」作「二」，此誤。

〔一一四〕望之如峨眉　攷證：趙殿成、王琦引「峨」並作「蛾」，此誤。

〔一一五〕有古穴　攷證：樂史引博物志「古」作「石」，趙殿成引此同，「古」字誤。

〔一一六〕二十九里　攷證：官本「二」作「三」。

〔一一七〕大業十一年於此置玉津縣　攷證：隋志未詳。

〔一一八〕大業十一年　今按：殿本同，它本無此五字。

〔一一九〕前上元二年　攷證：兩志「二」並作「元」。

〔一二〇〕建元六年　今按：殿本同，與漢書西南夷傳合，它本誤作「建武」。

〔一二一〕二十餘里　攷證：水經注「二十」作「二千」。

〔一二二〕陸路三百四十里　攷證：「三百」，瀘州作「二百」。

〔一二三〕北至滎州　攷證：官本「滎」作「姚」，誤。

〔一二四〕羊直咩城　攷證：官本「羊直」作「羊苴」，舊書作「陽苴」，新志、通考並與官本同。

〔一二五〕縣東北　攷證：官本「北」作「南」。

〔一二六〕小梨山　攷證：樂史「梨」作「棃」，下同。

〔一二七〕本漢僰道縣地　今按：殿本同，與輿地紀勝叙州南溪縣引合，它本作「本漢南廣縣地」。

〔一二八〕歸順縣中下　攷證：下宜注至州方里，樂史云「州西北三十里」。

元和郡縣圖志卷第三十二

劍南道中

西川下

雅州　眉州　松州　茂州　翼州　維州　當州　悉州　静州　柘州　恭州　眞州

黎州　巂州　姚州　協州　曲州

雅州，盧山。　下都督府。　開元户六千五百八十九。　鄉二十二。　元和户一千四百五十二。　鄉二十四。

禹貢梁州之域。秦滅蜀爲郡，卽嚴道縣也。李膺記曰：「自晉永嘉崩離，李雄竊據，此地荒廢，將二十紀，夷獠居之。」後魏廢帝二年置蒙山郡於此，隋開皇十三年置蒙山縣并鎭，仁壽四年罷鎭，改置雅州，因州境雅安山爲名。大業三年，以雅州爲臨邛郡，武德元年復爲雅州。

州境：東西五百三十九里。南北四百三十五里。

八到：東北至上都二千三百四十里。東北至東都三千二百里。〔東南至嘉州三百二十里。東北至邛州一百七十里。〕〔一〕西南至黎州二百四十里。西北至西山谷口和順鎭九十里。

貢、賦：開元貢：麩金。賦：緜，絺，葛。元和貢：麩金，落雁木。〔二〕

管羈縻州十一。〔三〕管縣五：嚴道，百丈，名山，盧山，榮經。

嚴道縣，中。郭下。本秦舊縣，〔四〕屬蜀郡。漢遷淮南王長於嚴道邛郵，縣有蠻夷曰道。後魏於此置始陽縣，隋大業三年改始陽爲嚴道縣。

蒙山，在縣南一十里。今每歲貢茶，爲蜀之最。

長壝嶺，在縣西南二十七里。道至險惡。

平羌水，經縣東二里。

多切鎮，〔五〕在縣西北三十二里。

壠越鎮，在縣西三十六里。

百丈縣，中。西南至州八十六里。本秦嚴道縣地，貞觀八年於此置百丈縣。今按鎮城東有百丈穴，故以爲名。

大池水，經縣東，去縣十五步。

隴西山，在縣西北三十里。

撫人戍，在縣西南二十里。

名山縣，中下。西南至州四十三里。本秦嚴道縣地，後魏於此置蒙山縣，屬蒙山郡。隋開皇十三年改爲名山縣，因縣西北名山爲名也，屬邛州，仁壽四年改屬雅州。

名山，在縣西北一十里。

弱棟坂，在縣東北八里。長二里，道至險阻。

名山水，在縣東二百步，東南入平羌水。

盧山縣，中。 東南至州七十里。本秦嚴道縣地，隋仁壽元年於此置盧山鎮，三年於此置盧山縣，因山爲名，屬邛州，後屬雅州。皇朝因之。

盧山，在縣西北九里。其山西北連延入夷獠界，正北卽邛州火井縣界。

浮圖水，一名車盧水，經縣西南五里。

羅帶水，經縣東五十步。

靈關鎮，在縣西北六十里，車靈山在下。〔六〕山有峽口似門，闊三丈，長二百步。關外卽夷獠界。

榮經縣，中下。 東北至州一百一十里。本秦、漢嚴道縣地，武德三年於此置榮經縣。

邛來山，在縣西五十里。本名邛笮山，故笮人之界也。山巖峭峻，出竹高節實中，堪爲杖，因名山也。〔七〕

銅山，在縣北三里。卽文帝賜鄧通鑄錢之所，後以山假與卓王孫，取布千疋。〔八〕其山今出銅鑛。

九折坂，在縣西八十里。王陽爲益州刺史，經此歎息，謝病去官。後王尊爲益州刺史，至此叱馭而過。

邛來水，東流經縣北三里。

邛來鎮，在縣西南八十七里。

石門戍，在縣西南三十五里。

眉州，通義。上。開元户四萬二千八百三十六。鄉六十五。元和户五千八百四。〔九〕鄉七十二。

禹貢梁州之域。在漢卽犍爲郡武陽縣之南境。梁太清二年，武陵王蕭紀開通外徼，於此立青州，取漢青衣縣爲名也。後魏廢帝二年平蜀，〔一〇〕改青州爲眉州，因峨眉山爲名也。武德元年改眉州爲嘉州，二年於通義縣復置眉州。

州境：東西　南北

八到：東北至上都二千二百一十里。東北至東都三千七十里。東南至嘉州一百四十里。〔一一〕東至陵州七十里。正西微北至邛州一百七十里。西北至蜀州一百七十里。北至成都府二百里。〔一二〕

貢、賦：開元貢：麩金八兩，獠麻布，柑子。元和貢同。〔一三〕

管縣五：通義，彭山，丹稜，洪雅，青神。

通義縣，緊。郭下。本漢武陽縣之南境也，後魏於此置通義縣，屬齊通郡。〔一四〕隋開皇三年罷郡，以縣屬眉州。皇朝因之。

大江，一名汶江，經縣東，去縣五里。出麩金。

白戰山，在縣東北二十五里。西臨汶江。

彭山縣，緊。南至州六十六里。本漢武陽縣也。秦惠王時，張儀、司馬錯伐蜀，蜀之王開明拒戰不勝，退走武陽，獲之，卽其地也。漢昭帝時，犍爲郡自僰道移理武陽。〔一五〕周武帝於此置隆山郡，以境内有鼎鼻山，地形隆起，故爲名。隋開皇三年罷郡，以隆山屬益州。貞觀元年，割屬眉州。先天元年，以犯諱改爲彭山縣。

鼎鼻山，亦曰打鼻山，在縣南十五里。宋譙縱據蜀，〔一六〕朱齡石伐之，命臧熹外出奇兵，譙縱遣將譙小苟引兵塞打鼻以禦之，卽此也。山形孤起，東臨江水，昔周鼎淪於此水，或見其鼻，遂以名山。

大江一名汶江，亦曰導江，〔一七〕在縣東七里。

犍爲故城，在縣西北五里。漢犍爲郡也，武帝建元六年分巴、蜀二郡立犍爲郡。

彭亡城，亦曰平無城，彭祖家於此而死，故曰彭亡。後漢岑彭擊公孫述，至武陽，所營地名彭亡，聞而惡之，欲徙，會日暮而止。是夜，蜀刺客詐爲亡奴降彭，遂刺殺彭。初，岑彭至其地，改曰平無，若言巴、蜀已平，無復賊也。

馨堰，〔一八〕在縣西南二十五里。擁江水爲大堰，開六水門，用灌郡下。公孫述僭號，犍爲不屬，述攻之，功曹朱遵拒戰於六水門是也。

丹稜縣，上。東北至州七十三里。本南齊之齊樂郡也，周明帝置齊樂縣，武帝改爲洪雅縣。隋開皇十二年，〔一九〕因縣南有洪雅鎮，就立洪雅縣，仍改今理爲丹稜縣，屬眉州。皇朝因之。

三青山，在縣東北四十五里。

思蒙水，在縣西北二十五里。

洪雅故城，在縣東一百五十步。

洪雅縣，上。東北至州一百二十里。本齊樂郡之南境也，自晉迄宋，夷獠有其地。周武帝攘卻夷獠，立洪雅鎮。隋開皇十三年，改洪雅爲丹稜縣，更於此置洪雅縣，兼帶洪雅鎮，屬眉州。縣西有洪雅川，以名縣。

可暮山，在縣西北三十九里。山多材木，公私資之。

青衣水，一名平羌水，經縣南一里。

青神縣，中。北至州六十里。本漢南安縣地，李雄之後，夷獠內侵，西魏恭帝遥於此置青衣縣，屬眉州之青城郡。〔三〇〕隋開皇三年罷郡，徙縣居郡理，屬眉州。皇朝因之。

青神祠，〔三一〕即青衣神，在今嘉州界。

汶江，經縣東三里。

青神故城，在縣南二十三里。〔三二〕

松州，交川。下都督府。〔三三〕開元戶七百二十。鄉六。〔三四〕

禹貢梁州之域。古西羌地也。羌本出自三苗，蓋姜姓之別也，其國近南嶽，及舜流四凶，徙之三危，濱於賜支，至於河首，緜地千里。賜支者，禹貢所謂析支者也。夏桀之亂，犬夷入居岐、邠之閒，成湯伐而攘之。及武王伐商，羌、髳會於牧野。周衰，西戎來寇，殺幽王於驪山。及秦穆公得戎人由余，遂霸西戎，開地千里，其後子孫分別，各自爲種，所居無常，依逐水草；以戰死爲吉利，病終爲不祥。婦人孕身六月而産子，不避風雪。性剛猛，得西方金行之氣。始皇時，務力併六國，兵不西行，故羌種得以繁息。漢武帝北逐匈奴，西逐諸羌，乃渡河、湟，築令居塞，始置護羌校尉，列河西四郡，隔絶羌胡。後漢至於魏、晉，或降或叛。至後魏鄧至王象舒治者，〔三五〕並白水羌也，常爲羌豪，因地自號爲鄧至王，其後子孫舒彭者，遣使内附，拜龍驤將軍、益州刺史、甘松縣開國子，假以渠帥之名。後魏末，平鄧至番，始統有其地。後周保定五年，於此置龍涸防，〔三六〕天和元年改置扶州，領龍涸郡。隋開皇三年廢龍涸郡，置嘉誠鎮，與扶州同理焉。大業三年，改扶州爲同昌郡，領嘉誠縣。〔二七〕隋末陷於寇賊，武德元年隴、蜀平定，改置松州，貞觀三年置都督府，〔二八〕後但爲州。

州境：東西二百一十四里。南北一百七十七里。

八到：東北至上都一千九百里。東北至東都二千七百六十里。南至翼州一百八十里。〔東北至扶州三百里。西南至當州三百里。〕〔二九〕北至茂州三百三十里。〔三〇〕

貢、賦：開元貢：狐尾，當歸，犀，牛酥。

管縣二：嘉誠，交川。

嘉誠縣，中下。郭下。本周舊縣也，武帝天和元年置，屬龍涸郡。隋開皇三年罷郡，屬扶州，武德元年改屬松州。

雪山，在縣東八十里。春夏常有積雪，故名。

甘松嶺，在縣西南十五里。

寧遠鎮，在縣北一百里。

大定戍，在縣北四十里。

交川縣，下。北至州三十四里。本周舊縣，天和中置，屬龍涸郡。隋開皇三年罷郡，屬扶州，武德中改屬松州。

洛稽山，在縣西北七十五里。

江源鎮，在縣西北三十里。

茂州，通化。 下都督府。 開元户二千五百四十。 鄉一十三。 元和户六百九十。

禹貢梁州之域。本冉駹國，漢武帝破南越，冉駹等皆震恐，請臣置吏，元鼎元年以冉駹爲汶山郡，今州卽漢蜀郡汶江縣也。〔三一〕周保定四年立汶州，隋開皇五年改爲會州，大業三年罷會州爲汶山郡。武德三年，〔三二〕改置南會州總管府，貞觀八年改爲茂州，以茂滋山爲名。〔三三〕

州境：東西四百七十八里。南北三百六十里。

八到：東北至上都二千一百四十里。東北至東都三千里。南至成都府三百七十里。〔三四〕東至緜州取松嶺關路三百七十里。〔南至彭州三百七十里。西至維州二百二十里。〕〔三五〕北至翼州一百二十里。

貢、賦：開元貢：麝香，升麻。 賦：麻布。〔三六〕元和貢：麝香，生馬牙硝。〔三七〕

管縣四：汶山，汶川，通化，石泉。

汶山縣，中下。 郭下。 本漢汶江縣地，晉改爲廣陽縣，屬汶山郡。隋開皇十八年改爲汶山縣，〔三八〕屬會州，皇朝改屬茂州。按汶山，卽岷山也，南去青山、石山百里，〔三九〕天色晴明，望見成都。山嶺停雪，常深百丈，夏月融泮，江川爲之洪溢，卽隴之南首也。

汶江，北自翼州南流，經縣西二里。

石密溪，〔四〇〕在縣東十九里。

汶江城，在縣北三里。

汶川縣，中下。北至州一百里。本漢緜虒音夷。縣地，梁於此置汶川縣，〔四一〕縣西汶水，因以爲名，仍於縣置汶山郡。隋開皇三年罷郡，以縣屬汶州，汶州，即茂州汶川縣理是也。〔四二〕六年又屬會州。武德中，改隸茂州。

玉壘山，在縣東北四里。

溼坂，〔四三〕在縣南一百三十七里。嶺上樹木森沈，常有水滴，未嘗暫燥，故曰溼坂。

大江水，一曰汶江，至汶山故郡乃廣二百步。

廣柔故縣，在縣西七十二里。漢縣也，屬蜀郡。禹本汶山廣柔人，有石紐邑，〔四四〕禹所生處，今其地名刳兒畔。

故桃關，在縣南八十二里。遠通西域，公私經過，唯此一路。關北當風穴，其一二里中，晝夜起風，飛沙揚石。

繩橋，在縣西北三里。架大江水，篾笮四條，以葛藤緯絡，布板其上，雖從風摇動，而牢固有餘，夷人驅牛馬去來無懼。今按其橋以竹爲索，闊六尺，長十步。

通化縣，中下。 東北至州一百六十里。本漢廣柔縣地，周武帝時，於此置石門鎮。隋開皇六年，以近白狗生羌，於金川鎮置金川縣，十八年改爲通化縣。皇朝因之。

蜀山，在縣東北六里。〔四五〕

縣城，累石爲城，内實外險，東北二面並累石，南面西面臨岸，去地百餘丈。

石泉縣，中下。 西至州一百二十里。本漢汶江縣地，貞觀八年於此置石泉縣，屬茂州。

石城山，在縣東南一里。

石密水，〔四六〕經縣南一里。

翼州，臨翼。下。 開元户一千七百一十四。 鄉七。

禹貢梁州之域。本秦、漢徼外羌也，武帝元鼎中開爲縣，今州卽漢蜀郡蠶陵縣之地也。梁太清中，武陵王蕭紀於蠶陵舊縣置鐵州，尋廢。周武帝天和元年討蠶陵羌，又於七頃山下置翼州，以翼針水爲名。〔四七〕隋大業三年省州，改置和山鎮，以翼水等三縣屬會州。〔四八〕武德元年重置翼州。其城西枕大江，南面臨溪。

州境：東西三百三十里。南北一百七十里。

八到：東北至上都二千四百二十里。〔四九〕東北至東都三千二百七十里。〔五〇〕南至茂州一百二十里。〔五一〕西至悉州二百二十里。〔五二〕西北至當州二百七十里。北至松州一百八十里。

貢、賦：開元貢：麝香。賦：麻布。元和貢：散麝。〔五三〕

管縣三：衞山，翼水，峨和。

衞山縣，中下。郭下。本漢蠶陵縣地，周武帝於此置翼針縣，以翼針水爲名，屬翼針郡。〔五四〕隋開皇三年罷郡，以縣屬翼州。皇朝因之，天寶元年改爲衞山縣。

七頃山，一名落目山，此路山巖峻阻，平地唯有七頃，因呼爲七頃山。

龍涸故城，俗名防渾城，在縣北十一里。城之北境舊是吐谷渾所居，故曰防渾城。

石臼戍，在縣北六十里。

笮橋，在縣北三十七里。以竹篾爲索，架北江水。

翼水縣，中下。北至州六十里。本漢蠶陵縣地，周於此置龍求縣，〔五五〕屬清江郡，隋開皇三年改爲清江縣，尋罷郡，以縣屬翼州。十八年又改清江爲翼水縣。皇朝因之。

石鏡山，在縣東南九里。山側有石，圓徑二尺，明徹如鏡，因名。

大江水，經縣西二百步。

翼水，出縣南。〔五六〕

峨和縣，中下。東北至州六十里。〔五七〕本漢蠶陵縣地，天寶十一年分置峨和縣，〔五八〕以縣有峨和山也。縣在石臼戍北大江之西也。

維州，維川。下。〔五九〕開元戶七百六十五。

本徼外羌冉駹之別種也，初蜀將姜維馬忠北討北汶山叛羌，此其地也，今名姜維城，即維所築。自晉以後，羌夷或降或叛。隋開皇四年，討叛羌，以其地置薛城戍，屬會州，後又沒賊。武德七年，〔六〇〕白狗羌首領內附，於姜維城置維州以統之。其城甚險固，乾元二年沒西戎。〔六一〕

州境：東西三百二十五里。〔六二〕南北二百五十三里。

八到：東北至上都二千八百三十里。東北至東都三千五百六十里。〔六三〕東至真州一百里。〔六四〕東至茂州二百二十里。〔六五〕東北至恭州三百五十里。〔六六〕南至當州二百六十里。西至悉州二百五十里。

貢、賦：開元貢：麝香。

管縣三：薛城，定廉，鹽溪。

薛城縣，下。〔六七〕本隋薛城戍，武德七年改爲縣，〔六八〕與州同置。

姜維山，在縣西一里。

定廉縣，下。〔六九〕本隋開皇四年置定廉戍於此，屬會州，武德七年改爲縣，與州同置，因定廉水爲名。

鹽溪縣，下。貞觀三年置，有鹽溪村，因爲名。〔七〇〕

定廉水，〔七一〕在縣東一十里。

當州，江源。下。本漢蠶陵縣地，貞觀二十一年割松州通軌縣置當州，仍以羌首領爲刺史。

州境：東西二百六十八里。南北一百三十五里。

八到：東北至上都二千一百一十里。東北至東都二千九百七十里。東至翼州二百七十里。東南至悉州三十里。〔七二〕東北至松州三百里。〔七三〕西南至静州六十里。北至維州二百六十里。

貢、賦：開元貢：麝香，大黄，當歸，犛牛尾，羚羊角。元和貢：當歸，散麝香。〔七四〕

管縣四：通軌，利和，谷和，〔七五〕平康。〔七六〕

通軌縣，下。郭下。貞觀三年置，屬松州。二十一年，於縣置當州。

利和縣，下。西南至州三十里。周天和元年於此置廣平縣，尋廢。顯慶二年，於廣平舊城置利和縣。

谷和縣，下。東至州六十里。〔七七〕文明元年開生羌置。

平康縣，下。西南至州六十里。顯慶中因古平康城置，在平康水西，隷翼州，尋廢。垂拱元年置，以屬當州。〔七八〕

悉州，歸誠。邊下。〔七九〕開元户八百五十五。

顯慶元年分當州置，在悉唐川，因以爲名。其首領任刺史。〔八〇〕

州境：東西一百六十里。南北八十里。

八到：東北至上都二千三百里。東北至東都三千二百一十里。東至翼州二百二十里。〔八一〕西南至静州六十里。〔八二〕東南至成都府六百五十里。〔東至維州二百五十里。〕〔八三〕

貢、賦：開元貢：麝香，當歸，羌活，犛牛酥并尾。　元和貢：麝香，當歸。

管縣三：識臼，〔八四〕左封，歸誠。

識臼縣，下。　郭下。　顯慶元年與州同置，地名識臼，因之爲名。

肅蕃山，在州北八十里。肅蕃鎮在山下。

左封縣，下。　東南至州二十里。　周天和元年於此置廣平縣，隋開皇十八年改爲左封。〔八五〕天寶中，又於縣置守捉。

歸誠縣，中下。　西北至州八十里。〔八六〕本生羌，垂拱二年從化，三年置縣以處之。

静州，静川。　下。　開元户六百七十二。　鄉二。

本漢蠶陵縣地，天授元年於此置静州。〔八七〕其城據山，甚險固。

州境：東西三百二十里。南北二百三十里。

八到：東北至上都二千二百九十里。〔八八〕東北至東都三千一百五十里。東北至悉州六十里。〔八九〕西北至柘州三

十里。南至赤和縣三十五里。〔九〇〕東北至當州六十里。北至茹州六十里。〔九一〕

貢、賦：開元貢：麝香，犛牛酥。

管縣三：悉唐，静居，清道。

悉唐縣，中下。　西至州二十四里。〔九二〕

静居縣，中下。〔九三〕

清道縣，下。

右並顯慶二年與悉州同置，天授二年割屬静州。

柘州，〔九四〕蓬山。　下。　儀鳳二年置，〔九五〕以山多柘木，因以爲名。其城四面險阻，易於固守。有安戎江、蓬婆水，在州南三十里。

州境：東西　南北

八到：東北至上都二千二百六十里。〔九六〕東北至東都三千一百三十里。〔九七〕〔東南至静州三十里。南至維州三百里。西至恭州一百里。〕〔九八〕

貢、賦：開元貢：麝香，當歸，羌活。〔九九〕

管縣二：柘，喬珠。

柘縣，中下。　郭下。　前上元二年置。

大雪山，一名蓬婆山，在縣西北一百里。

柏嶺，在縣北八十里。嶺北三十里至白崖驛，與吐蕃接界。

喬珠縣，中下。東至州五十里。與州同年置。

恭州，恭化。下。開元二十四年，〔一〇〇〕析静州部落於柘州西置。

州境：東西　南北

八到：東北至上都三千三十里。〔一〇一〕東北至東都三千一百五十里。東至柘州一百里。〔一〇二〕東南至茂州三百五十里。〔一〇三〕西南至維州三百五十里。〔一〇四〕

貢、賦：

管縣三：和集，博恭，烈山。

和集縣，中下。郭下。舊名廣平縣，屬静州。開元二十四年於縣置恭州，〔一〇五〕天寶元年改名和集。

博恭縣，中下。西至州二十五里。

烈山縣，中下。西至州五十里。

眞州，昭德。下。在合江鎮西一百二十四里。〔一〇六〕其地本名真符，天寶三年，節度使章仇兼瓊以其地險阻，又當西山要路，奏置真符營，控押一州，仍置兵於其處。五年，節度使

郭虛己緣羌、項搖動，〔一〇七〕仍奏置昭德郡，乾元元年改爲真州。〔一〇八〕

州境：東西　南北

八到：東北至上都二千一百八十里。東北至東都三千四十五里。東至翼州四十里。西至維州一百里。西北至茂州通化縣一百里。北至悉州界四十里。

貢、賦：元和貢：當歸三斤半，麝香。

管縣四：真符，昭德，昭遠，雞川。

真符縣，中下。郭下。

昭德縣，中下。〔一〇九〕

昭遠縣，中下。

雞川縣，中下。

右昭德等三縣，並在州側近，以熟羌首領爲其令長，居無常所。

黎州，洪源。中府。開元户　鄉〔一一〇〕元和户三百三十。〔一一一〕鄉五。

禹貢梁州之域。漢武帝破夷於邛，置沈黎郡。周天和三年開越嶲，於此置黎州。隋廢州，置沈黎鎮。武德元年罷鎮爲南登州。大足元年，巡察使殷祚奏割雅州漢源、飛越、通望三縣置黎州，神龍三年，〔一一二〕嶲州都督元膺奏廢。開元三年，本道使陸象先重奏置，天寶初廢飛越縣，止領縣二。其州城，東西南三面並臨絶澗，唯北面稍平，〔一三〕貞元二年節度使韋皋鑿北面，隍塹深闊，又於州北故武侯城邐迤置堡三所，爲州城之援。管羈縻州五十七，並蠻夷部落大首領主之。〔一四〕

州境：東西　南北

八到：東北至上都二千五百八十里。東北至東都二千四百三十里。東至戎城無路，約七百里。東北至雅州三百四十里。西南至嶲州六百五十里。西至廓清城一百八十里。其城西臨大渡河，河西生羌蠻界。

貢、賦：開元貢：椒一石。

管縣二：漢源，通望。

漢源縣，中。郭下。本漢旄牛縣地，隋仁壽二年平夷獠，於此置漢源鎮，因漢川水爲名。四年罷鎮立縣，屬雅州。貞觀三年，割屬嶲州，開元三年分屬黎州。

飛越山，在縣西北一百里。山西北兩面並接羌戎界，儀鳳二年置飛越縣，天寶初廢。

沈黎鎮，在縣東南六十一里。

廓清城，在州西一百八十里。

銅山城，在縣西北五十里。

定蕃城，在通望軍東一百八十里。

要衝城，在通望縣東一十三里。

大定城，在州南二百三十里。乾元二年改和集鎮置。

已上五城，並貞元中韋皋置。〔一一五〕

通望縣，中。北至州九十里。本漢旄牛縣地，隋開皇二十年於此置大渡鎮，大業二年改爲陽山鎮，武德元年改爲陽山縣，屬巂州，天寶元年改名通望縣，割屬黎州。

大渡水，經縣北二百步。

沈黎鎮，在縣東北六十一里。

通望戍，在縣西南一十二里。

巂州，越巂。下府。開元户三萬八千三十五。鄉二十六。元和户一萬六千五百八十。鄉三十。

本漢南外夷獠，秦、漢爲邛都國，秦嘗攻之，通五尺道，改置吏焉。至漢武帝始誅且蘭邛君，并殺筰侯，而冉駹等皆震恐，乃以邛都之地爲越巂郡，屬益州。按郡有越水巂水，出生羌界，〔一一六〕言越巂者，以彰威德遠也，領縣十五。魏、晉已還，蠻、獠恃險鈔竊，乍服乍叛，周武帝天和三年，開越巂地，於巂城置嚴州。隋開皇六年，改爲西寧州，十八年改爲巂州。皇朝因之。至德二年没吐蕃，貞元十三年節度使韋皋收復。〔一一七〕

州境：東西九百八十里。南北一千二百里。

八到：東北至上都三千二百三十里。東北至東都四千九十里。北至成都府一千二百九十里。〔一一八〕東至蠻界約二百里。西至東瀘水二百里。南至瀘渡四百五十里。東南至姚州三百五十里。〔一一九〕（西）〔東〕北至雅州六百九十里。〔一二〇〕

貢、賦：開元貢：絲布。〔一二一〕

管縣七：越巂，西瀘，蘇祁，臺登，邛部，昆明，會川。

越巂縣，上。郭下。本漢邛都縣地，隋開皇六年分邛都置越巂縣。皇朝因之。

陷河，在縣東南一十里。初，成帝置邛都縣，〔一二二〕無幾陷爲汙澤，因名陷河。

西瀘縣，下。東北至州二十七里。〔一二三〕本漢邛都縣地，周武帝天和三年於此置本可泉縣，〔一二四〕天寶元年改名西瀘縣。〔一二五〕

温湯水，出縣西山下一十二里。

瀘水，在縣西一百十二里。諸葛亮征越巂上疏曰「五月渡瀘，深入不毛」，謂此水也。水峻急而多石，土人以牛皮作船而渡，一船勝七八人。

姜磨戍，在縣西南三里。

蘇祁縣，上。東南至州二十五里。本漢舊縣，〔一二六〕屬越巂郡。後陷夷獠，周武帝重開越巂，復立蘇祁縣，屬嚴州。隋開皇初改屬巂州。皇朝因之。

温水，出縣東平地二十一里。

臺登縣，下。正南微北至州一百七十里。〔一二七〕本漢舊縣，屬越巂郡。周武帝重開越巂，於舊理立臺登縣，後遂因之。

鐵石山，在縣東三十五里。山有砮石，火燒成鐵，極剛利。

念諾水，〔一二八〕本名繩水，流入瀘水，在縣西北七百里。自羌戎界流入。

長江水，本名孫水，〔一二九〕出縣西北。

胡浪山，下有司馬相如定西南夷橋，橋孫水以通邛、筰，〔一三〇〕即此水也。

諸葛亮故城，在縣東南三里。亮南征至此所築也。

邛部縣，下。西南至州二百六十里。本漢闌縣地，〔一三一〕屬越巂郡。周武帝於此邛部城置縣，仍以舊城爲名，屬邛部郡。隋開皇三年改屬巂州。皇朝因之。

巂山，在縣西南九里。巂水出巂山下，州郡得名，因此水也。

清寇鎮，在縣西北五十八里。〔一三二〕

昆明縣，中。東北至州三百里。本漢定莋縣也，屬越巂郡。去縣三百里，出鹽鐵，〔一三三〕夷皆用之。漢將張嶷殺其豪率，遂獲鹽鐵之利。後没蠻夷。周武帝立定筰鎮。凡言筰者，夷人於大江水上置藤橋謂之「筰」，其定筰、大筰皆是近水置筰橋處。〔一三四〕武德二年，於鎮置昆明縣，蓋南接昆明之地，因以爲名。

鹽井，在縣城中。今按取鹽先積柴燒之，以水灑土，卽成黑鹽。

會川縣，中。北至州一百七十里。〔一三五〕本漢會無縣，屬越巂郡。蕭齊没於夷獠，高宗上元二年，於其地置會川縣。天寶初又於縣側立會同軍，在今州南三百七十里是也。

姚州，雲南。下。本漢雲南縣之地，武德四年，安撫大使李英以此中人多姓姚，故置姚州，爲瀘南之巨屏。天寶十三年没蕃。貞元初蠻帥異牟尋歸國，〔一三六〕册拜謂之南詔。九年，南詔又以其地内屬。

州境：東西　南北

八到：東北至上都四千三百里。〔一三七〕東北至東都四千八百九里。東南至安南二千里。〔一三八〕南至戎州三百一十里。西至羊苴咩城三百里。西北至巂州三百五十里。北接黎州。

貢、賦：

管縣三：姚城，長明，長城。

姚城縣，下。郭下。〔一三九〕

長明縣，下。西南至州十五里。

長城縣，〔一四〇〕下。南至州五里。

右並與州同置。龍朔中於州理置都督府，尋廢入巂州，垂拱元年重置。

協州，下。開元户三百二十九。〔一四一〕

本夜郎國也，漢武帝開夜郎置犍爲郡，今州卽犍爲郡之南廣縣也。其後蠻夷内侵，郡因荒廢。隋開皇四年中隸附於此置協州，大業三年廢入犍爲郡，武德元年開南中復協州。

州境：東西　南北

八到：東北至上都三千一百里。東北至東都三千九百六十里。東北至戎州四百一十里。〔一四二〕南接曲州。

貢、賦：

管縣三：東安，西安，胡津。

東安縣，下。郭下。

西安縣，下。東南至州二十七里。

胡津縣，下。南至州六十里。

右三縣，隋開皇四年並同州置。本漢南廣縣之地，大業二年廢，〔一四三〕武德元年南夷款附重置。

曲州，朱提。下。本漢夜郎國地，武帝於此置朱提縣，屬犍爲郡。後立爲郡，〔一四四〕在犍爲郡南一千八百里，後漢省郡。諸葛亮南征，復置朱提郡。自梁、陳以來，不復賓服。隋開皇四年開置南中，立爲恭州，武德元年改爲曲州。朱提，山名，出善銀，食貨志曰「朱提銀重八兩名爲一流」，因山名郡縣也。

州境：東西　南北

八到：東北至上都三千三百里。東北至東都四千三百三十里。南接郎州。北接協州。〔一四五〕

貢、賦：

管縣二：朱提，唐興。

朱提縣，下。郭下。

唐興縣，下。西至州五里。

右二縣，並武德元年與州同置。朱提，取漢舊名也。

七曲水，在州西北三十里。

溺水，在七曲水北一百三十里。南北四百里，東西七百里，窮年密霧，未嘗覩日月輝光，樹木皆衣毛深厚，時時多水溼，晝夜沾灑。上無飛鳥，下絶走獸，唯夏月頗有蝮蛇，土人呼爲漏天也。

卷三十二校勘記

〔一〕〔東南至嘉州至卭州一百七十里〕　今按：殿本有此二條，此脱，今據補。嘉州八到作「正西微北至雅州」，當是「西北至雅州」方合。

〔二〕落雁木　攷證：官本屬開元貢，無元和條。

〔三〕管羈縻州十一　攷證：官本接州叙下。

〔四〕本秦舊縣　今按：殿本同，與州敍合，它本「秦」作「漢」。攷證云：「『舊縣』宜作『青衣縣』，地理志、水經注、郡國志蒙山俱在青衣縣下。百丈、名山、盧山三縣同。此志以爲嚴道縣，本括地志之誤。」

〔五〕多切鎮　攷證：「『切』，疑作『功』。顧祖禹云：『天全司東五十里有多功山，昔禹鑿山以通峽水，用功甚多，故名。』此鎮正當其地，『切』疑形近之譌。

〔六〕車靈山在下　攷證：「在」字宜衍。

〔七〕因名山也　攷證：顧祖禹引李吉甫曰「卭崍山自沈黎直走千里，至靈卭，環抱爲鎮」。恐即此志佚文。

〔八〕取布千疋　今按：殿本同，它本無「布」字，輿地紀勝雅州景物引亦無「布」字。

〔九〕五千八百四　今按：殿本同，它本「百」作「十」。

〔一〇〕後魏廢帝二年平蜀　今按：各本無「廢帝」二字。攷證云：「按魏書，宜有『廢帝』二字。」

〔一一〕東南至嘉州一百四十里　今按：嘉州八到作「北至眉州一百四十里」是，眉州至嘉州爲正南，此「東」字衍。「一百」，各本作「二百」，誤。

〔一二〕二百里　今按：殿本同，與成都府八到合，它本「二」作「三」，誤。

〔一三〕元和貢同　攷證：官本無元和條。

〔一四〕屬齊通郡　今按：與齊志、隋志合，各本作「齊郡」，脱「通」字，殿本同此。

〔一五〕移理武陽　攷證：下宜有「西魏改爲隆山縣」句，下文「以隆山屬益州」方有依據，此脱。

〔一六〕宋譙縱據蜀　攷證：「宋」宜作「晉」，洪亮吉亦作「宋」，蓋沿此誤。成都府敍云「安帝時譙縱據益州，朱齡石討平之」。簡州金水縣敍亦云東晉，此傳鈔誤。

〔一七〕亦曰導江　今按：殿本同，它本「導」誤「道」。

〔一八〕馨堰　今按：殿本同，它本「馨」作「罄」，攷證云：「顧祖禹作『馨』。」

〔一九〕開皇十二年　攷證：洪雅縣敍作「十三年」，與隋志合，此誤。

〔二〇〕屬眉州之青城郡　攷證：此宜有脱，不著青神置縣原始，非敍例。隋志云「周置青神縣，并青城郡」。今按：隋志各本俱作「青神郡」，攷證引誤。寰宇記「青神城在今青城縣南二十里青城，卽所居也，周保定二年更於其南五十步別築城移之」，則當作「青神」，此誤。

〔二一〕青神祠　今按：殿本同，它本脱「祠」字。

〔二二〕二十三里　今按：殿本同，它本「三」作「二」。

〔二三〕下都督府　今按：殿本作「邊下都督府」，它本作「下府」二字。下茂州同。

〔二四〕鄉六　今按：殿本下按云：「是州與翼、維、悉、静諸州僅載開元户鄉，不及元和，蓋因已没吐番。」

〔二五〕象舒治者　攷證：「象」，路史作「像」，與魏書合。「治」，官本作「理」，是，通考云「有像舒理者，代爲白水酋帥」，蓋唐人舊文。

〔二六〕於此置龍涸防　攷證：官本「防」作「郡」，舊志與此同。

〔二七〕領嘉誠縣　今按：岱南閣本、畿輔本脱「領」字。

〔二八〕貞觀三年　攷證：舊志「三」作「二」。

〔二九〕〔東北至扶州至當州三百里〕　今按：殿本有此兩條，各本與此皆脱，今據補。

〔三〇〕北至茂州三百三十里　攷證：官本「北」作「東」，誤，無「三十」。宜作「南至茂州三百里」。今按：松州至茂州，當云「東南至」，殿本「東」下脱「南」字，此作「北」誤。

〔三一〕元鼎元年至今州即漢蜀郡汶江縣也　攷證：漢書「元年」作「六年」，水經注同。「今州」上宜有脱文，漢書本紀「地節三年，省汶山入蜀」。

〔三二〕武德三年　攷證：「三年」，兩志及樂史並作「四年」。

〔三三〕以茂滋山爲名　攷證：「滋」，舊志作「濕」，樂史同，此誤。顧祖禹亦作「濕」，即此志汶川縣濕坂也。

〔三四〕南至成都府三百七十里　攷證：官本無此條。

〔三五〕〔南至彭州至維州二百二十里〕 今按：殿本有此兩條，各本與此並脱，今據補。

〔三六〕麻布 攷證：官本作「布，麻」，此誤合爲一。

〔三七〕麝香生馬牙硝 今按：殿本無「麝香」。岱南閣本、畿輔本誤分「生馬牙硝」爲二，生馬牙硝即朴硝，今稱皮硝。

〔三八〕開皇十八年 攷證：隋志作「仁壽元年」。

〔三九〕青山石山 攷證：程恩澤引作「青城山」，此誤。

〔四〇〕石密溪 攷證：王象之引「密」作「蜜」。

〔四一〕梁於此置汶川縣 攷證：「梁」，隋志作「周」。今按：隋志云「汶川，後周置汶川郡，開皇初郡廢」，不言汶川縣置於何時。

〔四二〕汶州至汶川縣理是也 今按：殿本與此作注，岱南閣本、畿輔本作正文。攷證云：「『川』宜作『山』。」

〔四三〕溼坂 今按：各本作「濕」，此與水經江水注及方輿紀要引益州記合，攷證云：「『濕』俗字。」

〔四四〕有石紐邑 攷證：路史引「邑」作「村」，顧祖禹引揚雄蜀王本紀云「廣柔縣有石紐村」。御批通鑑引此亦作「村」。今按：郡國志蜀郡廣柔劉昭補注作「石紐邑」。

〔四五〕蜀山在縣東北六里 攷證：王鳴盛引「蜀山，桓水所出」，此疑有脱。

〔四六〕石密水 攷證：王象之引「密」作「蜜」。

〔四七〕翼針水　今按：殿本作「翼計水」，它本作「翼針溪」。攷證云：「按隋志及新唐書並作『翼針』，舊唐書、樂史『針』並作『斜』，未知孰的。」

〔四八〕翼水　今按：殿本同，與舊唐志合，它本作「翼針」。

〔四九〕四百二十里　今按：殿本同，它本作「九百四十里」。

〔五〇〕三千二百七十里　今按：殿本同，它本作「二千八十里」，誤。

〔五一〕南至茂州一百二十里　今按：此與下「西北至當州二百七十里」兩條，岱南閣本、畿輔本並脫。

〔五二〕二百二十里　今按：殿本同，與悉州八到合，它本「二百」作「三百」，恐均誤，翼州至悉州不過百里。

〔五三〕元和貢散麝　今按：殿本無。

〔五四〕置翼針縣至屬翼針郡　攷證：官本「縣」上「針」作「水」，下二「針」字作「計」。今按：隋志「後周置翼針及翼針郡」，舊唐志同，殿本作「翼水縣」，誤，「計」爲「針」之譌。

〔五五〕周於此置龍求縣　今按：各本作「龍水縣」，攷證云「南本『水』誤作『求』」。攷隋志及輿地廣記並作「龍求」，與此合，未定孰誤。

〔五六〕翼水出縣南　攷證：官本接上條，非，「南」作「南下」，疑原作「南山下」，此並脫。

〔五七〕東北至州　攷證：按石臼水及大江考之，「北」改作「南」，乃合方輿。今按：翼州在今四川茂汶縣西北較場壩，當七里溪入大江之口，娥和縣在州西北大江東岸，是當作「東南至州」。

〔五八〕天寶十一年分置峨和縣　今按：岱南閣本、畿輔本「寶」訛「保」。

〔五九〕下　攷證：「下」，官本作「邊下」。

〔六〇〕武德七年　今按：各本「七」作「四」，誤。攷證云：「新志作『七年』，此志薛城、定廉二縣敍並作『七』，樂史同。」

〔六一〕乾元二年没西戎　攷證：王象之引「二」作「元」，「没」下有「於」字。官本亦作「元」，按云：「舊唐書代宗紀、新唐書地理志並云松州、維州，廣德元年没吐蕃。舊唐書云：『上元元年後吐蕃贊普攻維州，不下，乃以婦人嫁維州門者，二十年中生二子，及蕃兵攻城，二子內應，城遂陷。吐蕃得之，號無憂城。』李肇國史補云：『吐蕃自貞元末失維州，選婦人爲維州守卒之妻。及元和中，婦人已育數子，蕃寇大至，發火應之，維州復陷。』合各書所載，維州没吐蕃年代互異，當是貞元時復之，元和中再没，此云『乾元元年没西戎』，蓋僅據其始言。」

〔六二〕三百二十五里　今按：殿本同，它本「三百」作「二百」。

〔六三〕三千五百六十里　今按：岱南閣本、畿輔本上至上都及此里數並脫。

〔六四〕東至真州一百里　今按：岱南閣本、畿輔本「真州」下有「界」字。

〔六五〕東至茂州二百二十里　今按：此及下「南至當州二百六十里，西至悉州二百五十里」三條，殿本同，它本脫。

〔六六〕東北至恭州　攷證：「東北」宜作「西北」，乃合方輿。

〔六七〕薛城縣下　攷證：宜注「郭下」。

〔六八〕武德七年改爲縣　攷證：官本「七」作「四」，與州敍合，定廉縣敍同，未知孰的。

〔六九〕定廉縣下　攷證：宜注至州方里，鹽溪縣同。

〔七〇〕因爲名　攷證：官本下按云「永徽元年省入定廉」。今按：鹽溪縣，舊、新唐志及通典不載，蓋高宗永徽初廢入定廉縣，而此志載之，或永徽至元和一百六十年間曾又復置，此曁各書俱未詳，疑。

〔七一〕定廉水　攷證：官本「水」作「山」。

〔七二〕東南至悉州三十里　今按：此及下「西南至静州六十里，北至維州二百六十里」，殿本同，它本脱此三條。「北至維州」，「北」當作「南」。

〔七三〕東北至松州　今按：殿本同，它本脱「北」字。攷證云樂史作「東北」，與此同。

〔七四〕羚羊角元和貢當歸散麝香　今按：岱南閣本、畿輔本「羚羊」下無「角」字。殿本無元和貢條。

〔七五〕利和谷和　攷證：舊志二「和」字並在上，新志與此合，樂史與舊志同。下仿此。

〔七六〕平康　攷證：兩志並作「平唐」，蓋誤。

〔七七〕東至州　攷證：官本作「東南」。今按：「東」當作「北」，當州即今四川黑水縣，谷和在州南五十里。殿本作「東南」，亦誤。

〔七八〕以屬當州　攷證：官本按云：「唐書地理志平康本隸當州，天寶元年改隸松州，通典及舊唐書並以平康屬松州，與是志異。」

〔七九〕邊下　今按：殿本同，它本無「邊」字。

〔八〇〕顯慶元年至其首領任刺史　今按：此悉州敍，岱南閣本、畿輔本錯在當州平康縣後，「顯慶」上有「右」字。

〔八一〕東至翼州二百二十里　今按：殿本同，與翼州八到合，它本「二十」作「一十」，誤。

〔八二〕西南至静州　攷證：官本「西南」作「西北」，誤。

〔八三〕〔東至維州二百五十里〕　今按：殿本有此條，此與各本皆脱，今據補。

〔八四〕識臼　攷證：新志悉州無此縣，舊志云「天寶元年割屬臨翼郡」，而翼州又云「改名昭德，五年屬真州」，新志亦云「昭德，本識臼」，與此别。

〔八五〕置廣平縣至改爲左封　攷證：隋志「平」作「年」，仁壽初改左封，與此别。

〔八六〕八十里　攷證：官本無「十」字。

〔八七〕天授元年於此置静州　攷證：兩志「元」並作「二」。會要云「永徽四年十月九日置」，與此亦别。

〔八八〕二千二百九十里　攷證：官本作「三千三十里」。

〔八九〕東北至悉州　攷證：官本「東北」作「東南」，誤。

〔九〇〕南至赤和縣　攷證：樂史「縣」作「戍城」。今按：「縣」當作「戍」，舊志作「赤和戍」。

〔九一〕北至茹州六十里　今按：殿本同，它本無此條。静州北界當州，東北界悉州，西界柘州，西南界恭州，南界奉州，東南界維州及翼州，且劍南道無茹州之名，此當有誤。

〔九二〕西至州二十四里　攷證：兩志静州並治悉唐，此宜云「郭下」，恐傳鈔錯謬。

〔九三〕静居縣　攷證：與下清道縣並無至州方里，疑脱。

〔九四〕柘州　攷證：樂史「柘」作「拓」，云唐永徽年置，以開拓爲稱。

〔九五〕儀鳳二年置　攷證：「儀鳳」，新志作「顯慶」，舊志作「永徽」，並與此别。「二」，官本作「元」。

〔九六〕二千二百六十里　攷證：官本作「二千一百七十里」。

〔九七〕三千一百三十里　攷證：官本作「二千三十里」，蓋誤。

〔九八〕〔東南至静州至恭州一百里〕　今按：「東南至静州三十里，南至維州三百里，西至恭州一百里」，殿本有此三條，各本與此皆脱，今據補。

〔九九〕貢賦至羌活　今按：殿本同它本脱。下恭州「貢賦」同。

〔一〇〇〕開元二十四年　今按：各本「四」作「一」，此與舊、新唐志合。攷證云：「此志和集縣敍作『二十七年』，傳鈔參差，決非原文。」此本和集縣敍亦作「二十四年」。

〔一〇一〕三千三十里　今按：殿本同，它本作「二千一百九十里」。

〔一〇二〕東至柘州　今按：殿本同，它本「東」作「東北」，並誤，當作「北至柘州」。

〔一〇三〕東南至茂州三百五十里　今按：殿本同，它本脱此條。

〔一〇四〕西南至維州　今按：恭州西界吐蕃，維州在其東南，攷證云「『西南』宜作『東南』」，各本與此皆誤。

〔一〇五〕開元二十四年　今按：與舊、新唐志合，各本「四」作「七」。

〔一〇六〕一百二十四里　攷證：官本「二十四」作「四十二」。

〔一〇七〕緣羌項摇動　今按：殿本同，它本「項」誤「頊」。

〔一〇八〕乾元元年改爲真州　今按：岱南閣本、畿輔本作「乾德二年」，誤，舊、新唐志是「乾元元年」。

〔一〇九〕昭德縣　攷證：宜脱至州方里，下二縣同。官本按云：「舊唐書地理志昭德本識臼縣，屬悉州，天寶初改屬翼州，改縣名昭德，五年改屬真州。是志於悉州之識臼不言其改名，此真州之昭德不言以何縣析置，殆因僑徙無常，姑弗深考而兩存之。」

〔一一〇〕開元户鄉　今按：殿本無此四字，按云：「開元户鄉數傳寫缺。」

〔一一一〕三十　攷證：官本作「三十八」。

〔一一二〕神龍三年　今按：各本「神龍」作「龍興」，誤。攷證云：「新志、會要並作『神龍三年』，樂史同。」

〔一一三〕其州城至唯北面稍平　攷證：顧祖禹引此志云：「古黎州城在大渡河外，自唐以來徙治大渡河內，而水源在城外。韋皋始築今城，東西南三面臨絶澗，惟北面稍平。地多井泉。與諸城鎮戍烽火相通，爲西南之險要。」與此異。然按「自唐以來徙治」之語，恐亦不盡原文。

〔一一四〕管羈縻州至大首領主之　今按：殿本同此爲州敍末尾，它本列漢源縣下爲一專條。

〔一一五〕已上五城並貞元中韋皋置　今按：岱南閣本、畿輔本無「五」字，殿本「貞元」作「貞觀」，誤。

〔一一六〕郡有越水嶲水出生羌界　今按：殿本同，它本「生羌」作「深羌」，誤。攷證云：「『越水』字疑衍，地理志越嶲郡注應劭云『郡有嶲水，言越此水以彰休盛也。』後漢書西南夷傳注『言其越嶲水以置郡，故名』。此志邛部縣嶲山條云『嶲水出嶲山下，州郡得名，因此水也』，與漢書合，『越水』二字，恐傳鈔誤增。」

〔一一七〕韋臯收復　今按：岱南閣本、畿輔本脱「復」字。

〔一一八〕北至成都府　今按：「北」當作「東北」。

〔一一九〕三百五十里　今按：殿本同，它本「三百」作「二百」。攷證云樂史作「三百」。

〔一二〇〕(西)〔東〕北至雅州六百九十里　今按：「西北」，殿本作「東北」是，此誤。今改。岱南閣本、畿輔本「雅州」訛「種州」。

〔一二一〕絲布　今按：殿本同，它本脱。

〔一二二〕成帝置邛都縣　攷證：按後漢書西南夷傳，「成」宜作「武」。

〔一二三〕西瀘縣至二十七里　攷證：「十」，官本作「百」。今按：嶲州即今四川西昌縣西瀘縣，即今西昌西南二十五里西河鎮，殿本作「百」誤。

〔一二四〕周武帝至本可泉縣　今按：舊唐志、輿地廣記云「梁置可泉縣」，恐誤，梁時置嶲州，旋即陷没，未聞置縣。隋志越嶲郡有可泉縣，新唐志誤作「本可」，舊唐志不誤。此「可泉」上「本」字應衍，各本作「本可縣」，疑傳鈔者依新唐志誤改。

〔一二五〕天寶元年　今按：與舊、新唐志合，殿本同，它本「天寶」誤作「天保」。

〔一二六〕蘇祁縣本漢舊縣　攷證：「『蘇祁』地理志作『蘇示』，師古『示』讀『祇』。」隋志作「蘇祇」。今按：漢置蘇示縣，晉省，宋復置曰蘇祁，兩唐志及寰宇記同，隋名蘇祇，「祇」即「示」字。

〔一二七〕正南微北至州　攷證：「北」宜作「東」。

〔一二八〕念諾水　攷證：水經注作「若水」。

〔一二九〕長江水本名孫水　今按：「江」當作「河」。寰宇記云「長河水本名孫水，又曰沙水」。方輿紀要建昌前衛指揮司云「孫水一名長河」。此與各本俱誤。

〔一三〇〕西南夷橋橋孫水以通邛筰　今按：岱南閣本、畿輔本脱一「橋」字。「邛筰」，史記司馬相如傳作「邛都」，此從漢書。

〔一三一〕本漢闌縣地　今按：與漢志合，殿本「闌」作「蘭」，與顔師古音同。岱南閣本「漢」誤「縣」。

〔一三二〕五十八里　攷證：官本「五」作「一」。

〔一三三〕定莋縣也至出鹽鐵　今按：與漢志合，各本「莋」誤「筰」，「郡」誤「國」。「去縣」，殿本作「去郡」，攷證云：「『縣』宜作『郡』。」

〔一三四〕凡言筰者至近水置筰橋處　今按：此三十字，殿本同此爲縣敍釋定筰鎮之文，它本作專條，列於鹽井條後。

〔一三五〕一百七十里　攷證：官本「一」作「三」。

〔一三六〕異牟尋　今按：殿本同，與兩唐書南蠻傳合，它本「異」誤「吴」。

〔一三七〕四千三百里　今按：岱南閣本、畿輔本作「四百里」，蓋脱「千三」二字。

〔一三八〕東南至安南二千里　今按：新唐志作「水陸二千里」。岱南閣本、畿輔本無此條及下「南至戎州」、「西至羊苴咩城」、「西北至嶲州」、「北接黎州」四條。

〔一三九〕郭下　攷證：「郭下」，官本作「西南至州十五里」。

〔一四〇〕長城縣　今按：新唐志作「瀘南」，云「本長城，垂拱元年置，天寶初更名」。此志當稱瀘南，蓋據舊時圖籍，未及改正。

〔一四一〕開元户三百二十九　今按：殿本「三百」作「二百」。岱南閣本、畿輔本脱「開元」二字。

〔一四二〕東北至戎州四百一十里　今按：殿本同，它本脱此條及下「南接曲州」條。

〔一四三〕大業二年廢　攷證：「二」宜作「三」。

〔一四四〕後立爲郡　攷證：按晉志，朱提郡，蜀立，即諸葛亮征南中置，此隸爲二事，與晉志別。

〔一四五〕南接郎州北接協州　今按：殿本同，它本脱此二條。

元和郡縣圖志卷第三十三

劒南道下〔一〕

東川節度使

梓州，梓潼。上。開元户一萬五千四百七十八。鄉二十六。元和户六千九百八十五。鄉一十六。〔二〕

今爲東川節度使理所。

管州一十二：梓州，劒州，緜州，遂州，渝州，合州，普州，榮州，陵州，瀘州，龍州，昌州。縣六十九。都管户三萬一千七百二十二。

禹貢梁州之域。秦并天下，是爲蜀郡。漢高帝分置廣漢郡，今州卽廣漢郡郪，廣漢二縣地也。宋於此置新城郡，梁武陵王蕭紀於郡置新州，隋開皇末改爲梓州，因梓潼水爲名也。州城，宋元嘉中築，左帶涪水，右挾中江，居水陸之衝要。

州境：東西三百六十里。南北三百六十三里。

八到：東北至上都取緜州路一千八百六十四里。東北至東都二千七百三十四里。〔三〕東南至遂州二百五十里。西至漢州二百一十里。〔四〕西北至緜州一百三十里。〔五〕正東微南至果州三百五十里。東北至閬州三百一十五里。〔六〕西南至簡州三百一十里。正北微東至劍州三百六十里。正南微東至普州三百五十里。

貢、賦：開元貢：綾，緜，絲布。　賦：布，絹。　元和貢：綾，〔七〕柑子，空青，曾青。

管縣九：郪，射洪，通泉，玄武，鹽亭，永泰，飛鳥，銅山，涪城。

郪縣，望。　郭下。本漢舊縣，屬廣漢郡，因郪江水爲名也。後魏置昌城郡，後又改名昌城縣，〔八〕隋大業三年復爲郪縣。

牛頭山，一名華林山，在縣西南二里。四面危絶。

涪江水，經縣東，去縣四里。

縣有鹽井二十六所。

射洪縣，上。　西北至州六十里。本漢郪縣地，後魏分置射洪縣。縣有梓潼水，與涪江合流，急如箭，奔射涪江口，蜀人謂水口曰「洪」，因名射洪。

白崖山，在縣南十五里。

涪江水，西北自郪縣界流入，在縣東一百步。灘十七所。

通泉縣，緊。　西北至州一百四十里。本漢廣漢縣地，宋於此置西宕渠郡，〔九〕後魏恭帝移於潙山，改名涌泉郡。周明帝置通井縣，〔一〇〕隋開皇三年改爲通泉縣，十八年改屬梓州。

通泉山，在縣南二里。山前有石蝦蟇，高七八尺。

涪江水，經縣東三里。

沈水，〔一一〕北自鹽亭縣界流入。公孫述令延岑盛兵於沈水固守，臧宮進兵縱擊，大破之，斬首溺死者萬餘人，卽此也。

赤車鹽井，在縣西北十二里。又別有鹽井一十三所。

玄武縣，上。 東至州一百一十五里。 本先主所立五城縣也，屬廣漢郡。後魏平蜀，立玄武郡，〔一二〕以縣屬焉。隋開皇三年改五城爲玄武縣，〔一三〕因玄武山爲名也，屬益州。武德三年，割屬梓州。

玄武山，〔一四〕在縣東二里。山出龍骨。

天柱山，一名覆船山，在縣西南四十里。

七里坂，在縣東七里。〔一五〕

内江水，本名中江，經縣南，去縣百步。

鹽亭縣，上。 西南至州九十三里。 本漢廣漢縣地，梁於此置北宕渠郡及縣，後魏恭帝改爲鹽亭縣，以近鹽井，因名。隋開皇三年罷郡，屬梓州。

梓潼水，經縣南，去縣三里。

永泰縣，中。〔一六〕 西南至州一百四十五里。 本漢巴郡充國縣地也，〔一七〕武德四年分置，地號永泰，因以爲名。

鹽亭溪水，經縣北，去縣一十九里。

大汁鹽井，在縣東四十二里。又有小汁鹽井、歌井、針井。

飛烏縣，上。東北至州一百四十五里。〔一八〕本漢郪縣地，隋開皇十年，〔一九〕於此置飛烏鎮，十三年改鎮爲縣，〔二〇〕因山爲名。

飛烏山，在縣西南五十五里。

哥郎等八山，並出銅鉚。

郪江水，經縣北，去縣四十里。

銅山縣，中。東北至州一百二十里。本郪縣地，有銅山，漢文帝賜鄧通蜀銅山鑄錢，此蓋其餘峯也，歷代采鑄。貞觀二十三年置監，署官，〔二一〕前上元三年廢監。調露元年，因廢監置銅山縣。

飛烏山，在縣西南三十五里。

郪江水，經縣南五里。

涪城縣，緊。東南至州六十里。本漢涪縣地，隋開皇十六年改置涪城縣，屬緜州，大曆十三年割屬梓州。

劒州，普安。上。開元户一萬三千九百七十六。鄉二十五。元和户二千九百二。〔二二〕鄉八十五。

本漢廣漢郡之梓潼縣地，武帝置十三州，屬益州。宋於此置南安郡，〔二三〕梁武陵王蕭紀改郡立安州。後魏廢帝二年，先下安州，始通巴、蜀，故改安州爲始州。隋大業三年，罷始州爲普安郡，武德元年復爲始州。先天二年改爲劒州，取劒閣爲名也。

州境：東西二百六十七里。南北二百五十六里。

八到：東北至上都一千四百三十里。〔二四〕東北至東都二千三百里。東南至閬州二百二十里。西北至龍州三百二十里。西南至緜州二百九十里。東北至利州一百九十里。

貢、賦：開元貢：蘇薰席。賦：緜，絹。〔二五〕元和貢：蘇薰席六領，巴戟天，重臺。

管縣八：普安，梓潼，黄安，永歸，陰平，武連，臨津，劒門。

普安縣，中。郭下。本漢梓潼縣地，宋於此置南安縣，周改爲普安縣。〔二六〕

大劒山，亦曰梁山，在縣北四十九里。初，姜維自沓中爲鄧艾所摧，與張翼、董厥合，還保劒門以拒鍾會，卽此也。

石新婦東北一里千人巖之南崖，絶壁高數千丈，卽劒山之危峯，見數百里外，旁視衆嶺，猶平地也。巖下高百許丈，有石壁，紅色，方如座席，卽張孟陽勒銘之處也。

千人巖，有石室，可容千人，故名。

大劍水，出縣西四十九里空冢山下。

漢德政城，〔二七〕又名黄蘆城，在縣東北四十六里。三面並阻絶澗，唯西面少平。周迴百五十步。

鍾會故壘，一名開遠戍，在縣東北五十三里。〔二八〕亦名空冢戍，晉鍾會軍至此，〔二九〕既度劍閣，居死地，遂掘冢決爲死戰。既無所埋，故曰空冢。後魏改名開遠戍。

大劍鎮，在縣東四十八里。本姜維拒鍾會壘也，在開遠戍東十一里。〔三〇〕其山峭壁千丈，下瞰絶澗，飛閣以通行旅，梁時於此置大劍戍。

劍閣道，自利州益昌縣界西南十里，至大劍鎮合今驛道。秦惠王使張儀、司馬錯從石牛道伐蜀，卽此也。後諸葛亮相蜀，又鑿石駕空爲飛梁閣道，以通行路。初，李特入漢川，至劍閣，顧盼曰：「劉禪有如此地，而面縛於人，豈非庸才！」

石新婦神，在縣東北四十九里，大劍東北三十里。〔三一〕夫遠征，婦極望忘歸，因化爲名。

梓潼縣，上。東北至州一百六十里。本漢舊縣，屬廣漢郡。蜀先主分廣漢置梓潼郡，以縣屬焉。隋開皇三年罷郡，以縣屬始州，後改屬劍州。

梓潼水，一名馳水，北自陰平縣界流入。

鄧艾祠，在縣南百步。

黄安縣，中下。北至州一百四十里。本漢梓潼縣地，宋於此置華陽縣，屬南安郡。〔三二〕後魏禪帝改爲南安縣，周武帝改爲黄安縣。〔三三〕

永歸縣，中下。西北至州五十三里。本漢梓潼縣地，宋於此置白水縣，周閔帝改爲永歸縣。〔三四〕

陰平縣，中。東至州一百四十里。本漢梓潼縣地，宋明帝泰始中於此置北陰平郡并縣。〔三五〕隋開皇三年罷郡，以縣屬始州。皇朝初因之，後改入劍州。

龍血山，亦曰龍象巖，在縣北五十里。絶壁高巖，萬有餘丈，有四石龍在石壁閒，昔者羣龍共鬭，四龍疲衄嘔血死，因化爲石。血變成鼈，〔三六〕堪充器物，但不耐風日。緜布四五里，土人取之。今龍象猶存，石不復入用。

岐江水，下流卽梓潼水也，東流，縣西南五里。

武連縣，中。東北至州八十五里。本漢梓潼縣地，宋元嘉中，於縣南五里僑立武都郡下辨縣，又改下辨僑置武功縣。周明帝改武功爲武連縣。〔三七〕隋開皇三年罷郡，以縣屬始州。

臨津縣，中。〔三八〕西北至州一百三里。本漢梓潼縣地，南齊於此置胡原縣，隋開皇七年改爲臨津縣。

掌夫山，〔三九〕在縣西南六十里。晉太安元年，遣都護衞博討李特，特遣將李盪自掌夫山要博，〔四〇〕博爲伏兵所圍，卽此山。山出名柘，堪爲弓材，雖檿桑、燕角，〔四一〕不能勝也。

劍門縣，中。〔四二〕 西南至州六十里。本漢葭萌縣地，聖曆二年分普安、永歸、陰平三縣置劍門縣，因劍門山爲名也。

梁山，在縣西南二十四里。卽劍門山也。

緜州，巴西。 上。 開元户五萬一千四百八十。 鄉一百十三。 元和户七千一百四十八。 鄉九十三。

本漢廣漢郡之涪縣，後魏廢帝二年徙梓潼郡理梓潼舊城，於此別置潼州。梓潼舊城，在今劍州界。〔四三〕隋開皇五年，改潼州爲緜州，因緜水爲名也。大業三年改爲金山郡，武德元年復爲緜州。按州理城，漢涪縣也，去成都三百五十里。依山作固，東據天池，西臨涪水，形如北斗，臥龍伏馬，爲蜀東北之要衝。〔四四〕梁天監中，張齊爲太守，更造樓櫓禦敵。有東西門，東門久塞，富樂山氣所衝，門開張則喪亂。宋元嘉初，太守王懷業開之，〔四五〕果致覆敗，爾後還塞。

州境：東西三百一里。南北二百六十里。〔四六〕

八到：東北至上都一千七百三十四里。東北至東都二千五百九十四里。西南至漢州一百八十里。東南至梓州一百三十里。西至茂州取松嶺路三百七十里。北至龍州二百二十里。

貢、賦：開元貢：對鳳兩窠獨窠白紬，絹，又貢雙紃二十匹。 賦：緜，絹。〔四七〕元和貢：雙紃。賦同。〔四八〕

管縣八：巴西，昌明，羅江，神泉，龍安，魏城，鹽泉，西昌。

巴西縣，望。郭下。本漢涪縣地，屬廣漢郡。先主據蜀，立梓潼郡，以縣屬焉。晉孝武帝徙梓潼郡於此。後魏改爲巴中縣，〔四九〕隋開皇元年避廟諱，改爲巴西縣。

富樂山，在縣東五里。

天池山，在縣北一十餘里。〔五〇〕

涪江水，經縣西，去縣五十步。

羅江水，經縣西，去縣三十二里。〔五一〕

蔣琬墓，在縣西八里。琬爲大司馬，住漢中，後上疏曰：「今涪水陸四通，惟急是應，若東北有虞，赴之不難。」由是琬還住涪，疾轉增劇，卒於此而葬焉。

譙周墓，在縣南十六里。周將亡，戒諸子曰：「吾後嗣當有黃頭黑齒，幾亡吾族。」及周孫縱之生也，頭黃齒黑。晉末，刺史毛璩使縱領白徒七百人，由涪水下討桓玄。西人不樂遠征，乃逼縱爲主，攻陷巴西，遂屠益州。既害毛璩，自號成都王。義熙九年，朱齡石討平之。卒如周言。

昌明縣，緊。南至州七十里。本漢涪縣地，晉孝武帝自白沙戍移漢昌縣僑理於此，仍屬巴西郡。後魏廢帝改漢昌爲昌隆縣，先天元年改爲昌明縣。

涪水，經縣南，去縣一里。

羅江縣，缺。〔五二〕

廉水，經縣東北，去縣五里。〔五三〕讓水，出縣北平地。宋明帝時，梓潼涪人范百年，〔五四〕因論事之次，帝語及廣州貪泉，〔五五〕百年對曰：「臣家梁、益，所居廉、讓之閒。」謂此水也。〔五六〕

神泉縣，上。東北至州八十四里。本漢涪縣地，晉孝武帝於此僑置西充國縣，屬巴西郡。隋開皇三年罷郡，縣屬潼州，六年改爲神泉縣，因縣西神泉爲名。

神泉，在縣西平地。冬夏温沸，氣如附子，能愈衆疾。〔五七〕

龍安縣，上。東北至州七十八里。本漢涪縣地，周武帝天和六年，於此置金山縣，隋大業三年廢。武德三年，於廢金山縣城置龍安縣，因山爲名。

金山，在縣東五十步。每夏雨奔注，崩頹之所則金粟散出，〔五八〕大者如棊子。

龍安山，在縣北十里。有好林泉，隋開皇中蜀王楊秀立亭館以避暑。〔五九〕

魏城縣，上。西至州六十五里。〔六〇〕本漢涪縣地，隋大業十年自鹽泉井移魏城縣理此，屬金山郡。按鹽泉井在今縣東南四十五里，鹽泉縣理是也。

高靈山，在縣北二十四里。

東西井，在縣東南四里。井西爲涪縣界，井東爲梓潼縣界，二縣界分境之所，故曰

「東西」。

鹽泉縣，中下。西至州五十六里。〔六一〕本漢涪縣地，後魏禪帝元年割涪縣置魏城縣，武德三年分魏城置鹽泉縣。

五層山，在縣西南三十里。

梓潼水，經縣北，去縣十八里。

陽下鹽井，在縣西一里。

西昌縣，中。東至州五十一里。本漢涪縣地，晉孝武帝於此僑置益昌縣，隋開皇三年省。〔六二〕永淳元年又置，以與利州益昌縣同名，以其在州西，因改爲西昌縣。

龍臺山，在縣東北四里。

龍安水，在縣北五里。

遂州，遂寧。中府。開元户三萬七千三百七十七。鄉六十五。元和户三千八百四十六。鄉六十五。

禹貢梁州之域。秦爲蜀郡地，漢分置廣漢郡，今州又爲廣漢郡之廣漢縣地。後分廣漢爲德陽縣，東晉分置遂寧郡，周保定二年立爲遂州，〔六三〕後因之。

州境：東西一百二十里。南北一百九十里。

八到：東北至上都取果州路二千二十里。〔六四〕東北至東都二千八百八十里。東北至果州一百七十里。西北至梓州二百五十里。東南至合州二百六十里。〔六五〕正南微西至普州一百四十里。

貢賦：開元貢：樗蒲綾十五匹。〔六六〕元和貢：天門冬，柑子。〔六七〕

管縣五：方義，長江，青石，蓬溪，遂寧。

方義縣，望。郭下。本晉小溪縣也，〔六八〕穆帝永和十一年置，屬遂寧郡，後魏恭帝改爲方義縣。隋開皇三年罷郡，縣屬遂州。

涪江水，北去縣八十步。

縣四面各有鹽井，凡一十二所。

靈星池，在縣西南四里。

龍池，在縣北百二十步。

長江縣，上。南至州五十里。本晉巴興縣，魏恭帝改爲長江縣。

涪江，經縣南，去縣一百五步。

青石縣，中。西北至州七十里。本晉之晉興縣也，本屬巴郡，〔六九〕既置遂寧，乃割屬焉。後魏改爲始興縣，隋開皇十八年改爲青石縣。〔七〇〕

青石山，在縣東南，水路五十九里。舊巴、蜀爭界，累年未分，一朝密霧，石爲之裂破，從上至下，直若引繩，因此定遂、合二州之界。

涪水，經縣南，去縣一里。

九節溪，出縣東三十六里。〔七一〕灘有九節，因爲名。

蓬溪縣，中。　西南至州一百二十里。　永淳元年割方義縣北界，〔七二〕於今縣南二十里蓬川置唐興縣，長壽二年改爲武豐，神龍元年復爲唐興，天寶元年改爲蓬溪。〔七三〕

石香爐山，在縣西五里。

縣有鹽井一十三所。

遂寧縣，中。　東南至州一百二十里。　景龍二年割青石縣置。〔七四〕

渝州，南平。　下。　開元戶五千九百六十二。　鄉一十七。〔七五〕　元和戶八百三十四。〔七六〕　鄉一十。

禹貢梁州之域。　古之巴國也。　閬、白二水東南流，曲折如「巴」字，故謂之巴，然則巴國因水爲名。　武王伐殷，巴人助焉，其人勇鋭，歌舞以淩殷郊，　後封爲巴子。　其地東至魚復，西抵僰道，北接漢中，南極牂柯，是其界也。　春秋時亦爲巴國，戰國時楚既稱王，〔七七〕巴亦稱王。　秦惠文王使張儀、司馬錯伐巴、蜀，滅之，分其地爲三十一縣，始皇置三十六郡，巴卽一焉。　漢高帝既定三秦，項羽背約，封爲漢王王巴、蜀。　天下既定，乃分巴、蜀置廣漢郡，武帝又置犍爲郡。　劉璋爲益州牧，　於是分巴郡自墊江已下爲永寧郡，〔七八〕先主又以固陵爲巴東郡，由是巴郡分而爲三，號曰「三巴」。〔七九〕梁武陵王蕭紀於巴郡置楚州，　後魏改爲巴州，〔八〇〕

周閔帝又改爲楚州。隋開皇九年，改楚州爲渝州，〔八一〕因渝水爲名。漢高祖還伐秦，巴人從軍，歌舞陷陳，帝善之曰「此武王伐紂之歌也」，後令習之，所謂巴渝舞也。

州境：東西五百一十六里。南北四百七十九里。

八到：東北至上都二千八百一十里。東北至東都三千八百一十里。正北至合州一百六十里。〔八二〕西南至瀘州水路七百里。東北至涪州水路三百四十里。西至渠州四百四十里。〔八三〕江津縣在州西一百二十里，縣南陸路至溱州三百六十里。又自江津縣南循僰溪水路至南州二百三十里。

貢、賦：開元貢：葛五匹，藥子。元和貢：葛，牡丹皮。

管縣五：巴，江津，萬壽，南平，壁山。

巴縣，中。〔八四〕郭下。本漢江州縣地，屬巴郡，在岷江之西，漢水之南，卽蜀將李嚴所修古巴城也。南齊改爲墊江縣，周明帝武成三年改爲巴縣，後遂不改。

州理城，卽漢巴郡城也，先主令都督李嚴鎮此，又鑿南山，欲會汶涪二水，使城在孤洲上。會嚴被徵，不卒其事，鑿處猶存。

江津縣，中下。東至州一百二十里。本漢江州縣地，屬巴郡。周改爲江陽縣，〔八五〕隋開皇三年改爲江津縣，〔八六〕屬渝州。

萬壽縣，中下。東北至州三百八十里。〔八七〕本漢江州縣地，武德三年分江津置萬春縣，屬渝州，五年改爲萬壽縣。

綾錦山，〔八八〕在縣西八十五里。

大江水，經縣南，去縣二里。

南平縣，中下。 西至州一百三十里。 本漢江州縣地，貞觀四年分巴縣置南平縣，屬南平州。十三年廢州，〔八九〕縣改屬渝州。

瀛山，在縣西南三百七十里。以其高峻象海中蓬瀛，故名。

巴子魚池，在縣西北一十里。

壁山縣，中下。 東北至州一百八十里。〔九〇〕本江津、萬壽、巴三縣地，四面高山，中央平田，周迴約二百里，天寶中，諸州逃户多投此營種。川中有一孤山，西北二面險峻，東南面稍平，土人號爲重壁山，至德二年置縣，因山爲名。縣東陸路至江津縣，〔九一〕二百三十里。

合州，巴川。 中。 開元户二萬六十七。 鄉四十二。 元和户二千八百九十二。 鄉三十九。

禹貢梁州之域。春秋時爲巴國，秦滅之，以爲巴郡。今州卽漢巴郡之墊江縣地也，宋文帝元嘉中，於此置東宕渠郡，〔九二〕後魏恭帝於東宕渠郡改置合州，以涪江自梓、遂州來，至州南與嘉陵江合流，因名合州。

州境：東西三百二十四里。南北六百三十九里。

八到：東北至上都二千六百五十里。東北至東都三千五百一十里。西至遂州陸路二百六十里，水路三百七十里。西南至瀘州五百九十里。北至果州三百里。

貢、賦：開元貢：藥子一百顆，牡丹皮一斤，〔九三〕桃竹筯。元和貢：牡丹皮，木藥子。〔九四〕

管縣六：石鏡，漢初，新明，銅梁，巴川，赤水。

石鏡縣，上。郭下。本漢墊江縣，屬巴郡。後漢岑彭與臧宫伐公孫述，自江州縣從涪水上至墊江是也。宋文帝於此置東宕渠郡。石似鏡，因以爲名。〔九五〕

銅梁山，在縣南九里。〔九六〕蜀都賦曰「外負銅梁於宕渠」，是也。〔九七〕山出銅及桃枝竹。〔九八〕

涪江水，經縣南，去縣二百步。

巴子城，在縣南五里。

漢初縣，中。東南至州一百九十四里。本漢墊江縣地，後魏於此置漢初縣，〔九九〕屬合州。

西溪水，〔一〇〇〕一名嘉陵水，經縣理南，去縣一里。

新明縣，中。西南至州一百一十里。〔一〇一〕本漢墊江縣地，自後魏訖隋又爲石鏡縣地，武德二年，〔一〇二〕分石鏡縣之東北界爲新明縣。

銅梁縣，中。東至州一百五十里。〔一〇三〕長安四年，〔一〇四〕刺史陳靖意以大足川僑户輻湊，置縣取小銅梁山爲名。

小銅梁山，在縣西北七十里。

涪江水，在縣東北四十里。

巴川縣，中。北至州一百里。〔一〇五〕開元二十三年，刺史孫希莊奏割石鏡之南、銅梁之東置縣。

小安南溪，源出縣南巴山中。〔一〇六〕

赤水縣，中。東至州一百里。本漢墊江縣地，隋開皇八年，分石鏡縣於今縣西二里置縣，〔一〇七〕因水爲名。

朝霞山，在縣南十八里。

普州，安岳。中。開元户三萬二千六百八。鄉二十五。〔一〇八〕元和户一千六百五十二。鄉二十五。

禹貢梁州之域。秦、漢爲巴、蜀二郡之地，今州卽漢之資中、牛鞞、音髀墊江、後漢之德陽四縣之地，周武帝於此立普州，隋大業二年罷普州，以所領縣屬資州。武德二年重置。

州境：東西二百七十八里。南北三百九十三里。〔一〇九〕

八到：東北至上都二千一百六十里。東北至東都三千二十里。正北微東至遂州一百三十里。正西微北至簡州二百四十里。正南微西至資州一百七十里。〔一一〇〕正北微西至梓州二百五十里。

貢、賦：開元貢：葛八匹。賦：絹，紵布。元和貢：天門冬。〔一一一〕

管縣六：安岳，普康，安居，普慈，崇龕，樂至。

安岳縣，上。郭下。周武帝建德四年與州同置。

縣有鹽井一十所。

安岳山，在縣西南一里。

普康縣，下。北至州七十里。周建德四年於此置永康縣，〔一二〕隋開皇十八年改爲隆康，先天元年改爲普康。

縣有鹽井三所。

安居縣，中。南至州八十里。本周柔剛縣也，〔一三〕因山爲名。隋開皇十二年改爲安居縣，〔一四〕因水爲名。天授三年移於今理。〔一五〕

柔剛山，在縣東二十里。

安居水，在縣北八十步。〔一六〕

縣有鹽井四所。

普慈縣，中。東南至州一百里。本名多業縣，周建德四年置，屬普慈郡。隋開皇十三年，改多業爲普慈。

婆娑山，在縣西北三十里。其山緜亘數百里。

安居水，在縣北一里。

縣有鹽井一十四所。

崇龕縣，下。西至州一百一十里。隋開皇三年於此置隆龕鎮，大業十二年於鎮置縣，〔一一七〕先天元年改爲崇龕，因崇龕山爲名。〔一一八〕

崇龕山，〔一一九〕在縣西三里。

樂至縣，中。東至州一百四十里。本周車免鎮也，〔一二〇〕屬普州，以車免山爲名。武德三年於鎮置樂至縣。

樂至池，在縣東二里。

榮州，和義。下。開元户四千八百七。〔一二一〕鄉一十五。元和户八百八十一。〔一二二〕鄉二十。

禹貢梁州之域。秦爲蜀郡地，在漢卽犍爲郡之南安縣地，李雄據蜀後，夷獠居之，所謂鐵山生獠也。隋開皇十三年置大牢縣，武德元年割資州大牢、威遠二縣，於公井鎮置榮州，取榮德山爲名也。〔一二三〕

州境：東西一百八十三里。南北一百五十六里。〔一二四〕

八到：東北至上都取資州路，〔一二五〕二千四百九十四里。〔一二六〕東北至東都三千三百五十里。東北至資州一百六十里。〔一二七〕南至戎州三百一十里。東南至瀘州水陸路相兼五百四十里。西至嘉州二百一十里。西北至陵州二百一十里。

貢、賦：開元貢：班布六匹，利鐵。元和貢：班布。

管縣六：旭川，咨官，和義，威遠，公井，應靈。

旭川縣，中下。郭下。本漢南安縣地，貞觀元年於此置旭川縣，因縣有鹽井號旭井，取以名縣。

榮德山，在縣東北三十五里。

鐵山，在縣北四十里。

大牢溪，出縣北鐵山下，南流，經縣北。

咨官縣，中下。東南至州九十里。〔一二八〕本漢南安縣地，晉義熙十年置治官縣，〔一二九〕屬犍爲郡。隋後誤以「冶」爲「咨也」。武德元年屬嘉州，貞觀六年改屬榮州。

白崖山，在縣西北十里。

和義縣，中下。西南至州一百七十里。本漢資中縣地，是瀘、資二州界，隋大業十二年分置和義縣，〔一三〇〕以招和夷獠，故以和義爲名。

内江水，在縣西一百七十里。縣有鹽井五所。

威遠縣，中下。西至州七十里。本漢資中縣地，隋開皇三年於此置威遠戍以招撫生獠，十一年改戍爲縣，屬資州。武德元年，改屬榮州。

鐵山，在縣西北四十里。

威遠鎮，在縣城内。

縣有鹽井七所。

公井縣，中下。西北至州九十里。本漢江陽縣地，屬犍爲郡。周武帝於此置公井鎮，隋因之。武德元年於鎮置榮州，因改鎮爲公井縣。

野客山，在縣南六十里。

縣有鹽井十所，又有大公井，故縣鎮因取爲名。

應靈縣，中下。東北至州一百五十里。本漢南安縣地，隋開皇十年於此置大牢鎮，十三年改鎮爲縣。縣界有大牢溪，因取爲名。天寶元年改爲應靈。

縣有鹽井四所。

陵州，仁壽。中。開元户一萬七千九百五十五。鄉四十七。元和户一千九百八十五。鄉四十七。

禹貢梁州之域。秦爲蜀郡地，在漢即犍爲郡之武陽縣之東境也。晉孝武帝太元中，益州刺史毛璩置西城戍以防鹽井，〔一三〕周閔帝元年又於此置陵州，〔一三〕因陵井以爲名。陵井者，本沛國張道陵所開，故以「陵」爲號。晉太元中，刺史毛璩乃於東西兩山築城，置主將防衛之。〔一三三〕後廢陵井，更開狼毒井，今之煮井是也，居人承舊名，猶曰陵井，其實非也。今按州城南北二面懸岸斗絶，四面顯敞，南臨井。

州境：東西一百四十里。南北三百一十里。

八到：東北至上都二千二百一十里。東北至東都三千七十里。東北至成都府二百里。〔一三四〕西至眉州七十里。東北至簡州一百八十里。東至資州二百三十五里。東南至榮州三百一十里。〔一三五〕西至嘉州一百九十里。

貢、賦：開元貢：麩金，細葛四匹。賦：絹，緜。元和貢同。〔一三六〕

管縣五：仁壽，貴平，籍，始建，井研。

仁壽縣，上。郭下。本漢武陽縣之東境也，後魏定蜀，於此置普寧縣，屬懷仁郡。隋開皇三年罷郡，以縣屬陵州，十八年改普寧爲仁壽縣。

三隅山，有東隅、南隅、西隅三山相對，去陵井各一里，故爲名。

婆支水，出縣北婆支山，去縣四十五里。

陵井，縱廣三十丈，深八十餘丈。益部鹽井甚多，此井最大。以大牛皮囊盛水，〔一三七〕引出之役作甚苦，以刑徒充役。中有祠，蓋井神。

張道陵祠，在縣西南百步。陵開鑿鹽井，人得其利，故爲立祠。陵卽張魯之祖父，學道鶴鳴山，人從受道者出五斗米，故時人號「米賊」，亦曰「五斗米道」。

貴平縣，中。西南至州六十七里。本漢廣都縣之東南地，後魏於此置和仁郡，仍立縣。

唱車山，在縣西南九里。

禄水，在縣南五十步。

平井鹽井，在縣東南七步。

籍縣，上。東南至州一百里。本漢武陽縣地，周閔帝於此置籍縣，〔一三八〕因蜀先主籍田地爲名。

隋大業二年省，永徽四年復置。

丹沙山，在縣南七十里。

大江水，在縣北三十五里。

（大）〔木〕津水，〔一三九〕在縣南五里。

始建縣，中下。北至州五十五里〔一四〇〕本漢武陽縣地，隋開皇十年於今縣立始建鎮，大業五年改鎮爲縣。〔一四一〕聖曆二年移於仁壽縣界置，其舊縣復置始建鎮。

鐵山，在縣東南七十里。出鐵，諸葛亮取爲兵器。其鐵剛利，堪充貢焉。

井研縣，中。北至州一百一十五里。本漢武陽縣地，隋大業五年因井研鎮立縣，取鎮爲名，屬陵州。

井研鹽井，在縣南七里。鎮及縣皆取名焉。又有思稜井、井鑊井。〔一四二〕

瀘州，瀘川。下府。開元户一萬六千八百七。鄉三十七。元和户一千九百六十九。鄉三十七。〔一四三〕

禹貢梁州之域，春秋、戰國時爲巴子國。秦并天下爲巴郡地。武帝分置犍爲郡，今州即犍爲郡之江陽、符二縣之地。按江陽即今州（域）〔城〕是也。〔一四四〕先主入益州，遣諸葛亮、張飛等引兵泝流定江陽是也。晉穆帝遣安西將軍桓温將萬人伐李子仁，軍次江陽，亦謂此地也。後爲獠所没。梁大通初，〔一四五〕割江陽郡置瀘川，魏置瀘州，〔一四六〕取瀘水爲名。隋大業三年改爲瀘川郡，〔一四七〕武德元年復爲瀘州。

州境：東西四百七十八里。南北五百六十三里。

八到：西北至資州泝流六百三十里，自資至上都二千三百三十里。東北至東都三千八百三十里。東北至渝州水路七百里。東北至合州五百九十里。西北至榮州五百四十里。西至戎州水路三百一十里，陸路二百四十里，〔一四八〕山路險峻或不通。

貢、賦：開元貢：麩金，葛，醬。賦：麻，布。元和貢同。〔一四九〕

管縣五：瀘川，緜水，江安，富義，合江。

瀘川縣，中下。郭下。本漢江陽縣地，屬犍爲郡。初，曹公入漢中，諸葛亮出屯江陽。晉穆帝於縣置東江陽郡，領江陽縣，隋開皇三年廢郡，以縣屬瀘州。大業元年，改江陽縣爲瀘川縣。皇朝因之。

汶江水，經縣南三十步。

中江水，亦曰緜水，經縣北三里。出麩金。

緜水縣，中下。東至州一百六十里。本漢江陽縣地，晉於此置緜水縣。〔一五〇〕

汶江水，經縣東一十五里。

江安縣，中下。東北至州五十里。本漢江陽縣地也，李雄亂後，没於夷獠。晉穆帝於此置漢安縣，十八年改爲江安縣。〔一五一〕

方山，在縣西北一十三里。〔一五二〕

汶江水，經縣北八十步。

可盛鹽井，在縣西北一十一里。

富義縣，中下。東南至州三百里。本漢江陽縣地，周武帝於此置富世縣，貞觀二十三年改爲富義縣。

中江水，亦曰緜水，經縣東百步。

富義鹽井，〔一五三〕在縣西南五十步。月出鹽三千六百六十石，劒南鹽井，唯此最大。其餘亦有井七所。

合江縣，中下。西至州一百二十里。本漢符縣地，晉穆帝於此置安樂縣，梁改置安樂戍，周改爲合江縣。〔一五四〕

安樂山，在縣東八十三里。縣取名焉。

龍州，江油。下都督府。開元户九百一十七。鄉五。〔一五五〕元和户三百二十五。鄉五〔一五六〕

禹貢梁州之域。秦、漢及魏不置郡縣。魏景元元年，〔一五七〕詔鄧艾征蜀，艾自陰平行無人之地七百餘里，鑿山通道，造作橋閣，山高谷深，至爲艱險。艾以氈自裹，推轉而下，將士皆攀木緣崖，魚貫而進，先登至江油，卽其地也。晉於此置平武縣，屬陰平郡。至梁，有楊、李二姓最豪，分據其地，各稱藩於梁。至西魏禪帝二年平蜀，於此立龍州。隋末陷賊，武德元年隴蜀平定，改爲龍門郡，其年加「西」字，貞觀元年改爲龍州。〔一五八〕

州境：東西四百六十八里。南北二百九十六里。

八到：東北至上都取利州路一千六百五十里。東北至東都二千五百一十里。東至利州四百里。西至緜州二百二十里。〔一五九〕東南至劒州三百二十里。東至松州三百二十里。〔一六〇〕北至渝州取文州路三百三十里。〔一六一〕西北至扶州六百里。西南至茂州四百九十里。〔一六二〕

貢、賦：開元貢：麩金，鈴羊角，天雄。〔一六三〕元和貢：烏頭，附子，鈴羊角，天雄，側子。

管縣二：江油，清川。

江油縣，中下。郭下。本晉平武縣地，後魏於此置江油郡，并立江油縣以屬焉。

石門山，在縣東一百三里。有石門戍，與氐分界，去仇池城四百餘里。

雪山，在縣西三百里。以春夏常有積雪也。

饗漄山，在縣東八十二里。〔一六四〕出錫。

涪江，南流經州城東，又經江油城東。其水出金。

清川縣，中下。西南至州九十里。本後魏之馬盤郡，領馬盤一縣，屬龍州。隋開皇三年罷郡，縣入郡理，屬龍州。天寶元年，改爲清川縣。

昌州，昌化。中。元和戶一千一百九。鄉七。

本漢資中縣之東境，墊江縣之西境，江陽縣之北境，皇朝乾元元年，〔一六五〕左拾遺李鼎祚奏以山川闊遠，請割瀘、普、渝、合、資、榮等六州，〔一六六〕界置昌州，尋爲狂賊張朝等所焚，州遂罷廢。大曆十年，本道使崔寧又奏復置，以鎮押夷獠。其城南憑赤水，北倚長嵓，極爲險固。

州境：東西　南北

八到：北至上都取普州、遂州路二千五百四十里。東北至東都三千四百里。正南至瀘州取合江縣路三百八十里。正北微西至普州三百八十里。西北至資州三百里。〔一六七〕東北至合州三百九十里。

貢、賦：（開元）〔元和〕貢：〔一六八〕筒布。

管縣四：靜南，昌元，永川，大足。

靜南縣，中。郭下。乾元元年與州同置。

銅鼓山，在縣北八十里。

赤水溪，經縣南，去縣九十步。

始龍溪，〔一六九〕在縣東，南流屈曲五十里合赤水溪流也。

昌元縣，中。東至州一百二十里。乾元元年與州同置。東接瀨波溪，西臨耶水。

葛仙山，在縣南一百五十里。

瀨波溪，在縣南五十步。

永川縣，下。西至州九十里。大曆十一年置。東西北三面並枕侯溪水，南面接延陵英山。〔一七〇〕

大鐵山，在縣東南八十里。

大足縣，下。西南至州六十五里。乾元元年與州同置。東臨赤水，西枕棠山。〔一七一〕

牛鬬山，在縣東南八十里。

卷三十三校勘記

〔一〕劍南道下　攷證：官本按云：「唐書地理志劍南採訪使所管，梓州之前有霸州，其縣曰安信、牙利、保寧、歸化，有乾州，其縣曰昭武、寧遠，是志不載西川節度使所管內，而東川節度使所管亦無之。又文獻通考謂唐時渝州屬劍南道，合州屬山南道，舊唐書則渝州亦屬山南道，是志渝、合二州並屬東川節度使，而未詳何時自山南道改屬。」按霸、乾二州元和時並屬羈縻，渝、合二州何時屬東川，例不盡詳，見二十二卷文州下。

〔二〕鄉一十六　今按：岱南閣本、畿輔本作「鄉一百一十六」，攷證謂「一百」宜衍。

〔三〕三十四里　攷證：官本「三」作「二」。

〔四〕二百一十里　攷證：官本「一十」作「二十」。

〔五〕一百三十里　攷證：官本「三十」作「二十」。

〔六〕東北至閬州　今按：殿本同，它本作「西北」，誤。

〔七〕綾　攷證：官本下有「十六匹」。

〔八〕後魏置昌城郡後又改名昌城縣　今按：「昌城郡」，殿本同，它本作「新城縣」。殿本無「後又」二字。攷證云：「按隋志『郪，舊曰伍城』，始於劉宋，西魏改曰昌城，不詳新城，宜從官本。」攷隋志云「舊曰伍城，西魏改曰昌城，仍置昌城郡」，殿本與之合，故無「後又」二字，此本從之，但仍存「後又」二字則與隋志不符。隋志「伍城」爲「新城」之誤，宋置新城郡，蓋因新城縣得名，它本作「新城縣」非誤，寰宇記亦云「後魏置新城縣，恭帝三年改爲昌城」。此志及寰宇記「後魏」二字皆爲「西魏」之誤，後魏疆域不及四川三台。

〔九〕宋於此置西宕渠郡 攷證：州郡志有宕渠郡、南宕渠郡、北宕渠郡，無西宕渠郡。按隋志，郡置自蕭梁，「宋」疑訛。

〔一〇〕周明帝置通井縣 攷證：「井」，隋志誤作「泉」。今按：輿地紀勝潼川府通泉縣引無「周明帝置通井縣」句。隋志及諸地書無作「通井」者，縣以通泉山得名，「井」字疑誤，隋志謂改湧泉縣爲通泉，不云改自通井，此句當衍。

〔一一〕沈水 攷證：王象之引下有「縣」字。今按：此當如寰宇記作「沈水在縣北」，脱「在縣」二字。

〔一二〕後魏平蜀立玄武郡 攷證：隋志云後周立。

〔一三〕五城 今按：隋志作「伍城」。

〔一四〕玄武山 今按：隋志作「三推山」，寰宇記引華陽國志云：「玄武山一名三嵎山，其山六屈三起。」

〔一五〕七里坂在縣東七里 攷證：樂史引益州記「七里坂在覆船山中」。此志前條云「覆船山在縣西南四十里」，殊不相及，恐有訛。

〔一六〕中 今按：殿本同，它本作「中下」，攷證云：「『下』宜衍。」

〔一七〕巴郡充國縣地也 今按：岱南閣本、畿輔本無「巴郡」二字。

〔一八〕四十五里 今按：殿本同，它本無「五」字。

〔一九〕開皇十年　攷證：官本作「十三年」。

〔二〇〕十三年　攷證：官本作「十年」。

〔二一〕置監署官　今按：殿本同，它本無「署」字。

〔二二〕九百二　攷證：官本「二」作「三」。

〔二三〕宋於此置南安郡　攷證：州郡志梁州無南安郡，蓋南齊置。

〔二四〕一千四百三十里　今按：殿本同，它本「一千」作「二千」。

〔二五〕蘇薰席賦縣絹　今按：岱南閣本、畿輔本「席」誤「布」，脱「賦」字。下元和貢「蘇薰席六領」作「同」字。

〔二六〕宋於此置南安縣至普安縣　今按：殿本同，它本「南安」誤「安南」。攷證云：「州郡志無南安縣，顧祖禹曰『南齊置』。隋志云西魏改普安縣置普安郡，與此異，王象之曰宜從隋志。」

〔二七〕漢德政城　攷證：「政」宜作「故」，晉志漢德縣屬梓潼郡。

〔二八〕在縣東北五十三里　攷證：按下「既度劍閣」云云，與後二條方里攷之，「五十三里」宜有誤。

〔二九〕晉鍾會軍至此　攷證：「晉」宜作「魏」。

〔三〇〕縣東四十八里至開遠戍東十一里　攷證：按前後各條，方位里數皆不相符，恐有誤。

〔三一〕縣東北四十九里至東北三十里　攷證：方里未合。

〔三二〕屬南安郡　今按：殿本同，它本「南安」二字倒。

〔三三〕周武帝改爲黄安縣　攷證：隋志云西魏改。

〔三四〕周閔帝改爲永歸縣　攷證：隋志云西魏改。今按：舊唐志謂隋分梓潼縣置永歸縣，三説互異，疑以隋志爲是。

〔三五〕宋明帝至北陰平郡并縣　今按：殿本同，它本無「並縣」二字，蓋脱，宋志、齊志北陰平郡所領並有陰平縣。晉志「永嘉中，晉人流寓於梁、益者，仍於二州立南、北陰平郡」。寰宇記引輿地志「晉人流寓於蜀者，乃於益州立北陰平郡」。是郡置於東晉，非宋始立。

〔三六〕血變成鼈　今按：殿本同，它本「鼈」作「石」。

〔三七〕僑置武功縣至武連縣　攷證：武功縣，州郡志未詳。隋志武連西魏改。

〔三八〕中　攷證：官本作「中下」，新志作「中上」。

〔三九〕掌夫山　攷證：王象之引作「掌天山」，顧祖禹、洪亮吉並同。

〔四〇〕衛博至李盪自掌夫山要博　今按：岱南閣本、畿輔本「要」作「趣」。攷證云：「『衛博』、『李盪』，晉書及十六國春秋俱作『衙博』、『李蕩』。」

〔四一〕燕角　今按：岱南閣本、畿輔本「燕」誤「熊」。

〔四二〕中　今按：殿本同，它本作「中下」。

〔四三〕梓潼舊城在今劍州界　今按：岱南閣本作正文。

〔四四〕爲蜀東北之重衝　今按：戈襄校舊鈔本、清初鈔本、殿本同，它本脱「蜀」字。

〔四五〕王懷業開之　攷證：顧祖禹引「業」作「素」。

〔四六〕六十里　攷證：官本作「六十二」。

〔四七〕對鳳兩窠獨窠白紬絹又貢雙紃二十匹　今按：殿本無「絹又貢」三字。岱南閣本、畿輔本誤分「對鳳兩窠獨窠白紬」爲三物，「紃」訛「絲」。

〔四八〕元和貢雙紃賦同　今按：殿本無。

〔四九〕後魏改爲巴中縣　攷證：隋志云「魏改巴西」，恐誤。今按：隋志云「巴西，舊曰涪，置巴西郡，西魏改縣曰巴西」。舊唐志云「隋改涪曰巴西」。寰宇記云「西魏分涪縣別置巴中縣，隋改涪縣曰巴西，而以巴中縣省入」。四説互異，當從寰宇記爲是。

〔五〇〕一十餘里　今按：殿本同，它本作「二十餘步」。

〔五一〕三十二里　攷證：官本「二」作「五」。

〔五二〕缺　今按：殿本作「中」，與新唐志合。

〔五三〕去縣五里　今按：殿本無此四字。

〔五四〕宋明帝時梓潼涪人范百年　今按：岱南閣本、畿輔本脱「時」字。攷證云：「『百年』，御覽引作『柏年』。」

〔五五〕貪泉　攷證：「貪泉」下御覽引有「問卿鄉有此水否」句，此脱。

〔五六〕謂此水也　攷證：官本此下按云：「此條前缺羅江縣建置原委，據舊唐書『羅江，漢涪縣地，晉於梓潼水尾萬安故城置萬安縣，後魏置萬安郡，隋廢，天寶元年改萬安爲羅江。廉泉、讓水，出縣北平地。』又新唐書云『縣北五里有茫江堰，引射水溉田。北十四里有楊村堰，引折脚堰水溉田。』此皆缺載。」按杜佑、宋白、樂史，並以廉、讓二水屬昌明縣，蜀水攷云「彰明縣有廉、讓二水」，即唐昌明，不在羅江也。今按：殿本與此廉水條繫於羅江縣後，它本屬於昌明縣下，或殿本乃依舊唐志改移，此又從之。

〔五七〕神泉在縣西平地至能愈衆疾　今按：岱南閣本「平地」下有「一里」二字。攷證云：「御覽引有『有泉十四，甘香異常，錮疾飲之即差，故曰神泉』。樂史引郡國志『神泉縣西三十里，有泉十四穴，甘香異常，錮疾飲之即差，故曰神泉。』顧祖禹引此與樂史同。」

〔五八〕崩頹之所則金粟散出　今按：岱南閣本、畿輔本「之所則」作「所側」二字。攷證謂洪亮吉引同此。

〔五九〕蜀王楊秀　今按：殿本同，它本無「楊」字。攷證云：「『楊』字宜衍。」

〔六〇〕西至州六十五里　今按：殿本同，它本「西」作「東」。魏城縣即今魏城鎮，位綿州東北，當作「西南至州」。

〔六一〕五十六里　今按：殿本同，與寰宇記合，它本「六」作「一」。

〔六二〕開皇三年　攷證：隋志作「四年」。

〔六三〕周保定二年立爲遂州　今按：周書閔帝紀「元年正月，於遂寧郡置遂州」，此云周武帝保定二年立，恐誤。

〔六四〕取果州路　今按：岱南閣本、畿輔本脱此四字。

〔六五〕東南至合州　今按：殿本脱「南」字。

〔六六〕樗蒲綾十五匹　今按：清初鈔本、殿本同，它本作「綾十五匹」。

〔六七〕柑子　今按：岱南閣本、畿輔本「柑子」下有「樗蒲綾」。

〔六八〕本晉小溪縣也　攷證：晉志未詳，隋志「梁曰小溪」。

〔六九〕本晉之晉興縣也本屬巴郡　攷證：晉志未詳。王象之引「巴」作「巴西」。

〔七〇〕後魏改至改爲青石縣　攷證：隋志西魏改青石，又置懷化郡。

〔七一〕三十六里　今按：殿本同，它本作「二十六里」。輿地紀勝遂寧府景物引作「二十九里」。

〔七二〕永淳元年　攷證：會要「永淳」作「開耀」。

〔七三〕天寶元年　攷證：會要「元年」作「八年」。

〔七四〕景龍二年　攷證：會要及兩志並作「元年」，樂史同。

〔七五〕鄉一十七　今按：殿本同，它本「七」作「二」。

〔七六〕三十四　攷證：官本「四」作「二」。

〔七七〕戰國時楚既稱王　攷證：王象之引「楚」作「蜀」，此誤，楚稱王不始戰國。

〔七八〕分巴郡自墊江已下爲永寧郡　攷證：王象之引「墊江」上有「墊江以上爲巴郡」句，此脱。今按：「巴郡」，岱南閣本、畿輔本誤作「巴都」。

〔七九〕先主至號曰三巴　攷證：譙周巴記云「建安六年，劉璋分巴，以永寧爲巴東郡，以墊江爲巴西郡」。水經注云「漢獻帝初平元年，分巴爲三郡」。不自先主始也。今按：巴記云「建安六年，以蹇允訟，分巴爲三：以永寧爲巴東，閬中爲巴西，墊江爲巴郡」，攷證引有錯脱。又建安二十年，張魯亦曾分巴爲三，以夷帥朴胡爲巴東，杜護爲巴西，任約爲巴郡，旋爲先主所幷，或因此而以分巴屬之先主耳。

〔八〇〕梁武陵王至改爲巴州　今按：殿本同，它本脱「巴州」以上十八字，並脱下文「周閔帝」之「周」字，輿地紀勝重慶府沿革引與此同。

〔八一〕楚州　今按：岱南閣本、畿輔本「楚」下「州」字脱。

〔八二〕正北至合州　攷證：官本作「西北」，是。

〔八三〕西至渠州　今按：岱南閣本、畿輔本作「北至榮州」，誤。攷證云：「按方輿，宜作『北至渠州』。」渠州，今四川渠縣，在渝州東北，當作「東北至」。

〔八四〕中　攷證：官本作「中下」，與新志合。

〔八五〕周改爲江陽縣　攷證：隋志「周」作「西魏」。

〔八六〕開皇三年　攷證：隋志「三」作「八」。

〔八七〕三百八十里　攷證：顧祖禹曰「萬壽廢縣在巴縣西南九十里」，此恐誤。樂史云「州西南三十里，平蜀後廢入江津」。

〔八八〕綾錦山　今按：殿本同，與輿地紀勝重慶府景物引合，它本作「綿綾山」，恐誤。攷證云洪亮吉引亦作「綾錦」。

〔八九〕十三年　攷證：兩志並同，會要作「十二年」，恐誤。

〔九〇〕東北至州一百八十里　攷證：洪亮吉、李兆洛並云璧山即今縣，東稍南至府一百里，與王存、王象之説合，此志方里恐有誤。

〔九一〕縣東陸路至江津縣　攷證：「東」下疑脱「南」字。

〔九二〕置東宕渠郡　攷證：宋志未詳。今按：宋志有南宕渠，而合州所治縣則屬巴郡；南齊有東宕渠郡，不領縣，與此別。

〔九三〕藥子一百顆牡丹皮一斤　今按：岱南閣本、畿輔本「一百」作「二百」，「一斤」作「二斤」。殿本「一斤」作「十斤」。

〔九四〕元和貢至木藥子　攷證：官本無，按云：「此與前遂、渝二州，後榮、龍二州之賦並傳寫缺」。

〔九五〕宋文帝至石似鏡因以爲名　今按：「文帝」，殿本同，與州敘合，它本誤作「武帝」。攷證云：「『郡』下宜有脱文，樂史云『宋改爲宕渠縣，後魏恭帝二年爲石鏡縣，邑有青石如鏡，故以爲名。』此敘不著縣名原始，『石似鏡』語義不明，斷非原文。」

〔九六〕在縣南九里　攷證：錢坫引「九」作「十」。

〔九七〕外負銅梁於宕渠是也　今按：與文選蜀都賦同，各本誤作「外負銅梁石渠」。

〔九八〕山出銅及桃枝竹　攷證：王象之引作「出鐵及桃竹杖」，此誤。

〔九九〕後魏於此置漢初縣　攷證：齊志東、西宕渠郡並有漢初縣。

〔一〇〇〕西溪水　攷證：「溪」宜作「漢」，水經注「西漢水入嘉陵道爲嘉陵水」，即此水。

〔一〇一〕一十里　攷證：官本「一」作「二」。

〔一〇二〕武德二年　攷證：會要及兩志並作「三年」。

〔一〇三〕一百五十里　攷證：「一百」，官本作「二百」。

〔一〇四〕長安四年　攷證：新志及會要並作「三年」。

〔一〇五〕一百里　攷證：官本作「二百里」，樂史同，與縣敍「割石鏡之南，銅梁之東」，方輿未合。

〔一〇六〕縣南巴山中　攷證：官本無「巴」字，「中」作「下」，王象之引與此同。

〔一〇七〕二里　今按：殿本同，它本「二」作「三」。

〔一〇八〕鄉二十五　今按：殿本無，它本同此。下「元和鄉二十五」，殿本有，它本無。

〔一〇九〕三百九十三里　攷證：官本「三百」作「一百」。

〔一一〇〕一百七十里　今按：殿本同，與資州八到合，它本「一百」作「三百」。

〔一一一〕天門冬　今按：岱南閣本下有「葛」一物。

〔一一二〕置永康縣　攷證：舊志云「周曰永唐，隋改永康，尋改隆康」，與此別。

〔一一三〕本周柔剛縣也　攷證：王象之引「柔剛」作「剛柔」，恐誤。今按：隋志云「周置曰柔剛」，與此合。

〔一一四〕十二年　攷證：隋志「二」作「三」，樂史同。

〔一一五〕天授三年　攷證：舊志及樂史並作「二年」，此誤。

〔一一六〕八十步　攷證：王象之引作「八里」。

〔一一七〕於鎮置縣　攷證：隋志缺。

〔一一八〕改爲崇龕因崇龕山爲名　今按：殿本同，它本作「改名爲崇龕」，無「因崇龕山爲名」句。

〔一一九〕崇龕山　攷證：本隆龕山，唐避。

〔一二〇〕車免鎮也　攷證：樂史「免」作「兑」，恐訛，王象之引作「免」。

〔一二一〕八百七　攷證：官本「八」作「七」。

〔一二二〕八十一　攷證：官本無「一」字。

〔一二三〕爲名也　攷證：以下宜有脱文，兩志並云「永徽二年徙治旭川」。

〔一二四〕五十六里　今按：殿本作「三十六里」。

〔一二五〕東北至上都取資州路　今按：岱南閣本、畿輔本作「東北取資州至上都」，鈔變文例。

〔一二六〕九十四里　攷證：官本無「四」字。

〔一二七〕一百六十里　攷證：資州「一百」作「二百」。

〔一二八〕洛官縣中下東南至州九十里　今按：殿本同，它本「東南」作「西北」，誤，洛官位榮州西北。攷證云：「兩志並作『資官縣』，誤。」

〔一二九〕義熙十年置冶官縣　今按：殿本同，與舊唐志及寰宇記合，它本作「大業十一年置洛官縣」，誤。宋志、齊志並有冶官縣，隋志未詳。

〔一三〇〕大業十二年　攷證：欒史「二」作「三」，隋志未詳。

〔一三一〕置西城戍以防鹽井　今按：各本「置」作「益」。殿本同此作「西城戍」，它本「城」誤「域」。輿地紀勝引周地圖與此同。

〔一三二〕周閔帝至置陵州　攷證：隋志云西魏置。

〔一三三〕置主將防衛之　攷證：王象之引「主將」作「主簿」。

〔一三四〕二百里　今按：殿本同，與成都府八到合，它本作「三百里」。

〔一三五〕東南至榮州　今按：殿本同，它本「東南」作「西」，誤。又下條「西至嘉州一百九十里」，殿本同，它本俱脱。

〔一三六〕元和貢同　攷證：官本無。

〔一三七〕以大牛皮囊盛水　今按：岱南閣本、畿輔本脱「皮」字。

〔一三八〕周閔帝於此置籍縣　攷證：舊志云「梁席郡，隋廢爲縣，語訛爲『籍』」，與此異，欒史從之。

〔一三九〕（大）〔木〕津水　攷證：官本「大」作「木」，王象之引同，此形近訛。今按：「大」字誤，今從殿本改。

〔一四〇〕五里　攷證：官本作「七里」。

〔一四一〕大業五年改鎮爲縣　攷證：隋志云開皇十一年置始建縣。

〔一四二〕又有思稜井井鏤井　攷證：官本「思」作「四」，「井」下無「井」字。今按：輿地紀勝隆州景物引輿此同，寰宇記井研縣有稜井，即此思稜井，諸書無「四稜井」之目，疑殿本「四」爲「思」之訛。又寰宇記井研縣北二里有井鏤山，云「其山俯臨井鏤，因以爲名」，則「井鏤井」非誤，殿本削上「井」字非。

〔一四三〕鄉三十七　攷證：官本作「三十八」。

〔一四四〕即今州（域）〔城〕是也　今按：殿本「域」作「城」是，此誤，今據改。

〔一四五〕後爲獠所没梁大通初　今按：殿本同，與輿地紀勝瀘州沿革引合，它本「没」誤「役」，脱「初」字。

〔一四六〕割江陽郡置瀘川魏置瀘州　今按：「江陽郡」當作「東江陽郡」。舊唐志云梁置瀘州。

〔一四七〕大業三年　今按：殿本同，它本「三」作「二」。攷證云：「王象之引作『三年』。」

〔一四八〕陸路二百四十里　攷證：戎州作「三百」。

〔一四九〕元和貢同　攷證：官本無。

〔一五〇〕晉於此置緜水縣　攷證：晉志有江陽無緜水。今按：宋志、齊志益州東江陽郡並有緜水縣，隋志梁置，不同。此云晉置，蓋穆帝置。

〔一五一〕晉穆帝於此置漢安縣十八年改爲江安縣　攷證：漢安，後漢分江陽置，見郡國志，不始於晉。「十八年」上脱「開皇」，穆帝無十八年。今按：上云「李雄亂後，没於夷獠」，晉穆帝又重置耳，「於此」下當有「重」字。隋志「江安，舊曰漢安，開皇十八年改名」，此脱「隋開皇」三字。

〔一五二〕一十三里　攷證：官本作「一十二里」。

〔一五三〕富義鹽井　攷證：華陽國志、新唐書並作「富世」，即周所以名縣也，唐避。

〔一五四〕周改爲合江縣　攷證：王象之引爲「周保定四年廢戍，置安樂縣，隋開皇十八年改縣曰合江，以江在縣側合流爲名」，此恐後人依隋志改。

〔一五五〕一十七鄉五　攷證：官本「七」作「九」，「五」作「六」。

〔一五六〕二十五鄉五　攷證：官本「二十五」作「二十九」，「五」作「六」。

〔一五七〕景元元年　攷證：按三國志，鄧艾至江油在景元四年，此誤。

〔一五八〕改爲龍州　攷證：兩志並作「龍門州」，蓋誤。

〔一五九〕西至緜州　攷證：「西」宜作「南」。

〔一六〇〕東至松州　攷證：「東」宜作「西」。

〔一六一〕北至渝州取文州路　攷證：渝州在龍州東南，不北行，何由文州？樂史作「北踰山至文州」，此傳鈔誤也。

〔一六二〕西南至茂州　今按：殿本同，它本「西南」作「西北」，誤。

〔一六三〕天雄　攷證：官本無。

〔一六四〕饗漥山在縣東　攷證：官本「漥」作「崖」，「東」作「南」，亦非，洪亮吉引作「饗厓山在縣東南」。

〔一六五〕乾元元年　攷證：新書作「二年」，會要云「二年正月」，王象之曰「元年奏置，二年建州」，甚得事實。

〔一六六〕割瀘普渝合資榮等六州　攷證：新書云「析資、瀘、普、合四州」，會要云「分資、普二州」，恐均未的。

〔一六七〕三百里　攷證：資州作「二百六十里」。

〔一六八〕（開元）〔元和〕貢　攷證：官本作「元和貢」，是，建州在開元後。今按：昌州建自乾元初，何得有開元貢，今據殿本改。又殿本下按云：「元和賦傳寫缺。」

〔一六九〕始龍溪　攷證：樂史「始」作「交」。

〔一七〇〕並枕侯溪水南面接延陵英山　今按：殿本及輿地紀勝昌州永川縣引並同，它本「侯」誤「候」，「英」誤「莫」。攷證云：「洪亮吉引同此。王象之引下有『以山川闊遠，因名』，此脫。」

〔一七一〕西枕榮山　攷證：王象之、顧祖禹引圖經「榮」並作「營」。

元和郡縣圖志卷第三十四

嶺南道一

嶺南節度使

廣州，南海。都督府。〔一〕開元户六萬四千二百五十。鄉一百九十四。元和户七萬四千九十九。鄉九十一。今爲嶺南節度使理所。

管州二十二：廣州，循州，潮州，端州，康州，封州，韶州，春州，自春州以下分入下卷，闕。〔二〕新州，雷州，羅州，高州，恩州，潘州，辯州，〔三〕瀧州，勤州，崖州，瓊州，振州，儋州，萬安州。〔四〕

禹貢梁州之域。〔五〕春秋時百越之地，秦并天下置南海郡。下言南海郡地，即禹貢之域也。〔六〕秦末趙佗竊據之，高帝定天下，爲中國勞苦，釋佗不誅，因立佗爲南越王，使無爲南邊害。至武帝元鼎五年，遣伏波將軍路博德出桂陽下湟水，樓船將軍楊僕下湞水，咸會番禺，誅佗玄孫建德及相吕嘉，遂定越地，以爲南海、蒼梧、鬱林、交趾、〔七〕九真、日南、珠崖、儋耳郡。按漢南海郡即秦南海故郡也，屬交趾刺史。獻帝末，孫權以步騭爲交州刺史，遷州於番禺，即今州理是也。孫皓時，〔八〕以交州土壤太遠，乃分置廣州，理番禺。交州徙理龍編。晉代因而不改。義熙中，盧循自稱平南將軍、廣州刺史，用徐道覆計，舉兵建業，軍敗單舸走保廣州，爲晉將杜慧度所破，投水而死。隋開皇九年平陳，於廣州置總管府，仁壽元年改廣州爲番州，大業三年罷番州爲南海郡。隋末陷賊，武德四年討平蕭銑，復爲廣州。開元二十一年，又於邊境置節度經略使，式遏四夷。廣州爲嶺南五府經略使理所，以綏靜夷獠，統經略軍，〔九〕南海郡，係本州城内有經略軍額管鎮兵五千四百人。清海軍，恩平郡，管兵一千人。恩平今恩州。桂管經略使始安郡，管兵一千人。容管經略使普寧郡，管兵一千一百人。鎮南經略使，安南都護府，管兵四千二百人。邕管經略使，朗寧郡，管兵一千七百人。

州境：東西六百四十八里。南北一千二百一十里。

八到：西北至上都取郴州路四千二百一十里，取虔州大庾嶺路五千二百一十里。西北至東都取桂州路五千八十五里。東北至韶州五百三十里。西北泝流至連州八百九十里。正西微北至端州沿泝相兼二百四十里。西南至恩州水路六百里。西北至賀州八百七十六里。正南至大海七十里。

貢、賦：開元貢：絲布，竹布，蕉布，沈香，甲香，鍾乳，石斛，蚺蛇膽，山薑。〔一〇〕元和貢：荔枝煎，山薑，餘甘子，鼊皮，石斛，鍾乳，沈香，甲香，占臘香，蚺蛇膽。〔一一〕

管縣十三：南海，番禺，化蒙，懷集，增城，浛水，東莞，新會，義寧，清遠，四會，湞陽，洽洭。

南海縣，上。郭下。本漢番禺縣之地也，屬南海郡，隋開皇十年分其地置南海縣，屬廣州。

番山，在縣東南三里。

禺山，在縣西南一里。尉佗葬於此。

南海，在縣南，水路百里。自州東八十里有村，號曰古斗，自此出海，浩淼無際。

石門水，一名貪泉，出縣西三十里平地。卽晉廣州刺史吳隱之飲水賦詩之處。

州城，步騭所築也。騭爲交州刺史，登臺遠望，乃曰：「斯誠海島膏腴之地，〔一二〕宜爲都邑。」遂遷州於番禺，建築城郭焉。

趙佗故城，在縣西二十七里。卽尉佗都城也。

陸賈故城，在縣西一十四里。賈之來也，佗不卽前，賈故爲城以待之。

盧循故城，在縣南六里。循既爲宋高祖所破，聚其餘黨，還至番禺，〔一三〕高祖遣建威將軍孫季高、振武將軍沈田子力戰，大破之。

朝臺，在縣東北二十里。〔一四〕昔尉佗初遇陸賈之處也，後歲時於此望漢朝拜，故曰朝臺。

牛鼻鎮，在縣西北五十里。

赤岸戍，在縣東百里。

紫石戍，在縣東七十里。

北廟，在縣北三里。即尉佗之廟也。

虞翻廟，在縣西北三里。翻爲孫權騎都尉，以數諫争，徙交州卒。

海廟，在縣東八十一里。

任囂墓，在縣北三里。

尉佗墓，在縣東北八里。又言佗葬在禺山，蓋與此相連接耳。

番禺縣，上。北至州十五里。本秦舊縣，故城在今縣西南二里。縣有番、禺二山，因以爲名。或言置在番山之隅。隋開皇十年改置南海縣，即今縣是也。長安三年，於江南洲上别置番禺縣，取漢名。其洲周迴約八十里。

化蒙縣，下。東南至州一百八十里。〔一五〕本秦四會縣之地，宋元嘉十三年，分四會縣之蒙鄉置化蒙縣，屬綏建郡。隋開皇十年廢郡，縣屬廣州。

鉛穴山，在縣西六十里。出鉛錫。

滑水，一名綏建江，經縣南，去縣三十步。

懷集縣，中。東南至州六百三十里。本漢四會縣之地，宋元嘉中，分四會縣之銀屯鄉置懷集縣，屬綏建郡。〔一六〕隋開皇十年改屬洭州，洭州，卽今廣州洽洭縣理是也。二十年廢洭州，改屬廣州。

驃山，在縣東北四十二里。多鐵鉚，百姓資焉。

綏建江，經縣西南三里。

增城縣，中。西南至州一百八十里。本漢番禺縣地，後漢於此置增城縣。按崑崙山上有閬風，增城蓋取美名也，屬南海郡。隋開皇十年屬廣州。

猊山，在縣東南二十三里。多婆娑摩竹，〔一七〕圍三四尺，至堅，里人以爲弓。弓形如弩。

九子嶺，在縣西四里。

泉山，在縣西三十二里。其上多漆樹。

黿泉，在縣西青山。有神黿。帶銅鐶上此水，有穢此水，則便澍雨。

石陂，〔一八〕在縣東北一百五十里。溉田口餘頃。

牛潭，在縣東北二十里。

洊水縣，中。東北至州七百五十里。〔一九〕本漢封陽縣地，在今賀州界，蕭齊於此置洊安縣，屬廣州。至德二年，改爲洊水縣。

齊樂水，經縣北百步。

滑水，在縣北五十里。

東莞縣，中。西北至州三百里。本漢博羅縣地，晉成帝咸和六年於此置寶安縣，屬東莞郡。〔二〇〕隋開皇十年廢郡，以縣屬廣州。至德二年，改爲東莞縣，取舊郡名也。

寶山，在縣東北五十五里。

南海，在縣西二里。

新會縣，中。東北至州三百里。本漢四會縣地，隋開皇十年置新會縣，屬岡州，岡州，即今廣州義寧縣理是也。〔二一〕開元二十三年割屬廣州。〔二二〕

利山，在縣南一百七十里。上多沈香木。

南海，在縣北一百五十里。

義寧縣，下。東北至州五百里。〔二三〕本漢番禺縣之地，宋元嘉六年於此置義寧縣，屬新會郡。隋改屬岡州，天寶初廢岡州，以縣屬廣州。

天路山，在縣西一十六里。

清遠縣，中。南至州二百四十里。本漢中宿縣地也，梁武帝於此置清遠郡，中宿縣屬之。

隋開皇十年廢郡，置清遠縣，〔二四〕屬廣州。

觀亭山，一名觀峽，一名中宿峽，在縣東三十五里。縣昔取此峽爲名。

四會縣，中。東南至州二百四十里。本秦舊縣也，屬桂林郡，〔二五〕隋開皇十年改屬廣州。

金山，一名金岡山，在縣北六十五里。出金沙。

雞籠山，在縣西二里。

湞陽縣，中。南至州四百二十五里。本漢舊縣也，屬桂陽郡，在湞水之陽，因名。吳屬始興郡，隋開皇十年改爲貞陽，〔二六〕屬循州，十九年改屬廣州。武德元年，復改爲湞陽。

湞山，在縣北四十里。湞水所出。尉佗爲城於此山上，名曰萬人城。

湞陽峽，一名皋石山，在縣南二十五里。〔二七〕崖壁千仞，猿狖所不能游。

溱水，一名始興大江，北自韶州曲江縣界流入，東去縣一百一十步。

洭浦故關，在縣西南四十五里。〔二八〕山谷深阻，實禁防之要地也。

浛洭縣，中。東南至州五百里。本漢舊縣也，地理志「含」字無「水」。〔二九〕屬桂陽郡，隋開皇十年於此置洭州，縣屬焉。二十年廢洭州，以縣屬廣州，因縣界洭水爲名也。

堯山，在縣北四十里。

白鹿山，在縣東南三十里。

洭水，西自連州陽山縣界流入，〔三〇〕經縣南百步。

含洭故城，本漢含洭縣也，在今縣東四里。

故洭城，在縣西三十步。〔三一〕

循州，海豐。　上。　開元户九千五百二十五。　鄉　元和户二千八十九。〔三二〕　鄉十五。

本秦南海郡地，漢平南越，復置南海郡，今州卽漢南海郡之博羅縣也。　梁置梁化郡，隋開皇十年於此置循州，取循江爲名也。　大業三年改爲龍川郡，武德五年復改爲循州。〔三三〕

州境：東西九百八十三里。　南北七十二里。

八到：西北至上都取廣、郴路四千六百一十里。　西北至東都取廣、郴路四千四百五十里。　北至虔州一千五百里。〔三四〕東北至韶州一千二百里。〔三五〕西至廣州水路沿泝相兼四百里，陸路三百五十里。　南至海一百一十里。

貢、賦：開元貢：蚺蛇膽，甲香，藤器，鮫魚皮。　元和貢：羅浮柑子，蚺蛇膽，藤箱，大甲香，小甲香，〔三六〕水馬，大魚睛。

管縣六：歸善，博羅，興寧，海豐，河源，雷鄉。

歸善縣，中下。　郭下。　本漢博羅縣地也，宋於此置歸善縣，屬鄣郡。〔三七〕梁屬梁化郡，隋開皇十年廢梁化郡，以縣屬循州。

長山，在縣東南一百里。

寅山，在縣東北十五里。多出茯苓。

南海，在縣南一百一十里。

河源水，北去縣四十步。

歸善故城，在縣東北七十里。

梁化故城，在縣東南八十里。

博羅縣，中下。東南至州三十里。本漢舊縣，〔三八〕屬南海郡。隋開皇十年改屬循州。二漢縣立名不一，自吴以後，復爲博羅。

羅浮山，在縣西北二十八里。羅山之西有浮山蓋蓬萊之一阜，浮海而至，與羅山並體，故曰羅浮。高三百六十丈，周迴三百二十七里，峻天之峰，四百三十有二焉，事具袁彦伯記。

浮水，出羅浮山。〔三九〕

河源水，東自歸善縣界流入，南去縣一百步。

興寧縣，中下。西南至州七百里。本漢龍川縣之地也，晉於今縣西三里置興寧縣，屬東莞郡。〔四〇〕隋開皇十年廢郡，以縣屬循州。

六石山，在縣西南三里。〔四一〕

循江，西自河源縣界流入，西去縣五十里。

興寧江，南去縣一百八十里。

海豐縣，中下。西北至州五百里。本漢龍川縣地，東晉於此置海豐縣，屬東莞郡。〔四二〕隋開皇十年廢郡，〔四三〕以縣屬循州。

南海，在縣南二十五里。

龍山，在縣北五十里。

河源縣，中下。西南至州二百三十里。本漢龍川縣之地，〔四四〕齊於此置河源縣，以縣東北三百里有三河之源，故名也，屬南海郡。隋開皇十年改屬循州。

龍穴山，今名龍川山，在縣東北三百四十里。

循江，經縣東，南去縣二百步。〔四五〕

龍川故城，在縣東北，水路一百七十五里。秦龍川縣也。秦南海尉任囂疾，召龍川令趙佗，授之以政，卽此處也。

雷鄉縣，中下。西南至州六百里。天授二年，廣東都督陳崇業奏置。〔四六〕南臨大江。

潮州，潮陽。下。開元户九千三百三十七。〔四七〕鄉一十六。元和户一千九百五十五。鄉一十六。今州，卽漢南海郡之揭音竭。陽縣也，晉安帝義熙九年，於此立義安郡及海陽縣。隋開皇十年罷郡省海陽縣，仍於郡廨置義安縣，以屬循州。十一年，於義安縣立潮州，以潮流往復，因以爲名。大業三年罷州爲義安郡，武德四年復爲潮州。〔四八〕

州境：東西五百三十六里。南北四百八十四里。

八到：西北至上都取虔州路五千六百二十五里。西北至東都取虔州路四千八百一十里。西北至虔州一千五百里。東至大海一百二十里。〔四九〕西南至廣州水陸路相兼約一千六百里。〔五〇〕西南至循州一千五百里。東北至漳州取漳浦縣路四百八十里。南至大海八十五里

貢、賦：開元貢：蕉葛布，〔五一〕蚺蛇膽，鮫魚皮，甲香，靈龜散。元和貢：細蕉布，甲香，鮫魚皮，〔五二〕水馬。

管縣三：海陽，潮陽，程鄉。

海陽縣，中下。郭下。本漢揭陽縣地，晉於此立海陽縣，屬義安郡。隋開皇十年省郡，廢海陽入循州，十一年置潮州，又立海陽縣以屬焉。南濱大海，故曰海陽。

鳳凰山，在縣北一百四十里。

大海，在縣東南一百一十三里。〔五三〕

西津驛，在縣西六里。

鹽亭驛，近海。百姓煮海水爲鹽，遠近取給。

官鄣湖，在縣東南二十里。出名龜，以卜，勝於含涯龜也。

潮陽縣，中下。東北至州二百里。本漢揭陽縣地，晉安帝分東莞郡置義安郡，仍立潮陽縣屬焉。以在大海之北，故曰潮陽。貞元九年，移於今理。

稷子山，一名龍首山，在縣東南五十里。

龍溪山，今名海寧嶺，在縣西南一百七十里。

大海，在縣西南一百三十里。

程鄉縣，中下。東南至州四百里。本漢揭陽縣地，齊於此置程鄉縣，蓋分海陽縣立焉，屬義安郡。隋開皇十年省，十一年置潮州，復立程鄉縣屬焉。

西陽山，在縣東南四十五里。

西陽水，在縣南二十三里。

端州，高要。下。開元户八千一百四十二。〔五四〕鄉十四。元和户一千七百九十五。鄉十四。

本秦南海郡地，漢武帝置蒼梧郡，則爲蒼梧郡之高要縣也，梁大同中，於此立高要郡。隋開皇十一年置端州，大業三年罷爲信安郡，武德四年平蕭銑，五年重置端州，州當西江入廣州之要口也。

州境：東西一百五十八里。南北一百一十四里。

八到：西北至上都取韶、郴州路四千三百三十五里。西北至東都四千六百一十五里。〔五五〕〔東至廣州二百八十四里。」〔五六〕東至廣州義寧縣一百五十里。〔五七〕東南水路至廣州新會縣三百里。〔五八〕東北至廣州四會縣陸路一百八十里。〔五九〕北取廣州四會縣界水路至韶州六百四十里。西南水陸相兼至新州一百八十里。〔六〇〕西至康州二百九十里。

〔貢、賦〕：開元貢：銀四鋌，蕉布，麻布。元和貢：乳香，黄魚，春子。」〔六一〕

管縣二：高要，平興。

高要縣，下。郭下。本漢舊縣，屬蒼梧郡，有鹽官。隋開皇十一年置端州，割屬焉。

石室山，在縣北五里。

羚羊峽，〔六二〕在縣東，水行三十里。吴步騭爲交州刺史，興軍取南海，衡毅、錢博等領兵逆之，戰於峽口，毅、博等軍敗，投水死者千餘人，〔六三〕卽此處也。

青岐鎮，〔六四〕在縣東八十五里。

鵠奔亭，在縣西八里。漢交趾刺史何敞辯死女子寃，卽此處也。

平興縣，下。西北至州八十里。本漢高要縣地，晉末分置平興縣，〔六五〕屬新寧郡。隋開皇十二年罷郡，屬端州。

漏山，在縣東四十里。

康州，晉康。下。開元户一萬三千一百五十二。鄉一十六。元和户

漢武帝平南越置蒼梧郡，今州卽蒼梧郡之端溪縣也，晉末於此置晉康郡。隋開皇十二

年省晉康郡，以所領縣屬端州。大業三年罷州爲信安郡。隋末陷賊，武德四年討平蕭銑，五年置康州。

州境：東西二百七十九里。南北二百四十五里。

八到：西北至上都四千二百五十五里。〔六六〕西北至東都四千五百一十五里。〔六七〕東至端州一百九十里。〔六八〕西南水路至瀧州一百八十里。西北泝流至封州一百二十五里。〔六九〕北至霍山一百二十里，與廣州化蒙縣分界。

貢、賦：開元貢：蕉布，麻布。元和貢：銀。〔七〇〕

管縣四：端溪，悦城，都城，晉康。

端溪縣，下。郭下。本漢端溪舊縣也，屬蒼梧郡。

端山，在縣北一百二十五里。有樹冬榮，其子號曰猪肉子，大於盃，炙而食之，味如猪肉，故名也。

西江水，經縣南，去縣五十二步。

悦城縣，下。西至州八十里。本漢端溪縣地，宋於此置樂城縣，屬端州。〔七一〕武德五年改屬康州，天寶元年改名悦城。〔七二〕

鬱水，一名西江水，經縣南，去縣十步。

程溪水，東去縣一百步。

都城縣，下。東北至州四十五里。本漢端溪縣地，宋於此分置都城縣，屬晉康郡。隋大業二年屬封州，武德五年改屬康州。

鬱水，經縣西，去縣一里。

晉康縣，下。東至州七十一里。本漢端溪縣地，宋於此置（安）遂〔安〕縣。〔七三〕貞觀八年於縣置藥州，〔七四〕十八年廢州，以縣屬康州。至德元年，改爲晉康縣。

建水，在縣東五十步。

封州，臨封。下。開元户五千六百五十三。〔七五〕鄉七。元和户八百一十一。鄉七。

秦爲南海郡之地。漢平南越，置蒼梧郡，今州卽漢蒼梧郡之廣信縣地也，梁於此置梁信郡，屬成州。隋開皇十年改爲封州，大業三年罷州，以縣屬蒼梧郡。武德四年，復置封州。

州境：東西一百二十八里。南北二百八十九里。

八到：西北至上都取梧、桂州路四千三百八十五里。西北至東都四千一百三十五里。〔七六〕東南沿流至康州一百二十里。〔七七〕北至賀州陸路三百九十里，〔七八〕水路六百四十里。西北泝流至梧州五十里。〔七九〕

貢、賦：開元貢：蕉布，麻布。元和貢：銀。〔八〇〕

管縣二：封川，開建。

封川縣，下。郭下。本漢廣信縣地，梁於此置梁信郡。隋開皇十年改爲梁信縣，〔八一〕屬封州。十八年改爲封川縣，皇朝因之。

古鬬山，在縣西十三里。

封溪水，經縣北去縣十五里。

開建縣，下。南至州一百七十里。本漢封陽縣之地，宋文帝分置開建縣，屬臨賀郡。〔八二〕隋開皇十年改屬連州，武德四年改屬封州。

鼠石，在縣東北二十四里。〔八三〕旁有三穴，皆容人居止。其石上時多石斛。石高五十丈，周迴五里。

臨賀水，一名封溪水，經縣西，去縣十五里。〔八四〕

韶州，始興。下。開元户二萬七百六十四。〔八五〕鄉四十一。元和户九千六百六十四。〔八六〕鄉四十一。

秦南海郡地，漢分置桂陽郡，今州卽桂陽郡之曲江縣也。後漢置始興都尉，今州卽都尉所部。吴甘露元年初，立爲始興郡。梁承聖中，蕭勃據嶺南，於此置東衡州，〔八七〕隋開皇九年平陳，〔八八〕改東衡州爲韶州，取州北韶石爲名。十一年廢入廣州，十二年，〔八九〕自今南海縣移廣州理曲江之廢韶州城，卽今州理是也。仁壽元年，改廣州爲番州，大業二年又自今始興故鎮移番州理南海縣，今廣州理是也。三年，以番州爲南海郡。隋末陷賊，武德四年平蕭銑，重於此置番州。貞觀元年改爲韶州，復舊名也。

州境：東西六百二十里。南北四百五里。

八到：西北至上都取郴州路三千六百八十五里，取虔州、吉州路四千六百八十里。西北至東都取郴州路三千四百二十五里，取虔州、吉州路二千八百七十里。南至廣州，〔九〇〕水陸相兼五百三十里。西北至郴州陸路四百一十里。東北至虔州陸路五百五十里。西至連州山路險峻五百里。

貢、賦：開元貢：麻布，竹布十五匹，鍾乳五兩，乳花。元和貢：鍾乳，乳花，蘭桂，石斛。〔九一〕

管縣六：曲江，始興，樂昌，湞昌，仁化。

曲江縣，上。郭下。本漢舊縣也，屬桂陽郡。江流迴曲，因以爲名。吴置始興郡，縣屬焉。隋置韶州，縣屬不改。皇朝因之。

靈鷲山，在縣北六里。

玉山，在縣東南十里。有采玉處。

銀山，在縣西二十二里。〔九二〕出銀。

韶石，在縣東北八十五里。〔九三〕兩石相對，相去一里。石高七十五丈，周迴五里，有似雙闕，名韶石。

牢石，在縣東六十里。石高七十丈，周迴二十一里。色備五彩，狀若樓觀，上多零

羊。〔九四〕

玉城，一名故郡城，〔九五〕在縣南六里。地勢險固，晉義熙初盧循克廣州，循將徐道覆移始興郡，據此城。〔九六〕

湞水，在縣東一里。元鼎五年征南越，樓船將軍下橫浦，入湞水，即此水。

始興縣，下。西南至州一百九十四里。本漢南海之地，吴於此分置始興郡。隋改屬韶州，皇朝因之。

大庾嶺，一名東嶠山，即漢塞上也，在縣東北一百七十二里。〔九七〕從此至水道所極，越之北疆也。越相吕嘉破漢將軍韓千秋於石門，封送漢節，置於塞上，即此嶺。本名塞上，漢伐南越，有監軍姓庾城於此地，衆軍皆受庾節度，故名大庾。五嶺之戍中，此最在東，故曰東嶠。高一百三十丈。秦南有五嶺之戍，謂大庾、始安、臨賀、桂陽、揭陽縣也。〔九八〕

邪階水，今名階水，出縣東一百三十里。近水有邪階山，又有脩仁水，出縣東北東嶠山，仍有三楓亭、五渡水。齊范彦龍爲始興守，至脩仁，酌水賦詩曰：「三楓何習習？五渡且悠悠。寧飲脩仁水，不挹邪階流。」〔九九〕

安遠鎮，在縣東北一百五十里。

樂昌縣，中。東南至州一百四十里。本漢曲江縣地也，梁武帝分曲江置梁化縣，屬始興郡。

隋開皇十年改屬廣州，十八年改爲樂昌縣。武德中改屬韶州。

藍豪山，在縣西北一百九十里。廣五百里，崖嶺峻阻，所謂瀧中，〔一〇〇〕卽此也。

滄湖，在縣東南十里。周迴三十五里，南通瀧水。

任囂故城，在縣南五里。秦、楚之際，南海都尉任囂，因中國方亂，欲據嶺南，故築此城，以圖進取。囂死，此城尉佗因之，遂有南越。

翁源縣，下。西北至州二百八十里。本漢湞陽縣地，在今廣州界，梁承聖末蕭勃分湞陽立翁源縣，因縣界翁水之源爲名也，後因不改。貞元元年，刺史徐申移於今理。

翁水，出縣東北一百四十里。

松派水，與湞水合，經縣南二十步。

湞昌縣，下。西南至州陸路二百三十里。光宅元年，析始興北界置湞昌縣。北當驛路，南臨湞水。

大庾嶺，在縣北五十六里。

仁化縣，下。南至州陸路一百一十里。垂拱四年，分曲江縣置仁化縣。

卷三十四校勘記

〔一〕都督府　攷證：官本上有「中」字，與舊志合。

〔二〕自春州以下分入下卷闕　今按：殿本無此注，岱南閣本、畿輔本「春州」誤作「封州」，此志封州、韶州並不缺。「缺」字，各本皆無。

〔三〕辯州　今按：岱南閣本、畿輔本作「辨州」，誤，舊、新唐志均作「辯」，括地志序略亦誤「辨」。

〔四〕萬安州　今按：殿本下按云：「管縣及都管户數傳寫缺。所列州目，與唐書方鎮表元和時嶺南節度使領二十二州相合，今缺春、新以下十五州志文。春州卽南陵郡，其縣曰陽春、羅水。新州卽新昌郡，其縣曰新興、索盧、永順。雷州卽海康郡，其縣曰海康、遂溪、徐聞。羅州卽招義郡，其縣曰廉江、吴川、幹水、零緑。高州卽高涼郡，其縣曰良德、電白、保定。恩州卽恩平郡，其縣曰恩平、杜陵、陽江。潘州卽南潘郡，其縣曰茂名、潘水、南巴。辯州卽陵水郡，其縣曰石龍、陵羅。瀧州卽開陽郡，其縣曰瀧水、開陽、鎮南、建水。勤州卽雲浮郡，其縣曰銅陵、富林。崖州卽珠崖郡，其縣曰舍城、澄邁、文昌。瓊州卽瓊山郡，其縣曰瓊山、臨高、曾口、樂會、顔羅。振州卽延德郡，其縣曰寧遠、延德、吉陽、臨川、落屯。儋州卽昌化郡，其縣曰義倫、昌化、感恩、洛場、富羅。萬安州卽萬全郡，其縣曰萬安、陵水、富雲、博遼。此元和時十五州，所領五十縣可徵諸地理志，合封、韶以上七州所領縣爲八十有六也。」

〔五〕禹貢梁州之域　攷證：「梁」宜作「揚」，晉志云「禹貢揚州之域」，王象之引此作「揚」。

〔六〕即禹貢之域也　攷證：「貢」下脱「揚州」。六典云「嶺南道，古揚州之南境」。杜佑、歐陽忞、馬端臨並云禹貢九州之外，恐未確。

〔七〕交趾　攷證：按漢書及晉志，武帝平南越，置九郡，「交趾」上宜有合浦，地理志、郡國志並列交州。王象之引此亦無合浦，蓋宋本已脱交州。敍述九郡，原有合浦，此傳鈔遺耳。

〔八〕孫晧時　攷證：王象之引作「孫休」，與晉志、通考合。

〔九〕統經略軍　今按：殿本同，它本脱「統」字。

〔一〇〕竹布至山薑　今按：殿本同，它本「竹布」作「竹席」，與新唐志合，無「山薑」。

〔一一〕元和貢至蚦蛇膽　攷證：官本無「山薑，石斛，鍾乳，沈香，甲香，蚺蛇膽」六物。

〔一二〕斯誠海島膏腴之地　今按：「斯誠」，各本作「新城」，殿本校改，此本從之。殿本按云：「各本作『新城』，非築時語，步騭本傳不載其事，詳見水經注，今據以改正。」

〔一三〕還至番禺　「還至」，殿本同。岱南閣本、畿輔本作「至自」。攷證云：「洪亮吉引作遂至。」

〔一四〕朝臺在縣東北二十里　今按：殿本同，它本作「二十一里」。殿本按：「水經注引交州治中姚文式問答曰『朝臺在州城東三十里。』」

〔一五〕一百八十里　攷證：官本，一作「四」，亦非。四會至州二百四十里，化蒙在四會西北，宜作「二百八十里」。

〔一六〕宋元嘉中分四會至屬綏建郡　今按：舊唐志「晉懷化縣，隋爲懷集」，寰宇記同。宋志懷化、懷集並立，則舊唐志説可據。

〔一七〕多婆娑摩竹　攷證：王象之引「摩」作「羅」。

〔一八〕石陂　攷證：官本下有「水」字。

〔一九〕東北至州七百五十里　今按：殿本同，它本作「七十二里」，攷證云「『七十二里』誤，唐洊水縣，在今廣西梧州府懷集縣西。」

〔二〇〕屬東莞郡　攷證：晉志「莞」作「官」。

〔二一〕岡州至理是也　攷證：官本作「岡州即義寧，今廣州理是也」，非。

〔二二〕割屬廣州　今按：殿本下按云：「岡州，舊唐書云『貞觀五年廢州，以新會、義寧屬廣州，乾元元年復爲岡州』，與此新會、義寧兩縣志文有異。」

〔二三〕東北至州五百里　攷證：「『五百』字疑未確，李兆洛云『義寧在今開平縣東一百里』。」

〔二四〕十年廢郡置清遠縣　攷證：官本作「十六年」，樂史作「十九年」，並誤，王象之引與此同。歐陽忞曰：「隋平陳，郡廢，置清遠縣。」今按：隋志「清遠，舊置清遠郡，又分置威正、廉平、恩洽、浮護等四縣，平陳並廢，以置清遠縣」，所謂「并廢」，謂分置之四縣也，其清遠郡，陳已徙於翁源，非廢郡置縣。方輿紀要云梁析中宿縣置清遠縣，寰宇記云漢中宿縣地，隋開皇十九年改爲清遠，與此別。

〔二五〕本秦舊縣也屬桂林郡　今按：殿本同，它本「秦」作「漢」。攷證云：「『漢』，錢坫作『秦』，與官本同，漢四會屬南海，無桂林郡，王象之引作『秦』，『漢』字誤。」

〔二六〕開皇十年改爲貞陽　今按：宋志漢縣名湞陽，宋泰始三年改「湞」爲「貞」，不同。

〔二七〕二十五里　攷證：王象之引無「五」字。

〔二八〕縣西南四十五里　攷證：王象之引作「縣西四十里」。

〔二九〕地理志含字無水　今按：殿本同，它本此注作正文，接縣敍尾。

〔三〇〕西自連州陽山縣界流入　今按：岱南閣本、畿輔本「西自」二字倒。

〔三一〕三十步　今按：殿本作「二十步」，與輿地紀勝英德府古迹引同，疑此訛。

〔三二〕八十九　攷證：官本「十」作「百」。

〔三三〕改爲龍川郡至復改爲循州　攷證：官本下按云：「此所敍未全，舊唐書地理志云：『隋龍川郡，武德五年改爲循州，天寶元年改爲海豐郡，乾元元年復爲循州。』」按天寶改郡，乾元改州，通例也，各州敍不盡述，可參觀之，非此獨略。今按：「龍川郡」，岱南閣本、畿輔本「郡」誤「縣」。

〔三四〕一千五百里　攷證：虔州作「一千六百四十里」。

〔三五〕東北至韶州　攷證：「東」宜作「西」。

〔三六〕元和貢至小甲香　攷證：官本無「蚺蛇膽，大甲香，小甲香」。

〔三七〕宋於此置歸善縣屬鄣郡　今按：岱南閣本、畿輔本「鄣」誤「彰」。此與舊唐志、寰宇記並云宋置，然宋志及齊志俱無此縣。輿地紀勝惠州歸善縣引祥符圖經云「本晉欣樂縣地，陳禎明三年改爲歸善」。陳禎明三年，當隋開皇九年，是年平陳置循州，並置此縣，則非宋置，與此異。

〔三八〕本漢舊縣　攷證：地理志、郡國志並作「傅羅」，晉志作「博羅」。劉昭云：「縣有浮山，自會稽浮來，傅於羅山，故置傅羅縣。」今按：宋志云：「二漢皆曰傅羅，晉太康地志始名博羅。」今漢志及郡國志皆作「博」字。攷證引劉昭語，亦異於郡國志注。

〔三九〕羅浮山　攷證：王象之引作「浮山」。

〔四〇〕屬東莞郡　攷證：「莞」宜作「官」。

〔四一〕三里　攷證：官本作「二里」，王象之引同。

〔四二〕東莞郡　攷證：王象之引「莞」作「官」，與晉志合，後仿此。隋志始作「莞」。

〔四三〕開皇十年廢郡　今按：殿本同，它本無「郡」字。

〔四四〕本漢龍川縣之地　攷證：「漢」宜作「秦」，詳龍川故城條。

〔四五〕二百步　攷證：王象之引作「二十里」。

〔四六〕陳崇業奏置　攷證：王象之引「崇」作「蒙」。

〔四七〕三十七　今按：殿本作「二十九」，它本作「二十七」。

〔四八〕武德四年復爲潮州　攷證：按舊唐書及通鑑，「四年十月平蕭銑，五年嶺南始定」，「四」宜作「五」。

〔四九〕二十里　今按：殿本同，它本「二」作「五」。攷證云「官本作二十里，與海陽縣本條近合。」

〔五〇〕約一千六百里　今按：岱南閣本、畿輔本無「約」字。

〔五一〕蕉葛布　攷證：官本無。

〔五二〕甲香鮫魚皮　攷證：官本無。

〔五三〕東南一百一十三里　今按：各本「里」作「步」，誤，攷證引洪亮吉云「海在海陽縣東南一百里」。

〔五四〕四十二　今按：殿本同，它本「四」作「五」。

〔五五〕西北至東都四千六百一十五里　今按：「西北」，殿本同，它本誤作「東北」。殿本無「百一」兩字，作「四千六十五里」。

〔五六〕〔東至廣州二百八十四里〕　今按：據殿本補此條，各本與此並脱。「二百八十四里」，廣州八到作「二百四十里」。

〔五七〕東至廣州　今按：殿本同，它本「東」作「西」。攷證云：「宜作『東南』，官本作『東』脱『南』字。」

〔五八〕水路至廣州新會縣　今按：殿本「水路」二字在「新會縣」下。

〔五九〕東北至廣州　今按：「東」當作「西」。

〔六〇〕西南　今按：「西」當作「東」。

〔六一〕〔貢賦至春子〕　今按：據殿本補，各本與此俱脱。

〔六二〕羚羊峽　今按：各本「羚」作「零」，音同字通。

〔六三〕千餘人　今按：岱南閣本、畿輔本「千」作「十」，誤，輿地紀勝肇慶府景物引亦作「千餘人」。

〔六四〕青岐鎮　攷證：王象之引「鎮」作「嶺」。

〔六五〕晉末分置平興縣　攷證：晉志無平興縣，樂史云「宋元嘉十二年置」。

〔六六〕二百五十五里　攷證：官本作「五百二十五里」。

〔六七〕五百一十五里　攷證：官本作「二百五十五里」。

〔六八〕一百九十里　攷證：官本「一」作「二」，與端州合。

〔六九〕二十五里　攷證：封州八到無「五」字。

〔七〇〕元和貢銀　今按：殿本無元和貢條，「銀」屬開元貢。

〔七一〕宋於此置樂城縣屬端州　攷證：州郡志無端州，「縣」下宜有脱文，隋平陳，始立端州。

〔七二〕天寶元年改名悦城　攷證：舊志作武德五年改，樂史同，與此別。

〔七三〕置（安）遂〔安〕縣　攷證：官本作「遂安」，是。今按：宋志、兩唐志均作「遂安」，此倒，今據殿本改正。

〔七四〕置藥州　攷證：官本「藥」作「樂」。

〔七五〕五十三　攷證：官本「三」作「二」。

〔七六〕三十五里　攷證：官本「三十」作「二十」。

〔七七〕東南沿流至康州一百二十里　攷證：官本「沿」作「泝」，誤。康州八到「十」下有「五」字。

〔七八〕三百九十里　攷證：賀州八到作「三百六十里」。

〔七九〕五十里　攷證：官本「十」下有「五」字，宜衍，梧州八到與此同。

〔八〇〕麻布元和貢銀　今按：岱南閣本、畿輔本「麻布」作「落麻布」。殿本無元和貢條，「銀」屬開元貢。

〔八一〕隋開皇十年改爲梁信縣　攷證：語有錯誤，隋志：「梁曰梁信，置梁信郡，平陳郡廢，十八年改爲封川。」王象之曰：「梁信之名，當從梁之國號，必非改於隋也。」恐「開皇十年」，原在「梁信縣」下，傳鈔倒置。

〔八二〕宋文帝至屬臨賀郡　今按：輿地紀勝封州沿革及封川縣兩引同，殿本「文」作「明」，按云「宋明帝一作『宋文帝』。」岱南閣本、畿輔本「郡」誤「州」。

〔八三〕縣東北二十四里　攷證：王象之引無「東」字「四」字。

〔八四〕十五里　攷證：王象之引「里」作「步」。

〔八五〕七百六十四　今按：殿本同，它本「七百」作「二百」。

〔八六〕六十四　攷證：官本「四」作「六」。

〔八七〕梁承聖中至置東衡州　攷證：隋志云：「陳置東衡州。」王象之云：「曲江志侯安都傳：『以安都定議立世祖功，封司空。父文捍爲始興内史，卒於郡，安都迎其母還建康，母固求歸里，乃爲置東衡州，以安都弟安曉爲刺史，在鄉侍養。』則東衡州之置，當在陳世祖、文帝之時，宜從隋志。」

〔八八〕開皇九年平陳　今按：各本「九年」作「元年」，攷證云：「宜作『九年』，見前各州敍，王象之引作『九』。」

〔八九〕十二年　攷證：王象之引作「十三年」。

〔九〇〕南至廣州　今按：殿本同，它本「南」誤「東」。

〔九一〕貢賦至石斛　攷證：官本並作開元貢，無「元和貢鍾乳」五字。

〔九二〕銀山在縣西二十二里　攷證：王象之引作「銀山在州東北五里桂山上」，與此別。

〔九三〕八十五里　攷證：官本無「五」字。

〔九四〕上多零羊　攷證：王象之引「零」作「羚」。

〔九五〕玉城一名故郡城　攷證：官本「玉」作「王」，王象之引同。今按：岱南閣本、畿輔本「郡」作「都」，誤，輿地紀勝韶州景物引作「郡」。

〔九六〕移始興郡據此城　今按：殿本同，與輿地紀勝引合，它本「郡」作「軍」。

〔九七〕一百七十二里　今按：戈襄校舊鈔本、殿本同，它本作「一百七十里」。

〔九八〕從此至水道至揭陽縣也　今按：此一百四字，殿本同，它本脫。

〔九九〕近水有邪階山至不挹邪階流　今按：殿本同，它本脱此六十二字。寰宇記云邪階水出邪階山，此不言所出，而云「近水有邪階山」，不同。

〔一〇〇〕所謂瀧中　今按：岱南閣本、畿輔本「瀧」誤「隴」。瀧中見水經溱水注，輿地紀勝韶州景物引同。

元和郡縣圖志卷第三十五

嶺南道闕

元和郡縣圖志卷第三十六

嶺南道闕

元和郡縣圖志卷第三十七

嶺南道四

桂管經略使

桂州，始安。中都督府。〔一〕開元户三萬六千二百六十五。鄉七十二。元和户八千六百五十。〔二〕鄉三十五。今爲桂管經略使理所。

管州十二：桂州，梧州，賀州，昭州，象州，柳州，嚴州，融州，龔州，富州，蒙州，思唐州。縣四十七。

禹貢荆州之域。漢元鼎六年置零陵郡，今州卽零陵郡之始安縣也，吴歸命侯甘露元年，於此置始安郡，屬荆州。晉屬廣州。梁天監六年，立桂州於蒼梧、鬱林之境，因桂江以爲名，大同六年移於今理。隋開皇十年置總管府，大業三年罷州爲始安郡，武德四年復爲桂州總管府，七年改爲都督府，天寶元年改爲始安郡，至德元年改爲建陵郡。〔三〕

州境：東西三百八十一里。南北一百二十八里。

八到：北至上都三千七百五里。北至東都三千四百五十五里。〔四〕東南至昭州二百三十五里。〔五〕西南至象州

五百二十里。東北至道州四百八十里。西至柳州五百四十里。南至蒙州三百五十里。〔六〕西北至融州四百九十里。〔七〕

東南水路至梧州六百三十里。

貢、賦：開元貢：銅鏡四十四面。〔八〕元和貢：銀一百兩。

管縣十：臨桂，全義，靈川，陽朔，永福，建陵，理定，〔九〕慕化，〔一〇〕永豐，荔浦。

臨桂縣，上。郭下。本漢始安縣，屬零陵郡，至德二年改爲臨桂。〔一一〕

桂江，一名灕水，經縣東，去縣十步。楊僕平南越，出零陵，下灕水，〔一二〕卽謂此也。

駮鹿山，一名福禄山，在縣東北十五里。

全義縣，中下。南至州一百五十里。本漢始安縣之地，武德四年分置臨源縣，大曆三年改爲全義縣。

越城嶠，在縣北三里。卽五嶺之最西嶺也。

湘水，出縣東南八十里陽朔山下，經零陵郡西十里。陽朔山，卽零陵山也。〔一三〕其初則觴爲之舟，至洞庭，日月若出入其中。

故越城，在縣西南五十里。漢高后時，遣周竈擊南越，趙佗踞險爲城，竈不能踰嶺，卽此也。

靈川縣，中下。西南至州六十里。龍朔二年，分始安縣置。東臨桂江。

冷山，〔一四〕在縣西南一百里。出滑石。

陽朔縣，中下。北至州一百四十里。本漢始安縣地，隋開皇十年分置陽朔縣，取陽朔山爲名也。皇朝因之。

灘水，在縣西二十里。

永福縣，中下。東北至州一百里。武德四年，〔一五〕析始安縣之永福鄉置，因以爲名。

白石水，經縣東，去縣七步。

建陵縣，中下。北至州三百四十里。〔一六〕本漢荔浦縣地，吳孫氏置建陵縣，梁武帝立爲郡。隋開皇十年廢郡，仍爲建陵縣，後因之。

建水，出縣北建山，南流，經縣東。

駱駝水，在縣西七里。

理定縣，〔一七〕中上。東北至州三百里。隋仁壽初分始安縣置興安縣，〔一八〕至德二年改爲理定縣。

慕化縣，〔一九〕中下。東北至州二百五十里。〔二〇〕武德四年析始安縣置。〔二一〕

常安水，東去縣七步。

永豐縣，中下。北至州二百一十里。吳甘露元年，析漢荔浦縣之永豐鄉置，隋開皇十年省入陽朔縣，武德四年復置。

荔浦縣，中下。北至州二百四十七里。本漢舊縣，因荔水爲名，屬蒼梧郡。縣南有荔平關，今廢。吴屬始安郡，隋改屬桂州。武德四年於此置荔州，貞觀十二年州廢，〔三〕縣復屬桂州。

荔江水，在縣南一里。

梧州，蒼梧。下。開元户二千二百九。鄉九。元和户一千八百七十一。鄉九。

墾田：

古越地也，秦南取百越，以爲桂林郡。秦末，趙佗自立爲南越王，其地復屬焉。漢元鼎六年平吕嘉，又以其地爲蒼梧郡之廣信縣，領縣十(一)。〔三〕自漢至陳，爲郡不改。隋開皇十年罷郡爲蒼梧縣，屬静州，大業三年罷静州，復爲蒼梧郡。武德五年，〔三四〕於郡置梧州。

州境：東西一百一十里。南北三百八十里。

八到：西北至上都取桂州路四千三百三十五里。西北至東都四千一百五五里。〔三五〕東南沿流至封州五十里。西北泝流至富州三百二十里。正南微西至義州三百里。西南沿流至藤州一百里。西北至桂州六百三十里。

貢、賦：開元貢：白石英二十兩。〔三六〕元和貢：白石英二十兩。

管縣三：蒼梧，戎城，孟陵。

蒼梧縣，下。〔二七〕郭下。本漢蒼梧郡廣信縣地，自漢迄陳不改。隋開皇十年罷郡，於此立蒼梧縣。皇朝因之。

通星山，在縣北六十二里。漢劉曜爲太守，常登此山，仰觀星曆，因號通星山。

鬱水，南去縣八里。

戎城縣，下。東北至州二十里。本漢廣信縣地，梁於此置遂城縣，〔二八〕隋開皇十年，〔二九〕虞慶則南征，頓兵於此，改爲戎城縣。〔三〇〕皇朝因之。縣北臨西江水。

孟陵縣，下。南至州水路九十里。本漢舊縣也，〔三一〕屬蒼梧郡，隋省。武德四年重置，〔三二〕屬藤州，貞觀八年改屬梧州。

賀州，臨賀。上。開元户二千五百三十七。鄉十。元和户四百四十九。鄉十。

漢蒼梧郡地，今州卽蒼梧郡之臨賀縣也。吴黄武五年，割蒼梧置臨賀郡。賀水出州東北界，西流，又注臨水，郡對臨、賀二水，故取名焉。吴屬荆州，晉屬廣州。隋開皇元年，〔三三〕以郡爲賀州，大業二年廢州，以縣屬蒼梧郡。武德五年，復置賀州。

州境：東西三百七十里。南北四百一十里。

八到：西北至上都三千八百五十五里。〔三四〕西北至東都三千五百九十五里。〔三五〕西至昭州三百里。西南至富州三百一十里。南至封州三百六十里。〔三六〕西南至梧州四百一十里。東至連州二百七十里。

貢、賦：開元貢：蕉布，蚺蛇膽，石斛，竹布。元和貢：銀三十兩，千金藤，班弓彈弓面。

管縣六：臨賀，封陽，馮乘，桂嶺，蕩山，富川。

臨賀縣，下。郭下。本漢舊縣也，自漢至陳不改。隋大業二年省臨賀縣入富川縣，十二年重置，屬蒼梧郡。武德四年，改屬賀州。

縣北四十里有大山，山有東遊、龍中二冶，百姓采沙燒錫，以取利焉。〔三七〕

臨水，東去縣十步。又有賀水合，更名臨賀水。

封陽縣，下。北至州一百四十五里。〔三八〕本漢舊縣，屬蒼梧郡。在封水之陽，故名。吴屬臨賀郡，隋屬桂州，武德四年屬賀州。

長林山，在縣東五里。

臨賀水，東去縣百步。

馮乘縣，下。東南至州一百八十里。本漢舊縣，屬蒼梧郡。界内有馮溪，因以爲名。吴屬臨賀郡，至隋不改，大業三年改屬零陵郡。武德四年屬賀州。

萌渚嶠，在縣北一百三十里。即五嶺之第四嶺也。按今縣與道州江華縣分界於此嶠之上。

錫治三。

桂嶺縣，下。西南至州八十二里。本漢臨賀縣之地，吴分置建興縣，屬臨賀郡。晉改爲興安縣。〔三九〕隋開皇十八年改爲桂嶺縣，屬連州，因界内桂嶺爲名。武德四年，改屬賀州。

桂嶺，在縣東十五里。

程岡，〔四〇〕在縣東南一百二十里。

朝岡，在縣東北四十五里。並有鐵鉚，自隋至今采取。

蕩山縣，下。東至州一百七十二里。蕭梁於此立縣，隋大業二年省，武德四年復置。〔四一〕

蕩山，在縣西七里。

富川縣，下。東南至州一百四十五里。本漢舊縣，屬蒼梧郡。吴屬臨賀郡，〔四二〕隋屬桂州，武德四年改屬賀州。

鍾乳穴三。

靈溪水，今名富水，去縣西二里。

昭州，平樂。下。開元户七千三。鄉十二。元和户一千五百七十八。鄉七。

本漢蒼梧郡之富川縣地也，吴甘露元年分富川縣置平樂縣，屬始安郡，至隋不改。武德四年，於縣置樂州，貞觀八年改樂州爲昭州，取境内昭潭爲名。〔四三〕

州境：東西一百七十五里。南北二百三十七里。

八到：西北至上都三千九百三十五里。西北至東都三千六百七十五里。〔四四〕西北至桂州二百里，水路三百里。北過嶺至永州六百里。東至賀州三百里。東北過嶺至道州四百里。東南水路至富州一百六十里。

貢、賦：開元貢：銀三十兩。元和貢：銀二十兩。〔四五〕

管縣三：平樂，恭城，〔四六〕永平。

平樂縣，下。郭下。本漢富川縣地，吴於此置平樂縣，〔四七〕取平樂溪爲名。

目巖山，在縣北三十八里。〔四八〕巖有兩孔相對，如人目瞳子，白黑分明，因號爲目巖。

縈山在縣南一十里。山有木客。〔四九〕

縣東三十一里有陽里穴、那溪穴、新穴，〔五〇〕皆出鍾乳。

平樂溪，在縣南三里。水之西岸有昭潭，〔五一〕周迴一里，其深不測。

恭城縣，下。西南至州九十里。武德四年，析平樂縣置。〔五二〕

銀殿山，〔五三〕其下有鍾乳穴十二所，在縣東二十八里。

平樂水，西去縣二百步。〔五四〕

永平縣，下。西南至州九十里。證聖元年，割平樂縣永平鄉置，因鄉爲名。

縣南臨永平水，西流入平樂縣界。

象州，象郡。〔五五〕下。開元户三千二百九十。〔鄉十〕〔五六〕元和户二百三十三。〔五七〕

漢平南越，置鬱林郡，今州卽鬱林郡中溜、〔五八〕潭中二縣地也，隋開皇十一年廢二縣，〔五九〕以潭中縣爲桂林縣，仍以桂林置象州。大業二年廢象州，以桂林縣屬桂州。武德四年平蕭銑，析桂林立武德縣，仍於縣理重置象州，取界内象山爲名。〔六〇〕

州境：東西　南北。

八到：北至上都四千二百二十五里。東北至東都三千九百六十五里。西南至嚴州二百八十里。東至康州陸路一百九十里。東南至潯州二百一十里。西至柳州一百六十里。

貢、賦：開元貢：銀二十兩。元和貢同。〔六一〕

管縣三：陽壽，武仙，武化。

陽壽縣，下。郭下。本漢中溜縣之地也，隋開皇十一年，廢中溜入桂林縣，又析桂林置陽壽縣，屬象州。

象山，在縣西北三里。

陽水，南去縣二十步。

武仙縣，下。西南至州一百二十里。〔六二〕武德四年，析桂州建陵縣南置。

武化縣，下。西南至州六十五里。武德四年，析桂州建陵縣之南界置，屬晏州。貞觀十二年廢晏州，改屬象州。

柳州，龍城。下。開元户一千三百七十四。鄉十四。元和户一千二百八十七。鄉七。〔六三〕

本漢鬱林郡潭中縣之地，迄陳不改。隋開皇十一年改潭中爲桂林縣，仍析桂林爲馬平縣，屬象州。隋末陷賊，武德四年平蕭銑，於此置昆州，又改爲南昆州，貞觀八年改爲柳州，因柳江爲名。

州境：東西　南北

八到：北至上都四千二百四十五里。東北至東都四千一百四十里。〔六四〕東至桂州五百四十里。東至象州一百六十里。北至融州陸路二百二十三里，〔六五〕水路三百八十里。

貢、賦：開元貢：銀二十兩。元和貢同。〔六六〕

管縣五：馬平，龍城，洛容，洛封，象。

馬平縣，下。郭下。隋開皇十一年，析桂林縣置，屬象州，貞觀中屬柳州。

潭水，東去縣二百步。

柳江，在縣南三十步。

龍城縣，下。東南至州八十八里。隋開皇十一年，析桂林縣置。〔六七〕

潭水，在縣西十里。

龍溪水，經縣南，入潭水。

洛容縣，下。東南至州一百二十里。永徽中置，〔六八〕屬嚴州，天授二年割屬柳州。

洛封縣，下。東南至州一百七十里。本烏蠻所住村名，乾封二年招慰蠻户，因爲縣。

象縣，下。西南至州六十五里。陳於今縣南四十五里置象郡，隋開皇九年廢郡爲縣。〔六九〕龍朔三年爲賊所爇，乾封二年復置。總章元年割屬柳州。

嚴州，循德。〔七〇〕下。開元户一千六百六十。〔七一〕鄉十四。元和户一百一十六。鄉四。

本漢鬱林郡中溜縣之地，乾封二年，〔七二〕於廢昆州樂沙縣置嚴州，仍改樂沙縣爲懷義縣。州城南枕大江，當桂州往邕州之路。在嚴岡之上，因爲名。

州境：東西一千四百四十一里。南北三百八十二里。

八到：北至上都四千四百五十里。東北至東都四千一百二十五里。西南至賓州一百九十里。南至澄州二百二十六里。〔七三〕東北至柳州陸路二百里。

貢、賦：

管縣二：〔七四〕循德，來賓。

循德縣，下。郭下。武德四年，析桂林立陽德縣，其年又改名循德縣。〔七五〕本屬柳州，永徽初割入嚴州，仍爲州理。〔七六〕

古郎山，在縣西四十里。

都泥江，南去州一里。

來賓縣，下。東至州二百里。本樂沙縣也，乾封二年爲懷義縣，天寶二年改曰來賓，在都泥北，來賓水東，故以爲名。

融州，融水。下。開元户一千七百七。鄉七。元和户二百四十二。鄉五。

本漢鬱林郡潭中縣地也，自漢迄宋不改。蕭齊於此置齊熙郡，梁大同中又於郡理置東寧州。隋開皇十八年改爲融州，廢齊熙郡爲義熙縣。〔七七〕大業二年州廢。武德四年平蕭銑，於義熙縣復置融州，因州界内融山爲名。

州境：東西四百四十七里。南北四百九十七里。

八到：北至上都取桂州路四千一百九十五里。〔七八〕東北至東都三千九百三十五里。東至桂州四百九十五里。〔七九〕南至柳州水路三百八十里，陸路二百三十里。〔八〇〕

貢、賦：開元貢：黄藤，防風。元和貢：金二兩，桂二十五觔。

管縣二：融水，武陽。

融水縣，下。郭下。隋開皇十八年，改齊熙郡爲義熙縣，屬融州，武德六年改爲融水。〔八一〕

銅鼓山，在縣西南二十五里。

融溪水，在縣北五十二里。

武陽縣，下。 東北至州八十里。 隋開皇十九年，析義熙縣置臨牂縣，〔八二〕永徽元年廢入融水，龍朔二年重置，改爲武陽。〔八三〕

武陽溪水，在縣東一十里。

龔州，臨江。 下。 開元户二千四百二十。 鄉十五。 元和户二百七十六。 鄉十五。

古越地也，漢平南越，置蒼梧郡，今州卽蒼梧郡猛陵縣之地。晉分猛陵置永平郡，又爲隋永平郡之武林縣地也。〔八四〕貞觀三年，於此置鷰州，〔八五〕七年移鷰州於今州東六十五里，於鷰州舊理置龔州都督府，因龔江爲名也。

州境：東西 南北

八到：西北至上都取梧、桂路四千五百七十五里。 北至東都四千三百一十五里。 北至象州三百一十里。 南至繡州一百七十四里。 東至藤州一百四十里。 西至潯州泝流一百三十里。〔八六〕正北微東至蒙州二百三十里。

貢、賦：開元貢：銀二十兩。 元和貢：

管縣五：平南，武林，隋建，大同，陽川。

平南縣，下。 郭下。 本漢猛陵縣地，貞觀七年於此置平南縣，屬龔州。

燕石山，在縣東南一十里。〔八七〕

龔江，一名潯江，亦名都泥江，在縣南五十步。

武林縣，下。西北至州二十五里。本漢猛陵縣地，宋元嘉二年置武林縣，屬永平郡，隋屬藤州，貞觀七年割屬龔州。

潯江，東南去縣十五里。

隋建縣，下。西北至州八十里。隋開皇十九年，分武林縣置，屬藤州，貞觀七年割屬龔州。

盧越水，在縣東南一百一十步。

大同縣，下。南至州七十五里。本漢鬱林郡布山縣之地也，貞觀七年於此置大同縣，屬龔州。

花憐水，在縣東北二十步。

陽川縣，下。東南至州四十里。本漢布山縣地，貞觀七年於此置西平縣，屬龔州，天寶元年改爲陽川。

仙人山，在縣東北三十里。

潯江，南去縣三十五里。

富州，開江。下。開元户一千三百一十一。鄉四。元和户二百四十三。鄉四。

禹貢荊州之域。漢平南越，置蒼梧郡，今州卽漢蒼梧郡之臨賀縣地也。梁武帝分臨賀郡置南靜郡，隋開皇中廢。武德五年重置靜州，貞觀八年改爲富州，因富川水爲名也。

州境：東西一百七十六里。南北一百八十里。

八到：西北至上都四千九百五里。北至東都三千八百三十五里。東南沿流至梧州三百二十里。西北至昭州一百六十里。東北至賀州三百一十里。西至蒙州九十里。

貢、賦：開元貢：班布，〔八八〕銀。元和貢：班布五匹。

管縣三：龍平，開江，思勤。〔八九〕

龍平縣，下。郭下。本漢臨賀縣地，梁於此立南靜郡，隋開皇十一年廢，以龍平縣屬桂州。貞觀八年改置富州，縣割屬焉。

灘水，東去縣二十一步。

富川水，經縣南，又東入灘水。

開江縣，下。北至州一百里。本漢猛陵縣地，梁於此置開江郡，隋開皇十年罷郡爲縣，以屬靜州，大業二年廢。武德五年復置，屬梧州，神龍元年割屬富州。

桂江，在縣西四里。〔九〇〕

思勤縣，下。南至州一百四十里。聖曆元年分龍平縣置，〔九一〕二年於縣置武安州，開元二年廢，以縣屬富州。

富川水，在縣東五十步，南流。

印岡山，在縣北四十五里。

蒙州，蒙山。下。開元戶一千六百三十七。〔九二〕鄉〔七〕〔九三〕元和戶二百七十二。鄉〔七〕

本漢蒼梧郡地，今州即漢蒼梧郡之荔浦縣也。隋開皇十年，分置隋化縣，屬桂州。武德五年於此置南恭州，貞觀八年改爲蒙州，因蒙水以爲名。

州境：東西　南北

八到：西北至上都四千五十二里。北至東都三千七百九十二里。南至龔州三百五十里。〔九四〕西南至象州三百五十里。東至富州九十里。北至桂州三百四十七里。〔九五〕西北至桂州荔浦縣八十里。

貢、賦：開元貢：麩金。　元和貢：麩金十兩。〔九六〕

管縣三：立山，正義，東區。

立山縣，下。郭下。隋開皇十年分荔浦置隋化縣，屬桂州。武德五年置立山縣，〔九七〕屬荔州，改屬蒙州。

蒙水，舊名涇水，在縣北二里。

正義縣，下。東南至州三百里。武德五年分荔浦縣置，屬荔州，〔九八〕改屬蒙州。

蒙水，在縣南四里。

乳穴二。

東區縣，下。西北至州八十里。武德五年分荔浦縣置。

涇水，西北去縣三十五里。

葛峨鎮，在縣城内。

思唐州，武郎。下。開元户　鄉　元和户六十一。鄉二。

永崇二年，〔九九〕前桂州司馬夏侯處廉奏割龔、蒙、象三州置。開元二十四年奏爲羈縻州，建中元年昇爲正州額。

州境：東西　南北

八到：西北至上都四千二百一十里。〔一〇〇〕〔東〕北至東都三千九百五十里。〔一〇一〕東至富州三百五十里。西至象州一百八十里。南至龔州一百四十里。北至蒙州一百六十里。

貢、賦：開元貢：銀十兩。

管縣二：武郎，平原。

武郎縣，下。郭下。與州同時置。〔一〇二〕前臨駝禮江。

唐嶺，在縣西南四十里。與平原縣分界。

平原縣，下。東北至州八十里。與州同時置。前臨思洪江。

卷三十七校勘記

〔一〕始安中都督府　攷證：按州叙及舊志，「始安」宜作「建陵」。舊志「中」作「下」。今按：新唐志同此作「始安中都督府」。

〔二〕五十　攷證：官本作「六十」。

〔三〕建陵郡　今按：岱南閣本、畿輔本「郡」誤「府」。殿本按云：「前各州不敍天寶後之改郡，此既敍及，則當如舊唐書，有乾元元年復爲桂州之文。」

〔四〕五十五里　攷證：官本作「四十五里」。

〔五〕二百三十五里　攷證：昭州八到作「二百里，水路三百里」。

〔六〕五十里　攷證：蒙州作「四十七里」。

〔七〕九十里　攷證：融州「十」下有「五」字。

〔八〕四十四面　攷證：官本作「四十面」，後按云：「此桂州與後梧、賀、昭、象、柳、嚴、融、龔、富、蒙諸州及思唐州之賦，據唐六典當是綜布，而傳寫並缺。」

〔九〕理定　今按：殿本同，它本作「治定」。兩唐志並作「理」，「治」爲傳鈔所改。

〔一〇〕慕化　攷證：「慕」宜作「恭」，詳後。今按：舊、新唐志並作「恭化」，輿地紀勝静江府古縣引唐志作「慕化」。

〔一一〕至德二年改爲臨桂　攷證：官本下按云：「唐書地理志云『貞觀八年更名』，與此異。」

〔一二〕楊僕平南越出零陵下灕水　今按：殿本同，它本「南」誤「兩」。攷證云：「『出零陵，下灕水』語見水經注，以漢書攷之，乃戈船將軍、歸義侯嚴事，非楊僕也。」今水經注無此文，史記南越傳云：「主爵都尉楊僕爲樓船將軍，出豫章，下横浦，故歸義越侯二人爲戈船、下厲將軍，出零陵，或下灕水，或抵蒼梧。」漢書兩越傳同，卽此志所本，疑傳缺佚，或「楊僕」下脱「等」字耳。

〔一三〕陽朔山卽零陵山也　今按：殿本按云：「漢書地理志『零陵郡零陵縣陽海山，湘水所出』。後漢書郡國志『零陵，陽朔山，湘水出』。陽海、陽朔，二志不同。據水經『湘水出零陵始安縣陽海山』，注云『卽陽朔山也』。足信漢時稱陽海，晉以後稱陽朔。此云陽朔山卽零陵山，殆因前人有『湘出零陵山』語，然彼以郡縣名統稱，猶言零陵之山，實非是山本名零陵，則證合之似贅。」攷水經湘水注『應劭曰『湘出零陵山』，蓋山之殊名也。』此志本水經注，謂零陵山爲陽朔山之殊名，非誤證合。

〔一四〕冷山　攷證：樂史作「冷石山」。

〔一五〕武德四年　攷證：樂史作「開皇十一年」，誤。

〔一六〕北至州三百四十里　今按：岱南閣本、畿輔本脱「北」字。

〔一七〕理定縣　今按：殿本同，與舊、新唐志合，它本「理」作「治」。攷證云：「王象之引此作『治』，按曰

『唐以高宗諱，凡言「治」者皆以「理」代之，不應曰「治定」。』蓋自宋已訛，官本作『理』，後人改正。」

〔一八〕分始安縣置興安縣　今按：殿本同，它本無「興安縣」三字。殿本按云：「隋志大業初廢興安縣入始安，其何時復置，此缺載。」

〔一九〕慕化縣　攷證：舊志作「恭化」，各地理書多誤作「慕化」。馬端臨曰「唐曰恭化，後唐改慕化」，此恐後人誤改。

〔二〇〕五十里　攷證：官本作「二十里」，與樂史合。

〔二一〕武德四年析始安縣置　今按：殿本同，它本脱「置」字。舊唐志「分始安置純化，元和初改恭化」。新唐志「恭化本純化，武德四年析始安置，永貞元年更名」。此失叙初名純化及更名。

〔二二〕貞觀十二年州廢　攷證：舊志作「十三年」，歐陽忞、王象之並與此合。　今按：新唐志桂州荔浦亦云貞觀十二年廢荔州，以荔浦來屬。

〔二三〕領縣十(一)　今按：殿本無「一」字。漢志「蒼梧郡，縣十」，此「一」字應衍，今據殿本删。

〔二四〕武德五年　攷證：舊志作「四年」，非。

〔二五〕一百五里　今按：殿本同，它本「一」作「七」。

〔二六〕白石英二十兩　今按：殿本同，它本無「二十兩」三字。又殿本無「元和貢云云」。

〔二七〕下　攷證：宜注「中」字，會要云貞元七年升。

〔二八〕置遂城縣　攷證：隋志作「遂成」。

〔二九〕開皇十年　攷證：隋志、樂史並作「十一年」。

〔三〇〕改爲戎城縣　攷證：官本按云「戎城之『城』，隋志作『成』。」

〔三一〕本漢舊縣也　攷證：官本按云：「前、後漢書並作『猛陵』。」

〔三二〕武德四年重置　攷證：樂史云「蕭銑改置孟陵」。

〔三三〕開皇元年　攷證：「元」宜作「九」。

〔三四〕五十五里　攷證：官本作「五十里」。

〔三五〕西北至東都　攷證：官本無「西」字，宜作「東北」。

〔三六〕六十里　攷證：封州作「九十里」。

〔三七〕縣北四十里至以取利焉　攷證：官本接縣敘，是。

〔三八〕一百四十五里　今按：殿本同，它本「一」作「二」。攷證謂寰宇記同此。

〔三九〕吴分置建興縣至改爲興安縣　今按：殿本同，它本作「晉改爲晉安縣」。輿地紀勝賀州桂嶺縣引作「吴分置興安縣，屬臨賀郡，晉太康十八年改爲晉安縣」。宋志「吴置曰建興」，此引作「興安」，誤。今本又脱「太康十八年」五字。攷晉志臨賀郡無晉安縣，隋志云「舊曰興安」，通典同，俱無晉改晉安之文，此志蓋誤，今殿本與此作「晉改爲興安縣」，乃後人識其誤而正之，非志原文。

〔四〇〕程岡　今按：輿地紀勝賀州景物引「岡」作「崗」，下朝岡同。

〔四一〕武德四年復置　今按：殿本按云：「唐書地理志『天寶後置』，與此異。」

〔四二〕本漢舊縣至臨賀郡　今按：輿地紀勝賀州富川縣引作「本漢臨賀縣之地，吴屬臨賀郡」，並云：「謹按兩漢志蒼梧郡下自有富川縣，則非漢臨賀縣地也，元和志所紀非是。」今本蓋後人察其誤而改之，非志原文。

〔四三〕取境内昭潭爲名　攷證：官本按云：「昭潭，舊唐書作『昭岡潭』。」按樂史昭潭下引湖南記云：「郡北有昭岡，潭只在江中，蓋因岡以爲名。」詳其文義「岡」字宜斷句，「潭」字屬下，劉昫誤屬上讀，宜以此志爲是。

〔四四〕西北至東都　攷證：官本無「西」字，是。

〔四五〕元和貢銀二十兩　今按：殿本同，它本云「元和貢同」，謂與開元貢同，則亦銀三十兩矣。

〔四六〕恭城　今按：殿本同，與新唐志合，戈襄校舊鈔本「恭」作「荼」，它本作「茶」，並誤。下同。

〔四七〕吴於此置平樂縣　攷證：舊志云「晉置」，非，沈約云「吴立」。

〔四八〕目巖山在縣北三十八里　今按：隋志作「目山」，當是脱「巖」字。「縣北」，寰宇記引荆州記云「在平樂縣西南數十里」。輿地紀勝昭州景物引此作「三十里」。

〔四九〕縣南一十里山有木客　攷證：王象之引作「三十里」。「木」，官本作「本」，誤。　今按：王象之輿地紀勝昭州景物引作「在平樂縣東三十里，有木客」，作「東」，無「山」字，不同。

〔五〇〕那溪穴新穴　今按：殿本同，與輿地紀勝引同，它本「那」作「郍」。

〔五一〕水之西岸有昭潭　今按：殿本同，與輿地紀勝昭州景物引合，它本作「水面約岸有昭潭」。攷水經湘水注「湘水北逕昭山西，山下有旋潭，深不可測，故言『昭潭無底』也」。昭山在湘水中，潭在下，故寰宇記引湖南記「潭只在江中」，此「面」疑「西」之訛。

〔五二〕武德四年析平樂縣置　攷證：唐志云蕭銑置。

〔五三〕銀殿山　今按：新唐志作「銀帳山」。

〔五四〕二百步　攷證：王象之引「二」作「一」。

〔五五〕象郡　攷證：舊志作「象山郡」，新志及通典與此同。他州下並無「郡」字。

〔五六〕鄉十　今按：各本與此脱，殿本有，今據補。

〔五七〕二百三十三　攷證：官本作「二百二十二」。

〔五八〕中溜　攷證：官本「溜」作「留」，按云：「後漢書、宋書並作『中溜』，惟前漢書作『中留』，而顏師古注曰『留音力救反，水名』，則音義實同。」

〔五九〕十一年廢二縣　今按：殿本同，它本作「十二年」。攷證謂「王象之引作『十一』，壽陽縣及柳州叙並作『十二』，作『十二』誤」。

〔六〇〕取界內象山爲名　攷證：下宜有脱。按本叙立象州在武德縣而後文云陽壽爲郭下。唐志云：「貞觀中自武德移治武化，大曆十一年移治壽陽，天寶中省武德入壽陽。」欒史云「改武德爲壽陽」，而不詳壽陽爲隋縣，亦疏。

〔六一〕元和貢同　攷證：官本無。

〔六二〕西南至州　攷證：「西南」官本作「西北」，是。

〔六三〕鄉七　攷證：官本「七」作「九」。

〔六四〕四千一百四十里　今按：殿本同，它本「一」作「二」，無「五」字。

〔六五〕二百二十三里　今按：與融州八到合，各本「二百」作「一百」。

〔六六〕元和貢同　今按：殿本無。

〔六七〕隋開皇十一年析桂林縣置　攷證：官本下按云「隋書地理志云『梁置』，與此異」。按王象之引郡邑記曰「梁大同三年八龍見於江，乃卽江南置龍城縣」，與此別。

〔六八〕永徽中置　攷證：唐志作「貞觀」。按本敍云「屬嚴州」，而嚴州敍云「乾封二年置」，互有歧異，未知孰的。

〔六九〕廢郡爲縣　攷證：官本按云：「舊唐書云『貞觀中置』，與此異。

〔七〇〕循德　攷證：舊志作「修德」，疑「修」「循」形近訛。

〔七一〕六百六十　今按：殿本同，它本「六百」作「一百」。

〔七二〕乾封二年　攷證：舊志云「元年招致生獠置」，與此異。

〔七三〕南至澄州二百二十六里　攷證：「南」宜作「西南」。澄州作「三百三十里」。

〔七四〕管縣二　攷證：按唐志嚴州有歸化縣，與州同置，樂史云「與州同廢」，此志敍述不及。顧祖禹曰

「歸化廢縣在來賓縣南」。

〔七五〕又改名循德縣　攷證：官本下按云：「舊唐書云改歸德，與此陽德、循德並有異。」

〔七六〕永徽初至仍爲州理　今按：殿本同，它本「理」作「治」，非。殿本按云：「永徽在乾封前，州爲乾封二年置，則縣爲州理，必非永徽初，此蓋有訛脱字句。」

〔七七〕爲義熙縣　攷證：王象之引「縣」作「郡」，非。

〔七八〕北至上都取桂州路　攷證：官本無「取桂州路」四字。

〔七九〕四百九十五里　攷證：桂州無「五」字。

〔八〇〕二百三十里　攷證：柳州作「一百二十三里」。

〔八一〕武德六年　攷證：舊志作「四年」。

〔八二〕臨牂縣　今按：殿本同，與新唐志合，它本「牂」作「牂」。

〔八三〕改爲武陽　攷證：官本下按云：「唐書地理志天寶初併黄水、臨牂二縣更置，與此異」。

〔八四〕又爲隋永平郡之武林縣地也　攷證：按晉志有武城，無武林。此志武林縣敍云「宋元嘉二年置」，與此別，宜有脱誤。今按：此本云「隋永平郡之武林縣」，與隋志合，各本脱「隋」字，攷證遂蒙上「晉分猛陵置永平郡」爲説。

〔八五〕置鸞州　今按：殿本同，它本「州」誤「縣」。

〔八六〕西至潯州泝流一百三十里　攷證：官本「西」作「西南」，是。潯州「三十」作「二十」。

〔八七〕燕石山在縣東南一十里　攷證：官本「燕」作「鷰」。歐陽忞作「石燕山」，通志云「山出石燕，故名」。王象之引「一十」作「二十」。

〔八八〕班布　攷證：官本「班」作「斑」，下有「五匹」，無元和條。

〔八九〕思勤　今按：殿本同，與兩唐志、寰宇記合，它本「勤」作「懃」，攷證云「懃」疑誤。下思勤縣同。

〔九〇〕四里　攷證：官本作「二里」。

〔九一〕聖曆元年分龍平縣置　今按：岱南閣本、畿輔本「聖曆」上衍「右」字。殿本按云：「唐書地理志『天寶後置』，與此異。」攷證云：「按本敍『開元二年云云』，是立縣在天寶前，唐志恐誤。」

〔九二〕三十七　今按：殿本同，它本「三」作「二」。

〔九三〕鄉〔七〕　今按：據殿本增「七」字，下元和鄉同。

〔九四〕三百五十里　攷證：龔州作「二百三十」。

〔九五〕四十七里　攷證：桂州作「五十里」。

〔九六〕元和貢麩金十兩　攷證：官本無元和條。

〔九七〕置立山縣　今按：新唐志「本隋化縣，武德五年更名」，非置。

〔九八〕武德五年分荔浦縣置屬荔州　攷證：欒史云「貞觀五年置純義縣，屬荔州，永貞元年改爲正義，避憲宗之諱」，與此別。

〔九九〕永崇二年　今按：新唐志作「永隆」。殿本按云：「永崇即永隆，唐高宗年號，後因避明皇諱，改

「隆」爲「崇」。」

〔一〇〇〕西北至上都　攷證：官本無「西」字。思唐州在今廣西潯州府平南縣北。

〔一〇一〕〔東〕北至東都　今按：「東」字依殿本增，各本與此俱脱。思唐州去東都爲東北行。

〔一〇二〕與州同時置　今按：殿本同，它本「與」上衍「右」字。下平原縣同。

元和郡縣圖志卷第三十八

嶺南道五

邕管經略使　邕州，貴州　賓州　澄州　橫州　欽州　潯州　巒州〔一〕

安南都護府〔二〕　交州　愛州　驩州　峯州　陸州　演州已上朝貢。　長州　郡州

諒州　武安州　唐林州　武定州　貢州已上附貢。　兼管羈縻州三十一。〔三〕

邕州，郎寧。　下都督府。　開元戶一千六百二十四。　鄉十二。　元和戶　鄉　今爲邕管經略使理所。

管州八：邕州，貴州，賓州，澄州，橫州，欽州，潯州，巒州。　縣三十三。

古越地也，秦併南越，爲桂林縣地。　在漢，爲鬱林郡之領方縣地也。　晉於此置晉興郡。隋開皇十四年廢晉興郡爲晉興縣，屬簡州，　大業三年州廢，〔四〕以縣屬鬱林郡。　武德四年，於此置南晉州，貞觀六年改爲邕州，〔五〕因州西南邕溪水爲名。　乾封二年置都督府，後爲夷獠所陷，移府於貴州。　景雲二年，州界平定，復於邕州置都督府。

州境東西　南北

八到：北至上都取象州路四千七百七十五里，取藤州路五千四十五里。北至東都四千五百八十五里。東至欽州三百三十里。西南至瀼州二百八十里。西南至安南一千里。東北至澄州二百四十里。〔六〕

貢、賦：〔七〕

管縣七：宣化，武緣，晉興，朗寧，思籠，封陵，如和。

宣化縣，下。郭下。本漢領方縣地，隋開皇十四年於此置晉興縣，十八年改爲宣化縣，屬鬱林郡。武德四年屬南晉州，貞觀六年改爲邕州。〔八〕

鬱江水，經縣南，去縣二十步。

左溪、右溪，在縣東，西流至縣東南，同注鬱江。

武緣縣，中。西至州一百里。本漢領方縣地，隋開皇十一年於此置武緣縣，屬緣州，大業三年廢，武德五年又置。〔九〕

鬱江水，經縣南，去縣三十步。

都稜鎮，在縣西，水路一百里。

晉興縣，中下。南至州一百里。本漢領方縣地，晉於此置晉興縣，隋開皇十四年省，〔一〇〕武德五年又置。

朗寧縣，中下。南至州一百八十里。本漢增食縣地，武德五年分置朗寧縣，屬南晉州，改屬

邕州。〔一一〕

思籠縣，中下。 東至州三百里。

封陵縣，中下。 西南至州一百里。 右二縣，並景雲後置。〔一二〕

如和縣，中下。 東北至州九十里。 本漢合浦縣之地，武德五年析欽州南賓、安京二縣地置如和縣，因縣西南四十里如和山爲名，屬欽州，景雲二年割屬邕州。

貴州，懷澤。 下。 開元户三千六百二十九。 鄉十九。 元和户

本西甌駱越之地，秦并天下，置桂林郡。尉佗王越，改桂林爲鬱州，後又爲桂林。元鼎六年，平南夷，改桂林爲鬱林郡。梁時於郡置南定州。隋開皇十年罷鬱林等郡，改南定州爲尹州，大業二年改尹州爲鬱州。三年罷州，爲鬱林郡。隋末陷賊，武德四年平蕭銑，於郡置南尹州，并置總管府，八年改南尹州爲貴州。〔一三〕

州境：東西一百三十七里。 南北二百一十八里。〔一四〕

八到：西北至上都取梧、桂州路四千八百七十五里，〔一五〕取象州路四千五百八里。 東北至東都四千六百三十五里，〔一六〕取象州路四千三百二十五里。 東北沿流至潯州二百一十五里，陸路一百四十里。〔一七〕東至繡州一百里。 南至鬱林州一百四十里。 西南沿流至橫州一百七十里。〔一八〕西至賓州二百二十五里。 北至象州三百一十里。〔一九〕

貢、賦：開元貢：紵布。

管縣四：鬱林，〔二〇〕懷澤，義山，潮水。

鬱林縣，〔二一〕上。郭下。本漢廣鬱縣地，吴改爲陰平，晉改爲鬱平。隋開皇十年，於此置鬱林縣，屬鬱林郡，武德四年屬貴州。〔二二〕

顯朝岡，在縣北二十里。陸績爲太守，每登此岡，制渾天圖。

鬱江水，南去縣十五步。

石井，亦名司命井，在縣北二里。竭則人疾疫，歲不登。

懷澤縣，下。北至州一百里。本漢廣鬱縣地，武德四年置。

義山縣，下。東北至州八十里。本漢廣鬱縣地，隋開皇十年置馬度縣，因縣南三十里馬度山爲名。武德四年改爲馬嶺，天寶元年改爲義山。

潮水縣，下。東至州五十里。本漢廣鬱縣地，武德四年分置潮水縣。

浮溪水，在縣南三十步。

賓州，領方。下。開元户一千八百九十五。鄉十一。元和户

古越地也。今州卽漢鬱林郡之領方縣地，至隋不改。隋亂陷賊，貞觀五年析澄州三縣於此置賓州。

州境：東西一百三十一里。南北六十三里。

八到：北至上都四千五百九十五里。東北至東都四千三百三十五里。西南至邕州二百四十五里。西北至澄州八十八里。東至貴州二百二十五里。東北至嚴州一百九十里。

貢、賦：開元貢：銀，筒布，蕉布。

管縣三：領方，〔二三〕琅琊，保城。〔二四〕

領方縣，下。郭下。本漢舊縣也，吴改爲臨浦縣。隋復爲領方，屬鬱林郡。武德四年屬南方州貞觀五年割屬賓州。

都婪水，去縣三十三里。〔二五〕

琅琊縣，〔二六〕下。西北至州二十五里。武德四年析領方縣置，屬南方州。貞觀五年，割屬賓州。〔二七〕

琅琊水，在縣西一里。

保城縣，下。西至州五十里。本漢廣鬱縣地，屬鬱林郡。梁置安成郡，隋改縣，屬鬱林郡。貞觀五年割入賓州，至德二年改名保城。

可零水，出縣西平地，北流。

澄州，賀水。下。開元户二千一百六十五。鄉十二。元和户

古越地也。今州卽漢鬱林郡之領方縣地，漢領方縣，今賓州領方縣，〔二八〕自漢迄隋，其

地不改。隋亂陷賊，武德四年平蕭銑，於此置南方州，貞觀八年改爲澄州。

州境：東西三百五十三里。南北三百三里。

八到：北至上都四千六百三十五里。東北至東都四千三百七十五里。東至貴州三百四十一里。西至邕州三百三十九里。南至賓州八十八里。〔二九〕北至嚴州三百三十里。〔三〇〕

貢、賦：開元貢：銀。

管縣四：上林，無虞，止戈，賀水。

上林縣，下。郭下。本漢領方縣地，武德四年分置上林縣，在上林洞口，〔三一〕因以爲名。

都灃水，在縣北一百步。〔三二〕

無虞縣，下。西南至州三十六里。武德四年析領方縣置，屬南方州，後改屬澄州。

羅富山，在縣西五里。〔三三〕

都灃水，在縣北一里。

止戈縣，下。東至州八十里。武德四年析領方縣置，屬南方州，改屬澄州。

賀江水，一名都泥江，在縣北一百九十里。

賀水縣，中下。西南至州一百九十里。〔三四〕武德四年析柳州馬平縣置，屬南方州，改屬澄州。

都泥江，在縣北一百四十里。

橫州，寧浦。下。 開元户一千三百七十八。 鄉十七。

古越地，趙佗王越地，亦屬之。漢平南越，置合浦郡，今州卽漢合浦郡之高涼縣地也，在今高州界。晉於合浦北部置寧浦郡，隋開皇十年廢爲縣，以屬簡州。十八年改簡州爲緣州，大業三年廢州入鬱林郡。隋末陷賊，武德四年平蕭銑重置南簡州，〔三五〕貞觀八年改爲橫州。至德移於舊州東七里鬱江北岸。

州境：東西一百三十二里。南北二百一十一里。

八到：北至上都取貴、象州路四千七百五十里，〔三六〕取藤州水路四千一百七十五里。〔三七〕東北至東都四千三百九十五里。東北至貴州水路一百七十五里。〔三八〕西南至欽州水陸相兼三百一十一里。〔三九〕

貢、賦：開元貢：銀。

管縣四：寧浦，樂山，淳風，〔四〇〕嶺山。

寧浦縣，下。 郭下。本漢高涼縣地也，〔四一〕吴分爲寧浦縣，隋開皇時屬鬱林郡，〔四二〕貞觀中屬橫州。

鬱江水，俗名蠻江水，北去縣十步。

樂山縣，下。 西至州水路一百二十里。本漢鬱林郡雍雞縣地，〔四三〕陳於此置樂陽郡。隋開皇十年廢郡，改爲樂山縣，〔四四〕屬緣州。大業初改屬鬱林郡，〔四五〕貞觀八年改屬橫州。〔四六〕

巒江，南去縣七步。

淳風縣，〔四七〕下。西南至州九十里。武德四年析寧浦縣之北界置。〔四八〕

鰐江水，經縣西，去縣一百步。

嶺山縣，下。東至州一百里。本漢高涼縣之地，梁於此置嶺山郡，隋開皇十年廢郡爲縣，〔四九〕屬鬱林郡，武德四年改屬橫州。

巒江，北去縣五步。

欽州，寧越。下。開元户二千二百八十。鄉十二。

古越地，非九州之域。尉佗王越，地亦屬焉。漢平南越，置合浦郡，今州卽合浦郡之合浦縣地。〔五〇〕按合浦在廉州界，宋分合浦置宋壽郡。梁武帝於今欽江縣南三里置安州，隋開皇十八年改安州爲欽州，取欽江爲名也。大業三年改爲寧越郡，武德四年平蕭銑，改爲州，仍爲都督府，貞觀元年罷都督府，復爲州。

州境：東西六百七十三里。南北四百四十里。〔五一〕

八到：北至上都五千五十五里。東北至東都四千八百五里。東北至橫州三百一十里。〔五二〕東至廉州三百三里。西南至陸州七百四十里。

貢、賦：開元貢：銀，金。

管縣五：欽江，安京，遵化，内亭，靈山。〔五三〕

欽江縣，下。郭下。本漢合浦縣之地，宋於此置宋壽郡，隋開皇十九年罷郡爲欽江縣，〔五四〕屬欽州。皇朝因之。

豐子嶺，在縣北一百二十里。

欽江，在縣東二百步。

西零戍，在縣南三里。〔五五〕

安京縣，〔五六〕下。西北至州七十里。梁武帝分宋壽郡於此置安京郡，隋開皇十年廢郡爲縣，屬欽州。皇朝因之。

羅浮山，在縣北十里。俗傳似循州羅浮山，因名之。

遵化縣，下。西南至州二百八十里。〔五七〕隋開皇二十年置，本合浦縣地也。

欽江水，源出縣東北閣博山。〔五八〕

内亭縣，下。東南至州一百里。本漢合浦縣地，隋開皇十七年置，名新化縣，十八年改名内亭，屬欽州。皇朝因之。因内亭水爲名。

靈山縣，下。南至州九十六里水路一百二十里。隋開皇十八年，於州北四十八里置南賓縣，貞觀十年移於峰子嶺南，天寶元年改爲靈山縣。今南四十里謂之水步，即是欽州北來人，泝流舍舟登陸處。

潯州，潯江。　下。　開元户一千七百一十六。　鄉五。

本漢合浦郡地，貞觀七年分置潯州，取北潯江爲名。十二年廢入龔州，長壽元年又割龔州桂平、皇化、大賓三縣重置潯州。

州境：東西　南北

八到：　北至上都四千六百九十五里。東北至東都四千一百七十五里。東北沿流至龔州一百二十里。〔五九〕西南泝流至貴州二百里，陸行一百里。〔六〇〕南至繡州八十里。西北至象州陸路二百一十里。

貢、賦：〔六一〕

管縣三：桂平，皇化，大賓。

桂平縣，下。　郭下。　梁於此置桂平郡，隋開皇十年罷郡爲縣，屬鬱林郡。貞觀七年，於縣置潯州，十二年廢，以縣屬龔州。後復置，縣又屬焉。

皇化縣，下。　西至州三十里。　隋開皇十一年置，因縣東一里皇化水爲名。大業二年廢，貞觀七年復立。

大賓縣，下。　西至州四十里。　隋開皇十五年分桂平縣置，以縣西北賓水爲名。武德七年，曾於縣置潯州，後移於桂平縣。

巒州，永定。下。本漢領方縣地，貞觀末、永徽初置。後以蠻、獠背叛廢，於其城置驛，開元十五年李商隱重奏置。〔六二〕

州境：東西　南北

八到：(西)〔東〕北至上都取横、象州路四千八百五十五里。〔六三〕(西)〔東〕北至東都四千六百三十五里。〔六四〕西泝流至邕州一百五十里。東沿流至横州一百三十里。北至澄州抵大山，無路。

貢、賦：

管縣三：永定，〔六五〕武羅，靈竹。

永定縣，下。郭下。

武羅縣，下。北至州七十里。〔六六〕

靈竹縣，下。西至州九十里。

右三縣與州同置。〔六七〕

安南，〔交趾。上都護府。〕〔六八〕開元户二萬五千六百九十四。鄉五十五。元和户二萬七千一百三十五。〔六九〕鄉五十六。今爲安南都護府理所。〔七〇〕

管州十三：交州，愛州，驩州，峰州，陸州，演州，已上朝貢。長州，郡州，諒州，武安州，唐林州，武定州，貢州。已上附貢。縣三十九。〔七一〕羈縻州三十二。〔七二〕

古越地也，秦始皇平百越，以爲桂林、象郡，今州卽秦象郡地也。趙佗王南越，地又屬焉。元鼎六年平呂嘉，遂定越地，以爲南海、蒼梧、鬱林、合浦、交趾、九真、日南、珠崖、儋耳九郡，元封五年置刺史以部之。名曰交趾者，交以南諸夷，其足大趾廣，兩足並立則交焉。漢本定爲交趾刺史，不稱州，以別於十二州。建安八年，張津爲刺史，士燮爲太守，共表請立爲州，自此始稱交州焉。吴黄武五年，分交趾、日南、九真、合浦四郡爲交州，南海、鬱林、蒼梧三郡爲廣州，尋省廣州，還併交州，以番禺爲交州理所，後又徙於交趾。晉太康中，徙理龍編。隋開皇十年，罷交趾郡爲玉州，〔七三〕仁壽四年置總管府，大業三年罷州，復爲交趾郡。武德四年又改爲交州總管府，〔七四〕永徽二年改爲安南都督府，〔七五〕至德二年改爲鎮南都護府，兼置節度，〔七六〕大曆三年罷節度置經略使，仍改鎮南爲安南都護府，貞元六年又加招討處置使。

府境：東西五百一十六里。南北七百九十一里。

八到：北至上都六千四百四十五里，〔七七〕水路六千六百四十里。北至東都五千七百八十五里，水路六千三百八十里。西北至峰州一百三十里。西南至愛州五百里，水行七百里。東至大海水路約四百里。東北至陸州水行一百九里。〔七八〕西北至姚州水陸相兼未有里。

貢、賦：開元貢：孔雀，蕉布，犀角，蚦蛇膽，鸚鵡，金，草豆蔻，龍花蘂，翡毛，翠毛，鮫魚皮，檳榔，黄屑，白

露蘚。〔七九〕

管縣八：宋平，武平，平道，太平，南定，朱鳶，交趾，龍編。

宋平縣，上。郭下。本漢日南郡西捲縣地，〔八〇〕宋分立宋平縣，屬九德郡，後改爲宋平郡。隋開皇十年改屬交州。武德四年於此置宋州，貞觀元年廢宋州，改屬交州。

慈廉水，〔八一〕經縣南二里。

蘇管江，〔八二〕南去縣二百步。

安陽王故城，在縣東北三十一里。蓋昔交州之地。

羸𨻻〔八三〕音蓮簍。〔八四〕故城，在縣西七十五里。本漢縣，屬交州郡，有羞官。〔八五〕後漢交趾刺史理於此，後徙龍編。

武平縣，中下。西南至府九十里。〔八六〕本扶嚴夷城地也，吴歸命侯建衡三年破扶嚴夷，置武平郡，隋開皇十年廢郡立崇平縣，〔八七〕屬交州。武德四年改名武平。

平道縣，中下。西北至府五十里。〔八八〕本扶嚴夷地，吴時開爲武平郡，立平道縣屬之，隋開皇十年廢郡，縣屬交州。

仙山，縣東北十三里。隱嶙數百里，則龍編之西門也。

太平縣，中下。西南至府六十里。〔八九〕本扶嚴夷地，隋開皇十年分武平置隆平縣，開元二年

改名太平。〔九〇〕

南定縣，中下。東北至府六十里。〔九一〕本漢嬴陋縣地，貞元七年於此置南定縣。其舊南定縣在今縣東南二百餘里，羈縻長州側近，開元十年後廢。

朱鳶縣，〔九二〕上。東南至府五十里。〔九三〕本漢舊縣，屬交趾郡，至隋不改。武德四年於此置鳶州，貞觀元年廢，縣屬交州。

朱鳶江，北去縣一里。後漢馬援南征，鑄銅船於此，揚排然火，炙船頭令赤，以燋涌浪及殺巨鱗橫海之類。〔九四〕

交趾縣，中下。東南至府一十五里。本漢龍編縣地，隋開皇十年分置交趾縣。武德四年於此置慈州，貞觀元年州廢，縣屬交州。

泊江水，西北自崇平縣界流入至此，故名。

慈廉水，北去縣四十步。

龍編縣，中下。西北至府四十五里。本漢縣，屬交趾郡。立縣之始，蛟龍盤編於江津之間，因以爲瑞，而名縣也。武德四年於此置龍州，貞觀元年州廢，縣屬交州。

朱鳶江，在縣北，卽楪榆水之一源也。〔九五〕盧循之寇交州也，刺史杜慧度率軍水步，〔九六〕晨出南津，以火箭攻之，燒其船艦，一時潰散，循亦中矢，赴水而死。

交州故城，在縣東十四里。吳時刺史陶璜所築。〔九七〕

石九子母祠，在縣東十四里。

愛州，九真。下。開元户一萬四千五十六。鄉二十九。〔九八〕元和户五千三百七十九。鄉八。秦象郡地也，漢元鼎六年平南越，置九真郡，領胥浦、居風、都龐、音龍。餘發、咸驩、無切、〔九九〕無編七縣，屬交趾刺史。梁武帝於郡理置愛州，隋大業三年改爲九真郡。武德五年，丘和歸國，罷郡復爲愛州。

州境：東西二百八十二里。南北四百一十里。

八到：北至上都六千四百七十五里。北至東都六千二百一十五里。東至海州一百四十里。〔一〇〇〕東北至長州水行四百五十里。西至小獠界水行一百九十里。南至演州二百五十里。西北至小獠栅三百里。〔一〇一〕西北至安南都護府五百里，〔一〇二〕水路七百里。

貢、賦：開元貢：孔雀尾。賦：緜。元和貢：孔雀尾十具，翡尾一百枝，檳榔五百顆，犀角二十觔。

管縣五：九真，安順，崇平，日南，軍寧。

九真縣，下。郭下。本漢居風縣地，吳改居風爲移風。隋開皇十七年，分移風置縣，屬愛州。後漢任延爲九真太守，舊俗以射獵爲業，不知牛耕，人常告糴，〔一〇三〕交趾每致困乏。延乃令作田器，教之墾闢，百姓充給。

居風山，在縣西四里。上有風穴，長風自是出焉。其山出金。

珍山，在縣西三里。

安鎮山，在縣南三十一里。出石磬，勝於湘州零陵者。

安順縣，下。西北至州九里。本漢居風縣地，吳改爲移風，又分置常樂縣，屬九真郡。隋開皇十年改屬愛州，十六年改爲安順縣。皇朝因之。

浮岳山，在縣西五里。

崇平縣，下。北至州三十里。本漢居風縣地，晉於此立高安縣，屬九真郡。〔一〇四〕隋開皇十年改屬愛州，十八年改高安爲隆安，開元元年改爲崇安，至德二年又改爲崇平。

日南縣，下。北至州三十里。〔一〇五〕本漢居風縣地，晉分置津梧縣，〔一〇六〕隋開皇十年析置日南縣，屬愛州。皇朝因之。

鑿山，在縣北一百三十里。昔馬援征林邑，阻風波，乃鑿此山彎爲通道，因以爲名。

海，在縣東七十里。〔一〇七〕

軍寧縣，下。東南至州二十里。本漢都龐縣地，晉分立軍安縣，屬九真郡。隋開皇十年改屬愛州。至德二年改名軍寧。

驩州，日南。下府。開元户六千六百四十九。鄉十四。元和户三千八百四十二。鄉六。

古越地，九夷之國，越裳氏重九譯者也。在秦爲象郡。漢平南越，又置九真。吴歸命侯天紀二年，分九真之咸驩縣置九德縣，屬交州。梁武帝於此置德州，隋開皇十八年改爲驩州，取咸驩縣爲名也。大業三年改爲日南郡。武德五年改爲南德州，仍置總管府，貞觀元年改爲驩州，兼管羈縻州六。

州境：東西　南北

八到：北至上都六千八百七十五里。東北至東都六千六百一十五里。東至海一百里。南至林邑國界一百九十里。北至演州一百五十里。

貢、賦：開元貢：象牙，沈香，翠毛，〔一〇八〕犀角，金箔，黄屑。

管縣二：九德，越裳。

九德縣，下。西至州五里。本吴所立，屬九德郡，後改屬驩州。

越裳縣，下。西至州七十里。本吴所置，因越裳國以爲名也，屬九德郡。武德初屬智州，後屬驩州。

峯州，承化。下。開元户三千五百六十一。鄉十五。元和户一千四百八十二。鄉八。

古夜郎國之地，〔一〇九〕按今新昌縣界有夜郎溪。秦象郡之地。漢平南越，置交趾郡之麊泠縣〔麊〕音彌，〔亦作卷。〕〔一一〇〕地也。吴歸命侯建衡三年，分交趾立新昌郡，陳於此置興州，隋

開皇十八年改爲峯州。大業二年州廢，以縣屬交州。武德四年又置峯州，兼管羈縻州二十八。〔一一一〕

州境：東西九十七里。南北六十里。

八到：北至上都六千一百五十里。北至東都五千八百四十五里。東南至安南府一百三十里。南至漏口江一百里。北至羈縻南平州界二百里。〔一一二〕

貢、賦：開元貢：八蠶絲，檳榔，荳蔻，蚺蛇膽。元和貢：荳蔻三千三百顆，〔一一三〕翠毛一百合，犀角四十斤。

管縣二：嘉寧，承化。〔一一四〕

嘉寧縣，下。郭下。本漢麊泠縣地，吴分其地立嘉寧縣，後因之。

承化縣，下。東南至州五里。本麊泠縣地，天寶元年分置承化縣。漢交趾麊泠女子徵側及妹徵貳反，稱王，伏波將軍援討平之，卽此地也。〔一一五〕

陸州，玉山。下。開元户一千九百三十四。鄉六。元和户二百三十一。鄉三。

本漢交趾郡地，梁大同元年於郡分置黄州，隋開皇十八年改爲陸州，以在海南，有陸路通海北，因以爲名。州在窮海，不生菽粟，又無絲緜，惟捕海物以易衣食，蓋「島夷卉服」之類也。

州境：東西七百一十里。南北五十四里。

八到：西北至上都水陸相兼六千一百二十里。西北至東都五千八百六十里。〔一一六〕東至廉州界三百里。〔一一七〕東北至欽州六百里。西南至安南都護府百餘里。

貢、賦：開元貢：玳瑁，甲香，鼉皮。元和貢同。〔一一八〕

管縣三：寧海，烏雷，華清。

寧海縣，下。郭下。本梁安海，武德四年又置海平，至德二載更今名。

羅佩山，在縣東九里。其山在大海中也。

烏雷縣，下。西北至州一里。本在州東水路三百里，總章元年置在海島中，因烏雷州爲名。大曆三年，與州同移於安海縣理。

狗理山，在縣東四里。

華清縣，下。西至州一里。本名玉山縣，天寶元年改爲華清。本在烏雷縣北四十里，大曆三年與州同移於安海縣理。南枕大海。

官井山，在縣東約五十里。相傳越王過海，泊船於此，爲無淡水，因鑿石爲井，因號焉。

演州，龍池。下。元和户一千四百五十。鄉三。

古南越地，漢九真郡之咸驩縣地也，自漢迄隋不改。武德五年於此置驩州，領安人、扶演、相景、西源四縣。貞觀元年，以德州爲驩州，〔一一九〕改此爲演州，因演水爲名。其州西控海，當中國往林邑、扶南之大路也。

州境：東西　南北

八到：北至上都六千七百二十五里。北至東都六千四百六十五里。北至愛州二百五十里。南至驩州一百五十里。東至大海六里。

貢、賦：開元貢：孔雀尾，黄屑，金薄。元和貢：金箔，黄屑。〔三〇〕

管縣三：忠義，懷驩，龍池。

忠義縣，下。郭下。本漢咸驩縣地，廣德二年分置忠義縣。

懷驩縣，下。東至州二十四里。本漢咸驩縣地，武德五年分置安人縣，爲演州理所。貞觀二十四年廢州，改安人縣爲懷恩，天寶二年又改爲懷驩。廣德二年復置演州，仍移理忠義縣。

龍池縣，下。南至州二百五十里。本漢無編縣地也，蓋夷獠所附，免其徭役，故以「無編」爲名。後漢省。垂拱二年，於此置龍池縣，仍於縣理立山州，廣德二年廢山州，以縣屬演州。

大海，在縣東四里。

附貢州〔三一〕

長州，文陽。下。西北至府約一百里。

管縣四：文陽，銅蔡，長山，其常。〔一二二〕户都六百四十八。

貢：金。

郡州，西北至府約一百五十九里。〔一二三〕

管縣二：郡口，安樂。户都三百三十五。

貢：白蠟二十斤，孔雀尾二具，蚺蛇膽二枚。

諒州，西北至府約二百里。〔一二四〕

管縣二：文諒，長上。户都五百五十。

貢：白蠟二十三斤。

武安州，〔一二五〕武曲。西至府約一百八十里。

管縣二：武安，臨江。户都四百五十六。

貢：朝霞布食單。〔一二六〕

唐林州，〔一二七〕北至府約一千里。

管縣二：唐林，安遠。户都三百一十七。

貢：白蠟二十斤。

武定州，東至府三百二十里。

管縣二：扶耶，潭湍。户都一千二百。

貢：翠毛二百二十合。

貢州，西南至府二百五十里。

管縣二：武興，古都。〔一三八〕户都三百十八。

貢：翠毛三百合。

卷三十八校勘記

〔一〕繼州　今按：殿本同，與舊、新唐志合，它本「繼」作「蠻」，形近而誤。

〔二〕安南都護府　今按：殿本同，它本省「府」字。

〔三〕羈縻州三十二　今按：殿本同，它本作「三十一」，後安南都護府下各本俱作「三十二」。

〔四〕屬簡州大業三年州廢　攷證：横州敍云「十八年改簡州爲緣州，大業三年州廢」，此脱簡州句。

〔五〕貞觀六年　攷證：唐志作「八年」，通典作「五年」，舊志、樂史並與此同。

〔六〕東北至澄州二百四十里　攷證：澄州作「西至邕州三百三十九里」。

〔七〕貢賦　今按：各本俱只有此二字，殿本下按云：「唐六典『邕州貢銀，賦紵布』，此並缺載。」

〔八〕武德四年至改爲邕州　今按：此與州敍合，殿本作「武德屬南晉州，貞觀改邕州」，它本作「武德屬邕州」，蓋傳鈔缺佚。

〔九〕武德五年又置　今按：此有脫文，殿本按云：「武緣，屬南晉州，後改邕州，此並缺載。」

〔一〇〕置晉興縣隋開皇十四年省　今按：隋志云：「宣化，舊置晉興郡，平陳廢爲縣，開皇十八年改名。」此云「十四年省」，不同。殿本按云：「前邕州及宣化縣敍謂隋廢晉興郡爲縣，又謂隋置晉興縣，而此云晉置隋省者，攷宋書州郡志，晉興太守所領有晉興縣，蓋至隋而廢郡及縣，別置晉興縣於百里南，後改宣化，參合乃明。」

〔一一〕武德五年至改屬邕州　攷證：官本按云：「唐書地理志，武緣、晉興、朗寧，並武德五年以宣化縣析置，此不備敍，蓋省文。」按文義，「分」字下宜詳何縣，恐有脫文。

〔一二〕右二縣並景雲後置　攷證：此條宜別行，方合「右」字義例，官本是。下按云：「唐書地理志思籠、封陵並乾元後開山峒置，與此異。

〔一三〕八年　攷證：此上宜有脫文，舊志作貞觀九年，新志作貞觀八年。

〔一四〕一十八里　攷證：官本「八」作「七」。

〔一五〕西北至上都　攷證：官本無「西」字。

〔一六〕東北至東都　今按：岱南閣本、畿輔本作「西北」，誤。

〔一七〕二百一十五里陸路一百四十里　攷證：官本「二百」作「一百」。潯州無「一十五」及「四十」。

〔一八〕一百七十里　攷證：橫州「七十」下有「五」字。

〔一九〕三百一十里　今按：殿本同，它本「三百」作「二百」。

〔二〇〕鬱林　攷證：「林」宜作「平」，詳後。

〔二一〕鬱林縣　攷證：宜作「鬱平縣」。王象之曰：「通典云『大唐以鬱平、懷澤、潮水、義山四縣置貴州』，是鬱平縣隸貴州也。又云『以石南、鬱林等五縣置鬱林州』，是鬱林縣隸鬱林州也。至國朝開寶平嶺南，廢鬱林州之鬱林入廣業縣，而改貴州之鬱平縣爲鬱林縣，而二縣之名，始合爲一。新唐書卻以鬱平縣隸鬱林州，而以鬱林縣隸貴州，與通典殊不相應。蓋佑唐人也，紀唐之縣名，必不差謬，而新唐書以本朝更易之縣名，而定唐人之縣名，不可以不辯。」此志與佑同時，不應兩歧，蓋後人依新志改，非原文也。舊唐書亦作「鬱平」。顧祖禹曰「新唐書貴州治鬱林」，誤。

〔二二〕武德四年屬貴州　今按：殿本無「四年」二字，它本亦無「四年」，「貴」誤「桂」。

〔二三〕領方　攷證：官本作「嶺方」，下同。

〔二四〕保城　今按：殿本同，與新唐志合，它本「城」作「成」，下同。

〔二五〕三十三里　攷證：官本「三十」作「二十」。

〔二六〕琅琊　今按：殿本同，舊、新唐志並作「琅邪」，它本作「瑯琊」。攷證謂「琅」俗字。

〔二七〕五年割屬賓州　今按：殿本同，它本無「五年」二字。

〔二八〕漢領方縣今賓州領方縣　今按：殿本作「嶺方」，下按云：「漢、晉、宋、隋志皆作『領方』，至杜佑通典、新、舊唐書乃作『嶺方』，當是貞觀後改書。」攷證云：「此條宜列賓州本縣下。一統志表唐縣無『山』，與此別。」

〔二九〕南至賓州　攷證：「『南』宜作『東南』。

〔三〇〕北至嚴州三百三十里　攷證：「『北』宜作『東北』。嚴州作『二百二十六里』。

〔三一〕分置上林縣在上林洞口　今按：殿本同，它本脱「上林縣在」四字。

〔三二〕都澧水在縣北一百步　攷證：官本「澧」作「澧」，「一百步」作「一里」。

〔三三〕在縣西五里　攷證：官本「西」下有「北」字。今按，輿地紀勝象州景物引作「在縣東北二十六里」。

〔三四〕一百九十里　攷證：官本「九」作「六」。

〔三五〕平蕭銑重置南簡州　今按：岱南閣本、畿輔本脱「平」字。

〔三六〕七百五十里　攷證：官本「十」下有「五」字。

〔三七〕七十五里　今按：此下岱南閣本、畿輔本有「至東都四千八百一十里」句。

〔三八〕水路一百七十五里　攷證：貴州「七十」下無「五」字。

〔三九〕三百一十一里　攷證：欽州「十一」無「一」字。

〔四〇〕淳風　今按：殿本同，它本作「涼風」，攷證謂並誤，詳下。

〔四一〕本漢高涼縣地也　攷證：官本無「也」字，按云：「舊唐書云『漢廣鬱縣地』，與此異。」錢坫云：「高涼，今廣東高州府電白縣；廣鬱，今廣西潯州府貴縣，與横州爲近，宜從舊志。」

〔四二〕開皇時　今按：岱南閣本、畿輔本脱「時」字。

〔四三〕本漢鬱林郡雍雞縣地　今按：殿本同，它本作「本漢廣鬱縣之地」。雍雞在今廣西崇左縣境，其地在左江南岸，去横州遠。廣鬱在今貴縣，距横州水路百三十里，近是。輿地廣記及紀要又云「本漢高涼縣地」，各不同。

〔四四〕陳於此置樂陽郡至改爲樂山縣　今按：隋志云「梁置樂陽郡，平陳改爲樂陽縣，十八年改名樂山」，與此異。岱南閣本、畿輔本作「開皇十年廢郡爲縣，仍爲樂山」，恐有錯脱。

〔四五〕大業初改屬鬱林郡　今按：殿本同，它本脱「初」字。

〔四六〕貞觀八年改屬横州　今按：殿本同，與舊唐志合，它本脱「八年」二字。

〔四七〕淳風縣　今按：殿本同，與輿地紀勝横州古迹引同，它本作「涼風縣」。攷證云：「會要云『横州從化，舊名淳風，與憲宗廟諱同，永貞元年十二月改爲從化縣。按此志爲經進之書，宜遵時制曰從化縣，此作『涼風』卽『淳風』，誤用舊名。」新、舊唐志並作「從化」。

〔四八〕析寧浦縣之北界置　攷證：敍末宜有避諱改從化之文。

〔四九〕開皇十年廢郡爲縣　今按：隋志「平陳改爲嶺縣，十八改爲嶺山」，不同。

〔五〇〕今州卽合浦郡之合浦縣地　今按：殿本「地」下有「也」字，它本作「合浦縣是也」，唐欽州治欽江縣，非漢合浦縣，作「是也」誤。

〔五一〕四百四十里　攷證：官本「十」下有「四」字。

〔五二〕三百一十里　攷證：横州「十」下有「一」字。

〔五三〕靈山　今按：與新唐志、通考、輿地廣記、寰宇記、輿地紀勝同，殿本作「靈川」，與舊唐志同，它本「靈」誤「虚」。下同。

〔五四〕開皇十九年罷郡爲欽江縣　今按：隋志「開皇十八年改曰欽江」。

〔五五〕三里　今按：岱南閣本、畿輔本作「三步」。

〔五六〕安京縣　攷證：舊志云「至德二年更名保京」，與此別。

〔五七〕二百八十里　攷證：官本「二」作「一」，近合。

〔五八〕闍博山　今按：輿地紀勝欽州景物引作「博合山」。

〔五九〕一百二十里　攷證：龔州「二」作「三」。

〔六〇〕至貴州二百里陸行一百里　攷證：貴州「二百」下有「一十五」，「一百」下有「四十」。

〔六一〕貢賦　攷證：官本按云：「杜佑通典潯州貢銀二十兩，此與賦並缺載。」按唐志、通典、通考所載貢賦，其確係何時，無的據，未定爲本書之缺，其邊臨蕃蠻各州，更難核實，並從略焉。

〔六二〕李商隱重奏置　攷證：官本按云：「唐書地理志武德四年置淳州，天寶元年改爲永定郡，乾元元年復爲淳州，永貞元年改爲巒州，與此詳略互異。」

〔六三〕(西)〔東〕北至上都　攷證：官本無「西」字。　今按：「西」字衍，據殿本删。

〔六四〕(西)〔東〕北至東都　攷證：官本作「東北」。　今按：「西北」當爲「東北」，今從殿本改。

〔六五〕永定　今按：殿本同，與兩唐志合，它本誤倒爲「定永」，下同。

〔六六〕七十里　攷證：官本「七」作「九」。

〔六七〕右三縣與州同置　今按：殿本同，它本脱此七字。

〔六八〕安南〔交趾上都護府〕　今按：殿本「安南」作「交州」，下注「交趾，上都護府」。它本作「安南上都護府」，下注「交趾，上」。新唐志云：「安南中都護府，本交趾郡，武德五年曰交州，治交趾，調露元年曰安南都護府，至德二載曰鎮南都護府，大曆三年復爲安南，寶曆元年徙治宋平。」是作「安南」不錯，交州乃其舊名，但各本於後俱稱「交州」，則不妨錯出。此脱注文，據殿本增「交趾上都護府」六字。

〔六九〕元和户至三十五　今按：殿本同，它本缺。

〔七〇〕安南都護府理所　今按：殿本同，它本作「安南上都護理所」，衍「上」字，省「府」字。

〔七一〕縣三十九　今按：以各州管縣計之，應爲「三十三」。

〔七二〕三十二　攷證：按驩、峯二州敍可考者，羈縻共三十四州，此宜有誤。今按：此下岱南閣本、畿輔本有「都管户一萬七千一百三十五」十二字，殿本按云「都管户數缺」，故此本不載，非脱。

〔七三〕爲玉州　攷證：樂史云「置交州」。

〔七四〕武德四年　攷證：樂史作「五年」。

〔七五〕永徽二年改爲安南都督府　今按：「都督」，舊、新唐志作「都護」。殿本此下有「兼置節度」四字，係下文錯簡，節度之名，始于玄宗開元，高宗永徽時尚無此稱。

〔七六〕兼置節度　攷證：官本無，樂史與此同。今按：此四字殿本誤繫在前永徽下，當在至德改鎮南時。

〔七七〕六千四百四十五里　攷證：官本無「四百」。

〔七八〕一百九里　攷證：官本「九」作「餘」。

〔七九〕開元貢至白露蘚　攷證：官本無金翡毛、翠毛、黃屑，後有「元和貢翠毛、翡毛、荳蔻」，與此別。又按云：「交州及愛、驩、峯、陸、演諸州之賦，據唐六典亦是紵布，而是書惟載愛州賦緜，餘皆傳寫缺之。」

〔八〇〕本漢日南郡西捲縣地　攷證：唐交州，今越南東都地，宋平故城在府南。漢日南郡治西捲，今越南西都地，顧祖禹、錢坫並同。此宜有誤，宜作漢交趾郡龍編縣地」。

〔八一〕慈廉水　「廉」原作「廣」，攷證：樂史作「慈廉江」，云「昔有李祖仁居此，兄弟十人，並慈孝廉讓，因以名江。」舊志云」武德四年，於交趾置慈廉縣」，蓋因江名也。「廣」，形近之誤，交趾縣正作「廉」，宜照改。

〔八二〕蘇晉江　攷證：按梁書及通鑑並作「蘇歷江」。通鑑輯覽注「蘇歷江，今日來蘇江，在安南國」。

〔八三〕羸𨻻　今按：各本作「羸𨻻」，與漢志、郡國志同，此作「嬴」蓋從音。攷證云：「州郡志作『羸婁』，晉志作『羸𨻻』。」

〔八四〕音蓮䉷　攷證：地理志注孟康曰：「羸音蓮，𨻻音受土䉷」。官本「䉷」作「嘍」。

〔八五〕有羞官　攷證：官本「羞」作「𨻻」，非，地理志原作「羞」。

〔八六〕西南至府九十里　攷證：顧祖禹曰「武平在府西北」，與此别。

〔八七〕立崇平縣　攷證：本作「隆平」，唐諱。

〔八八〕西北至府五十里　攷證：顧祖禹曰「平道在府西北，今安朗縣地，與此别。」

〔八九〕西南至府六十里　今按：殿本同，它本作「東北」。攷證引顧祖禹云「太平城在交州府西北」，與此别。

〔九〇〕開元二年　攷證：官本「二」作「元」，唐志作「先天元年」。

〔九一〕東北至府六十里　攷證：顧祖禹曰「南定在府東北」，與此别。

〔九二〕朱鳶縣　攷證：地理志作「朱䳒」，晉志與此同。

〔九三〕東南至府五十里　攷證：顧祖禹曰「朱鳶在府東南」，與此别。

〔九四〕以㸈涌浪　攷證：官本「㸈」作「焦」，通。

〔九五〕卽楪榆水之一源也　攷證：水經注「楪」作「葉」。官本按云：「水經『葉榆水過交趾䳺泠縣北分爲五水，絡交趾郡中，至南界復合爲三水，東入海。』此所云楪榆，當卽是葉榆。」

〔九六〕率軍水步　今按：岱南閣本、畿輔本作「率水步軍」。

〔九七〕陶璜　今按：與晉書合，各本「璜」誤「横」。

〔九八〕鄉二十九　今按：殿本同，它本作「二十五」。

〔九九〕無切　攷證：官本按云：「後漢書作『無功』，據漢書地理志及水經注並作『切』，與此同。」按無切縣武帝所開，似不以「無功」爲名。「切」亦訓「迫」，蓋與無編取義略同，言但覊縻之耳。

〔一〇〇〕東至海州　攷證：官本「海州」作「演州」，按下有「南至演州」條，與此方里迥別，不宜重出。此宜作「東至海」，衍「州」字。

〔一〇一〕小獠柵　攷證：官本無「小」字。

〔一〇二〕西北至安南　攷證：「西北」宜作「東北」。

〔一〇三〕人常告羅　今按：殿本同，它本「告」作「苦」。

〔一〇四〕立高安縣屬九真郡　攷證：晉志九真郡無高安。

〔一〇五〕北至州三十里　今按：寰宇記「在愛州東北二百二十里」，疑此有誤。

〔一〇六〕晉分置津梧縣　攷證：晉志「津」作「湛」，此本州郡志。

〔一〇七〕七十里　攷證：官本無「十」字。

〔一〇八〕翠毛　今按：殿本同，它本作「翡毛」。

〔一〇九〕古夜郎國之地　攷證：御覽引方輿志「夜郎」作「文郎」，亦作「文狼」。水經注引林邑記曰「朱吾以南有文狼人，野居無室宅」。「夜」字誤。下同。

〔一一〇〕〔麊〕音彌〔亦作卷〕　攷證：官本作「麊音彌，亦作卷」，此脱。今按：依殿本補此注「麊」字及

「亦作卷」三字。

〔一一一〕兼管羈縻州二十八　今按：殿本同此接州敍，它本另作一條，無「兼」字。

〔一一二〕南平州　攷證：官本作「平南州」。

〔一一三〕三百顆　攷證：官本「三」作「二」。

〔一一四〕管縣二嘉寧承化　攷證：按州敍峯州有新昌縣，志文宜有缺佚。

〔一一五〕漢交趾龕泠女子至即此地也　今按：殿本同，它本作「漢交趾地也」，無「龕泠女子」以下二十三字。

〔一一六〕西北至東都　攷證：官本無「西」字。

〔一一七〕東至廉州界三百里　今按：及後至欽州、至安南都護府兩條，殿本同，它本脱。

〔一一八〕元和貢同　今按：清初鈔本、陳樹華鈔本、殿本無。

〔一一九〕以德州爲驩州　攷證：官本脱「爲驩州」三字，按云：「前驩州敍云『武德五年改日南郡爲南德州，貞觀元年改爲驩州。』據此敍『武德五年置驩州，貞觀元年改爲演州。』是貞觀後之驩州，即武德時之南德州，而貞觀後之演州，乃武德五年所置之驩州，非以德州改也，當如唐地理志『貞觀元年改名演州』爲是。」按本敍云「以德州爲驩州」，即指驩州言，見前敍。改此云云，指本條言。官本脱三字，語本難通，宜互參之。

〔一二〇〕元和貢至黄屑　今按：清初鈔本、陳樹華鈔本、殿本無。

〔一二一〕附貢州　今按：殿本無此三字，於下各州「貢」上均加「附」字。

〔一二二〕其常　今按：殿本同，與兩唐志合，它本作「其長」。殿本此下按云：「舊唐書云唐置長州，失起置年月，天寶元年改爲文陽郡，乾元元年復爲長州，領縣四，與州同置。此必有志文，而傳寫缺之。」

〔一二三〕一百五十九里　今按：殿本作「一百九十五」，下按云：「郡州，舊唐書不載，新唐書列羈縻州，其縣有樂安，與此安樂異。」攷證謂此志斷自元和，不必以唐志例。

〔一二四〕二百里　今按：殿本作「二百五十里」，按云：「諒州，舊唐書不載，新唐書列羈縻州，其縣曰武興、古都，與此文諒、長上並異。」

〔一二五〕武安州　攷證：舊唐志云大足元年四月置。

〔一二六〕朝霞布食單　今按：殿本無「食單」二字，它本「霞」作「露」，誤，新唐志是「朝霞布」。

〔一二七〕唐林州　今按：殿本按云：「舊唐書『總章二年置福禄州，至德二年改爲唐林郡，乾元元年復爲福禄州』。新唐書『福禄州，本福禄郡，總章二年以故唐林州置，大足元年更名武安州，至德二載更郡曰唐林，乾元元年復州故名』。據二書，則元和時名福禄州，此仍作唐林，未詳其故。」

〔一二八〕武興古都　今按：新唐志安南都護府無貢州，此二縣屬諒州。

元和郡縣圖志卷第三十九

隴右道上〔一〕

秦州　渭州　武州　蘭州　河州　鄯州　廓州　岷州　洮州　疊州　芳州　宕州

臨州

秦州，天水。　中府。　開元户二萬五千七。〔二〕　鄉三十九。

禹貢雍州之域。古西戎地，周孝王時，其地始爲秦邑。孝王使非子主馬於汧、渭之間，馬大蕃息，孝王邑諸秦，〔三〕使爲附庸，今天水隴西縣秦亭秦谷是也。〔四〕其後秦仲始大，襄公列爲諸侯。武公伐邽戎，滅而縣之，今州理上邽，卽秦之舊縣也。始皇分天下爲三十六郡，此爲隴西地。漢武帝元鼎三年，分隴西置天水郡。郡前有湖水，冬夏無增減，取天水名，由此湖也。〔五〕王莽末，隗囂據其地。後漢建武、永平之後，〔六〕改天水曰漢陽郡。魏分隴右爲秦州，因秦邑以爲名，〔七〕後省入雍州。晉復改漢陽爲天水郡，武帝泰始中又立秦川郡，與州同理。〔八〕隋開皇三年罷郡，所領縣並屬州。大業三年罷州，爲天水郡。隋末陷於盜賊，武德二年討平薛舉，改置秦州，仍立總管府。天寶元年改爲天水郡，乾元元年復爲秦州。

寶應二年陷於西蕃。

州境：東西四百三十九里。南北五百五十五里。〔九〕

八到：東至上都八百里。東至東都一千六百六十里。東〔北〕至隴州三百六十里。〔一〇〕西〔北〕至渭州三百里。〔一一〕西南至成州二百里。〔一二〕東北至原州四百六十里。

貢、賦：〔一三〕

管縣五：上邽，伏羌，隴城，清水，成紀。

上邽縣，上。郭下。本邽戎地，秦伐邽戎而置縣焉。漢屬隴西郡，晉屬天水郡。後魏以避道武帝諱，改曰上邽，〔一四〕廢縣爲鎮。隋大業元年復爲上邽縣，屬天水郡。武德二年屬秦州。

嶓冢山，在縣西南五十八里。漾水之所出也，東流爲漢水。

渭水，在縣北十三里。西自伏羌縣界流入。

段谷水，源出縣東南山下。蜀將姜維，爲鄧艾破於段谷，星散流離，卽此谷也。

司馬宣王壘，俗名上募城，在縣東一里。魏明帝太和五年，諸葛亮寇天水，詔大將軍拒之，此其壘也。

諸葛亮壘，俗名下募城，在縣東二里。初，亮出，議者或欲自芟上邽左右麥以奪賊食，帝不從，又勑令護麥。及宣王與亮相持，賴此麥以爲軍糧。

姜維壘，在縣北八里。

漢高祖廟，在縣東北五里。隗囂自立爲大將軍，聘平陵人方望爲軍師，勸囂立高祖廟，以取信於人。

伏羌縣，中。東北至州一百二十里。本冀戎地，秦伐冀戎而置縣焉。漢冀縣，屬天水郡。後漢隗囂自稱西伯，都於此。後魏以冀爲當亭，周爲黄瓜，〔一五〕隋大業二年，改黄瓜爲冀城縣。〔一六〕武德三年初立伏州，仍置伏羌縣，八年罷伏州，以縣屬秦州。

朱圉山，在縣西南六十里。上有石鼓，不擊自鳴，則有兵起。

渭水，經縣北，去縣一里。

縣城，本秦冀縣也，隗囂稱西伯都此，時冀人有謡曰：「出冀門，望羝羣，有一跛人欲上天，謂天可上，地上安得人。」〔一七〕囂卒敗。

隴城縣，中。西南至州一百二十里。〔一八〕本漢略陽道，〔一九〕屬天水郡。初，隗囂之據冀城也，來歙從上道襲得略陽城，囂乃使王元拒隴坻，牛邯軍瓦亭，囂自率衆攻略陽道。隋開皇〔二〕〔三〕年罷郡，河陽縣徙理焉，〔二〇〕六年改爲隴城縣。〔二一〕

大隴山，在縣東一百里。

略陽川水，北去縣三十步。

瓦亭山，在縣東北二百餘里。隗囂使將牛邯守處。其山亦入原州界。又有街泉亭，蜀將馬謖爲魏將張郃所敗。

清水縣，中下。西南至州一百二十五里。本漢舊縣也，屬天水郡。後魏分略陽置清水郡，隋開皇三年罷郡，縣屬秦州。

小隴山，一名隴坻，又名分水嶺。隗囂時，來歙襲得略陽，囂使王元拒之。隴坂九迴，不知高幾里，每山東人西役，升此瞻望，莫不悲思。隴上有水，東西分流，因號驛爲分水驛，行人歌曰：「隴頭流水，鳴聲幽咽，遥望秦川，肝腸斷絶。」東去大震關五十里。上多鸚鵡。

成紀縣，中。東南至州一百里。本漢舊縣，屬天水。伏羲氏母曰華胥，履大人跡，生伏羲於成紀，卽此丘也。周成紀縣，屬略陽郡，隋開皇三年罷郡，縣屬秦州。皇朝因之。

瓦亭川水，東去縣一十五里。

渭州，隴西。下。開元户五千二百三十二。〔三〕鄉一十四。

禹貢雍州之域。古西戎地。戰國時羌、戎雜居其地，秦昭王伐得義渠戎，始置隴西郡。按天水有大坂名曰隴坻，郡處坻西，故曰隴西。有鐵官、鹽官。漢末隗囂竊據，建武十年囂降，隴右平，仍舊爲郡。靈帝分立南安郡，魏於此置鎮守，鄧艾曰：「蜀師來而爲一，我分爲四以禦之。」謂狄道、隴西、南安、岐山四處。〔三三〕齊王嘉平五年，蜀將姜維圍南安、襄武，皆不克。後魏莊帝永安三年，於郡置渭州，因渭水爲名。禹貢「導渭自鳥鼠同穴」，山在州西一百二十九里渭源界。隋大業三年罷州，復置隴西郡。隋亂陷賊，武德元年，西土底平，復置渭州。寶應二年陷於西蕃。

州境：東西二百六十六里。南北三百八十六里。

八到：東至上都一千一百里。東至東都一千九百六十里。東南至秦州三百里。西南至岷州二百二十六里。東北至原州五百五十里。西北至臨洮軍一百九十里。

貢、賦：開元貢：秦艽，麝香。賦：布，麻。

管縣四：襄武，渭源，隴西，鄣。〔三四〕

襄武縣，上。郭下。本漢舊縣也，屬隴西郡。隋開皇三年罷郡，縣屬渭州，大業三年復屬隴西郡。武德元年，〔三五〕改屬渭州。

渭水，北自渭源縣界流入。

六泉水，在縣東北原上。泉源有六，因以爲名。

渭源縣，上。正東微南至州九十里。本漢首陽縣，屬隴西郡。西魏文帝分隴西置渭源郡，〔二六〕因渭水爲名也。隋開皇三年罷郡，縣屬渭州。

鳥鼠山，今名青雀山，在縣西七十六里。渭水所出，凡有三源並下。其同穴鳥如家雀，色小青；其鼠如家鼠，色小黄。近穴溲溺氣甚辛辣，使人變逆嘔吐，牛馬得此氣，多疲臥不起而大汗。

隴西縣，上。西至州五十里。本漢豲道縣也，〔二七〕音桓。屬天水郡。後漢末於此置南安郡，隋開皇元年廢郡，〔二八〕移武陽縣名於郡理，屬渭州，八年改武陽爲隴西。〔二九〕

安都山，〔三〇〕在縣西四十九里。

落門水，〔三一〕出縣東南落門谷。後漢建武十年，〔三二〕來歙大破隗囂於落門，即此。

渭水，經縣南。

鄣縣，上。東北至州六十里。本漢鄣縣也，〔三三〕屬隴西郡，永元元年封耿秉爲鄣侯是也。〔三四〕永嘉南渡，縣遂廢焉。後魏宣武帝復置，屬略陽，隋開皇三年罷郡，縣屬渭州。

龍馬山，在縣西四十里。

鄣水，南去縣一里。

鹽井，在縣南二里。遠近百姓仰給焉。

武州，武都。下。〔三五〕開元户三千四百五十三。鄉十二。

禹貢梁州之域。古西戎地也。戰國時，白馬氐居焉，氐卽西戎之別種也。元鼎六年，開白馬氐，以其地爲武都郡。魏太祖以楊阜爲武都太守。及劉備取漢中，魏文帝徙武都於美陽，卽今好時縣界也。後諸葛亮使將攻武都、陰平，遂克定二郡，其地始入於蜀。蜀平後，晉復以爲郡。及永嘉南遷，中原背叛，武都又爲氐楊茂搜所據，羣氐推以爲王。其後楊難當爲宋所破，其苗裔復擁衆據武都之仇池山，在今成州界。後魏平仇池，〔三六〕於仙陵山東置武都鎭，宣武帝於鎭城復置武都郡，廢帝改置武州。隋大業三年又改爲武都郡，武德元年復爲武州。

州境：東西二百五十六里。南北二百九十里。

八到：東北至上都一千三百里。〔三七〕東北至東都二千六百里。〔三八〕東至興州三百五十七里。〔三九〕西北至宕州二百五十里。南至文州二百五十里。〔四〇〕北至成州三百八十里。

貢、賦：開元貢：蠟燭，椒。賦：布。

管縣三：將利，福津，〔四一〕盤隄。

將利縣，中下。郭下。本漢羌道縣地，後魏於此置石門縣。周閔帝改爲將利縣，屬武都郡。〔四二〕隋開皇三年罷郡，縣屬武州。皇朝因之。

仙陵山，在縣西六里。

武都有紫水，泥亦紫，漢朝封璽書用紫泥，卽此水之泥也。又出上品雄黃，色如雞冠。

羌水，一名陵水，經州城南二里。

福津縣，中下。西北至州六十六里。〔四三〕本後魏之武階郡也，屬南秦州。文帝又置福津縣，屬武階郡。隋開皇三年罷郡，移福津縣於郡置焉，屬武州。皇朝因之。

隴東山，在縣北四十五里。

盤隄縣，中下。西北至州一百五十里。本漢河池縣地也，後魏廢帝於此置武陽郡，領盤隄縣。隋開皇三年罷郡，縣屬武州。皇朝因之。

盤隄山，在縣東南七十三里。

縣城，魏鄧艾與蜀將姜維相持，於此築城，置茄蘆戍，後於此置縣。

蘭州，金城。下。開元户四千。鄉一十五。

禹貢雍州之域。古西羌地也。秦并天下，是爲隴西郡。漢武帝降匈奴，以其地置武威、酒泉、張掖、敦煌四郡，又分隴西置天水郡。昭帝六年，分隴西、張掖以爲金城郡，今州卽金城郡之舊地也。初築時得金，故曰金城。又言金取其堅固。領縣十三。宣帝又置金城屬國，以處降羌。平帝元始四年，金城塞外羌獻魚鹽之地内屬，漢遂得西王母石室，以爲西海郡，理龍夷城，即今河源軍西一百八十里威戎城是也。後漢建武十三年，省金城入隴西郡，明帝永平元年復立。永熹末，前涼張軌分立晉興郡，張寔徙金城縣，〔四四〕即今州理是也。西秦乞伏乾歸都苑川，南涼禿髮烏孤都廣武，皆此地也。苑川在今五泉縣，至乞伏慕末爲赫連定所滅。廣武，〔四五〕至禿髮傉檀，爲乞伏熾磐所滅。隋開皇元年立爲蘭州，置總管府，取臯蘭山以爲名。大業三年罷州，爲金城郡。武德二年討平薛舉，復置蘭州，八年置都督府，顯慶元年罷〔四六〕，復爲州。寶應元年陷於西蕃。

州境：東西二百一十七里。南北六百一十里。

八到：東南至上都一千四百六十里。東南至東都二千三百二十里。東至臨州一百九十里。〔四七〕東北至會州三百八十里。西北至鄯州四百里。西南至河州三百里。

貢、賦：開元貢：褐，野馬皮。賦：麻。〔四八〕

管縣二：五泉，廣武。

五泉縣，中下。郭下。本漢金城縣地，屬金城郡。前涼張寔徙金城郡理焉。隋開皇三年罷郡，縣屬蘭州。〔四九〕皇朝因之。

康狼山，亦名熱薄汗山，在縣南一百四十里。西秦乞伏乾歸太子熾磐，招結諸部二萬七千，築城於康狼山以據之，即此山也。

黄河，流經縣北，去縣二十里。

金城關，在州城西。周武帝置金城津，隋開皇十八年改津爲關。

廣武縣，中下。南至州二百二十五里。〔五〇〕本漢枝陽縣地，前涼張駿三年分晉興置廣武郡，隋開皇三年罷郡置廣武縣，屬蘭州。大業二年改爲允吾音鉛牙。縣，取漢舊名也，六年改爲會寧縣。武德三年，重置廣武縣。

琵琶山，在縣西北一百五十里。北涼沮渠蒙遜恃其强，陰謀圖周，周乃擁衆南保琵琶山，卽此也。

烏逆水，〔五一〕在縣西南二十許里。水西有馬蹄谷，漢武帝使李廣利伐大宛，得天馬，胡馬感北風之思，遂頓絶羈絆而馳，晨發京城，食時至敦煌塞下，今谷中石上猶存蹄跡。

允吾故城，在縣西南一百六十里。本漢縣，屬金城郡。

浩亹故城，在縣西南一百三十里。漢縣也，屬金城郡。亹者，水流峽岸深若門也。

河州，安樂。上。〔五二〕開元户五千二百八十三。鄉一十四。

禹貢雍州之域。古西羌地也。漢昭帝分隴西、天水、張掖三郡立金城郡，今州卽金城郡之枹罕縣也。枹音浮。靈帝時，隴西宋建自稱河平王，〔五三〕聚衆枹罕，改元，置百官。獻帝建安末，夏侯妙才討平之。晉惠帝立枹罕護軍。前涼張軌保據涼州，立爲晉興郡。張駿二十一年，以州界遼遠，分置河州，以禹貢「導河積石，至于龍門」，積石州界，〔五四〕故曰河州。後乞伏熾磐，又自金城郡都於此。後魏平定秦隴西，改置枹罕鎮。孝文帝太和十六年，改鎮復爲河州。隋大業三年罷州，〔五五〕改爲枹罕郡。武德二年討平李軌，改置河州。寶應元年陷於西蕃。

州境：東西二百二十八里。南北三百七里。

八到：東至上都一千四百六十里。東至東都二千三百二十里。東北至蘭州三百里。〔五六〕西至廓州三百九十里。（東）南至洮州三百里。〔五七〕西北至鄯州三百里。

貢、賦：開元貢：麝香，麩金。賦：布，麻。

管縣三：枹罕，鳳林，大夏。

枹罕縣，中下。郭下。本漢舊縣，屬金城郡。故罕羌侯邑，〔五八〕秦滅爲縣，後遂因之。

積石山，一名唐述山，今名小積石山，在縣西北七十里。按河出積石山，在西南羌中，〔五九〕注於蒲昌海，潛行地下，出於積石，爲中國河，故今人目彼山爲大積石，此山爲小積石。

鳳林山，在縣北三十五里。

河水，在縣北五十里。河，下也。按四瀆之中，河源最高，從高注下，故其流峻急。禹貢「導河積石，至于龍門」。又曰「導洛自熊耳」。按洛水出上洛西山，經熊耳之北，所言導者，皆謂紀所施功，不必自其源也。

鳳林縣，中下。東南至州八十里。〔六〇〕本漢白石縣地，後魏大統十二年，刺史楊寬於河南鳳林川置鳳林縣，〔六一〕因以爲名。儀鳳元年，於河州西移安鄉縣理此，又名安鄉，天寶元年改名鳳林。

石門山，在縣東北二十八里。山高險絶，對岸若門，卽皐蘭山門也。漢武帝元狩二年，〔六二〕霍去病出隴西，至皐蘭，卽此也。

離水，〔六三〕西去縣二百步。

大夏縣，中下。西北至州七十里。本漢舊縣，屬隴西郡。前涼張駿置大夏郡，縣屬焉。周改屬枹罕郡。隋開皇三年罷郡，縣屬河州。

金劍山，在縣西二十里。

大夏山水，經縣南，去縣十步。

鎮西軍，在州西一百八十里。開元三年，〔六四〕哥舒翰於索恭川置。

振威軍，在天成軍西一百餘里。〔六五〕天寶十三年，哥舒翰攻吐蕃鶡窠城置。

鄯州，西平。下府。開元户六千四百四十六。鄉一十五。

禹貢雍州之域。古西戎地。春秋及秦、漢爲羌胡所居。昭帝元始元年置金城郡，〔六六〕按今州界即金城郡地也。後漢獻帝分置西平郡，屬涼州。前涼張軌分西平置晉興郡。張天錫以晉興、西平二郡遼遠，分爲廣源郡。後涼吕光改西平爲西河郡，南涼禿髮烏孤自稱武威王，徙都於此。弟傉檀遷於姑臧，後復徙理於此，爲乞伏熾磐所併。後魏以西平郡爲鄯善鎮，孝昌二年改鎮立鄯州。隋大業三年罷州，復爲西平郡。隋亂陷賊，武德二年討平薛舉，關、隴平定，改置鄯州。儀鳳二年置都督府，後復爲州，開元二十一年置隴右節度使，都管兵七萬五千人，馬一萬六百匹。〔六七〕衣賜二百五十一萬匹段。〔六八〕備西戎。統臨洮軍，開元中移就節度衙置。管兵五萬五千人，馬八千四百匹。〔六九〕河源軍，州西一百二十里。儀鳳二年中郎將李乙支置。管兵一萬四千人，馬六百五十二匹。〔七〇〕白水軍，州西北二百三十里。開元五年郭知運置。管兵四千人，馬五百匹。安人軍，河源軍西一百二十里星宿川。開元七年郭知運置。管兵萬人，馬三百五十匹。振威軍，〔七一〕州西三百里。開元中信安王禕置。管兵千人。〔七二〕威戎軍，州西三百五十里。〔七三〕開元二十六年杜希望置。管兵千人，馬五十匹。綏和守捉，州西南二百五十里。開元二年郭知運置。管兵千人，今分爲五百人。〔七四〕合川郡守捉，州南一百八十里。貞觀中侯君集置。管兵千人。合川郡，今疊州。莫門軍，洮州城内。儀鳳二年置。管兵五千五百人，馬二百匹。寧塞軍，廓州城内。管兵五百人，馬五十匹。積石軍，廓州西一百八十里。儀鳳二年置。管兵七千人，馬一百匹。〔七五〕鎮西軍，河州城内。開元二十六年杜希望置。管兵一萬二千人，〔七六〕馬三百匹。平夷守捉，河州城西南四十餘里。開元二年郭知運置。管兵三千人。寶應元年没於西蕃。

州境：東西三百五里。南北二百一十五里。

八到：東南至上都一千九百六十里。〔七七〕東南至東都二千七百六十里。〔七八〕東南至蘭州四百里。〔七九〕西至青海三百七十里。〔八〇〕西南至廓州二百四十里。東北至涼州五百里。

貢、賦：開元貢：褐十匹，羚羊角兩隻。賦：布，麻。〔八一〕

管縣三：湟水，鄯城，龍支。

湟水縣，中。郭下。本漢破羌縣地，屬金城郡。魏分置西都縣，屬西平郡。隋開皇三年罷郡，縣屬鄯州，十八年改爲湟水縣。皇朝因之。

土樓山，在縣西一百三十里。下有土樓神祠。

湟水，名湟河，亦謂之樂都水，出青海東北亂山中，東南流至蘭州西南入黄河。

浩亹水，今謂之閤門水，經縣東，去縣五十五里。漢宣帝神爵元年，遣後將軍趙充國擊先零羌，充國欲罷騎兵，屯田以待其弊。計度臨羌東至浩亹，羌虜故田，人所未墾，可二千頃已上。又理湟陿以西道橋七十所，令可至鮮水左右留步士萬人屯田，爲必禽之具。詔從之。充國竟以屯田之利，支解先零。

鄯城縣，中。東至州一百二十里。儀鳳二年分湟水縣置。北枕湟水，西卽土樓山。

龍支縣，中。北至州一百三十五里。〔八二〕本漢允吾縣也，屬金城郡。後魏初於此置金城縣，廢帝二年改名龍支縣，西南有龍支谷，因取爲名。

積石山，在縣西九十八里。南與河州枹罕縣分界。

黄河，在縣西南六十里。

廓州，寧塞。下。開元户三千九百六十四。鄉

禹貢雍州之域。古西羌地。漢宣帝時，西羌數背叛，後將軍趙充國屯隴西，諸羌不敢動。後漢燒當等八種羌爲寇，段熲擊破之，諸羌弭定。獻帝建安中，分金城置西平郡。南涼禿髮烏孤又以河南地爲澆河郡。周建德五年於今州理西南達化縣界澆河故城置廓州，蓋以開廓邊境爲義。隋大業三年罷州，復爲澆河郡。隋亂陷於寇賊，武德二年，西土平定，改置廓州。乾元元年陷於西蕃。

州境：東西三百九十四里。南北四百九十里。

八到：東南至上都二千四百十里。〔八三〕東至東都三千九百六十里。〔八四〕東至河州三百九十里。西至吐蕃界樹郭城三百二十里。南至新置曜武軍二百里。北至新安夷騎八十里。

貢、賦：開元貢：麩金，大黄，戎鹽，麝香。〔賦：布，麻。〕〔八五〕

管縣三：化城，達化，米川。

化城縣，下。郭下。本後魏石城縣地，廢帝二年，因境内有化隆谷，改爲化隆縣。皇朝因之，先天元年改爲化城縣。〔八六〕

黄河，在縣南八十步。

扶延山，在縣東北七十里。〔八七〕多麞鹿。

達化縣，下。東至州三十里。本後周置達化郡并達化縣，隋開皇三年罷郡，移縣入郡廨，即今縣是也。皇朝因之。

黄沙戍，在縣東六十里。

米川縣，下。西至州一百里。本前涼張天錫於此置邯川戍，後魏孝昌二年於戍城置廣威縣。貞觀十年，於本縣東一百二十里黄河南岸置米川縣，屬河州，永徽六年移於河北，屬廓州。

積石軍，在州西南一百五十里。〔八八〕儀鳳二年置。西臨大澗，北枕黄河，即隋澆河郡所理。

寧邊軍，在積石軍西，黄河北。

威勝軍，在積石軍西八十里宛肅城。〔八九〕

金天軍，在積石軍西南一百四十里洪濟橋。
武寧軍，在洪濟橋東南八十里百谷城。
曜武軍，在州南二百里黑硤川。
右寧邊等五軍，並天寶十三年哥舒翰奏置。
岷州，和政。下。開元戶三千九百五十。鄉一十四。
禹貢雍州之域。古西羌地也。禹貢「西傾、朱圉、鳥鼠」，按西傾山在洮州之西，今州處其東北，此則雍州之域明矣。在秦爲隴西郡洮縣也，〔九〇〕自秦至晉不改。後魏文帝始於此置岷州，南有岷山，因以爲稱，仍領同和郡，又改爲臨洮郡。隋開皇三年罷郡，屬岷州，大業三年復爲臨洮郡。隋末淪陷寇賊，義寧二年改置岷州，天寶元年改爲和政郡，乾元元年復爲岷州。上元二年因羌叛，陷於西蕃。
州境：東西一百六十三里。南北三百六十七里。
八到：東北至上都一千三百三十六里。東北至東都二千一百八十六里。〔九一〕東北至渭州二百二十六里。西南至洮州一百八十里。〔九二〕南至宕州三百八十里。北至臨州三百四十里。
貢、賦：開元貢：龍鬚席，鸜鵒鳥，犛牛酥，〔九三〕雕翎。賦：布，麻。〔九四〕
管縣三：溢樂，祐川，和政。

溢樂縣，中下。郭下。本秦、漢之臨洮縣也，屬隴西郡。後魏置同和郡，縣屬焉。隋開皇三年罷郡，縣屬岷州，義寧二年改置溢樂縣。

岷山，在縣南一里。

崆峒山，在縣西二十里。

州城，本秦臨洮城也，後漢建初二年，金城隴西保塞羌皆反，車騎將軍馬防、長水校尉耿恭擊平之，即此地也。

董卓臺，在縣北十五步。

秦長城，首起縣西二十里。始皇三十四年并天下，使蒙恬將三十萬衆北逐戎狄，築長城，〔九五〕起臨洮至遼東，延袤萬餘里。

祐川縣，中下。西北至州七十里。本基城縣，周明帝武成元年置。隋開皇九年省，義寧二年重置。先天元年改爲祐川縣，取縣西祐川爲名也。

和政縣，中下。南至州三十二里。〔九六〕本後周洮城郡也，武帝保定元年郡省，置同和縣，屬同和郡，宣政元年改爲和政縣。隋開皇三年罷郡，縣屬岷州。皇朝因之。

和政府，在縣西北七里。

洮水，西南自溢樂縣界流入。

洮州，臨洮。下。〔九七〕開元户三千七百八十四。鄉七。

禹貢雍州之域。古西羌地也。自秦、漢至於魏、晉，皆諸羌所居。至後魏吐谷渾又侵據其地，後周明帝武成中，西逐諸戎，其地内屬，置洮陽防，武帝保定元年立洮州。隋大業三年罷州，改爲臨洮郡。隋季亂離，所在陷没，郡守孫長詢率所部百姓嬰城固守，以義寧元年舉城歸國，武德二年復於此置洮州。貞觀四年，州移理故洪和城，〔九八〕於此置臨洮鎮，五年廢鎮置（御諱）〔淳〕州，〔九九〕八年廢州，復移洮州理此。永徽元年置都督府，開元十七年廢入岷州。二十年於臨潭又置臨州，二十七年又改爲洮州。廣德元年陷於西蕃。

州境：東西五百五十里。南北二百二十里。

八到：東北至上都一千五百里。東北至東都二千三百六十里。東至岷州一百八十里。〔一〇〇〕西至黄河六百里西南至疊州一百八十里。北至河州三百里。

貢、賦：開元貢：褐，酥。

管縣二：臨潭，美相。

臨潭縣，中。郭下。本隋美相縣，周保定元年置。貞觀四年，移美相縣於東北洪和城内，五年於州理改置臨潭縣。其城東西北三面並枕洮水。

洮水，出縣西南三百里彊臺山，即禹貢西傾山也。

扑傍山，在縣東十一里。扑傍，羌語也，羌語呼石爲扑，呼高爲傍，因以爲名。

安西府，在縣東四十里。周明帝武成元年，行軍總管博陵公賀蘭祥討吐谷渾，築此城以保據西土，後因置博陵郡。隋又爲縣，〔一〇一〕屬洮州，貞觀十二年省縣入臨潭，〔一〇二〕十三年於此置安西府。

廣恩鎮，在縣西一百八十里。

莫門軍，儀鳳二年置。在州城内。

神策軍，在州西八十里。天寶十三年哥舒翰置。在洮河南岸。

美相縣，中。西至州七十五里。本漢、隋舊縣，理在州城，〔一〇三〕 貞觀四年移洮州在此，縣亦隨徙焉。

霧露山，在縣北一十里。

疊州，合川。下。開元户一千二百七十七。鄉十一。

禹貢梁州之域。歷秦、漢、魏、晉，諸羌常保據焉。至後魏，其地入吐谷渾。周武帝建德六年，西逐諸戎，始統有其地，乃置疊州，蓋取山川重疊爲義。隋大業元年廢疊州，以縣屬洮州。武德二年，西土内附，於今州西二十九里合川故城置疊州，五年陷吐谷渾，七年討平之，復置疊州。今州城在獨山上，西臨絶澗，南枕羌水。十三年置都護府，永徽元年罷，天寶元年改爲合川郡，乾元元年復爲疊州。

州境：東西二百六十五里。南北一百二十九里。

八到：東至上都一千七百里。〔一〇四〕東至東都二千五百六十里。東南沿流至宕州二百五十里。西至黄河上党項岸二百八十里。〔一〇五〕東南至故芳州一百四十里。東北至洮州一百八十里。

貢、賦：開元貢：甘松香，麝香，酥。賦：布，麻。

管縣二：合川，常芳。

合川縣，下。郭下。本周武成二年置，有三谷水，至縣東合流，因以爲名，屬西疆郡。〔一〇六〕隋開皇三年罷郡，縣屬疊州。皇朝因之。

石鏡山，在縣西北四十五里。其山石皎徹，臨照莫不見其形體，故以爲名。山有銅窟，隋代采鑄，今亦填塞。

白水，一名墊江水，在州西六十里。

藥水，在縣東平地。人有患冷者，煎水服之，多愈。

常芳縣，中。西北至州一百二十里。本周武成中所置恆香縣，屬芳州郭下，前上元中芳州没蕃，〔一〇七〕神龍元年移縣名於天法山東蘇董谷西，即合川縣理是也。

芳州，貞觀户八百六十二。〔一〇八〕

禹貢梁州之域。秦、漢及魏、晉，皆諸羌所居。至後魏吐谷渾入侵據焉，周明帝武成中西逐諸戎，始有其地，乃於三交口築城置甘松防，武帝建德中改爲芳州，〔一〇九〕領恆香、深泉二郡。隋大業二年郡、州廢，以縣屬扶州。隋氏喪亂，陷於寇賊。武德元年，西邊平定，復於常芳縣置芳州。〔一一〇〕高宗上元二年陷於西蕃。

州境：東西　南北

八到：東至上都一千八百四十里。〔一一一〕東北至東都二千七百里。東南至扶州三百里。〔一一二〕西南至羌直州一百六十里。東至羌二百三十里。西至疊州一百四十里。

貢、賦：貞觀貢：氂牛酥。　賦：〔一一三〕布，麻。

管縣三：常芬，恆香，丹嶺。

常芬縣，下。郭下。本周置屬恆香郡，隋開皇三年罷郡，縣屬芳州。前上元二年陷於西蕃，神龍元年移縣名，屬疊州。

素嶺山，在縣東七十里。春夏常多積雪，因名之。

甘松府，在城內。

恆香縣，下。東北至州一十五里。〔一一四〕貞觀二年置，寄理恆香戍。

常侯山，〔一一五〕在縣南三里。

丹嶺縣，下。東南至州二十里。本隋舊縣，開皇十九年置，屬芳州，義寧三年屬甘松郡。〔一二六〕武德元年罷郡，縣屬芳州。所管百姓，皆是党項諸羌，界內雖立縣名，無城郭居處。

湫池，在縣西八十里通彌山中，周迴百餘里，蓋古之天池大澤，白水之源，蓋出此也。

宕州，懷道。下。開元户一千六百五十九。鄉六。

禹貢梁州之域。古西羌地也。自秦、漢至魏、晉，皆諸羌據焉。後魏招撫西戎，始有其地。有梁彌忽者，〔一二七〕宕昌羌也，其先羌豪祖勤自稱宕昌王。彌忽於太武初表求內附，〔一二八〕太武嘉之，拜彌忽爲宕昌王，其後遞相傳襲，稱藩於魏，謂其地爲宕昌藩。周天和元年，改藩置宕州。隋大業三年罷州，置宕昌郡，武德元年復宕州。天寶元年改爲懷道郡，乾元元年復爲宕州，因宕昌山爲名也。

州境：東西三百六十五里。南北四百二十九里。

八到：東北至上都一千四百七十里。東北至東都二千三百三十里。東南至武州二百五十里。〔一二九〕西北至疊州二百五十里。西南至扶州四百里。〔一三〇〕北至岷州三百八十里。

貢、賦：開元貢：麩金，麝香。賦：布，麻。〔一三一〕

管縣二：懷道，良恭。

懷道縣，中下。郭下。本周武帝天和元年置，屬甘松郡。隋開皇三年罷郡，屬宕州。皇朝因之。

蘇董戍，在縣西一百八十三里。

良恭山，在縣北四十里。出雌黄。〔一二二〕

斫花山，〔一二三〕在縣東北八十里。出朱砂、雄黄，〔一二四〕人常采取之。

宕昌故城，今爲交和戍，在縣東五十二里。

良恭縣，下。西南至州三百一十里。〔一二五〕本周之陽谷縣也，〔一二六〕武帝天和五年置宕昌郡，隋開皇三年罷郡，縣屬宕州，十八年改爲良恭縣。

願虜山，接縣城西北隅，東西四十里，南北三里。

臨州，狄道。〔一二七〕下府。天寶初，割蘭州狄道縣又別置安樂縣置臨州。州郭舊有臨洮軍，久視元年置，寶應元年陷於西蕃。

州境：東西〔一二八〕南北

八到：東南至上都一千四百八十里。〔一二九〕東南至東都二千二百四十里。〔一三〇〕南至岷州三百四十里。西至蘭州一百九十里。

貢、賦：

管縣二：狄道，長樂。

狄道縣，下。本漢縣，屬隴西郡。晉改爲武軺縣。〔一二〕隋復爲狄道，屬蘭州。天寶初改屬臨州。〔一三〕

長樂縣，〔一三〕下。天寶初置安樂縣，乾元後改爲長樂。〔一四〕

卷三十九校勘記

〔一〕隴右道上　今按：初學記引魏王泰括地志序略，貞觀十三年大簿，分全國爲十道，隴右道居第八，通典及舊、新唐志雖有不同，但不以殿後。殿本按云：「因元和時久陷西蕃，故移於後。其有開元户、鄉，而無元和户、鄉，亦非傳寫佚之。」攷證云：「按前於各道必列藩鎮所理，此不復列，亦以陷蕃之故。初有隴右節度使理鄯州，河西節度使理涼州，此道雖非元和時所有，而郡縣仍存舊制，蓋以見規復之略焉。」

〔二〕五千七　今按：殿本同，它本「千」作「十」。

〔三〕孝王邑諸秦　今按：殿本同，它本脱「諸」字。

〔四〕今天水隴西縣　攷證：官本無「西」字，此志無隴縣，宜有脱誤，蓋本徐廣史記注。今按：史記秦本紀「邑之秦」，徐廣曰「今天水隴西縣秦亭也」，即此志所本，疑上脱所據書名或人名。但徐廣晉人，晉無隴西縣，漢隴縣亦廢，則隴西、隴縣俱未是。括地志云「秦州清水縣本名秦，十三州志云秦亭，秦谷是也。」後謂秦之始封在此。

〔五〕郡前有湖水至由此湖也　今按：殿本同，它本無「取天水名」以上文。此文本秦州記，見寰宇記引。「取天水名」，秦州記作「天水取此名」，疑此誤，應是「天水取名」。

〔六〕後漢建武永平之後　攷證：「建武」下疑脱「討平之」，或「永」即「討」字之訛。今按：隗囂降在建武十年，謂「建武」下脱「討平之」近是。郡國志漢陽郡劉昭注云：「武帝置爲天水，永平十七年更名。」則「永」字非「討」字之訛。

〔七〕因秦邑以爲名　攷證：官本「爲名」作「平之」，蓋卽「建武」下之脱文，錯落於此。今按殿本「平之」二字，蓋上文「永平之後」而誤。寰宇記「魏黄初中分隴右爲秦州，因秦初封也」，與此因秦邑爲名同。

〔八〕泰始中又立秦川郡與州同理　攷證：晉志未詳。今按：晉志有秦州無秦川郡，云「秦州魏分隴右置，中間暫廢，泰始五年又以雍州隴西五郡及臨州之金城，梁之陰平合七郡置秦州，鎮冀城。太康三年罷秦州並雍州，七年復立，鎮上邽。」可補此志之疏。

〔九〕五十五里　攷證：官本作「五十里」。

〔一〇〕東〔北〕至隴州　今按：隴州在秦州東北，此脱「北」字，殿本作「東北」是，今據補。

〔一一〕西〔北〕至渭州　攷證：官本作「西北」，此脱。今按：渭州云「東南至秦州」，則此當是「西北」，據殿本補「北」字。

〔一二〕西南至成州　今按：殿本同，它本脱「南」字。

〔一三〕貢賦　攷證：官本按云：「唐六典隴右道厥貢麻布，秦州貢龍鬚席、犛牛尾、芎藭，此並傳寫缺。」

〔一四〕改曰上邽　攷證：地形志「邽」作「封」，此志文義應爾，傳鈔誤。

〔一五〕後魏以冀爲當亭周爲黃瓜　攷證：黃瓜，後魏置，周省當亭入焉。今按：地形志當亭屬天水郡，黃瓜屬漢陽郡，並爲真君八年置，楊守敬云：「當是魏以故冀城置當亭，周改當亭爲冀城。」

〔一六〕改黃瓜爲冀城縣　今按：與隋志合，各本「冀」作「黃」，誤。

〔一七〕出冀門望羝羣至安得人　攷證：官本「羝羣」下按云：「後漢書隗囂傳注引此童謡作『出吴門，望緹羣』，謂『吴門，冀都門名也，有緹羣山。』按通考引後漢書注略同，而「跛人」作「蹇人」，下有「言」字，「謂」作「令」，與此別。「得人」原作「得名」，此避。

〔一八〕一百二十里　攷證：官本「二」作「一」。

〔一九〕本漢略陽道　攷證：舊志云「漢隴縣地」。

〔二〇〕〔二〕〔三〕年罷郡河陽縣徙理焉　今按：「二年」，各本作「三年」，此與隋志俱誤，今改。攷證云：「河陽，『河』宜作『阿』，本漢舊名。樂史作『河陽』，云『在河之西北，故曰河陽』，或別有據。」漢書高帝紀師古注「阿陽，天水之縣也，今流俗書本或作『河陽』者非。」此蓋從流俗本。

〔二一〕六年改爲隴城縣　攷證：地形志隴城縣屬秦州略陽郡，不始於隋。上云三年罷郡，卽指略陽，見成紀縣敍，此宜有脱文。今按：隋志同此。

〔二二〕三十二　攷證：官本「二」作「一」。

〔二三〕岐山四處　攷證：按三國志及通鑑，「岐」宜作「祁」，事見延熙十九年，樂史並誤。

〔二四〕鄣　今按：各本作「彰」，此與舊、新唐志、寰宇記合，地形志作「彰」，隋志作「障」。攷證謂宜作「鄣」。

〔二五〕武德元年　今按：各本無「元年」二字。

〔二六〕置渭源郡　攷證：官本「郡」作「縣」，誤。

〔二七〕漢豲道縣也　今按：與漢志合，各本「豲」作「獂」。宋志云「前漢舊名桓道，東漢作『豲』，晉以後仍作『桓』，」然則此與漢志皆誤。「豲」、「獂」古通用。

〔二八〕開皇元年廢郡　今按：殿本同，與隋志合，它本「廢郡」作「獂道」，屬下讀恐誤。

〔二九〕八年　攷證：樂史作「十八年」，歐陽忞作「十年」。今按：隋志作「十年」。

〔三〇〕安都山　今按：殿本同，它本「都」誤「南」。攷證云：「按水經注作『安都谷』。」

〔三一〕落門山　攷證：官本作「洛」，下並同。地理志、水經注俱作「落」，與此合。今按：「洛」「落」古通，郡國志「漢陽郡冀，有洛門聚」，漢志顔師古注引作「落門聚」。

〔三二〕後漢建武　今按：岱南閣本、畿輔本無「後漢」二字。

〔三三〕漢鄣縣也　今按：殿本同，與郡國志合，它本作「彰縣」。攷證云：「此志鄣水條亦從邑，與唐志同。」

〔三四〕封耿秉爲鄣侯是也　攷證：官本下按云：「後漢書耿秉傳封美陽侯，此云鄣侯，未知所據。」按水經注「新興川東北至鄣縣南，永元元年封耿秉爲侯國」，此志所本。

〔三五〕武州武都下　今按：新唐書地理志，祿山之亂，武都郡没吐蕃，大曆二年復置爲行州，是志所敍未全。

〔三六〕後魏平仇池　今按：殿本同，它本脱「魏」字。

〔三七〕一千三百里　今按：殿本同，它本「一千」作「二千」。

〔三八〕二千六百里　攷證：官本「百」作「十」，近合。

〔三九〕三百五十七里　今按：殿本無「七」字。

〔四〇〕二百五十里　今按：岱南閣本作「三百六十里」。

〔四一〕福津　攷證：「福」宜作「覆」，隋志及舊志並同。景福初始改「福」，此傳鈔誤也，後仿此。今按：新唐志作「福津」，云「本覆津，景福元年更名」，元和時尚無此名，此志各本俱作「福津」，必後人誤改。

〔四二〕周閔帝改爲將利縣屬武都郡　今按：殿本同，它本「武都」作「永都」。隋志云「將利，舊曰石門，後周改曰將利，置武都郡，後改曰永都郡」，攷證云：「此敍周閔帝時，似『永』字義長。」

〔四三〕西北至州六十六里　今按：殿本同，它本作「西至州六十里」。

〔四四〕永熹末至徙金城縣　攷證：「『熹』當作『嘉』。官本『晉興』作『興晉』，按云：『晉書張重華傳、魏書張駿傳並有晉興郡，與此『興晉』異。』按晉志作『晉興』，顧祖禹曰『十六國春秋晉咸康元年張軌分置興晉郡，屬河州』。自是枹罕爲興晉，非晉興也，官本作『興晉』當是此志原文，此作『晉興』者，蓋後人依晉志誤改。又按十六國春秋，苻堅建元七年，以李辨領興晉太守；乾歸太初九年，以翟瑥爲興晉太守，不云晉興。後仿此。」今按：「張寔」，岱南閣本、畿輔本「寔」誤「寶」。

〔四五〕今五泉縣至廣武　今按：殿本無「今五泉縣」句。「廣武」下岱南閣本、畿輔本有「縣也」二字。

〔四六〕顯慶元年　今按：殿本同，它本「顯」作「明」。攷證云：「作『顯』非，唐中宗諱顯，故用『明』字。又按釋法顯佛國記，通典引作『法明』，注云『國諱改』，亦一證也。」

〔四七〕東至臨州　攷證：「『東』宜作『南』。」

〔四八〕賦麻　今按：殿本「麻」上有「布」字，岱南閣本、畿輔本無「賦」字，以「麻」屬開元貢。

〔四九〕屬蘭州　攷證：「不詳五泉原始，此下宜有脱，歐陽忞曰『大業初州廢，置金城郡，後改縣曰五泉』。按五泉縣宜有乾歸故城條，詳鳳翔府天興縣。」

〔五〇〕二百二十五里　今按：殿本同，它本無「五」字。

〔五一〕烏逆水　攷證：「水經注作『逆水』，地理志作『烏亭逆水』。」

〔五二〕安樂上　攷證：官本按云：「杜佑通典河州爲安鄉郡，舊唐書同之，新唐書安昌郡，與此互異。」

〔五三〕自稱河平王　攷證：通鑑作「自稱河首平漢王」，欒史同。

〔五四〕積石州界　攷證：「石」下宜有「在」字。

〔五五〕大業三年　今按：殿本同，它本「三」誤「二」。

〔五六〕東北至蘭州　今按：殿本同，與蘭州八到合，它本「東」下脱「北」字。

〔五七〕（東）南至洮州　攷證：官本無「東」字，與洮州合。今按：洮州八到作「北至河州」，「東」字依殿本删。

〔五八〕故罕羌侯邑　攷證：水經注「又東逕枹罕縣故城南，應劭曰『故枹罕羌侯邑也』。」此志所本，不應脱「枹」字。地理志注坊本多誤作「故罕羌侯邑也」，或後人依之改此。今按：寰宇記河州枹罕縣引周地圖記云「枹罕即故罕羌侯邑也」，與漢志注及此合，枹罕縣以枹罕羌立名，「故」下當有「枹」字。

〔五九〕積石山在西南羌中　今按：殿本同，與漢志合，它本作「在縣南羌中」，「縣」爲「西」之訛。

〔六〇〕東南至州　攷證：「南」宜作「北」，洪亮吉云「故城在河州西南」，欒史亦云「西南」，此誤。

〔六一〕置鳳林縣　攷證：後魏置鳳林縣各地志俱未詳，洪亮吉以爲晉縣與此別。

〔六二〕元狩二年　今按：各本作「元符」，誤。攷證云：「元符，宋哲宗年號，宜作『元狩』。水經注云『元狩三年，驃騎霍去病出隴西，至皋蘭』，此志所本。」

〔六三〕離水　攷證：水經注作「灕水」。

〔六四〕開元三年　攷證：按舊書哥舒翰傳，天寶六年始代王忠嗣爲節度，開元初仕不甚顯。鄯州敍鎮西軍在河州城内，開元二十六年杜希望置，此云在州西一百八十里，人地時事迥别。

〔六五〕在天成軍西一百餘里　攷證：振武軍，鄯州敍云「在州三百里，開元中信安王禕置」，與此别。

〔六六〕元始元年　攷證：元始乃平帝年號，宜作「始元」方合。蘭州敍云「昭帝六年」，「元年」亦誤。

〔六七〕一萬六百匹　攷證：舊志無「一萬」。

〔六八〕五十一萬匹段　攷證：舊志作「五十」。今按：岱南閣本，畿輔本「段」誤「緞」。

〔六九〕八千四百匹　攷證：舊志無「四百」。

〔七〇〕中郎將李乙支至五十三匹　今按：殿本與此「郎」上有「中」字，它本脱。攷證云舊志無「一萬」及「三」字。

〔七一〕振威軍　攷證：會要作「振武軍」。

〔七二〕管兵千人　攷證：舊志「千人」下有「馬五百匹」。

〔七三〕州西　攷證：官本作「州西北」。

〔七四〕今分爲五百人　攷證：官本無此句。

〔七五〕馬一百匹　攷證：舊志「一」作「三」。

〔七六〕一萬二千人　攷證：舊志「二」作「一」。

〔七七〕一千九百六十里　今按：殿本「九」作「八」，它本無「六十」二字。

〔七八〕二千七百六十里　攷證：官本「六十」作「二十」。

〔七九〕東南至蘭州四百里　今按：殿本同，與蘭州八到合，它本無「南」字，「四百」作「二百二十」，誤。

〔八〇〕西至青海　攷證：官本「青」作「西」，恐誤。

〔八一〕賦布麻　今按：岱南閣本、畿輔本脫此三字。

〔八二〕一百三十五里　今按：殿本同，與寰宇記合，它本「三」作「二」。

〔八三〕二千四百十里　攷證：官本作「二千里」，近合。

〔八四〕東至東都三千九百六十里　今按：殿本作「二千八百六十里」，它本「東」作「東南」，無「六十」二字。

〔八五〕〔賦布麻〕　今按：殿本有，各本與此脫，今據補。

〔八六〕改爲化城縣　攷證：舊志及樂史並云天寶元年改廣威縣，此未詳。

〔八七〕扶延山在縣東北七十里　今按：殿本同，它本作「十里」，無「七」字，與上黃河併爲一條。攷證云：「舊志及樂史並作『拔延山』。」按隋志亦作「拔延山」，疑「扶」訛。

〔八八〕在州西南一百五十里　攷證：鄯州敍云「在廓州西百八十里」，未知孰的。

〔八九〕宛肅城　攷證：王應麟引「肅」作「秀」。

〔九〇〕洮縣也　攷證：溢樂縣敍作「臨洮縣」，與地理志合，此脫。「也」，官本作「地」。

〔九一〕一百八十六里　攷證：官本「一」作「二」。

〔九二〕西南至洮州　攷證：「南」宜作「北」。

〔九三〕氂牛酥　今按：殿本「氂」作「犛」，字通。岱南閣本、畿輔本作「犂」，恐非。

〔九四〕賦布麻　今按：殿本同，它本脱。

〔九五〕三十四年并天下至築長城　攷證：按通鑑，秦并天下在二十六年，築長城在三十二年，此蓋依史記之文。「并天下」三字宜衍。

〔九六〕三十二里　今按：殿本同，它本作「三十三里」。

〔九七〕下　今按：殿本同，與新、舊唐志合，它本作「上府」。

〔九八〕州移理故洪和城　今按：殿本同，它本「理」作「治」，下「移洮州理此」同。

〔九九〕置（御諱）〔淳〕州　今按：殿本「御諱」作「淳」字，按云：「原本避唐憲宗諱，缺『淳』字，今校補。」此與各本皆仍舊文，今改從殿本。攷證云：「舊志作『置旭州』，恐誤。」

〔一〇〇〕東至岷州　攷證：官本作「東北」，按方輿，宜作「東南」。

〔一〇一〕以保據西土至隋又爲縣　今按：殿本同，它本「西土」作「潭平」，攷證云：「博陵郡、縣，史志未詳。」按隋志「臨洮郡當夷，後周置博陵郡及博陵縣。」

〔一〇二〕貞觀十二年省縣入臨潭　今按：隋志博陵縣，于開皇初併入當夷，與此別。

〔一〇三〕本漢隋舊縣理在州城　今按：殿本同，它本無「隋」字，「理」作「治」。隋志云「美相，後周置縣」，與漢無關，「漢」字當衍。攷證云：「舊志云美相，天寶中併入臨潭，而此仍分兩縣，未詳何年復置。」

〔一〇四〕東至上都　攷證：官本「東」下有「北」字。今按：下「東至東都」殿本亦作「東北」。

〔一〇五〕党項岸　攷證：欒史「岸」作「序州」，恐未的。

〔一〇六〕屬西疆郡　攷證：按西傾山卽彊臺山，與「漒」通，周郡以山爲名，「彊」不從「土」。今按：周書顔之儀傳「爲西疆郡守」，隋志「合川，後周置，仍立西疆郡」，字俱作「疆」。

〔一〇七〕芳州没蕃　今按：岱南閣本、畿輔本脱「州」字。

〔一〇八〕貞觀户八百六十二　攷證：官本按云：「是州陷西蕃在高宗時，其天寶郡名，開元户鄉皆未有，故止載貞觀户。」

〔一〇九〕改爲芳州　今按：各鈔本及岱南閣本、畿輔本此句下有「以爲名」三字，此與殿本無，蓋以其不通而削之。攷證云：「『以爲名』上更有脱文，欒史云『取其地多甘松芳草爲名』。原文疑作『地多甘松芳草，因以爲名』，傳鈔佚之。」

〔一一〇〕復於常芳縣置芳州　攷證：官本下按云：「隋書地理志云『後魏立芳州，有深泉郡，後周置常芳縣，立恆香郡。』此謂周武帝建德中改甘松防爲芳州，與隋志異。又唐書地理志云『武德元年，以常芬縣置芳州』，此謂置於常芳縣，『芳』蓋『芬』之誤。」

〔一一一〕東至上都　攷證：官本「東」作「東北」。

〔一二二〕三百里　攷證：官本「百」下有「三十」。

〔一二三〕賦　今按：殿本同，它本作「調」。

〔一二四〕一十五里　攷證：官本「一」作「二」。

〔一二五〕常侯山　攷證：官本作「帝侯山」。

〔一二六〕義寧三年屬甘松郡　今按：殿本同，它本「義」誤「儀」，「三年」作「二年」。攷證云「官本作『三年』，誤。」

〔一二七〕梁彌忽者　今按：殿本同，它本「忽」作「忩」。攷證云：「樂史作『忽』，御覽引通典同，通考作『忩』，未知孰的。」

〔一二八〕彌忽於太武初表求内附　今按：岱南閣本、畿輔本「稱」誤「彌」，「太武」上脱「於」字。

〔一二九〕二百五十里　今按：殿本同，與武州八到合，它本「二」作「三」。

〔一三〇〕西南至扶州　攷證：「西南」宜作「東南」。官本無「西」字。

〔一三一〕賦布麻　今按：殿本同，它本脱。

〔一三二〕出雌黄　攷證：洪亮吉引「雌」作「雄」。

〔一三三〕斫花山　攷證：洪亮吉引「斫」作「研」。

〔一三四〕雄黄　攷證：官本「雄」作「雌」，洪亮吉引作「雄」，與此同。

〔一三五〕二百一十里　今按：殿本同，它本無「二」字。

〔一二六〕本周之陽谷縣也　攷證：舊志、樂史「谷」並作「宕」，此形近訛。今按：隋志云「後周置曰陽宕」，寰宇記「本漢陽宕縣」，今各本皆誤爲「陽谷」。

〔一二七〕臨州狄道　今按：殿本下按云：「是州置自天寶三年，故不載開元户、鄉。」

〔一二八〕州境　八到　今按：此二條各鈔本及岱南閣本、畿輔本列在州敍前，又失列「貢賦」及「管縣」二條。殿本同此，與各府州一例。

〔一二九〕四百八十里　今按：殿本同，它本「四」作「二」。

〔一三〇〕二百四十里　今按：殿本同，它本「二百」作「一百」。又下「南至岷州三百四十里，西至蘭州二百九十里」二條，它本並脱。

〔一三一〕武軺縣　攷證：畢沅引「武軺」作「武始」。

〔一三二〕本漢縣至改屬臨州　今按：此二十八字，殿本同，它本無。

〔一三三〕長樂縣　今按：殿本同，與兩唐志合，它本作「安樂」，蓋其初名，元和時當稱長樂。又攷證云：「無至州方里，蓋脱。」

〔一三四〕天寶初至改爲長樂　今按：此十四字，殿本同，它本無。

元和郡縣圖志卷第四十

隴右道下〔一〕

涼州　甘州　肅州　沙州　瓜州　伊州　西州　庭州

涼州武威。中府。開元户二萬六千一百六十五。鄉二十五。〔二〕

禹貢雍州之西界。自六國至秦，戎狄及月氏居焉。〔三〕後匈奴破月氏，殺其王，以其頭爲飲器，月氏乃遠過大宛，西擊大夏而臣之。匈奴使休屠王及渾邪王居其地。漢武帝之討北邊，休屠、渾邪數見侵掠，單于怒，遣使責讓之，二王恐見誅，乃降漢。漢得其地，遂置張掖、酒泉、敦煌、武威四郡，昭帝又置金城一郡，謂之河西五郡，改州之雍州爲涼州，〔四〕五郡皆屬焉。地勢西北邪出，在南山之間，隔絶西羌、西域，〔五〕於時號爲斷匈奴右臂。獻帝時，涼州數有亂，河西五郡去州隔遠，自求别立州，於是以五郡立爲雍州。魏又分雍州置涼州，〔六〕領河西五郡。晉惠帝永寧元年，以張軌爲刺史，持節領護羌校尉，會永嘉之亂，因保據涼州，是爲前涼，至張天錫，爲苻堅所滅。後十餘年，又爲吕光所據，是爲後涼，至吕隆，爲姚興所滅。及沮渠蒙遜起兵據張掖，是爲北涼，至沮渠茂虔，〔七〕爲後魏所滅。及太武帝，改州鎮，置四軍戍，孝文帝太和十四年復爲涼州，領武威等十郡二十縣。周置總管府，隋大業三年改爲武威郡，廢總管。隋末喪亂，陷於寇賊，武德二年討平李軌，改爲涼州，置河西節度使，〔八〕都管兵七萬三千人，馬萬八千八百匹。〔九〕備羌胡。統赤水軍，在涼州城内。管兵三萬三千，馬萬三千匹。本赤烏鎮，有青赤泉，名焉。軍之大者，莫如赤水，幅員五千一百八十里，〔一〇〕前拒吐蕃北臨突厥者也。大斗軍，涼州西二百里。本是赤水軍守捉，開元十六年改爲大斗軍，因大斗(枝)〔拔〕谷爲名也。〔一一〕管兵七千五百人，馬二千四百匹。〔一二〕建康軍，證聖元年尚書王孝傑開鎮，周迴以甘、肅兩州中閒闊遠，頻被賊鈔，遂於甘州西二百里置此軍。〔管〕兵五千二百人，馬五百匹。〔一三〕東去理所七百餘里也。後倣此。〔一四〕寧寇軍甘州東北十餘里。天寶二年置。管兵一千七百人，馬五百餘匹。〔一五〕玉門軍，肅州西二百餘里。武德中楊恭仁置。管兵千人，實三百人，〔一六〕馬六百匹。東去理所一千一百餘里。墨離軍，瓜州西北一千里。管兵五千人，馬四百匹。東去理所一千四百餘里。新泉(郡)〔軍〕，〔一七〕會州西北二百里。大足初郭元振置。管兵七千人。〔一八〕西去理所四百里也。豆盧軍，〔一九〕沙州城内。以當匈奴要路，山川迴闊，神龍初置立豆盧軍以鎮之。管兵四千五百人，〔二〇〕馬四百匹。去理所一千七百餘里。張掖守捉，東去理所五百里。管兵六千五百人，〔二一〕馬一千匹。交城守捉，涼州西二百里。管兵一千人。白亭軍。涼州西北三千里。〔二二〕管兵一千七百人。天寶元年，改爲武威郡，乾元元年復爲涼州。廣德二年陷於西蕃。州城本匈奴所築，漢置爲縣。城不方，有頭尾兩翅，名爲烏城。〔二三〕南北七里，東南三里，地有龍形，亦名臥龍城。

州境：東西四百里。南北八百三十里。

八到：東北至上都取秦州路二千里，取皐蘭路一千六十里。東南至東都二千八百六十里。

貢、賦：開元貢：野馬皮五張，白麥，〔二四〕柔毛氈。

管縣五：姑臧，神烏，昌松，嘉麟，天寶。

姑臧縣，上。郭下。本漢舊縣，屬武威郡，因姑臧山爲名。亦言故匈奴蓋臧城，〔二五〕後人音訛爲「姑臧」焉。

姑臧南山，一名雪山，在縣南二百三十里。

天梯山，在縣南二十五里。

白亭軍，在縣北三百里馬城河東岸。舊置守捉，天寶十年哥舒翰改置軍，因白亭海爲名也。

文車澤，在縣東三十里。前秦苻堅遣將軍苟萇、毛盛伐北涼，造機械衝車於此，因名。

休屠城，在縣北六十里。漢休屠縣也。

明威戍，在縣北一百八十里。

武安戍，在縣西北一百六十里。

武興鹽池、眉黛鹽池，並在縣界，百姓咸取給焉。

神烏縣，上。舊郭下。本漢鸞鳥縣，〔二六〕張天錫改置武興縣，後廢。武德三年，又於城内置神烏縣，與姑臧分理，神烏理西，姑臧理東。貞觀元年廢，總章元年又置也。

昌松縣，中。西北至州一百二十里。本漢蒼松縣，屬武威郡。後涼置昌松郡，縣屬焉。隋開皇三年改昌松爲永年縣，〔二七〕後以重名，復爲昌松。

金山，在縣南一百八十里。麗水出焉。

蒼松故城，在縣東北十里。漢蒼松縣也。

麗水府，在縣城中。

白馬戍，〔二八〕在縣東北五十里。

嘉麟縣，中下。東南至州七十里。本漢宣威縣地，前涼張軌於此置武興郡，〔二九〕後涼呂光改置嘉麟縣，後廢，萬歲通天元年重置。〔三〇〕

天寶縣，中下。東至州一百八十里。本漢番音盤。禾縣，〔三一〕屬張掖郡，北涼沮渠蒙遜立爲番禾郡。後魏太武帝平涼，罷郡置軍，隋開皇三年改爲縣。皇朝因之，天寶中改爲天寶縣。

甘州，張掖。中府。開元户五千四百四十。鄉一十七。

禹貢雍州之域。自六國至秦，戎、狄、月氏居焉。漢初爲匈奴右地，武帝元鼎六年，〔三二〕使將軍趙破奴出令居，乃分武威、酒泉地置張掖、敦煌郡，斷匈奴之右臂，自張其掖，因以爲名。初屬張軌，〔三三〕後涼末段業亦嘗據此地，後業爲北涼沮渠蒙遜所殺，據之，後又遷理姑臧。後魏太武帝平涼，以爲張掖軍，廢帝二年改軍置甘州，因州東甘峻山爲名。或言地多甘草，故名。隋大業三年罷州，爲張掖郡。隋亂陷賊，武德二年討平李軌，改置甘州。永泰二年陷於西蕃。

州境：東西四百一十六里。南北一千三百七里。

八到：東南至上都二千五百里。東南至東都三千三百六十里。東至涼州五百里。西至肅州四百里。南至大雪山二百三十里。東北至花門山一千四百五十里。

貢、賦：開元貢：野馬皮，白柰，枸杞。

管縣二：張掖，刪丹。

張掖縣，下。郭下。本漢觻得縣，屬張掖郡。本匈奴觻得王所居，因以名之。晉改名永平縣。隋開皇三年，改永平爲酒泉縣，大業二年改爲張掖縣，取舊郡爲名也。皇朝因之。

合黎山，俗名要塗山，在縣西北二百里。禹貢「導弱水至于合黎」。

祁連山，在縣西南二百里。張掖、酒泉二界上，美水茂草，〔三四〕山中冬溫夏涼，宜放牧，牛羊充肥，〔三五〕乳酪濃好，夏瀉酥不用器物，〔三六〕置於草上不解散，作酥特好，一斛酪得斗餘酥。

雪山，在縣南一百里。多材木箭竿。〔三七〕

甘峻山，在縣東北四十五里。出青鶻鷹，稱爲奇絶，常充貢獻。〔三八〕

居延海，在縣東北一百六十里。〔三九〕卽居延澤，古文以爲流沙者，風吹流行，故曰流沙。

鹽池，在縣北九百三十里。〔四〇〕其鹽潔白甘美，隨月虧盈，周迴一百步。〔四一〕

建昌軍，在州西北一百九十里。

删丹縣，中下。西至州一百二十里。本漢舊縣，屬張掖郡。按焉支山，〔四二〕一名删丹山，故以名縣。山在縣南五十里，〔四三〕東西一百餘里，南北二十里，水草茂美，與祁連山同。匈奴失祁連、焉支二山，乃歌曰：「亡我祁連山，使我六畜不蕃息。失我焉支山，使我婦女無顏色。」

弱水，在縣南山下。

大斗（枝）〔拔〕谷，〔四四〕在縣南二百里。隋大業五年，煬帝躬率將士出西平道討吐谷渾，〔四五〕還此谷，會大霖雨，士卒凍餒死者十六七。

寧寇軍，在居延水兩汊中，天寶二年置。

肅州，酒泉。下。開元户二千二百五十三。〔四六〕鄉八。

禹貢雍州之域。古西戎地也。六國時，月氏居焉，後爲匈奴所逐，奔逃西徙。匈奴得其地，使休屠，昆邪王分守之。武帝元狩二年，〔四七〕昆邪王殺休屠王，并將其衆來降，以其地爲武威、酒泉郡，以隔絶胡與羌通之路。以城下有泉，其味若酒，故名酒泉。初屬張軌，〔四八〕後涼呂光復據有其地。後魏道武帝天興三年，晉昌太守唐瑶移檄六郡，〔四九〕推武昭王爲主，〔五〇〕爲大都督、涼公，領秦、涼二州牧，自敦煌遷都於此，號西涼王。後沮渠蒙遜復據有其地。後魏太武帝平沮渠氏，以酒泉爲軍，屬敦煌鎮。明帝孝昌中，改鎮立瓜州，復置酒泉郡。隋開皇三年罷郡，立酒泉鎮，所領縣並屬甘州。仁壽二年，以境宇遼遠，分甘州置肅州。隋末陷於寇賊，武德元年河右底定，〔五一〕復於酒泉縣置肅州。大曆元年陷於西蕃。

州境：東西五百六十四里。南北四百三十五里。〔五二〕

八到：東南至上都二千九百里。〔五三〕東南至東都三千七百六十里。東至甘州四百里。南至吐蕃雪嶺二千五百里。〔五四〕西北至葭蘆泉五百里。

貢、賦：開元貢：野馬皮，礪石，肉蓯蓉，柏脉根。

管縣三：酒泉，福禄，玉門。

酒泉縣，中。郭下。本漢福禄縣也，〔五五〕屬酒泉郡，自漢至隋不改。義寧元年，分置酒泉縣。初，西涼武昭王自敦煌遷都於此，至子歆爲沮渠蒙遜所破。

崑崙山，在縣西南八十里。周穆王見西王母，樂而忘歸，即此山。

洞庭山，在縣西七十里。四面懸絶，人不能上，遥望皦皦如鑄銅色。山中出金。

白亭海，在縣東北一百四十里。一名會水，以衆水所會，故曰會水。以北有白亭，故曰白亭海。方俗之閒，河北得水便名爲河，塞外有水便名爲海。

遮虜障，在縣北二百四十里。李陵與單于戰處。隋鎮將楊玄於其地得銅弩牙箭鏃。

西涼武昭王陵，在縣西十五里。

福禄縣，中下。西至州一百里。〔五六〕本漢樂涫縣，〔五七〕屬酒泉郡。〔五八〕後魏太武帝平沮渠茂虔，改縣爲戍，隸敦煌鎮。孝文帝改爲樂涫縣，隋改縣爲鎮。武德二年置福禄縣，取舊名也。

崆峒山，在縣東南六十里。黄帝西見廣成子於崆峒，漢武帝行幸雍，祠五時，遂登崆峒，〔五九〕並爲此山也。

祁連戍，在縣東南一百二十里。

鹽池，在縣東北八十里，周迴百姓仰給焉。〔六〇〕

玉門縣，中下。東至州二百二十里。本漢舊縣，屬酒泉郡。漢罷玉門關屯戍，徙其人於此，因以名縣。後魏孝明帝改爲玉門郡，〔六一〕周武帝省入會川縣，隋開皇十年復改爲玉門縣。皇朝因之。

金山，在縣東六十里。出金。

獨登山，在縣北十里。其山出鹽，鮮白甘美，有異常鹽，取充貢獻。

石脂水，在縣東南一百八十里。泉有苔如肥肉，燃之極明。水上有黑脂，人以草盋取用，塗鴟夷酒囊及膏車。周武帝宣政中，突厥圍酒泉，取此脂燃火，焚其攻具，得水逾明，酒泉賴以獲濟。

玉門軍，開元中玉門縣爲吐蕃所陷，因於縣城置玉門軍。〔六二〕天寶十四年，哥舒翰奏廢軍，重置縣。

沙州，燉煌。中府。開元户六千四百六十六。鄉十三。

禹貢雍州之域。古戎地也，左傳所謂「允姓之戎，〔六三〕居於瓜州」，注云「在今敦煌」，是也。漢武帝元鼎六年，〔六四〕分酒泉置敦煌郡，今州卽其地也。前涼張駿於此置沙州，蓋因鳴沙山爲名。流沙卽居延澤也。以西胡校尉楊宣爲刺史，後三年宣讓州，復改爲敦煌郡。涼武昭王初都於此，後又遷於酒泉。後魏太武帝於郡置敦煌鎮，明帝罷鎮立瓜州，以地爲名也，〔六五〕尋又改爲義州，莊帝又改爲瓜州。隋大業三年，又罷州爲敦煌郡。隋末喪亂，陷於寇賊，武德二年西土平定，置瓜州，五年改爲沙州建中二年陷於西蕃。皇朝以敦煌爲燉煌。〔六六〕

州境：東西　南北

八到：東南至上都三千七百里。東南至東都四千五百六十里。東至瓜州三百里。西至石城鎮一千五百里。西至吐蕃界三百里。北至伊州七百里。

貢、賦：開元貢：野馬皮，石膏，棊子石，牸羊角。

管縣二：燉煌，〔六七〕壽昌。

燉煌縣，上。郭下。本漢舊縣，屬敦煌郡。周武帝改爲鳴沙縣，以界有鳴沙山，因以爲名。隋大業二年，復爲敦煌。敦，大也。以其開廣西域，故以盛名。〔六八〕

三危山，在縣南三十里。山有三峯，故曰三危。尚書「竄三苗于三危」，即此山也。〔六九〕

鳴沙山，一名神沙山，在縣南七里。今按其山積沙爲之，峯巒危峭，踰於山石。四面皆爲沙壠，背有如刀刃，人登之即鳴，隨足頽落，經宿風吹，輒復如舊。有一泉水，名曰沙井，緜歷古今，沙填不滿。水極甘美。

懸泉水，在縣東一百三十里。出龍勒山腹，〔七〇〕漢將李廣利伐大宛還，士衆渴乏，引佩刀刺山，飛泉湧出，即此也。水有靈，車馬大至即出多，小至即出少。

鹽池，在縣東四十七里。池中鹽常自生，百姓仰給焉。

壽昌縣，中下。東至州一百五里。本漢龍勒縣，因山爲名，屬敦煌郡。周武帝省入鳴沙縣。隋大業十一年，於城內置龍勒府，武德二年改置壽昌，因縣南壽昌澤爲名也。

龍勒水，在縣南一百八十里龍勒山上。〔七一〕李陵發兵至遮虜障東浚稽山南龍勒水上，徘徊觀虜，所見即此水。

陽關，在縣西六里。〔七二〕以居玉門關之南，故曰陽關。本漢置也，謂之南道，西趣鄯善、莎車。後魏嘗於此置陽關縣，周廢。

玉門故關，在縣西北一百一十七里。〔七三〕謂之北道，西趣車師前庭及疏勒。此西域之門户也，班超在西域上疏曰：「臣幸得護西域，如自以壽終屯部，誠無所恨，恐後代謂臣没西域，臣能無依風首丘之思哉！臣不敢望酒泉郡，但願生入玉門關。」即此是也。

豆盧軍，神龍元年置，在州城内。

瓜州，晉昌。下府。開元户

本漢酒泉郡，元鼎六年分酒泉置敦煌郡，今州即酒泉、敦煌二郡之地。晉惠帝又分二郡置晉昌郡，周武帝改爲永興郡。隋開皇三年罷郡，置瓜州。〔七四〕按隋瓜州，即今沙州也。大業三年改瓜州爲敦煌郡，武德五年改瓜州，〔七五〕别於晉昌置瓜州。地出美瓜，故取名焉。狐食其瓜，不見首尾。大曆十一年陷於西蕃。

州境：東西三百九十三里。南北六百八十四里。

八到：東南至上都三千四百里。東南至東都四千二百六十里。東南至肅州四百八十里。西至沙州三百里。南至大雪山二百四十里。

貢、賦：開元貢：草豉子，〔七六〕吉莫皮。

管縣二：晉昌，常樂。

晉昌縣，中下。郭下。本漢冥安縣，〔七七〕屬敦煌郡，因縣界冥水爲名也。晉元康中改屬晉昌郡，周武帝省入涼興郡。〔七八〕隋開皇四年改爲常樂縣，屬瓜州，武德七年爲晉昌縣。

雪山，在縣南一百六十里。積雪夏不消。東南九十里，南連吐谷渾界。

冥水，自吐谷渾界流入大澤，東西二百六十里，南北六十里。豐水草，宜畜牧。

玉門關，在縣東二十步。〔七九〕

合河戍，在縣東北八十里，在州西二百步。〔八〇〕蓋神龍元年置也。〔八一〕

常樂縣，中下。東至州一百一十五里。本漢廣至縣地，屬敦煌郡。魏分廣至置宜禾縣，〔八二〕後魏明帝改置常樂郡。隋於此置常樂鎮，武德五年置常樂縣也。

伊州，伊吾。下。開元户一千七百二十九。鄉七。

禹貢九州之外，古戎地。古稱昆吾，周穆王伐西戎，昆吾獻赤刀。後轉爲伊吾，周衰，戎、狄雜居涇、渭之北伊吾之地。又爲匈奴所得，及秦始皇攘戎、狄，築長城以界中國。漢武帝時，驃騎將軍擊破匈奴右地，始築令居以西，初置酒泉郡，後分置武威、張掖、敦煌，列爲四郡，據兩關焉。兩關，卽陽關、玉門也。王莽時，地屬匈奴。後漢明帝永平十六年，北征匈奴，取伊吾盧地，置宜禾都尉，以爲屯田兵鎭之所，未爲郡縣。後復爲匈奴所得，自建武至於孝和，三通三絶。至順帝時，以伊吾舊膏腴之地，傍近西域，匈奴資之以爲鈔暴，開設屯田，如故事，置伊吾司馬一人。至魏立伊吾縣，晉立伊吾都尉，並寄理敦煌北界，非今之伊州。後魏及周，又有鄯善人來居之。〔八三〕隋大業六年得其地，以爲伊吾郡。隋亂，又爲羣胡居焉。貞觀四年，胡等慕化内附，於其地置伊州。

州境：東西一千一十五里。南北四百九十里。

八到：東南至上都四千四百三十里。東南至東都五千一百六十十里。西南至西州七百三十里。東南取莫賀磧路至瓜州九百里。正南微東至沙州七百里。

貢、賦：開元貢：刀，陰牙角。

管縣三：伊吾，柔遠，納職。

伊吾縣，下。郭下。本後漢伊吾屯，貞觀四年置縣。

天山，一名白山，一名折羅漫山，〔八四〕在州北一百二十里。春夏有雪。出好木及金鐵。〔八五〕匈奴謂之天山，過之皆下馬拜。

鹹池海，〔八六〕在縣南三百里。〔八七〕周迴百餘里。州東北四澗水竝南流，至州南七八里

合流爲一水。側近皆有良田。〔八八〕

柔遠縣，下。西北至州二百四十里。〔八九〕貞觀四年置。縣東有柔遠故鎮，因以爲名，兼置守捉。

天山，在縣北二十里。

柳谷水，有東西二源，出縣東北天山，南流十五里合。

納職縣，下。東北至州一百二十里。貞觀四年置。其城鄯善人所立，胡謂鄯善爲納職，因名縣焉。後漢明帝曾於此置宜禾都尉。

俱密山，在縣北一百四十里。〔九〇〕山北二十里正抵蒲類海。其蒲類海，後漢桓帝時，匈奴呼衍王寇伊吾，司馬毛愷遣吏兵五百人與戰，悉爲所没，卽此海也。〔九一〕

繞海名良田，〔九二〕漢將趙充國所屯也，俗名婆悉厥海。〔九三〕

伊吾軍，在州西北三百里折羅漫山北甘露川，置刺史爲使，景龍四年置。

陸鹽池，在州南六十里。周迴十餘里，無魚。水自生如海鹽，月滿則鹽多而甘，月虧則鹽少而苦。〔九四〕

西州，交河。安西都護。〔九五〕開元户一萬一千六百四十七。鄉二十四。

本漢車師國之高昌壁也，後漢和帝永元三年，班超定西域，以超爲都護，復置戊己校尉，理車師前部高昌壁，以其地勢高敞，人物昌盛，因名高昌。晉成帝咸和中，張駿置高昌郡，後魏太武帝時有闞爽者，自爲高昌太守，真君中爽爲沮渠無諱所襲，奪據之。無諱死，弟安周代立，爲蠕蠕所併，蠕蠕以闞伯周爲高昌王，高昌之稱王，自此始也。太和初，伯周死，子義咸立，歲餘，爲從兄首歸所殺，自立爲高昌王。五年，阿伏至羅殺首歸，以敦煌孟明爲高昌王。太和二十年，孟明爲國人所殺，立馬儒爲王，以麴嘉爲長史，遣使內附。高昌人戀本土，不願東遷，相與殺王，而立麴嘉。麴嘉卒，子堅嗣立。堅卒，子伯雅來朝，隋煬帝以宇文氏女玉波爲華容公主妻之。伯雅卒，子文泰立，遣使貢獻，其後漸失臣禮。貞觀十四年，詔兵部尚書侯君集統薛萬鈞、牛進達等總兵討之。文泰病死，子智盛立。八月，君集進兵破之，下其二十二城，〔九六〕獲户八千，〔九七〕列其地爲西州，並置西安都護以統之。顯慶三年改置都督府，〔九八〕天寶元年復爲西州。貞元七年没於西蕃。

州境：東西八百九十五里。南北四百八十六里。

八到：東南至上都五千三十里。東南至東都五千里。〔九九〕東北至伊州七百三十里。西南至焉耆七百二十里。〔一〇〇〕東南至金沙州一千四百里。南至樓蘭國一千二百里，并沙磧，難行。北（至）〔自〕金婆嶺至北庭都護府五百里。〔一〇一〕

貢、賦：開元貢：氎毛，〔一〇二〕刺蜜，乾蒲萄。

管縣五：前庭，柳中，交河，天山，蒲昌。

前庭縣，上。郭下。貞觀十四年置高昌縣，取舊高昌國爲名也，天寶元年改爲前庭縣。

天山，夷名折羅漫山，在縣北三十里。

交河，在縣西。高昌國，土良沃，穀麥一歲再熟。出赤鹽，其味甚美。澤間有草，名爲羊刺，〔一〇三〕其上生蜜，食之與蜂蜜不異，名曰刺蜜。有鹽，其狀如玉，取以爲枕，貢之中國。〔一〇四〕

柳中縣，中下。西至州三十里。貞觀十四年置。當驛路，城極險固。〔一〇五〕

天山，在縣東北。

大沙海，在縣東南九十里。

交河縣，中下。東南至州八十里。本漢車師前王庭也，按車師前王國理交河城，自漢迄於後魏，車師君長相承不絶，後魏之後湮没無聞，蓋爲匈奴所併，高昌據其地。貞觀十四年於此置交河縣，與州同置。

交河，出縣北天山，水分流於城下，因以爲名。

天山縣，上。東至州一百五十里。貞觀十四年置。

蒲昌縣，中下。西南至州一百八十里。貞觀十四年置。〔一〇六〕本名金蒲城，車師後王庭也。

天山軍，在州城内。開元二年置。本漢車師後王庭，烏孫之東境也，貞觀十四年置。

庭州，北庭。下都護府。〔一〇七〕開元户二千六百七十六。鄉五。

庭州，因王庭以爲名也。後爲賊所攻掠，蕭條荒廢，顯慶中重修置，〔一〇八〕以來濟爲刺史，理完葺焉。請州所管諸蕃，奉敕皆爲置州府，以其大首領爲都督、刺史、司馬，又置參將一人知表疏等事。其俗帳居，隨逐水草。帳門皆向東開門，向慕皇風也。其漢户，皆龍朔已後流移人也。長安二年改置北庭都護府，按三十六蕃，開元二十一年改置北庭節度使，都管兵二萬人，馬五千匹。衣賜四十八萬匹段。以防制突騎施、堅昆，斬啜。西北去突騎施三千餘里，北去堅昆七十里，〔一〇九〕東去斬啜一千七百里。管瀚海軍，北庭都護府城中。長安二年初置燭龍軍，三年，郭元振改爲瀚海軍，開元中蓋嘉運重加修築。管兵一萬二千人，馬四千二百匹焉。天山軍，西州城内。開元二年置。〔一一〇〕管兵五千人，馬五百匹。在理南五百里。伊吾軍。伊州西北三百里甘露川。景龍四年置。管兵三千人，馬三百匹。在理所東南五百里。〔一一一〕

州境：

八到：東南至上都五千二百七十里。東南至東都六千一百三十里。東南至伊州九百七十里。東至西州五百里。〔一一二〕西南至焉耆鎮一千一百里。西至碎葉二千二百二十里。北至堅昆衙帳約四千里。東北至迴鶻衙帳三千里。

貢、賦：開元貢：陰牙角，速霍角，内沙，阿魏，延胡索。

管縣三：後庭，蒲類，輪臺。

後庭縣，〔下。〕〔一一三〕郭下。貞觀十四年於州南置蒲昌縣，長安二年改爲金蒲縣，〔一一四〕寶應元年改爲後庭縣。

蒲類縣，下。南至州一十八里。貞觀十四年置，因蒲類海爲名。先天二年爲默啜所陷，開元十四年復置。

輪臺縣，下。東至州四十二里。長安二年置。〔一一五〕

清海軍，在州西七百里。舊名鎮城鎮，天寶中改名清海軍。

俱六鎮，在州西二百四十里。當碎葉路。〔一一六〕

憑落鎮，在府西三百七十里。

神仙鎮，在府南五十里。當西州路。

沙鉢鎮，在府西五十里。當碎葉路。

蒲類鎮，在蒲類縣西。

郝遮鎮，在蒲類東北四十里。當迴鶻路。

鹽泉鎮，〔一一七〕在蒲類縣東北二百里。當迴鶻路。

特羅堡子，在蒲類縣東北二百餘里。四面有磧，置堡子處周迴約二十里，〔一一八〕有好水草，即往迴鶻之東路。

卷四十校勘記

〔一〕隴右道下　今按：殿本按云：「是卷涼州至庭州，載開元貢而不載布麻之賦，並由傳寫遺缺。」

〔二〕鄉二十五　今按：殿本同，它本「二」作「一」。

〔三〕及月氏居焉　今按：「氏」字誤，當作「氏」，音支。下同。

〔四〕改州之雍州爲涼州　攷證：「改州」宜作「改周」，語見晉志。

〔五〕隔絶西羌西域　攷證：晉志「隔」作「南」，「西域」上有「西通」二字。

〔六〕魏又分雍州置涼州　攷證：與上文義不相屬，晉志上有「末又依古典定九州，乃合關右以爲雍州」十六字，此疑有脱。

〔七〕沮渠茂虔　攷證：「茂虔」，通鑑作「牧建」，與史別。

〔八〕置河西節度使　今按：殿本同，與舊唐志合，它本「河西」作「西河」，誤倒。

〔九〕八千八百匹　攷證：舊志作「九千四百匹」，下有「衣賜百八十萬疋段」。

〔一〇〕幅員　攷證：官本作「輻員」。今按：新唐志同此。

〔一一〕因大斗（枝）〔拔〕谷爲名也　今按：岱南閣本、畿輔本「枝」作「拔」，與舊、新唐志合，此誤，今據改。

〔一二〕馬二千四百匹　攷證：「二」，舊志作「四」。

〔一三〕甘州西二百里置此軍〔管〕兵五千二百人馬五百匹　攷證：舊志「甘」作「涼」，誤。「軍」下官本有「管」字，此脱。官本「五百」作「一千二百」，此與舊志合，未知孰的。今按：依例「兵」上當有「管」字，今據殿本增。

〔一四〕後倣此　攷證：三字官本無，宜衍。

〔一五〕馬五百餘匹　攷證：官本無「餘」字，宜衍。

〔一六〕管兵千人實三百人　攷證：舊志作「五千二百人」。

〔一七〕新泉（郡）〔軍〕　今按：殿本「郡」作「軍」，與舊唐志合，各本與此俱誤，今據改。

〔一八〕管兵七千人　攷證：舊志無「七」字。

〔一九〕豆盧軍　今按：殿本同，與舊、新唐志合，它本「盧」作「虜」，以形近而訛。

〔二〇〕管兵四千五百人　攷證：舊志「五」作「三」。

〔二一〕東去理所五百里管兵六千五百人　攷證：舊志作「涼州南二里，管兵五百人」，恐誤。今按：新唐志涼州下云：「南二百里有張掖守捉」。舊唐志「南二里」蓋脱「百」字，此「五百里」，疑「五」爲「二」之誤。

〔二二〕涼州西北三千里　攷證：姑臧縣本條「西北三千里」作「北三百里」，舊志作「五百」，未知孰的。「千」字誤。今按：新唐志涼州下云「西北五百里有白亭軍」，與舊唐志同，此「三千」疑「五百」之訛。姑臧縣白亭軍條「北」上脱「西」字，「三百」疑誤。

〔二三〕名爲烏城　攷證：初學記作「蓋烏城」，樂史作「鷰烏城」。

〔二四〕白麥　攷證：官本作「小麥十石」，别有「細褐」，此脱。

〔二五〕蓋臧城　攷證：官本「臧」作「藏」，後漢書、初學記、樂史所引各書並與此合。

〔二六〕本漢鷰烏縣　今按：殿本同，與漢志合，它本「烏」作「烏」。攷證云：「段玉裁曰宋有神烏縣，烏是也，見輿地記，舊志作『烏』，誤。」

〔二七〕改昌松爲永年縣　今按：殿本同，它本「永年」作「永平」。隋志云「開皇初改縣曰永世」，攷證以爲「本名永世，唐以『年』字代」。而此下云「後以重名，復爲昌松」，攷隋志揚州宣城郡有永世縣，揚州永平郡有永平縣，皆爲重名，未定孰是。

〔二八〕白馬戍　今按：新唐志作「白山戍」。

〔二九〕置武興郡　攷證：官本作「興武」，倒。

〔三〇〕萬歲通天元年重置　今按：新唐志云「神龍二年於故漢鷰烏縣城置，景龍元年省，先天二年復置」，與此異。

〔三一〕本漢番禾縣　攷證：「禾」，地理志作「和」，晉志作「禾」，隋志作「和」。官本自此至甘州敍「後業爲北」云云，並缺。

〔三二〕元鼎六年　攷證：地理志作「太初元年」，此從本紀。

〔三三〕初屬張軌　攷證：「初」字與上文義不相屬，上宜脱「東晉」字。

〔三四〕張掖酒泉二界上美水茂草　今按：岱南閣本、畿輔本「美」上有「有」字，「上」字屬下讀。

〔三五〕宜放牧牛羊充肥　今按：岱南閣本、畿輔本作「宜牛羊」三字，與御覽引涼州記合。

〔三六〕夏瀉酥　攷證：御覽引涼州記「酥」作「酪」，此恐誤。

〔三七〕箭竿　攷證：洪亮吉引「竿」作「簳」。

〔三八〕甘峻山至常充貢獻　今按：寰宇記作「紺峻山」，引水經注亦作「紺」字。岱南閣本、畿輔本無「出青鶻鷹云云」十二字，傳鈔脱。

〔三九〕在縣東北一百六十里　今按：殿本同，它本作「一千六百里」。史記五帝本紀正義引括地志作「千六十四里」。張掖即今甘肅張掖縣，居延海即今甘肅額濟納旗北境嘎順、索果諾爾，若沿黑河過流沙至居延，與括地志里數正合。攷證謂趙殿成、王琦引作「一百六十里」，疑「一千六百里」爲誤，恐未是。

〔四〇〕九百三十里　今按：新唐志無「三十」二字。

〔四一〕其鹽潔白至周廻一百步　今按：殿本同，它本脱此十五字。

〔四二〕焉支山　攷證：一作「燕支」、「焉耆」。

〔四三〕在縣南五十里　攷證：戴震水地記引「南」作「東南」，自注云「今縣東四十里曰新河堡，又東四十里曰石峽堡，焉支山在新河堡南五里，石峽堡南八里」，此脱。今按：戴震所引，不知何據，戈襄校舊鈔本即仿明本，清初及乾隆各鈔俱無此文，或是其自注，非此志佚文。

〔四四〕大斗（枝）〔拔〕谷　今按：「大斗枝谷」，「枝」當作「拔」，今據岱南閣本改。攷證云：「隋書、通鑑『枝』並作『拔』，與涼州敍合。」詳上大斗軍注。

〔四五〕吐谷渾　今按：殿本同，它本脱「谷」字。

〔四六〕五十三　今按：岱南閣本、畿輔本「三」作「二」。

〔四七〕元狩二年　今按：殿本同，它本「狩」誤「符」。攷證云：「地理志作『太初元年』，與本紀別。」

〔四八〕初屬張軌　攷證：上宜有「東晉」。

〔四九〕唐瑶　攷證：官本「瑶」無，注「缺」字，此與通鑑合。

〔五〇〕推武昭王爲主　今按：殿本同，它本無「爲主」二字。

〔五一〕武德元年　攷證：舊志、樂史「元」並作「二」，與涼、甘二州敍合，此誤。

〔五二〕四百三十五里　攷證：官本作「五百四十里」，與樂史合。

〔五三〕東南至上都二千九百里　今按：殿本同，它本無「南」字，脱。下條「東南至東都」同。

〔五四〕二千五百里　攷證：樂史「千」作「百」，「百」作「十」。

〔五五〕本漢福禄縣也　攷證：地理志作「禄福」，郡國志「福禄」。按魏志龐淯傳及皇甫謐列女傳龐娥事，並作「禄福」，與郡國志別。晉志作「福禄」。

〔五六〕一百里　攷證：官本「一」作「二」。

〔五七〕本漢樂涫縣　今按：殿本「涫」誤「涫」，岱南閣本、畿輔本無「縣」字，「涫」下有注「音官」

二字。

〔五八〕屬酒泉郡　今按：漢志樂涫爲酒泉屬縣，此與同，各本「酒泉」作「敦煌」，誤。

〔五九〕黄帝西見廣成子至遂登崆峒　今按：據莊子在宥，徐無鬼篇及史記五帝本紀、水經溴水注，黄帝所至之崆峒，在洛南汝、潁之間，不遠跡至肅州福禄。漢武帝所登之崆峒，括地志及此志謂在原州平高縣西。福禄崆峒，隋志、括地志、通典、此志及寰宇記並稱舉之，又牽涉黄帝、漢武故事，蓋皆舊傳，故互記之。

〔六〇〕周廻百姓仰給焉　攷證：「周廻」下宜有里數。

〔六一〕後魏孝明帝　今按：殿本同，它本脱「魏」字。

〔六二〕玉門軍至置玉門軍　攷證：與涼州敍注文時事各别。

〔六三〕允姓之戎　攷證：左傳「戎」作「姦」，水經注亦作「姦」。

〔六四〕元鼎六年　攷證：地理志作「後元年」，此從本紀。

〔六五〕立瓜州以地爲名也　攷證：官本作「改瓜州爲敦煌郡」，恐非。「以地」下宜有「出美瓜」三字，見地理志及此志瓜州敍。

〔六六〕皇朝以敦煌爲燉煌　今按：岱南閣本、畿輔本脱此句。

〔六七〕燉煌　今按：殿本同，與舊、新唐志合，即州敍云「皇朝改敦煌爲燉煌」也，它本「燉」作「敦」，非。下同。

〔六八〕敦大也至故以盛名　攷證：數句文義未洽，宜有脱誤。按地理風俗記，「大也」下應有「煌盛也」，「盛名」當作「名之」。樂史引應劭曰：「敦大也，煌盛也，故以名之。」此傳鈔漏錯。

〔六九〕尚書竄三苗于三危卽此山也　攷證：此三危非禹貢之三危，戴震水地記辨之甚詳，此本水經注。

〔七〇〕出龍勒山腹　今按：各本作「出懸泉山」，無「腹」字。方輿紀要沙州衞龍勒山，云「山有元泉」，元泉卽此懸泉。

〔七一〕在縣南一百八十里龍勒山上　今按：史記大宛列傳正義引括地志云：「龍勒山在沙州壽昌縣南一百六十五里。」

〔七二〕六里　攷證：樂史作「六十里」，歐陽忞與此同。

〔七三〕一百一十七里　今按：各本「七」作「八」，史記大宛列傳正義引括地志作「一百十八里」，此「七」字疑誤。

〔七四〕罷郡置瓜州　攷證：官本脱下三字。

〔七五〕武德五年改瓜州　攷證：「瓜州」下宜脱「爲沙州」，見沙州敍。今按：新唐志云「武德五年曰西沙州」。

〔七六〕草鼓子　攷證：樂史「鼓」作「豉」。

〔七七〕本漢冥安縣　攷證：「冥」，晉志作「宜」，舊志作「寘」，皆形近之訛。

〔七八〕省入涼興郡　攷證：「郡」宜作「縣」，顧祖禹曰「後周併涼興、廣至、冥安、淵泉四縣爲涼興縣」。今按：顧本隋志。

〔七九〕二十步　攷證：王琦引作「二十里」，此恐誤。

〔八〇〕在縣東北八十里在州西二百步　攷證：縣治郭下，此方里迥殊，宜有錯繆。

〔八一〕神龍元年置也　今按：殿本同，它本「也」誤「之」。

〔八二〕置宜禾縣　攷證：舊志「禾」作「水」，誤。

〔八三〕鄯善人來居之　今按：殿本脱「善」字，岱南閣本、畿輔本作「鄯鄯」，誤。攷證云：「鄯善，古樓蘭，漢昭帝更名。」

〔八四〕折羅漫山　今按：殿本同，它本「折」作「時」。攷證云：「官本作『折』，與西州前庭縣條同。張澍集西河舊事，引此亦作『折』，云『括地志作「初羅漫」，或作「時羅漫」，皆字形相近而誤。』程大昌北邊備對云：『天山即祁連山也，又名時羅漫山。』舊志作『析羅漫山』。歐陽忞作『折羅漫山』，與官本及前庭縣條合。」

〔八五〕出好木及金鐵　今按：「好木」，各本俱誤作「好米」。不言田而云米，實誤，攷證云：「趙殿成、王琦引並作『好木』，後漢書注引西河舊事亦作『好木』。」

〔八六〕鹹池海　攷證：官本「鹹」作「鹽」。

〔八七〕三百里　今按：殿本同，它本「三」作「二」。

〔八八〕周迴百餘里至側近皆有良田　今按：殿本同，它本脱此三十一字。

〔八九〕二百四十里　攷證：官本「二」作「一」，誤。

〔九〇〕在縣北一百四十里　攷證：樂史「北」作「西南」。

〔九一〕山北二十里至即此海也　今按：各本脱此四十七字。殿本缺納職縣「貞觀四年置」至陸鹽池「水自生如海鹽」九行，此文在其缺中，無從校勘。

〔九二〕繞海名良田　攷證：疑作「繞海多良田」，别有脱文。西河舊事有繞蒲海，見初學記。

〔九三〕俗名婆悉厥海　今按：後漢書竇固傳注「蒲類海今名婆悉海」，寰宇記同，俱無「厥」字。疑此數句應與前條連文，傳鈔者誤分爲兩條。

〔九四〕周迴十餘里至鹽少而苦　今按：各本脱此二十七字，殿本有此文，缺首十二字。

〔九五〕安西都護　攷證：官本作「中都督府」。

〔九六〕下其二十二城　攷證：通考「二十」作「三十」，恐誤。

〔九七〕獲户八千　攷證：會要及通考並作「八千四十六」，此舉成數。

〔九八〕顯慶三年　攷證：「顯」，原宜作「明」，此後人改。

〔九九〕五千里　攷證：「五千」下宜有脱。

〔一〇〇〕焉耆七百二十里　今按：殿本作「烏耆」，「烏」「焉」易訛，董逌除正字謝啟「烏焉混淆，魚魯雜糅」是。岱南閣本「耆」作「蓍」，字通。

〔一〇一〕北〔至〕〔自〕金婆嶺　今按：殿本「至」作「自」，是，此與各本俱誤，今據改。

〔一〇二〕氎毛　攷證：官本作「氈毛」，恐誤，六典、新、舊志俱與此合。今按：新唐志作「氈」。「氎」即「毿」字，與「氈」通，見玉篇。

〔一〇三〕名爲羊刺　今按：殿本同，它本「羊」作「年」。

〔一〇四〕其上生蜜至貢之中國　今按：殿本同，它本無此二十九字。

〔一〇五〕城極險固　今按：謂柳中縣城也，岱南閣本、畿輔本「城」作「程」，疑誤。

〔一〇六〕貞觀十四年置　攷證：疑衍。

〔一〇七〕下都護府　今按：殿本「下」作「上」，它本作「都護」二字。

〔一〇八〕顯慶中　今按：殿本同，它本「顯」作「明」。攷證謂「顯」非，唐避，用「明」字代。

〔一〇九〕北去堅昆七十里　攷證：官本脱「去」字，舊志「十」作「千」。

〔一一〇〕開元二年　攷證：會要作「貞觀十四年」，與蒲昌縣專條合。

〔一一一〕五百里　攷證：「五」，官本作「七」，樂史同。

〔一一二〕東至西州五百里　攷證：州敍天山軍注「在州西城内」，下云「在理南五百里」，「東」疑訛，或脱「南」字。

〔一一三〕〔下〕　今按：「下」字據殿本增，與會要合，此與各本俱脱。

〔一一四〕金蒲縣　攷證：舊志、歐陽忞「蒲」並作「滿」，恐誤。

〔一一五〕長安二年　攷證：舊志作「貞觀十四年」。

〔一一六〕在州西二百四十里當碎葉路　攷證：以下八條注文，官本俱正書，於例爲長。

〔一一七〕鹽泉鎮　今按：岱南閣本、畿輔本「鹽」作「鹹」，與新唐志合，此同舊唐志。

〔一一八〕約二十里　攷證：官本「十」作「千」。

元和郡縣圖志闕卷逸文卷一

江陰繆荃孫校輯

關内道

商州

商州，卽陰晉地也。通鑑地理通釋七。周夢棠原輯。

商洛縣

武關，在縣東九十里，卽少習也。楚懷王三十年，秦昭王遺懷王書，願會武關，詐令一將軍伏兵武關，號爲秦王，至則閉執之以歸。八月，沛公攻武關入秦。又七國反，周亞夫擊之，趙涉説曰：「從此右走藍田，出武關，抵雒陽，不過差三日，直走武庫擊鳴鼓，諸侯聞之，以爲將軍從天而下。」通釋七。周輯。

河北道

幽州

薊縣

薊城，南北九里，東西七里，開十門。燕慕容儁都此，鑄銅爲馬，城東南因有銅馬門之名。讀史方輿紀要十一。

劉虞冢，在薊縣西，雖屬縣境，而莫知所在。永樂大典四千六百五十五。

劉琨冢，在縣東二十里。按晉書琨與幽州刺史段匹磾同謀討石勒，屯薊城，後爲匹磾所害。同上。

涿州

歸義縣

易水，在縣南二十五里。通釋七。周輯。

安次縣

安次郡，本魏之常道鄉城，明帝封燕王宇子奂爲安次縣常道鄉公，卽此地也。大典四千六百五十七。

固安縣

方城故城在縣南十七里，本燕舊邑。通釋七。周輯。

方城縣

督亢亭，徐野曰：「方城縣有督亢亭。」大典四千六百五十五。

順州順興郡。大典四千六百五十六。

有納欵關，亦謂之居庸關。其北有防禦軍，古夏陽川。淮南子云：「天下九塞，居庸是其一也。」大典四千六百五十七。

莫州

任邶縣

隋時屬滿州。北道刊誤志。

平州

盧龍縣

碣石，在縣南二十三里。通釋五。嚴觀補志原輯。

薊州

漁陽縣

燕山，在縣東南六十里。召公所封燕在幽州城，取此山爲名。通釋十。

山南道

江陵府

楚稱王都郢，西盡巴蜀，東包吳會，南極百越，北際周韓。輿地紀勝荊州府。高帝五年置南蠻校尉。同上。建安十三年，劉表爲荊州刺史，卒，子琮降于曹操，操盡有其地。同上。吳克荊州，呂蒙及朱然、陸遜相繼守之。晉平吳，改爲南平郡，治江安，尋復爲南郡。羊祜、杜預繼治荊州，或鎮襄陽，或鎮江陵。東晉王忱治於江陵，營城府，此後常以江陵爲州治。紀勝作「理所」。自東晉以後居建業，以揚州爲京師根本，荊州爲上流重鎮，比周之分陝焉。通釋十一。宋文帝嘗鎮荊州，齊因之。後魏孝文南侵，齊失宛、穰之地，魏于穰、宛置荊州，于是復有二荊州。紀勝荊州府。開皇九年平陳，廢南荊州爲公安鎮。同上。唐武德四年平蕭銑，復爲荊州，同上。七年，置大都督府。同上。上元元年，改爲江陵府。通釋。

江陵縣

秦分郢爲江陽縣，二縣俱立。景帝三年改江陽爲江陵，以郢併之。紀勝江陵府。

楚宮，梁元帝即位于楚宮，蓋取渚宮以名宮。紀勝江陵府。通釋十二。

渚宮，楚別宮。左傳曰：「王在楚宮。」水經注云：「今城，楚船宮地也，〔一〕春秋之渚宮。」

紀勝江陵府。

東城，魏以蕭詧爲梁王，居東城。紀勝江陵府。

西城，梁王詧稱藩于魏，置總管以輔之，居西城。紀勝。嚴輯東、西互易，誤。

燕尾洲，紀勝江陵府。

故郢城，在縣□三里，〔二〕卽楚舊都也，子囊臨終遺言「必城郢」，卽此也。紀勝江陵府。

江陵府城，州城本有中隔，以北舊城也，以南關羽所築。羽北圍曹仁于樊，留糜芳守城，及呂蒙襲破芳，羽還救城，聞芳已降，退住九里，曰：「此城吾所築，不可攻也。」乃退保麥城。今江陵城廣十八里。紀勝江陵府。

魯宗之壘，在縣東一十里。紀勝江陵府。

司馬休之壘，在縣東十里。紀勝江陵府。

枝江縣，本漢舊縣，在八里洲。其西首曰岑頭，縣居其上，後岑彭經憩于此，因名岑頭。紀勝江陵府。縣有九十九洲，補志輯原文。

沮水，出房州房陵縣東山，東南過枝江縣入於江。通釋十一。

穫湖，在縣東。沈攸之爲荊州刺史，堰湖開瀆田，多收穫，因以爲名。紀勝江陵府。

岑頭洲，洲長百里。其西首曰岑頭，昔岑彭討公孫述，曾經憩于此，因名曰岑頭洲。紀勝江陵府。

當陽縣，本漢舊縣，後周武成三年於此立平州，隋廢平州，至唐武德四年又於此置平州，並析置臨沮縣，六年改爲玉州。紀勝荆門軍。八年省，隸荆州。同上。

麥城，在縣東五十里。關羽保麥城，在沮、漳二水之閒，王粲於此登樓而賦曰「挾清漳之通浦，倚曲沮之長洲」，是也。紀勝荆門軍。

磨城，在縣東四十里。紀勝荆門軍。

緑林山，在縣東南一百二十里。漢光武起兵于此。紀勝荆門軍。

長林縣，本漢江陵縣地，晉安帝時分置長林縣。紀勝荆門軍。開皇十八年，改長甯爲長林。同上。

櫟林長坂，在縣西北九十里，益德横矛之處。紀勝荆門軍。

石首縣，本漢南郡華容縣地，唐武德四年復置，屬荆州，以石首山爲名。紀勝江陵府。

石首山，在縣北江中，有石孤立，爲北山之首，因名。紀勝江陵府。

松滋縣，本漢高城縣地，屬南郡。紀勝江陵府。

三明故城，亦謂桓城，在縣西一里。居上明之地，而補志作「爲」。桓沖所築，故兼二名。苻堅南侵，沖爲荆州刺史渡江南上明，築城以禦之。上明在縣東，明猶渠也，通釋十一。因城在渠首，故曰上明。補志原輯。晉朱齡石開三明，引江水以灌稻田，大爲百姓興利，紀勝江陵府。後堤壞，遂廢。通釋。

公安縣，本漢孱陵縣地，左將軍劉備自襄陽來油口，城此而居之，時號左公。紀勝江陵府。

馬頭城，在公安縣，陸抗所屯，以北對江津，與羊祜相距。紀勝江陵府。

孫夫人城，在孱陵城東五里。漢昭烈夫人，權妹也，與昭烈相疑，別築此城居之。補志輯原文。紀勝引作「孱陵故城，又名孫夫人城，在縣，相傳此乃劉備妻孫夫人所築，夫人權之妹，疑備，故別作此城，不與備同住。」

孱陵城東有地名沓中，晉永嘉末，荊州刺史王澄自江陵徙居孱陵，又奔沓中是也。補志輯原文。

峽州

禹貢荊州之域。春秋及戰國屬楚。紀勝峽州。魏武置臨江郡，理夷陵，蜀先主改爲宜都郡，後卻屬吳。同上。吳黃武元年，陸遜大破蜀于夷陵，遂改夷陵爲西陵。陸抗疏曰：「西陵國之西門，雖易得，亦易失，如有不虞，當傾家争之。」卽此處也。謹按孫氏自鼎足後，自黃武初破蜀先主後得之，天紀四年，晉軍沿流來伐，守將吳彥請增兵，不從，卽今巴東郡也。建安二十四年，因蜀將關羽北討魏將于禁等于襄陽，陸遜爲宜都守，鎮此，黃武初蜀來伐，遜大破之，後步闡、陸抗並鎮焉，即今夷陵郡也。吳建衡三年，陸抗所築樂鄉城，後朱然修之戍焉。晉王濬攻樂鄉，獲水軍督陸景，平西將軍施洪以城降，在江陵郡松滋縣東。自建安克關羽後，蜀糜芳來降，遂得之，鳳皇元年將張咸、天紀末伍延並守之，晉軍平吳，杜元凱赴于此，即今江陵郡也。建安十九年魯肅、寶鼎元年萬彧並鎮守，即今巴陵郡也。建安十三年孫權征黃祖克之，後將軍胡奮赴于此，即今江夏郡也。甘露元年城武昌，陸遜、諸葛恪、滕牧皆鎮守，晉平吳，將軍王戎赴此，即此江夏郡也。建安十九年，權征皖，克之，次年諸葛恪屯此，即今同安郡也。天紀末何植鎮守，晉平吳，大將軍王渾赴于此，即今宣城郡當塗縣采石也。建安十九年築塢，後曹公頻來攻，今在歷陽縣西南八十里。右十鎮，並爲重鎮。玉海十九。周輯。

周武帝以州居三峽之口，因改名硤州。〔三〕紀勝峽州。大業三年改夷陵郡。同上。夷陵縣，蜀先主改臨江爲宜都郡，改夷陵爲西陵縣，晉太康元年，西陵復爲夷陵。紀勝峽州。郡城，陸抗所築之壘也。同上。方輿勝覽引元和志云「郡城陸抗所築，吳改西陵，以爲重鎮」。陸遜爲宜都守，蜀來伐，大破之。通釋十二。西陵峽，在夷陵西北二十五里。吳志云「陸遜破劉備，還屯夷陵，守峽口以備蜀」，即此也。通釋十二，紀勝峽州。

下牢鎮，在縣西二十八里，隋於此置峽州。通釋十二。貞觀九年移於步闡壘，其舊城因置鎮。紀勝峽州。

縣有七谷村，有石馬穴，一曰馬穿口，常有白馬出穴，人逐之，入穴，潛行出漢中，漢中人失馬亦出此穴，相去數千里相通。寰宇記。補志輯。

宜都縣，漢武開西南夷由此，故曰夷道縣。蜀置宜都郡，紀勝峽州。陳改夷道縣爲夷都縣。同上。

荆門山，在縣西北五十里。通釋十二。

安蜀城陳太建二年征江陵，周軍于峽口岸築壘，名安蜀城，以備陳。又隋伐陳，陳將顧覺戍此。通釋十三。周輯。

長陽縣，本漢之佷山縣，屬武陵郡，隋開皇八年改爲長陽縣，貞觀八年來屬。紀勝峽州。

遠安縣，本漢之臨沮，東晉義熙分臨沮置高安縣，後周武成元年改爲遠安。紀勝峽州。

江有狼尾灘。通釋十七。

縣有陸抗城，故城之南有孤山，俯見大江如縈帶，舟船如鳧雁。寰宇記。補志輯。

巴山縣，廢佷山縣遂置巴山縣。開皇五年置巴山縣，天寶八載廢縣置巴山戍。紀勝峽州。

丹山有石鵝，在仙室山西後連丹山。宜都記曰「丹山，時有赤氣籠照如丹，故名。有五龍山，山有五峰，若龍狀，因名。」寰宇記。補志輯。

歸州

禹貢爲荆州之域。紀勝歸州。於周爲夔子之國。又樂緯曰：「昔歸典樂，協聲律。」注曰：「歸卽夔，與楚同祖，後王命爲夔子，楚以其不祀滅之。」同上。魏武平荆州，以秭歸屬臨江郡。同上。晉武平吴置建平郡，卽今夔州巫山縣是也，秭歸縣仍隸焉。紀勝歸州。

秭歸縣，漢置秭歸縣，周武帝改秭歸爲長寧縣，隋開皇二年屬信州，大業中以信州爲巴東郡又改長甯爲秭歸縣。唐置歸州，以縣爲治。紀勝歸州。

其城東北二面並臨絶澗，西天溪，南大江，實爲天險，相傳謂之劉備城云。案先主征吴連營七百里至秭歸，此城蓋當時先主所築也。紀勝歸州。

丹陽城，在縣東七里，楚之舊都也，周武王封熊繹於荆丹陽之地，卽此也，與江南丹陽不同。紀勝歸州。

夔子城，在縣東二十里。昔周成王封楚熊繹，初都丹陽，卽此，後移枝江，亦曰丹陽，又移都郢。吴置建平郡在此。寰宇記。補志輯。

白狗峽，石形隱起如狗，因名之。此石大水則没，行人無不投飯飼之。紀勝歸州。

大清鎮，在縣東七里。相傳云：此城居三峽要衝，塞山巒之路，孫權於此置城以備蜀，號曰吳城。開皇七年，於此置大清鎮。紀勝歸州。

巴東縣，本漢巫縣地。紀勝峽州。

興山縣，其城南枕江，西帶山，東臨香溪水。紀勝峽州。

高陽城，在縣西三里。城在山上，楚自以爲高陽之裔，故有高陽城。紀勝峽州。

屈原宅，在縣北三十里。紀勝峽州。

夔州

奉節縣，本漢魚復縣。通釋十一。周輯。

永安宮，在縣東七里。先主改魚復爲永安。通釋十一。

白帝山，卽州城所據也，與赤甲山接。初，公孫述殿前井有白龍出，因號白帝城。城周迴七里，西南二里，因江爲池，東臨瀼溪，惟北一面小差，逶迤羊腸，數轉然後得上。通釋十一。

赤甲山，在城北三里。漢時嘗取邑人爲赤甲軍，蓋犀甲之色也。補志輯原文。

八陣圖，在縣西七里。通釋十一。補志輯。

雲安縣，周武帝改爲雲安縣，屬巴東郡。紀勝雲安軍。郡有橘官、鹽官。同上。

大昌縣，以爲巫縣。紀勝大寧監。晉武帝於此置建昌縣，同上。隋開皇元年改曰大昌縣。同上。

澧州

禹貢荆州之域。紀勝澧州。春秋、戰國皆屬楚。秦兼天下，屬黔中郡。同上。今州理，卽漢武陵郡之武陵縣、零陽縣地。同上。吴景帝永安六年，分武陵郡西界立天門郡同上。隋開皇九年平陳廢南義陽郡置松州，尋改爲澧州，以州在澧水之北，故以爲名。同上。隋末陷于羣盜，同上。唐武德四年平蕭銑，復置澧州。同上。

州境：東西九十里，南北一百里。寰宇記補闕。

澧陽縣，本漢零陵縣地，屬武陵郡。紀勝澧州。晉分零陽置澧陽縣，屬天門郡。同上。

大浮山，在縣西南一百三十五里。紀勝澧州。

澧水，在縣南六十步。紀勝澧州。

安鄉縣，本漢孱陵縣地，屬武陵，後漢分置作唐縣。隋平陳，改置安鄉縣，屬澧州。紀勝澧州。

石門縣，案今縣卽吴之天門郡。紀勝澧州。

黄石山，在縣西北二百一十里。有溪，出雄黄，頗神異。紀勝澧州。

慈利縣，本漢零陽縣地，屬武陵郡，縣在寒水之北，故曰零陽。紀勝澧州。補志輯原文，作「以在零水之北故也。」隋改慈利，唐因之。補志輯原文。

故充城，在縣西二百四十里，武德中所置崇義縣東北一里故充城是也。紀勝澧州。

朗州

禹貢荆州之域。紀勝常德府。秦昭襄王使司馬錯攻黔中，拔之，使蜀守張若伐取巫郡及江南爲黔中郡，同上。漢高帝五年更名武陵郡，今州漢武陵郡也。同上。隋開皇九年，文帝平陳置武陵郡改武州爲辰州，同上。大業三年，煬帝更爲武陵郡。同上。

州境：東西一百里，南北一百七十五里。寰宇記補闕。

武陵縣，本漢臨沅縣，屬武陵郡。後漢建武二十三年武陵蠻叛，遣伏波將軍馬援討之，破於臨沅，卽此地也。隋平陳，改爲武陵縣，屬辰州，隋開皇十六年改屬朗州。紀勝常德府。

沅水，經縣南二十步。紀勝常德府。

善德山，在縣東九里。此山本名枉山，開皇中刺史樊子蓋以善卷嘗居此山，名善德山。紀勝常德府。

枉水，出縣南蒼山，名曰枉渚，善卷所居，時人號曰枉渚。楚詞云「朝發枉渚，夕宿辰陽」，亦此謂也。紀勝常德府。

樊陂，在縣北八十九里。漢樊重居此，有肥田數千頃，歲收穀千萬斛。紀勝常德府。

張若故城，在州東四十步。初秦昭王使白起伐楚，遣張若築此城，以拒楚，并統五溪。後漢梁松伐蠻，又修此城，自義陵移郡居之。紀勝常德府。

司馬錯故城，在縣西二里。錯與張若伐楚黔中，相對各築一壘，以扼五溪咽喉，後馬援又修之。紀勝常德府。

黄闘山，在縣西一百四十里。紀勝常德府。

廖立墓，在縣東北十里。紀勝常德府。

龍陽縣，在州西，南北一百四十里。本漢索縣地，吴分立龍陽縣，屬武陵郡。隋平陳屬辰州，開皇十六年改屬朗州。紀勝常德府。

凡洲，沅水西北自武陵縣界流入龍陽縣界，歷凡洲，洲長二十里，即漢李衡種柑之所。紀勝常德府。

忠州

桂溪縣。紀勝梁山軍。

容溪水。紀勝梁山軍。

萬州

春秋及戰國並屬巴國。紀勝萬州。秦屬巴郡，今州卽漢巴郡朐䏰縣之地。同上。後魏置安鄉郡，又改萬川。同上。武德二年立浦城郡。同上。

南浦縣，本漢朐䏰縣地。紀勝萬州。

巖巖梁山，積石峩峩。〔四〕紀勝萬州。

武寧縣，周分沅陽，屬懷德郡，後魏改曰武寧。紀勝萬州。

梁山縣，本漢朐䏰縣地，周武帝於此分置梁山縣，屬萬川郡。紀勝梁山軍。

景穴，有嘉魚，甚美，同於蜀漢。紀勝梁山軍。

塗溪水，在縣南八十步。紀勝梁山軍。

七城山，在縣西二十里。紀勝梁山軍。

柏枝山，在縣南十里。紀勝梁山軍。

金州

東漢末魏武破張魯於城西，置西城郡。紀勝金州。晉武帝改安陽縣曰安康縣，又立安康郡。同上。

西城縣，本漢舊縣，屬漢中郡，魏武破張魯於西城，縣置西城郡。紀勝金州。

魏山，在縣西南九里。其山東西南三面絕險不通者，晉吉挹爲梁州督護，苻堅使韋鍾伐之，挹於急口岐山爲壘固守，鍾三年不能下。紀勝金州。

漢水，去州城百步。水出麩金，其色稍白，不任貢獻。嶓冢導漾，東流爲漢水，歷洋州，縈紆千數百里而後至金之境。紀勝金州。

西城山，在州北五里。紀勝金州。

趙臺山，在縣南二里。梁代漢水泛溢，人皆走北山上。〔五〕紀勝金州。

石泉縣，貞元元年刺史姜公輔奏置。紀勝金州。

洵陽縣，本漢舊縣，〔六〕屬漢中郡，因洵水以爲名。紀勝金州。

洵水，出縣北洵山，去縣一百五十步。紀勝金州。

方山關，在縣西三十二里。貞觀十二年置，北阻方山，南臨漢水，當東南驛路。紀勝金州。

梁門山，在縣東八十里。梁將五神令開拓成境梁門爲界之也。〔七〕紀勝金州。

鳳凰山，在縣一百五十里。山上有十二層，懸竦萬仞。紀勝金州。

月川水，出縣東梁門山。水出麩金。紀勝金州。

山南道

集州

本漢宕渠縣地。紀勝巴州。晉自李特竊據，至李壽時，〔八〕夷獠散居其地，梁武帝大同中於此立東巴州，西魏恭帝二年改東巴州爲集州。同上。

難江縣。紀勝巴州。

大牟縣。紀勝巴州。

通平縣，本漢葭萌縣地，梁於此置通池縣，開皇省入伏强縣，七年改爲清化縣，又改爲通平縣。紀勝巴州。

嘉川縣。紀勝巴州。

石鷰山，在縣西北六十里。山甚高險，梯格乃得登之，獠人常恃此以爲阻。紀勝利州。

壁州

本漢宕渠縣地，紀勝巴州。李雄亂後，爲夷獠所據，梁末其地内屬，及後魏置諸水縣，後省。同上。

通江縣。紀勝巴州。

符陽縣，魏於此立符陽縣，唐屬集州。紀勝巴州。

白石縣，本漢之宣漢縣，魏立白石縣，隋屬集州，大業屬巴州，唐屬夔州。紀勝巴州。

東巴縣，開元置太平縣，天寶改爲東巴。紀勝巴州。

巴州

禹貢梁州之域。紀勝巴州。後漢分宕渠縣北界置漢昌縣，同上。李壽時有羣獠十餘萬從南越入蜀，散居山谷，此地遂爲獠所有，同上。宋置歸化、水北二縣。同上。

清化，本漢葭萌縣地，梁置伏强縣，周改伏强爲清化縣，〔九〕貞觀屬巴州。紀勝巴州。

大牟山，在縣東二里。紀勝巴州。

曾口縣，本漢宕渠縣地，宋末於此置歸化郡以撫獠户，無屬縣，梁普通六年於郡置曾口縣。紀勝巴州。

歸仁縣，本漢宕渠縣地，後爲獠所據，宋置平州，〔一〇〕隋改歸仁。紀勝巴州。

始寧縣，梁置遂寧郡及始寧縣，隋罷郡，以縣屬巴州。紀勝巴州。

奇章縣，〔一一〕梁于此置奇章縣，開皇以縣屬巴州。紀勝巴州。

恩陽縣，本漢閬中縣地，梁普通六年，分閬中置義陽郡及義陽縣，屬巴州。縣城置在義陽山上，四面懸絶。隋開皇十八年改曰義陽縣。〔一二〕紀勝巴州。

七盤縣，久視元年，於山側近置七盤縣。紀勝巴州。

蓬州

禹貢梁州之域。紀勝蓬州。秦屬巴郡，漢卽巴郡之宕渠縣地，同上。晉屬巴西郡，同上。李特孫壽時，夷獠散居，不置郡縣，同上。大同元年梁立伏虞郡，同上。後周武帝立蓬州，因蓬山以爲名。同上。

蓬池縣，本漢閬中縣地，梁天監元年分置大寅縣，因大寅縣池以爲名。紀勝蓬州。

樂龍山，在縣南三里。紀勝蓬州。

良山縣，本漢宕渠縣地，梁大同元年分置安固縣。紀勝蓬州。隋開皇三年罷郡，以縣屬蓬州，開元二十九年，州自此移理蓬池。同上。

儀隴縣，本漢閬中縣地，梁天監元年於此置儀隴縣，以山名儀隴故也。初屬閬州，隋改屬蓬州。紀勝蓬州。

伏虞縣，本漢宕渠縣地，梁大同中置宣漢縣，隋開皇十八年改宣漢爲伏虞，隋志置宣漢縣，十八年改縣名伏虞焉。〔一三〕紀勝蓬州。

伏虞山，在縣東南六十五里。甚險，夷獠被征討，卽入此山中也。紀勝蓬州。補志輯。

閬州

禹貢梁州之域。紀勝閬州。周梁合於雍，又爲雍州地。同上。在秦爲巴郡閬中縣也。同上。魏廢帝時置隆州，同上。治古閬中城。同上。又改巴西爲盤龍，同上。先天元年改爲閬州，取閬水以爲名。同上。

閬中縣，閬水行曲，經縣三面，縣居其中，以此爲名。漢范目、張魯皆封閬中侯。紀勝閬州。

彭道魚池，在州西南。寰宇記。

晉安縣，梁於此置金遷戍，後周置晉安縣，隋併入晉城縣，武德中復爲晉安縣。紀勝閬州。

南部縣，本漢南充縣地，梁置南部郡，周閔帝天和初改爲南部縣，屬盤龍郡。紀勝閬州。隋大業三年改屬巴西郡，先天二年改屬閬州。同上。

九子山，在縣東九十里。有九峯，因名，又名九隴山。紀勝閬州。

蒼溪縣，宋元嘉八年分置漢昌縣，隋開皇三年屬隆州，十八年改爲蒼溪縣，以蒼谷爲名。紀勝閬州。

雲臺山，在縣東南三十五里。紀勝閬州。

奉國縣，本秦閬中縣地，後魏恭帝二年於此置奉國縣。紀勝閬州。

新井縣

充國故城，縣東北二十八里。紀勝閬州。

新政縣，本漢充國縣地，皇朝武德四年割相如、南部二縣立新城縣，以隱太子建成諱，改名新政縣。紀勝閬州。

岐岼縣，宋於此立宋安縣，後魏改岐岼，隋開皇末割屬閬州。紀勝閬州。

果州

禹貢梁州之域。紀勝順慶府。春秋、戰國時爲巴子國，秦滅巴立爲巴郡，卽漢巴郡之安漢縣也。安漢縣，在州北三里，今南充縣是也。同上。自李雄之亂，巴境荒殘，至宋於安漢故城置南宕渠郡。同上。開皇三年屬閬州，同上。大業初屬巴西郡。同上。

南充縣，隋開皇十年改縣曰南充，唐武德四年於縣立果州，以縣屬焉。紀勝順慶府。

陳壽故宅，在縣郭内。紀勝順慶府。

馮緄爲車騎將軍，於此鐫崖刻石十有餘處，今果山有車騎崖。補志引寰宇記。

相如縣，周閔帝省縣。紀勝順慶府。

龍角山，在縣東二百步。紀勝順慶府。

相如故宅，在縣南二十五里。居濱嘉陵水，有臺名相如琴臺，水北有相如坪。紀勝果州。

流溪縣，本南充縣地，唐開耀元年析置流溪之側，因以爲名。紀勝順慶府。

重石山，在縣南一里。紀勝順慶府。

岳池縣，本南充、相如二縣之地。紀勝渠州。

安岳山。紀勝順慶府。

渠州

禹貢梁州之域。紀勝渠州。秦滅巴國以爲郡。同上。後漢第五倫常爲宕渠令。同上。建安末，蜀先主割巴郡之宕渠等三縣置宕渠郡。同上。大通三年又置渠州，同上。大業三年罷州爲宕渠郡，同上。武德元年復爲渠州。同上。

流江縣

宕渠山。紀勝渠州。

宕渠水，在縣□二里，一名渝水。紀勝渠州。

故賨城，在縣東北七十里。紀勝渠州。

渠江縣，本漢宕渠縣地，梁普通三年於此置漢安縣，屬北宕渠郡，開皇三年屬渠州，十八年改爲賨城縣，武德元年復爲始安縣，至德二年改爲渠江縣。〔一四〕紀勝廣安軍。

富靈山，在縣東南七十里，峻峭多藥物，實靈仙所居。紀勝廣安軍。

鄰山縣，〔一五〕本漢宕渠縣地，自晉至齊並爲夷獠所據，梁大同三年於此置鄰山縣。紀勝渠州。縣城南北三面有池圍繞，東阻湟水，甚險，俗號爲金城。同上。

鄰山，在縣□一百三十九里。其山谷西入鄰水縣界。紀勝渠州。

鄰水縣，本漢宕渠縣地，後陷夷獠。紀勝渠州。補志有鄰山無鄰水，紀勝引之。荃孫按：舊唐志云武德三年屬渠州。寰宇記云寶曆中山南東道節度使裴度奏廢入鄰山，故新志無之，即補志所由本而廢，據以補入。

鄰山，在縣西四十里。此山重疊，鄰比相次，迤邐南盡縣界。此山出鐵。紀勝渠州。

鄰水，在縣□□□。其源出縣東鄰山縣二十六里，中有大磧，懸流十丈，奔急若驚湍電瀉。紀勝渠州。

大竹縣，補志無此縣，通典屬蓬州。荃孫按：紀勝引皇朝郡縣志云「唐久視元年分宕渠縣東界置，屬蓬州，至德二年割入梁州，寶曆中廢」，據以補入。

龍蘭山，在縣北二十里。紀勝渠州。

貴溪水，在縣北二十里。紀勝渠州。

元和郡縣志闕卷逸文卷二

江陰繆荃孫校輯

淮南道

揚州

禹貢「淮海惟揚州」，唐虞淮海之閒，皆周域也。紀勝揚州。御覽百六十九引作「禹貢九州揚州其一也」。春秋時屬吳，七國屬楚。秦滅楚爲廣陵，併天下屬九江郡。漢爲江都國，建武元年復曰揚州。御覽百六十九。周輯、補志輯。

江南之氣燥勁，故曰揚州。紀勝揚州。吴、魏交争之地。通釋二。與成都號爲天下繁侈，故稱揚、益。紀勝揚州。

江都縣，本漢廣陵縣地。紀勝揚州。言遠統長江，爲一都會，後爲廣陵國，晉復爲江都縣。同上。

廣陵城，吴王濞都，周十四里半，一名楊子城，在縣北四里，州城正直其上。補志輯原文引寰宇記。

厲王胥冢，歲旱鳴鼓攻之，輒致雲雨。抱朴子曰：「吴主時掘大冢，有重閣徼道，高可乘馬；有銅人，皆大冠執劍。棺中人鬢已斑白，面體如生，以白璧二十枚籍尸，舉之有玉，形似冬瓜，從懷中墮地，兩耳及鼻中有黃金如棗，此骸骨因假物而不朽之效也。」寰宇記。

合瀆渠，在縣東二里，本吳所掘邗溝江、淮之水路也，通釋無「所」字。今謂之官河，亦謂之山陽瀆。寰宇記。

大江，西北自六合縣界流入。晉祖逖擊楫中流自誓之所，南對丹徒之京口。舊闊四十餘里，今闊十八里。魏文帝登廣陵觀兵，戎卒數十萬，旌旗數百里，臨江見波濤洶湧，歎曰：「吾騎萬隊，何所用之。嗟乎，固天地所以限南北也！」紀勝揚州。

大銅山，在縣西北七十二里。漢書吳王濞即山鑄錢，此其處也。紀勝揚州。

愛敬陂，在縣西五十里。魏陳登爲太守，開陂，民號愛敬陂，亦號陳登塘。紀勝揚州。

瓜洲鎮，在縣南四十里江濱。昔爲瓜洲村，蓋揚子江中之沙磧也，狀如瓜字，遥接揚子渡口，自開元以來漸爲南北襟喉之地。寰宇記。

夫差自廣陵城東南築邗城，下掘深溝，謂之邗江，亦曰邗溝，自江東北通謝陽湖。通釋二。

江都故城，在縣西南四十六里。城臨江水，今爲水所侵，無復餘址。紀勝揚州。

邵伯埭，在縣東北四十里。晉謝安鎮廣陵，于城東二十里築壘，名曰新城。城北二十里有埭，蓋安所築，後人思安，比于召伯，因以立名。紀勝揚州。

雷陂在縣北十里。漢江都王傳有雷陂。紀勝揚州。

吴公臺，在縣北四里。宋沈慶之攻竟陵王誕所築弩臺也。後陳將吴明徹圍北齊東廣州刺史敬子猷，曾築之以射城内，因號吴公臺。紀勝揚州。

江陽縣

茱萸灣，在縣東北九里。隋仁壽四年開，以通漕運。其側有茱萸村，因以爲名。紀勝揚州。

六合縣，本楚棠邑，春秋伍尚爲棠邑大夫，漢封陳嬰爲棠邑侯。紀勝真州。漢堂邑縣，屬臨淮，後漢屬廣陵。吴赤烏十三年，作堂邑涂塘以淹北道。後周置方州，改六合郡。隋爲六合縣，唐屬揚州。通釋二。周輯。

瓜步山，在縣東南二十里，臨大江。魏太武至六合，登瓜步山，隔江望秣陵，纔數十里。通釋二。周輯。

六合山，在縣東北八十里。通釋二。周輯。

桃葉山，在縣西南七十五里。隋文帝開皇三年，於此山置六合鎮。通釋二。周輯。

縣有銅城，卽吴王鑄劍處。寰宇記。補志輯。

梁于石梁置涇州。石梁，禹爲理水之門，俗稱項口。寰宇記。補志輯。

海陵縣，故楚邑，漢以爲縣，屬臨淮郡。紀勝泰州。

鹽監，煮鹽六十萬石，而楚州鹽城，浙西嘉興、臨平兩監所出次焉，計每歲天下鹽利，當租賦三分之一。通釋二。

海陵倉卽吴王濞之倉也枚乘上書曰：「水行滿河，不如海陵之倉。」謂海渚之陵，因以爲倉。紀勝泰州。

高郵縣，上。南至州一百里。補志輯原文。是秦之高郵亭，紀勝高郵軍。三國時荒廢，晉太康時復立。同上。

楊子縣，本漢江都縣地，舊楊子鎮城，唐高宗時廢鎮置縣，因鎮爲名。紀勝真州。

天長縣，本古之千秋縣，唐玄宗開元中以誕辰爲千秋節，遂改爲天長。寰宇記。補志輯。

楚州

禹貢揚州之域。春秋屬吴，戰國屬楚，秦屬九江郡，漢爲射陽縣地。御覽百八十九。宋孝武帝封弟休祐爲山陽王。紀勝楚州。

山陽縣，本漢射陽縣地，紀勝楚州。晉立山陽縣。同上。

射陽湖，在縣東南八十里。紀勝楚州。漢廣陵王胥有罪，其相勝之奏奪王射陂草田賦與窮人。張晏曰：「射水之陂，在射陽湖。」御覽百六十九。今謂之射陽湖，與寶應鹽城分湖爲界，縈回三百里。紀勝楚州。

邑有石鱉山，山產石鱉，因名。今山下有鄧艾築城。寰宇記。補志輯。

淮水入宿遷縣，南與縣分中流爲界。通釋。

瀆水，今謂之山陽瀆，卽邗溝也。舊水道屈曲，隋文帝重加修，水頗通利。紀勝楚州。

故倉城，東南接州城。隋開皇初將伐陳，因舊城儲畜軍糧，有逾百萬，迄于大業末，常有積穀，隋亂荒廢。紀勝楚州。

鹽城縣，本漢鹽瀆縣，屬臨海郡。州長百六十里，在海中。州上有鹽亭百二十三所，每歲煮鹽四十五萬石。通釋二。紀勝引作「鹽課四十五萬石，今官中置鹽監以收其利，每歲煮鹽四十五萬石」。

孫堅爲鹽瀆丞。紀勝楚州。

寶應縣　本漢平安縣故地，後爲安宜縣。紀勝楚州。

白水陂，在縣西八十里，鄧艾所立。紀勝楚州。

淮陰縣，宋以淮陰爲北兗州，尋廢。紀勝楚州。

盱眙縣。補志無此縣。荃孫按：紀勝引元和志及通典並隸楚州，今據補。

軍山，在縣北六里。魏太武築長圍困臧質處。鄧艾所營堰潤爲塘以溉稻田。紀勝盱眙軍。

都梁山，隋於此置都梁宫，出都梁香，因名。紀勝盱眙軍。

洪澤浦，在縣北三十里。本名破釜澗，煬帝幸江都，經此浦宿，時亢旱，至是降雨，流汎，因改破釜爲洪澤。紀勝盱眙軍。

滁州

春秋時楚地，在漢爲全椒縣也。御覽百六十九。晉琅琊王伷出滁中，即此地。吴赤烏十三年作堂邑滁塘，以淹北道。通釋。堂邑，即今之六合縣。紀勝滁州。大同二年，於此立南譙州。同上。

清流縣，本秦建陽邑，屬九江郡，宋改新昌，開皇中改爲清流。〔一六〕紀勝滁州。

全椒縣，晉改南譙縣。紀勝滁州。武德二年，始屬滁州。同上。

九鬭山，〔一七〕在縣南九十餘里。昔項羽兵敗，欲東渡烏江，塗經此山，與漢兵一日九鬭，因名。紀勝滁州。

滁水，在縣南六十里。其源出廬州梁縣，東流經滁及六合縣，至瓜步入於大江。紀勝滁州。

和州

禹貢揚州之域。春秋及戰國時爲楚地。秦爲歷陽縣，屬九江郡，漢爲淮南國。御覽百六十九。後漢揚州移理於此。紀勝和州。吳、魏交争之所。同上。晉平吳，立淮南郡，後改歷陽郡。同上。後齊立和州。同上。

歷陽縣，本秦舊縣，項羽封范增爲歷陽侯。縣在水北，故曰歷陽。紀勝和州。北齊以兩國通和，改曰和州。同上。

梁山，在縣南七十里，俯臨歷水。侯景之亂，梁王僧辨軍次蕪湖，與景將侯子鑒戰于梁山，大破之。江東有博望山，屬姑熟，二山隔江相對如門，南朝謂之天門山，兩岸山頂各有城，並王元謨所築，自六代爲都，皆於此屯兵捍禦。紀勝和州。

横江，在縣東南二十六里，直江南采石渡處。東漢建安初，孫策自壽春經略江都，揚州刺史劉繇遣將屯横江，孫策擊破之於此。隋將韓擒虎平陳，自横江濟，亦此處也。紀勝和州。

歷陽湖，在縣西三十里。昔有書生遇一姥，姥待之甚厚，生謂姥曰：「此縣前石龜眼赤血出，地當陷爲湖。」姥每往視之，門吏問姥，姥具以對。吏因以朱點龜眼，姥見遂走上西山，顧城已陷。今湖中有明府魚、婢魚、奴魚之名。寰宇記。紀勝和州引作「痳湖、歷湖在縣西三十里」。又引淮南子云「歷陽之都，一夕爲湖」。古「麻」字作「麻」，今誤爲「麻」，今謂之麻湖者，謬也。

烏江縣，魏黄初三年，曹仁據烏江以討吳，晉太康六年始於東城置烏江縣，隸歷陽郡。

紀勝和州。

安陽渡，在縣東北八十里，與上元縣對岸。紀勝和州。

烏江浦，在縣東四里，卽亭長艤船之處。紀勝和州。

含山縣，本歷陽縣地，晉於此置龍亢縣，城在縣西八十里，武德六年改置含山縣，八年廢，長安四年改置武壽縣，神龍初廢武壽復爲含山縣，隸和州。紀勝和州。

濡須塢，在縣西南一百十里。濡須水，源出巢縣西巢湖，亦謂之馬尾溝，東流經亞父山，又東南流注於江。建安十八年，曹公至濡須，與孫權相拒月餘。權乘輕舟，從濡須口入偃月塢。塢在巢縣東南二百八里濡須水口。初，呂蒙守濡須，聞曹公將來，夾水築塢，形如偃月，故以爲名。通釋二。補志輯。

濡須山，在縣西南七十五里。通釋二。

東關，在縣西九十里。通釋二。

運漕河，在縣南八十里。梁侯景之亂，王僧辨軍次蕪湖，景將侯子鑒屯兵梁山，以捍漕運，故名。補志引原文。

舒州

禹貢揚州之域。春秋時皖國也，亦爲舒國、桐國之地，皆爲楚所滅。紀勝安慶府。曹公遣朱光爲廬江太守，屯皖，大闢稻田。呂蒙上言曰：「皖地肥美，若一收熟，彼衆必增，如是數月，操態見矣，宜早除之。」於是權親征皖，破之。同上。赤烏四年，以諸葛恪屯之。同上。武德四年初爲東安州，同上。五年改爲舒州。同上。

懷寧縣，本漢皖縣，魏正始二年卽赤烏四年，孫權遣諸葛恪屯皖城以伺邊隙，四年司馬懿攻皖。永嘉亂後遂廢。紀勝安慶府。

皖國，舒州本春秋時皖國，咎繇之後，在漢時爲皖縣，屬廬江郡，三國初屬魏，後孫策征皖，〔八〕克之，獲橋公二女，卽其地也。紀勝安慶府。

皖山，在縣西十里。通釋二。

皖水，西北自霍山縣流入，經懷寧縣北二里，又東南流二百四十里入大江，謂之皖口。通釋二。

吴塘陂，在縣西二十里，皖水所注。昔曹公遣朱光屯皖，大開稻田。呂蒙上言曰「皖地肥美，若一收熟，彼衆必增，宜早除之。」乃征皖，破之。此塘卽朱光所開也。通釋二。

宿松縣，本漢皖縣，元始中爲松滋縣，屬廬江。晉武平吴，以荆州有松滋縣，故改曰宿松縣。紀勝安慶府。

桑落洲，在縣南一百九十里。江水自鄂陵分派爲九，于此合流。九江江口，晉劉毅與盧循戰于桑落洲，爲循所敗，卽此。紀勝安慶府。

望江縣，本漢皖縣地。紀勝安慶府。

大雷池，水西自宿松縣流入縣界，東南積而爲池，經縣而入于江。又行百里爲雷池口，晉成帝咸和三年，蘇峻反，温嶠欲入衞京師，庾亮素忌陶侃，報嶠書曰：「吾憂西陲過於歷陽，足下無過雷池一步也。」紀勝安慶府。

太湖縣，本漢皖縣地，宋元嘉末置太湖縣，縣東北三十五里有太湖水，因以爲名。紀勝安慶府。

桐城縣，桐本春秋時楚附庸小國也。紀勝安慶府。梁改爲樅陽郡，開皇初又改爲縣，十八年改爲同安縣，至德二載改爲桐城，取桐鄉爲名也。同上。

盛唐山，在縣東南一百二十里，名益塘山，卽古盛唐山也，漢武帝作盛塘之歌。紀勝安慶府。

樅陽水，出縣東南硤石山，東南入於江。紀勝安慶府。

朱邑祠，在縣西南。邑爲桐鄉嗇夫，廉平有恩，縣人思之，爲立生祠。紀勝安慶府。

壽州

禹貢揚州之域。秦併天下，爲九江郡，漢爲淮南國。御覽。

壽春縣

八公山，南卽淮水，自東晉至今，常爲要害之地。通釋十二。

安豐縣

安豐南有鶴父亭。寰宇記。

盛唐縣

馬頭城，在縣北百二十里。通釋十二。

廬州

本廬子國，春秋舒國之地。漢分淮南置廬江郡。後漢廬江在皖。建安中曹公謂劉馥可任以東南之事，以爲揚州刺史，單馬造合肥空城，建立州理，合肥縣西二里故城是也。建安二年，張遼守之，孫權帥十萬師攻圍，遼以八千破之。明帝青龍元年，滿寵都督揚州諸軍，鎭于此，請于合肥縣西北三十里立新城。權自出，欲圍新城，以其遠水，積二十日不敢下船，乃上岸耀兵。明年又至新城，無功而還。諸葛恪圍城，亦不克。魏明帝云：「先帝東置合肥，南守襄陽，西固祁山，賊來輒破于三城之下，地有所必爭也。」合肥，晉亦爲重鎭，梁改合州，隋改廬州。通釋十二。

合肥縣，本漢舊縣，屬九江郡。淮水與淝水合，故曰合肥。紀勝廬州。

巢湖，亦名焦湖，在縣東南六十四里。本居巢縣地，後陷爲湖。今與巢縣、廬江分湖爲界。通釋十二。

愼縣

西津橋，在縣西北五里。建安二十年，吴征合肥，兵還，孫權與凌統等在津北，爲魏將張遼所襲，持鞍緩鞚，超度於此。紀勝廬州。梁太清二年，改合肥爲合州。紀勝廬州。

曹城，魏武伐吴，頓重兵於此，重更修築，故曰曹城，又名浚遒城。紀勝廬州。

巢縣

濡須水，源出縣西巢湖，亦謂之馬尾溝，東流經亞父山，又東南流注于江。建安十八年，曹公至濡須，與孫權相拒月餘，權乘輕舟從濡須口入。通釋十二。

巢湖，在縣西五十里。周迴五百里，南出於東關口。通釋十二。

東關口，在縣東南四十里，接巢湖，在西北至合肥界，東南有石渠，鑿山通水，是名關口，相傳夏禹所鑿，一號東興。今其地高峻險狹，實守扼之所，故天下有事，必争之地。吴、魏相持于此，吴築城，魏亦對岸置栅。熹平四年，諸葛恪于東關作大堤，遏巢湖，左右依山夾築兩城，使全端、留略守之。魏遣諸葛誕、胡遵爲東關，將壞其隄，恪大破之。通釋十二。

周輯。

巢湖亦名焦湖，東南至合肥縣六十四里。本居巢縣地，後陷爲湖。今與巢縣、廬江分湖爲界。諸葛武侯曰：「曹操四越巢湖不成。」張魏公曰：「巢河之水，上通焦湖，濡須正扼其衝，東西兩關，又從而輔翼之，餽舟難通，故雖有十萬之師，未能寇大江。」通釋十二。周輯、補志輯。

邑有楊泉湖。寰宇記。

案七賢傳曰：「漢武出淮陽到監鄉，帝問曰：『此名何？』陳翼對曰：『鄉名爲監。』上曰『萬乘主問，何欺乎？』欲舉火燔之，翼曰：『不可燔，臣言不欺，佩刀當生白毛；若欺，則當無毛。』視之，刃果有毛長寸餘。」寰宇記。

廬江縣

水經注：「卽水出廬江郡之東陵鄉，〔一九〕禹貢所謂過九江至于東陵者也。西南流，水積爲湖，湖西有青林山。」補志輯原文。

舒城縣，本舒國，後漢立郡，徙理皖城。開元二十三年，刺史竹承搆奏於故舒城置舒城縣。紀勝廬州。

梁縣，本漢浚遒縣，屬九江郡，東晉改置謹縣，因縣西北古謹城爲名。紀勝廬州。

元和郡縣志闕卷逸文卷三

江陰繆荃孫校輯

嶺南道

春州

漢置合浦郡，今州卽漢合浦郡之高涼縣下，梁于此置陽春郡，無屬縣，陳置陽春縣以隸之。隋平陳，廢陽春郡，以縣屬高州。紀勝南思州。

陽春縣

邑有長圍石，以居人遶之，故名。寰宇記。

元嘉中開郡塹，得石墨數斛，可以書。寰宇記。

羅水縣

邑有蘇羅山。紀勝南思州。

新州

古南越之地。紀勝新州。今州，卽漢合浦郡之臨允也。同上。晉穆帝永和七年，分蒼梧于此立新寧郡，同上。梁武帝改置新州，同上。隋末陷賊。同上。

新興縣，本漢臨允縣之地，屬合浦郡，晉分置新興縣，屬新寧郡。新江南去縣二百里。紀勝新州。

古岱嶺，在縣西南三十里。出銀。紀勝新州。

永順縣，武德四年析新興縣置，天寶元年改爲永順縣。紀勝新州。

雷州

古越地也，紀勝雷州。秦平百越，置三郡，此屬象郡。同上。梁武帝分合浦立合州。同上。大業二年廢合州，以海康縣屬合浦郡。同上。隋亂陷賊，同上。武德四年蕭銑平，置南合州。同上。

海康縣，本漢徐聞縣地，屬合浦郡。梁分置南合州。紀勝雷州。開皇十八年於此置齊康縣，十年改爲海康縣。〔三〇〕同上。

米豆，枝葉似柳，花如烏，豆一種之後，數年收實，淮南子云「豆之美者有米豆」，此是也。紀勝雷州。

㸬牛，海康縣其地多牛，項上有骨，大如覆斗，日行三百里，爾雅所謂㸬牛也。紀勝雷州。

遂溪縣，本漢徐聞縣地，開皇十一年於此置鐵把縣，因縣西鐵把水以爲名，天寶元年改爲遂溪。紀勝雷州。

徐聞縣，本漢舊縣也，屬合浦郡。紀勝雷州。其縣與南崖州澄邁縣對岸，相去約一百里。同上。

漢置左右候官，在縣南七里，積貨物於此，備其所求，與交易有利，故諺曰：「欲拔貧，詣徐聞。」紀勝雷州。

羅州

漢爲合浦郡高涼縣之地。高涼縣在今高州界，紀勝化州。梁置羅州。同上。

廉江縣

縣有龍化水。補志引原文。

吴川縣，本漢高涼縣地，宋於此置吴川縣，〔三〕以縣東吴川水爲名，後因不改。紀勝化州。

吴川水，在縣東三十里。紀勝化州。

幹水縣

黎山，在縣北三十里，幹水所出。補志引原文。

高州

古越地也，紀勝高州。漢武平南越，置合浦郡，今州即漢合浦郡之高涼縣地。同上。東漢威帝分立高興郡，靈帝改曰高涼。同上。後爲夷獠所據，梁討平俚洞，置高州，同上。仍爲刺史，後改都督府。同上。貞觀二十三年，盎卒，子智戣又爲刺史。同上。永徽元年，勅遣太常丞薛寶積析高州所管縣爲恩、潘二州，分盎諸子爲刺史，以撫其人，仍移高州理於良德縣，同上。開元元年，又移置於保寧縣，同上。大曆十一年移州治於舊州南三十里電白縣界置。同上。

電白縣，本漢高涼縣地，梁於此置電白郡。紀勝高州。

定山，在縣東十八里。紀勝高州。

保寧縣，隋於此置連江縣，屬高州。紀勝高州。

開陵山，在縣北一里。紀勝高州。

恩州

漢平南越，置合浦郡，今州卽合浦郡之高涼縣地也。紀勝恩州。

永徽元年置恩州。同上。

恩平縣

金雞山，在州西北，每有金色雞見，鳴于石上，因名。寰宇記。

陽江縣，本漢高涼縣地，紀勝南恩州。武德五年於此置西平縣，屬高州，永徽元年于縣立高州，天寶元年改爲陽江縣。同上。

羅領山，出沈香木。紀勝南恩州。

翠鳥山，在縣東二十里。紀勝南恩州。

辨州

隋開皇十一年，於此立石龍縣，屬羅州。紀勝化州。武德六年，徙羅州於石城縣，於石龍縣置南石州。同上。

石龍縣，本漢合浦郡之高涼縣地，隋開皇十一年於此置石龍縣，初屬羅州，貞觀初改屬辨州。紀勝化州。

茂名水，在縣北二十里。紀勝化州。

瀧州

漢武平南越，置蒼梧郡，今瀧州卽蒼梧郡之端溪縣地也，紀勝德慶府。治瀧水縣。同上。

建水縣

有鼎石之神，隨波出入，卽赤松子鍊水玉金丹處，側有赤松子祠存。寰宇記。

崖州

珠崖如囷廩大，與徐聞對渡，北風舉帆，一夕一日而至。紀勝瓊州。

舍城縣，本瞫縣，寰宇記校勘。大業六年置。紀勝瓊州。

文昌縣，本漢紫貝縣地。紀勝瓊州。

瓊州

赤烏二年於徐聞縣立珠崖郡，紀勝瓊州。於其地上立珠官一縣，招撫其人，竟不從化。同上。又於徐聞縣立珠崖郡，竟不有其地。同上。隋大業六年更開置珠崖郡，立十縣，同上。又置儋耳、臨振二郡。同上。隋亂陷賊。同上。唐平蕭銑，立都督府，管崖、儋、振三州。同上。

瓊山縣，本漢瑇瑁縣地，貞觀五年分置瓊山縣，因縣西六里瓊山爲名。紀勝瓊州。

臨高縣，武德五年分平昌縣置臨機縣。紀勝瓊州。

振州

本漢珠崖郡地，紀勝吉陽軍。梁於徐聞縣立珠崖郡。同上。煬帝大業六年開置珠崖郡，又置儋耳、臨振二郡。同上。隋末陷賊。同上。永徽元年置落屯縣。同上。

寧遠縣，隋大業六年分置寧遠縣。紀勝吉陽軍。

寧遠水，去縣一里。紀勝吉陽軍。

延德縣，本漢臨振縣地，大業六年分置。紀勝吉陽軍。

延德水，去縣一里。紀勝吉陽軍。

吉陽縣，貞觀二年分寧遠置。紀勝吉陽軍。

黎峩山，去縣東七十里。紀勝吉陽軍。

臨川縣，本漢臨振縣地，大業六年分置。紀勝吉陽軍。

落屯縣，永徽元年置，在落屯洞，因以爲名。紀勝吉陽軍。

儋州

自漢至陳，更不得其本地。紀勝昌化軍。大業六年，分珠崖置儋耳郡。同上。隋亂陷賊。同上。

義倫縣，本漢儋耳郡地，紀勝昌化軍。武德五年置儋州，領義倫縣。同上。

昌化縣，本漢至來縣，大業六年置。紀勝昌化軍。

感恩縣，本漢九龍縣，寰宇記校勘。隋大業六年改名感恩縣，取感恩水以爲名。紀勝昌化軍。

涔陽縣，天寶初於涔陽鎮置。紀勝昌化軍。

富羅縣，本漢儋耳縣地，大業六年於此置毗善縣，屬珠崖郡，武德五年改爲富羅，來屬儋州。紀勝昌化軍。

萬安州

本崖州萬安縣地，龍朔二年改割萬安及臨世、陵水二縣於此置萬安州，紀勝萬安軍。開元九年移理陵水。同上。

萬安縣，本漢紫貝縣地，貞觀元年分文昌縣置。紀勝萬安軍。

陵水縣，大業六年於此置陵水縣。紀勝萬安軍。

藤州

漢平南越，置蒼梧郡，屬蒼梧郡之猛陵縣地，紀勝藤州。開皇十年廢永平郡，於此置石州，〔三〕十二年又改石州爲藤州，大業三年罷州爲永平郡。隋末陷賊。同上。

鐔津縣

鐔江，在鐔津，俗名潯江。紀勝藤州。

瘴江，在縣東南。紀勝藤州。

義昌縣，本名安昌縣，梁澄聖元年置，天寶二年改爲義昌縣，貞元元年移義昌縣額於林安鄉置今縣，其舊縣改爲鄉，隸入鐔津縣。紀勝藤州。

狐，獠名也，有兩牙，二長寸，食人，性重人掌蹠，得人卽懸之室內，當面鋪坐，擊鐘鼓，歌舞飲酒，稍割而噉之。方于農時，獵人以祀田神。寰宇記。補志輯。

容州

古越地，紀勝容州。漢平南越，置合浦郡，屬交阯刺史。今州卽合浦郡之合浦縣地也，同上。泰始七年，分合浦縣立流南郡，〔二三〕同上。蕭齊分南流郡置南流縣，廢北流郡置北流縣，尋又省高流，〔二四〕其北流縣屬合浦郡。同上。以合浦郡之北流縣、永平郡之普寧縣於今州理北置銅州。同上。貞觀八年改銅州爲容州。以州西帶銅山，因以爲名。同上。

普寧縣，本漢合浦縣地，晉分置宕昌縣，隋開皇十七年改爲奉化縣，十九年又改爲普寧縣，〔二五〕屬藤州永平郡，紀勝容州。開元中移郭下北流縣於西南六十里，又自州移普寧縣於郭下。同上。

北流縣，本在州郭，開元中移於今理。紀勝容州。

牢州

定川縣，川東南四十里。紀勝鬱林州。

定川水。

宕川縣，武德四年置，乾封二年屬牢州。紀勝鬱林州。

瀘宕水，在縣北二里。紀勝鬱林州。

潭禮水，在縣東五里。紀勝鬱林州。

白州

古越地，漢爲合浦縣地。武德四年置南州，六年改南州爲白州。紀勝鬱林州。

博白縣

鍾山。紀勝鬱林州。

南流江。紀勝鬱林州。

周羅縣，武德四年析合浦縣置。寰宇記校勘。

周羅山。紀勝鬱林州。

周羅溪。

鬱林州

陳天嘉二年置石南郡，開皇十年改爲石南縣，武德四年於縣置鬱州，貞觀六年廢，以屬貴州，乾封元年又置鬱林州。紀勝鬱林州。

蔡山。紀勝鬱林州。

黨州

古符縣

縣之封溪多猩猩，似黄狗，人面善言，聲如婦人。寰宇記。

出蚺蛇，長十餘丈，以婦人衣投之則蟠。牙長六七寸，辟不祥。寰宇記。

馬援造銅船濟海，既歸，付程安令沈于渚，今天晴水澄，往往望見船樓，上恆似有四寸水，不知幾十丈也。一名越王船。寰宇記。

禺州

開元二十四年割屬容州。紀勝容州。

峩石縣

邑有石印，似印形，文如篆。寰宇記。

董奉死，人見于鳴石之山。山海經曰「長石之山，洪水出焉，山多鳴石」，卽此也。寰宇記。

廉州

古越地也。紀勝廉州。今州卽合浦縣理也。同上。黃武七年更名珠官郡，少帝改珠官郡爲合浦郡。同上。大業三年，又廢州爲合浦郡。同上。取大廉洞以爲名。同上。

合浦縣

越州城，卽宋陳伯紹刺史所理城也。紀勝廉州。

陳伯紹平蠻，至合浦，見三青牛，圍之不獲，卽于其處置城，號曰青牛城。寰宇記。

糧頭山，在縣西北。補志引原文。

瘴江，州界有瘴名，爲合浦江，紀勝廉州。自瘴江至此，瘴癘尤甚，中之者多死，擧體如墨。春秋兩時彌盛，春謂青草瘴，秋謂黃茅瘴。馬援所謂「仰視烏鳶，跕跕墮水中」，即此也，土人諳則不爲病。同上。

廉江，州南至廉江入海處二百里。紀勝廉州。

封山縣，本漢合浦縣地，齊於此置封山郡，開皇罷郡爲封山縣。紀勝廉州。

蔡龍縣

武禄溪，在縣東南三里。紀勝廉州。

大廉縣

石荒溪。紀勝廉州。

義州

本蒼梧郡猛陵縣之地也，陳於此置永業郡。開皇十年罷郡爲永業縣，屬永熙郡。隋末陷賊。武德五年分永業縣置龍城縣，仍於縣置南義州，貞觀元年州廢，二年復置義州。紀勝藤州。

永業縣，在義州西南。本陳永業郡，隋改爲縣，屬樂州，永徽後割屬義州。紀勝藤州。

連城縣，本漢連溪縣地，武德六年立。紀勝藤州。

思剛州，補志不載。荃孫按：輿地廣記云「唐爲羈縻州，立於大曆四年，隸邕州都督府，宋天禧始廢」，今據補。

都泥江，在州北，出宜至本縣，東經象入藤。潯州又有都泥水。紀勝賓州。

林波泉，在州南三十里。紀勝賓州。

羅蒙水，在州西五十五里。紀勝賓州。

龍章山，在州北四十里。昔有龍出山上，文彩炳然。紀勝賓州。

東班江，在州西北五里。紀勝賓州。

秋風江，在州東南二十五里。紀勝賓州。

富答泉，在州西二十里。紀勝賓州。

唐李吉甫元和郡縣圖志四十卷，宋時其圖已佚，今又缺第十九、第二十、第二十三、第二十四、第二十六、第三十六共六卷，其第十八卷闕其半，第二十五卷缺二葉，海内無完帙矣。今刊本流傳於世者，有武英殿本、岱南閣本。山左周夢棠輯逸文一卷，上元嚴觀補六卷，均附孫本刊行，而嚴補自出己意補綴，周輯頗多漏落。今刺取各書所引，釐爲三卷，雖未能復吉甫之舊觀，而守殘抱缺，不無小補云爾。光緒辛巳九月，江陰繆荃孫識於宣武城南大川淀寓廬之涵秋閣。

闕卷遺文校勘記

〔一〕楚船宮地也　今按：「宮」字誤，水經江水注作「官」。

〔二〕故郢城在縣□三里　今按：宋王象之輿地紀勝江陵府古跡引作「在江陵三里」，蓋有脱誤。郢卽紀南城，史記楚世家正義引括地志「紀南故城，在荆州江陵縣北五十里。」又楚平王十年所城之郢，卽此所指，括地志云「在江陵縣東北六里」，則此脱「東北」二字，「三」亦當作「六」。

〔三〕因改名硤州　今按：紀勝峽州沿革引「硤」作「峽」。攷隋書李雄傳及地理志、舊唐志並作「硤」，括地志「硤」「峽」並見，廣韻、集韻兩字音同，蓋通用。

〔四〕巖巖梁山積石峩峩　今按：「梁山」，隋志作「高梁山」，紀勝同。此條見紀勝萬州形勝及景物兩引，又見梁山軍景物引，萬州形勝注云「元和郡縣志載劍閣銘」，他兩引爲尋江源記。

〔五〕人皆走北山上　今按：紀勝金州景物引「北」原作「此」，此誤。

〔六〕洵陽縣本漢舊縣　今按：漢志「洵」作「旬」，水經沔水注亦作「旬」，下「洵水」同。

〔七〕開拓成境梁門爲界之也　今按：紀勝金州景物引「成」原作「承」，疑此誤。

〔八〕至李壽時　今按：通鑑晉紀永和元年云：「李勢時獠從山出，自巴西至犍爲，布滿山谷，十餘萬落，大爲民患。」此爲李壽，不同。又紀勝巴州沿革引「至」下原有「孫」字。

〔九〕周改伏强爲清化縣　今按：隋志及寰宇記並云梁置伏彊縣，隋開皇七年改爲清化縣，與此言周改，不同。

〔一〇〕宋置平州　今按：晉志梁州巴西郡有平州縣，宋、齊志益州巴西郡俱有平州縣，隋志云梁置，寰宇記同，此云宋始置，恐非。

〔一一〕奇章縣　今按：隋志、新唐志、通典、九域志、輿地廣記、寰宇記「奇」並作「其」，北史李賢傳、舊唐書牛僧孺傳與此作「奇」，蓋音同字通。

〔一二〕義陽縣　今按：「義」字，紀勝巴州恩陽縣引原作「恩」，與隋志合，此輯誤爲「義」。

〔一三〕隋志置宣漢縣十八年改縣名伏虞焉　今按：「置」上紀勝蓬州伏虞縣原有「云梁」二字，此輯脱。疑此十五字非元和志原文。

〔一四〕至德二年改爲渠江縣　今按：新唐志、輿地廣記並云天寶元年更名。

〔一五〕鄰山縣　今按：新唐志「鄰」作「潾」。

〔一六〕本秦建陽邑至改爲清流　今按：清流即今安徽滁縣，建陽在滁縣東四十里，廢於後漢，非即清流前身，亦不始改於宋，志誤。

〔一七〕九鬭山　今按：水經淮水注作「陰陵山」。

〔一八〕孫策　今按：「策」，紀勝安慶府景物引原作「權」，與上引舒州敍合，此輯誤。

〔一九〕郎水出廬江郡之東陵鄉。　今按：據水經江水注，「郎」當作「青林」二字。

〔二〇〕開皇十八年於此至改爲海康縣　今按：隋志合浦郡有海康又有隋康，隋康即齊齊康郡齊康縣改名，不能牽合爲一，志誤。

〔三一〕宋於此置吴川縣　今按：寰宇記云隋置。

〔三二〕開皇十年廢永平郡於此置石州　今按：「開皇十年廢永平郡，於此置石州」，石州置於梁，見通鑑梁敬帝紹泰元年，陳霸先東討，留石州刺史杜稜宿衛臺省。胡注引五代志「永平郡，梁置石州」。又見陳書歐陽頠傳及沈恪傳，廣州刺史都督十九州有石州，則石州非始置於隋，平陳後改石州爲藤州耳，志誤。

〔三三〕立流南郡　今按：紀勝容州沿革引原作「南流郡」，與宋志合，此輯「南流」二字誤倒。

〔三四〕尋又省高流　今按：紀勝引「高」原作「南」，與舊唐志合，此輯誤。

〔三五〕晉分置宕昌縣至改爲普寧縣　今按：「晉分置宕昌縣，隋開皇十七年改爲奉化縣，十九年改爲普寧縣」，隋志「永平郡普寧，舊曰陰石，梁置陰石郡，平陳郡廢，改縣爲奉化，開皇十九年又改名焉」。志謂開皇十七年改宕昌爲奉化，不言梁置陰石，恐誤。

附録

1 程大昌元和郡縣圖志跋

右元和郡縣圖志四十卷，唐宰相李吉甫所上也。吉甫病古今地理家著録不得其要，獨取蕭何收秦圖書而究天下阸塞户口多少者以爲準則，則不待詳閲其書，而其體要卓然可紀也已。吉甫再相，蓋元和六年，此志自載其所嘗建白者二事，改復天德舊城，則在八年，更置宥州於經略軍，則在九年，其年十月吉甫遂薨於位，則是書又其當國日久，乃始纂述。此於唐家郡縣疆境，方面險要，必皆熟按當時圖籍言之，最爲可據。又其言曰：「志凡四十七鎮，鎮皆有圖冠其篇首，故以圖志名之。」圖今亡矣，獨志存焉耳。憲宗經略諸鎮，吉甫實贊成之，其於河北、淮西，悉嘗圖上地形，憲宗得以坐覽要害，而險定策畫者，圖之助多也，惜乎其不存。志傳寫久有闕逸，又訛誤，不敢强補，謹書其有益者以示可傳而已。淳熙二年五月一日，秘書少監臣大昌敍。

張幾仲帥襄陽，且行，謂予曰：「以余之好異書，知世閒有甚欲之而無其力者矣。之鎮苟暇，期取古書有益者刻木而布傳之，庶其費寡而人可得，是亦一爲政也。祕藏多書，盍選擇見授。」予思之，有元和郡縣圖志者，其所記地理，多唐家制度，本朝疆理天下，率多本唐，則是書之備稽究特與今宜。予嘗即蓬山藏本之末，敍列其所以可傳者矣，苟欲該惠夫人，則莫此爲要，遂録寄之，以遂其雅好。幾仲名子顔，今以敷文閣待制在鎮。淳熙二年至日，新安程大昌泰之書。

2 洪邁元和郡縣圖志跋

右元和郡縣圖志四十卷，目録二卷，唐元和八年丞相李趙公吉甫所上也。後三百六十有三年，今京西牧待制張公幾仲始刻板於襄陽幕府。按新唐書藝文志著録是書爲五十四卷，會要析而兩之，一曰州縣郡國圖三十卷，一曰郡國圖，其卷與新志同，皆冠以元和，三者了不相似，以今所刻證之，皆非也。地理之最，莫切於圖書，周官職方氏掌天下之圖要，周知其利害。沛公入關，蕭何收秦丞相府圖籍，具知阸塞户口多少彊弱處，基漢爲雄。光武與鄧禹論天下郡國，亦披輿地圖乃克見。則不出户庭，而九州萬里，在吾目中，如策馬并轡，援衣挈領，舍此誰則然。方趙公爲相，彊藩悍帥，狃貞元餘習，擅地自予，朝廷莫敢訶，而能以期年閒易三十六鎮。魏田季安病，公請以滑任薛平，戍重兵邢、洺，因圖上河北險要。憲宗張於浴堂門壁，每歎曰：「朕日按圖，信如卿料。」則其所著書，蓋已見之行事矣，豈直區區紙上語而已哉。幾仲先忠烈王，勛在彜鼎，爲中興社稷臣。幾仲濟美稱家，文史聲猷，有晉、宋勝流風度，方守國西門，雍容緩帶，躡叔子、元凱故蹟，一旦天子讀此書，悼河山之獨西，想燕、冀而忼慨，睠焉北顧，思有所出，趙營平不必馳至金城圖上方略，馬伏波不必聚米爲山指畫形執，幾仲知之矣，予願拭目焉。本作書之旨，則趙公之敍固在，今揭於篇首。淳熙三年十一月，番陽洪邁書。

3 張子顔元和郡縣圖志跋

子顔少有四方志，逮長益篤。比年數被上委使，尋復領府襄州，奏事便殿，上諭曰：「馳驅原隰，爾素志也，顧昧陋何以克承玉音。」洎至郡，每登峴山，撫中原，未始不歎息久之。思有以自效者，浩不知其涯焉。會故人程刑部寄元和郡縣圖志，閲之瞿然有感，仰惟明主扼天下之吭，制羣生之命者，不在茲乎？亟用版傳，以資有志者籌贊恢拓之業。又得程、洪二鉅公題品，詳贍斯文，爲不朽矣。昔司馬子長南游江、淮，上會稽，探禹穴，闚九疑，北涉汶、泗，東觀齊、魯孔子之遺風，西使巴、蜀以還，周覽山川，故其爲文廣博，馳騁古今。愚不敏，詎敢擬一二，唯欲勉馳驅之素志，竭蹶薄於異時，蓋有務於是書，亦報上之一云。淳熙三年十二月朔旦，上秦張子顔書。

4 孔繼涵元和郡縣圖志跋

乾隆三十六年辛卯之夏，於程魚門同年處假得朱竹均學士藏本，歸鈔其副。癸巳歲，胡竹巖待詔同寓大僕寺街壽雲簃，爲校之而未竟也。甲午十月，同年李雲門編修偕從子廣森攜浙江所進遺書本來校，又鈔得所脱簡四頁，及補所缺貢賦二處，云永樂大典中有是書及太平寰宇記足本，以州府散隸於各韻字下，董其總者，憚其檢查煩重，不以付也。憮然久之。乙未七月淫霖，六月十二日新晴頗爽，草摘此目，以便繙閲。原書有目録二卷，應將縣名分隸，斯更瞭然矣。丁孝廉錦鴻云：「吴蘭庭謂是書有郡縣名在元和之後所改者，疑爲後人闌入。」然州縣之廢置分合改隸，以之校杜佑通典，可得大凡，新、舊書二志皆不及也。乙未七月十三日戊午，是日立秋，孔繼涵記於貝纓衕衕之敏事齋。

5 新唐書藝文志

李吉甫元和郡縣圖誌五十四卷

6 陳振孫直齋書録解題卷八

元和郡縣志四十卷

李吉甫撰，自京兆至隴右，凡四十七鎮，篇首有圖，今不存。

7 四庫全書提要

元和郡縣志四十卷，唐李吉甫撰。吉甫字弘憲，趙州贊皇人。宰相棲筠之子，以廕補左司禦率府倉曹參軍，貞元初爲太常博士，官至中書侍郎同中書門下平章事，卒謚忠懿，事迹具唐書本傳。是書據宋洪邁跋，稱爲元和八年所上，然書中更置宥州一條，乃在元和九年，蓋其事爲吉甫所經畫，故書成之後，又自續入之也。前有吉甫原序，稱「起京兆府，盡隴右道，凡四十七鎮，成四十卷。每鎮皆圖在篇首，冠於敍事之前。並目録兩卷，共成四十二卷。」故名曰元和郡縣圖志。後有淳熙二年程大昌跋，稱圖已亡，獨志存焉。故陳振孫書録解題，惟稱元和郡縣志四十卷。今此本闕第十九卷、二十卷、二十三卷、二十四卷、二十六卷、三十六卷，其第十八卷則闕其半，二十五卷亦闕二葉，又非宋本之舊矣。篇目斷續，頗難尋檢。攷水經注本四十卷，至宋代佚其五卷，故水名闕二十有一，南宋刊板仍均配爲四十卷，使相聯屬。今用其例，亦重編爲四十卷，以便循覽，仍註其所闕於卷中，以存舊第。其書唐志作五十四卷，證以吉甫之原序，蓋志之誤。又案唐六典及新、舊唐書地理志，貞觀初，分天下爲十道：一關内道，二河南道，三河東道，四河北道，五山南道，六隴右道，七淮南道，八江南道，九劍南道，十嶺南道。此書移隴右道爲第十，殆以中葉後陷没吐蕃，故退以爲殿。至淮南一道，在今本闕卷之中，以唐志淮南道所屬諸州攷之，今本河南道内有所屬之申、光二州，列蔡州之後；江南道内有所屬蘄、黄、安三州，列鄂、沔二州之後，似乎傳寫之錯簡。然攷唐書方鎮表，大曆十四年，淮西節度使復治蔡州，尋更號申光蔡節度使。又永泰元年，蘄、黄二州隸鄂岳節度，升鄂州都團練使爲觀察使，增領岳、蘄、黄三州。元和元年升鄂岳觀察使爲武昌節度使，增領安、黄二州。則申州、光州嘗由淮南道割隸河南道，蘄州、安州、黄州亦嘗由淮南道割隸江南道，唐志偶失移併，非今本錯亂也。輿記圖經，隋、唐志所著録者，率散佚無存，其傳於今者，惟此書爲最古。其體例亦爲最善，後來雖遞相損益，無能出其範圍。今録以冠地理總志之首，著諸家祖述之所自焉。

8　孫星衍元和郡縣圖志序

地里之學，古有所受。古文尚書山川，見於班史地理志；春秋土地名，見於杜預釋例；魏、晉、六朝人地里書，見於水經注及括地志。而摯虞、陸澄、任昉、顧野王之書，先後散失，水經注止記川流經過，其於郡縣故迹，不能備載。唐魏王泰所撰括地志，其佚僅見於唐、宋傳注，全書久亡，今惟李吉甫所著元和郡縣圖志獨存。志載州郡都城，山川冢墓，皆本古書，合於經證，無不根之説，誠一代之鉅製。古今地里書，賴有此以箋經注史，此其所以長也。但不載書傳名目，又閒有異説及疏漏之條，若大坏不在成皋，大别不在安豐，魚臺不載伏羲陵，曹縣不載湯冢之類，是其小疵，然其大體詳贍，可以證今方志鄉壁虚造之説，無此書而地里之學幾絶矣。吉甫又撰十道志，與此志相發明，故金田肇碑引李吉甫十道圖，云「兖州之境，伏羲陵卻不見於郡縣志」，又不得以疏漏譏之。其書篇首有圖，中興書目及晁公武讀書志皆云闕不存，蓋亡於宋。今本卷十八河北道景州闕五縣，卷十九河北道，卷二十、二十三山南道，卷二十四淮南道，卷三十五、三十六嶺南道俱闕，共存三十四卷，此又宋已後所亡佚矣。予所見有聚珍版本，此本假得於曲阜孔氏，卷末有淳熙閒程大昌、洪邁及張子顔兩跋，蓋卽大昌録寄子顔版傳之本也。孔農部繼涵嘗以江南進本及翁學士方綱藏本合校，補正訛脱，周夢棠又剌取傳記，附闕卷逸文及補目録一卷於後，今併刊行之。近人刊太平寰宇記，或加删削，以爲孔子不應列曲阜臧文仲後，而併去之，又以竹書紀年諸書不足信，而删其語。予嘗惜之。今刻此書，不移其卷，以存史闕文之義。圖雖亡，仍題元和郡縣圖志，以從其朔。括地志、寰宇記長於此書者，以載所出名書，但非此志，不足補魏王泰之佚，開樂史之先，尤當與二書相輔行世。地理之學，通於政事，周官稱大司徒之職，以天下土地之圖，周知九州之地域，廣輪之數，辨其山林川澤、丘陵墳衍、原隰之名物。夏官司險，秋官職方，亦各有所掌而周知之。吉甫爲棲筠之子，德裕之父，三世爲相。其秉政時，爲帝言屬郡刺史得自爲政，則風化可成。嘗節度淮南，築富民、固本二塘及平津堰。再入朝，奏收都畿佛祠田磑租入，以寬貧民。又請任薛平爲義成節度使，以重兵控邢、洺。圖上河北險要，皆切時政之本務。嘗撰百司舉要及六代略諸書，悉經世之學。此志爲元和八年奏御之本，文義簡括，便上省覽，唐宰相之善讀書者，吉甫爲第一人矣。嘉慶元年正月朔校刊此書，至五月五日畢工，與校者畢孝廉以田錢文學鏞也。賜進士及第除授翰林院編修刑部郎中分巡山東兖沂曹濟兼管驛傳水利黄河兵備道兼署運河道署山東等處提刑按察使陽湖孫星衍撰。

9 嚴元照悔菴學文卷六書元和郡縣志後

第六卷河南府河南縣「中橋，咸通三年造」，（按此據武英殿本。）唐懿宗紀元咸通，或疑此條後人附益。予讀唐書顔杲卿傳，「禄山縛杲卿於中橋南頭從西第二柱，節解之」，胡身之通鑑注曰「中橋，天津中橋也」，則中橋非建於懿宗時矣。吴胥石先生教予曰嘗攷唐會要，中橋咸亨三年韋弘機造，舊唐書韋機傳避諱去弘字。有移中橋事，正在高宗時，李吉甫避肅宗諱，故以亨爲通，通典諸侯卿大夫謚議袁思古，議許敬宗謚亦在咸通三年，此其例也，書中稱咸亨者，皆後人妄改，中橋一科改之未盡者耳。今陽湖孫氏刻本，徑改爲咸亨，失之矣。又曰此書四十卷，見謂無闕者三十四卷，然首卷京兆府下即不見昭應縣沿革，覈之當在新豐故條之上，書中如此類者恐不少也。

10 孔繼泰錢氏通經樓鈔本元和郡縣圖志跋

此書通經樓錢氏鈔本也，戊子秋竹汀錢學士引疾歸里，文學舊交，數相往還，輒以藏書見眎，隱然有同志之許焉。明年秋北上，臨行手贈是書，並嘯堂集古録一部，補漢兵志一部，好古而能公人，爲世所不及。乾隆己丑七月望後一日識於嘉定之西隱禪寺。

11 程晉芳勉行堂文集卷五元和郡縣圖志跋

元和郡縣圖志四十卷，缺十九、二十、二十三、二十四、三十五、三十六凡六卷，今永樂大典中亦無之，蓋書缺久矣。地理專書，水經詳于説水，而不能徧及郡縣，自各史志書而外，唐初則有魏王泰括地志，其後乃有是書，爲地書鼻祖。其佳處有二焉：一則每郡縣下備列四至，此地學之要，後來所宗；一則古蹟所引不多，唯取以證地所在。其體簡括，固其所長，但地志亦有不容太簡者耳。今以各志及通志攷校之，遺漏正亦不免。如水經缺滹沱，而此志足以補之，胡朏明所亟取，宜矣。而雍州下云「武帝太初元年改内史爲京兆尹」，依三輔决録諸書，「内史」上宜有「若」(當作「右」。)字。又終南山，自盩厔以至藍田，總謂之終南，而其地至廣，唐賢好宗文選，遂分終南、太乙爲二山，不知終南祠太乙，有峯曰太乙，唐人詩句可證也。細柳原一條，上林賦「登龍臺，掩細柳」，郭璞注「觀名，在昆明池南」；後漢書郡國志「長安有細柳聚」，此皆不引，獨引亞夫屯軍所，是簡之病也。汴爲春秋鄭國之地，徒云鄭地，亦未盡確。開封、漢(當作「浚」。)儀諸縣不載黄河，又不可解也。今括地志雖不存，而散見于史記、漢書、資治通鑑注、太平御覽者，尚可得十之五六，余恒欲鈔輯爲一編，以與此校對，恨鹿鹿未暇也。

12 黄丕烈陳樹華鈔本元和郡縣圖志跋

郡縣志近始有聚珍本及岱南閣刻，前此則惟鈔本流傳，然鈔本必以舊乃佳。此本出冶坊濱陳冶泉家。冶泉名樹華，承累代書香之後，由茂才作宦，官至司馬而止，居平手自鈔校諸書，猶及與惠松崖、余蕭客諸君相周旋，故所藏書皆有淵源。身後書籍零落，半歸他姓，仲魚從坊間購得，不知其書之何來，余悉其源委，因誌數語。蕘翁書於石泉古舍。

13 葉德輝郋園讀書志卷四

元和郡縣圖志四十卷千頃堂鈔本

前人好藏書之家，于新刻所無之書，不惜重資購求名鈔，或僱書生影寫宋槧，傳録孤本異書，此鈔本書所以尤爲人所珍秘也。此元和郡縣圖志四十卷，分四厚册裝釘，每册前一葉有「千頃堂圖書」五字白文篆書方印，「大興朱氏竹君藏書之印」十字朱文篆書長方印，「好學爲福齋藏」六字朱文篆書方印，「慕齋監定」朱文篆書圓印，「宛平王氏家藏」六字白文篆書方印，蓋本黄虞稷家中舊藏，傳至朱竹君學士家，朱印纍纍，授受可攷也。

此書四庫全書史部地理類箸録，提要云闕十九卷、二十卷、二十三卷、二十四卷、二十六卷，三十六卷，其第十八卷則闕其半，二十五卷亦闕二葉。今此鈔本闕卷相同，知其亡佚久矣。四庫本合併闕卷仍爲四十卷，以活字印行，卽世行武英殿聚珍版也。陽湖孫淵如觀察星衍，於嘉慶元年重刊殿本，補拾遺二卷，列入岱南閣叢書中。光緒辛卯江陰繆小山學丞荃孫於永樂大典搜得逸文，分三卷，刻入雲自在龜叢書。其闕文已得十之六七，若依原書體例按郡縣排入，庶可稍還舊觀。雖然，唐元和至今已及千年，宋元舊槧久矣無傳，留此精鈔，亦足爲連厨生色，故特重加裝飾，以待來者寶重焉。

《元和郡縣圖志》地名索引

凡　例

一、本索引收録《元和郡縣圖志》中的各條地名。

二、凡一地名有其他稱謂者，今以常用稱謂爲主目，其他稱謂爲參見條目，並用圓括號括注於主目之後。例如：

鹿泉水(鹿泉、陘水)
17/481

三、凡同名異地者，分别列目，用方括號括注其所屬州縣及方位，以示區别。

武安縣[屬洺州]
武安縣[屬武安州]

龍門山[在同州韓城縣]
龍門山[在利州緜谷縣]

四、地名下的數字，前者爲卷數，後者爲頁碼。例如：

赤壁山
27/646

表示赤壁山見於本書卷27第646頁。

五、本索引以四角號碼順序排列，並附有筆畫與四角號碼對照表，以便讀者用不同方法檢索。

0010_8 立

22立山縣
37/932

0014_6 瘴

31瘴江(合浦江)
3/1092
3/1095

0020_1 亭

22亭山縣
10/278

0021_1 鹿

11鹿頭戍
31/779
26鹿泉　見鹿泉水
鹿泉水(鹿泉、陘水)
17/481
27鹿角故關
17/495
鹿角關
10/279
40鹿臺
16/461
鹿臺山
15/422
43鹿城縣
17/487
60鹿邑故城(牙鄉城)
7/186
鹿邑縣
7/186
67鹿鳴故城
8/199
90鹿堂山
31/778

0021_3 充

43充城
1/1059
60充國故城
1/1066

0021_6 竟

74竟陵縣
21/536

兗

32兗州
10/263

0021_7 羸

75羸膢故城
38/957

廬

22廬山(鄣山)
28/676
31廬江縣
2/1083
32廬州
2/1081
74廬陵縣
28/674

0022_2 廖

00廖立墓
1/1060

0022_3 齊

17齊子嶺
5/135
22齊樂水
34/890
32齊州
10/276
40齊右城
30/752
41齊桓公墓
10/274
80齊姜墓
12/331

0022_7 方

22方山　見陸渾山
方山[在太原府壽陽、陽曲縣]
13/369
13/374
方山[在潤州上元縣]
25/595
方山[在瀘州江安縣]
33/865
方山縣
14/400
方山關
1/1062
26方伯堆
6/162
31方渠縣
3/69
40方臺山
27/658
43方城

高

商

帝

鄜

鷹

0023_1 應

0023_2 康

1/14

0023_7 廉

12廉水
33/850
31廉江
3/1096
廉江縣
3/1087
32廉州
3/1095
41廉頗臺［在洺州永年縣］
15/431
廉頗臺［在定州陘邑縣］
18/513

0024_0 廚

22廚山
22/571

0024_1 庭

32庭州
40/1033

0024_2 底

40底柱山（三門山）
6/157

0024_7 夜

37夜郎縣
30/744

废

00废亭壘
25/592

慶

32慶州
3/66
80慶善宮
2/33

廢

72廢丘　見槐里城

0025_2 摩

01摩訶池
31/768

0025_6 庫

22庫利川
3/75

0026_1 磨

10磨石嶺　見甘泉山
43磨城
1/1052
71磨匱山
30/750
88磨笄山
14/406

0026_7 唐

00唐高祖陵　見獻陵
唐玄宗陵　見泰陵
12唐水
18/512
22唐嶺
37/933
唐邕墓
13/371
唐山縣
25/604
27唐叔虞祠　見晉祠
唐叔虞墓
13/366
31唐河　見滱水
32唐州
21/538
33唐述山　見積石山
40唐太宗陵　見昭陵
43唐城
12/333
唐城山
21/543
唐城縣
21/543
44唐林州
38/965
唐林縣［屬代州］
14/403
唐林縣［屬唐林州］
38/965
50唐中宗陵　見定陵
唐肅宗陵　見建陵
60唐昌縣
31/774
62唐縣
18/511
77唐興縣［屬台州］
26/628
唐興縣［屬蜀州］
31/776
唐興縣［屬協州］
32/827
80唐年縣

27/646

0028_6 廣

13廣武山　見三皇山
廣武縣
39/988
17廣柔故城
32/812
24廣德縣
28/685
30廣濟渠
9/230
廣濟縣
27/656
32廣州
34/885
47廣都縣
31/770
53廣成澤
6/166
60廣恩鎮
39/998
廣固城
10/272
71廣阿澤
17/493
74廣陵城
2/1071
76廣陽山(澠池山)
5/141
廣陽縣
13/373

0029_4 麻

43麻城　見巒中聚
麻城縣
27/654
76麻陽縣
30/748

0040_0 文

00文諒縣
38/965
12文水
13/371
文水縣
13/371
文登山
11/313
文登縣
11/312
32文州
22/573
37文湖(西河泊)
13/378
43文城故城
12/343
文城縣
12/343
50文車澤
40/1019
60文昌縣
3/1090
76文陽縣
38/965
80文翁學堂(周公禮殿)
31/768
文谷水
13/372

0040_6 章

12章水
29/708
44章華臺
7/186
47章邯臺
2/26
72章丘縣
10/278

0040_8 交

22交川縣
32/810
26交和戍　見宕昌故城
31交河
40/1032
交河縣
40/1032
32交州
38/956
交州故城
38/959
43交城縣
13/372
61交趾縣
38/958

0041_4 離

10離石山(赤洪嶺)
14/398
離石縣
14/398
12離水
39/990

0044_1 辨

32辨州
3/1089

0063_1 譙

43譙城
7/182
62譙縣
7/185
77譙周墓
33/849

0069_6 諒

32諒州
38/965

0071_4 亳

32亳州
7/184

雍

21雍齒城
31/779
72雍丘故城
7/178
雍丘縣
7/178

0073_2 玄

10玄元皇帝祠
7/188
13玄武山 見覆舟山
玄武山［在汀州寧化縣］
29/723
玄武山［在梓州玄武縣］
33/843
玄武湖
25/595
玄武縣
33/843
27玄象山 見倒獸山

襄

12襄水
21/530
13襄武縣
39/983
22襄樂縣
3/66
32襄州
21/527
41襄垣縣
15/422
43襄城縣
6/168
60襄邑縣
7/182
74襄陵 見宋襄公墓
襄陵縣
12/338
76襄陽縣
21/528

褒

12褒水
22/559
20褒信縣
9/242
43褒城縣
22/558
60褒國
22/559
80褒谷山
22/559
84褒斜道(石牛道)
22/559

0080_0 六

10六石山
34/893
26六泉山
39/983
77六門堰
21/533
80六合山
2/1073
六合縣
2/1073

0090_4 棄

34棄波水
13/381

槀

43槀城縣
17/478

橐

72橐丘堡
3/62

0090_6 京

12京水
8/203
22京山縣
21/538
32京兆府
1/1
46京觀(髑骨臺)

9/199
62京縣故城
8/204
74京陵故城
13/380

0121₁ 龍

00龍章山
3/1097
10龍平縣
37/931
12龍水縣
31/786
17龍子祠
12/337
22龍川山　見龍穴山
龍川故城
34/894
龍崗　見石井崗
龍巖縣
29/722
龍山　見懸甕山
龍山[在潭州湘鄉縣]
29/704
龍山[在宣州當塗縣]
28/684
龍山[在循州海豐縣]
34/894
23龍編縣
38/958
24龍化水
3/1087
26龍泉廟
2/26
龍泉水
12/348
龍泉洞
26/625
龍泉縣[屬綏州]
4/103
龍泉縣[屬處州]
26/625
龍泉陂
2/28
27龍血山(龍象巖)
33/847
龍盤山
10/278
龍角山
1/1067
龍象巖　見龍血山
30龍安水
33/851
龍安山
33/850
龍安縣
33/850
龍穴山(龍川山)
34/894
32龍州
33/866
龍溪水
37/926
龍溪山(海寧嶺)
34/896
龍溪縣
29/721
34龍池
33/852
龍池縣
38/964
36龍涸故城(防渾城)
32/814
38龍遊縣
31/787
40龍臺山
33/851
龍臺澤
2/30
龍支縣
39/993
41龍標故城
30/752
龍標縣
30/751
43龍城縣
37/926
44龍蘭山
1/1069
龍勒水
40/1027
50龍中冶
37/922
67龍躍宮
2/27
70龍驤水
27/653
71龍馬山
39/984
72龍丘縣
26/623
76龍陽縣
1/1060
77龍且城
11/299
龍且故城
11/302
龍岡縣

15/426
龍門山［在同州韓城縣］
2/38
龍門山［在利州緜谷縣］
22/565
龍門戍
2/38
龍門縣
12/335
龍門關
12/336
龍興縣
6/169
80龍首山　見穫子山
龍首山［在京兆府長安縣］
1/5

0180₁ 龔

31龔江．見都泥江
32龔州
37/929
72龔丘縣
10/266

0212₇ 端

22端山
34/898
32端州
34/896
端溪縣
34/898
72端氏縣
15/425

0262₇ 誘

43誘城
8/214

0292₁ 新

10新平縣
3/61
18新政縣
1/1066
22新豐湖
25/592
新豐故城
1/7
新樂縣
18/511
26新堡(千金堡)
4/96
新息故城
9/241
新息縣
9/240
27新鄉縣
16/460
30新漳河
16/449
新安江
25/608
新安縣
5/142
新穴
37/924
31新河　見馬頰河
32新州
3/1085
35新津縣
31/776
38新淦縣
28/674
43新城
2/1072
新城壘
16/445
新城縣
25/604
44新蔡縣
9/241
47新婦峴
31/772
新都縣
31/771
50新泰縣
11/306
新秦縣
4/108
55新井縣
1/1066
60新吴縣
28/670
67新明縣
33/856
新野縣
21/534
68新喻縣
28/678
77新興縣
3/1086
80新會縣
34/890
87新鄭縣
8/205
88新繁縣

31/771

0365_0 識

77識臼縣
32/817

0460_0 謝

30謝安墓
25/598

0464_7 護

60護甲水
15/422

0466_0 諸

43諸城縣
11/298
44諸葛亮宅［在襄州襄陽縣］
21/529
諸葛亮宅［在成都府廣都縣］
31/770
諸葛亮墓
22/561
諸葛亮舊居(葛陌)
31/771
諸葛亮故城
32/824
諸葛亮壘(下募城)
39/980
諸葛亮八陣
31/772
71諸暨縣
26/619

0564_7 講

13講武臺
13/367

0662_7 謁

26謁泉山(隱泉山)
13/378
30謁戾山　見羊頭山

0710_4 望

00望帝祠
31/774
22望仙澤
2/31
31望江縣
2/1080
47望都縣
18/512
50望夷宮
2/28
60望蜀山
31/779

0722_7 鄌

32鄌州
3/69
43鄌城縣
3/73

0742_7 郊

40郊壇
18/514

郭

44郭林宗墓
13/379

鄣

12鄣水
39/984
22鄣山　見廬山
62鄣縣
39/984

0748_6 贛

48贛榆故城(鹽倉城)
11/302
11/303
62贛縣
28/673

0766_2 韶

10韶石
34/901
22韶山
10/268
32韶州
34/900

0821_2 施

32施州
30/752

0821_4 旌

24旌德縣
28/685

0823_3 於

31於潛縣
25/604

0828_1 旋

77旋門關
5/146

0844_0 敦

77敦與山
17/491

0864_0 許

32許州
8/207
50許由山
5/139
60許昌宫
8/209
許昌城
8/209
許昌縣
8/209

0925_9 麟

32麟州
4/108
38麟遊縣
2/42

1010_0 二

24二崤山(嶔崟山)
5/141

1010_1 三

00三亭縣
30/752
三亭岡
7/179
三交水　見濡水
三交城
2/43
12三水縣
3/62
三磯亭
11/293
17三鵶水　見魯陽關水
三鵶鎮(平高城)
6/167
22三川縣
3/71
三山
25/595
三山谷(㡳山)
30/748
26三皇山(廣武山、嵩高山)
5/137
8/204
三泉縣
22/560
27三危山
40/1026
三角城(徙人城)
13/365
三角戍
14/400
31三河冶
14/407
32三溪縣
30/743
36三湘浦　見侯景浦
38三塗山
5/143
47三楓亭
34/902
48三松山
22/567
50三青山
32/808
64三時原
2/33
67三明故城(桓城)
1/1052
71三原縣
1/7
76三隅山
33/862
77三門山　見底柱山

正

10正平縣
12/330
80正義縣
37/932

1010_3 玉

22玉山　見藍田山
玉山[在韶州曲江縣]
34/901
玉山縣
28/679
35玉津縣
31/789
玉津鎮
31/789
40玉女山
17/479
43玉城(故都城)
34/902
玉城縣

1010_4 王

至

1010_7 五

40霍去病墓
2/26
60霍邑縣
12/340

1022_7 万

23万俟醜奴餘壯
3/56

兩

22兩乳山
12/344
46兩觀
10/269
90兩當縣
22/568

雨

37雨瀨
29/706

鬲

35鬲津枯河
17/495

霧

10霧露山
39/998

1023_0 下

00下辨水(甘泉)
22/573
17下邳縣
9/233
20下雋故城
27/646
30下牢鎮
1/1055
37下軍井
31/784
43下博故城
17/485
下博縣
17/485
44下募城　見諸葛亮壘
下蔡縣
7/190
46下相故城
9/231
47下邽縣
2/36
60下邑縣
7/182
76下陽故城
6/160
80下雉故縣
27/645

1024_7 夏

32夏州
4/99
35夏津縣
16/466
40夏太后城
3/71
62夏縣
6/159
76夏陽縣
2/39
77夏屋山
14/402

覆

27覆舟山(玄武山)
25/594
覆船山　見天柱山
50覆車山　見藍田山

1030_7 零

74零陵縣
29/710

1040_0 于

04于謹墓
1/8

1040_4 要

38要塗山　見合黎山

1040_9 平

00平高城　見三鵶鎮
平高縣
3/58
平康縣
32/816
平度故城
11/309
05平靖故城
27/652
平靖關
27/651
平靖關城
9/244
22平山（壺口山、姑射山）
12/337
12/342

平樂水　見平樂溪
平樂山
31/770
平樂溪(平樂水)
37/924
平樂縣
37/924
26平泉縣
31/784
平皐陂
16/446
27平鄉縣
15/428
平魯縣
18/519
30平涼縣
3/59
31平河水
4/110
32平州
1/1049
平遥縣
13/379
38平道縣
38/957
40平臺
7/181
平南縣
37/929
43平城縣
13/383
44平蓋山
31/391
平林故城
21/542
50平夷縣
14/399
55平井鹽井
33/863
平棘縣
17/489
60平恩縣
15/433
平吴臺　見赫連氏京觀
平昌縣
17/495
71平原君墓
15/432
平原縣[屬德州]
17/495
平原縣[屬思唐州]
37/933
72平氏縣
21/540
74平陸縣
6/160
平陵(漢昭帝陵)
1/14
平陵山
28/684
76平陽縣
29/708
77平陶城
13/372
平興縣
34/897
平輿故城
9/238
平輿縣
9/239
78平陰故城
10/262
平陰縣
10/262
80平羌水　見青衣水
平羌縣
31/789
平無城　見彭亡城

1043_0 天

00天齊池
10/274
天齊原
1/8
22天山（白山、折羅漫山）
40/1029
40/1030
40/1032
天山軍
40/1032
天山縣
40/1032
23天台山
26/628
24天德軍
4/113
26天息山(伏牛山)
6/167
天魏山
22/575
30天寶縣
40/1020
33天心山　見錫義山
34天池
14/397
天池山

33/849
天池祠
14/397
天社山
31/776
35天津橋
5/132
40天木山(天目山)
21/540
天柱山　見岐山
天柱山(覆船山)［在梓州玄武縣］
33/843
42天彭闕(天彭門)
31/773
天彭門　見天彭闕
天橋津　見黎陽津
44天姥山
26/620
48天梯山
40/1019
55天井澤
18/510
天井故關(太行關)
15/423
天井關
15/422
60天目山　見天木山
天目山［在杭州於潛縣］
25/604
67天路山
34/890
71天長縣
2/1074
74天陵山
5/134
77天闕山　見牛頭山
天門
16/462
天門山(百家巖)
16/446
天興縣
2/41

1052_7 霸

12霸水(滋水)
1/4
1/16
21霸上　見白鹿原

1060_0 石

01石龍山
27/651
石龍縣
3/1089
02石新婦
33/845
石新婦神
33/846
11石頭城
25/596
20石季龍墓
15/434
石香爐山
33/853
22石嶺鎮
13/375
25石牛道　見褒斜道
26石泉故城
18/516
石泉縣［屬茂州］
32/813
石泉縣［屬金州］
1/1062
27石魚山
29/704
石礬水　見尚婆水
30石室山［在永州零陵縣］
29/710
石室山［在端州高要縣］
34/897
石安原
2/27
石窌故城
10/280
石密水
32/813
石密溪
32/812
32石州
14/398
33石梁(項口)
2/1074
40石九子母祠
38/959
43石尤嶺
29/717
石城［在申州義陽縣］
9/244
石城［在郢州長壽縣］
21/538
石城山
32/813

百

西

1060_1 吾

晉

13/366
晉祠碑
13/367
40晉壽故城
22/565
43晉城縣
15/423
44晉恭帝陵　見沖平陵
晉孝武帝陵　見隆平陵
53晉成帝陵　見興平陵
60晉昌縣
40/1028
67晉明帝陵　見武平陵
71晉原縣
31/775
74晉陵縣
25/599
76晉陽故宮(大明宮、大明城)
13/365
晉陽縣
13/363
77晉興縣
38/946
88晉簡文帝陵　見高平陵

霅

32霅溪水(大溪水、苕溪水)
25/605

1060_3 雷

10雷夏澤
11/296
27雷鄉縣
34/894
32雷州
3/1086
36雷澤縣
11/296
74雷陂
2/1073
80雷首山(中條山)
6/160
12/325
12/328
12/329
雷公山
15/430

1062_0 可

10可零水
38/949
21可盧山
31/791
30可寒堆　見遠望山
44可藍山(都盧山)
3/60
可暮山
32/808
53可盛鹽井
33/865

1062_1 哥

37哥郎山
33/844

1062_7 碻

18碻磝津
10/260

1071_2 雹

22雹山
11/305

1071_6 電

26電白縣
3/1088

1071_7 瓦

00瓦亭川水
39/982
瓦亭山
39/982
瓦亭故關
3/58
30瓦窰池
4/99

霍

26霍泉
34/889

1073_1 雲

22雲巖縣
3/75
30雲安縣
1/1057
32雲州
14/408
雲州故城
13/371
40雲臺山
1/1066
44雲夢澤
27/650

27/651
雲夢縣
27/651
50雲中故城
4/111
雲中縣
14/410
76雲陽宮
1/12
雲陽故縣
1/11
雲陽縣
1/10
77雲母山
29/702

1077₂ 函

74函陵
8/206
80函谷故城
6/158
函谷故關
5/143

1080₆ 貢

32貢州
38/966

賈

00賈充墓
12/338
03賈誼宅
29/703
17賈君祠
9/241
28賈復宅
21/535
47賈胡堡
13/379

1090₀ 不

00不夜故城
11/313
30不窋墓
3/68

1111₀ 北

00北廟
34/888
07北邙山
5/132
10北平軍
18/515
北平縣
18/512
22北利人渠
6/157
30北流縣
3/1093
38北海縣
10/275
45北棣城
8/205
60北固山
25/591
64北黟山
28/686

1113₆ 蜚

00蜚廉故城
12/336

1118₆ 項

17項羽墓
10/261
43項城縣
8/213
60項口　見石梁

頭

21頭顱山(白起臺)
15/424
73頭陀寺
27/645

1121₁ 麗

10麗元山
31/771
12麗水府
40/1020
麗水縣
26/624
26麗皋縣
30/744

1122₇ 彌

34彌濛水
31/774

1123₂ 張

10張耳臺
15/428
27張魯城　見關城
30張良墓
1/15
張賓墓
15/429

38張道陵祠
33/862
43張城(渚陽城)
15/429
44張若故城
1/1060
50張掖縣
40/1021
60張甲河
16/465
張甲枯河
16/465
80張公故關
17/496

1133_1 瑟

11瑟瑟窟
6/160

1161_6 礓

31礓河 見派水

1168_6 碩

34碩濩湖
9/232
11/302
11/303

1171_1 琵

11琵琶山
39/988
琵琶溝水
7/177

1173_2 裴

30裴寂墓
12/326

1180_1 冀

32冀州
17/482
72冀氏縣
12/341
85冀缺墓
13/381

1210_8 登

32登州
11/311
44登封縣
5/139

1223_0 弘

38弘道縣
29/713
55弘農縣
6/162

1224_7 發

47發鳩山
15/419

1233_0 烈

22烈山 見厲山
烈山縣
32/819

1240_1 延

00延慶縣
3/69
延唐縣
29/713
12延水縣
3/78
22延川縣
3/77
24延德水
3/1090
延德縣
3/1090
31延福縣
4/104
32延州
3/75
35延津(靈昌津)
8/200
16/461
60延昌縣
3/78
71延長縣
3/77
74延陵(漢成帝陵)
1/14
延陵縣
25/593

1241_0 孔

17孔子墓
10/269
22孔山[在隰州大寧縣]
12/346
孔山[在易州易縣]
18/515
孔山故城
27/652
76孔陽水
21/547

1241_3 飛

01飛龍山
17/480
17/491
27飛烏山
33/844
飛烏縣
33/844
42飛狐道(飛狐口)
14/406
飛狐口　見飛狐道
飛狐縣
14/406
43飛越山
32/821
44飛猿嶺
29/719

1243_0 孤

10孤石山
31/782
22孤山[在定州唐縣]
18/512
孤山［在峽州遠安縣]
1/1055
42孤圻山　見戰鳥山

1249_3 孫

12孫水　見長江水
27孫叔敖祠
9/247
44孫權故都城
27/646
50孫夫人城
1/1053

1262_1 斫

44斫花山
39/1002

1313_2 琅

77琅邪山
11/298

1314_0 武

00武康縣
25/606
武唐亭　見觀魚臺
01武龍縣
30/739
08武訖嶺
15/419
10武王塢
15/420
武平故城
7/186
武平故關
12/331
武平縣
38/957
武平陵(晉明帝陵)
25/597
武平鹽池
4/95
12武水縣
16/457
13武強湖
17/485
武強城
8/203
武強故城
17/485
武強縣
17/485
14武功城　見斄城
武功縣
2/32
22武川城(里城)
4/115
武仙縣
37/925
24武化縣
37/925
武德縣
16/445
27武侯山
31/769
武緣縣
38/946
30武寧軍
39/995
武寧縣[屬洪州]
28/670
武寧縣[屬萬州]
1/1061
武進縣
25/599
武安州
38/965
武安故城
15/436
武安戍
40/1019
武安縣[屬洺州]
15/435
武安縣[屬武安州]

38/965
武定州
38/965
31武河
16/450
32武州
39/984
35武連縣
33/847
37武湖
27/653
武禄溪
3/1096
武郎縣
37/933
44武林縣
37/930
50武夫山　見秦戲山
14/403
57武擔山
31/767
60武昌縣
27/645
武邑縣
17/484
武羅縣
38/955
71武陟縣
16/445
72武丘(丘頭)
8/213
74武陵縣
1/1059
76武陽溪水
37/929
武陽臺
16/450
武陽故城
18/516
武陽縣
37/929
77武岡縣
29/715
武學故城
2/26
武關
1/1047
武興山
22/570
武興縣
38/966
武興鹽池
40/1019
78武隧故城
17/485
80武義縣
26/622
90武當山（寥山、太和山）
21/544
武當縣
21/544

1364_7 酸

50酸棗故城
8/201
酸棗縣
8/201

1463_8 硤

10硤石山
7/190
硤石城
7/190
硤石縣
6/157

1464_7 破

50破車峴
10/275

1519_0 珠

22珠崖
3/1089

1523_6 融

12融水縣
37/928
32融州
37/928
融溪水
37/929

1540_0 建

00建康故城
25/596
建章宮
1/6
建六陵
17/493
10建平陵(晉元帝陵)
25/597
12建水[在康州晉康縣]
34/899
建水[在桂州建陵縣]
37/919

建水縣
3/1089
24建德縣
25/607
30建安水　見建陽溪
建安縣
29/719
32建州
29/718
43建始縣
30/753
44建鼓山
21/546
60建昌軍
40/1022
建昌縣
28/670
74建陵(唐肅宗陵)
1/9
建陵(梁文帝陵)
29/593
建陵縣
37/919
76建陽溪(建陽溪水、建安水)
29/719
建陽溪水　見建陽溪
建陽縣
29/719

1561_8 醴

12醴水
21/540
26醴泉苑
3/63
醴泉縣
1/8
74醴陵縣
29/703

1610_4 聖

72聖皐(聖人皐)
14/401
80聖人皐　見聖皐

1611_4 理

30理定縣
37/919

1662_7 碭

22碭山
7/187
碭山縣
7/180

碣

10碣石
1/1049

1710_7 盂

04盂諸澤(盟諸澤)
7/181
38盂海公南北二城
11/293
74盂陵縣
37/921
77盂門山(石槽)
12/343
盂門鎮
14/399

盈

22盈川縣
26/623

1712_0 羽

22羽山
11/302
11/304

1712_7 邛

07邛部縣
32/824
32邛州
31/779
40邛來水
32/806
邛來山(邛笮山)
32/805
邛來鎮
32/806
88邛笮山　見邛來山

聊

43聊城縣
16/456

弱

12弱水
40/1022
45弱棟坂
32/805

鄧

10鄧至山
22/576

鄧至故城
22/576
30鄧寒故城
21/530
32鄧州
21/532
43鄧城
21/530
44鄧艾廟［在潁州下蔡縣］
7/191
鄧艾廟［在成都府成都縣］
31/769
鄧艾平蜀京觀
31/778
鄧艾祠
33/846
鄧艾故城
22/575
60鄧晨宅
21/534

鄄

43鄄城縣
11/295

瑯

17瑯琊水
38/949
瑯琊縣
38/949

1714₇ 珉

10珉玉坑
9/240

瑕

72瑕丘縣
10/264

瓊

22瓊山縣
3/1090
32瓊州
3/1090

1720₇ 弓

00弓高縣
18/520

1721₄ 翟

38翟道山　見子午山

1722₇ 務

22務川縣
30/741

鄠

43鄠城
2/30
62鄠縣
2/29

酈

80酈食其墓
7/178

1723₂ 承

24承化縣
38/962
30承注山
10/270
62承縣
11/306
88承筐故城
7/183

1732₇ 鄢

43鄢城
7/184
74鄢陵故城
8/210
鄢陵縣
8/209

1740₇ 子

00子産墓
8/206
40子奇墓
12/331
80子午山(橋山、翟道山)
3/65
3/68
子午關
1/6

1740₈ 翠

27翠鳥山
3/1089
28翠微宫　見太和宫

1742₇ 邗

31邗江(邗溝、山陽瀆、瀆水)
2/1072
2/1075

35邗溝　見邗江

邢

32邢州
15/425

1750_6 鞏

62鞏縣
5/133

1752_7 那

32那溪穴
37/924

1760_2 習

47習郁池
21/529

1760_7 君

10君平卜臺
31/777
22君山
27/657

1762_0 司

71司馬休之壘
1/1051
司馬宣王壘(上募城)
39/980
司馬相如墓
31/774
司馬欣墓
1/10
司馬錯故城
1/1060
80司命井　見石井
88司竹園
2/31

1762_7 邵

13邵武溪水
29/719
邵武縣
29/719
26邵伯埭
2/1072
32邵州
29/714
74邵陵故城
9/243
76邵陽縣
29/714

郡

32郡州
38/965
60郡口縣
38/965

鄑

37鄑湖
29/705

1771_1 巳

10巳吾故城
7/184

1780_1 翼

07翼望山
21/535
12翼水　見滄水
翼水[在翼州翼水縣]
32/814
翼水縣
32/814
32翼州
32/813
43翼城
12/333
翼城縣
12/333

1790_4 柔

34柔遠縣
40/1030
72柔剛山
33/858

1812_2 珍

22珍山
38/960
32珍州
30/743

1840_4 婺

31婺源縣
28/687
32婺州
26/620

1863_8 磁

32磁州
15/433

1918_0 耿

43耿城
12/335

2010_4 重

10重石山
1/1067
22重山
26/618
80重合故城
18/519

2021_7 禿

11禿頂山
15/421

2022_7 秀

30秀容故城
14/396
秀容縣
14/401

喬

15喬珠縣
32/819

雋

12雋水
27/646

2023_2 依

18依政縣
31/781

2024_7 愛

32愛州
38/959
48愛敬陂(陳登塘)
2/1072

2025_2 舜

10舜二妃冢
27/659
37舜祠
12/326
43舜城
28/689

2026_1 信

22信豐縣
28/673
30信寧縣
30/737
信安縣
26/623
32信州
28/678
47信都縣
17/484

2033_1 焦

24焦穫藪(瓠口)
2/28
37焦湖　見巢湖
43焦城
6/157

2033_9 悉

00悉唐縣
32/818
32悉州
32/816

2040_0 千

07千畝原
12/339
20千乘故城
11/311
千乘縣
10/274
44千萬壘
17/489
80千人巖
33/845
千金堡　見新堡
千金陂
4/95

2040_7 受

12受瑞壇
13/365
32受州城(塞魚城)
13/373

季

33季梁廟
21/542

雙

30雙流縣
31/771

2041_4 雞

11雞頭山［在京兆府鄠縣］
2/29
雞頭山［在成州上禄縣］
22/572
12雞水(桂水)
29/709

22雞川縣
32/820
36雞澤
15/431
雞澤縣
15/431

2042_7 禹

00禹廟
12/344
43禹城縣
10/280

2043_0 奚

80奚公山
9/227
奚養澤
11/308

2060_4 看

22看山 見牢山
13/363
47看胡城 見捍胡城

2060_9 番

22番山
34/887
60番禺縣
34/888.

2061_4 雒

12雒水
31/777
62雒縣
31/777

2071_4 毛

44毛甘故城
28/686

2074_7 崞

62崞縣
14/404

2090_1 乘

72乘氏縣
11/293

2090_4 采

10采石戍
28/684

集

32集州
1/1062
96集糧城
8/215

2091_4 維

32維州
32/815

2093_2 穰

62穰縣
21/533

2108_6 順

18順政縣
22/570
24順化縣
3/67
77順興縣
1/1049

2110_0 上

00上庸縣
21/547
10上元縣
25/594
17上郡故城
4/103
21上虞江
26/620
上虞縣
26/620
37上禄縣
22/572
上軍井
31/784
44上募城 見司馬宣王壘
上蔡縣
9/241
上林苑
1/6
上林縣
38/950
47上邽縣
39/980
84上饒縣
28/679
90上黨縣
15/418

止

53止戈縣
38/950

2110_4 衙

10衙要城
32/822

2120_1 步

00步高宫
1/15
40步壽宫
2/29

2121_0 仁

24仁化縣
34/903
40仁壽縣
33/862

2121_1 征

80征羌故城
9/243

2121_4 偃

71偃師縣
5/132

衢

32衢州
26/622

2121_7 虎

72虎丘山
25/601

盧

01盧龍縣
1/1049
12盧水[在密州諸城縣]
11/299
盧水[在辰州盧溪縣]
30/748
22盧循故城
33/887
盧山
32/805
盧山縣
32/805
32盧溪縣
30/748
35盧津關(高陵津)
16/467
43盧城
14/399
盧越水
37/930
62盧縣
10/260
72盧氏縣
6/162
76盧陽縣
30/749

2122_1 行

00行唐縣
17/479

2122_7 衛

00衛康叔墓
16/467
10衛靈公墓
16/467
22衛山縣
32/814
32衛州
16/458
40衛南縣
8/199
50衛青墓
2/26
62衛縣
16/460

儒

44儒林縣
4/105

膚

08膚施縣
3/76

2123_4 虞

27虞翻廟
34/888
虞鄉縣
12/327
43虞城
6/160
虞城縣
7/181

2123_6 慮

72慮虒水
14/403

2124_0 虔

24虔化縣
28/673
32虔州
28/672

2124_1 處

32處州
26/623

2124_6 便

42便橋
1/14

2128_1 徙

80徙人城　見三角城

2128_6 須

31須江縣
26/623
60須昌縣
10/258

潁

12潁水
7/189
7/190
8/208
8/210
8/214
8/215
21潁上縣
7/190
32潁州
7/188
76潁陽縣
5/138

頻

76頻陽故城
2/28

顓

11顓頊陵
16/467

2131_7 虢

22虢山
6/156
32虢州
6/161
62虢縣
2/43

2133_1 熊

10熊耳山
5/142
6/163
熊耳峽
31/789

2140_6 卓

10卓王孫宅
31/781

2143_0 衡

12衡水(長蘆水)
17/484
17/485
衡水縣
17/484
22衡嶽廟
29/706
衡山　見岣嶁山
30衡漳水
17/487
衡漳故瀆(阿難渠)
15/432
32衡州
29/704
76衡陽縣
29/705

2160_1 訾

50訾婁故城
8/201

2171_0 比

10比干廟
16/460
比干山
13/378
比干墓
16/460
12比水
21/539
21/540
76比陽縣
21/539

2172_7 師

60師曠祠
12/339

2174_0 岍

22岍山
2/45

2180_6 貞

40貞女峽
29/711
88貞符縣
22/563

2190_3 紫

10紫石戍
34/888
12紫水
39/986
22紫崑山
31/778

2190_4 柴

77紫桑故城
28/676

2191_0 紅

42紅桃鹽池
4/95

2191_1 經

43經城縣
16/465
60經略軍
4/96

2196_1 縉

10縉雲山(仙都)
26/625
縉雲縣
26/625

2201_0 胤

22胤山縣
22/566

2210_8 豐

00豐齊縣
10/280
10豐西澤
9/226
12豐水
2/30
17豐子嶺
38/953
22豐山
21/534
豐利縣
21/544
30豐安軍
4/92
豐安縣
4/113
32豐州
4/111
43豐城縣
28/670
44豐林縣
3/77
62豐縣
9/226
74豐陵
1/10
80豐義縣
3/66

2213_6 蚩

43蚩尤墓
10/262

蠻

31蠻江水 見鬱江水
50蠻中聚(麻城)
6/165

2218_2 嶔

22嶔崟山 見二崤山

2220_0 倒

52倒刺山(雪山)
14/405
14/406
63倒獸山(玄象山)
1/15
71倒馬故關
18/512

2220_2 嵾

22嵾山 見武當山

2220_7 岑

11岑頭洲
1/1051

2221_4 任

16任環壘
10/265
17任邶縣
1/1049
43任城
7/189
任城縣
10/270
58任敖墓(七里丘)
17/493
62任縣
15/429
66任囂墓
34/888
任囂故城

34/903

崖

32崖州
3/1089

2221₇ 嵐

32嵐州
14/395
80嵐谷縣
14/397

2222₁ 鼎

26鼎鼻山(打鼻山)
32/807

2222₇ 嵩

00嵩高山(外方山)
5/139

嶲

22嶲山
32/824
32嶲州
32/822

2223₄ 僕

24僕射陂　見李氏陂

嶽

44嶽麓山
29/702

2224₇ 後

00後庭縣
40/1034
30後寬川　見樊川
34後漢京觀
17/482
後漢世祖宅
21/543
44後燕故苑
18/514

2224₈ 巖

00巖高山　見三皇山

2225₃ 巀

22巀嶭山　見嵯峨山

2226₄ 循

24循德縣
37/927
31循江
34/894
32循州
34/892

2227₀ 仙

22仙山
38/957
38仙游山
29/721
仙游縣
29/721
47仙都　見縉雲山
74仙陵山
39/985
77仙居縣
9/247
80仙人山
37/930
90仙堂六陂
9/247
仙掌山
22/573

2229₃ 鯀

12鯀水（中江水、牛鞞水）
31/777
31/778
31/779
31/783
31/785
33/865
鯀水縣
33/865
21鯀上縣
13/381
32鯀州
33/848
80鯀谷縣
22/564
88鯀竹故城
31/778
鯀竹縣
31/778

2238₆ 嶺

22嶺山縣
38/952

2250₄ 峯

32峯州
38/961

2255_3 𡾰

10𡾰石縣
3/1095

2262_1 峕

22峕嵐山
14/396
峕嵐鎮
14/396

2271_1 崑

22崑崙山
40/1023
崑山縣
25/602

2271_7 邕

32邕州
38/945

2272_1 斷

33斷梁城
15/421
53斷蛇丘
21/542

2276_9 嶓

37嶓冢山
22/560
39/980

2277_0 山

76山陽瀆 見邗江
山陽濁 見合瀆渠
山陽縣
2/1074
78山陰縣
26/619

幽

32幽州
1/1047

豳

43豳城
3/62

2277_2 巒

32巒州
38/955

2290_0 利

22利山
34/890
26利和縣
32/816
32利州
22/563
60利國山
28/682

2290_1 祟

10崇平縣
38/960
崇平陵(晉康帝陵)
25/597
21崇仁縣
28/680
32崇業宫
1/15
74崇陵
1/10
80崇龕山
33/859
崇龕縣
33/859

2290_4 欒

01欒龍山
1/1065
07欒毅墓
15/435
10欒至池
33/859
欒至縣
33/859
欒平故城
16/457
欒平縣[屬太原府]
13/376
欒平縣[屬饒州]
28/672
22欒山縣
38/951
27欒鄉縣
21/531
30欒安溪
26/628
欒安縣
26/628
31欒源縣
30/744
36欒温縣
30/739
47欒都水 見湟水
52欒蟠縣
3/68

53樂成縣
26/627
60樂昌縣
34/902
74樂陵縣
18/519

巢

37巢湖(焦湖)
2/1082
2/1083
巢湖故城
28/676
62巢縣
2/1082

梨

22梨嶺
29/719

欒

43欒城
17/489
欒城縣
17/493

2294_4 綏

15綏建江 見滑水
22綏山
31/788
綏山縣
31/788
24綏德縣
4/104
32綏州
4/102
76綏陽山
30/740
綏陽縣
30/740
77綏輿山
9/226

2300_0 卜

00卜商祠
13/378

2302_7 牖

60牖里(羑里)
16/455

2320_0 外

00外方山 見嵩高山
44外黄故城
7/178

2320_2 參

30參户故城(木門城)
18/518

2321_0 允

10允吾故城
39/988

2323_4 伏

01伏龍原
12/335
21伏虞山
1/1065
伏虞縣
1/1065
25伏牛山 見天息山
伏牛山［在黔州彭水縣］
30/737
30伏流城
5/143
43伏城
10/259
53伏戎城
14/396
74伏陸山
3/72
80伏羌縣
39/981

獻

74獻陵(唐高祖陵)
1/8

2324_0 代

32代州
14/401

2324_2 傅

22傅巖
6/160

2325_0 戲

00戲亭
1/7
71戲馬臺
9/225

2332_7 騖

43騖城
13/368

2350_0 牟

10牟平縣
11/312
22牟山
11/300

2360_0 台

32台州
26/627

2361_1 皖

12皖水
2/1079
22皖山
2/1079
60皖口
2/1079
皖國
2/1079

2365_0 鹹

34鹹池海
40/1029

2371_1 崆

27崆峒山　見筓頭山
崆峒山［在岷州溢樂縣］
39/996
崆峒山［在肅州福禄縣］
40/1024

2375_0 峨

22峨山縣
30/754
26峨和縣
32/814
31峨江
31/789
77峨眉山(峨眉大山)
31/788
峨眉大山　見峨眉山
峨眉縣
31/788

2377_2 岱

30岱宗　見泰山

2391_4 秺

43秺城
11/294

2397_2 嵇

22嵇山
7/185

2420_0 什

07什邡縣
31/779
40什賁故城
4/101

射

34射洪縣
33/842
76射陽湖
2/1074

斛

25斛律金墓
13/366

2421_0 化

43化城縣
39/994
44化蒙縣
34/888

壯

13壯武故城
11/308

2421_1 先

00先主廟
31/769

2421_7 仇

34仇池山
22/572
50仇由城　見原仇城
77仇留故城
7/184

2422_1 倚

48倚梯故城
12/344
88倚箔山
5/138

2422_7 備

30備窮山
12/334

2423_1 德

32德州
17/494

35德清縣
25/606
57德静縣
4/101
76德陽縣
31/778

2429_0 休

10休平陵(晋安帝陵)
25/597
30休寧縣
28/687
休安陵(南齊宣帝陵)
25/592
77休屠城
40/1019

2454_1 特

60特羅堡子
40/1034

2460_1 告

53告成縣
5/139

2471_1 嶢

47嶢柳城(青泥城)
1/16
77嶢關　見藍田關

2473_8 峽

32峽州
1/1053

2474_7 岐

21岐岼縣
1/1067
22岐山(天柱山)
2/41
岐山縣
2/41
31岐江水　見梓潼水
76岐陽山
10/280
岐陽縣
2/42

2480_6 贊

26贊皇山
17/492
贊皇縣
17/492

2492_7 納

13納職縣
40/1030
47納款關(居庸關)
1/1049

2494_7 稄

17稄子山(龍首山)
34/896
37稄湖
1/1051

綾

86綾錦山
33/855

2500_0 牛

11牛頭山(天闕山)［在潤州上元縣］
25/594
牛頭山(華林山)［在梓州郪縣］
33/842
22牛山
10/273
26牛鼻鎮
34/888
31牛潭
34/889
34牛渚山
28/683
46牛鞞水　見緜水
牛鞞鹽井
31/783
77牛鬬山
33/868
80牛首山
2/30
87牛飲山
31/770

2522_7 佛

60佛圖澄墓
15/434

2554_0 犍

20犍爲故城
32/807
犍爲縣
31/789

2590_0 朱

43朱鳶江
38/958
朱鳶縣

38/958
56朱提縣
32/827
60朱圉山
39/981
朱邑祠
2/1080
76朱陽縣
6/164

2592_7 秭

27秭歸縣
1/1056

2598_6 積

10積石山(唐述山、小積石山)
39/989
39/993
積石軍
39/994
積石原
2/44
40積布山
27/656

績

32績溪縣
28/688

2599_0 秣

74秣陵故縣
25/596

2599_6 練

37練湖
25/592

2600_0 白

00白亭
9/242
白亭軍
40/1019
白亭海(會水)
40/1024
白鹿山［在衞州共城縣］
16/462
白鹿山［在彭州九隴縣］
31/772
白鹿山［在廣州浛洭縣］
34/891
白鹿原(霸上)
1/4
1/16
白帝山
1/1057
10白石水
37/919
白石山
25/608
白石縣
1/1063
12白登山
14/410
白水(羌水、太白泉、墊江水)
［在利、扶、文州］
22/566
22/574
22/576
22/577
白水［在彭州唐昌縣］
31/774
白水縣
2/38
白水陂
2/1075
22白崖山［在梓州射洪縣］
33/842
白崖山［在榮州洛官縣］
33/860
白山　見天山
31白渠　見永濟渠
32白州
3/1093
34白池
4/99
白池縣
4/99
白波壘
12/331
35白溝水　見永濟渠
白溝河　見槐水
39白沙關
27/653
43白城(契吴城)
4/101
43白朮水
31/780
31/781
47白狗峽
1/1056
白起祠
1/14

白起臺　見頭顱山
白超塢　見白超故城
白超故城(白超壘、白超塢)
5/142
白超壘　見白超故城
63白戰山
32/807
70白壁嶺
13/370
71白馬山［在滑州白馬縣］
8/198
白馬山［在太原府盂縣］
13/375
白馬塞山
21/547
白馬津　見黎陽津
白馬故關(黎陽關)
16/463
白馬戍
40/1020
白馬縣
8/198
白馬關
13/375
白馬鎮　見黎陽鎮故城

2610_4 皇

24皇化縣
38/954

2620_0 伯

50伯夷墓
12/326

2621_3 鬼

80鬼谷
5/139

2623_2 泉

22泉山
34/889
32泉州
29/719

2629_4 保

30保寧縣
3/1088
保定縣
3/56
43保城縣
38/949
57保静縣
4/95

2632_7 鰐

31鰐江水
38/952

2640_0 阜

31阜江　見鄣江

2640_8 皋

10皋石山　見湞陽峽
44皋落城
6/161

2641_3 魏

00魏文帝祠
7/185
魏文侯墳
13/378
13魏武帝西陵
16/453
22魏山
1/1061
28魏收墓
17/482
32魏州
16/447
43魏城
6/161
魏城縣
33/850
62魏縣
16/449
71魏長城
6/158
魏長賢墓
16/467

2671_0 峴

22峴山
21/528

2674_1 嶧

22嶧山(鄒山)
10/266
76嶧陽山
9/233

2690_0 和

18和政府
39/996
和政縣

39/996
20和集縣
32/819
21和順縣
13/384
22和川縣
13/381
32和州
2/1076
80和義縣
33/860

細

11細項池
4/99
47細柳營
1/4
細柳原
1/5
細柳倉
1/13

2691₄ 程

27程鄉
29/707
程鄉縣
34/896
32程溪水
34/898
66程嬰墓［在絳州太平縣］
12/332
程嬰墓［在磁州邯鄲縣］
15/435
77程岡
37/923

2692₂ 穆

74穆陵山
11/305
穆陵關
27/654

2692₇ 綿

44綿蔓水
17/480

2694₇ 稷

22稷山
12/335
稷山縣
12/334
37稷祠
12/335

2710₇ 盤

01盤龍山
31/773
10盤石城
31/769
盤石故關
13/374
盤石縣
31/785
76盤隄山
39/986
盤隄縣
39/986

2711₇ 龜

11龜頭山
27/654
22龜山
10/270

2712₇ 鄮

30鄮宫
2/30

歸

21歸順縣
31/792
歸仁縣
1/1064
32歸州
1/1056
43歸城縣
32/817
80歸義縣
1/1048
歸善故城
34/893
歸善縣
34/892

2713₂ 黎

22黎峩山
3/1091
黎山　見大伾山
黎山［在羅州幹水縣］
3/1087
32黎州
32/820
43黎城縣
15/420
72黎丘
10/261

76黎陽津(白馬津、天橋津)
8/199
黎陽縣
16/462
黎陽關　見白馬故關
黎陽鎮故城(白馬鎮)
16/462

2720_0 夕

76夕陽城　見昔陽故城

2720_7 多

15多融山
31/775
47多切鎮
32/804
60多田縣
30/742

2721_0 徂

24徂徠山(尤來山)
10/267

2721_7 凫

22凫山
10/266

2722_0 向

43向城縣
21/534

御

30御宿川
1/4

2722_2 修

13修武縣
16/446
74修陵(梁武帝陵)
25/593
80修義堡　見虒祁宫

2722_7 脩

21脩仁水
34/902

鸊

87鸊鵜陂
16/454
16/455

2723_2 象

22象山
37/925
象山縣
26/630
32象州
37/924
62象縣
37/927
80象谷水　見蔣谷水

2723_4 侯

30侯官縣
29/716
60侯景浦(三湘浦)
27/657

2724_2 將

22將利縣
39/985
將樂溪水
29/719
將樂縣
29/719
74將陵縣
17/495

2724_7 殷

36殷湯陵
12/328
43殷城[在懷州武陟縣]
16/445
殷城[在相州内黄縣]
16/454
殷城縣
9/246

2725_2 解

34解瀆故城
18/511
43解城
12/326
62解縣
12/328

2725_7 伊

10伊吾軍
40/1030
伊吾縣
40/1029
12伊水
5/131
5/134
5/136
5/143

32伊州
40/1028
76伊陽縣
5/136
77伊闕山
5/134
伊闕故關
5/134
伊闕縣
5/134

2726₁ 儋

32儋州
3/1091

2728₁ 俱

00俱六鎮
40/1034
30俱密山
40/1030

2732₇ 烏

10烏石山
28/689
烏雷縣
38/963
11烏頭山 見黑山
12烏水(黑水)
4/100
17烏聊山
28/686
22烏嶺
13/381
烏嶺山
12/339
12/341
26烏程縣
25/605
31烏江浦
2/1078
烏江縣
2/1077
34烏池
4/99
38烏逆水
39/988
44烏蘭縣
4/98

鳥

44鳥帶山
26/619
77鳥鼠山(青雀山)
39/984

鄔

43鄔城泊
13/379

鴛

50鴛鴦水
15/429

2733₆ 魚

21魚齒山
6/166
22魚山(吾山)
10/260

2740₇ 阜

27阜槳水 見澤發水
43阜城縣
17/486

2741₃ 兔

62兔園
7/180

2742₇ 鄒

10鄒平縣
11/310
22鄒山 見嶧山
62鄒縣
10/266

郫

31郫江(成都江)
31/770
31/771
43郫城
31/770
62郫縣
31/770

鷄

67鷄鳴硤山
30/739
鷄鳴山(火山)
15/418
88鷄籠山
34/891

2743₀ 獎

32獎州
30/753

2760₀ 名

22名山

11/296

3011$_6$ 澶

32澶州
16/466

3011$_7$ 瀛

22瀛山
33/855

3012$_3$ 濟

12濟水　見菏水
濟水
5/145
10/258
10/276
10/278
10/279
10/280
11/310
11/311
16/445
17/492
31濟源縣
5/145
76濟陽故城
11/293
濟陽縣
11/310
78濟陰縣
11/292

3012$_7$ 沛

30沛宮
9/227
62沛縣
9/226

滴

31滴河
17/497
17/498
滴河縣
17/498

湑

12湑水
21/533
21/534
35湑溝泊
10/279

3013$_0$ 汴

31汴渠（蒗蕩渠、通濟渠）
5/137
8/205
32汴州
7/175
60汴口
5/147
汴口堰(梁公堰)
5/137

3013$_2$ 泫

12泫水
15/424①
15/427

濠

32濠州
9/234

3014$_0$ 汶

12汶水
10/263
10/268
22汶川縣
32/812
汶山縣
32/811
31汶江　見大江
汶江水　見大江
汶江城
32/812
55汶井江
31/776
76汶陽城
10/267

3014$_6$ 漳

12漳水(潞水)
15/419
15/431
15/432
16/465
漳水河
17/496
32漳州
29/721
33漳浦縣
29/722

① 此處原誤作“涇水”，今據卷十五校記三〇改。

40漳南縣
16/465

3014₇ 淳

77淳風縣
38/952

3016₁ 涪

12涪水 見涪江
22涪川縣
30/742
31涪江(涪水、涪江水)
30/739
33/842
33/843
33/849
33/850
33/852
33/853
33/856
33/857
33/867
涪江水 見涪江
32涪州
30/737
43涪城縣
33/844
74涪陵水 見内江水
涪陵江水 見内江水
涪陵縣
30/738

3019₆ 涼

32涼州
40/1017

3020₁ 寧

10寧平故城
7/188
寧晉縣
17/493
24寧化縣
29/723
27寧鄉水
14/399
30寧寇軍
40/1022
32寧州
3/64
33寧浦縣
38/951
34寧遠水
3/1090
寧遠縣
3/1090
寧遠鎮
32/810
36寧邊軍
39/994
38寧海縣[屬台州]
26/629
寧海縣[屬陸州]
38/963
50寧夷縣
30/740
60寧國縣
28/685
74寧陵縣
7/183
87寧朔縣
4/101

3021₂ 宛

72宛丘
8/212
宛丘縣
8/212

3021₇ 扈

37扈澗水
6/168

3022₇ 房

17房子故城
17/492
22房山(王母山)[在恆州房山縣]
17/482
房山[在房州房陵縣]
21/546
房山縣
17/481
32房州
21/545
74房陵縣
21/546

扁

47扁鵲墓
16/450

宥

32宥州
4/106

寡

47寡婦故城

18/512

3023_2 永

00永康縣
26/621
02永新縣
28/674
10永平水
37/924
永平縣
37/924
永平監
28/671
21永順縣
3/1086
22永川縣
33/868
永豐縣[屬豐州]
4/112
永豐縣[屬信州]
28/679
永豐縣[屬桂州]
37/919
永豐倉
2/35
永樂澗水
12/329
永樂縣
12/328
26永和縣
12/347
27永歸縣
33/847
30永濟渠（白渠、白溝水）
16/450
16/454
16/464
16/465
16/466
17/496
永濟橋
5/141
永濟縣
16/466
永寧江 見永嘉江
永寧縣
5/141
永寧陵(陳文帝陵)
25/597
永安宮［在鳳翔府麟遊縣］
2/42
永安宮［在夔州奉節縣］
1/1057
永安陵(南齊景帝陵)
25/592
永定縣
38/955
31永福縣
37/919
32永州
29/709
永業縣
3/1096
35永清縣
21/546
40永嘉江(永寧江)
26/626
永嘉縣
26/626
永壽縣
3/63
43永城縣
7/187
50永泰湖
9/232
永泰縣[屬福州]
29/718
永泰縣[屬梓州]
33/843
67永明縣
29/713
77永興寧陵
25/591
永興故城
27/645
永興縣
27/645
80永年縣
15/431

3024_1 穿

22穿山(胡頭山)
22/565

3024_7 寖

72寖丘故城
7/189

3026_1 宿

30宿遷縣
9/231
32宿州
9/228
48宿松縣
2/1079

3030₃ 寒

遮

3030₇ 之

3040₄ 安

3050_2 牢

3060_1 宕

3060_6 富

3060_8 容

3073_2 良

3077_2 密

3077_7 官

3080_1 定

14/401
10定平縣
3/66
22定川水
3/1093
定川縣
3/1093
定山
3/1088
32定州
18/509
34定遠廢城
4/96
定遠東城
4/92
定遠縣
9/236
37定軍山
22/561
43定城縣
9/246
定城關
9/246
44定蕃城
32/821
47定胡縣
14/399
60定國山
9/225
74定陵(唐中宗陵)
1/9

3080_6 寅

22寅山
34/893

賓

24賓化縣
30/739
32賓州
38/948
43賓城
1/1068

寶

00寶應縣
2/1075
20寶雞縣
2/42
22寶鼎縣
12/327
寶山
34/890
44寶蓋山　見西山

3090_1 宗

16宗聖觀　見樓觀
43宗城縣
16/464

3090_4 宋

00宋文帝陵　見長寧陵
宋襄公墓(襄陵)
7/183
10宋平縣
38/957
13宋武帝陵　見初寧陵
32宋州
7/179
43宋城縣
7/180
44宋孝武帝陵　見景寧陵
67宋明帝陵　見高寧陵
77宋興山
31/769

3111_0 江

10江夏縣
27/644
12江水　見大江
30江安縣
33/865
31江源鎮
32/811
32江州
28/675
34江瀆祠
31/769
35江津縣
33/854
江油縣
33/867
44江華縣
29/714
47江都故城
2/1072
江都縣
2/1071
74江陵府城
1/1051
江陵縣
1/1050
76江陽縣
2/1073
78江陰縣
25/599

3111_1 沅

12沅水
1/1059
31沅江(沅江水)
27/659
30/747
30/749
沅江水　見沅江
沅江縣
27/659
32沅溪水
30/751
74沅陵縣
30/747

涇

12涇水　見蒙水
涇水
1/11
2/28
3/56
3/60
3/62
3/63
32涇州
3/55
62涇縣
28/682
76涇陽縣
2/27

洭

12洭水
34/892
33洭浦故關
34/891
43洭城
34/892

瀧

32瀧州
3/1089

3111_4 漑

34漑灌城
8/215

涇

42涇坂
32/812

3111_6 洹

12洹水
16/452
16/454
洹水縣
16/454

漚

50漚夷水　見滱水
漚夷河(瓠瓟河)
14/405

3111_7 瀘

12瀘水
32/823
22瀘川縣
33/864
30瀘宕水
3/1093
32瀘州
33/864

3111_8 洹

35洹津
6/159

3112_0 汀

32汀州
29/722

河

10河西縣
12/326
12河水　見黃河
27河侯祠
8/199
31河源水
34/893
河源縣
34/894
32河州
39/988
33河濱縣
4/111
河濱關
4/111
34河池
4/98
河池戍
22/569
河池縣
22/568
河池鹽池
4/96
35河清縣
5/146

3112_1 涉

3112_7 沔

馮

濡

3113_2 涿

3114_0 汧

3114_6 潭

3114_9 滹

3116_0 沾

酒

3116_1 浯

潛

12潛水
22/565
72潛丘
13/363

3118₆ 湞

12湞水
34/902
22湞山
34/891
60湞昌縣
34/903
76湞陽峽(皋石山)
34/891
湞陽縣
34/891

3119₄ 溧

12溧水
28/684
溧水縣
28/684
76溧陽縣
28/684

3126₆ 福

00福唐縣
29/717
32福州
29/715
35福津縣
39/986
37福禄山　見駮鹿山
福禄縣
40/1024
60福昌縣
5/140

3128₆ 顧

22顧山
25/606
43顧城
11/297

3133₂ 憑

44憑落鎮
40/1034

3190₄ 渠

31渠江縣
1/1068
32渠州
1/1068
72渠丘亭
11/299

3210₀ 測

60測景臺
5/139

瀏

76瀏陽縣
29/703

3211₃ 洮

12洮水
39/996
39/997

3211₇ 滃

37滃湖(翁湖)
27/658

3211₈ 澄

32澄州
38/949
43澄城縣
2/39

3212₁ 沂

12沂水(雩水)
9/233
10/269
11/304
沂水縣
11/304
22沂山
11/304
32沂州
11/303

浙

31浙江(漸江)
25/603
25/607
25/608
26/620
28/687

漸

31漸江　見浙江
40漸臺
1/6

3212_7 涔

76涔陽縣
3/1091

湍

12湍水
21/533

3213_2 派

12派水(礓河)
17/488
18/511

3213_4 沃

67沃野故城
4/115

溪

12溪水[在汀州沙縣]
29/723
溪水[在叙州潭陽縣]
30/751
32溪州
30/751

濮

12濮水
8/200
11/294
32濮州
11/295
76濮陽縣
11/296

3213_6 淄

12淄水
6/167
76淄陽城(應城)
6/169

3214_0 泜

31泜江
31/771

泜

12泜水
17/491
17/492

3214_7 浮

12浮水
34/893
22浮山[在晉州襄陵縣]
12/338
浮山[在太原府廣陽縣]
13/373
浮山堰
9/237
32浮溪水
38/948
33浮梁縣
28/672
38浮游島
11/307
43浮城縣
27/652
60浮圖水(車盧水)
32/805
浮圖鎮
12/347
72浮岳山
38/960

叢

40叢臺
15/435

3216_3 淄

12淄水
10/272
10/274
10/275
11/310
22淄川縣
11/309
32淄州
11/309

3216_9 潘

71潘原縣
3/57

3310_0 沁

12沁水(少水)
12/341
13/381
13/382
15/424
15/425
16/445
16/446
沁水縣
15/424
31沁源縣

13/381
32沁州
13/380

泌

76泌陽縣
21/541

3311_4 滱

12滱水(漚夷水、唐河)
14/406
18/510
18/511
18/512

3312_7 浦

43浦城縣
29/719
76浦陽縣
26/620
浦陽江
26/622
浦陽縣
26/622

3314_4 汝

31汝江
31/769

3314_7 浚

28浚儀縣
7/177
38浚道城　見曹城

3315_3 淺

12淺水原
3/63

3318_6 演

32演州
38/963

3319_4 沭

12沭水(漣水)
9/232
11/303
76沭陽縣
11/302

3390_4 梁

00梁文帝陵　見建陵
10梁王吹臺(繁臺)
7/176
13梁武帝陵　見修陵
22梁山　見大劍山
梁山［在京兆府醴泉縣］
1/9
梁山［在鄆州壽張縣］
10/259
梁山(劍門山)［在劍州劍門縣］
33/848
梁山［在萬州南浦縣］
1/1061
梁山［在和州歷陽縣］
2/1077
梁山縣
1/1061
24梁化故城
34/893
26梁泉縣
22/567
62梁縣［屬汝州］
6/165
梁縣［屬廬州］
2/1083
67梁昭明太子陵　見安陵
77梁門山
1/1062
80梁父山
10/270
梁公堰　見汴口堰
88梁簡文帝陵　見莊陵

3410_0 汶

22汶川水
27/648
汶川縣
27/648

3411_1 湛

12湛水
6/169

3411_2 沈

12沈水
33/843
27沈黎鎮
32/821
32/822
72沈丘縣
7/189
77沈犀故城
31/790
81沈嶺　見姜維嶺

池

32池州
28/688
76池陽宫
2/28

3411_4 灩

12灩水
29/711
60灩口山
31/773
灩口鎮
31/773
76灩陽縣
29/710
80灩鐘城 見鍾宫故城

3412_7 汭

12汭水(宜禄川)
3/57

淯

12淯水
8/206
8/208
8/209
8/210
8/211
8/212
8/215

渤

38渤海縣
17/498

3413_2 濛

76濛陽縣
31/774

3413_4 漢

00漢高帝陵 見長陵
漢高祖廟
39/981
漢哀帝陵 見義陵
10漢元帝陵 見渭陵
漢平帝陵 見康陵
12漢水(沔水)
21/531
21/537
21/538
21/544
21/545
22/558
22/560
22/562
27/648
1/1062
13漢武帝陵 見茂陵
23漢獻帝陵 見禪陵
24漢德政城(黄蘆城)
33/846
26漢阜山 見萬山
31漢源縣
32/821
漢渠
4/95
32漢州
31/777
37漢初縣
33/856
44漢世祖廟(壇亭)
17/492
50漢惠帝陵 見安陵
53漢成帝陵 見延陵
60漢景帝陵 見陽陵
67漢昭帝陵 見平陵
76漢陽縣
27/648

3414_0 汝

12汝水
6/166
6/167
6/168
6/169
7/189
9/238
9/239
9/240
9/241
9/242
32汝州
6/165
40汝南縣
9/239
76汝陽縣
9/238
78汝陰縣
7/189

3414_7 洊

12洊水縣
34/889

湊

36湊澤

15/425

3416_0 渚

30渚宫
1/1050
76渚陽城　見張城

3416_1 浩

00浩亹水(閤門水)
39/992
浩亹故城
39/988

3418_1 洪

32洪州
28/669
34洪波臺
15/435
36洪澤浦
2/1076
37洪洞故城
12/339
洪洞縣
12/339
44洪杜縣
30/737
70洪雅故城
32/808
洪雅縣
32/808

淇

12淇水
16/462

3418_6 瀆

12瀆水　見邦江

3419_8 涞

12涞水(巨馬河)
18/516
涞水縣
18/516

3421_0 社

22社山(愚公山)
10/273
80社首山
10/267

3426_0 祐

22祐川縣
39/996

3430_8 遠

07遠望山(可寒堆)
12/347
30遠安縣
1/1055

3430_4 達

22達樂山　見長樂山
24達化縣
39/994

3430_9 遼

22遼山縣
13/382

3440_4 婆

20婆悉厥海
40/1030
39婆娑山
33/858
40婆支水
33/862
77婆閏故縣
31/784

3510_6 沖

10沖平陵(晉恭帝陵)
25/597

3511_8 灃

12灃水
1/1058
32灃州
1/1058
76灃陽縣
1/1058

3512_7 清

10清平縣
16/458
12清水（去斤水）[在延州膚施縣]
3/76
清水[在齊州長清縣]
10/279
清水[在衛州新鄉縣]
16/460
清水石橋
10/259
清水縣

39/982
22清川縣
33/867
清豐縣
16/467
24清化
1/1064
26清泉水　見絳水
清泉陂
2/27
30清流縣
2/1076
清漳水(涉河)
13/376
13/384
15/421
15/422
清漳縣
15/432
清寇鎮
32/824
31清江(夷水)
30/753
清江縣
30/753
清河縣
16/463
清源縣
13/368
32清溪縣[屬睦州]
25/608
清溪縣[屬資州]
31/786
34清池縣
18/518
清遠縣
34/890
38清泠池
7/180
清海軍
40/1034
清道縣
32/818
72清丘
11/296
76清陽縣
16/464

3513_0 漣

12漣水　見沭水
漣水[在潭州湘鄉縣]
29/704
漣水縣
9/232

3519_0 洙

12洙水
10/264
10/269

3519_4 溱

12溱水[在鄭州新鄭縣]
8/206
溱水(始興大江)[在廣州湞陽縣]
34/891
32溱州
30/744
溱州府城
8/206

3519_6 涑

12涑水
12/326
12/327
22涑川
6/159

3520_6 神

13神武故城
13/369
22神仙鎮
40/1034
神山縣
12/338
26神泉
33/850
神泉縣
33/850
27神烏縣
40/1020
37神通寺
10/277
神通營
10/264
39神沙山　見鳴沙山
55神農城
15/419
67神明臺
1/6
88神策軍
39/998

3521_8 禮

22禮山關
27/651

3530_0 連

22連山縣
29/712
26連泉澤　見垌澤
31連江
29/717
連江縣
29/717
32連州
29/711
43連城縣
3/1096
80連谷縣
4/109
連谷鎮
4/109

3610_0 汨

12汨水
27/659

泊

31泊江水
38/958

泗

12泗水
9/225
9/227
9/233
10/264
10/269
10/270
泗水亭
9/227
泗水縣
10/269
32泗州
9/230

湘

12湘水
27/658
29/702
29/704
29/705
29/706
29/710
37/918
27湘鄉縣
29/703
31湘潭縣
29/704
湘源縣
29/710
78湘陰縣
27/658

湟

12湟水(湟河、樂都水)
39/992
湟水縣
39/992
31湟河　見湟水

3611_7 温

00温序墓
13/371
12温水[在郴州郴縣]
29/708
温水(温湯水)[在嶲州蘇祁縣]
32/823
32/824
26温泉縣
12/347
温泉鹽池
4/94
31温江　見大江
温江縣
31/770
32温州
26/625
34温池縣
4/96
36温湯
9/246
温湯水　見温水
温湯水[在汝州魯山縣]
6/167
温湯水[在郢州京山縣]
21/538
62温縣
5/144

3612_7 涓

37涓湖
29/704

渭

12渭水
1/4
1/13
1/15
2/25

2/30
2/41
2/46
39/980
39/981
39/983
39/984
31渭源縣
39/983
32渭州
39/982
渭溪水
30/754
渭溪縣
30/754
40渭南縣
1/15
74渭陵(漢元帝陵)
1/14
76渭陽縣
30/750

湯

78湯陰縣
16/455

濁

00濁鹿故城
16/446
30濁漳水(柳河)
15/418
15/421
15/422
15/428
16/452
16/453

3614_1 澤

12澤發水(阜槳水、妒女泉)
13/373
32澤州
15/422

3618_1 淇

12淇水(㴔水)
8/208

3618_6 湞

12湞水
27/650

3619_3 漯

12漯水
10/279

3621_0 祝

15祝融祠
13/383
71祝阿故城
10/280

3625_6 禪

74禪陵(漢獻帝陵)
16/446

3630_0 迴

50迴車戍
22/568

3702_7 郗

43郗城
8/203

3710_7 盜

26盜泉
10/270

3710_9 鑿

22鑿山
38/960
40鑿臺
13/367
鑿臺山 見麓臺山

3711_0 沮

12沮水 [在房州、峽州、荆州]
21/546
1/1051
沮水[在濮州雷澤縣]
11/296
沮水[在興州順政縣]
22/570

3711_1 泥

76泥陽故城
2/29

涅

12涅水
15/422

澀

12澀水
9/244

3711_2 氾

12氾水
11/292

泡

12泡水
9/227

3711_7 汜

12汜水
5/146
汜水縣
5/146

淝

12淝水
7/186
7/190

澠

12澠水
10/275
34澠池山 見廣陽山
澠池縣
5/141

3712_0 汋

74汋陵
7/183

洵

12洵水
1/1062
76洵陽縣
1/1062

洞

00洞庭山
40/1023
洞庭湖
27/657
10洞霄宮 見李母祠
37洞過水
13/363
13/364
13/367
13/369

湖

04湖孰故城
25/596
32湖州
25/605
33湖洑山
25/604
43湖城縣
6/164
62湖縣故城
6/164
76湖陽縣
21/540

潮

12潮水縣
38/948
32潮州
34/894
76潮陽縣
34/896

潤

32潤州
25/589
33潤甫 見東甫

3712_7 渦

12渦水
7/185
7/186
8/213
9/229

滑

12滑水（黄連水、綏建水）
29/712
34/888
34/889
34/890
32滑州
8/197
40滑臺城
8/198

潏

12潏水(三交水)
12/337
12/338

溺

12溺水
32/827

漏

22漏山

34/897
36漏澤
10/270

鴻

47鴻郄陂
9/238
71鴻臚水
6/162

3713_2 渌

12渌水
29/707

3713_4 涣

12涣水
7/180
7/181
7/182
7/183
9/229

3713_6 漁

76漁陽縣
1/1049

3714_6 潯

31潯江 見都泥江
潯江 見鐔江
32潯州
38/954
76潯陽縣
28/676

3714_7 汲

62汲縣
16/459

溵

12溵水
8/215
溵水縣
8/214

3716_0 洺

12洺水
15/431
15/435
洺水縣
15/431
32洺州
15/430

3716_4 潞

12潞水 見漳水
32潞州
15/417
43潞城縣
15/419

洛

00洛交縣
3/70
12洛水
3/69
3/71
5/131
5/133
5/134
5/140
9/235
22洛川縣
3/71
23洛稽山
32/811
30洛容縣
37/927
33洛浦縣
30/749
37洛通山
31/779
44洛封縣
37/927
71洛原縣
3/69
76洛陽城
5/131
洛陽縣
5/131

3718_6 瀪

12瀪水(茱萸江)
29/703

瀨

34瀨波溪
33/868

3719_4 深

32深州
17/486
36深澤縣
18/514

3721_4 冠

37冠軍故城
21/535
72冠氏縣

16/450

3722_0 初

30初寧陵(宋武帝陵)
25/597

3722_7 祁

20祁奚墓［在絳州聞喜縣］
12/334
祁奚墓［在太原府祁縣］
13/371
22祁山
22/573
35祁連山
40/1021
祁連戍
40/1024
43祁城
13/370
62祁縣
13/370
76祁陽縣
29/710
77祁門縣
28/688

3723_2 禄

12禄水
33/863

3724_7 殺

37殺袇故城
2/29

3730_2 迴

22迴樂縣
4/93
40迴坑　見回谿

通

07通望戍
32/822
通望縣
32/822
10通靈陂
2/38
通平縣
1/1063
通天臺
1/12
17通鷄城
6/169
24通化縣
32/813
26通泉山
33/842
通泉縣
33/842
30通濟渠　見汴渠
31通江縣
1/1063
35通津渠
5/132
37通洛城
5/142
38通海故關
17/498
54通軌縣
32/816
60通星山
37/921
77通關山
22/560
80通義縣
32/807

3730_4 逢

22逢山
10/274
36逢澤(蓬池)
7/176

遲

12遲水　見泠水

運

35運漕河
2/1078

3741_3 冤

27冤句縣
11/293

3750_6 軍

22軍山
2/1075
30軍寧縣
38/960

3752_7 鄆

32鄆州
10/257
43鄆城縣
10/261

3760_8 咨

30咨官縣
33/860

3772_0 朗

22朗山縣
9/239
30朗寧縣
38/946
32朗州
1/1059
朗溪縣
30/751
74朗陵山(大朗山)
9/240
朗陵故城
9/240

3780_0 冥

12冥水
40/1028

3780_6 資

32資州
31/784
76資陽縣
31/785
77資興縣
29/708

3792_7 鄴

43鄴城
16/453
62鄴縣
16/452

3810_4 塗

22塗山
9/235
32塗溪水
1/1061

3811_1 溠

12溠水
21/542

3811_7 溢

22溢樂縣
39/996

3811_9 滏

22滏山　見鼓山
15/434
76滏陽縣
15/434

3812_1 渝

32渝州
33/853

3812_7 汾

10汾西縣
12/341
12汾水
12/327
12/330
12/331
12/332
12/335
12/337
12/339
12/340
12/341
13/364
13/368
13/371
13/372
13/374
13/379
22汾川縣
3/75
31汾河
13/379
32汾州
13/376
42汾橋
13/366
76汾陽故宮
14/397

3813_2 滋

12滋水　見霸水
滋水[在恒州]
17/478
17/479

3813_7 泠

12泠水(遲水)
29/713
22泠山
37/919

3815_1 洋

12洋水
22/563
洋水縣
30/737

22洋川縣
30/740
31洋源縣
22/563
32洋州
22/561

3815_7 海

00海廟
34/888
海康縣
3/1086
22海豐縣
34/894
30海澶山
29/717
海寧嶺 見龍溪山
32海州
11/301
33海浦
10/276
34海瀆祠
11/314
35海神祠
11/308
55海曲縣
11/300
74海陵縣
2/1074
海陵倉
2/1074
76海陽縣
34/895
78海鹽縣
25/601

3816_6 澮

00澮高山
12/333
12澮水[在光州]
9/246
澮水(翼水)[在絳州]
12/330
12/332
12/333

3816_7 浛

31浛洭縣
34/891

滄

32滄州
18/517
37滄湖
34/903

3819_4 滁

12滁水
2/1076
32滁州
2/1076

3824_0 啟

37啟運陵
17/493
77啟母祠
5/140

3830_3 遂

30遂寧縣
33/853
遂安縣
25/608
32遂州
33/851
遂溪縣
3/1086
43遂城縣
18/517
60遂昌縣
26/625

3830_4 遵

24遵化縣
38/953
80遵義縣
30/745

3830_6 道

32道州
29/712
43道城
9/240

3834_3 導

31導江 見大江
導江縣
31/773

3912_0 沙

31沙河
14/404
沙河縣
15/428
32沙州
40/1025
38沙海

7/176
44沙麓
16/449
沙苑(沙阜)
2/37
62沙縣
29/723
72沙丘臺
15/429
沙阜 見沙苑
85沙鉢鎮
40/1034

3918_0 湫

34湫池
39/1001

4001_7 九

00九京山
13/384
17九子嶺
34/889
九子山
1/1066
24九德縣
38/961
27九疑山
29/709
29/713
31九江故城
27/655
40九真縣
38/959
52九折坂
32/806
53九成宮
2/42
55九井山
28/684
71九隴山
31/772
31/774
九隴縣
31/772
九原縣
4/112
77九闕山
2/1076
九門縣
17/479
88九節溪
33/853

4003_0 大

00大鹿山
31/789
大庾嶺(東嶠山)
34/902
34/903
大庾縣
28/673
大廉縣
3/1096
01大龍山
6/169
02大劑陂(戴陂)
11/295
03大斌縣
4/104
10大雪山(蓬婆山)
32/819
大震關
2/45
大夏山水
39/990
大夏縣
39/990
大于城
13/372
大石山(萬安山)
5/138
大雷池
2/1080
20大禹祠
12/336
21大伾山(黎山)
16/462
22大嶓水
27/647
大梨山
31/791
23大牟山
1/1064
大牟縣
1/1063
24大斛關
16/446
26大峴山
11/305
27大鄉縣
30/752
大槃山
3/71
28大徐城
9/232
29大秋溪
31/791
30大渡水

39/992
77土門山
2/29
土門口　見井陘口

4010_1 左

32左溪
38/946
43左城　見中城
44左封縣
32/817
50左里故城
28/677
72左丘明墓
10/262

4010_4 臺

12臺登縣
32/824
43臺城
25/595
73臺駘神祠
12/333

4010_7 直

60直羅縣
3/71

壺

11壺頭山［在鄂州唐年縣］
27/646
壺頭山［在辰州沅陵縣］
30/747
60壺口山　見平山
77壺關
15/420
壺關縣
15/420

4011_6 壇

00壇亭　見漢世祖廟
38壇道山(百梯山)
12/327

4012_7 坊

32坊州
3/72

4018_2 垓

10垓下聚
9/230

4020_7 夸

80夸父山
6/164

麥

43麥城
1/1052

4021_1 堯

00堯廟
12/337
22堯山
34/891
堯山縣
15/427
37堯祠［在兗州瑕丘縣］
10/265
堯祠［在定州望都縣］
18/512
43堯城［在河中府河東縣］
12/326
堯城［在池州至德縣］
28/689
堯城縣
16/454
74堯陵
11/296
77堯母廟
11/296
堯門山
1/8

4022_7 内

00内亭縣
38/953
内方山
27/648
27内鄉縣
21/535
31内江水(涪陵水、涪陵江水、中江)
30/737
30/741
30/742
31/786
33/843
33/860
内江縣
31/785
44内黄縣
16/453
72内丘縣
15/429

南

00南充縣
1/1067
南齊高帝陵　見泰安陵
南齊武帝陵　見景安陵
南齊宣帝陵　見休安陵
南齊景帝陵　見永安陵
南齊明帝陵　見興安陵
南康縣
28/673
南廣水
31/791
07南部縣
1/1066
10南平縣
33/855
22南川縣
30/743
南豐縣
28/680
南利人渠
6/157
26南白渠
2/28
南和縣
15/429
30南流江
3/1094
南漳縣
21/530
南安縣
29/720
南宫縣
17/484
南定縣
38/958
32南州
30/742
南溪縣
31/791
33南浦縣
1/1061
38南海
33/887
34/890
34/893
34/894
南海縣
34/887
40南皮縣
18/520
43南城(富平津)
5/144
南城縣
28/680
南城縣城
11/306
45南棣城
8/205
50南由縣
2/46
51南頓君陵
21/543
南頓縣
8/214
60南昌縣
28/670
74南陵縣
28/682
76南陽縣
21/533
87南鄭縣
22/558

布

24布射山(勤山)
28/686

4033_1 赤

00赤亭湖
27/658
赤亭故城
27/658
12赤水
31/784
赤水溪
33/868
赤水縣
33/857
22赤岸戍
34/888
赤山湖
25/598
34赤洪水
14/400
赤洪嶺　見離石山
43赤城山
26/628
44赤莧山
26/630
47赤坎故城
9/229

48赤松子祠
3/1089
50赤車鹽井
33/843
60赤甲山
1/1057
70赤壁山
27/646
赤壁草市
27/648
77赤眉故城
8/200
80赤金山
28/683

4040₀ 女

47女媧陵
10/271
77女几山
5/140
78女鹽池
12/328

4040₇ 李

28李牧祠
12/332
32李冰祠
31/774
40李左車墓
17/490
72李氏陂(僕射陂)
8/203
77李母祠(洞霄宫)
7/188

4046₅ 嘉

03嘉誠縣
32/810
09嘉麟縣
40/1020
22嘉川縣
1/1063
30嘉寧縣
38/962
32嘉州
31/786
74嘉陵水　見嘉陵江
嘉陵江(嘉陵水、西漢水)
22/560
22/565
22/570
22/571
22/573
77嘉興縣
25/601

4050₆ 韋

43韋城縣
8/199

4051₄ 難

31難江縣
1/1063

4060₀ 古

23古岱嶺
3/1086
35古神亭
25/593
37古郎山
37/927
41古堰(愜山)
16/448
47古都縣
38/966
60古田縣
29/718
77古斸山
34/900
88古符縣
3/1094

右

32右溪
38/946

4060₁ 吉

32吉州
28/673
60吉昌縣
12/342
76吉陽故城
27/652
吉陽縣[屬安州]
27/651
吉陽縣[屬振州]
3/1091

4060₄ 奢

12奢延水　見無定河

4060₉ 杏

43杏城
3/73

4062₁ 奇

00奇章縣
1/1064

4064_1 壽

11壽張縣
10/259
30壽安縣
5/140
32壽州
2/1080
壽州故城
10/259
50壽春縣
2/1081
60壽昌縣[屬睦州]
25/608
壽昌縣[屬沙州]
40/1026
72壽丘
10/269
76壽陽縣
13/369
90壽光縣
10/275

4071_0 七

21七頃山(落目山)
32/814
27七盤縣
1/1064
43七城山
1/1061
55七曲水
32/827
60七里池
31/781
七里澗　見曹陽墟
七里瀨
25/607
七里坂
33/843
七里丘　見任敖墓
77七賢祠
16/447
80七谷村
1/1055

4073_1 去

72去斤水　見清水

4073_2 袁

01袁譚故城
16/462
21袁術固(袁公塢)
5/133
27袁紹墓
16/455
32袁州
28/677
50袁本初故城
11/293
80袁公塢　見袁術固

4080_1 真

17真君廟
18/514
27真鄉縣
4/105
30真寧縣
3/65
真定縣
17/478
31真源縣
7/187
32真州
32/819
76真陽縣
9/241
88真符縣
32/820

4090_0 木

14木硤關
3/58
17木刀溝　見長林溝
35木津水
33/863
55木井城
13/374
71木馬山
22/566
74木陵故關
9/247
77木門城　見參户故城

4090_3 索

12索水
8/203

4090_8 來

30來賓縣
37/928

4091_6 檀

32檀溪
21/529
80檀公城
7/187

4091_7 杭

32杭州
25/602

4092_7 枋

11枋頭故城
16/461

4094_1 梓

30梓潼水（馳水、岐江水）
33/843
33/846
33/847
33/851
梓潼縣
33/846
32梓州
33/841
44梓萫縣
30/754

4111_1 壠

43壠越鎮
32/804

4111_6 垣

43垣城
6/161
62垣縣
6/161

4126_0 帖

50帖夷縣
22/576

4188_6 顛

58顛軨坂(軨橋)
6/160

4191_4 柾

12柾水(柾渚)
1/1059
34柾渚　見柾水
80柾人山
16/462

4191_6 桓

12桓水(桓河)
10/263
31桓河　見桓水
43桓城　見三明故城
80桓公溝
10/270

4194_6 梗

76梗陽故縣城
13/368

4196_0 柘

32柘州
32/818
43柘城
7/184
柘城縣
7/181
62柘縣
32/818

4196_1 梧

32梧州
37/920

4212_2 彭

00彭亡城(平無城)
32/807
12彭水縣
30/736
22彭山縣
32/807
27彭蠡湖
28/677
32彭州
31/772
36彭澤故城
28/677
彭澤縣
28/676
38彭道魚池
1/1066
43彭城洲
27/657
彭城縣
9/224
71彭原縣
3/66

4223_0 狐

01狐讘故縣城
12/347
30狐突山
13/372

瓡

17瓡子河
11/297
22瓡瓝河　見漚夷河

60瓠口　見焦穫藪

4240_0 荆

22荆山［在京兆府富平縣］
1/10
荆山［在虢州湖城縣］
6/164
荆山［在襄州南漳縣］
21/530
荆山堰
9/235
32荆溪
25/600
77荆門山
1/1055

4241_3 姚

00姚襄城
12/343
32姚州
32/825
41姚墟
11/296
43姚弋仲故壘
17/486
姚城縣
32/825
77姚興墓
2/27

4282_1 斯

30斯洨水
17/489
17/494

4291_3 桃

31桃源
6/163
44桃葉山
2/1073
桃林塞
6/159
77桃闗
32/812

4292_1 析

12析水
21/535
43析城
15/425
析城山
5/135

4292_7 橋

22橋山　見子午山

4294_7 板

34板渚
5/147

4299_4 櫟

44櫟林長坂
1/1052
76櫟陽縣
2/27

4300_0 弋

22弋山　見光山
76弋陽縣
28/679

4301_0 尤

32尤溪縣
29/717
40尤來山　見徂徠山

4303_0 犬

72犬丘　見槐里城

4304_2 博

07博望山
28/683
博望苑
1/6
博望故城
21/534
10博平縣
16/458
26博白縣
3/1094
32博州
16/456
33博浪沙
8/205
44博恭縣
32/819
60博昌縣
10/275
博羅縣
34/893

4311_4 垞

43垞城
9/225

4315_0 城

10城平縣
4/104
22城樂縣
30/742
60城固縣
22/560
80城父縣
7/186

4323_2 狼

17狼孟故城
13/374
71狼馬澗
13/374
77狼尾灘
1/1055

4332_7 鷲

08鷲鷲山
22/568

4340_7 妒

40妒女泉　見澤發水
妒女祠
13/374

4346_0 始

01始龍溪
33/868
10始平原
2/25
15始建縣
33/863
30始寧縣
1/1064
44始基故城
7/184
77始興大江　見溱水
始興縣
34/902

4380_5 越

22越嶲縣
32/823
32越州
26/617
越州城
3/1095
43越城[在潤州上元縣]
25/596
越城[在桂州全義縣]
37/918
越城嶠
37/918
90越裳縣
38/961

4385_0 戴

74戴陂　見大劑陂

4402_7 協

32協州
32/826

4410_0 封

22封川縣
34/900
封山
25/606
封山縣
3/1096
32封溪水　見臨賀水
封州
34/899
42封斯村
17/490
72封丘縣
7/178
74封陵縣
38/947
76封陽縣
37/922

4410_4 董

21董卓臺
39/996
董卓塢(萬歲塢)
2/44
董卓壘
13/374
34董池陂　見董澤
36董澤(董池陂)
12/333

墊

31墊江水　見羌水

4410_7 蓋

22蓋山
28/683
30蓋寬饒墓
16/449

藍

00藍豪山
34/903

22藍山縣
29/709
60藍田山（玉山、覆車山）
1/16
藍田縣
1/15
藍田關（嶢關）
1/16

4411₂ 范

62范縣
11/297
76范陽故城
18/516

4412₁ 菏

12菏水（濟水、五丈溝）
10/266
36菏澤
11/292

4412₇ 勸

22勸山　見布射山

蒲

10蒲吾故城
17/482
12蒲水（斤水）
12/346
12/347
31蒲江水
31/782
蒲江縣
31/782
35蒲津關　見蒲坂關
40蒲臺
17/499
蒲臺縣
17/498
42蒲圻湖
27/647
蒲圻縣
27/646
蒲坂　見長原
蒲坂城
12/325
蒲坂關（蒲津關）
12/326
43蒲城
8/201
蒲城縣
18/517
60蒲昌縣
40/1032
62蒲縣
12/346
76蒲陽山
18/513
91蒲類縣
40/1034
蒲類鎮
40/1034

蕩

12蕩水
16/454
16/455
22蕩山
37/923
蕩山縣
37/923

4413₂ 蒗

30蒗宕渠　見汴渠
44蒗蕩渠　見汴渠

4414₂ 薄

44薄姑故城
10/276
77薄骨律渠
4/94

4414₇ 鼓

22鼓山（滏山）
15/434
43鼓城縣
17/482

4414₉ 萍

27萍鄉縣
28/678

4416₀ 堵

12堵水
21/541

4416₄ 落

32落叢山
22/571
34落漠水
15/429
落漠城　見蘿摩亭
50落屯縣
3/1091
60落目山　見七頃山
77落門水
39/984

4420_2 蓼

76蓼隄
7/176

4420_7 考

43考城縣
11/294

4421_1 麓

40麓臺山(磐臺山)
13/367
13/380
麓臺山祠(智伯祠)
13/368

4421_4 荏

10荏平故城
16/457

花

99花憐水
37/930

薩

00薩摩陂
18/518

莊

74莊陵(梁簡文帝陵)
25/593
77莊周臺(觀魚臺)
9/236

4421_7 蘆

11蘆北故城
22/575
17蘆子關
3/78

4422_1 猗

72猗氏縣
12/327

4422_2 茅

22茅山
25/593
25/598

4422_7 芮

43芮城
6/161
芮城縣
6/161

芳

32芳州
39/999

莆

60莆田縣
29/720

蒿

60蒿里山 見高里山

蕭

21蕭何墓
1/15
22蕭山縣
26/619
62蕭縣
9/226
77蕭關故城
3/58
蕭關縣
3/60

帶

12帶水縣
30/746

蘭

00蘭亭山
26/619
32蘭州
39/986
蘭溪
26/622
蘭溪縣
26/622
34蘭池 見蘭池陂
蘭池宫
1/13
蘭池陂(蘭池)
1/13
74蘭陵縣城
11/306

藺

46藺相如臺
17/484
藺相如墓
15/435

蓨

62蓨縣
17/496

4423_2 蒙

12蒙水(泙水)
37/932
37/933
22蒙山[在沂州]
11/305
11/306
蒙山[在太原府]
13/364
蒙山[在雅州]
32/804
32蒙州
37/932
43蒙城縣
7/187
92蒙恬祠
1/15

藤

32藤州
3/1092

4424_0 苻

00苻離縣
9/228
15苻融壘
17/486
77苻堅墓
3/62

蔚

32蔚州
14/404
38蔚汾關
14/397
44蔚茹水(葫蘆河)
3/60

4424_7 蔣

13蔣琬墓
33/849
22蔣山　見鍾山
74蔣陵(吴大帝陵)
25/597
80蔣谷水(象谷水)
13/370

4424_7 葭

44葭萌縣
22/565

獲

00獲鹿縣
17/480
09獲麟堆
10/262
40獲嘉故城
16/460
獲嘉縣
16/446

4425_3 茂

27茂名水
3/1089
32茂州
32/811
74茂陵(漢武帝陵)
2/26

4430_4 蓮

27蓮勺縣故城
2/36

蓬

32蓬州
1/1064
蓬溪縣
33/853
34蓬池　見逢澤
蓬池縣
1/1065
蓬婆山　見大雪山
44蓬萊縣
11/312
蓬萊鎮
11/314

4432_0 薊

32薊州
1/1049
43薊城
1/1048
62薊縣
1/1048

4433_1 燕

10燕石山
37/929
22燕山
1/1049
77燕尾洲
1/1051

蒸

12蒸水
29/705
76蒸陽故城
29/705

蕪

37蕪湖水
28/684
44蕪蔞亭
17/488
蕪蔞故城
17/488

赫

35赫連氏京觀(平吴臺)
6/164

熱

44熱薄汗山　見康狼山

4433₃ 慕

24慕化縣
37/919

4433₆ 煮

50煮棗故城［在曹州冤句縣］
11/293
煮棗故城［在冀州衡水縣］
17/484
78煮鹽澤
2/27

4433₈ 恭

32恭州
32/819
43恭城縣
37/924

4436₀ 赭

42赭圻故城
28/682

4439₄ 蘇

10蘇晋江
38/957
23蘇稽戍
31/787
32蘇州
25/600
37蘇祁縣
32/823
44蘇董戍
39/1002
60蘇羅山
3/1085
77蘇門山
16/461

4440₁ 莘

00莘亭
16/451
25莘仲故城
11/293
43莘城
7/177
62莘縣
16/450
67莘野
6/158

4440₆ 草

22草山(抱犢山)
17/480

4440₇ 孝

60孝昌縣
27/651
80孝義縣
13/378

4441₃ 菟

43菟裘故城
10/270

4442₇ 嫣

34嫣汭水
12/325

勃

44勃勃墓
4/101

荔

31荔江水
37/920
33荔浦縣
37/920

萬

21萬歲塢　見董卓塢
22萬山(漢皐山)
21/529
26萬泉縣
12/332
30萬安山　見大石山
萬安州
3/1091
萬安湖　見潼陂
萬安縣
3/1092
萬安陵(陳武帝陵)
25/597

32萬州
1/1060
40萬壽縣
33/854
60萬里沙
11/307
萬里橋
31/768
80萬人城
34/891
萬年縣
1/3

4443_0 葵

72葵丘
10/273
11/295

樊

08樊於期故城
18/516
22樊川(後寬川)
1/4
樊山
27/646
74樊陂
1/1060

莫

32莫州
1/1049
77莫門軍
39/998

4445_6 韓

43韓城縣
2/38
58韓擒虎壘
25/597
74韓陵山
16/452

4446_0 姑

04姑熟水
28/684
23姑臧南山(雪山)
40/1019
姑臧縣
40/1019
24姑射山　見平山
姑射神祠
12/337

茹

44茹蘆水
4/105
74茹陂
9/247

4450_4 華

00華亭縣[屬隴州]
2/46
華亭縣[屬蘇州]
25/602
華亭谷
25/602
07華歆墓
16/458
10華不注山(華山)
10/277
22華山　見華不注山
30華容縣
27/658
32華州
2/33
34華池縣
3/68
35華清宮
1/7
華清縣
38/963
40華南縣
11/294
44華蓋山
26/626
華林山　見牛頭山
71華原縣
2/28
76華陽縣
31/769
78華陰縣
2/34

4450_6 葦

36葦澤故關
13/374

4452_1 蕲

12蕲水[在宿州蕲縣]
9/229
蕲水[在蕲州蕲春縣]
27/655
蕲水縣
27/655
32蕲州
27/654
50蕲春縣
27/655

62蘄縣
9/229

4453_0 芙

44芙蓉縣
30/746

4460_1 昔

76昔陽故城(夕陽城)
13/376

4460_2 苕

32苕溪水　見霅溪水

4460_4 若

32若溪水
25/606

苦

26苦泉
2/38
44苦菜山　見黄城山

4460_6 莒

62莒縣
11/300

4460_7 蒼

32蒼溪縣
1/1066
41蒼梧縣
37/921
48蒼松故城
40/1020

4462_7 荀

26荀息墓
12/344

萌

34萌渚嶠
37/922

葫

44葫蘆河　見蔚茹水

4471_1 老

17老君祠
12/338

4471_2 苞

44苞茅山
30/748

4472_2 鬱

12鬱水　見鬱江水
31鬱江水(鬱水、蠻江、蠻江水)
34/898
34/899
37/921
38/946
38/948
38/951
38/952
44鬱林州
3/1094
鬱林縣
38/948

4472_7 葛

22葛仙山［在鄂州唐年縣］
27/646
葛仙山［在昌州昌元縣］
33/868
23葛峨鎮
37/933
43葛城
7/183
71葛陌　見諸葛亮舊居
74葛陂
9/239

4474_1 薛

43薛城
9/228
薛城縣
32/815

4477_0 甘

00甘亭
2/31
甘亭關
22/559
23甘峻山
40/1022
26甘泉　見高泉山
甘泉　見下辨水
甘泉山(磨石嶺)
1/11
甘泉宫
2/30
甘泉縣

黄河堰
4/97
32黄州
27/652
34黄池
7/178
35黄連水　見滑水
黄連嶺
29/711
36黄澤
16/454
39黄沙戍
39/994
40黄塘坡
15/432
黄巾城
10/278
41黄櫨水
12/346
43黄城
11/313
黄城山(苦菜山)
6/167
44黄坡
6/166
黄花水
31/770
黄蘆城　見漢德政城
黄巷坂
6/163
47黄鶴山
27/644
48黄梅縣
27/655
60黄國故城
9/246
62黄縣
11/313
74黄陂縣
27/653
77黄岡縣
27/653
黄聞山
1/1060
80黄金水
22/563
黄金縣
22/562
87黄銀坑
11/308
88黄竹山
21/547

蒷

76蒷陽宮
2/31

蕢

22蕢山
1/16

4490_1 蔡

01蔡龍縣
3/1096
12蔡水
8/212
8/213
22蔡岡
9/241
蔡山
3/1094
32蔡州
9/237
蔡洲
25/595

4490_4 茶

74茶陵縣
29/705

茱

44茱萸江　見湞水
茱萸灣
2/1073

葉

62葉縣
/167

藥

12藥水
39/999

4490_8 萊

22萊山
11/313
32萊州
11/306
44萊蕪縣
10/268

4491_0 杜

74杜陵
1/4

4491_4 桂

10桂平縣
38/954

欟

蘿

4492_7 菊

耡

4494_7 枝

4496_0 枯

4498_6 横

4499_0 林

4499_1 蒜

4528_6 幘

4593_2 棣

4594_0 楗

4594_4 樓

4601_0 旭

22旭川縣
33/860

4621_0 觀

00觀亭山（觀峽、中宿峽）
34/891
24觀峽　見觀亭山
27觀魚臺　見莊周臺
觀魚臺(武唐亭)［在兗州魚臺縣］
10/266
35觀津城
17/485
43觀城縣
16/467

4622_7 獨

12獨登山
40/1025

4640_0 如

26如和縣
38/947

4680_6 賀

12賀水　見臨賀水
賀水縣
38/950
31賀江水　見都泥水
32賀州
37/921
44賀蘭山
4/95
4/101
賀若弼壘
25/597

4690_0 柏

22柏嶺
32/819
27柏鄉縣
17/491
33柏梁臺
1/6
44柏枝山
1/1061
47柏桐山
21/540
70柏壁
12/330
80柏人故城
15/427

相

32相州
16/451
43相城
9/229
46相如琴臺
1/1067
相如坪
1/1067
相如故宅
1/1067
相如縣
1/1067

4691_3 槐

12槐水(白溝河)
17/489
60槐里城(犬丘、廢丘)
2/26

4692_7 楊

17楊子縣
2/1074
楊君神祠
22/570
26楊泉湖
2/1083

4702_7 郟

43郟城縣
6/168

4712_0 均

32均州
21/543

坰

36坰澤(連泉澤)
10/269

4720_7 弩

40弩臺
8/212
42弩機水
31/776

4721_7 猊

22猊山
34/889

4722_0 狗

16狗理山

38/963
22狗山
15/433

4722_7 鶴

43鶴城
8/201
67鶴鳴山
31/775
31/781
80鶴父亭
2/1081

4732_7 郝

30郝遮鎮
40/1034

4742_0 朝

10朝霞山
33/857
17朝那湫
3/58
朝歌故城
16/461
40朝臺
33/887
43朝城縣
16/450
60朝邑縣
2/37
77朝岡
37/923

4744_7 好

64好畤縣
2/33

4760_9 馨

41馨堰
32/808

4762_0 胡

11胡頭山　見穿山
33胡浪山
32/824
35胡津縣
32/826
37胡洛鹽池
4/102
44胡蘇河
18/519
60胡甲水(太谷水)
13/370

4762_7 鵠

11鵠頭鎮
28/682
22鵠山
15/429

鄯

31鄯江(阜江)
31/776

都

21都上縣
30/740
都盧山　見可藍山
24都稜鎮
38/946
31都江水
31/770
都濡縣
30/737
32都灃水
38/950
33都梁山［在邵州武岡縣］
29/715
都梁山［在楚州盱眙縣］
2/1076
37都泥水
3/1097
都泥江(潯江、龔江、賀江水)
37/928
37/930
43都城縣
34/899
44都婁水
38/949
60都昌縣
28/677

4772_7 邯

22邯山
15/435
67邯鄲縣
15/434

4777_2 磐

60磐口山
15/428

4780_1 起

80起義堂碑
13/366

4791_0 祖

22祖山
21/530

4791_2 枹

37枹罕縣
39/989

4792_0 柳

30柳宿城
18/512
31柳江
37/926
柳河　見濁漳水
32柳州
37/926
50柳中縣
40/1032
80柳谷水
40/1030

桐

00桐廬江
25/608
桐廬縣
25/607
27桐鄉故城
12/334
34桐汭水
28/685
43桐城縣
2/1080
46桐柏山
29/709
桐柏縣
21/540

枸

60枸邑故城
3/62

4792_7 郴

12郴水
29/708
32郴州
29/706
62郴縣
29/707

4794_7 穀

04穀熟縣
7/182
12穀水
5/141
5/142
43穀城山
10/261
穀城縣
21/531
76穀陽山
5/142

穀

12穀水江
26/623

4810_7 盩

71盩厔縣
2/31

4816_6 增

43增城縣
34/889

4824_0 散

77散關
2/43

4841_7 乾

27乾歸故城
2/41
28乾谿臺
8/215
40乾坑
2/39
44乾封縣
10/267

4844_1 幹

12幹水縣
3/1087

4864_0 故

00故市城
8/203
30故安河　見易水
38故道水
22/567
22/569
47故都城　見玉城

敬

00敬亭山
28/682
50敬本故城

4/116

4892₁ 楡

34楡社縣
13/383
37楡次縣
13/367
44楡林宫
4/111
楡林縣
4/110
楡林關
4/111

4893₀ 松

31松江
25/601
32松州
32/809
松派水
34/903
38松滋縣
1/1052
76松陽縣
26/624

4895₇ 梅

22梅山
8/203
43梅城
7/185
87梅銀監
28/682

4898₁ 樅

76樅陽水
2/1080

4928₀ 狄

21狄仁傑祠
16/448
38狄道縣
39/1003

4980₂ 趙

00趙襄子城
13/371
10趙王遷墓
21/546
13趙武靈王墓
14/406
17趙郡李氏舊宅
17/490
23趙佗墓
17/481
趙佗故城
33/887
32趙州
17/488
40趙臺山
1/1062
趙奢墓
15/435
43趙城縣
12/340
72趙盾祠
12/332
88趙簡子墓
15/435

5000₆ 中

07中部縣
3/73
20中受降城　見安北都護府
中受降城
4/115
21中盧故城
21/530
22中山
28/685
23中牟臺　見官渡臺
中牟縣
8/206
中峨眉山
31/789
26中白渠
2/28
27中條山　見雷首山
30中宿峽　見觀亭山
31中江　見内江水
中江水　見緜水
36中渭橋
1/14
中潬城
5/144
42中橋
5/132
43中城(左城)［在曹州濟陰縣］
11/292
中城［在襄州襄陽縣］
21/529
47中都故城［在太原府楡次縣］
13/367
中都故城［在汾州平遥縣］

13/380
中都縣
10/263

史

44史萬寶壘
10/265

申

32申州
9/243

車

00車應山
31/782
10車靈故城
30/748
21車盧水　見浮圖水
72車剛水
31/789
74車騎崖
1/1067
88車箱阪
1/11

5003_0 夫

47夫婦山　見善山
80夫人城
21/529

抃

20抃傍山
39/998

5003_2 夷

12夷水　見清江
28夷儀嶺
15/427
夷儀故城
15/427
30夷安澤
11/299
夷牢水
30/746
32夷州
30/739
74夷陵郡
1/1054
夷陵縣
1/1054
77夷門
7/177

5004_4 接

32接溪山
22/571

5004_7 掖

62掖縣
11/307

5013_2 泰

22泰山(岱宗)
10/267
泰山府君祠
10/266
30泰安陵(南齊高帝陵)
25/592
74泰陵(唐玄宗陵)
1/9
泰陵(隋文帝陵)
2/33

5022_7 青

00青衣水(平羌水)
31/787
32/804
32/808
青衣神　見青神祠
10青石山［在兗州龔丘縣］
10/267
青石山［在遂州青石縣］
33/852
青石縣
33/852
22青山　見黑山
青山縣
15/430
24青岐鎮
34/897
25青牛城
3/1095
32青州
10/271
35青神祠(青衣神)
32/809
青神故城
32/809
青神縣
32/808
37青泥嶺
22/571
青泥城　見嶢柳城
43青弋水
28/682
青城山

31/776
青城縣
31/776
44青草湖　見巴丘湖
青林山
2/1083
60青田溪
26/625
青田縣
26/625
76青陽縣
28/689
90青雀山　見鳥鼠山

肅

32肅州
40/1022
44肅蕃山
32/817

5033_3 惠

00惠文太子陵
1/9
30惠宣太子陵
1/9
44惠莊太子陵
1/9

5033_6 忠

32忠州
1/1060
80忠義縣
38/964

5040_4 婁

37婁湖
25/595

5044_7 冉

25冉仲弓墓
16/450

5050_3 奉

10奉天縣
1/9
24奉化縣
26/630
奉先縣
1/9
60奉國縣
1/1066
88奉節縣
1/1057

5060_0 由

90由拳山
25/603

5060_3 春

32春州
3/1085
47春穀故城
28/682

5071_7 屯

31屯河　見屯氏河
72屯氏河(屯河)
16/449
16/466
77屯留縣
15/419

5077_7 舂

74舂陵故城［在隨州棗陽縣］
21/542
舂陵故城［在道州延唐縣］
29/713

5080_6 貴

10貴平縣
33/863
27貴鄉縣
16/448
32貴州
38/947
貴溪水
1/1069
貴溪縣
28/679
34貴池水
28/689

5090_0 末

41末柸城
16/464

未

50未央宮
1/6

耒

76耒陽縣
29/705

5090$_2$ 棗

13棗強縣
17/486
76棗陽縣
21/542

5090$_3$ 素

22素嶺山
22/577
39/1000

5090$_4$ 秦

22秦嶺　見秦山
秦山(秦嶺)
6/163
23秦戲山(武夫山)
14/403
30秦宓宅
31/778
32秦州
39/979
43秦城
2/45
秦始皇陵
1/7
48秦故道
3/66
71秦長城
3/58
3/68
3/71
4/101
4/102
39/996

5090$_6$ 束

42束皙墓
16/449

東

00東府城
25/296
東廣武城
8/204
10東平思王宇墓
10/259
東平縣
10/258
東西井
33/850
11東班江
3/1097
13東武城縣
16/464
20東受降城
4/107
4/115
22東嶠山　見大庾嶺
東山池
16/455
23東偏城
8/209
東牟故城
11/313
30東濠水
9/235
東安縣
32/826
33東浦(潤浦)
25/591
34東池堡
12/339
37東湖
29/716
38東海縣
11/302
東遊冶
37/922
40東塘神　見淮南王子廟
43東城[在榆林郡東北]
4/92
東城［在江陵府江陵縣］
1/1051
東城縣故城
9/236
44東莞縣
34/890
東蒙山
11/306
71東阿故城
10/261
東阿縣
10/260
東區縣
37/933
72東昏故城
7/177
74東陵山
10/278
76東陽江
26/621
東陽故城
16/464
東陽縣

26/622
77束巴縣
1/1063
東門池
8/212
東闕
2/1078
東闕口
2/1082
90東光縣
18/520

5102_0 打

26打鼻山　見鼎鼻山

5103_2 振

13振武軍
4/92
32振州
3/1090
53振威軍
39/990

5104_1 攝

43攝城
16/458

5106_0 拓

30拓定故城
12/344

5111_0 虹

62虹縣
9/229

5178_6 頓

72頓丘縣
16/467

5202_1 折

40折墌故城
3/56
60折羅漫山　見天山

5206_9 播

32播州
30/745

5302_7 輔

00輔唐縣
11/299
80輔公祏城
25/596

5310_7 盛

00盛唐山(益塘山)
2/1080
盛唐縣
2/1081

5320_0 成

10成平公營
11/305
13成武縣
11/293
22成山
11/312
26成皋故關
5/146
27成紀縣
39/982
30成安縣
15/453
32成州
22/571
47成都府
31/765
成都江　見郫江
成都縣
31/767
60成國渠
2/44
成固故城
22/560
74成陵
1/10

咸

30咸寧縣
3/75
76咸陽縣
1/12

威

34威遠縣
33/861
威遠鎮
33/861
79威勝軍
39/994

5333_0 感

60感恩縣
3/1091

5340$_0$ 戎

32戎州
31/790
43戎城縣
37/921

5403$_0$ 軑

62軑縣故城
9/247

5500$_0$ 井

11井研縣
33/863
井研鹽井
33/864
71井陘故關
13/373
井陘口(土門口)
17/480
井陘縣
17/479
84井鑊井
33/864

5503$_0$ 扶

12扶延山
39/994
17扶耶縣
38/966
32扶州
22/575
35扶溝縣
8/211
44扶蘇墓
3/65
47扶歡縣
30/745
76扶陽故城
7/186
扶陽縣
30/742
77扶風縣
2/42

5560$_0$ 曲

12曲水縣
22/574
27曲阜
10/269
曲阜縣
10/268
31曲江縣
34/901
32曲州
32/826
曲沃縣
12/332
33曲梁宫
1/8
77曲周縣
15/432

5560$_6$ 曹

23曹參墓
1/15
32曹州
11/291
40曹南山
11/292
43曹城［在河南府緱氏縣］
5/133
曹城［在申州義陽縣］
9/244
曹城(浚遒城)［在廬州合肥縣］
2/1082
60曹國
11/292
76曹陽亭
6/159
曹陽墟(七里澗)
6/156
80曹公洲
27/657
曹公臺　見官渡臺
曹公城［在密州莒縣］
11/300
曹公城［在鄂州江夏縣］
27/645
曹公故城［在徐州彭城縣］
9/225
曹公故城［在衛州黎陽縣］
16/462
曹公故壘
6/164
曹公壘
15/420

5580$_6$ 費

32費州
30/741
43費城
7/187

62費縣
11/305

5580_9 僰

32僰溪水
30/743
38僰道縣
31/790

5599_2 棘

35棘津故城
17/486
77棘門
1/13

5602_7 揚

32揚州
2/1071

5603_2 轘

54轘轅山
5/133

5604_1 捍

47捍胡城(看胡城)
13/365

5608_0 軹

38軹道
1/4

5701_2 抱

24抱犢山　見莒山
抱犢山[在沂州承縣]
11/306

5706_2 招

68招喻縣
30/750
72招隱山　見獸窟山
80招義縣
9/237

5725_7 静

22静樂縣
14/396
32静州
32/817
40静南縣
33/868
77静居縣
32/818

5742_7 郪

31郪江水
33/844
62郪縣
33/842

5743_0 契

60契吳山
4/100
契吳城　見白城

5798_6 賴

88賴簡池
31/783

5802_7 輪

40輪臺縣
40/1034

5803_1 撫

30撫寧縣
4/105
32撫州
28/679
80撫人戍
32/804

5803_7 軨

42軨橋　見顛軨坂

5824_0 敖

22敖山
8/204
80敖倉城
8/204

敷

18敷政縣
3/78

5829_8 斄

43斄城(武功城)
2/33

6001_4 睢

12睢水
7/180
7/183
9/228

6003_6 噫

55噫棘山
31/781

6010_0 日

40日南縣
38/960

6010_1 目

22目巖山
37/924

6010_4 里

43里城　見武川城

6010_7 壘

32壘州
39/998

6012_7 蜀

22蜀山
32/813
32蜀州
31/775

6021_0 四

07四望山
25/595
四望故城
9/240
60四口故關
16/457
四口關
10/279
67四明山
26/619
80四會縣
34/891

6021_1 晃

22晃山
30/749

6022_7 易

12易水(故安河)
18/516
1/1048
32易州
18/515
62易縣
18/515

圃

60圃田澤(原圃)
8/203
8/206

6022_8 界

10界石山
25/603

6033_0 思

00思唐州
37/933
10思王縣
30/741
17思邛縣
30/741
思子宮故城
6/163
24思稜井
33/864
27思鄉城
1/16
32思州
30/740
44思勤縣
37/931
思蒙水
32/808
72思剛州
3/1096
88思籠縣
38/947

恩

10恩平縣
3/1088
32恩州
3/1088
76恩陽縣
1/1064

6033_1 黑

12黑水　見烏水
黑水[在晉州襄陵縣]
12/338
黑水［在興元府城固縣］
22/560
黑水[在扶州尚安縣]
22/577
黑山(烏頭山)［在晉州神山縣］
12/338
黑山(青山)［在邢州沙河縣］
15/428
15/430
黑山[在衛州衛縣]

16/461

6033_2 愚

80愚公山　見社山
愚公谷
10/273

6034_3 圛

43圛城
13/378

6040_0 田

44田横國
11/302

6040_4 晏

66晏嬰墓
10/274

6042_7 禺

22禺山
33/887
32禺州
3/1095

6043_0 吴

22吴川水
3/1087
吴川縣
3/1087
吴山[在隴州汧陽縣]
2/45
吴山(吴坂)[在陝州平陸縣]
6/160
吴山縣
2/45
27吴兒城
4/103
30吴房縣
9/239
40吴大帝陵　見蔣陵
吴塘陂
2/1079
42吴坂　見吴山
44吴芮墓
29/703
62吴縣
25/601
77吴興塘
25/605
80吴公臺
2/1073

6044_0 昇

10昇平縣
3/73
22昇仙橋
31/768

6050_4 畢

71畢陌　見畢原
畢原(畢陌)
1/3
1/13

6052_7 羈

71羈馬故城
2/40

6060_0 回

28回谿(迴坑)
5/142

呂

20呂香縣
12/344
33呂梁
9/225
呂梁故城
9/225
40呂布固
9/225
42呂坂
12/340
44呂蒙城
27/647
77呂母垞
10/259

昌

10昌元縣
33/868
22昌利山
31/779
昌樂縣
16/451
24昌化山
31/774
昌化縣
3/1091
30昌寧縣
12/343
31昌江縣
27/659
32昌州
33/867
48昌松縣

40/1020
60昌邑故城
10/265
67昌明縣
33/849
76昌陽縣
11/308

6060$_4$ 固

30固安縣
1/1048
43固城湖
28/685
固始縣
9/246
74固陵
8/212

6071$_1$ 昆

67昆明縣
32/824
76昆陽故城
6/168

6080$_0$ 貝

32貝州
16/463

6090$_4$ 果

32果州
1/1067

6090$_6$ 景

22景山
12/333
30景寧陵(宋孝武帝陵)
25/597
景安陵(南齊武帝陵)
25/592
景穴
1/1061
31景福殿
8/209
32景州
18/520
43景城縣
18/520
80景谷縣
22/566

6091$_4$ 羅

12羅水縣
3/1085
22羅川水
3/71
羅山
9/245
羅山縣
9/245
27羅佩山
38/963
30羅富山
38/950
31羅江水［在彭州濛陽縣］
31/775
羅江水［在緜州巴西縣］
33/849
羅江縣
33/850
32羅州
3/1087
羅浮山［在循州羅博縣］
34/893
羅浮山［在欽州安京縣］
38/953
44羅帶水
32/805
羅蒙水
3/1097
50羅夷山
22/577
60羅目縣
31/788
81羅領山
3/1089

6101$_0$ 毗

31毗江水
31/779

6104$_0$ 盱

63盱眙縣
2/1075

6138$_6$ 顯

07顯望岡
21/539
30顯寧陵(陳宣帝陵)
25/598
47顯朝岡
38/948

6233$_9$ 懸

00懸甕山(龍出)

13/364
26懸泉水
40/1026

6315_3 踐

40踐土臺(王宮)
8/204

6355_0 戰

27戰鳥山(孤圻山)
28/682

6363_4 獸

30獸窟山(招隱山)
25/591

6401_0 吐

12吐延水
3/78

6401_4 睦

32睦州
25/606

6432_7 黝

62黝縣
28/687

6606_0 唱

50唱車山
33/863

6624_8 嚴

17嚴子陵釣臺
25/608
嚴君平墓
31/774
32嚴州
37/927
38嚴道縣
32/804

6640_7 矍

46矍相圃
10/269

6650_6 單

10單于大都護府
4/107
單于臺
4/410
80單父縣
7/182

6701_4 曜

13曜武軍
39/995

6702_0 明

26明皐山
5/143
32明州
26/629
53明威戍
40/1019
77明月山
30/747
明月池
30/747

6702_7 鳴

10鳴石之山
3/1095
12鳴水縣
22/571
39鳴沙山(神沙山)
40/1026
鳴沙縣
4/96

6706_2 昭

00昭應縣
1/7
昭慶縣
17/493
21昭仁寺
3/64
22昭山
29/702
24昭德縣
32/820
32昭州
37/923
34昭遠縣
32/820
67昭明太子陵　見安陵
74昭陵(唐太宗陵)
1/8
80昭義縣
15/435

6706_4 略

76略陽川水
39/982

6710_7 盟

04盟諸澤　見孟諸澤
35盟津

5/132

6712_2 野

30野客山
33/861

6712_7 郢

32郢州
21/537
43郢城
1/1051

6722_7 鄂

22鄂嶺坂
5/133
32鄂州
27/643

6742_7 鸚

17鸚鵡洲
27/645

6782_7 鄖

27鄖鄉縣
21/544

6832_7 黔

22黔山
30/752
31黔江縣
30/737
32黔州
30/735
50黔中故郡
30/748

7010_4 壁

22壁山縣
33/855
32壁州
1/1063

7021_4 雅

32雅州
32/803

雕

78雕陰山　見疏屬山

7022_7 防

22防山
10/268
37防渾城　見龍涸故城

7024_1 辟

76辟陽故城
17/484

7024_6 障

22障山
11/306

7026_1 陪

77陪尾山(横山)
27/650

7034_8 駮

00駮鹿山(福禄山)
37/918

7113_6 蠶

22蠶崖關
31/773

7121_1 陘

00陘庭故城
12/333
12陘水　見鹿泉水
22陘山［在鄭州新鄭縣］
8/206
陘山［在恆州井陘縣］
17/480
60陘邑縣
18/513

隴

10隴西山
32/804
隴西縣
39/984
22隴山
2/45
32隴州
2/44
42隴坻　見小隴山
43隴城縣
39/981
50隴東山
39/986

歷

00歷亭縣
16/464
22歷山
11/296

43歷城縣
10/277
76歷陽湖
2/1077
歷陽縣
2/1077

7121_2 陋

43陋城
30/752

7121_4 雁

77雁門縣
14/402

7122_0 阿

30阿房宮
1/5
40阿難渠　見衡漳故瀆
阿難枯渠
15/432

7122_7 隔

71隔馬山
10/279

厲

10厲王胥冢
2/1071
22厲山(烈山)
21/542

7123_2 辰

22辰山　見三山谷
32辰州
30/746
辰溪縣
30/748

7123_4 厭

37厭次縣
17/497

7124_0 牙

27牙鄉城　見鹿邑故城

7126_1 階

12階水　見邪階水

7128_6 願

21願虜山
39/1002

7129_6 原

13原武縣
8/205
24原仇山
13/375
原仇城(仇由城)
13/375
32原州
3/57
37原過祠(原公祠)
13/367
60原圃　見圃田澤
80原公祠　見原過祠

7131_1 驪

41驪姬墓
12/331

7132_7 馬

10馬平縣
37/926
11馬頭山
12/345
馬頭城［在江陵府公安縣］
1/1053
馬頭城［在壽州盛唐縣］
2/1081
15馬融讀書臺
2/31
22馬嵬故城
2/26
馬嶺山［在河南府密縣］
5/135
馬嶺山［在郴州郴縣］
29/707
28馬牧澤
2/25
30馬穿口　見石馬穴
37馬湖戍
31/791
馬祖壇
2/30
41馬頰河(新河)
17/495
50馬屯山
3/59
60馬蹄水
31/777
馬邑縣
14/408

74馬陵
16/449
77馬尾溝　見濡須水
馬骨湖
21/537
80馬首故城
13/369
81馬領縣
3/68
90馬當山
28/677

7139_1 驃

22驃山
34/889

7171_1 匡

43匡城
8/201
匡城縣
8/201

7171_7 巨

71巨馬河　見淶水
80巨合城
10/278

7173_2 長

10長平故城
15/424
長平阪
2/27
長平關
15/424
12長水縣
5/135
長孫順德壘
10/265
13長武城
3/64
17長子縣
15/418
21長上縣
38/965
22長山
34/892
長山縣[屬淄州]
11/310
長山縣[屬長州]
38/965
長樂山(達樂山、鐸洛山)
4/94
長樂宮
1/5
長樂坡(滻坂)
1/4
長樂縣[屬福州]
29/716
長樂縣[屬臨州]
39/1003
26長白山
11/310
10/278
30長寧陵(宋文帝陵)
25/597
長安故城
1/5
長安縣
1/4
31長江水(孫水)
32/824
長江縣
33/852
長汀縣
29/723
長河縣
17/496
長渠
21/531
32長洲
38/964
長洲縣
25/601
長溪
29/717
長溪縣
29/717
34長社故城
8/208
長社縣
8/208
35長清縣
10/279
36長澤縣
4/102
38長道縣
22/573
39長沙縣
29/702
40長壽縣
21/538
41長垣故城(倉垣城)
7/176
43長城
2/35
10/262
長城縣[屬湖州]

7210_0 劉

7210_1 丘

7221_7 虒

7222_1 斤

7223_0 瓜

7223_1 斥

7223_7 隱

7226_1 后

7240_0 删

7274_0 氏

80氏父山(金山)
25/591

7277_2 岳

00岳廟
10/268
32岳州
27/656
34岳池縣
1/1067
76岳陽縣
12/339

7420_0 尉

23尉佗墓
34/888
43尉城
29/702
72尉氏縣
7/178

7421_4 陸

10陸賈故城
33/887
32陸州
38/962
36陸澤縣
17/487
37陸渾山(方山)
5/134
陸渾縣
5/143
50陸抗城
1/1055
78陸鹽池
40/1030

7422_7 隋

00隋文帝陵　見泰陵
15隋建縣
37/930
71隋長城(開皇長城)
14/406
14/397

7423_2 隨

32隨州
21/541
62隨縣
21/542

7423_8 陝

32陝州
6/155
62陝縣
6/156
71陝原
6/156

7424_7 陵

12陵水　見羌水
陵水縣
3/1092
22陵川縣
15/424
32陵州
33/861
55陵井
33/862
76陵陽山
28/683
28/690

7431_2 馳

12馳水　見梓潼水

7431_4 驩

32驩州
38/960

7480_9 熨

34熨斗陂
12/328

7529_6 陳

00陳文帝陵　見永寧陵
12陳登塘　見愛敬陂
13陳武帝陵　見萬安陵
30陳宣帝陵　見顯寧陵
32陳州
8/211
陳州州城
8/212
40陳壽故宅
1/1067
77陳留縣
7/177
80陳倉山
2/43
陳倉故城
2/42

7622_7 陽

10陽下鹽井
33/851
12陽水

37/925
13陽武縣
8/205
17陽翟縣
5/138
20陽信縣
17/498
22陽川縣
37/930
陽山縣
29/711
30陽安縣
31/783
31陽江縣
3/1088
陽河水
16/461
34陽池城
8/205
40陽直故城
13/363
40陽壽縣
37/925
43陽城山
5/139
陽城淀
18/512
陽城縣
15/424
47陽穀亭
10/261
陽穀縣
10/259
48陽乾山
5/138
50陽春縣
3/1085
55陽曲故城
13/363
陽曲縣
13/374
60陽里穴
37/924
陽邑故城
13/370
67陽明鹽井
31/783
74陽陵(漢景帝陵)
1/14
77陽關
40/1027
80陽人聚故城(王塢城)
6/165
81陽朔縣
37/919

髑

75髑髏堆
22/569
77髑骨臺　見京觀

7623_8 隰

22隰川縣
12/345
32隰州
12/345

7628_6 隕

10隕石水
7/180

7710_7 闔

77闔門水　見浩亹水

7712_1 鬬

60鬬口淀
17/499

7713_6 閩

62閩縣
29/716

7721_0 凡

32凡洲
1/1060
43凡城
16/462

風

22風山
12/342
74風陵堆山
12/325
風陵津　見風陵故關
風陵故關(風陵津)
12/326

鳳

32鳳州
22/566
44鳳林山
39/989
鳳林縣
39/990
鳳凰山［在潮州海陽縣］

34/895
鳳凰山［在金州洵陽縣］
1/1062
81鳳翔府
2/40

7721_1 尼

72尼丘山
10/269

7721_4 隆

10隆平陵(晉孝武帝陵)
25/597

7721_7 肥

27肥鄉故城
15/432
肥鄉縣
15/432
60肥累故城
17/479

7722_0 月

22月川水
1/1062
月山縣
31/786

同

22同川縣
3/69
30同官縣
2/29
32同州
2/36
60同昌縣
22/576
67同盟山
16/447
80同谷縣
22/572

周

13周武王宮
1/5
17周承休城
6/166
22周幽王陵
1/7
60周羅山
3/1094
周羅溪
3/1094
周羅縣
3/1094
71周厲王陵
12/340
80周公禮陵　見文翁學堂
周公墓
1/15
90周黨墓
13/371

朐

22朐山
10/274
朐山縣
11/301

陶

22陶山
10/262
26陶侃墓
29/703
陶侃故城
27/658
43陶城［在許州鄢陵縣］
8/210
陶城［河中府河東縣］
12/325
72陶丘　見中城
77陶關
29/702

7722_2 膠

12膠水
10/275
11/299
11/307
膠水縣
11/308

7722_7 閒

71閒原
6/160

邪

71邪階水(階水)
34/902
邪階山
34/902

鄖

62鄖縣

2/43

7723_3 閼

77閼與山
15/435
閼與城
15/421

7724_7 孱

74孱陵城
1/1053

7725_1 犀

33犀浦縣
31/769

7726_4 居

00居庸關　見納款關
12居延海
40/1022
77居風山
38/960

7726_7 眉

23眉黛鹽池
40/1019
32眉州
32/806

7727_2 屈

71屈原宅
1/1057
屈原冢
27/659

7727_7 陷

31陷河
32/823

7736_4 駱

12駱水
22/562
73駱駝水
37/919
80駱谷　見儻谷
駱谷道
2/32
駱谷路
22/562
駱谷關
2/32

7740_1 聞

40聞喜縣
12/333

7740_7 閿

27閿鄉縣
6/163

7744_0 丹

12丹水
15/423
16/445
21丹步渡
29/717
22丹嶺縣
39/1001
丹山
1/1056
丹山縣
31/786
24丹徒縣
25/590
丹稜縣
32/808
25丹朱墓
16/454
32丹州
3/73
39丹沙山
33/863
76丹陽郡故城
25/596
丹陽湖
28/684
28/685
丹陽城
1/1056
丹陽縣
25/591

7744_1 開

15開建縣
34/900
26開皇長城　見隋長城
31開江縣
37/931
32開業寺
17/491
34開池
30/739
開遠戍　見鍾會故壘
36開邊縣
31/791
44開封縣

7/176
74開陵山
3/1088
90開光縣
4/105

7744_7 段

10段干木墓
13/378
80段谷水
39/980

7748_2 闕

60闕里
10/269

7750_6 闡

77闡熙故城
4/102

7760_2 留

43留城
9/227

7771_7 巴

10巴西縣
33/849
17巴子魚池
33/855
巴子城
33/856
22巴川縣
33/857
巴嶺
22/558
巴山縣
1/1055
32巴州
1/1064
50巴東縣
1/1057
62巴縣
33/854
72巴丘湖(青草湖)
27/657
74巴陵城
27/657
巴陵縣
27/656

7771_7 鼠

10鼠石
34/900

7772_0 印

77印岡山
37/932

即

60即墨故城
11/308
即墨縣
11/308

7772_7 郾

43郾城縣
9/242

7773_2 閬

32閬州
1/1065
50閬中縣
1/1066

7777_0 門

22門山縣
3/78

7777_2 關

17關羽故壘
29/703
32關州
27/659
43關城(張魯城)
22/560

7777_7 閻

37閻沒墓
13/368

7780_1 興

00興唐縣
14/405
10興元府
22/557
興平縣
2/25
興平陵(晉成帝陵)
25/597
22興山縣
1/1057
24興德宮
2/37
30興寧江
34/894
興寧縣
34/893
興安陵(南齊明帝陵)

25/593
32興州
22/569
38興道縣
22/561
43興城關
22/570
44興勢山
22/561

7782_7 鄖

62鄖縣
26/629

7790_4 桑

26桑泉故城
12/326
44桑落洲
2/1079
48桑乾河
14/408

7810_7 監

22監利縣
21/537

鹽

00鹽亭溪水
33/844
鹽亭縣
33/843
鹽亭驛
34/895
22鹽山
18/519
鹽山縣
18/519
26鹽泉
30/737
鹽泉縣
33/851
鹽泉鎮[戎州開邊縣]
31/791
鹽泉鎮[庭州輪臺縣]
40/1034
30鹽官故城
22/573
鹽官縣
25/604
32鹽州
4/98
鹽溪縣
32/815
34鹽池澤
1/10
43鹽城縣
2/1075
80鹽倉城　見贛榆故城

7821_1 胙

43胙城縣
8/200

7821_7 隘

60隘口　見隘門山
77隘門山(隘口)
14/406

7823_1 陰

10陰平縣
33/847
22陰山關
27/654
26陰皇后宅
21/534
27陰盤城
3/63
74陰陵縣故城
9/236

7876_6 臨

00臨高縣
3/1090
10臨平湖
25/604
臨晉縣
12/326
12臨水
37/922
13臨武縣
29/709
17臨邛縣
31/780
20臨嶂山
27/648
臨潁臯
8/210
臨潁縣
8/210
22臨川縣[屬撫州]
28/680
臨川縣[屬振州]
3/1091
26臨泉水
14/399
臨泉縣
14/399
臨臯驛

7922_7 勝

7923_2 滕

8000_0 八

8010_4 全

10/277

8010_7 益

12益水
29/703
40益塘山　見盛唐山
47益都縣
10/272
60益昌縣
22/565
76益陽縣
29/703

8011_6 鏡

37鏡湖
26/619

8012_7 翁

12翁水
34/903
31翁源縣
34/903
32翁洲
26/630
37翁湖　見滃湖

8010_9 金

10金天軍
39/995
12金水縣
31/783
20金雞山
3/1088
22金崗山　見金山
金山　見氏父山
金山[在緜州龍安縣]
33/850
金山(金崗山)[在廣州四會縣]
34/891
金山[在涼州昌松縣]
40/1020
金山[在肅州玉門縣]
40/1024
25金牛縣
22/559
27金鄉縣
10/265
31金河泊
4/111
金河縣
4/108
32金州
1/1061
40金壇縣
25/593
43金城關
39/988
44金華山
26/621
金華縣
26/621
47金鳩水(全節水)
6/163
67金明縣
3/77
76金隄
8/201
8/204
82金劍山
39/990
90金堂山
31/783
金堂縣
31/779

8021_1 羌

12羌水　見白水
羌水(陵水、白水、墊江水)
[在武州將利縣]
39/986
39/999

8022_0 介

22介山
13/379
24介休縣
13/378
30介之推祠
13/366

8022_1 前

00前庭縣
40/1032

8022_7 分

12分水嶺　見小隴山
分水縣
25/608
30分寧縣
28/671
45分棟山
31/769
31/783

8024_7 夔

17夔子城

1/1056
32夔州
1/1057

8025_1 舞

76舞陽縣
8/210
78舞陰故城
21/539

8025_3 羲

26羲和墓
12/335

8030_7 令

42令狐茂墓
15/420

8033_1 無

21無虞縣
38/950
30無定河（朔水、奢延水）
4/100
4/101
4/103
4/105
41無極縣
18/513
45無棣河
18/519
無棣縣
18/519
78無鹽故城
10/258
86無錫縣
25/600

8033_2 念

04念諾水(繩水)
32/824

8033_3 慈

00慈廉水
38/957
38/958
10慈石門
1/13
22慈利縣
1/1059
32慈州
12/341
慈溪
26/630
慈溪縣
26/630
37慈湖
28/684
慈澗水　見少水
慈澗故鎮
5/143
72慈丘山
21/540
慈丘縣
21/539

8040_0 父

43父城故城
6/168

8040_4 姜

00姜磨戍
32/823
04姜詩泉
31/779
20姜維山
32/815
姜維故城
22/575
姜維壘
39/981
姜維領(沈領)
2/31
41姜嫄祠
2/33

8042_7 禽

60禽昌故縣
12/339

8043_0 美

46美相縣
39/998
71美原縣
2/28
74美陂
2/31

8050_1 羊

11羊頭山(謁戾山)［在沁州緜上縣］
13/382
羊頭山［在潞州長子縣］
15/419
27羊角山
12/338
76羊腸山

13/372
羊腸坂
15/420

8055_3 羲

00羲帝祠
29/708
羲章縣
29/708
22羲川縣
3/74
羲豐縣
18/511
羲山縣
38/948
26羲泉縣
30/740
27羲烏縣
26/621
28羲倫縣
3/1091
30羲寧縣
34/890
羲賓縣
31/791
32羲州
3/1096
35羲清縣
21/530
60羲昌縣[屬郴州]
29/708
羲昌縣[屬藤州]
3/1092
74羲陵(漢哀帝陵)
1/14
76羲陽縣
9/244
77羲興縣
25/600

8060_1 合

12合水縣
3/68
22合川縣
39/999
27合黎山(要塗山)
40/1021
合鄉故城
9/228
31合江縣
33/866
合河戍
40/1028
合河縣
14/397
合河關
14/397
32合州
33/855
33合浦江　見瘴江
合浦縣
3/1095
34合瀆渠(官河、山陽瀆)
2/1072
77合肥縣
2/1081

首

76首陽山
5/132

酋

12酋水
1/15

普

00普康縣
33/858
30普濟寺
12/340
普寧縣
3/1093
普安縣
33/845
32普州
33/857
37普潤縣
2/42
80普慈縣
33/858

8060_2 含

22含山縣
2/1078
31含洭故城
34/892

8060_4 舍

43舍城縣
3/1090

8060_5 善

22善山(夫婦山)
28/688
24善德山
1/1059

8060_6 曾

60曾口縣
1/1064

會

12會水　見白亭海
22會川縣
32/825
23會稽山
26/618
會稽縣
26/618
30會寧縣
4/97
會寧關
4/98
32會州
4/97

8060_7 倉

41倉垣城　見長垣故城
43倉城
2/1075

8060_8 谷

12谷水
9/247
26谷和縣
32/816

8073_2 公

12公孫弘墓［在京兆府興平縣］
2/26
公孫弘墓［在青州北海縣］
10/275
公孫杵臼墓［在絳州太平縣］
12/332
公孫杵臼墓［在洺州邯鄲縣］
15/435
30公安縣
1/1053
55公井縣
33/861
67公路故城
8/214
公路壘
5/133
72公丘故城
9/227

茲

12茲水
14/406

8080_6 貪

26貪泉　見石門水
貪泉　見横溪水

8080_7 差

60羑里　見牖里

8111_7 鉅

00鉅鹿　見大陸澤
鉅鹿縣
15/428
67鉅野　見大野澤
鉅野縣
10/261

8114_6 鐔

31鐔江(潯江)
3/1092
35鐔津縣
3/1092

8138_6 領

00領方縣
38/949

8141_8 短

78短陰原
1/13

8211_4 鍾

00鍾離縣
9/235
鍾離昧故城
11/302
22鍾山(蔣山)［在潤州上元縣］
25/594
鍾山［在白州博白縣］
3/1094
鍾山縣
9/244
30鍾官故城(灌鐘城)
2/30
43鍾城
7/179
80鍾會故壘(開遠戍)
33/846

8280_0 劍

32劍州
33/845
77劍閣道
33/846
劍門山　見梁山
劍門縣
33/848

8315_0 鐵

10鐵石山
32/824
22鐵山
33/860
33/861
33/863
43鐵城
22/563
72鐵丘
8/200

8315_3 錢

40錢塘縣
25/603

8377_7 館

77館陶縣
16/449

8417_0 鉗

22鉗川神祠
22/577
鉗川縣
22/576

8418_1 鎮

10鎮西軍
39/990

8471_1 饒

30饒安縣
18/519
32饒州
28/671
76饒陽縣
17/487

8490_0 斜

31斜江水
31/776
31/781
80斜谷城
2/44

8612_7 錦

30錦官城　見錦城
32錦州
30/749
43錦城(錦官城)
31/768

錫

80錫義山(天心山)
21/545

8614_1 鐸

37鐸洛山　見長樂山

8660_0 智

26智伯祠　見麓臺山祠

8711_0 鉏

43鉏城
8/200

8712_0 釣

12釣磯山
28/677

鈞

40鈞臺
5/138

鉤

27鉤般河
17/498
82鉤鏁故壘
5/133

銅

22銅山[在潭州長沙縣]
29/702
銅山[在雅州滎經縣]
32/805
銅山城
32/821
銅山縣
33/844
30銅官山［在邛州臨邛縣］
31/780
銅官山［在簡州金水縣］
31/783
33銅冶山
25/598

銅梁山
33/856
銅梁縣
33/856
43銅城
2/1073
44銅鼓山［在昌州静南縣］
33/868
銅鼓山［在融州融水縣］
37/928
銅蔡縣
38/965
46銅鞮宫
15/421
銅鞮縣
15/421
55銅井山
28/682

8713₂ 銀

22銀山［在饒州樂平縣］
28/672
銀山［在韶州曲江縣］
34/901
銀山縣
31/786
32銀州
4/104
40銀坑
29/708
43銀城縣
4/109
77銀殿山
37/924
82銀鉚窟
5/136

8716₁ 鉛

30鉛穴山
34/888

8718₂ 欽

31欽江(欽江水)
38/953
欽江水　見欽江
欽江縣
38/953
32欽州
38/952

歙

32歙州
28/686
62歙縣
28/686

8722₇ 邠

32邠州
3/60

8742₀ 朔

00朔方縣
4/100
12朔水　見無定河
32朔州
14/407

8742₇ 鄭

00鄭玄墓
11/299
32鄭州
8/201
43鄭城
2/34
62鄭縣
2/34

8762₀ 卻

77卻月城
28/683
卻月故城
27/648

8762₂ 舒

32舒州
2/1078
43舒城縣
2/1083

8762₇ 部

76部陽縣
2/39

鄱

32鄱州
39/991
43鄱城縣
39/993
76鄱陽縣
14/408

郜

62郜縣
8/206

8811_7 筑

12筑水
21/532
21/546

8821_1 筰

31筰江水
31/769
42筰橋
32/814

8822_0 竹

22竹山縣
21/546
60竹里山
25/598
71竹馬府
13/366

8822_7 篃

32篃州
31/782

8824_0 符

76符陽縣
1/1063

8834_1 等

80等慈寺
5/147

8844_1 筭

11筭頭山(崆峒山)
3/58

8853_7 羚

80羚羊峽
34/897

8872_7 節

78節愍太子陵
1/10

8877_7 管

25管仲墓
10/274
32管涔山
14/396
43管城縣
8/202
57管輅祠
17/495

8879_4 餘

10餘干縣
28/671
40餘杭縣
25/603
42餘姚縣
26/619

8880_1 箕

22箕山
13/383

8890_3 繁

40繁臺　見梁王吹臺
60繁昌故城
8/210
64繁畤縣
14/403

8894_0 敘

32敘州
30/750
33敘浦縣
30/748

8896_1 籍

62籍縣
33/863

9000_0 小

10小鬲山
11/302
22小梨山
31/791
23小峨眉山
31/788
25小積石山　見積石山
30小安南溪
33/857
34小汝水
7/190
8/213
8/214
37小溵水
9/243
40小索城
8/203
43小城　見少城
44小蒙故城
7/180
小葭蘆水
4/110
62小别山

27/648
71小隴山（隴坻、分水嶺）
2/46
39/982
82小劍故城
22/565
87小銅梁山
33/857
99小勞山
11/308

9003_2 懷

20懷集縣
34/889
21懷仁縣
11/303
30懷安縣
3/69
32懷州
16/443
34懷遠縣
4/95
36懷澤縣
38/948
38懷道縣
39/1002
43懷城
16/445
60懷恩縣
29/722
74懷驩縣
38/964
87懷朔古城
4/115

9010_4 堂

60堂邑故城
16/458
堂邑縣
16/457
76堂陽縣
17/486

9020_0 少

12少水　見沁水
少水(慈澗水)［在河南府壽安縣］
5/140
22少山(河逢山)
13/376
30少室山
5/139
43少城(小城)
31/768
44少華山
2/34
76少陽山
13/372

9021_1 光

22光山(弋山)
9/247
光山縣
9/247
24光化縣
21/542
32光州
9/245
37光禄城
4/115

9021_4 雀

77雀鼠谷
13/379

9022_7 尚

30尚安縣
22/577
34尚婆水(石磐水)
22/568

常

04常熟縣
25/601
22常豐縣
30/750
常山縣
26/623
常樂縣
40/1028
27常俟山
39/1000
30常寧縣
29/706
常安水
37/919
常安原
12/346
32常州
25/598
44常芳縣
39/999
常芬縣
39/1000

9033_1 黨

32黨州
3/1094

9050_0 半

32半洲故城
28/676

9050_2 掌

50掌夫山
33/847

9060_6 當

32當州
32/816
38當塗縣
28/683
當塗縣故城
9/235
76當陽縣
1/1052

9080_0 火

22火山　見鷄鳴山
火山[在雲州雲中縣]
14/410
55火井
31/781
火井縣
31/782

9090_4 米

22米川縣
39/994
米山
15/424

9101_3 㥦

22㥦山　見古堰

9101_7 恆

20恆香縣
39/1000
22恆嶽下廟
18/515
恆嶽觀
18/514
恆山
18/514
32恆州
17/477
76恆陽縣
18/514

9202_1 忻

32忻州
14/400

9280_0 剡

32剡溪
26/620
62剡縣
26/620

9408_1 慎

12慎水
9/241
62慎縣
2/1082

9481_1 燒

50燒車水
6/168

9592_7 精

22精山
21/533

9691_4 糧

11糧頭山
3/1095

9722_7 鄰

12鄰水
1/1069
鄰水縣
1/1068
22鄰山
1/1069
1/1069
鄰山縣
1/1068

9782_7 鄭

43鄭城
9/233

9801_6 悅

43悅城縣
34/898

9884_0 燉

96燉煌縣
40/1026

9923_2 滎

36滎澤
8/204
滎澤縣
8/204
76滎陽縣
8/203

9960_6 營

12營水
29/713
29/714
72營丘
10/273

9990_3 縈

22縈山
37/924

9990_4 榮

21榮經縣
32/805
24榮德山
33/860
32榮州
33/859
47榮懿縣
30/745

筆畫與四角號碼對照表

本檢字表爲便利習慣於使用筆畫順序檢字者查檢本索引之用。凡索引中的第一字，依筆畫順序排列，同筆畫的，再依點起、橫起、直起、撇起排列，每字後注明四角號碼，讀者可憑此以檢索引字頭。

二畫

橫起

二 1010_6
丁 1020_0
九 4001_7
七 4071_0

直起

卜 2300_0

撇起

八 8000_0

三畫

橫起

三 1010_1
万 1022_7
下 1023_0
于 1040_0
弓 1720_7
子 1740_7
已 1771_7
大 4003_0
土 4010_0
弋 4300_0

直起

上 2110_0
山 2277_0
小 9000_0

撇起

千 2040_0
夕 2720_0
女 4040_0
凡 7721_0

四畫

點起

方 0022_7
文 0040_0
六 0080_0
之 3030_7
火 9080_0

橫起

王 1010_4
五 1010_7
元 1021_1
天 1043_0
不 1090_0
孔 1241_0
太 4003_0
木 4090_0
尤 4301_0
犬 4303_0
夫 5003_0
屯 5071_7
井 5500_0
牙 7124_0
巨 7171_7
巴 7771_7

直起

止 2110_0
比 2171_0
內 4022_7
中 5000_6
日 6010_0
少 9020_0

撇起

毛 2071_4
仁 2121_0
允 2321_0
什 2420_0
化 2421_0
仇 2421_7
牛 2500_0
斤 7222_1
月 7722_0
丹 7744_0
介 8022_0
分 8022_7
父 8040_0
公 8073_2

五畫

點起

立 0010_8
玄 0073_2
永 3023_2
汀 3112_0
氾 3711_2
半 9050_0

橫起

正 1010_1
玉 1010_3
平 1040_9
石 1060_0
可 1062_0
瓦 1071_7
北 1111_0
弘 1223_0
司 1762_0
左 4010_1
布 4022_7
古 4060_0
右 4060_0
去 4073_1
甘 4477_0
末 5090_0
未 5090_0
打 5102_0
尼 7721_1

直起

史 5000_6
申 5000_6
冉 5044_7
由 5060_0
目 6010_1
四 6021_0
田 6040_0

撇起

仙 2227_0
外 2320_0
代 2324_0
台 2360_0
白 2600_0
句 2762_0
丘 7210_1
斥 7223_1
瓜 7223_0
氏 7274_0
印 7772_0
令 8030_7

六畫

點起

充 0021_3

交 0040$_8$
安 3040$_4$
江 3111$_0$
汉 3410$_0$
池 3411$_2$
汭 3412$_7$
汝 3414$_0$
汜 3711$_7$
汋 3712$_0$
羊 8050$_1$
光 9021$_1$
米 9090$_4$

橫起

至 1010$_4$
百 1060$_0$
西 1060$_0$
羽 1712$_0$
邛 1712$_7$
邗 1742$_7$
夸 4020$_7$
吉 4060$_1$
考 4420$_7$
老 4471$_1$
共 4480$_1$
旭 4601$_0$
夷 5003$_2$
戎 5340$_0$
匡 7171$_1$

直起

曲 5560$_0$
回 6060$_0$
吕 6060$_0$
吐 6401$_0$
同 7722$_0$

撇起

行 2122$_1$
任 2221$_4$
伏 2323$_4$
牟 2350$_0$
先 2421$_1$
休 2429$_0$
朱 2590$_0$
多 2720$_7$
向 2722$_0$
伊 2725$_7$
名 2760$_0$
仵 2824$_0$
如 4640$_0$
好 4744$_7$
耒 5090$_0$
后 7226$_1$
全 8010$_4$
合 8060$_1$
竹 8822$_0$

七畫

點起

汴 3013$_0$
汶 3014$_0$
牢 3050$_2$
宋 3090$_4$
沅 3111$_1$
沔 3112$_7$
汧 3114$_0$
沂 3212$_1$
沃 3213$_4$
泜 3214$_0$
沁 3310$_0$
沈 3411$_2$
沖 3510$_6$
汨 3610$_0$
汲 3714$_7$
汾 3812$_7$
沙 3912$_0$
忻 9202$_1$

橫起

豆 1010$_8$
吾 1060$_1$
邢 1742$_7$
那 1752$_7$
君 1760$_7$
夾 4003$_8$
坊 4012$_7$
赤 4033$_1$
李 4040$_7$
杏 4060$_9$
孝 4440$_7$
杜 4491$_0$
均 4712$_0$
車 5000$_6$
抃 5003$_0$
束 5090$_6$
折 5202$_1$
成 5320$_0$
扶 5503$_0$
防 7022$_7$
辰 7123$_2$
邪 7722$_7$

直起

步 2120$_1$
岑 2220$_7$
壯 2421$_0$
里 6010$_4$
吳 6043$_0$
貝 6080$_0$
刪 7240$_0$

撇起

延 1240$_1$
秃 2021$_7$
秀 2022$_7$
利 2290$_0$
告 2460$_1$
佛 2522$_7$
伯 2620$_0$
阜 2640$_0$
攸 2824$_0$
妒 4340$_7$
狄 4928$_0$
即 7772$_0$
含 8060$_2$
谷 8060$_8$
郤 8722$_7$

八畫

點起

夜 0024$_7$
底 0024$_2$
京 0090$_6$
於 0823$_3$
宜 3010$_7$
沛 3012$_7$
泫 3013$_2$
宛 3021$_2$
房 3022$_7$
宕 3060$_1$
官 3077$_7$
定 3080$_1$
宗 3090$_1$
河 3112$_0$
沾 3116$_0$
泜 3214$_0$
泌 3310$_0$
沭 3319$_4$
社 3421$_0$
泊 3610$_0$
泗 3610$_0$
沮 3711$_0$
泥 3711$_1$
泡 3711$_2$
祁 3722$_7$
泠 3813$_7$
羌 8021$_1$
恆 9101$_7$

橫起

盂 1010$_7$
兩 1022$_7$
雨 1022$_7$
函 1077$_2$
孤 1243$_0$
武 1314$_0$
孟 1710$_7$
承 1723$_2$
邵 1762$_7$
直 4010$_7$
奇 4062$_1$
來 4090$_8$
杭 4091$_7$
枋 4092$_7$
枉 4191$_4$
析 4292$_1$
板 4294$_7$
協 4402$_7$
花 4421$_4$
芮 4422$_7$
芳 4422$_7$
芙 4453$_0$
其 4480$_1$
枝 4494$_7$
林 4499$_0$
坰 4712$_0$

邯 4772_7
松 4893_0
青 5022_7
奉 5050_3
東 5090_6
拓 5106_0
抱 5701_2
招 5706_2
阿 7122_0
長 7173_2
居 7726_4
屆 7727_2
門 7777_0

直起

虎 2121_7
岢 2262_1
峋 2772_0
叔 2794_0
帖 4126_0
忠 5033_6
易 6022_7
昇 6044_0
昌 6060_0
固 6060_4
昆 6071_1
果 6090_4
盱 6104_0
明 6702_0
肥 6721_7
周 7722_0
尚 9022_7

撇起

依 2023_2
受 2040_7
季 2040_7
采 2090_4
征 2121_1
岱 2377_2
和 2690_0
徂 2721_0
阜 2740_7
邲 3702_7
狐 4223_0
始 4346_0
姑 4446_0
狗 4722_0
弩 4720_7
岳 7277_2
金 8010_9
念 8033_2
舍 8060_4

九畫

點起

亭 0020_1
兗 0021_6
帝 0022_7
郊 0742_7
施 0821_2
宣 3010_6
扁 3022_7
宥 3022_7
穿 3024_1
洭 3111_1
洹 3111_6
洮 3211_3
派 3213_2
洝 3314_4
洧 3412_7
洊 3414_7
洪 3418_1
洙 3519_0
洵 3712_0
洞 3712_0
洺 3716_0
洛 3716_4
冠 3721_4
祋 3724_7
軍 3750_6
咨 3760_8
洋 3815_1
前 8022_1
姜 8040_4
美 8043_0
首 8060_1
酋 8060_1
兹 8073_2
羑 8080_7
朔 8042_0

横起

要 1040_4
飛 1241_3
斫 1262_1
建 1540_0
盈 1710_7
珉 1714_7
柔 1790_4
珍 1812_2
垓 4018_2
南 4022_7
勃 4442_7
韋 4050_6
垣 4111_6
柘 4196_0
垞 4311_4
封 4410_0
范 4411_2
荏 4421_4
茅 4422_2
苻 4424_0
茂 4425_3
昔 4460_1
苕 4460_2
若 4460_4
苦 4460_4
苞 4471_2
枯 4496_0
柏 4690_0
相 4690_0
胡 4762_0
柤 4791_0
枹 4791_2
柳 4792_0
故 4864_0
春 5060_3
咸 5320_0
威 5320_0
契 5743_0
陋 7121_2

直起

岍 2174_0
貞 2180_6
柴 2190_4
幽 2277_0
迴 3730_2
虹 5111_0
界 6022_8
思 6033_0
禺 6042_7
毗 6101_0
昭 6706_2

撇起

重 2010_4
信 2026_1
禹 2042_7
看 2060_4
便 2124_6
紅 2191_0
胤 2201_0
後 2224_7
皇 2610_4
泉 2623_2
保 2629_4
修 2722_2
侯 2723_4
兔 2741_3
郇 2762_7
郛 2792_7
紇 2891_7
秋 2998_0
姚 4241_3
風 7721_0
朐 7722_0
眉 7726_7
段 7744_7
胙 7821_1
郤 8762_0
郃 8762_7

十畫

點起

高 0022_7
庭 0024_1
庫 0025_6
唐 0026_7
亳 0071_4
流 3011_3
容 3060_8
涇 3111_1
浢 3111_8

涉 3112$_1$
酒 3116$_0$
浯 3116$_1$
浙 3112$_1$
涔 3212$_7$
浮 3214$_7$
浦 3312$_7$
浚 3314$_7$
浩 3416$_1$
祐 3426$_0$
涑 3519$_6$
神 3520$_6$
涅 3611$_4$
涓 3612$_7$
祝 3621$_0$
迴 3630$_0$
渙 3713$_4$
冤 3741$_3$
冥 3780$_0$
海 3815$_7$
洽 3816$_7$
益 8010$_7$
剡 9280$_0$
悦 9801$_6$

横起

鬲 1022$_7$
夏 1024$_7$
晉 1060$_1$
哥 1062$_1$
貢 1080$_6$
烈 1233$_0$
孫 1249$_3$
破 1464$_7$
珠 1519$_0$
弱 1712$_7$
郡 1762$_7$
耿 1918$_0$
袁 4073$_2$
真 4080$_1$
索 4090$_3$
桓 4191$_6$
荆 4240$_0$
桃 4291$_3$
城 4315$_0$
恭 4413$_8$
荔 4442$_7$
莒 4460$_6$
荀 4462$_7$
茶 4490$_4$
茱 4490$_4$
桂 4491$_4$
勑 4492$_7$
郟 4702$_7$
郝 4732$_7$
起 4780$_1$
桐 4792$_0$
栒 4792$_0$
泰 5013$_2$
素 5090$_3$
秦 5090$_4$
振 5103$_2$
軑 5403$_0$
捍 5604$_1$
敖 5824$_0$
陘 7121$_1$
原 7129$_6$
馬 7132$_7$
陜 7423$_8$
桑 7790$_4$

直起

虔 2124$_0$
蚩 2213$_6$
峯 2250$_4$
峩 2255$_3$
峨 2375$_0$
峽 2473$_8$
峴 2671$_0$
晃 6021$_1$
圃 6022$_7$
恩 6033$_0$
晏 6040$_4$
郢 6712$_7$

撇起

奚 2043$_0$
乘 2090$_1$
師 2172$_7$
倒 2220$_0$
邕 2271$_7$
射 2420$_0$
倚 2422$_1$
特 2454$_1$
納 2492$_7$
秭 2592$_7$
秣 2599$_0$
鬼 2621$_3$
臯 2640$_3$
脩 2722$_7$
殷 2724$_7$
俱 2728$_1$
烏 2732$_7$
胥 2760$_1$
徐 2829$_4$
狼 4323$_2$
虒 7221$_7$
留 7760$_2$
翁 8012$_7$
倉 8060$_7$

十一畫

點起

鹿 0021$_1$
竟 0021$_6$
商 0022$_7$
康 0023$_2$
庱 0024$_7$
麻 0029$_4$
章 0040$_6$
望 0710$_4$
郭 0742$_7$
旌 0821$_4$
旋 0828$_1$
許 0864$_0$
淮 3011$_4$
淯 3012$_7$
淳 3014$_7$
涪 3016$_1$
涼 3019$_6$
扈 3021$_7$
宿 3026$_1$
密 3077$_2$
寅 3080$_6$
涿 3113$_2$
渠 3190$_4$
淄 3216$_3$
淺 3315$_3$
梁 3390$_4$
渚 3416$_0$
淇 3418$_1$
淶 3419$_8$
婆 3440$_4$
清 3512$_7$
盜 3710$_7$
淝 3711$_7$
淥 3713$_2$
深 3719$_4$
朗 3772$_0$
啟 3824$_0$
羚 8853$_7$
郯 9782$_7$

横起

琉 1011$_3$
雪 1017$_7$
雩 1020$_7$
張 1123$_2$
發 1224$_7$
琅 1313$_2$
理 1611$_4$
聊 1712$_7$
務 1722$_7$
習 1760$_2$
連 3530$_0$
通 3730$_2$
麥 4020$_7$
奢 4060$_4$
梓 4094$_1$
梗 4194$_6$
梧 4196$_1$
瓠 4223$_0$
堵 4416$_0$
莊 4421$_4$
莆 4422$_7$
帶 4422$_7$
莘 4440$_1$
莫 4443$_0$
都 4762$_7$
郴 4792$_7$
乾 4841$_7$
梅 4895$_7$
接 5004$_4$

掖 5004₇
春 5077₇
曹 5560₆
郜 5742₇
陪 7026₁
尉 7420₀
陸 7421₄
陵 7424₇
陳 7529₆
陶 7722₀
犀 7725₁
陷 7727₇
陰 7823₁

直起

崞 2074₇
處 2124₁
崖 2221₄
崑 2271₁
崇 2290₁
崆 2371₁
將 2724₂
婁 5040₄
畢 6050₄
睦 6401₄
唱 6606₀
略 6706₄
野 6712₂
堂 9010₄
雀 9021₄
常 9022₇

撇起

悉 2033₉
偎 2121₄
徙 2128₁
巢 2290₄
梨 2290₄

參 2320₂
稆 2391₄
斛 2420₀
細 2690₀
御 2722₀
鳥 2732₇
魚 2733₆
祭 2790₁
終 2793₃
逢 3730₀
猗 4422₁
猊 4721₇
貪 8080₆
斜 8490₀
釣 8712₀
笛 8821₁
符 8824₀
敘 8894₀

十二畫

點起

敦 0844₀
寒 3030₃
富 3060₆
馮 3112₇
滇 3118₆
測 3210₀
湍 3212₇
湛 3411₁
渤 3412₇
湘 3610₀
湟 3611₄
溫 3611₇
渭 3612₁
湯 3612₇
湖 3712₀

渦 3712₇
鄆 3752₇
渝 3812₁
滋 3813₂
湫 3918₀
普 8060₁
善 8060₅
曾 8060₆
惬 9101₈

橫起

疏 1011₃
雲 1073₁
項 1118₆
琶 1171₁
登 1210₈
硤 1463₈
鄄 1712₇
婺 1840₄
堯 4021₁
彭 4212₂
斯 4282₁
博 4304₂
越 4380₅
菏 4412₁
萍 4414₉
煮 4433₆
茹 4446₀
華 4450₄
萌 4462₇
黃 4480₆
萊 4490₈
菊 4492₇
棣 4593₂
賀 4680₆
朝 4742₀
增 4816₆

散 4824₀
惠 5033₃
棗 5090₂
盛 5310₇
費 5580₆
棘 5599₂
揚 5602₇
軹 5608₀
軨 5803₇
雅 7021₄
雁 7121₄
階 7126₁
隋 7422₇
陽 7622₇
隆 7721₄
閒 7722₇
鄲 7722₇
開 7744₁
鄔 7772₇
勝 7922₇

直起

順 2108₆
紫 2190₃
嵐 2221₇
貴 5080₆
黑 6033₁
景 6090₆
單 6650₆
鄂 6722₇
掌 9050₂

撇起

喬 2022₇
舜 2025₂
焦 2033₁
番 2060₉
集 2090₄

須 2128₆
循 2226₄
傅 2324₂
皖 2361₁
稌 2397₂
備 2422₇
程 2691₄
象 2723₂
郫 2742₇
鄉 2772₇
絳 2795₄
復 2824₇
媧 4442₇
無 8033₁
禽 8042₇
智 8660₀
鈞 8712₀
欽 8718₂
短 8141₈
舒 8762₂
筑 8811₇
等 8834₁
筓 8844₁

十三畫

點起

廉 0023₇
雍 0071₄
棄 0090₄
新 0292₁
塞 3010₄
湮 3111₄
溷 3211₇
溧 3119₄
溪 3213₄
溢 3213₆

溱 3519₄	萬 4442₇	雋 2022₇	寡 3022₇	墊 4410₄
湞 3618₆	葵 4443₀	愛 2024₇	寢 3024₇	蓋 4410₇
滑 3712₇	葦 4450₆	經 2191₁	賓 3080₆	蒲 4412₇
溺 3712₇	葫 4462₇	綏 2294₄	溫 3011₆	蒗 4413₂
潑 3714₇	葛 4472₇	犍 2554₀	溥 3114₉	蒿 4422₇
運 3730₄	楚 4480₁	詹 2721₇	福 3126₆	蓓 4422₇
資 3780₆	葺 4480₆	解 2725₂	漸 3212₁	蒙 4423₂
塗 3810₄	葉 4490₄	郎 2732₇	滾 3311₄	蓬 4430₄
溗 3811₇	楗 4594₀	鄒 2742₇	演 3318₆	蒸 4433₁
溢 3811₇	楊 4692₇	亂 2771₁	漢 3413₄	赫 4433₁
滏 3811₉	幹 4844₁	稠 2792₀	漣 3513₀	蒼 4460₇
滄 3816₇	敬 4864₀	微 2824₀	漊 3618₁	蒜 4499₁
滁 3819₄	榆 4892₁	鼠 7771₇	漯 3619₃	槐 4691₃
遂 3830₃	肅 5022₇	會 8060₆	潤 3712₀	趙 4980₂
道 3830₆	頓 5178₆	鉅 8111₇	漏 3712₇	輔 5302₇
慈 8033₃	感 5333₀	鉗 8417₀	漁 3713₆	靜 5725₇
義 8055₃	辟 7024₁	鈕 8711₀	祿 3723₂	障 7024₆
慎 9408₁	隔 7122₁	鉤 8712₀	精 9592₇	厭 7123₄
橫起	馳 7431₂	鉛 8716₁	榮 9990₄	閨 7713₆
零 1030₇	隄 7628₆		熒 9923₂	聞 7740₁
雷 1060₃	隘 7821₇	**十四畫**	**橫起**	監 7810₇
雹 1071₂	**直起**	**點起**	蜇 1113₆	參 2220₂
電 1071₆	虞 2123₄	廖 0022₂	碩 1168₆	獎 2743₀
賈 1080₆	訾 2160₁	齊 0022₃	裴 1173₂	幛 4528₆
瑟 1133₁	鼎 2222₁	廓 0022₇	酸 1364₇	團 6034₃
聖 1610₄	嵩 2222₇	廣 0028₆	碭 1662₇	鳴 6702₇
瑕 1714₇	敫 2224₈	槀 0090₄	碡 1662₇	**撇起**
達 3430₄	督 2760₄	端 0212₇	瑯 1712₇	維 2061₄
壼 4010₇	嵯 2871₁	誘 0262₇	翟 1721₄	維 2091₄
董 4410₄	睢 6001₄	廊 0722₇	鄂 1722₇	熊 2133₁
勤 4412₇	蜀 6012₇	鄣 0742₇	鄞 1732₇	僕 2223₄
鼓 4414₇	愚 6033₂	韶 0766₂	翠 1740₈	綾 2494₅
落 4416₄	盟 6710₇	漣 3011₄	遠 3430₃	綿 2692₇
葭 4424₇	郢 6782₇	滴 3012₇	臺 4010₄	綮 2790₄
革 4440₆	當 9060₆	漳 3014₆	嘉 4046₅	綠 2793₃
菀 4441₃	**撇起**	寧 3020₁	壽 4064₁	綸 2892₇

鳳 7721₀
舞 8025₁
領 8138₆
銅 8712₀
銀 8713₂
節 8872₁
管 8877₇
箕 8880₁

十五畫

點起

廚 0024₀
慶 0024₇
廢 0024₇
摩 0025₂
諒 0069₆
褒 0073₂
槀 0090₄
諸 0466₀
潼 3011₄
遮 3030₃
潭 3114₆
潛 3116₁
澄 3211₈
潘 3216₉
濁 3612₇
潮 3712₀
潏 3712₇
潯 3714₆
鄭 8742₇
鄫 8762₇
鄱 8762₇
鄰 8722₇

橫起

霄 1060₁
碻 1062₇

鼁 1071₇
鄧 1712₇
翚 1750₆
遲 3730₄
蓼 4420₂
蔚 4424₀
蔣 4424₇
蓮 4430₄
熱 4433₁
慕 4433₃
赭 4436₀
樊 4443₀
蔡 4490₁
橫 4498₆
樓 4594₄
穀 4794₇
樅 4898₁
播 5206₉
輪 5802₇
撫 5803₁
敷 5824₀
厲 7122₇
熨 7480₉
閭 7773₂

直起

膚 2122₇
慮 2123₆
穎 2128₆
嵌 2218₂
㠀 2222₇
嶓 2276₉
嶢 2471₁
踐 6315₃

撇起

衝 2110₄
虢 2131₇

緜 2229₃
樂 2290₄
德 2423₁
練 2599₆
稷 2694₇
盤 2710₇
黎 2713₂
儋 2726₁
魯 2760₃
鄁 2762₇
縱 2793₄
儀 2825₃
劉 7210₀
膠 7722₂
鄭 7782₇
滕 7923₂
劍 8280₀

十六畫

點起

瘴 0014₆
磨 0026₁
辨 0044₁
龍 0121₁
謁 0662₇
澶 3011₆
憑 3133₂
濛 3413₂
澧 3511₈
澤 3614₁
澠 3711₇
潞 3716₄
濱 3718₆
鄴 3792₆
澮 3816₆
遵 3830₄

導 3834₃
羲 8025₃
燒 9481₁
營 9960₆
燉 9884₀
縈 9990₃

橫起

霍 1021₄
頭 1118₆
冀 1180₁
融 1523₆
遼 3430₉
壇 4011₆
橋 4292₇
蕩 4412₇
蕭 4422₇
燕 4433₁
蕪 4433₁
薁 4480₆
穀 4794₇
燓 5580₉
賴 5798₆
壁 6710₄
駮 7034₈
歷 7121₁
隨 7423₂
閼 7723₃
駱 7736₄
閡 7740₇
闇 7777₇

直起

盧 2121₇
頻 2128₆
嶧 2674₁
噫 6003₆
戰 6355₀

勳 6432₇
黔 6832₇

撇起

衡 2122₇
儒 2122₇
衡 2143₀
縉 2196₁
牖 2322₇
積 2598₆
穆 2692₂
龜 2711₇
駕 2732₇
獨 4622₇
雕 7021₄
輿 7780₁
錢 8315₃
錫 8612₁
錦 8612₇
歙 8718₂
餘 8879₄

十七畫

點起

應 0023₁
襄 0073₂
謝 0460₀
講 0564₇
濰 3011₄
濟 3012₃
濠 3013₂
濡 3112₇
濮 3213₄
濩 3414₇
禪 3625₆
澀 3711₁
鴻 3712₇

橫起

彌 1122_7
翼 1780_1
檀 4091_6
戴 4385_0
薄 4414_2
薩 4421_4
薊 4432_0
韓 4445_6
薛 4474_1
鄯 4762_7
罄 4777_2
盩 4810_7
隱 4223_7
隰 4623_3
臨 7876_6

直起

嶽 2223_4
巀 2225_3
嶺 2238_6
豳 2277_0
戲 2325_0

撇起

績 2598_6
徽 2824_0
獲 4424_7
鍾 8211_4
鐵 8315_0
館 8377_7
繁 8890_3

十八畫

點起

瀍 3011_4
瀏 3210_0
叢 3214_7
瀆 3418_6
禮 3521_8
糧 9691_4

橫起

覆 1024_7
礓 1161_6
磁 1863_3
藍 4410_7
舊 4477_7
闔 7710_7
孱 7724_7
闕 7748_2

直起

顓 2128_6
豐 2210_8
斷 2272_1
岷 2774_7
曜 6701_4

撇起

雙 2040_7
雞 2041_4
鵞 2332_7
魏 2641_3
歸 2712_7
翻 2762_0
鵠 2762_7
鎮 8418_1
簡 8822_7

十九畫

點起

羸 0021_7
廬 0021_7
離 0041_4
譙 0063_1
識 0365_0
瀛 3011_7
寶 3080_6
瀧 3111_1
瀘 3111_7
瀨 3718_6
懷 9003_2

橫起

霧 1022_7
麗 1121_1
瓊 1714_7
難 4051_4
壠 4111_1
顛 4188_6
櫟 4299_4
麓 4421_1
藤 4423_2
藥 4490_4
鵲 4762_7
斄 5829_8
隴 7121_1
願 7128_6
關 7777_2

直起

羅 6091_4
獸 6363_4
黨 9033_1

撇起

贊 2480_6
穫 2494_7
繩 2791_7
鏡 8011_6

二十畫

點起

護 0464_7
夔 8024_7

橫起

醴 1561_8
酃 1762_7
蘆 4421_7
藺 4422_7
蘇 4439_4
蘄 4452_1
馨 4760_9
轘 5603_2
闡 7750_6

直起

獻 2323_4
鹹 2365_0
懸 6233_9
嚴 6624_8
矍 6640_7

撇起

鰐 2632_7
鐔 8114_6
籍 8896_1

二十一畫

點起

灕 3011_4
顧 3128_6
灌 3411_4
鶴 4722_7

橫起

霸 1052_7
蘭 4422_7
攝 5104_1
驃 7139_1

直起

酆 2712_7

撇起

鷄 2742_7
饗 2773_2
儻 2923_1
饒 8471_1
鐸 8614_1

二十二畫

點起

龔 0180_1
灘 3011_4

橫起

酈 1722_7
權 4491_4

直起

疊 6010_7

撇起

穰 2093_2
巒 2277_2
酇 2782_7

二十三畫

點起

麟 0925_9

橫起

蘿 4491_4

直起

顯 6138_6
髑 7622_7

撇起

欒 2290_4

二十四畫

點起

鷹 0022_7
贛 0748_6

橫起

靈 1010_8

鸞 7111_3
鬬 7712_1
鹽 7810_7

直起

羈 6052_7

撇起

衢 2121_4

二十五畫

橫起

觀 4621_0

撇起

蠻 2213_6
鸑 4332_7

二十七畫

點起

鑿 3710_9

直起

鸕 2722_7

二十八畫

橫起

驩 7431_4

直起

鸚 6742_7

二十九畫

橫起

鬱 4472_2
驪 7131_1